Handbibliothek

für das

Deutsche Genossenschaftswesen.

Herausgegeben

von

Dr. Hans Crüger,

Anwalt des Allgemeinen Verbandes der auf Selbsthilfe beruhenden deutschen Erwerbs- und Wirtschaftsgenossenschaften.

Erster Band:

Vorschuß- und Kredit-Vereine.

Berlin 1904.

J. Guttentag, Verlagsbuchhandlung,

G. m. b. H.

Vorschuß- und Kredit-Vereine

als

Volksbanken.

Praktische Anweisung

zu deren

Einrichtung und Gründung

von

Schulze-Delitzsch.

Siebente Auflage

bearbeitet von

Dr. Hans Crüger,

Anwalt des Allgemeinen Verbandes der auf Selbsthilfe beruhenden deutschen Erwerbs- und Wirtschaftsgenossenschaften.

Berlin 1904.

J. Guttentag, Verlagsbuchhandlung,

G. m. b. H.

Vorwort zur ersten Auflage.

Eine vorzugsweis praktische Anweisung, welche alle einigermaßen in den Geschäften des bürgerlichen Lebens Erfahrene in den Stand setzen sollte, Vorschußvereine nach den Mustern der hier und in der Umgegend bestehenden zu gründen, wollte der Verfasser in diesem Schriftchen dem Publikum vorlegen. Das immer steigende Bedürfnis nach solchen Kreditinstituten, welches sich durch eine Menge von Anfragen kund gibt, die entschiedenen Fortschritte und überraschenden Resultate, welche sich bei den nach den hier befolgten Grundsätzen operierenden Vereinen zeigen, ließen die früheren Mitteilungen darüber als ungenügend erscheinen und verlangten ein tieferes Eingehen in die Details. Wegen der Stelle, welche die genannten Institute in dem ganzen zusammenhängenden System von Handwerker- und Arbeiter-Verbänden einnehmen, welche sich auf Anregung und zum Teil unter Leitung des Verfassers seit 1849 gebildet haben, wird dabei auf das von ihm veröffentlichte Assoziationsbuch für deutsche Handwerker und Arbeiter, Leipzig 1853 bei E. Keil, verwiesen.

Möge das Schriftchen seiner Bestimmung entsprechen und die Verbreitung so gemeinnütziger Anstalten möglichst befördern.

Delitzsch, im März 1855.

Schulze-Delitzsch.

Vorwort zur fünften Auflage.

Daß die gegenwärtige Auflage mit noch größerem Rechte als die vorige als ein neues Buch bezeichnet werden muß, ergibt schon eine flüchtige Durchsicht des Inhalts mit der völlig veränderten Anordnung des Stoffes. Seit dem Erscheinen der vierten Auflage, gleichzeitig mit dem Erlaß des ersten Genossenschaftsgesetzes, des Preußischen im Jahre 1867, welchem im Jahre 1868 das Deutsche folgte, ist beinahe ein Jahrzehnt verflossen. Es konnte daher nicht fehlen, daß eine völlige Umgestaltung in der Organisation und Geschäftsführung der Kreditgenossenschaften angebahnt werden mußte, wollten dieselben mit dem Überkommen der großen, ihnen durch die neue Gesetzgebung verliehenen Rechte, auch den daran geknüpften Pflichten genügen. Dieser Übergang hat sich soweit vollzogen, daß sich allmählich in den Hauptpunkten bestimmte Normen für die Einrichtung und Verwaltung unserer sich immer mehr bankmäßig entwickelnden Kreditinstitute herausgebildet haben. Die Sichtung und übersichtliche Ordnung des neu gewonnenen Erfahrungs-Materials war daher eine dringende Forderung, welcher der Verfasser als Anwalt des deutschen Genossenschaftsverbandes*) nachzukommen um so mehr verpflichtet war, als das völlige Vergreifen der vierten Auflage des Buches damit Hand in Hand ging, welche bisher bei den betreffenden Organisationen als Leitfaden gedient hatte.

Wesentlich gestützt bei den vorliegenden, wie bei den früheren Arbeiten wurde der Verfasser durch die Verhandlungen der Allgemeinen Vereinstage der in dem bez. Verbande stehenden Vereine, wo unter dem Beirate von deren tüchtigen Leitern die wichtigsten Fragen zur Erörterung gelangten. Dazu traten in den letzten Jahren noch die Entscheidungen des Reichsoberhandelsgerichts zu Leipzig, als eines deutsch-nationalen Gerichtshofes in den Angelegenheiten unserer wahrhaft nationalen über ganz Deutschland verbreiteten Institute. Wieviel damit für die richtige Handhabung sowie die weitere Fortbildung des Genossenschaftsrechts gewonnen ist, welche in letzter Instanz nunmehr der verschiedenartigen Gerichtspraxis in den deutschen Einzelstaaten entrückt wurden: davon geben die bisher ergangenen, vom Verfasser mehrfach besprochenen Erkenntnisse das beste Zeugnis.

War durch die erwähnten Umstände eine wesentliche Veränderung des Inhalts der Auflage bedingt, so wirkte dies natürlich auf die ganze Ökonomie und Anlage derselben zurück, da die Aufgabe in einem Haupt-

*) Vgl. über diesen Verband S. 27 Anm.

punkte eine andere geworden war. Wenn in den drei ersten Auflagen lediglich die Kreditgenossenschaften alten Stils zu behandeln waren, so mußte auch in der vierten Auflage noch von ihnen, als dem eigentlichen Stamme der Vereine, ausgegangen werden, da die Unterstellung unter das soeben erst erschienene Gesetz nur in sehr kleinen Dimensionen begann. Die auf den Übergang in die durch dieses Gesetz bedingten Formen bezüglichen Fragen sind daher nur beiher, anhangsweise bei den einzelnen Abschnitten behandelt. Das weitere Fortschreiten des Übergangs machte daher, besonders nachdem das Deutsche Genossenschaftsgesetz mit seinen wichtigen Verbesserungen erlassen war, mehrere Nachträge in Form von Anweisungen zur Unterstellung unter die Gesetze nötig, welche in demselben Verlage wie das Hauptbuch erschienen. Inzwischen ist aber die Sache dahin gediehen, daß die Zahl der nach dem Gesetze eingetragenen Genossenschaften die weitaus überwiegende ist, daß man sich insbesondere bei Neubegründung von Vereinen gleich dazu entschließt, und daß der noch verbliebene Restbestand des alten Systems durch Übergang sich von Jahr zu Jahr vermindert. Unter diesen Umständen mußte bei der neuen Auflage die Unterstellung unter das Genossenschaftsgesetz als die dem Sachbestande entsprechende Voraussetzung bei Bearbeitung des Stoffes zugrunde gelegt werden, so daß die nicht eingetragenen Genossenschaften direkt dabei nicht in Frage kamen. Daß dieselben aber dennoch bei den meisten Fragen sich aus dem Buche Rats erholen können, ist damit durchaus nicht ausgeschlossen. Vielmehr mögen auch sie die darin behandelten großen Fortschritte in der Genossenschaftsorganisation, wie sich dieselben ja vielfach unabhängig von der Gesetzgebung und unter ihrer eigenen Mitarbeit herausgebildet haben, recht wohl für sich nutzen und ihre Einrichtungen danach vervollkommnen. Ist dies freilich rücksichtlich der außerordentlichen Gewährschaften des Gesetzes bei Geltendmachung der Solidarhaft, bei der Verjährung sowie der Rechtsfähigkeit und Rechtsverfolgung, wie sie das Buch darlegt, nicht der Fall: so sind sie ja mit den Hilfsmitteln, welche ihnen in dieser Beziehung bleiben, durch die bisherige Praxis, besonders in Beziehung auf die Legitimation bei Rechtsgeschäften, bereits vertraut, so daß mehr als eine allgemeine Hindeutung darauf in dem Buche nicht erforderlich war. Gerade das Ungenügende derselben, die vielfachen Unzuträglichkeiten, welche ihnen dabei aufstoßen, werden aber durch die Vergleichung mit dem, was das Gesetz dafür bietet, sie um so mehr bestimmen, die zur Eintragung erforderlichen Schritte zu tun, als ohnedem an einen gesicherten Bestand und eine den Forderungen der Gegenwart entsprechende geschäftliche Entwicklung nicht zu denken ist.

Zum Schluß noch eine kurze Bemerkung, die Instruktionen betreffend. Wie notwendig solche Instruktionen sowohl für den Vorstand wie für den Aufsichtsrat in den einzelnen Vereinen sind, teils zur Information der betreffenden Funktionäre über ihre Obliegenheiten, teils zur Feststellung ihrer Verantwortlichkeit, ist in dem Buche selbst mehrfach betont. Da sich aber die Zahl und Funktionen der betreffenden Organe in den einzelnen Vereinen, insbesondere die Buchführung, nach Umfang und Richtung der Geschäfte sehr verschieden gestaltet, die Kontrolle der Aufsichtsräte aber überall an diese speziellen lokalen Einrichtungen sich anschließen muß, und wiederum die Verteilung der vorkommenden Arbeiten vielfach durch Zahl und Kapazität ihrer Mitglieder bedingt ist, erschien die Aufstellung einer durchgreifenden Norm dafür nicht am Platze. Wieviel mehr bei den materiellen Erörterungen in den Hauptgeschäftszweigen überall die leitenden Gesichtspunkte in dem Buche klar zu stellen waren, welche dabei innezuhalten sind, so war auch bei der formalen Ordnung der den bezüglichen Organen zukommenden Funktionen zu verfahren. Demnach mußte das Wesentliche, worauf es bei allen solchen den Zwecken und Interessen der Vereine entsprechenden Instruktionen ankommt, hervorgehoben und es so jedem Vereine möglich gemacht werden, dieselben nach Bedürfnis seinen Einrichtungen anzupassen. Mit Rücksicht hierauf hat sich der Verfasser nicht mit dem begnügt, was über die Obliegenheiten der Vorstände und Aufsichtsräte im allgemeinen in den betreffenden Abschnitten des sechsten Kapitels, sowie über Buchführung, Bilanz, Inventuren und Revisionen im elften Kapitel enthalten ist. Vielmehr hat er im Anhange des vierzehnten Kapitels unter Nr. VIII detaillierte Anweisungen:

a) für Vereine mit einfacher Buchführung und

b) für mehr bankmäßig entwickelte Vereine, über Bücherschluß und Inventur nebst Jahresrechnung am Ende des Geschäftsjahres

beigegeben, und ganz besonders im Musterstatut (Nr. V des Anhangs) die betreffenden Punkte so eingehend behandelt, daß bei Beachtung alles dessen die Vereine in der Regelung derselben nicht leicht fehlgreifen können.

So möge denn das Buch in seiner neuen Gestalt, gleich seinen Vorgängern, zu der äußeren Ausbreitung wie zu der inneren Kräftigung unseres echt volksmäßigen Kreditwesens das seine beitragen. Nicht die wirtschaftlichen Interessen allein, nein, unsere gesamte nationale Entwicklung fordern dringend, daß das Volk mehr und mehr selbsttätig für alles, was eine würdige Gestaltung des Privat- wie des öffentlichen Lebens erfordert, eintreten lerne. Und indem die Genossenschaften mit dem beginnen, was die Menschen am ersten erfaßt, mit dem materiellen Bedürfnis, mögen sie zugleich eine Vorschule sein für Autonomie und Selbstverwaltung in Gemeinde und Staat, deren Anfänge bereits gewonnen sind, und deren immer bewußteres Erfassen allein zu einem dem Wesen und der Bestimmung der deutschen Nation gemäßen Ausbau unseres jungen Staatswesens führt.

Potsdam, im Juni 1876.

Dr. Schulze-Delitzsch.

Vorwort zur sechsten Auflage.

Hatte die Gesetzgebung der Jahre 1867 und 1868 „eine völlige Umgestaltung in der Organisation und Geschäftsführung der Kreditgenossenschaften angebahnt", so haben die beiden folgenden Jahrzehnte diese Umgestaltung durchgeführt. Ein erheblicher Teil der Kreditgenossenschaften ist zu Volksbanken im wahren Sinne des Wortes herangewachsen. Und auch an neugegründete Kreditgenossenschaften werden heute andere Anforderungen gestellt, wie vor 20 Jahren. Die wirtschaftliche Entwicklung des Gewerbestandes, des Handwerks, der Landwirtschaft ist weiter vorgeschritten, die Mitglieder aller dieser Berufsstände müssen ihren Betrieb nach kaufmännischen Grundsätzen leiten und dementsprechend sind auch ihre Ansprüche an ihre „Bank" mannigfachere geworden. Mit diesen wirtschaftlichen Fortschritten haben die Kreditgenossenschaften gleichen Schritt halten müssen, sie mußten ihre Einrichtungen verbessern, vervollständigen: kurz, sich den erweiterten wirtschaftlichen Ansprüchen anpassen.

Als mir als Anwalt des Allgemeinen Verbandes der deutschen Erwerbs- und Wirtschaftsgenossenschaften die Aufgabe zufiel, die sechste Auflage des klassischen Werkes „Schulze-Delitzsch, Vorschuß- und Kreditvereine als Volksbanken" zu bearbeiten, war ich mir wohl der Schwierigkeit derselben bewußt. Galt es doch einerseits den Inhalt des Werkes zu schonen, andererseits aber denselben in gleicher Weise auszugestalten, wie es die Entwicklung der Kreditgenossenschaften und die heutigen Bedürfnisse des wirtschaftlichen Lebens erfordern. Dabei mußten ganze Abschnitte umgestaltet werden, neue eingefügt, andere konnten herausgenommen werden, da ihr Inhalt durch die Verhältnisse überholt war.

Das Genossenschaftsgesetz vom 1. Mai 1889 erforderte eine vollständige Neubearbeitung der Kapitel über die gesetzlichen Erfordernisse zur Errichtung von Kreditgenossenschaften, über die behufs Eintragung der Genossenschaft erforderlichen Maßnahmen, über Mitgliedschaft, Haftbarkeit und Geltendmachung der Haftpflicht; auch das Kapitel über die Organisation ist durch das neue Gesetz vielfach berührt.

Einer Umarbeitung mußten die Kapitel über Beschaffung der Geldmittel, über die Kreditgewährung unterzogen werden und neu eingefügt wurde ein weiteres Kapitel über die weiteren in den Rahmen der Kreditgenossenschaft fallenden Geschäftszweige — hier wie bei dem Statut waren vor allem die Erfahrungen zweier Jahrzehnte und die wirtschaftliche Entwicklung zu berücksichtigen.

Der „Anhang“ der fünften Auflage, der das Genossenschaftsgesetz, die Ausführungsverordnungen, einen Auszug aus dem Handelsgesetzbuch, eine Anweisung zur Buchführung neben dem Musterstatut und einige Formulare enthielt, mußte tiefgreifende Änderungen erfahren. Zunächst erschien es nicht möglich, eine „Buchführung“, die den heutigen Anforderungen entspricht, auf wenigen Seiten zu behandeln, sie wurde dem zweiten Bande der „Handbibliothek“ vorbehalten, das Genossenschaftsgesetz mußte fortgelassen werden, um Raum für weitere Formulare zu schaffen, denn auf eine möglichst vollständige Formularsammlung für den Geschäftsbetrieb, auf die Aufnahme der Bedingungen für die verschiedenen Geschäftszweige glaubte ich großes Gewicht legen zu müssen. Das Genossenschaftsgesetz konnte auch um so eher ausgelassen werden, als die wohlfeile Parisiussche Textausgabe mit Anmerkungen doch einen notwendigen Bestandteil des Inventars jeder Genossenschaft bildet. Die Arten der Formulare ergeben sich aus dem Inhaltsverzeichnis. Besondere Schwierigkeit bot die Fassung der Formulare, die sich auf die Beurkundung von Rechtsgeschäften, z. B. Pfandschein, Bürgschaft u. dgl. beziehen, denn hier kommen die vielen Rechtsverschiedenheiten innerhalb Deutschlands in Betracht. Die Formulare sind entworfen nach den für den größten Teil des preußischen Gebiets geltenden landrechtlichen Bestimmungen; in Anmerkungen und Anschluß-Formularen sind zum Teil auch andere Rechtsgebiete, wie das Rheinische, das Nassauische Recht berücksichtigt. Darauf mußte ich mich beschränken, da bei noch weiterer Ausdehnung auf alle Rechtsgebiete zu befürchten war, daß der Leser dadurch verwirrt werden könnte. Bis zum Inkrafttreten des Bürgerlichen Gesetzbuches im Jahre 1900 werden die Genossenschaften, die ihren Sitz in den nicht berücksichtigten Rechtsgebieten haben, daher gezwungen sein, einen Rechtskundigen ihres Gebiets zur Anpassung der Formulare an die landesrechtlichen Bestimmungen hinzuzuziehen.

Und so übergebe ich denn das Buch der Praxis, möge es bestehenden Kreditgenossenschaften zur Vervollkommnung ihrer Organisation nach innen und außen dienen, möge es da Anregung geben zur Gründung neuer Genossenschaften, wo ein Bedürfnis und die geeigneten Kräfte zur Leitung vorhanden sind — möge es überall beitragen zur Ausbreitung der Grundsätze der Selbsthilfe, Selbstverantwortung, Selbstverwaltung, auf denen Schulze-Delitzsch das Fundament des Genossenschaftswesens gelegt, auf denen dies zur Blüte gelangt und insbesondere in seinen Kreditgenossenschaften vorbildlich für die ganze Welt geworden ist, wo wirtschaftliche Kulturaufgaben gepflegt werden. Die Pflege des Genossenschaftswesens ist eine Kulturaufgabe.

Charlottenburg-Berlin, im Februar 1897.

Dr. Hans Crüger.

Vorwort zur siebenten Auflage.

Die Vorworte zur ersten, fünften und sechsten Auflage sind wörtlich zum Abdruck gebracht, weil ich dieselben als Beiträge zur Geschichte des deutschen Genossenschaftswesens betrachte. Zwischen den einzelnen Vorworten liegen wichtige Zeitabschnitte, aus jenen ergibt sich in kurzen Zügen ein Bild der in der Zwischenzeit eingetretenen Veränderungen. Seit der sechsten Auflage des Buches sind erst sieben Jahre vergangen, aber diese Zeit ist von großer Bedeutung für die Ausgestaltung des Kreditgenossenschaftswesens geworden. Nicht nur daß inzwischen durch die Novelle zum Genossenschaftsgesetz vom 12. August 1896 und durch das Einführungsgesetz zum Handelsgesetzbuch das Genossenschaftsgesetz zum Teil wesentliche Änderungen erfahren hat, es fällt in diese Zeit auch das Inkrafttreten des Bürgerlichen Gesetzbuches, des neuen Handelsgesetzbuches, kurz der neuen Reichsgesetzgebung.

Auch andere Einflüsse, wie die staatliche Förderung, die Zentralisationsbestrebungen, haben einen merklichen Einfluß ausgeübt.

So mußte denn das Buch einer durchgreifenden Umarbeitung unterzogen werden, aber nach Möglichkeit bin ich auch bei dieser Auflage bestrebt gewesen, an dem von Schulze-Delitzsch gegebenen Aufbau des Buches festzuhalten.

Bei der sechsten Auflage mußten verschiedene Kapitel fortfallen, die das Schulze-Delitzschsche Buch enthielt. Sie sind ergänzt durch die als 2. Band der genossenschaftlichen Handbibliothek (Verlag von J. Guttentag, Berlin) inzwischen erschienene „Buchführung für Vorschuß- und Kreditvereine“ von Albert Vollborn. Bei der siebenten Auflage scheint es wieder notwendig, einige Kapitel der Separatbehandlung zu überweisen. Das Bürgerliche Gesetzbuch und insbesondere das Hypothekenrecht haben tief eingegriffen in den Geschäftsverkehr der Kreditgenossenschaften. Um die Genossenschaften mit dieser Rechtsmaterie vertraut zu machen, erschien als Band 5 der Genossenschaftlichen Handbibliothek „Das Bürgerliche Gesetzbuch und Handelsgesetzbuch nach ihrer Wirkung für die Genossenschaften nebst Formularen für deren Geschäftsverkehr“ von Dr. A. Alberti und als Band 7 der Genossenschaftlichen Handbibliothek „Das Reichshypothekenrecht“ von Dr. E. Scholz. Diese Bücher enthalten eine Reihe Formulare des Vorschußvereinsbuches in der durch das Bürgerliche Gesetzbuch erforderlich gewordenen Umarbeitung, dieselben sind in die siebente Auflage nicht übernommen, weil hier aus Mangel an Platz die Rechtsgrundsätze nicht erörtert werden konnten und die Genossenschaften doch nicht werden umhin können, jene Ergänzungsbücher dieses Werkes sich anzuschaffen; die beiden Bücher von Dr. Alberti und Dr. Scholz werden alsbald zu einem einheitlichen Werke vereinigt zur Ausgabe gelangen.

Die für die Organisation der Kreditgenossenschaft notwendigen Anweisungen (Statut, Geschäftsanweisungen für Vorstand und Aufsichtsrat, Entwürfe für Protokolle, Geschäftsordnungen für die verschiedenen Geschäftszweige) sind beibehalten und bilden das 16. Kapitel; vielfachen Wünschen entsprechend sind auch in dieser Auflage wieder aufgenommen einige Formulare für den Verkehr der Genossenschaften mit dem Gericht, es mag aber an dieser Stelle noch ganz besonders Bezug genommen werden auf das „Formularbuch zum Reichsgesetz, betreffend die Erwerbs- und Wirtschaftsgenossenschaften“ von Parisius-Crüger, dessen Gebrauch den Genossenschaften, insbesondere neuen Genossenschaften, den Verkehr mit dem Registergericht wesentlich erleichtern wird.

Charlottenburg-Berlin, im April 1904.

Dr. Hans Crüger.

Inhaltsverzeichnis.

Erstes Kapitel.

Zweites Kapitel.

Drittes Kapitel.

Viertes Kapitel.

Fünftes Kapitel.

Zwölftes Kapitel.

Dreizehntes Kapitel.

Vierzehntes Kapitel.

Fünfzehntes Kapitel.

Sechzehntes Kapitel.

---

*) Vgl. S. 196 den Fall der Krediterhöhung.

Erstes Kapitel.

I. Über Kreditgenossenschaften im allgemeinen, deren wirtschaftliche Grundlage und soziale Bedeutung.

Schulze-Delitzsch war im Jahre 1848 Mitglied der preußischen Nationalversammlung, er war Vorsitzender der von derselben eingesetzten Kommission für die Handwerkerverhältnisse und hatte in dieser Eigenschaft Gelegenheit, die wirtschaftliche Lage des Handwerks genau kennen zu lernen. Möglicherweise empfing er auch aus dieser Tätigkeit die Anregung zur Gründung von Genossenschaften. In Nr. 46 der Blätter für Genossenschaftswesen von 1898 liefert Dr. Schneider einen „Beitrag zur Entstehungsgeschichte unserer Genossenschaften". Er berichtet dort über die Arbeiten jener Kommission. Bei dem Ministerium waren unter der Überschrift „Errichtung von Vorschußkassen für Handwerker" eine Reihe Anträge eingegangen. Da heißt es unter anderem: Zu den Maßregeln, durch welche den Handwerkern der Betrieb ihrer Geschäfte erleichtert werden soll, gehört die Errichtung von Vorschußkassen, aus welchen jeder Handwerker, der wegen augenblicklichen Mangels an Geldmitteln oder Kredit außerstande ist, die ihm zu teil gewordenen Bestellungen auszuführen, nach Maßgabe seines Bedürfnisses ein Darlehen unter billigen Bedingungen und gegen Verpfändung zulässiger Gegenstände einen Vorschuß erhalten kann. Eine Kommission von Handwerkern sollte die Kasse zu verwalten haben. Durch alle Anträge zieht sich der Wunsch, daß der Staat die Vorschußkassen mit dem nötigen Betriebskapital versehe. Von verschiedenen Seiten wird die Errichtung von gemeinschaftlichen Verkaufsstätten (Vereinshallen, Industriehallen) verlangt; die Handwerker fordern eine gesetzliche Bestimmung dahin, daß wenn die Vereinshalle errichtet sei, niemand neben derselben am Orte ein Warenlager gleicher Beschaffenheit halten dürfe; selbst die Teilnehmer sollen außer den Vorräten für die Vereinshalle nur auf Bestellung, nicht auf Verkauf arbeiten. Richtig hatten die Handwerker meist erkannt, daß gegenüber der Konkurrenz der Großindustrie das zweckmäßigste Verteidigungsmittel für den Handwerker in der Vereinigung lag. Die Handwerker glaubten jedoch nicht daran, daß sie aus eigener Kraft heraus Genossenschaften würden bilden können. Staat und Kommune sollten als Stützpunkte dienen, der Staat, indem er das Betriebskapital zur Verfügung stellte, die Kommunen, indem sie Gewerbehallen errichteten.

Das große Verdienst Schulze-Delitzsch's ist es nun, für die Genossenschaft der Handwerker die rechte Form gefunden zu haben, er hat die Wege gezeigt, auf denen die Genossenschaft, die organisierte Selbsthilfe, das Mittel wurde, den Handwerker selbständig zu machen und ihn befähigte, die Konkurrenz mit der Fabrik aufzunehmen.

Im Jahre 1853 rief Schulze-Delitzsch in seinem Assoziationsbuch den deutschen Handwerkern zu: „Wohl ist das allgemeine Gefühl, welches den ganzen Handwerkerstand gegenwärtig durchdringt: das Gefühl von der völligen Unhaltbarkeit seiner Stellung gegen die jetzt im Verkehr zur Geltung kommenden Mächte, das Kapital und die Fabrikindustrie, nur allzu begründet. Alle sind darüber einig, daß es anders werden müsse, daß man nicht so stehen bleiben könne. Allein anstatt vorwärts, jenen neuen Mitteln und Bahnen, deren sich das Gewerbe zu bemächtigen beginnt, zugewendet, will man zurück? — Das ist ebenso verkehrt als unmöglich. Anstatt sich über die Einflüsse der Fabrik und des Handels, über die Übermacht des Kapitals zu beklagen, sollte man sich lieber selbst der Vorteile der Fabrikeinrichtungen, des kaufmännischen Betriebes bemächtigen und sich das Kapital dienstbar machen. Einer Zeit, in der es vor allem gilt um gleiches Recht und gleichen Raum zu freier Tätigkeit für alle, der darf man nicht mit dem Geschrei um Schutz und Privilegien entgegentreten, ohne die eigene Unreife einzugestehen. Die Assoziation mit der ganzen Macht und Fülle ihres Prinzips sind die Innungen der Zukunft!" Fast 50 Jahre später hat der preußische Finanzminister von Miquel in einem Schreiben nach Osnabrück die Handwerker darauf aufmerksam gemacht, daß „es heute gilt für den Handwerkerstand wie für die Bauern, durch festen Zusammenschluß diejenigen Vorteile, so weit möglich, sich anzueignen, welche das Großkapital und der Großbetrieb ihm voraus haben. Tüchtige Vorbildung, gute Buchführung, energisches Mitarbeiten des Meisters in der Werkstatt, billiger Kredit durch Kreditgenossenschaften, unter Anlehnung an die

Preußische Zentral-Genossenschafts-Kasse*) genossenschaftlicher Einkauf von Rohmaterialien, wo es möglich ist, genossenschaftlicher Verkauf, ja, soweit die Verhältnisse es gestatten, Bildung gemeinsamer Werkstätten unter Benutzung von Dampfmaschinen und anderen Motoren, jedenfalls Verwendung in der eigenen Werkstatt, — diese und ähnliche Mittel, welche die moderne Entwicklung darbietet, werden den Mittelstand auch heute noch erhalten und stärken, wie dies die ländlichen Genossenschaften täglich zeigen. Die Zeit der Privilegien und Monopole ist vorbei! Die durch die Gesetzgebung gegebenen Organisationsrahmen haben nur Wert, wenn sie durch Selbsthilfe und wirtschaftliche Energie ausgefüllt werden. Vorwärts, nicht rückwärts, muß der Handwerker blicken, dann wird sein Ringen auch mehr Verständnis finden, sein Wert für die heutige Gesellschaft wird besser erkannt und sein Streben mehr als bisher auch von den übrigen Klassen der Bevölkerung unterstützt werden . . ." Fast wörtlich wiederholt Miquel die Schulzeschen Ausführungen. —

Bei der politischen und wirtschaftlichen Zerrissenheit Deutschlands zu jener Zeit, bei dem mangelhaft ausgebildeten Bankwesen stieß die Kreditbeschaffung schon an und für sich für den Gewerbtreibenden auf Schwierigkeiten, dem Kleingewerbtreibenden, dem Handwerker, dem kleinen Landwirt, dem Beamten und Arbeiter boten sich überhaupt keine Kreditquellen, wenigstens keine solchen, die das Kreditbedürfnis unter angemessenen Bedingungen befriedigten. Wohl bestanden eine Anzahl Kreditvereine bereits im Jahre 1848, doch die meisten von ihnen gingen nach kurzer Zeit wieder ein und andere fristeten ein kümmerliches Dasein, ohne dem vorhandenen Bedürfnis im mindesten zu entsprechen. Dies war natürlich bei den Grundlagen, auf welchen dieselben fast überall beruhten. Es waren genau genommen nur Wohltätigkeitsanstalten. Durch Geschenke, durch Darlehen ohne Zinsen brachte man das Betriebskapital zusammen, und wie man denn mit solchen Geldern zu wirtschaften pflegt, so geschah es auch hier. Wenn schon die Empfänger der Darlehen dieselben zurückzahlen, auch wohl verzinsen mußten, machte sich doch der dem Ganzen anhaftende Charakter

*) Die Preußische Zentral-Genossenschafts-Kasse ist erst im Jahre 1895 gegründet, es ist verständlich, daß der Minister v. Miquel sein Werk betont, aber unrichtig wäre die Annahme, daß die Kreditgenossenschaft nur dann billigen Kredit gewähren kann, wenn sie sich an die Preußische Zentral-Genossenschafts-Kasse anlehnt, eine größere Kreditgenossenschaft kann durch diese Anlehnung sogar in ihrer Bewegungsfreiheit beschränkt werden.

der Hilfe Bedürftiger überall geltend. Die Darlehen wurden meist mehr als Unterstützungen bewilligt und empfangen, bei denen man ebenso wenig seitens der Geber an eine genaue Prüfung der Zahlungsfähigkeit, wie seitens der Empfänger an pünktliche Rückzahlung denkt. Es kann nicht fehlen, daß das Kapital mannigfache Ausfälle erleidet, welche mit den fortlaufenden Zuwendungen bald außer Verhältnis treten. Bei allen solchen Instituten zeigt sich, daß, solange dieselben von der Gnade Dritter, von fremdem guten Willen abhängen, ihnen notwendig die echte Lebensfähigkeit fehlen muß, die sie nur erlangen, wenn sie durch eigene Kraft bestehen.

Es ist ja ein erfreuliches Zeichen der Zeit, daß man heute überall die Mittel zur Beseitigung der Schwierigkeiten in der wirtschaftlichen Lage von Handwerk, Landwirtschaft und Kleinhandel erörtert. Wohin aber soll es führen, wenn man nun an die Erfüllung der Forderung geht, den Staat mit der Befriedigung des Kreditbedürfnisses der verschiedenen Berufsstände zu belasten? wenn man den Staat zum Bankier aller derer machen will, die heute im ordentlichen Geschäftsverkehr nicht kreditwürdig erscheinen? Das geht weiter noch, als die Anerkennung des Rechtes auf Arbeit, denn über die Ausführung der überwiesenen Arbeit ist eine Kontrolle möglich, nicht dagegen über die Verwendung des zur Befriedigung des Kreditbedürfnisses gewährten Kredits. Die Unmöglichkeit, das berechtigte Kreditbedürfnis im ordnungsmäßigen Geschäftsgange zu befriedigen, treibt den Betreffenden in die Hände der Wucherer — eine zu weit gehende und zu leichte Befriedigung des Kreditbedürfnisses führt zu leichtfertiger Überschuldung und läßt die Kreditansprüche ins Ungemessene anwachsen. Staatliche Eingriffe in das wirtschaftliche Leben sind stets gefährlich, ganz besonders aber, wenn es sich um die Schaffung von Gelegenheiten handelt, das Kreditbedürfnis unter Bedingungen zu befriedigen, die günstiger sind, als die im regelmäßigen geschäftlichen Leben gebotenen.

Dabei wird nicht nur das Recht auf Kredit unverhüllt vertreten, sondern es wird weiter auch gefordert, daß ausreichender Kredit und billiger Kredit den Handwerkern und Landwirten zur Verfügung gestellt wird. Und die Forderung geht nicht aus von Kreisen, die die private Wirtschaftsordnung durch den Kommunismus ersetzen wollen, sondern von Kreisen, die im übrigen durchweg an der privaten Wirtschaftsordnung festhalten, sich sogar als ihre Vertreter geben. Und ganz naturgemäß hat sich den Forderungen nach Gewährung von billigem Staatskredit zugesellt der Anspruch auf Gewährung der „Werkzeuge“, der Landwirt verlangt, daß ihm Kornhäuser mit Staatsmitteln errichtet werden, der Handwerker fordert Staatsmittel zur Anschaffung von Maschinen, zur Einrichtung von Betriebsstätten. Der Grundsatz, „mit der Staatshilfe die Selbsthilfe zu ergänzen“, klingt außerordentlich einfach, in der Praxis verwandelt er sich aber leicht ins Gegenteil, er betätigt sich in der allerbescheidensten Anwendung der Selbsthilfe, um reiche Staatshilfe zu erhalten.

Kredit beruht auf Vertrauen, und Vertrauen muß erworben werden. Durch Kapitalvorschüsse die Lage seiner Bürger zu verbessern, hat Lassalle als die Aufgabe des zukünftigen Staates bezeichnet, mit unserer heutigen Wirtschaftsordnung ist dieselbe unvereinbar.

„Die Massen daran gewöhnen“, sagt der Franzose Bastiat mit Recht, „den Staat für alles verantwortlich zu halten, was ihnen Gutes und Böses begegnet, dabei kann keine Regierung bestehen.“ Bedenkt man denn gar nicht, führt Bastiat aus, wie gefährlich es ist, wenn man der zahlreichsten Klasse der Staatsbürger so recht systematisch die Lehre beibringt, daß sie sich, ohne Unterstützung seitens des Staates, allein nicht zu helfen vermöge, also ohne Almosen nicht bestehen könne? Nichts in der Welt müßte mehr dahin führen, die Bürger zu entsittlichen oder doch ihre Tatkraft zu lähmen, als wenn sie sich auf solche Weise selbst aufgäben, und nichts wäre zugleich in seinen Konsequenzen bedenklicher für die, auf deren Unterstützung man sie verweist, da nicht abzusehen ist, wie dies auf die Dauer durchgeführt werden sollte. Gewöhne man die Menschen doch statt dessen, ihre Hilfsmittel in sich selbst zu suchen, und wer leugnen wollte, daß es unsern gewerbetreibenden und arbeitenden Klassen daran gebräche, der erklärt dieselben für bankerott. Sie die in ihnen liegenden Hilfsmittel gehörig erkennen und ergreifen zu lehren, und so ihr Selbstgefühl, das Vertrauen in die eigene Kraft zu stärken, das ist der einzige, der größte Dienst, den ihnen besonders die, welchen eine glücklichere Lebensstellung den Weg zu umfassenderer Geistesbildung bahnte, zu leisten vermögen.

In fünf Jahrzehnten haben die Kreditgenossenschaften nach Schulze-Delitzschschem System gezeigt, daß es für die Kreditwürdigen einen Weg gibt, kreditfähig zu werden. Indem man die Gesamthaft der Mitglieder in der Form der Solidarität, des Einstehens aller für einen und jedes für alle, organisiert, gewinnt man den nötigen Mittelpunkt, in welchem nicht nur die kleinen Ersparnisse aller einzelnen, sondern auch fremde Gelder zusammenfließen. Der Kredit, der sich dem einzelnen versagt, wendet sich unbedenklich einer Gesamtheit zu, in der jeder für das Ganze verantwortlich ist,*) und nach wenigen Jahren ist der Bestand und das Ansehen der Vereine meist vollkommen bei zweckmäßiger Leitung gesichert.

Von den für die Kreditgenossenschaften gemeinsamen Grundlagen heben wir, neben der Solidarität, insbesondere noch die eigene Kapitalbildung der Mitglieder hervor.

Es muß an die Bildung von Kapitalien für die einzelnen Mitglieder in Form von Geschäftsanteilen gedacht werden. Erst hierdurch erhält nicht nur der Einzelkredit der Mitglieder dem Vereine gegenüber, sondern auch der Gesamtkredit des Vereins bei den Vereinsgläubigern, die rechte Garantie. Man bewirkt dies am leichtesten und sichersten, da die Volleinzahlung solcher Anteile der Mehrzahl derer, denen die Vereine zu helfen bestimmt sind, unmöglich fällt, durch regelmäßige Monatssteuern, die in einem Mindestbetrage so niedrig bemessen sind, daß sie auch der wenig bemittelte Gewerbetreibende aufzubringen vermag, und auf deren Steigerung man durch Verteilung des Geschäftsgewinns nach Höhe des solchergestalt sich bildenden Guthabens bedeutend hinwirken kann, wie wir im 5. Kapitel zeigen werden. So gelangt man in wenigen Jahren zu einem bedeutenden Teile des Betriebskapitals, das den Vereinen die solide geschäftliche Grundlage sichert, auf der hauptsächlich ihr Gedeihen beruht. Und diese Kapitalbildung ist auch für den einzelnen nicht gering anzuschlagen, wenn auch die dabei vorkommenden Summen — die Geschäftsanteile sind durchschnittlich auf 300 Mark für jedes Mitglied festgestellt — an sich nicht bedeutend erscheinen. Vielmehr bedenke man, daß ein erheblicher Teil der Mitglieder vielleicht kaum jemals ein werbendes Kapital besessen hat, und daß es bei vielen eines starken Anreizes bedarf, um sie zum Sparen zu bewegen. Wer die Verhältnisse kennt, weiß, wie schwierig, aber auch wie wichtig die ersten Schritte auf diesem Wege sind, und daß mit dieser Kapitalbildung unendlich viel gewonnen ist. Das Gefühl, durch eigene Kraft, durch Anstrengung und Entbehrung es dahin gebracht zu haben, sich einen angemessenen Kredit zu eröffnen, ein kleines, stets wachsendes Kapital sein zu nennen, übt auf die Lage von Personen großen Einfluß, die bis dahin von der Hand in den Mund lebten und in Gewerbe und

*) Über die Unterschiede der unbeschränkten und der beschränkten Haftpflicht S. 44 ff.

Häuslichkeit allen Plackereien und Übervorteilungen ausgesetzt waren, wie sie die Vermittelung sämtlicher Bedürfnisse auf dem Kreditwege für sie zur Folge hatte. Statt des bloßen augenblicklichen Behagens gewöhnt man sich, die Zukunft in das Auge zu fassen; um bleibender Vorteile willen, deren Erreichbarkeit man vor Augen hat, Mühe und Entsagung nicht zu scheuen. Das Bewußtsein, einer großen und in sich starken Verbindung anzugehören, an welcher die eigene Person einen Stützpunkt hat, und doch dabei auf eigenen Füßen zu stehen, schärft die Tatkraft und hebt die Selbstachtung, diese ersten Voraussetzungen wirtschaftlicher und sittlicher Tüchtigkeit. Und so werden diese kleinen, durch die Vereine gepflegten, ja manchen Mitgliedern vielleicht mühsam abgerungenen Anfänge einer eigenen Kapitalansammlung zum Anstoße, der, auch außerhalb des genossenschaftlichen Kreises, auf die ganze Lebenshaltung derselben seine segensreiche Wirkung ausübt.

Trotz dieser Einheit des Prinzips stand doch nichts im Wege, daß Vereine je nach Verschiedenheit des lokalen Bedürfnisses sich in ihren Einrichtungen verschieden gestalteten und demgemäß ihre besonderen Einrichtungen in freiester Mannigfaltigkeit entwickelten.

Folgende Hauptgrundsätze der Kreditgenossenschaften lassen sich kurz zusammenfassen:

1. die Kreditbedürftigen sind selbst Träger und Leiter des auf Befriedigung ihres Kreditbedürfnisses gerichteten Unternehmens, d. h. also Mitglieder der Genossenschaft, weshalb ihnen Risiko und Gewinn des Unternehmens gemeinsam sind;
2. der durch die Genossenschaften vermittelte Geldverkehr ist überall auf geschäftlichem Fuße (Leistung und Gegenleistung) nach den Regeln des Bankverkehrs geordnet, so daß den Vereinsgläubigern durch die Genossenschaft, sowie dieser letztern durch die Darlehnsnehmer der marktgängige Zins nebst Provision, endlich den Geschäftsleitern und Vereinsbeamten eine ihrer Mühwaltung entsprechende Entschädigung gewährt wird;
3. durch Rücklagen aus dem Reingewinn wird ein Reservefonds gebildet, der bestimmt ist zur Deckung eines aus der Bilanz sich ergebenden Verlustes und zur Stärkung des eigenen Vereinsvermögens;
4. entweder durch sofortige Vollzahlung oder meist allmählich durch fortlaufende kleine Beisteuern der Mitglieder werden die Geschäftsanteile derselben in der Genossenschaft gebildet, welche den Maß-

stab für Verteilung der Dividende abgeben und durch Zuschreibung der letzteren ein stets wachsendes Stammkapital der Genossenschaft darstellen;

5. die außerdem zum Geschäftsbetriebe erforderlichen Gelder werden anlehnsweise auf gemeinschaftlichen Kredit aller Mitglieder aufgenommen;
6. die Zugehörigkeit beschränkt sich nicht auf eine bestimmte Berufsklasse: städtische Gewerbetreibende, Beamte, Arbeiter wie Landwirte sind als Mitglieder beteiligt, und es wird auf diese Weise nicht bloß zwischen Stadt und Land, sondern allgemein zwischen allen Berufsarten ein Ausgleich zwischen Geldangebot und Geldnachfrage herbeigeführt;
7. wie die Genossenschaft eine Personalgesellschaft ist, so dient sie auch nur der Befriedigung des Personalkredits;
8. sind dementsprechend die gewährten Kredite auch in der Regel nur kurz befristet, so wird doch, soweit wie möglich, die Tilgung des gewährten Darlehns durch entsprechende Abschlagszahlungen zugelassen, was durch die Bildung eines ausreichenden eigenen Vereinsvermögens erleichtert wird;
9. mit fortschreitender Entwicklung wird die Kreditgenossenschaft für alle Geldangelegenheiten ihrer Mitglieder deren Bankier.

In so einfacher Weise unternimmt es die Kreditgenossenschaft, durch Vereinigung mehrerer kleiner Kräfte, von denen viele in ihrer Vereinzelung der Aufgabe kaum annähernd gewachsen wären, eine der größten wirtschaftlichen Schwierigkeiten zu beseitigen, und den Unbemittelten den Weg zum Emporkommen zu eröffnen. Es gelingt ihr bei vernünftigem Erfassen der Sache, alle, die sich durch Erfüllung der übernommenen Pflichten, durch Redlichkeit und Ordnung in Haushalt und Erwerb kredit*würdig* zeigen, kredit*fähig* zu machen und so dem sittlichen Halt ihrer Mitglieder die unentbehrliche wirtschaftliche Unterlage zu geben. Nichts aber ist wirksamer — unter Verwerfung aller sozialistischer Träumereien — die Landwirte und Handwerker auf den ewig unumstößlichen, aus der Natur des Menschen selbst abgeleiteten Grund- und Kernsatz zu verweisen: „daß der Mensch zwar von Natur Bedürfnisse, an welche sein Dasein geknüpft ist, zugleich aber auch Kräfte empfangen hat, deren rechter Gebrauch ihn zur Befriedigung jener Bedürfnisse führt."

II. Die Entstehung der Kreditgenossenschaften und die von ihnen erreichten Resultate.

Der zuerst von Schulze im April 1850 in Delitzsch gegründete Vorschußverein unterschied sich anfangs von den in Berlin 1848 und 1849 in großer Anzahl entstandenen, auf Unterstützung seitens der wohlhabenden Klassen mittels Geschenke und zinsfreier Darlehne berechneten, nur darin, daß er durchweg eine angemessene Verzinsung (bis 10 Prozent auf das Jahr) forderte, und von den Darlehnssuchern die Mitgliedschaft und Zahlung fortlaufender Monatssteuern von 1 Groschen verlangte, die für die einzelnen in der Kasse angesammelt und ihnen auf die empfangenen Darlehen zugute gerechnet wurden. Allerdings lag hierin bereits der Keim der späteren Einrichtung, wonach die Kreditbedürftigen selbst als Träger des ganzen Unternehmens herangezogen und zur eigenen Kapitalbildung angehalten wurden. Dennoch war die Wirksamkeit des Vereins, da man das eigentliche Betriebskapital in der angedeuteten Weise auf nur etwa 180—200 Taler zu bringen vermochte, eine höchst kümmerliche, dem Bedürfnis nicht im entferntesten entsprechende, wie dies bei solchen Grundlagen stets der Fall ist. Als man jedoch bei den seit 1849 von Schulze in den Städten Delitzsch und Eilenburg gegründeten Rohstoff-Assoziationen der Schuhmacher und Tischler die außerordentliche Wirksamkeit der solidarischen Haft der Mitglieder als Kreditbasis erprobt hatte, wagte man dieselbe auch auf die Vorschußvereine anzuwenden und dadurch deren Betriebskapital auf die dem Bedürfnis entsprechende Höhe zu bringen. Da inzwischen Schulze im Staatsdienste von Delitzsch abberufen wurde, so geschah der erste Versuch der Heranziehung fremden Kapitals auf diesem Wege, unter Beibehaltung der festen Mitgliedereinlagen, 1 Gr. monatlich, in Eilenburg durch zwei um das Gemeinwohl verdiente Männer, den Arzt Dr. Bernhardi I und den Schneidermeister Bürmann, welche den dortigen Darlehnskassenverein 1851 auf dieser Grundlage mit dem Erfolge eröffneten, daß bereits im ersten Jahre 8801 Taler, im zweiten 13336 Taler an Darlehen gewährt werden konnten. Erst als Schulze, nachdem er den Staatsdienst aufgegeben, nach Delitzsch zurückkehrte, wurde bei Reorganisation des Delitzscher Vereins im Herbst 1852 das System mit der eigenen Kapitalbildung für die Mitglieder, durch Einführung der Geschäftsanteile, des Guthabens derselben in der Genossenschaft von ihm durchgeführt. Anstatt der festen Beiträge der

Mitglieder und der demgemäß gleichen Verteilung des Geschäftsgewinns nach Köpfen, wurde die beliebige Erhöhung der Steuern, deren Mindestbetrag man, und zwar auf 2 Gr. monatlich, festsetzte, nachgelassen, und die Dividende nach Höhe des eingesteuerten Guthabens verteilt, wodurch man jenen großen Anreiz zum Sparen, zur Erhöhung der Einlagen hervorrief, auf den wir später zu sprechen kommen.

Den beiden in Delitzsch und Eilenburg gegründeten Vereinen folgte zunächst 1853 der Vorschußverein in dem benachbarten Zörbig, der, lediglich von einer Anzahl intelligenter Handwerker geleitet, sich in kurzer Zeit zu äußerst tüchtiger Wirksamkeit aufschwang, und weiter im Jahre 1854 die Vereine in Eisleben und Celle, im Jahre 1855 endlich die in Meißen und Bitterfeld, von denen der Meißener durch die ausgezeichnete Tätigkeit seines Mitgründers und Leiters, Advokat Hallbauer, namentlich im Königreiche Sachsen Bahn brechen half. Alle diese Vereine bekannten sich, gleich den späteren, zu den von Schulze vertretenen Grundsätzen und hielten sich im wesentlichen an das Statut des Delitzscher Vereins, welches sie alsdann im Laufe der Zeit, nach den verschiedensten Richtungen hin, ihren lokalen Bedürfnissen gemäß, weiter ausbildeten. Aber erst die im Jahre 1855 veröffentlichte erste Auflage dieses Buches brachte die Sache vollständig zum Durchbruche und seit 1856 verbreiteten sich die Vereine durch ganz Deutschland.

Zu der äußeren Verbreitung und inneren Kräftigung haben außer der Zeitströmung, welche Hand in Hand mit dem immer entschiedener sich fühlbar machenden Bedürfnis zur Genossenschaft hindrängte, mehrere Umstände mitgewirkt, welche auf die Regelung der Bewegung und immer solidere Begründung der daraus entspringenden Genossenschaften einen erheblichen Einfluß übten.

Zunächst gelang es Schulze, nachdem verschiedene Organe der deutschen Tagespresse, durch seine regelmäßigen Veröffentlichungen bestimmt, der Bewegung ihre Teilnahme und Aufmerksamkeit unausgesetzt zugewendet und ihre Resultate in den weitesten Kreisen verbreitet hatten, auf dem ersten Kongresse deutscher Volkswirte im Herbst 1858 zu Gotha, den er im Vereine mit einigen Freunden in das Leben gerufen hatte, durchzudringen und dort die von ihm in der deutschen Genossenschaftsbewegung vertretenen Prinzipien zur Anerkennung zu bringen. Eine vielfach günstigere Anschauung in volkswirtschaftlichen Kreisen war die nächste Frucht davon, und die schon vorbereitete Stimmung im Publikum, welche auf den Kredit, wie auf die ganze Stellung der Vereine durchaus günstig zurückwirkte, kam dem Bedürfnis der letzteren, für deren Ausbreitung sich auch die öffentlichen Verhältnisse inzwischen günstiger gestaltet hatten, überaus förderlich entgegen. Das Selbstgefühl, das Bewußtsein ihrer Bedeutung hob sich in den Vereinen sichtlich und führte schon 1859 zu dem Antrage aus ihrer Mitte an Schulze: einen Vereinstag auszuschreiben, auf welchem Abgeordnete der einzelnen Vorschußvereine die gemeinsamen Interessen derselben beraten, die gemachten Erfahrungen austauschen und gemeinsame Maßregeln für gemeinsame Zwecke einleiten sollten. So kam der erste Vereinstag von Genossenschaften im Juni 1859 in Weimar zustande. Seine Frucht war die Schaffung eines Zentral-Korrespondenzbureaus, als Zentralstelle der ganzen Bewegung, woraus sich in den nächsten Jahren der Allgemeine Verband der deutschen Erwerbs- und Wirtschaftsgenossenschaften entwickelte, der durch das auf dem Vereinstage zu Mainz im August 1864 angenommene „Organische Statut", welches im Jahre 1891 auf dem Allgemeinen Vereinstage zu Gera revidiert wurde, seine jetzige Gestalt erhielt.*) Es liegt nicht im Rahmen dieses Buches, eine Geschichte

*) Der Verband hat seinen Sitz in Berlin. Anwalt des Verbandes war von 1859 bis 1883 Schulze-Delitzsch, von 1883 bis 1896 Schenck, auf dem Allgemeinen Genossenschaftstage zu Wiesbaden (1896) wurde der jetzige Herausgeber dieses Buches zum Anwalt gewählt. Der Anwalt führt die Geschäfte des Verbands, dessen Zweck ist: a) die Förderung des Genossenschaftswesens im allgemeinen; b) die Fortbildung der Verfassung und der Einrichtungen der verbundenen Genossenschaften; c) die Wahrnehmung gemeinsamer Interessen mit vereinten Mitteln und Kräften; d) die Anknüpfung gegenseitiger Geschäftsbeziehungen. Jährlich findet ein Allgemeiner Genossenschaftstag statt, der durch Vertreter der verbundenen Vereine beschickt wird, und der als oberste Instanz, ohne irgend in die Selbständigkeit der einzelnen Vereine in deren speziellen Angelegenheiten einzugreifen, die gemeinsamen Angelegenheiten ordnet. Als Zwischenglieder zwischen diesem Zentralorgan und den einzelnen, über ganz Deutschland verbreiteten Vereinen sind sogenannte Unter- d. h. Provinzial- oder engere Landesverbände gebildet aus den Genossenschaften einzelner deutscher Länder, Provinzen oder auch einzelner Genossenschaftszweige, welche die Wahrnehmung der Sonderinteressen und den engeren Verkehr der einbezirkten Vereine, sowie die Vermittelung mit der Zentralstelle zum Zwecke haben. Indem sie dem allgemeinen Vereinstage durch besondere Versammlungen, die Unterverbandstage, vorarbeiten und ihre Erfahrungen austauschen, geben sie zugleich dem Anwalt Gelegenheit, sich durch den Besuch derselben von den Bedürfnissen dieser engeren Genossenschaftskreise zu unterrichten und in gegenseitiger persönlicher Verständigung den Zusammenhang mit der Gesamtbewegung aufrecht zu erhalten. Zurzeit bestehen 29 solcher Unterverbände, die von ihnen gewählten Vorstände

des deutschen Genossenschaftswesens zu geben. Nur einiger für die Entwicklung der Kreditgenossenschaften wichtiger Momente sei Erwähnung getan.

Neben diesen möglichst alle Berufsarten umfassenden Vorschuß-Vereinen entstanden in den 60er Jahren auf einen kleinen Bezirk beschränkte, nur aus Landwirten bestehende Darlehnskassenvereine, die sich in wichtigen Fragen der Organisation von jenen Genossenschaften unterschieden. Ihr Begründer ist der 1888 verstorbene Bürgermeister **Raiffeisen**, der in den 40er und 50er Jahren in den Gemeinden, die er als Bürgermeister verwaltete, Wohltätigkeitsvereine begründete und im Jahre 1864 den „Heddersdorfer Wohltätigkeitsverein" als ersten Darlehnskassenverein reorganisierte. Im Jahre 1877 vereinigte Raiffeisen die nach ihm benannten Darlehnskassen zu einem „Anwaltschaftsverbande", der seit 1889 sich „Generalanwaltschaftsverband ländlicher Genossenschaften für Deutschland" und seit 1899 „Generalverband ländlicher Genossenschaften für Deutschland (Raiffeisensche Organisation)" nennt. Die Darlehnskassen breiteten sich hauptsächlich im Westen Deutschlands aus. In Hessen und Baden jedoch nahmen die Kassen bald den Schulze-Delitzsch'schen Vereinen vielfach ähnliche Einrichtungen an, und da auch noch andere Meinungsverschiedenheiten zwischen den Leitern der Genossenschaftsbewegung in Hessen und Baden: Haas, Weidenhammer und Maerklin einerseits und Raiffeisen andererseits, entstanden, so gründeten jene, unter Mitwirkung von Schulze-Delitzsch im Jahre 1883 einen von Raiffeisen unabhängigen Verband, die „**Vereinigung der deutschen landwirtschaftlichen**

bilden den **Gesamt-Ausschuß** mit im Statut näher bezeichneten Obliegenheiten, außerdem steht dem Anwalt zur Seite der siebengliedrige vom Allgemeinen Genossenschaftstage aus den Direktoren (und deren Stellvertretern) der Unterverbände gewählte **Engere Ausschuß**. Als Organ des Allgemeinen Verbandes dienen die im Jahre 1854 begründeten **Blätter für Genossenschaftswesen** (früher unter dem Titel „Innung der Zukunft"), ferner gibt der Anwalt die jährlich erscheinenden „Jahrbücher"*) und die „Mitteilungen"*) über die Allgemeinen Genossenschaftstage heraus. 1865 begründeten die Vereine die **Deutsche Genossenschafts-Bank Sörgel, Parrisius & Co. A.-G.** in Berlin (seit 1871 mit der Kommandite in Frankfurt a. M.). Die Bank hat die Aufgabe, den Genossenschaften **bankmäßigen** Kredit zu geben, von ihrem verstorbenen Direktor Sörgel ist der **Giro-Verband** ins Leben gerufen, über den unten (9. Kap.) berichtet werden wird; an den Giro-Verband lehnt sich der **Scheck-Verband** (5. Kap.) an.

*) Verlag von J. Guttentag, G. m. b. H., Berlin.

Genossenschaften", seit 1890 „Allgemeiner Verband der deutschen landwirtschaftlichen Genossenschaften", seit 1903 „Reichsverband der deutschen landwirtschaftlichen Genossenschaften."

Im Laufe der Jahre hatte sich bei den Genossenschaften gezeigt, daß vielfach die sich findenden fehlerhaften Einrichtungen und Verstöße gegen die durch Erfahrung erprobten Grundsätze wesentlich auf Unkenntnis und Schwerfälligkeit der Leitung zurückzuführen waren und daß mit dem Austausch der Erfahrungen bei Gelegenheit der Verbandstage eine durchgreifende Verbesserung der Einrichtungen nicht überall zu erzielen war; man erkannte, daß an Ort und Stelle bei der Genossenschaft mit der Belehrung vorgegangen werden mußte. So entstand zuerst in den Unterverbänden des Schulze-Delitzsch'schen Allgemeinen Verbandes die sogenannte Verbands-Revision, die darin bestand, daß der Verband Personen wählte, welche von Zeit zu Zeit bei den angeschlossenen Genossenschaften Revisionen der Geschäftsführung vornehmen. Der Revisor erscheint dabei als Vertrauensmann der Genossenschaft, der die Einzelheiten der Geschäftsführung prüft, erforderlichenfalls auch eine kalkulatorische Revision vornimmt und mit Vorstand und Aufsichtsrat die bei der Revision vorgefundenen Fehler und Mängel der Einrichtungen durchspricht. Diese Einrichtung bewährte sich so ausgezeichnet, daß dieselbe durch das Genossenschaftsgesetz vom 1. Mai 1889 in zum Teil erweiterter und ausgebildeterer Form für obligatorisch erklärt wurde (§§ 53 ff.), vgl. 15. Kap.

Im Jahre 1867 war es Schulze-Delitzsch in Preußen gelungen, das erste Genossenschaftsgesetz zu erlangen, es folgten bald einzelne andere deutsche Staaten; am 4. Juli 1868 trat an Stelle der in Norddeutschland geltenden Einzel-Genossenschaftsgesetze das norddeutsche Genossenschaftsgesetz, welches bei Errichtung des Deutschen Reichs und in den folgenden Jahren seine Wirksamkeit über ganz Deutschland erstreckte. Bald zeigte sich, daß eine Revision dieses Gesetzes infolge der Ausbreitung und Entwicklung der Genossenschaften notwendig geworden war; aber erst im Jahre 1889 durch das Gesetz vom 1. Mai 1889 kam dieselbe zum Abschluß.

Abgeändert wurde das Gesetz von 1889 durch die Novelle vom 12. August 1896, die einige Sonderbestimmungen für die landwirtschaftlichen Genossenschaften brachte, besonders aber bestimmt war, der weiteren Entwicklung der Konsumvereine Schranken zu ziehen. Eine Reihe weiterer Änderungen des Genossenschaftsgesetzes enthielt Artikel 10 des Einführungsgesetzes zum H.G.B. vom 10. Mai 1897.

Im allgemeinen beziehen sich diese Änderungen nur auf die Anpassung des Genossenschaftsgesetzes an das neue B.G.B. und das neue H.G.B., als besondere Neuerung ist dagegen die Einführung des Nichtigkeitsverfahrens zu betrachten.

Im Laufe der letzten 10 Jahre hat sich gezeigt, daß das Genossenschaftsgesetz von 1889 von größerem Einfluß auf die Entwicklung des Genossenschaftswesens gewesen ist als ursprünglich wohl vorausgesetzt wurde. Es soll hier nicht untersucht werden, ob der Einfluß überall ein günstiger gewesen ist, nur einige Tatsachen sollen festgestellt werden. Zwei Momente kamen besonders in Betracht: die Zulassung von Genossenschaften mit beschränkter Haftpflicht und die Zulassung von Genossenschaften, die aus Genossenschaften gebildet werden. Hatte man vielleicht auch geglaubt, daß die Einführung der gesetzlichen Revision der Genossenschaften zu bedeutenden Umgestaltungen im Verbandsleben führen würde, so hat sich doch gezeigt, daß dies nicht der Fall gewesen ist. Die Zulassung von Genossenschaften mit beschränkter Haftpflicht war ein dringendes Bedürfnis (4. Kap. Abschn. III, Wahl der Haftart), freilich weniger für Kreditgenossenschaften als für andere Genossenschaftsarten; doch auch Kreditgenossenschaften mit bedeutendem eigenen Vermögen war die Zulassung der beschränkten Haftpflicht willkommen. Die beschränkte Haftpflicht hat aber wider Erwarten auch bei den Kreditgenossenschaften vielfach Eingang gefunden. Es sind in den letzten Jahrzehnten eine große Anzahl Kreditgenossenschaften mit beschränkter Haftpflicht ins Leben gerufen, wobei freilich geschäftliche und wirtschaftliche Grundsätze oft genug ganz außer acht gelassen wurden. Wie wir oben gesehen haben, liegt die Kreditfähigkeit der Genossenschaft in der Solidarität, in dem gegenseitigen Einstehen der Mitglieder für einander, und dieses Einstehen kommt am vollkommensten zum Ausdruck in der unbeschränkten Haftpflicht. Es ist denkbar, daß auch mit der beschränkten Haftpflicht eine entsprechende Kreditunterlage geschaffen werden kann, wenn nämlich Geschäftsanteil und Haftsumme (diese Begriffe werden im 4. Kapitel erörtert werden), entsprechend hoch bemessen sind. Nun sind aber gerade Kreditgenossenschaften vielfach gegründet, bei denen man sich nicht nur mit der beschränkten Haftpflicht begnügte, sondern auch Geschäftsanteil und Haftsumme denkbar niedrig festsetzte. Nicht überraschen konnte es, daß diese Kreditgenossenschaften nicht den nötigen Kredit fanden, um das Kreditbedürfnis ihrer Mitglieder zu befriedigen. Und wenn heute untersucht wird, in welchen Kreisen der Kreditgenossenschaften behauptet wird, daß die Selbsthilfe zur Befriedigung des Kreditbedürfnisses nicht ausreicht, daß Staatshilfe notwendig ist, so wird man wohl ausnahmslos solche Genossenschaften antreffen, die infolge ihrer verfehlten und mangelhaften Organisation nicht imstande sind, das notwendige Betriebskapital heranzuziehen.

Die Zulassung der Gründung von Genossenschaften mit beschränkter Haftpflicht führte ganz naturgemäß zu einer großen Vermehrung der Genossenschaften, denn Geschäftsanteil und Haftsumme konnten so niedrig bemessen werden, daß sich aus der Mitgliedschaft bei der Genossenschaft ein Risiko nicht ergab. Dazu kam nun noch als zweites Moment die Zulassung von Genossenschaften, die aus Genossenschaften gebildet werden (S. 64). Diese Genossenschaftsbildung hat zur weitgehendsten Zentralisation auf dem Gebiet des Genossenschaftswesens geführt. Und gerade in jenen genossenschaftlichen Kreisen, in denen man das Prinzip der Lokalisierung vor allem hoch hielt und verteidigte, in den Kreisen der landwirtschaftlichen Genossenschaften, ist man nun zur weitgehendsten Zentralisation übergegangen, hat Genossenschaften gegründet, die sich über ganze Bundesstaaten, über ganz Deutschland erstrecken. Die sich hieraus ergebenden Gefahren für die Einzelgenossenschaften liegen auf der Hand, sie brauchen hier nicht näher erörtert zu werden. Die Fälle sind heute gar nicht so selten, wo eine Genossenschaft bei einer ganzen Anzahl von Zentralen Mitglied ist, und wo die Zentralgenossenschaften wieder beieinander die Mitgliedschaft erwerben, so daß indirekt durch seine Genossenschaft ein Mitglied vielleicht Dutzenden von Genossenschaften angehört. Während die beschränkte Haftpflicht das Risiko begrenzen soll, führt die Zentralisation zu einer Steigerung des Risikos.

Wirkten diese Momente schon auf die Ausbreitung des Genossenschaftswesens ein, so kam vor allem noch hinzu die staatliche Förderung. Der Grundsatz „Selbsthilfe ergänzt durch Staatshilfe“ wurde das Leitmotiv überall dort, wo Staatsmittel flüssig gemacht werden sollten, um Genossenschaften ins Leben zu rufen, sie mit den notwendigen Betriebskapitalien auszustatten. Es begann Preußen mit der durch Gesetz vom 31. Juli 1895 geschaffenen Preußischen Zentral-Genossenschaftskasse, deren Zweck die Förderung des genossenschaftlichen Personalkredits ist; als Grundkapital dienten der Kasse zuerst 5 Millionen Mark, heute 50 Millionen Mark. Die übrigen deutschen Staaten folgten dem Beispiele Preußens, und viele Millionen werden heute von den einzelnen Staaten aufgewandt, um den Genossenschaften Betriebskapitalien zuzuführen, Kornhausgenossenschaften zu errichten, Betriebswerkstätten auszubauen, den Handwerkern die Maschinenanschaffungen zu erleichtern usw. Da ist es kein Wunder, daß Tausende und Abertausende von Genossenschaften in den letzten Jahren gegründet sind. Es sind insbesondere Kreditgenossenschaften gegründet ohne Rücksicht, ob ein Bedürfnis vorhanden, ob die geeigneten Kräfte zur Leitung zu finden sind. Nicht selten bleiben die Kreditgenossenschaften auf dem Papier stehen oder leihen vielleicht das ihnen von der Zentrale aus zugeführte Betriebskapital an die Mitglieder aus, um damit bis auf weiteres die Tätigkeit einzustellen. Auflösungen von Genossenschaften sind vorgekommen, die ihren Geschäftsbetrieb gar nicht eröffnet haben, an anderen Stellen scheut man die Auflösung wegen der damit verbundenen Kosten.

Der Grundsatz der Schulze-Delitzschschen Kreditgenossenschaften ist es, sich möglichst auf alle Berufsstände zu erstrecken in der Erwägung, daß dadurch am leichtesten das Kreditbedürfnis der Genossenschaft und ihrer Mitglieder befriedigt werden kann. In den 90er Jahren wurden im Gegensatz zu diesem Grundsatz der Schulze-Delitzschschen Kreditgenossenschaften unter Übertragung der Neuwieder Grundsätze vielfach für das Handwerk Handwerker-Kreditgenossenschaften gegründet. Man ging dabei soweit, solche Genossenschaften selbst für einzelne Innungen ins Leben zu rufen. Diese Bewegung hat sich nun inzwischen als vollkommen verfehlt erwiesen, die meisten dieser Handwerker-Kreditgenossenschaften sind wieder eingegangen, oder, wo sie bestehen geblieben, haben sie den ursprünglichen Grundsatz aufgegeben und sich zu dem Schulze-Delitzschschen Grundsatz bekannt, den Geschäftsbetrieb auf alle Berufsstände zu erstrecken. Wir kommen auf diese Frage im 4. Kapitel V zurück.

Am 31. März 1903 bestanden in Deutschland 13481 Kreditgenossenschaften.

Eine umfassende Statistik über die Geschäftstätigkeit dieser Kreditgenossenschaften zu geben, ist leider zurzeit unmöglich. In dem Jahrbuch des Allgemeinen Verbandes deutscher Erwerbs- und Wirtschaftsgenossenschaften für 1902 findet sich eine Zusammenstellung der Geschäftsergebnisse von 10426 Kreditgenossenschaften; wir lassen dieselbe nachstehend folgen:

Verbände.	Zahl der berichtenden Kreditgenossenschaften.	Zahl der Mitglieder.	Umsatz (Einnahmen und Ausgaben zusammen). Mk.	Betrag der gewährten Kredite. Mk.	Betrag der am Jahresschluß ausstehenden Kredite. Mk.	Aktiva, Summe. Mk.	Geschäftsguthaben der Mitglieder. Mk.	Reservefonds. Mk.	Angeliehene fremde Gelder. Mk.	Angaben für das Jahr
1. Allgemeiner Verband der deutschen Erwerbs- und Wirtschaftsgenossenschaften, Kreditgenossenschaften . .	899	533888	?	2492723163	749889562	924528547	147732657	54145507	701315431	1902
2. Allgemeiner Verband der deutschen landwirtschaftlichen Genossenschaften, Spar- und Darlehnskassen[1]	5302	435001	1059342240	214763769	432436062	507453648	10925885	11131304	382570265	1901
3. Generalverband ländlicher Genossenschaften für Deutschland in Neuwied. Darlehnskassen[1]	2983	265742	405246313	?	159904286	206793976	2097232	4976617[2])	198214008	1901
4. Verband landwirtschaftlicher Genossenschaften in Württemberg, Darlehnskassenvereine[1])	891	86702	105030622	?	?	46596991	1404273	1437410	2462049	1901
5. Revisionsverband schlesischer Genossenschaften in Breslau	11	8061	108498937[3])	?	5504621	4730546[3])	1226369	212224	4880500	1902
6. Trierischer Revisionsverband	191	15144	27972991	10325376	7302670	15711070	95697	348011	15601632	1902
7. Kredit-Genossenschaften in Württemberg	101	45496	?	126333148	56916039	68561058	17065373	4523659	45560862	1902
8. Verband hannoverscher gewerblicher Genossenschaften zu Osnabrück	48	5442	37693171	?	?	?	892684	158643	?	1902

[1]) Haben auch die Beschaffung der Rohstoffe im landwirtschaftlichen Betriebe ihrer Mitglieder zur Aufgabe.
[2]) 3 837 326 Mk. Stiftungsfonds. 1 139 291 Mk. Reservefonds.
[3]) Von 1901.

Ein Bild über die Entwicklung der Schulze-Delitzschschen Kreditgenossenschaften innerhalb des Allgemeinen Verbandes gibt die nachstehende Tabelle:

Rechnungsjahr.	Zahl der berichtenden Genossenschaften.	Mitgliederzahl.	Gewährte Kredite und Prolongationen. Mk.	Eigenes Vermögen: Geschäftsguthaben der Mitglieder. Mk.	Eigenes Vermögen: Reserven. Mk.	Aufgenommene fremde Gelder. Mk.	Am Jahresschluß ausstehende Kredite. Mk.
1859	80	18 676	12 394 308	738 003	92 535	3 042 435	?
1865	498	169 595	202 709 709	13 328 637	1 229 037	52 970 328	61 026 438
1870	740	314 656	622 854 861	40 347 456	3 642 525	137 997 486	166 452 981
1875	815	418 251	1 495 648 437	83 542 008	8 427 981	330 164 901	389 951 002
1880	906	460 656	1 447 526 317	102 029 366	16 398 062	364 449 945	437 707 818
1885	896	458 080	1 533 840 929	107 841 112	21 581 595	401 801 383	467 225 107
1890	1072	518 003	1 641 574 191	117 079 868	28 475 381	453 826 256	538 412 010
1895	1068	525 748	1 659 305 785	125 791 326	37 693 574	467 123 041	569 394 402
1900	870	511 061	2 276 855 864	133 264 449	44 987 176	609 926 058	672 231 131
1902	899	533 888	2 492 723 163	147 732 657	54 145 507	701 315 431	749 889 562

An der Mitgliederstatistik des Jahrbuches für 1902 beteiligten sich 862 Kreditgenossenschaften mit 478 753 Mitgliedern, die sich nach Berufsarten wie folgt verteilen:

I.	Selbständige Landwirte, Gärtner, Förster, Fischer	136 380
II.	Gehilfen und Arbeiter bei der Land-, Forstwirtschaft, Gärtnerei und Fischfang	13 135
III.	Fabrikanten, Bergwerksbesitzer und Bauunternehmer	17 545
IV.	Selbständige Handwerker	117 441
V.	Fabrikarbeiter, Bergarbeiter, Handwerksgesellen	31 896
VI.	Selbständige Kaufleute und Händler	47 440
VII.	Handlungs-Kommis und sonstige kaufmännische Gehilfen	4 958
VIII.	Fuhrherrn, Schiffseigentümer, Gast- und Schankwirte	22 539
IX.	Briefträger, untere Eisenbahn-, Telegraphen- oder Postbeamte, Eisenbahnarbeiter, unselbständige Schiffer, Kellner	11 860
X.	Dienstmänner, Dienstboten	3 875
XI.	Ärzte, Apotheker, Lehrer, Künstler, Schriftsteller, Kirchen-, Staats- und Gemeinde-Beamten	32 363
XII.	Rentiers, Pensionäre und andere Personen ohne Berufsübung	39 321

Zweites Kapitel.

Die gesetzlichen Erfordernisse zur Errichtung von Kreditgenossenschaften.

Für die gesetzlichen Erfordernisse zur Errichtung einer Kreditgenossenschaft ist maßgebend das Reichsgesetz, betreffend die Erwerbs- und Wirtschaftsgenossenschaften vom 1. Mai 1889, abgeändert durch Gesetz vom 12. August 1896, und durch Art. 10 des Einf.-Ges. zum H.G.B. vom 10. Mai 1897, in neuer Fassung bekannt gemacht durch den Reichskanzler unter dem 14. Juni 1898 in Nr. 25 des R.G.Bl. S. 810 ff. — falls die Genossenschaft sich diesem Gesetze unterstellen will, denn ein Zwang dazu besteht nicht.*)

*) In der 5. Auflage (1876) schrieb Schulze: „Die erste bei Gründung eines Vorschuß- und Kreditvereins sich aufdrängende Frage, ob dazu eine Genehmigung seitens der Staatsbehörden notwendig sei, ist gegenwärtig in sämtlichen deutschen Staaten, wenn auch nicht ohne mancherlei Kämpfe, zugunsten der Freiheit entschieden. In der Tat konnte dies auch nicht anders geschehen, da diese Vereine, man mag sie als Sozietäten, gewerbliche und Handelsgesellschaften oder als Vereine im eigentlichen Sinne auffassen, ihrem Gegenstande nach einen durchaus erlaubten und rein privaten Zweck verfolgen, zu dessen Erreichung sich Staatsbürger jeder Zeit, ohne einer Konzession zu bedürfen, verbinden können. Selbst das 1850 von der vormaligen deutschen Bundes-Zentralstelle ausgegangene Vereinsgesetz fordert doch nur bei solchen Gesellschaften, welche sich mit politischen oder religiösen Gegenständen beschäftigen, oder eine Einwirkung auf öffentliche Angelegenheiten bezwecken, die Genehmigung, nach Befinden die Anzeige bei der Behörde. Daß aber die Aufgabe, sich die zu seinem Geschäfte oder zu seiner Wirtschaft nötigen Geldmittel zu verschaffen, welche unsere Vereine für ihre Mitglieder zu lösen suchen, zu den allerprivatesten Angelegenheiten derselben gehört und völlig der Sorge und dem freien Ermessen der einzelnen überlassen werden muß, steht ebenso fest, als daß der Staat durch jede Einmischung und Bevormundung hierbei sich nur ein für ihn unlösbares Problem und eine ungeheuere Verantwortlichkeit aufbürden würde. War aber hiernach die Errichtung und die Existenz unserer Vereine als erlaubter Privat-Gesellschaften dem öffentlichen Rechte gegenüber freigegeben, so blieb dagegen ihre privatrechtliche Stellung, ihre Vermögensfähigkeit und Rechtsverfolgung, noch in mehr als einer Rücksicht zweifelhaft, und sie befanden sich in ziemlich ungünstiger Lage, indem die bisherige Zivil-Gesetzgebung bei ihrer

In diesem Buche haben wir es nur mit den eingetragenen Genossenschaften zu tun, d. h. denen, die auf dem Genossenschaftsgesetz beruhen, und es wird schwerlich auch heute eine Kreditgenossenschaft noch gegründet werden, die sich nicht unter das Genossenschaftsgesetz stellt, denn das Gesetz bietet insbesondere folgende Vorteile:

1. Die eingetragene Genossenschaft hat als solche selbständig ihre Rechte und Pflichten, sie kann Eigentum und andere dingliche Rechte an Grundstücken erwerben, vor Gericht klagen und verklagt werden, sie gilt als Kaufmann im Sinne des Handelsgesetzbuches mit allen Rechten und Pflichten eines solchen (z. B. formlose Abschließung von Handelsgeschäften, Buchführung); — der nicht eingetragenen Genossenschaft fehlen diese Rechte, ihr Vorstand handelt nicht als Vertreter der Genossenschaft, wenn der Verein auch bis zu einem gewissen Grade Vermögensrechte erwerben kann, sondern als Bevollmächtigter der Mitglieder; wichtige Rechtshandlungen müßten die Vorstandsmitglieder auf ihren eigenen Namen vornehmen, wodurch Weitläufigkeiten und oft auch Schwierigkeiten entstehen; der Verein kann nicht klagen, kann auf seinen Namen keine Grundstücke erwerben.

2. Da die eingetragene Genossenschaft rechtliche Selbständigkeit besitzt, haftet deren Gläubigern auch zunächst nur das Vermögen der Genossenschaft, und die Geltendmachung der persönlichen Haftpflicht der Mitglieder ist gesetzlich, unter möglichster Schonung der Mitglieder, geregelt — bei der nicht eingetragenen Genossenschaft fehlt für die Mitglieder diese Rechtssicherheit.

3. Die eingetragene Genossenschaft kann die persönliche Haftpflicht der Mitglieder beschränken — bei der nicht eingetragenen Genossenschaft ist die Zulassung einer solchen Beschränkung jedenfalls zweifelhaft. Maßgebend sind die Bestimmungen des B.G.B. über das Gesellschaftsrecht (§§ 705 ff.).

4. Die Verhältnisse der eingetragenen Genossenschaft, wie die von Vorstand, Aufsichtsrat und Mitgliedern unter einander sind gesetzlich

---

Kodifizierung des Gesellschaftsrechts sie gar nicht kannte und daher nicht im entferntesten auf ihre Bedürfnisse dabei Rücksicht nehmen konnte. Diese Lage besserte sich auch durch die Einführung des Allgemeinen deutschen Handelsgesetzbuches nicht, da dasselbe die ganze Genossenschaftsbewegung, trotz der bedeutenden Ausdehnung, welche dieselbe inzwischen gewonnen hatte, ebenfalls vollständig übersah und nur die Handels- oder kaufmännischen Gesellschaften in erschöpfender, dem praktischen Bedürfnisse entsprechender Weise behandelte." Erst die spezielle Genossenschaftsgesetzgebung, welche das ureigenste Werk Schulzes ist, sicherte auch die privatrechtliche Stellung der Genossenschaften.

geordnet — für die nicht eingetragene Genossenschaft fehlen entsprechende Vorschriften, da die Gesellschaft des B.G.B. keine Rechtspersönlichkeit besitzt.

Setzen nun die nachfolgenden Abschnitte auch eine eingetragene Genossenschaft voraus, so sind sie zum größten Teil für nicht eingetragene Genossenschaften nicht bedeutungslos, da deren Geschäftsbetrieb im wesentlichen nach den für die eingetragenen Genossenschaften geltenden Grundsätzen geleitet wird.

Die Erfordernisse, denen die Genossenschaften genügen müssen, um die Eintragung in die öffentlichen Register, und damit die angegebenen Vorteile zu erlangen, bestehen der Hauptsache nach:

1. in schriftlicher Abfassung des Statuts (Gesellschaftsvertrags);
2. in der Aufnahme gewisser Normativ-Bestimmungen in das Statut, der Innehaltung gewisser Regeln und Übernahme gewisser Verpflichtungen dem Registergericht gegenüber:
3. in der Anmeldung des Gesellschaftsvertrags und späterer Abänderungen desselben, sowie der Vorstandswahlen beim Registergericht behufs der Eintragung in das Genossenschaftsregister.

Die Unterstellung unter das Gesetz wahrt den Kreditgenossenschaften ihren streng privatrechtlichen Charakter, nur das Genossenschaftsgesetz ist für dieselben maßgebend.

Der Verkehr mit dem Gericht gestaltet sich an der Hand der gebotenen Hilfsmittel so einfach, daß ein jeder sich in denselben hineinfinden kann.*) Die durch die Unterstellung unter das Gesetz entstehenden Kosten beschränken sich, insoweit nicht gerade Bekanntmachungen erforderlich werden, auf die geringen Schreibgebühren und Portoauslagen, da alle Eintragungen und Verhandlungen über dieselben für die Genossenschaften gebührenfrei sind.

*) Den Genossenschaften ist für den Verkehr mit dem Gericht das „Formularbuch zum Reichsgesetz, betreffend die Erwerbs- und Wirtschafts-Genossenschaften", von Parisius und Crüger (Verlag von J. Guttentag, G. m. b. H. in Berlin), dritte Auflage, 1900, zu empfehlen.

Drittes Kapitel.

Die Gründung der Genossenschaft und ihre Eintragung in das Genossenschaftsregister.

I. Die Gründung.

Von den lokalen Verhältnissen wird es abhängen, in welcher Weise die Gründung einer Kreditgenossenschaft einzuleiten ist. In der Regel wird man zunächst die öffentliche Meinung dem Unternehmen günstig zu stimmen suchen, durch Vorträge wird das Publikum aufgeklärt, dann läßt man in einer größeren Versammlung eine Kommission zur Bearbeitung des Statuts einsetzen, diese entwirft das Statut, ladet die zu einer Versammlung ein, die bereit sind, der zu gründenden Genossenschaft beizutreten, und legt dieser Versammlung das Statut zur Annahme vor. Ist das Statut in derselben durchberaten, so wird unmittelbar darauf zur Unterzeichnung des Statuts aufgefordert. Das zu unterzeichnende Statut braucht nicht geschrieben zu sein, es kann gedruckt*) sein; die Unterschriften sind nicht zu beglaubigen, es genügt für das Statut die schriftliche Form ohne Beglaubigung oder sonstige Erschwernisse (§ 5 d. Ges.). Mit der Unterzeichnung ist die Genossenschaft gegründet.

Über das Statut siehe Formular 1. Es sei hier nur erwähnt, daß §§ 6, 7, 36 und 131 d. Ges. diejenigen Bestimmungen angeben, welche in dem Statut geregelt sein müssen, §§ 8 und 134 die, die nur durch das Statut getroffen werden können. Im unmittelbaren Anschluß an die Unterschrift des Statuts haben die Wahlen der Vorstands- und Aufsichtsratsmitglieder zu erfolgen und zwar ist dabei nach den Vorschriften des eben angenommenen Statuts zu verfahren. Die Leitung der Versammlung bleibt zunächst noch bei dem, der bis dahin den Vorsitz geführt hat.

Nach dem im letzten Kap. abgedruckten Statut soll der Vorstand von der Generalversammlung auf Vorschlag des Aufsichtsrates gewählt

*) Im Interesse der Kostenersparnis empfiehlt es sich, eine größere Anzahl Exemplare des Statuten-Entwurfs zur Verteilung drucken, den Satz aber stehen zu lassen, um etwaige Änderungen ohne größere Kosten vornehmen zu können; der Satz muß dann bis nach der Eintragung des Statuts in das Genossenschaftsregister stehen bleiben, da die endgültige Herstellung des Statuts durch Druck mit Sicherheit erst dann erfolgen kann.

werden. Es muß daher zunächst der Aufsichtsrat bestellt werden, die Wahl erfolgt nach § 15 des Statuts. Nach vollzogener Wahl konstituiert sich der Aufsichtsrat nach Maßgabe des § 18 des Statuts und macht sich über die Vorschläge zu den einzelnen Vorstandsstellen schlüssig.*) Darauf übernimmt der Vorsitzende des Aufsichtsrates den Vorsitz in der Generalversammlung und schlägt namens des Aufsichtsrates die Kandidaten für den Vorstand vor. Über das Wahlverfahren siehe § 4 des Statuts und die Anmerkungen, sowie weiter unten 6. Kap. III. Ist auch die Wahl der Vorstandsmitglieder erfolgt, so hat sich die Genossenschaft mit ihren Organen konstituiert, die Versammlung kann geschlossen werden und der Vorstand hat die Anmeldung nach § 11 d. Ges. zum Genossenschaftsregister zu bewirken. Bemerkt sei noch, daß auf die Fassung des Statuts die größte Sorgfalt zu verwenden ist, denn würde die Eintragung beanstandet und müßten Änderungen vorgenommen werden, so könnten diese nur von denen beschlossen werden, die das Statut unterzeichnet haben; die sich vielfach findende Schlußbestimmung des Statuts, nach welcher Vorstand und Aufsichtsrat ermächtigt werden, die Änderungen selbständig vorzunehmen, von welchen das Gericht die Eintragung abhängig macht, ist ungültig, da nach § 16 d. Ges. nur die Generalversammlung Änderungen des Statuts beschließen kann. Über die Gründung und Konstituierung der Genossenschaft, sowie die Wahl von Vorstand und Aufsichtsrat ist ein Protokoll aufzunehmen, das nach § 37 des Statuts zu unterzeichnen ist; vgl. Formular 4.

II. Die Anmeldung zur Eintragung und die Eintragung.

Der Vorstand ist verpflichtet, nach Maßgabe des § 11 d. Ges. das Statut, sowie die Mitglieder des Vorstandes zur Eintragung in das Genossenschaftsregister anzumelden. Die Anmeldung ist durch sämtliche Mitglieder des Vorstandes persönlich zu bewirken oder schriftlich einzureichen, dann müssen jedoch die Unterschriften beglaubigt sein; die Beglaubigung kann durch den Gemeindevorsteher oder die Polizeibehörde erfolgen.

Der Anmeldung ist beizufügen:

1. Das unterschriebene Original-Statut und eine einfache unbeglaubigte Abschrift desselben. Wie das Original-Statut, so kann auch die „Abschrift" durch Druck hergestellt sein; die Abschrift braucht nicht unterschrieben zu sein;

*) Selbstverständlich muß man sich schon vor der Versammlung über die Vorschläge verständigt haben.

2. eine Liste der Genossen, welche das Statut unterzeichnet haben; die Liste braucht nicht alphabetisch geordnet zu sein, zweckmäßig ist es, die Liste nach dem Formular aufzustellen, welches der Bekanntmachung, betr. die Führung des Genossenschaftsregisters vom 1. Juli 1899, beigegeben ist, jedenfalls ist jedes Mitglied mit Vor- und Zunamen und Wohnort aufzuführen;
3. eine einfache unbeglaubigte Abschrift des Protokolls über die Wahlen der Vorstands- und Aufsichtsratsmitglieder.

Erfolgt die Anmeldung persönlich, so haben die Mitglieder des Vorstandes zugleich ihre Unterschriften vor dem Gericht zu zeichnen; bei schriftlicher Anmeldung muß die Zeichnung wie die Anmeldung selbst beglaubigt sein, beides kann verbunden werden.

Hierauf erfolgt die Eintragung, dem Vorstand geht von dem Gericht die beglaubigte Abschrift des Statuts mit der Bescheinigung der erfolgten Eintragung zu und mit der Eintragung hat die Genossenschaft die Rechte einer eingetragenen Genossenschaft erworben (vgl. § 13 d. Ges.).

Für die Richtigkeit der Anmeldungen und Einreichungen sind die Vorstandsmitglieder dem Gerichte bei Strafe verantwortlich (§ 147 d. Ges.).

Über Anmeldungen, Anzeigen und Erklärungen zum Gericht vgl. § 6 und § 7 der Bekanntmachung vom 1. Juli 1899*). Nach § 30 d. Ges. hat der Vorstand ein „Verzeichnis der Genossen“ zu führen, das mit der von dem Registergerichte geführten Liste der Genossen in Übereinstimmung zu halten ist infolgedessen hat der Vorstand das Verzeichnis nach dem Formular anzulegen, welches in der Bekanntmachung, betr. Führung des Genossenschaftsregisters für die Gerichte vorgeschrieben ist. In dieses Verzeichnis sind die Mitglieder unter den Nummern einzutragen, unter denen sie von dem Gericht eingetragen sind und welche von dem Gericht der Genossenschaft mitgeteilt werden.

Außer diesem Verzeichnis hat der Vorstand noch ein Verzeichnis der Mitglieder anzulegen, in das diese in alphabetischer Reihenfolge eingetragen werden, um die Auffindung der Mitglieder zu erleichtern.

Notwendig ist auch die Anlegung eines besonderen Aktenstückes zur Aufnahme der gerichtlichen Benachrichtigungen über die Eintragungen in die Liste der Genossen, der Todesanzeigen usw.

---

*) Formulare zu Anmeldungen usw. sind in dem Formularbuch von Parisius u. Crüger enthalten, die wichtigsten auch am Schluß dieses Buches mitgeteilt.

Viertes Kapitel.

Haftbarkeit und Mitgliedschaft. Geschäfte mit Nichtmitgliedern.

I. Umfang der Haftpflicht.

Wir müssen unterscheiden die Haftbarkeit der Mitglieder mit ihren Einzahlungen auf den Geschäftsanteil und ihre persönliche Haftpflicht für den Fall, daß das Vermögen der Genossenschaft nicht zur Befriedigung der Gläubiger reicht.

Die Einzahlungen auf den Geschäftsanteil stehen statutarisch*) fest (§ 7 Abs. 2 d. Ges.), sie bilden einen Teil des Vereinsvermögens, das den Gläubigern für die Verbindlichkeiten der Genossenschaft haftet; insoweit die Einzahlungen aber zur Deckung von Verlusten nicht in Anspruch genommen werden, sind sie den Mitgliedern nach ihrem Ausscheiden zurückzuzahlen (§ 73 d. Ges.).

Die persönliche Haftpflicht der Mitglieder ist nach zwei Richtungen hin zu erörtern: nämlich dem Umfange nach und dann der Art nach, in der sie durch die Gläubiger (oder die Genossenschaft) geltend gemacht wird.

Das Genossenschaftsgesetz enthält drei Haftarten: die unbeschränkte Haftpflicht, die unbeschränkte Nachschußpflicht, die beschränkte Haftpflicht. Ehe wir die Bedeutung der verschiedenen Haftarten besprechen, sei ein kurzer Rückblick über ihre Entstehung vorausgeschickt.

Die ersten Genossenschaften entstanden im Gebiete des preußischen Allgemeinen Landrechts, ihre Mitglieder hafteten nach Lage der Gesetzgebung für die Rechtsgeschäfte der Genossenschaft direkt, unbeschränkt und solidarisch. Sehr bald nach Entstehen der ersten Genossenschaften zeigte sich, daß diese weitgehendste Haftpflicht der Mitglieder die geeignete Kreditbasis war, fremde Kapitalien in entsprechender Höhe herbeizuziehen, die sie noch weniger wie Großbanken als Ergänzung der Betriebsmittel entbehren können, da sich bei ihnen nur langsam durch kleine Beträge, wie sie ihre Mitglieder eben erschwingen können,

*) Nur im Falle des § 50 d. Ges. unterliegt die Festsetzung der Einzahlungen der Beschlußfassung durch die Generalversammlung.

eigene Mittel bilden. Die wirtschaftliche Geltung, das ökonomische Gewicht der meist weniger bemittelten Mitglieder der Genossenschaften, das, was sie als Garantien ihren Gläubigern gegenüber einzusetzen haben, besteht nicht in bereits geborgenem Erwerb, sondern in ihrer Erwerbsfähigkeit; nicht in greifbaren früheren, sondern in der Aussicht auf zukünftige Erfolge, zu denen sie sich durch ihre Kreditinstitute den Weg bahnen wollen. Lassen sich nun auch die Gläubiger an dieser Anweisung auf die Zukunft genügen: die Leistungsfähigkeit des vereinzelten kleinen und mittleren Gewerbetreibenden jeder Art ist und bleibt in ihren Augen eine zu geringe Sicherheit für die Kapitalanlage, weil sie, selbst beim besten Willen des Schuldners, einer außerhalb aller Berechnung liegenden Menge von Zufälligkeiten unterworfen ist und die Resultate zu wenig in der Gewalt hat. Nur wenn eine größere Gesamtheit solcher Personen die Zufälle und das Mißlingen bei einzelnen überträgt und alle gegenseitig für einander einstehen, ist die erforderliche Garantie gegeben, von welcher der Kredit abhängt. Daß auf diese Weise das erforderliche Geld zu haben ist, beweisen die tausende der allerorts in das Leben gerufenen Kreditgenossenschaften und die Summe der ihnen zugeflossenen fremden Gelder.

Die unbeschränkte Haftpflicht ging dann in das Preußische Genossenschaftsgesetz vom 27. März 1867 und von dort in das Deutsche Genossenschaftsgesetz vom 4. Juli 1868 über. Nur Bayern und Sachsen hatten zunächst für ihre Sondergesetzgebung eine Ausnahmestellung für Zulassung der beschränkten Haftpflicht neben der unbeschränkten Haftpflicht eingenommen, mußten dieselbe aber zugunsten der einheitlichen Reichs-Genossenschafts-Gesetzgebung aufgeben. Bis zu dem Gesetz von 1889 blieb dann die unbeschränkte Haftpflicht die allein zulässige Haftart der Genossenschaften; dieselbe aber hatte dadurch, daß die Genossenschaften die Rechtspersönlichkeit erlangten, einen anderen Charakter angenommen. Aus der unbeschränkten direkten, von jedem Gläubiger gegen jedes Mitglied — vor der Gesetzgebung nämlich — geltend zu machenden Haftpflicht war durch das Gesetz eine bürgschaftsartige Haftpflicht geworden; die Gläubiger mußten sich zunächst an das Vermögen der Genossenschaft halten und konnten deren Mitglieder nur insoweit in Anspruch nehmen, als sie in dem Genossenschaftsvermögen nicht Befriedigung fanden. Und durch das Gesetz vom 4. Juli 1868 wurde noch die weitere Verbesserung dadurch getroffen, daß zur Vermeidung der Regreßprozesse unter den Mitgliedern wegen ihrer an die Gläubiger geleisteten Zahlungen ein Umlageverfahren zur Aufbringung des zur Deckung eines von den Gläubigern im Konkurse der Genossenschaft erlittenen Ausfalls vorgesehen wurde (S. 47).

Die Entwicklung der Kreditgenossenschaften auf der Grundlage eines bedeutenden eigenen Vereinsvermögens, das immer stärkere Hervortreten von Genossenschaften mit geringen Kreditbedürfnissen, die in einzelnen Landesteilen durch Zusammenbrüche großer Kreditgenossenschaften hervorgerufene Furcht vor der unbeschränkten Haftpflicht, die in Aussicht stehende Revision des Genossenschaftsgesetzes, welche von konservativer Seite (Antrag Ackermann) benutzt werden sollte, um die Genossenschaften unter Kommunal-Aufsicht zu stellen, schließlich die Lösung der Frage, wie die persönliche Haftpflicht mit der beschränkten Haftpflicht zu verbinden sei unter voller Erhaltung der Genossenschaft als Personalgesellschaft — alle diese Umstände führten dahin, daß die Genossenschaften selbst im Jahre 1881 die Zulassung der beschränkten Haftpflicht neben der unbeschränkten Haftpflicht durch das erwartete Genossenschaftsgesetz billigten.*)

Der im Jahre 1888 dem Reichstage vorgelegte Entwurf des neuen Genossenschaftsgesetzes enthielt zwei Haftarten:

die unbeschränkte Haftpflicht und
die beschränkte Haftpflicht.

Die Verhandlungen im Reichstage führten zur Aufnahme noch einer, der dritten Haftart:

der unbeschränkten Nachschußpflicht.

Diese letztere Haftart ist auch eine unbeschränkte Haftpflicht insoweit, als die Mitglieder unbeschränkt persönlich haftbar sind; sie unterscheidet sich von der Genossenschaft mit unbeschränkter Haftpflicht nur durch die verschiedene Art der Geltendmachung der Haftpflicht, worauf wir unter „Haftvollzug" zu sprechen kommen.

---

*) Schulze hat sich schon früher in diesem Sinne geäußert, sein Widerstand galt hauptsächlich einer Beschränkung der Haftpflicht auf die Geschäftsanteile, was allerdings mit einer „Kapitalhaft ohne Haftkapital" gleichbedeutend wäre. Schulze sprach seine Ansicht über die Wirkung der Zulassung der beschränkten Haftpflicht auf die Weiterentwicklung der Genossenschaften dahin aus,

daß nicht nur die Genossenschaften mit unbeschränkter Haftpflicht in ihrer bisherigen Wirksamkeit und ihrem Bestande sich behaupten und weitere Bildungen nach ihrem Muster nach wie vor hervorrufen werden,

sondern auch, daß sich zwischen ihnen und den neu zuzulassenden sehr bald das Bewußtsein der gleichen Ziele und Bedingungen ihrer Wirksamkeit entwickeln und sie zu gemeinsamem Vorgehen in der Pflege der gemeinsamen Interessen bestimmen wird.

Betrachten wir nun das Wesen der drei Haftarten im einzelnen.

1. Die unbeschränkte Haftpflicht.

Die unbeschränkte Haftpflicht bedeutet, daß ein jedes Mitglied sowohl der Genossenschaft wie deren Gläubigern für die Verbindlichkeiten der Genossenschaft persönlich, unbeschränkt und solidarisch mit seinem ganzen Vermögen haftbar ist (§ 2 Abs. 1, § 120, § 122, § 125 d. Ges.). Da nun aber die Genossenschaft Rechtspersönlichkeit besitzt, so muß der Gläubiger sich stets zunächst an die Genossenschaft halten. Die persönliche Haftpflicht tritt in Gestalt der Zahlungspflicht nur in zwei Fällen in Wirksamkeit: entweder, daß ein Genosse ausscheidet und sich eine Unterbilanz herausstellt, dann muß der Ausscheidende nach § 73 d. Ges. den ihn treffenden Anteil am Verlust an die Genossenschaft zahlen, oder die Genossenschaft gerät in Konkurs. Darüber siehe unter II. „Haftvollzug".

2. Die beschränkte Haftpflicht.

Auch hier haben wir eine persönliche, solidarische — fälschlich wird von „Teilhaft" gesprochen — Haftpflicht der Mitglieder der Genossenschaft und den Gläubigern gegenüber. Vgl. unter II. bei „Haftvollzug" über die Geltendmachung der persönlichen, beschränkten Haftpflicht. Die Mitglieder sind außer mit ihren statutenmäßig geleisteten Einzahlungen wie bei der unbeschränkten Haftpflicht sowohl der Genossenschaft wie den Gläubigern verhaftet, jedoch, da die persönliche Haftpflicht „beschränkt" ist, nicht über eine im Statut festgesetzte Grenze hinaus. Die Grenze ist die „Haftsumme"; „Haftsumme" also bedeutet die Begrenzung der persönlichen Haftpflicht, die Grenze, bis zu welcher ein Genosse außer mit seinen statutarischen Einzahlungen auf Geschäftsanteil für die Verbindlichkeiten der Genossenschaft in Anspruch genommen werden kann.

Dort also unbeschränkte — hier beschränkte, persönliche Haftpflicht der Mitglieder. Das ist der einzige Unterschied zwischen beiden Haftarten, denn die für die Haftarten geltenden besonderen Bestimmungen ergeben sich sämtlich ausschließlich aus diesem verschiedenen Umfang der Haftpflicht.

Nicht zu verwechseln ist folglich auch „Geschäftsanteil" und „Haftsumme". Der Geschäftsanteil begrenzt die Einzahlungen, die ein Mitglied zur Bildung eines Teils des Vereinsvermögens zu leisten verpflichtet ist — die Haftsumme begrenzt die persönliche Haftpflicht des Mitgliedes für die Verbindlichkeiten der Genossenschaft, insoweit deren Vereinsvermögen, zu welchem ja auch die Einzahlungen auf Geschäftsanteil gehören, nicht reicht.

Ein Zusammenhang zwischen Geschäftsanteil und Haftsumme besteht nur insoweit, als die Haftsumme, welche bei Errichtung der Genossenschaft durch das Statut bestimmt sein muß, nicht niedriger als der Geschäftsanteil sein darf. Bestimmt z. B. das Statut, daß der Geschäftsanteil 1000 Mark betragen soll, so kann dasselbe auch für die Haftsumme keinen niedrigeren Betrag als 1000 Mark festsetzen. Nehmen wir an, daß die Haftsumme ebenfalls mit 1000 Mark festgesetzt ist, so ergibt sich für die Mitglieder

a) sie müssen nach Maßgabe des Statuts auf den Geschäftsanteil von 1000 Mark Einzahlungen leisten, und diese Einzahlungen bilden einen Teil des Vereinsvermögens, haften also für die Verbindlichkeiten der Genossenschaft;

b) sie können außerdem, wenn sich bei ihrem Ausscheiden eine Unterbilanz ergibt oder die Genossenschaft in Konkurs gerät, zur Deckung des Ausfalls bis zur Höhe von 1000 Mark aus ihrer persönlichen Haftpflicht in Anspruch genommen werden.

Hat ein Mitglied auf seinen Geschäftsanteil die regelmäßigen Einzahlungen geleistet und ist dabei z. B. bis auf 545 Mark gekommen und es tritt einer der Fälle zu b ein, so muß das Mitglied sich darauf gefaßt machen, nicht nur seine bis dahin fälligen oder geleisteten Einzahlungen auf Geschäftsanteil — eine weitere Einforderung von Einzahlungen auf Geschäftsanteil findet nicht statt — zu verlieren, sondern außerdem auch zur Deckung des Ausfalls bis zu einem Betrage von 1000 Mark (der Haftsumme) in Anspruch genommen zu werden.

Als wesentliche Besonderheiten gegenüber der unbeschränkten Haftpflicht weist die beschränkte Haftpflicht, abgesehen von der Begrenzung der Haftpflicht, nur auf

a) daß das Statut den Erwerb mehrerer Geschäftsanteile zulassen kann (§ 134 d. Ges.), während bei der Genossenschaft mit unbeschränkter Haftpflicht ein Genosse nicht auf mehr als einen Geschäftsanteil beteiligt sein darf (§ 119 d. Ges.);

b) daß das Konkursverfahren nicht nur im Falle der Zahlungsunfähigkeit, sondern auch bei bestehender Genossenschaft stattfindet, wenn die Überschuldung „ein Viertel des Betrages der Haftsummen aller Genossen übersteigt" (§ 140 d. Ges.), während die Genossenschaft mit unbeschränkter Haftpflicht, so lange sie nicht aufgelöst ist, auch wegen Überschuldung nicht gezwungen ist, in Konkurs zu gehen.

Ist durch das Statut der Erwerb mehrerer Geschäftsanteile zugelassen, und ein Mitglied hat mehrere Geschäftsanteile erworben, so erhöht sich auch seine persönliche Haftpflicht, nämlich „auf das der Zahl der Geschäftsanteile entsprechende Vielfache der Haftsumme" (§ 135 d. Ges.); z. B. der Geschäftsanteil beträgt nach dem Statut 500 Mark, die Haftsumme 1000 Mark, zugelassen ist der Erwerb von 5 Geschäftsanteilen — die Haftung eines Mitgliedes, das 3 Geschäftsanteile erworben hat, beträgt dann 3 × 1000 Mark = 3000 Mark.

3. Die unbeschränkte Nachschußpflicht.

Die persönliche Haftpflicht der Mitglieder ist wie bei der unbeschränkten, eine unbeschränkt solidarische. Nur die Haftpflicht der Ausgeschiedenen und die Geltendmachung der Haftpflicht ist anders geordnet (§ 128 d. Ges.). Vgl. II. „Haftvollzug".

Ehe wir zu der Frage Stellung nehmen, welche Haftpflicht für die Kreditgenossenschaft die zweckmäßigere ist, wollen wir den „Haftvollzug" besprechen.

II. Haftvollzug.

Der Haftvollzug, d. h. die Geltendmachung der persönlichen Haftpflicht, lag bis zur Genossenschaftsgesetzgebung vollständig in der Hand der Gläubiger. Jeder Gläubiger konnte für seine fälligen Ansprüche an die Genossenschaft jedes Mitglied derselben in Anspruch nehmen. Es war dies die unmittelbare, unbeschränkte, persönliche Haftpflicht. Dadurch, daß die eingetragenen Genossenschaften von der Gesetzgebung als selbständige Rechtspersonen anerkannt wurden, nahm, wie schon bemerkt ist, die persönliche Haftpflicht der Mitglieder einen bürgschaftsartigen Charakter an; die Gläubiger mußten zunächst Befriedigung in dem Vereinsvermögen suchen und konnten nur wegen ihres Ausfalles, der durch den Konkurs über die Genossenschaft festzustellen war, auf deren Mitglieder zurückgehen. Hieran änderte auch das Gesetz vom 4. Juli 1868 nichts, doch brachte es insofern eine wesentliche Neuerung und Verbesserung, als es Vorschriften gab, wie die Mitglieder untereinander im Wege des Umlageverfahrens den zur Deckung des Ausfalles der Gläubiger erforderlichen Betrag aufzubringen hätten. Dadurch sollte den Gläubigern die direkte Inanspruchnahme einzelner erspart, die Mitglieder vor derselben geschützt und endlich den sich aus der Inanspruchnahme einzelner ergebenden Regreßprozessen unter den Mitgliedern vorgebeugt werden. Bei der Neuheit dieser gesetzlichen Regelung sehr leicht erklärliche Fehler in dem Gesetze ließen jedoch nur selten dies Ziel erreichen.

Eine der wesentlichsten Aufgaben der Revision des Gesetzes war es, hier Besserung zu bringen.

Der Entwurf des neuen Gesetzes enthielt eine vollständige, zum Teil auf anderer rechtlichen Grundlage getroffene Neuordnung des Umlageverfahrens, trotzdem war aber auch die direkte Inanspruchnahme der Mitglieder durch die Gläubiger beibehalten. Gegen die weitere Zulassung dieses sogenannten „Einzelangriffes“ erhob sich seitens eines großen Teiles der Genossenschaften lebhafter Widerspruch. In dem Reichstage kam es zu einem Kompromiß, dessen Resultat die Einführung einer dritten Haftart, der unbeschränkten Nachschußpflicht, war, für welche der „Einzelangriff“ unter anderer Gestaltung des Umlageverfahrens beseitigt wurde.

Danach ergibt sich für die Geltendmachung der persönlichen Haftpflicht zur Deckung von Verlusten, welche das Vereinsvermögen übersteigen, folgendes:

1. Bei bestehender Genossenschaft kann auf die persönliche Haftpflicht nur in einem Falle zurückgegriffen werden. Scheidet ein Mitglied aus der Genossenschaft aus und das Vermögen der Genossenschaft reicht nach der Bilanz (einschließlich des Reservefonds und aller Geschäftsguthaben der Mitglieder) zur Deckung der Schulden nicht aus, so hat der Ausgeschiedene von dem Fehlbetrage den ihn treffenden Anteil an die Genossenschaft zu zahlen — bei beschränkter Haftpflicht nicht über die Haftsumme hinaus; der Anteil wird in Ermangelung einer anderen Bestimmung des Statuts nach der Kopfzahl der Mitglieder berechnet (§ 73 d. Ges.), vgl. 12. Kap. II.

2. Im übrigen kann die persönliche Haftpflicht der Mitglieder nur in Anspruch genommen werden, wenn es zum Konkurse über die Genossenschaft gekommen ist, dann ist für die Behandlung zu unterscheiden zwischen der unbeschränkten Haftpflicht und der beschränkten Haftpflicht einerseits und der unbeschränkten Nachschußpflicht andererseits.

a) Die unbeschränkte und beschränkte Haftpflicht.

Das Verfahren zur Geltendmachung der persönlichen Haftpflicht ist folgendes:

Der Konkursverwalter hat, nachdem die Konkurs-Bilanz auf der Gerichtsschreiberei niedergelegt ist, sofort zu berechnen, wie viel zur

Deckung des in der Bilanz bezeichneten Fehlbetrages die Genossen vorschußweise beizutragen haben. In der Berechnung sind die sämtlichen Genossen zu bezeichnen und auf sie die Beiträge zu verteilen. Die Berechnung ist dem Konkursgericht mit dem Antrage einzureichen, dieselbe für vollstreckbar zu erklären (§ 106 d. Ges.). Das Gericht bestimmt zur Verhandlung über die Berechnung einen Termin, welcher nicht über zwei Wochen hinaus anberaumt werden darf (§ 107 d. Ges.). Das Gericht entscheidet über die erhobenen Einwendungen, berichtigt bezw. ordnet die Berichtigung der Berechnung an und erklärt dieselbe für vollstreckbar (§ 108 d. Ges.). Nunmehr zieht der Konkursverwalter ohne Verzug die umgelegten Beiträge von den Genossen ein (§ 109 d. Ges.) und hinterlegt dieselben (§ 110 d. Ges.). Ausfälle usw. sind von dem Konkursverwalter in der gleichen Weise im Wege einer Zusatzberechnung umzulegen (§ 113 d. Ges.). Sobald mit dem Vollzuge der Schlußverteilung im Konkurse der Genossenschaft begonnen wird, hat der Konkursverwalter endgültig festzustellen, wie viel die Genossen zur vollständigen Befriedigung der Konkursgläubiger aufzubringen haben (§ 114 d. Ges.), das Gesetz nennt diese Berechnung im Gegensatze zu den ersten Vorschußberechnungen die Nachschußberechnung, mit derselben ist in gleicher Weise wie mit jenen zu verfahren, sie ist dem Gericht zur Vollstreckbarkeitserklärung einzureichen usw. Sobald diese Nachschußberechnung von dem Gericht für vollstreckbar erklärt ist, hat der Konkursverwalter den hinterlegten Bestand zur Verteilung an die Konkursgläubiger zu bringen und später einkommende Beiträge im Wege der Nachtragsverteilung unter die Gläubiger zu verteilen (§ 115 d. Ges.).

Gläubiger, welche dann nach Ablauf von 3 Monaten seit dem Termin, in welchem die Nachschußberechnung für vollstreckbar erklärt ist, noch nicht befriedigt sind, haben das Recht, wegen ihres Ausfalles die einzelnen Genossen solidarisch in Anspruch zu nehmen (§ 122 d. Ges.). Gegen Genossen, welche in den letzten zwei Jahren vor der Eröffnung des Konkurses aus der Genossenschaft ausgeschieden sind, können die Gläubiger gleichfalls wegen ihres im Konkurse der Genossenschaft erlittenen Ausfalles direkt vorgehen, jedoch dürfen sie ihren Anspruch erst nach Ablauf von sechs Monaten seit dem Termine, in welchem die Nachschußberechnung für vollstreckbar erklärt ist, erheben und ferner erstreckt sich der Anspruch nur auf die Verbindlichkeiten, welche vor dem Zeitpunkte des Ausscheidens der Genossen aus der Genossenschaft eingegangen sind (§ 125 d. Ges.).

Bei den Genossenschaften mit beschränkter Haftpflicht kann der einzelne Genosse selbstverständlich über seine Haftsumme hinaus weder auf Leistung von Nachschüssen noch von den Konkursgläubigern in Anspruch genommen werden (§ 141 d. Ges.).

b) Die unbeschränkte Nachschußpflicht.

Das Umlageverfahren geht in der gleichen Weise vor sich, wie es zu a) dargestellt ist. Der Einzelangriff der Gläubiger aber ist nicht zulässig. Statt dessen greift ein neues Umlageverfahren Platz. Ist nämlich nach Ablauf von drei Monaten seit dem Termine, in welchem die Nachschußberechnung für vollstreckbar erklärt ist, die Befriedigung oder Sicherstellung der Konkursgläubiger noch nicht erfolgt, so sind die hierzu erforderlichen Beiträge von den innerhalb der letzten achtzehn Monate vor der Eröffnung des Konkursverfahrens ausgeschiedenen Genossen im Wege des Umlageverfahrens einzuziehen (§§ 128 ff. d. Ges.).*)

III. Wahl der Haftart.

Nunmehr fragt es sich, welche Haftart die Kreditgenossenschaft wählen soll.

Am 31. März 1903 haben 13481 Kreditgenossenschaften bestanden: 11941 mit unbeschränkter, 1393 mit beschränkter Haftpflicht, 46 mit unbeschränkter Nachschußpflicht und 101 nicht eingetragene.

Von der unbeschränkten Nachschußpflicht ist also nur sehr selten Gebrauch gemacht, was erklärlich ist, da unter ihr die ausgeschiedenen Genossen den Gläubigern der Genossenschaft haftbar bleiben für Rechtsgeschäfte, die innerhalb 18 Monaten nach ihrem Austritt eingegangen sind, also zu einer Zeit, in der sie auf die Geschäftsführung keinen Einfluß mehr haben. Es kommen daher hauptsächlich in Frage die unbeschränkte oder beschränkte Haftpflicht.

Bereits oben S. 31 haben wir uns über die Folgen der Zulassung der Gründung von Genossenschaften mit beschränkter Haftpflicht auf die Entwicklung des Genossenschaftswesens überhaupt und der Kreditgenossenschaften insbesondere ausgelassen. Die nachstehenden Bemerkungen sind als Wegweiser für die Wahl der Haftart zu betrachten.

*) Mit der fortschreitenden Gesetzgebung ist die Geltendmachung der Haftpflicht mehr und mehr abgeschwächt und ist es wahrscheinlich, daß bei einer künftigen Revision des Gesetzes auch die letzten Härten — vielleicht der sog. Einzel-Angriff — verschwinden werden.

Für eine neu zu gründende Genossenschaft verdient ohne Zweifel die unbeschränkte Haftpflicht den Vorzug, da sie erfahrungsgemäß die zuverlässigste Kreditbasis bietet und es der Leitung am leichtesten ermöglicht, aus dem Umkreise der Genossenschaft die notwendigen fremden Gelder als Spareinlagen oder Depositen zur Verstärkung des Betriebskapitals heranzuziehen. Nur wo aus ganz besonderen Gründen, z. B. weil am Orte von einem früheren Zusammenbruch einer Genossenschaft her in weiteren Kreisen große Furcht vor der unbeschränkten Haftpflicht herrscht, sollte man die beschränkte Haftpflicht annehmen, dann aber Geschäftsanteil und Haftsumme so hoch bestimmen, daß immerhin eine genügende Kreditbasis geboten wird.

Die beschränkte Haftpflicht kommt wesentlich für die Kreditgenossenschaften in Betracht, die ein genügend großes Vereinsvermögen besitzen, um auf Grund desselben bereits die Befriedigung des eigenen Kreditbedürfnisses erwarten zu können. Jedenfalls ist der Übergang zur geringeren Haftpflicht stets mit größter Sorgfalt zu prüfen, denn es muß auch mit kritischen Zeiten gerechnet und daher untersucht werden, ob die beschränkte Haftpflicht selbst für solche ausreichend erscheint, um das Vertrauen der Gläubiger zu erhalten, da man anderenfalls den Mitgliedern mit der Annahme der geringeren Haftpflicht einen sehr schlechten Dienst erweisen würde. Auch das reichste Mitglied haftet bei der Genossenschaft mit beschränkter Haftpflicht nur bis zur Höhe der Haftsumme; die Zugehörigkeit wohlhabender Personen schafft daher bei der Genossenschaft mit beschränkter Haftpflicht nicht die gleiche Kredit-Grundlage wie bei der Genossenschaft mit unbeschränkter Haftpflicht. Jedenfalls sollte niemals für den Übergang zur beschränkten Haftpflicht die Erwägung bestimmend sein, daß unter deren Geltung große Industrielle usw. beitreten würden und der Genossenschaft eine bedeutende Erweiterung ihres Geschäftsbetriebes nach dieser Richtung hin in Aussicht stehen möchte. Nichts ist für die Solidität einer Genossenschaft verhängnisvoller, als das Streben nach „großen Geschäften", es entspricht dies auch wenig der Aufgabe der Kreditgenossenschaft, das Kreditbedürfnis des mittleren und kleinen Gewerbestandes wie des Bauernstandes möglichst billig zu befriedigen.

Zuweilen sind Kreditgenossenschaften zur beschränkten Haftpflicht übergegangen, weil begüterte Mitglieder mit dem Austritt aus der Genossenschaft mit unbeschränkter Haftpflicht drohten oder weil sie erwarteten, bei der beschränkten Haftpflicht den Mitgliederkreis erheblich zu erweitern; die Erfahrung hat gezeigt, daß in der Regel die Kreditgenossenschaft aus der Annahme der beschränkten Haftpflicht einen nicht gerade erheblichen Vorteil nach dieser Richtung hin gezogen hat. Einen interessanten statistischen Beitrag hierüber enthält Nr. 2 der Bl. f. G. von 1897. Einer mit bedeutendem eigenen Vereinsvermögen und besonders großen Reserven ausgestatteten, bankmäßig entwickelten Kreditgenossenschaft ist es nicht zu verdenken, wenn sie zur beschränkten Haftpflicht übergeht — dort aber, wo selbst das Verhältnis des eigenen zum fremden Vermögen ein ungünstiges ist, soll man den Schritt nur tun, wenn zwingende Gründe vorliegen. Oft kann man hören, daß die Verwaltung sich darauf beruft, der Übergang zur beschränkten Haftpflicht werde ohne jede Störung des Geschäftsbetriebes vor sich gehen, und wenn dann die beschränkte Haftpflicht angenommen ist, weist man mit Genugtuung darauf hin, daß keine fremden Gelder gekündigt wurden; es ist entschieden unrichtig, aus solchen Beobachtungen den Schluß zu ziehen, daß der Übergang zur beschränkten Haftpflicht auch durchaus zweckmäßig war, denn in der Regel stützt sich das Vertrauen der Gläubiger unter normalen Verhältnissen nicht auf die Haftpflicht der Mitglieder, sondern auf die Verwaltung der Genossenschaft, der letzteren wird das Vertrauen entgegengebracht. Ganz anders gestalten sich dann die Verhältnisse, wenn unruhige Zeiten eintreten, und in der Verwaltung der Genossenschaft nicht mehr die angesehenen Männer sitzen, die allein schon den Gläubigern Bürgschaft genug waren. Und daher soll man gerade bei der Wahl der Haftpflicht nicht bloß die augenblicklichen günstigen Verhältnisse berücksichtigen, sondern auch die Zukunft mit allen Zweifelsfällen ins Auge fassen. Oben (S. 31) ist dargelegt, wie im letzten Jahrzehnt für die Neugründung von Kreditgenossenschaften mehr und mehr die beschränkte Haftpflicht gewählt wird. Und es ist zuweilen auch mit der beschränkten Haftpflicht ganz gut gegangen, wenn Geschäftsanteil und Haftsumme richtig normiert wurden, und die geeigneten Personen an der Spitze der Genossenschaft standen. Das ist aber ebenso sicher, daß unter den im letzten Jahrzehnt neu entstandenen Kreditgenossenschaften der Ruf nach Staatshilfe nicht so dringlich geworden wäre, wenn man eine Kreditbasis gewählt hätte, die ausreichte, um die fremden Kapitalien heranzuziehen!

Über die Bedeutung der beschränkten Haftpflicht für den Bankkredit vgl. 5. Kap. A I. Daselbst wird auch die „Beleihung der Haftsumme“ behandelt werden.

IV. Übergang von einer Haftart zu einer anderen.

Es ist zu unterscheiden, ob die Kreditgenossenschaft von der umfassenderen zu der beschränkteren Haftpflicht übergeht, oder das Umgekehrte wählt. Nach dem Umfang der Haftpflicht folgen die unbeschränkte Haftpflicht, die unbeschränkte Nachschußpflicht, die beschränkte Haftpflicht.

Soll die bisherige Haftpflicht durch eine weitergehende ersetzt werden, so bedarf es nur einer Statutenänderung, welche nach § 144 d. Ges. mit einer Mehrheit von drei Vierteilen der in der Generalversammlung erschienenen Genossen zu beschließen ist, falls nicht nach dem Statut noch weitere Erschwernisse vorgeschrieben sind, wie z. B., daß die Generalversammlung für die Beschlußfassung über eine Statutenänderung nur beschlußfähig ist, wenn eine bestimmte Anzahl Mitglieder anwesend sind.

Außer der Umwandlung müssen dann noch die durch die veränderte Haftpflicht notwendig gewordenen Statutenänderungen, z. B.: Änderung der Firma, Änderung der Bestimmung des Statuts über die Haftpflicht der Mitglieder beschlossen werden.

Die sämtlichen Statutenänderungen sind nach Maßgabe des § 16 d. Ges., d. h. unter Beifügung einer einfachen, unbeglaubigten Abschrift zur Eintragung in das Genossenschaftsregister anzumelden. Mit der Eintragung haben die Umwandlung und die beschlossenen Statutenänderungen rechtliche Wirkung erlangt.

Größere Schwierigkeiten macht der Übergang zur geringeren Haftpflicht, weil hier auf die Interessen der Gläubiger Rücksicht zu nehmen ist. Es kann die Auflösung der bestehenden und Neugründung einer Genossenschaft mit der für die Zukunft beabsichtigten Haftpflicht beschlossen werden, doch wird man dies wegen der damit verbundenen Kosten, Verluste und Weitläufigkeiten vermeiden und vorziehen, die Umwandlung nach § 143 d. Ges. im Wege der Statutenänderung durchzuführen.

Zu diesem Zweck ist zunächst die Umwandlung wie eine Statutenänderung zu beschließen. Der Beschluß ist vom Vorstande dreimal mit der Aufforderung an die Gläubiger, sich zu melden, in den für die Bekanntmachungen der Genossenschaft statutarisch bestimmten Blättern zu veröffentlichen. Die sich hierauf meldenden Gläubiger sind, insoweit sie der Annahme der geringeren Haftpflicht widersprechen, zu befriedigen oder sicher zu stellen. In der Zwischenzeit sind die durch die Umwandlung weiter erforderlichen Statutenänderungen zu beschließen. Nach Ablauf eines Jahres seit der dritten Bekanntmachung über die beschlossene Umwandlung ist diese nebst den Statutenänderungen — unter Einreichung einer einfachen Abschrift der betreffenden Generalversammlungsbeschlüsse und Abgabe der schriftlichen Versicherung, daß die Gläubiger, welche sich bei der Genossenschaft gemeldet und der Herabsetzung nicht zugestimmt haben, befriedigt oder sichergestellt sind — vom Vorstand zur Eintragung in das Genossenschaftsregister anzumelden; mit der Eintragung erlangen die Umwandlung und die vorgenommenen Statutenänderungen rechtliche Wirkung.

Wohl gemerkt handelt es sich hier nur um eine Statutenänderung, der Beschluß auf Umwandlung bedarf folglich auch nicht der Unterschrift aller Mitglieder; der Beschluß ist in das Protokollbuch aufzunehmen, und das Protokoll in gewohnter Weise zu unterschreiben (§ 37 des Statuts).

Für die Beschlußfassung über eine Änderung des Statuts ist § 16 d. Ges. maßgebend. Der Beschluß bedarf demnach einer Mehrheit von drei Vierteilen der erschienenen Genossen, falls nicht das Statut noch weitere Erschwernisse aufstellt (vgl. § 36 des Statuts). Der Beschluß ist zu protokollieren (vgl. Protokoll über eine Generalversammlung, Form. 5), das Protokoll ist zu unterschreiben (§ 37 des Statuts).

V. Ausdehnung der Mitgliedschaft und Geschäfte mit Nichtmitgliedern.

Unter den bei Organisation einer Kreditgenossenschaft in Betracht kommenden Fragen tritt zunächst die auf: auf wen soll die Wirksamkeit des Vereins ausgedehnt werden? — Will man ein Kreditinstitut für das Publikum daraus machen, oder die Geschäfte auf die Mitglieder beschränken? — und an welche Anforderungen knüpft man die Zulassung eines Mitgliedes?

Schon das im 1. Kap. Vorausgeschickte über die Klassen, welchen die Kreditgenossenschaften hauptsächlich zu dienen bestimmt sind, sowie über ihre Grundlage, die Selbsthilfe, spricht für die Beschränkung der Tätigkeit auf die Mitglieder, dazu kommt nun noch die Vorschrift in § 8 Abs. 2 d. Ges., daß eine Kreditgenossenschaft ihren Geschäftsbetrieb, *insoweit er in der Gewährung von Darlehen* besteht, nicht auf andere Personen außer den Mitgliedern ausdehnen darf; unter dieses Verbot fallen aber solche Darlehnsgewährungen nicht, die nur die Anlegung von Geldbeständen bezwecken. Zur Beobachtung dieses Verbots sind die Vorstandsmitglieder durch Ordnungsstrafen von dem Gericht anzuhalten (§ 160 d. Ges.). Eine Ausnahme des Verbots läßt das Gesetz selbst in § 8 zu, nämlich für neu beitretende Genossen: als Ausdehnung des Geschäftsbetriebes auf Nichtmitglieder gilt nicht der Abschluß von Geschäften mit Personen, welche bereits die Erklärung des Beitritts zur Genossenschaft unterzeichnet haben und von derselben zugelassen sind, jedoch noch nicht von dem Gericht in die Liste der Genossen eingetragen sind.

Nicht der Abschluß eines einzelnen derartigen Geschäfts mit Nichtmitgliedern ist verboten, sondern die gewerbsmäßige Ausdehnung des Geschäftsbetriebs nach dieser Richtung hin. Was ist nun unter dem Verbot der Darlehnsgewährung an Nichtmitglieder und der Anlage von Geldbeständen bei Nichtmitgliedern zu verstehen? Das Gesetz untersagt die gewerbsmäßige Darlehnshingabe an Nichtmitglieder, d. h. die Zulassung der Teilnahme von Nichtmitgliedern an dem Zweck der Genossenschaft, der in der Darlehnsgewährung besteht (vgl. hierüber die ausführlichen Darlegungen bei Parisius und Crüger, Kommentar zum G.G. 4. Auflage zu § 8).

Die Geldhingabe an ein Nichtmitglied stellt dann ein Darlehen im Sinne dieser Vorschrift dar, wenn das Geld im wesentlichen Interesse des Empfängers diesem gegeben wird. Deswegen nimmt das Gesetz von dem Verbote aus: „die Anlegung von Geldbeständen" bei Nichtmitgliedern, denn dieselbe erfolgt, wenn auch der Empfänger das Geld selbstverständlich gebrauchen wird, doch im wesentlichen Interesse der Genossenschaft, welche Geldbestände müßig, überflüssig hat und dieselben nun, da bei ihren Mitgliedern keine Nachfrage ist, bei Nichtmitgliedern unterbringen muß.

Erlaubt mit Nichtmitgliedern sind alle Geschäfte, welche nicht Darlehen sind: die Diskontierung von Wechseln (falls kein Darlehen vorliegt), An- und Verkauf von Wertpapieren usw., Übernahme von Wechseln zur Einziehung.

Ausgeschlossen sind u. a. folgende Geschäfte mit Nichtmitgliedern: die Eröffnung einer laufenden Rechnung mit Kreditbewilligung, die Gewährung eines Darlehns unter den gewöhnlichen Vorschußbedingungen (ob gegen Unterpfand oder sonstige Sicherheit ist unerheblich), die Diskontierung von Wechseln, im Fall hierunter nur eine Form der Darlehnsgewährung zu sehen ist.

Bei der Darlehnsgewährung ist schließlich stets nach Lage der Fälle zu beurteilen, ob es sich um eine gewerbsmäßige Ausdehnung auf Nichtmitglieder oder um Anlage müßiger Bestände handelt.

Statthaft ist stets die Aufnahme fremder Gelder bei Nichtmitgliedern, soweit es der Geschäftsbetrieb erfordert, zulässig ist daher z. B. die Ausdehnung des Scheckverkehrs auf Nichtmitglieder; hierin liegt keine Ausdehnung „des Geschäftsbetriebes" auf Nichtmitglieder, da nur die Mittel zum Geschäftsbetriebe bei Nichtmitgliedern beschafft werden.

Das gesetzliche Verbot der Ausdehnung des in der Darlehnsgewährung bestehenden Geschäftsbetriebes auf Nichtmitglieder entspricht den Ratschlägen, welche den Kreditgenossenschaften stets erteilt sind. Öffentliche Kreditinstitute zu gründen, möge denen überlassen bleiben, die das dazu nötige Kapital haben. Die Gesellschaftsklassen aber, welche sich selbst erst durch den Zusammentritt in solche Genossenschaften Kapital und Kredit verschaffen wollen, haben keinen Beruf, für andere zu diesem Zwecke ein geschäftliches Risiko zu übernehmen. Nur wer für das gemeinsam aufzunehmende Kapital mit haftet, also Mitglied der Genossenschaft ist, soll daher Geld aus der Kasse für sich in Anspruch nehmen können, das liegt schon im Prinzipe. Auch wirkt man sicher auf einen zahlreicheren Beitritt von Mitgliedern, wenn man die Befriedigung des oft so dringenden Geldbedürfnisses von der Vereinsangehörigkeit abhängig macht, als wenn man Leuten, die in der Lage sind, Mitglieder zu werden, aber vielleicht in das Risiko der Mitgliedschaft bei der Genossenschaft einzutreten sich scheuen, auch ohnedies die gewünschten Kredite gewährt. Gleichwohl rechtfertigt dies nicht das gesetzliche Verbot, das schon wegen seiner Dehnbarkeit bedenklich ist.

Von größter Wichtigkeit ist sodann die Frage, von welchen Voraussetzungen man die Zulassung zur Mitgliedschaft abhängig machen will. Natürlich kann man hier, nach den lokalen Verhältnissen, einen sehr verschiedenen Standpunkt einnehmen, je nachdem man die Teilnahme auf gewisse Klassen beschränken will, wie wir es bei manchen Genossenschaften sehen, wo der Beitritt von der sofortigen Einzahlung einer namhaften Summe abhängig gemacht ist, was die Unbemittelten tatsächlich ausschließt. Eine solche Ausschließung liegt aber selbst dann nicht im Interesse der Genossenschaften, wenn diese in der Hauptsache auch wirklich, wie es hier und da vorkommt, mehr durch das Bedürfnis des wohlhabenderen gewerblichen Mittelstandes hervorgerufen werden. Im Gegenteil ist es unter allen Umständen von der höchsten Wichtigkeit, die Sympathien der weniger Bemittelten an die Genossenschaften zu fesseln: einmal wegen der höheren ideellen Aufgaben des Genossenschaftswesens, das so tief in die soziale Entwicklung eingreift; sodann aber auch der materiellen Vorteile halber. Gerade die Ersparnisse der „kleinen Leute" sind es, die einen wesentlichen Teil des Geldzuflusses bei der Genossenschaft bilden, die selbst bei allgemeinen Verkehrskrisen nicht leicht versagen, vorausgesetzt, daß die Genossenschaften diesen Kreisen ihre Mitgliedschaft geöffnet und deren Interesse dadurch lebendig mit dem ihrigen verknüpft haben.

Halten wir daher, um das Rechte hierbei zu treffen, die einzige Schranke im Auge, welche die Natur der Sache selbst ergibt. Um einer Genossenschaft anzugehören, die auf Selbsthilfe, die eigene Kraft der Mitglieder, gegründet ist, muß man in sittlicher Beziehung, im Charakter und Lebenswandel makellos und muß man wirtschaftlich eben noch in der Lage sein, sich selbst helfen zu können. Auf den Kreditpunkt angewendet will dies sagen, daß die Verhältnisse des Aufzunehmenden von der Art sein müssen, daß ihm Darlehen von irgend welchem Belang mit der wahrscheinlichen Aussicht auf Wiedererstattung anvertraut werden können. Wer soweit heruntergekommen ist, daß er sich durch ein verhältnismäßiges Darlehen, unter der Bedingung der Verzinsung und Rückzahlung, nicht wieder emporzuhelfen vermag, dem muß die Mitgliedschaft versagt werden. Denn die Vorschußvereine dürfen, wenn sie dauernden Bestand gewinnen sollen, durchaus nicht mit Almosenanstalten vermengt werden, da sie nicht bestimmt sind, Arme zu unterstützen, sondern — was viel wichtiger ist — der Verarmung vorzubeugen. So lange jemand noch den eigenen und der Seinigen Unterhalt, sei es auch kümmerlich, durch Arbeit zu erschwingen imstande ist, nehme man ihn auf; sobald ihm aber diese Eigenschaft abgeht, ist er für die Kreditgenossenschaft tot und fällt der öffentlichen oder Privatmilde anheim, deren Pflege nicht im Bereich der Genossenschaft liegt (vgl. 5. Kap. II).

Ein besonders charakteristisches Merkmal der Kreditgenossenschaften (Schulze-Delitzschschen Systems) ist, daß sie sich in der Regel nicht auf eine bestimmte Berufsklasse beschränken, vielmehr finden wir in ihnen Handwerker, Landwirte, Kaufleute, Fabrikanten, Beamte, Arbeiter usw. vertreten. Damit erfüllen die Kreditgenossenschaften eine soziale Aufgabe, denn gerade in der heutigen Zeit, in der sich die Interessengegensätze immer schärfer zuspitzen, verdienen die wirtschaftlichen Unternehmungen eine um so größere Beachtung, in denen wirtschaftliche Gegensätze der verschiedenen Berufsklassen möglichst vor der gemeinsamen Verfolgung des einen Zieles zurücktreten müssen, in welchen sich die Solidarität der Interessen zeigt. Das ist aber nicht der einzige Gesichtspunkt, der zur Vereinigung aller Berufsarten in diesen Genossenschaften geführt hat; nicht geringer ist der sich daraus ergebende Wert für den Ausgleich von Geld-Angebot und -Nachfrage zwischen Stadt und Land, zwischen den verschiedenen Berufsarten: ein Ausgleich, der nur durch diese Verbindung zu erzielen ist, da bekanntlich in dem gleichen lokalen Erwerbszweige in der Regel zur gleichen Zeit das Geld knapp ist und auch zur gleichen Zeit wieder flüssig wird. Und dazu kommt endlich noch die sich aus solch breiter Grundlage ergebende möglichst weitgehende Verteilung des Risikos.

Wir haben oben S. 32 über die Bestrebungen berichtet, Sonderkreditgenossenschaften für das Handwerk zu gründen, wie sie für die Befriedigung des Personalkredits der Landwirtschaft bestehen. Heute ist der Gedanke, Handwerkerkreditgenossenschaften ins Leben zu rufen, fast allgemein auch in den Kreisen aufgegeben, die die Förderung des Genossenschaftswesens mit Staatsmitteln verlangen, weil man erkannt hat, daß eine Kreditgenossenschaft, die ihren Mitgliederbestand auf die Handwerker beschränkt, niemals lebensfähig wird.*)

---

*) Ein Flugblatt, das vom Allgemeinen Deutschen Genossenschaftsverband über diese Frage im Jahre 1897 verbreitet wurde, dürfte an dieser Stelle im Auszuge Aufnahme finden, weil sich gezeigt hat, daß die daselbst vertretenen Grundsätze vollkommen richtig sind:

„So segensreich nun die Schulze-Delitzschschen Kreditgenossenschaften stets gewirkt, haben sie doch auch immer zahlreiche Feinde gehabt, wie ja jede Einrichtung solche hat. Es braucht nur einmal ein Handwerker nicht so hohen Kredit erhalten zu haben, wie er forderte — oder ein Bürge hat für den Schuldner eintreten und bezahlen müssen, so sind der Genossenschaft in diesen Personen unversöhnliche Gegner entstanden, die sie überall anklagen und verdächtigen.

Aus einer solchen gegnerischen Gesinnung ist nun heute wieder der Gedanke hervorgegangen, „Handwerker-Kredit-Kassen“, „Innungsbanken“ zu gründen. Und es scheint einigen Wanderrednern auch wirklich zu gelingen, solche Genossenschaften ins Leben zu rufen. Die Gründung von Genossenschaften ist freilich nicht schwer, dazu gehören nur 7 Personen, doch die Gründung besagt und beweist noch nicht, daß die Genossenschaft lebensfähig und leistungsfähig ist, daß sie imstande sein wird, das Kreditbedürfnis ihrer Mitglieder auf die Dauer zu befriedigen. Für die erste Einrichtung sind wohl die Mittel aus öffentlichen Fonds, aus öffentlicher

Kasse zu beschaffen, wichtiger als dies ist für die Genossenschaft, die Grundlage zu gewinnen, auf der sie ihren Kredit, das Kreditbedürfnis der Mitglieder unter allen Verhältnissen befriedigen kann. Daher erscheint es im Interesse der Handwerker geboten, diese „Handwerkerkreditkassen-Bewegung" etwas näher zu prüfen.

Zunächst stellen wir, indem wir uns auf die mitgeteilten Zahlen berufen, voraus, daß die Schulze-Delitzschschen Kreditgenossenschaften mindestens das leisten, was von den Innungsbanken erst erstrebt wird. Eine nur aus Handwerkern bestehende Kreditgenossenschaft ist aber auch schon an sich ungeeignet für die Befriedigung des Kreditbedürfnisses der Handwerker. Einmal tritt bei jeder Branche eine Zeit ein, in der die Geschäfte besser gehen als in den anderen Jahreszeiten, es wird sich daher bei den Mitgliedern einer fachgenossenschaftlichen Darlehnskasse das Geldbedürfnis fast aller Mitglieder gleichzeitig geltend machen, während sich dies bei den aus verschiedenen Geschäftszweigen zusammengesetzten Vorschußvereinen überträgt. Abgesehen ferner davon, daß der schon wohlhabendere Handwerker nicht gern sich einen Konkurrenten groß ziehen will, muß andererseits der Darlehnssuchende sich einem Konkurrenten offenbaren. Wie oft kommt nicht ein Handwerker zur Kreditgenossenschaft, der ein gutes Stück Arbeit bekommen könnte, zu dem er nach Darlegung der Sache die Mittel erhält; wenn nun Konkurrenten, die sich gegenseitig schon häufig die Arbeit ablaufen, davon Kenntnis erhalten und ihm noch die Mittel dazu geben sollen, wie oft wird da der Betreffende nicht um die ganze Arbeit kommen; wird er sich jemandem, der ein anderes Geschäft betreibt, nicht lieber offenbaren?

Aus dem Umstande, daß nur die Mitglieder der Innung der Innungsbank beitreten, welche freiwillig dazu bereit sind, folgt ferner, daß innerhalb derselben Innung mehrere Innungsbanken bestehen können, und da in dem engen Kreise der Innung Streitigkeiten bei der Kreditgewährung von Innungsmitgliedern sehr natürlich erscheinen, zumal Konkurrenzneid und Konkurrenzrücksichten sich auf diesem Gebiete ganz besonders fühlbar machen werden, so kann es gar nicht ausbleiben, daß von den mit der Geschäftsführung unzufriedenen Elementen, d. h. von denen, welche den erwarteten Kredit nicht finden, eine neue Innungsbank gegründet wird. Es liegt auf der Hand, wie auf diese Weise Zank und Streit von der Innungsbank auf die Innung übertragen werden, das ist die notwendige Folge der Verquickung verschiedenartiger Zwecke in einem Unternehmen.

Die Mängel, die sich aus dieser Verbindung von Innung und Genossenschaft ergeben, erstrecken sich aber auch noch auf andere Gebiete. So tritt uns sofort die Frage entgegen: Gibt die Zugehörigkeit zur Innung auch ein Recht auf die Mitgliedschaft in der Innungsbank? Es erscheint selbstverständlich, daß dies verneint wird, denn die Gründe, aus denen einem Handwerker der Eintritt in die Innung versagt werden kann, mögen wohl für eine Innung, aber nicht für eine Kreditgenossenschaft ausreichen. Dann aber entsteht wieder die Gefahr, daß sich die Begüterten von den Unbegüterten sondern, da jene nicht Lust haben werden, das Risiko zu tragen, welches mit der Kreditgewährung an die letzteren verbunden ist, und noch weniger geneigt sein werden, durch Erweiterung der Mitgliedschaft der Innungsbank und Ausdehnung der Kreditgewährung sich leistungsfähige Konkurrenten zu schaffen. Dieser Umstand spielt schon eine große Rolle bei der Errichtung von Rohstoffgenossenschaften, obgleich bei dieser Genossenschaft es leicht nachweisbar ist, daß die Zugehörigkeit der kleinen Meister keineswegs wertlos ist für die größeren Betriebe, während bei der Kreditgenossenschaft das Risiko dieser durch die Kreditgewährung an jene nur belastet wird. Nach dem natürlichen Laufe und unter Berücksichtigung der menschlichen Schwächen wird die Innungsbank einen sehr ausschließlichen Charakter annehmen, und den unbemittelten Handwerkern wird es überlassen bleiben, für sich eine Innungsbank II. Klasse zu gründen, vorausgesetzt, daß die besser Gestellten überhaupt für die Innungsbank zu gewinnen sind, was wir entschieden bezweifeln und wobei uns die bisherigen Erfahrungen Recht geben, denn wer wollte es ihnen verübeln, wenn sie sich weigern, die bisherigen sicheren Verbindungen mit der Schulze-Delitzschschen Kreditgenossenschaft zu Liebe der Innungsbank aufzugeben, die im günstigsten Falle erst sich die Stellung erringen muß, in der sich die Kreditgenossenschaft bereits befindet. Man vergesse nur niemals, daß über Mangel an Kredit hauptsächlich in den Kreisen geklagt wird, deren Kreditbedürfnis auf geschäftlichem und wirtschaftlichem Boden überhaupt nicht zu befriedigen ist, wo Kreditbedürftigkeit und Kreditwürdigkeit für gleichwertig erachtet werden.

Wir haben bisher nur an die in den Innungen vereinigten Handwerker gedacht und die große Mehrheit aller der Handwerker unberücksichtigt gelassen, die den Innungen nicht angehören. Vielleicht, daß die Freunde der Innungsbanken glauben, durch dieselben auf die den Innungen fernstehenden Handwerker einen Druck zum Anschluß auszuüben. Wir würden eine solche Spekulation für sehr gewagt halten, denn unter Berücksichtigung des Umstandes, daß wohl gerade in diesen Kreisen die Mitglieder der Schulze-Delitzschschen Kreditgenossenschaften zu suchen sind, die also von der Innungsbank nicht berührt werden, möchten sich zu den Innungen nur solche Handwerker drängen, die, angelockt durch eine leichte Befriedigung des Kreditbedürfnisses, denselben nicht gerade zur Zierde gereichen werden. Sehr wahrscheinlich würde auf alle besseren Handwerker dieser Kreise die Errichtung von Innungsbanken ohne jeden Einfluß bleiben, und die Innung wird noch mehr ein trennendes Element im Handwerkerstande werden.

Nicht schärfer kann der Gedanke, Innungsbanken zu gründen, widerlegt werden, wie dies kürzlich in einer Versammlung von Mitgliedern mehrerer Berliner Innungs-Vorstände geschehen ist. Da ist mit Recht hervorgehoben:

1. daß nicht jede Innung groß genug ist, um eine Kreditgenossenschaft zu begründen — das treffe selbst auf die Berliner Innungen zu;

2. es wäre unmöglich, daß jemand, der in Not geraten und ein Darlehn bei dem Genossenschafts-Vorstande, welchen doch meistens der Innungs-Vorstand repräsentiert, nachsuche, in demselben Moment dem Innungs-Vorstande in reinen Innungs-Angelegenheiten Opposition mache, obgleich er es für erforderlich halte;

3. die Obermeister gehörten zu den wohlsituierten Handwerkern, würden also auch keinen großen Eifer an den Tag legen, Darlehnsgenossenschaften zu gründen;

4. das sei doch wohl schwerlich durchführbar, daß zwei Schuhmacher, welche als Konkurrenten in einer Straße, ja vielleicht neben einander wohnten, so viel genossenschaftliches Gefühl hätten, um einer dem andern, wenn er in Not geraten wäre, es dem anderen mitzuteilen sich veranlaßt fühlen sollte;

5. daß bei Innungs-Genossenschaften der Kredit von den Mitgliedern wesentlich zu gleicher Zeit beansprucht werden würde.

Es war daher nur richtig, als der preußische Minister für Handel und Gewerbe unter dem 25. Juni 1902 in einem das Genossenschaftswesen betreffenden Erlaß unter anderem folgendes ausführte:

„Dabei wird aber das Hauptgewicht nicht etwa auf Vereinigung der Handwerker zu besonderen Handwerkergenossenschaften, sondern darauf zu legen sein, daß ihnen die Teilnahme an zweckentsprechenden genossenschaftlichen Organisationen in möglichst großem Umfang und auf die einfachste und vorteilhafteste Weise vermittelt wird. Soweit es daher die Natur der zu befriedigenden wirtschaftlichen Bedürfnisse nicht mit sich bringt, daß die Handwerker — wie bei Rohstoff-, Magazin- und Werkgenossenschaften — zu besonderen Handwerkergenossenschaften zusammengeschlossen werden müssen, wird in erster Linie der Anschluß an die bereits vorhandenen Kreditorganisationen des kleingewerblichen Mittelstandes — in überwiegend ländlicher Umgebung auch wohl an die ländlichen Darlehnskassen — ins Auge zu fassen sein. Die Bildung besonderer Kreditgenossenschaften wird sich

---

Das ist alles so zutreffend, daß man glauben sollte, der Gedanke, Innungskassen zu gründen, würde nun endgültig fallen gelassen werden. Solche Kassen waren in früherer Zeit möglich, heute aber bedarf der Handwerker eines unabhängigen Kredit-Instituts, das allen seinen Ansprüchen gerecht werden kann, ein solches zu schaffen ist die Innung aus den angeführten Gründen nicht imstande.

Statt daß nun aber die Handwerker die Nutzanwendung daraus ziehen, daß es für sie das Beste ist, sich bestehenden leistungsfähigen Kreditgenossenschaften anzuschließen, oder wo es an solchen fehlt, Genossenschaften nach bewährten, erprobten Grundsätzen zu gründen, wird die kostbare Zeit mit weiteren Versuchen verloren. Man versucht es mit Handwerkerkreditkassen, in die Handwerker aller Branchen aufgenommen werden sollen. Damit mag man einige Bedenken vermeiden, die gegen die Innungs-Genossenschaften vorgebracht sind — doch die wichtigsten derselben sprechen auch gegen diese Organisation. Wieder werden die Innungs-Vorstände es sein, in deren Hände die Leitung der Kasse kommt, und der nachteilige Einfluß auf das Innungsleben, den die Handwerker selbst von einer Verbindung der Darlehnsgewährung mit der Innung befürchten, wird nicht ausbleiben. Ebenso werden auch bei der Bezirksgenossenschaft engherzige Konkurrenz-Rücksichten bei der Beschlußfassung über Darlehnsgesuche mit entscheiden. Noch mehr als von der Innungskasse werden die besser gestellten Handwerker von solchen Unternehmungen sich fernhalten, der genossenschaftliche Sinn, ihre Konkurrenten in günstigere Lage zu bringen, wird ihnen sicher fehlen. Dazu kommt dann noch, daß man überhaupt nicht einen Stamm Handwerker hat, der sich für die Gründung einer leistungsfähigen Kreditgenossenschaft eignet, da die ansässigen Handwerker vielfach zu unbemittelt dazu sind, sie können wohl von einer sich aus allen Berufsarten zusammensetzenden Kreditgenossenschaft mitgenommen werden, doch sie eignen sich nicht zur Bildung eines selbständigen Kreditinstituts.

Alle diese Gefahren und Bedenken fallen bei den Schulze-Delitzschschen Kreditgenossenschaften fort, deren Mitglieder sich aus allen Berufsarten zusammensetzen, wo man keine Bevormundung kennt — Konkurrenz-Rücksichten nicht in Frage kommen — alle Angelegenheiten allein unter den geschäftlichen Gesichtspunkten berücksichtigt werden.“

— im Hinblick auf die Höhe der Verwaltungskosten, die wirtschaftliche Schwäche der meisten der anzuschließenden Handwerker und die damit in Zusammenhang stehende geringere Neigung der wohlhabenden Handwerker, solchen Organisationen beizutreten — nur unter besonderen Umständen und insbesondere da empfehlen, wo die vorhandenen Kreditgenossenschaften sich gegen die Aufnahme kleinerer Handwerker ablehnend verhalten, oder an erschwerende Bedingungen knüpfen, oder wo die Art ihrer Geschäftsführung die Gewährung eines billigen, tunlichst gleichmäßigen Zinsfußes nicht erwarten läßt.

In allen Fällen wird es zweckmäßig sein, den Versuch zu machen, zunächst auf die bestehenden Kreditvereine im Sinne der begründeten Wünsche der Handwerker einzuwirken".

Beachtung sollte überall der nachstehende Beschluß des Allgemeinen Genossenschaftstages zu Rostock (1897) finden:

„1. Die Genossenschaften können auf dauernde Erfolge nur rechnen, wenn sie aus einem inneren Bedürfnis heraus errichtet sind und dieses Bedürfnis in zweckmäßiger Weise befriedigen. Dagegen entspricht die Errichtung von Genossenschaften durch Agitation von außen her nicht dem Wesen und den Zwecken der Genossenschaften und kann zu dauernden genossenschaftlichen Erfolgen nicht führen.

2. Die Beteiligung von Mitgliedern verschiedener Berufsarten — Landwirten, Gewerbetreibenden, Angehörigen der arbeitenden Klassen — an der Kreditgenossenschaft bietet die beste Gewähr für die dauernd billigste Befriedigung des Kreditbedürfnisses, sie wirkt ausgleichend auf die Befriedigung des Geldbedürfnisses der einzelnen Berufsstände, sie führt zur Verteilung des mit der Gewährung von Personalkredit verbundenen Risikos und schafft den möglichst großen Schutz für jeden einzelnen Berufsstand gegen die Folgen wirtschaftlicher Krisen.

3. Wo gleichwohl nach den örtlichen Verhältnissen die Errichtung von besonderen ländlichen Kreditgenossenschaften für notwendig erachtet wird, sollte sie jedenfalls nach streng wirtschaftlichen und genossenschaftlichen Grundsätzen auf dem Boden der Selbsthilfe erfolgen."

Das beste Mittel, die Wahrung der bezeichneten Grenze bei der Aufnahme zu sichern und ein eben so mißliches als unsicheres Urteil in jedem einzelnen Falle zu sparen, ist die Einführung regelmäßiger **Monatsbeiträge** behufs der allmählichen Ansammlung eines Geschäftsanteils als Bedingung der Mitgliedschaft, auf welche wir noch im 5. Kap. B II zurückkommen. Wer es noch vermag, in solchen kurz wiederkehrenden Terminen eine kleine Ersparnis einzulegen, der wird im allgemeinen für die Zwecke des Vereins nicht verloren sein und einen, wenn auch noch so kleinen Kredit beanspruchen können, der allmählich mit der Summe seiner Beisteuern steigt. Diese Grundsätze gelten in der gleichen Weise wie für die Genossenschaften mit unbeschränkter Haftpflicht auch für Genossenschaften **mit beschränkter Haftpflicht**. Aus der statutarischen Festsetzung der „Haftsumme" folgt nicht ohne weiteres, daß bis zu dieser Grenze auch alle Mitglieder eintretenden Falles zahlungsfähig sein müssen, ebensowenig wie aus der Höhe des Geschäftsanteils zu schließen ist, daß der volle Betrag jederzeit von jedem Mitgliede aufgebracht werden könnte. Die „Haftsumme“ begrenzt nur die persönliche Haftpflicht auch der wohlhabenden Mitglieder nach oben hin — weiter bedeutet sie nichts. Wollte man bei der Genossenschaft mit beschränkter Haftpflicht die Aufnahme davon abhängig machen, daß der sich Meldende für die volle Haftsumme „gut“ ist, so würde einer solchen Genossenschaft das Gepräge einer Kapitalgesellschaft gegeben sein, es würden gerade die wirtschaftlich schwächeren Klassen ferngehalten werden, denen die Genossenschaft doch in erster Reihe dienen soll.

Zum Teil lassen die Kreditgenossenschaften nur solche Personen zur Mitgliedschaft zu, die auch mit der Genossenschaft Geschäfte machen werden, sei es, daß sie Geld anlegen bei der Genossenschaft, sei es, daß sie den Kredit in Anspruch nehmen. Es ist nicht zu verkennen, daß eine solche Beschränkung unter Umständen erhebliche Vorteile hat, besonders sichert sich die Genossenschaft nach Möglichkeit gegen das Eindringen sogenannter „Dividendenjäger“. Es wird aber wohl nur die Genossenschaft sich eine solche Abschließung erlauben dürfen, die schon über einen bedeutenden Mitgliederbestand verfügt; einer neu gegründeten Kreditgenossenschaft werden unter Umständen auch solche Mitglieder recht willkommen sein, die nur ihre Namen hergeben und mit der Genossenschaft weiter keine Geschäfte machen, vielleicht weil die Genossenschaft gar nicht imstande ist, die Geldgeschäfte dieser Mitglieder zu besorgen — für die Genossenschaft ist, wie gesagt, möglicherweise schon der Name der Mitglieder von Wert, deren Mitgliedschaft bei der Genossenschaft das Vertrauen in die Genossenschaft in den Kreisen der Gläubiger stärkt (vgl. 5. Kap. II).

Daß übrigens von jedem Mitgliede die rechtliche Selbständigkeit erfordert wird, versteht sich von selbst. Natürlich muß der gesetzlich befähigt sein, Verträge zu schließen und Darlehen aufzunehmen, der einer Kreditgenossenschaft beitreten will. Unter Vormundschaft oder väterlicher Gewalt stehende Personen können daher ohne die durch die Gesetze erforderliche Genehmigung ihrer Vormünder und Väter nicht Mitglieder werden. Ehefrauen sind nach den Bestimmungen des B.G.B. rechtsfähig und können daher selbständig die Mitgliedschaft bei der Genossenschaft erwerben. Gleichwohl wird zu empfehlen sein, in der Regel die Ehefrau nur mit Genehmigung des Ehemannes aufzunehmen, weil das Güterrecht unter Umständen dem Gläubiger der

Ehefrau es außerordentlich erschwert, zu seinem Recht zu kommen. Ist die Ehefrau Handelsfrau, betreibt sie selbständig ein Handelsgewerbe, dann steht natürlich ihrer Aufnahme als selbständiges Mitglied in die Genossenschaft nichts im Wege. Ist Mann und Frau Mitglied bei der Genossenschaft, so wird, das mag schon hier bemerkt werden, für die Kreditgewährung, wenn die Verhältnisse nicht ganz besonderer Art sind, daran festzuhalten sein, daß Mann und Frau nur als vermögensrechtliche Einheit betrachtet werden. Eine Ausnahme möchte dann gelten, wenn Mann und Frau, was aber gewiß selten der Fall sein wird, getrennt Geschäfte betreiben, oder wenn der Mann ein Geschäft betreibt und die Frau ein bedeutendes Vorbehaltsgut ihr Eigen nennt. Jedenfalls ist in allen solchen Fällen Vorsicht dringend geboten.

Heiratet ein weibliches Mitglied der Genossenschaft, so ändert dies an seiner Mitgliedschaft nichts, es ist nur durch den Vorstand die Namens-Änderung zur Eintragung in die Liste der Genossen anzuzeigen. Ob es zweckmäßig ist, in der Kreditgewährung an das neu verheiratete weibliche Mitglied Änderungen eintreten zu lassen, ob man fordern soll, daß auch der Ehemann Mitglied wird und dieser statt der Frau den Kredit nimmt, das hängt von der Sachlage im einzelnen Falle ab.

In der Regel wird man auch Personen nicht aufnehmen, die bereits Mitglied einer anderen Kreditgenossenschaft sind, da die gleichzeitige Mitgliedschaft bei mehreren Kreditgenossenschaften leicht zu Täuschungen über die Vermögenslage benutzt werden kann (vgl. S. 65). Es hat daher der allgemeine Genossenschaftstag in Baden-Baden (1901) folgenden Beschluß gefaßt: „Vorkommnisse der letzten Zeit lassen es geboten erscheinen, den Kreditgenossenschaften wiederholt zu empfehlen, mit den Nachbargenossenschaften einen Austausch der Mitgliederlisten herbeizuführen, oder, wo ein solcher nicht zu erreichen ist, auf anderem Wege sich über den Mitgliederbestand der benachbarten Kreditgenossenschaften unterrichtet zu halten, um von der Zugehörigkeit der Mitglieder zu verschiedenen Kreditgenossenschaften Kenntnis zu erhalten." (S. 65.)

Mitglieder können nicht bloß physische Personen werden, sondern auch Korporationen (z. B. Gemeinden), Genossenschaften, Handelsgesellschaften, alle Personenvereine, die sich Dritten gegenüber zu verpflichten imstande sind (§§ 9, 43 d. Ges.).

Die Bestimmung des Genossenschaftsgesetzes von 1889, die die Bildung von Genossenschaften, die nur aus Genossenschaften bestehen, zugelassen hat, hat einen außerordentlichen Einfluß auf die Entwicklung des Genossenschaftswesens ausgeübt, wir berichteten darüber S. 30; man kann nicht behaupten, daß dieser Einfluß immer ein günstiger gewesen ist, denn auf diese Bestimmung des Gesetzes ist die weitgehende Zentralisation im Genossenschaftswesen zurückzuführen. Freilich darf man sich nicht immer durch die Firma, die sich eine Genossenschaft gibt, täuschen lassen; es werden in den Registern eine nicht kleine Anzahl von „Zentralgenossenschaften“ geführt, bei denen Mitgliederbestand und Gegenstand des Unternehmens keineswegs der Firma entsprechen, ist doch jede Genossenschaft berechtigt, sich „Zentrale“ zu nennen, ohne Rücksicht darauf, ob ihr Geschäftsbetrieb auch wirklich dem Sinne des Wortes entspricht.

Die Beitrittserklärung gibt das Organ ab, welches die Gesellschaft Dritten gegenüber vertritt und zwar in der für solche Rechtshandlungen nach Statut, Gesetz oder Verfassung vorgeschriebenen Form. Besondere Aufmerksamkeit ist dem Beitritt von „offenen Handelsgesellschaften“ zu schenken, diese können als solche sich verpflichten, es besteht aber die Gefahr, daß die wohlhabenden Gesellschafter ausscheiden, an ihre Stelle weniger sichere Personen treten, so daß schließlich die Genossenschaft an Stelle eines solventen ein schwaches Mitglied hat. Deswegen empfiehlt es sich, nicht bloß die offene Handelsgesellschaft als Mitglied aufzunehmen — dies ist erforderlich, um mit derselben Kreditgeschäfte zu machen — sondern auch zu fordern, daß die Inhaber für ihre Person außerdem die Mitgliedschaft erwerben. Diese werden um so weniger Bedenken tragen, die Forderung zu erfüllen, als sie ja als Gesellschafter der offenen Handelsgesellschaft für deren Verbindlichkeiten unbeschränkt einzutreten haben.

Endlich sei noch bemerkt, daß es in der Rechtsprechung für unzulässig erklärt ist, daß ein Kaufmann unter seiner „Einzelfirma“ den Beitritt erklärt.

VI. Erwerb und Verlust der Mitgliedschaft.

1. Aufnahme und Beitritt.

Zu dem Beitritt zur Genossenschaft durch Ausstellung einer Beitrittserklärung*) muß natürlich die Aufnahme in die Genossenschaft

*) Es empfiehlt sich, Formulare für die Beitrittserklärungen drucken zu lassen und zwar immer je zwei verbunden, und dann zwei Erklärungen unterschreiben zu lassen, von denen eine dem Gericht einzureichen (§ 15 d. Ges.), die andere zu den Genossenschaftsakten zu nehmen ist (Formular 12).

hinzukommen, indem die unbedingte Zulassung eines jeden in manchen Fällen doch den Reihen der Mitglieder Persönlichkeiten zuführen möchte, welche dem Kredit wie den Zwecken der Genossenschaft in keiner Weise förderlich sein würden. Die Entscheidung hierüber wird am füglichsten dem Vorstande und Aufsichtsrat überlassen; hält man es für wünschenswert, so kann im Statut vorgesehen werden, daß im Falle der Ablehnung der Abgewiesene berechtigt ist, Berufung bei der Generalversammlung einzulegen. Der Beschluß über die Aufnahme oder Ablehnung ist in das Sitzungsprotokoll aufzunehmen.

2. Das Ausscheiden.

a) Der Ausschluß. Daß der Ausschluß von Mitgliedern überhaupt statthaft sein muß, bedarf keiner Ausführung. Die der Regel nach große Zahl derselben, die Leichtigkeit, mit der man grundsätzlich jeden zuläßt, bei dem gewisse allgemeine Voraussetzungen zutreffen, welche ihn nicht ungeeignet für die Zwecke des Vereins erscheinen lassen; die Probe, die man die Leute gewissermaßen machen läßt, sich kreditwürdig zu zeigen, um kreditfähig zu werden — dies alles erfordert mit Notwendigkeit die Möglichkeit des Ausschlusses. Andernfalls müßte man viel schwieriger bei der Aufnahme sein, sich in sehr mißliche Prüfungen der Befähigung dazu einlassen, manchen in dieser Hinsicht nicht unbedenklichen Kandidaten, der durch die Aufnahme aber für geordnete Verhältnisse zu gewinnen wäre, abweisen — und was hieße das anders, als einen Hauptzweck der Genossenschaften verfehlen? — Um daher bei der Aufnahme möglichst liberal in Beurteilung der Tauglichkeit der Eintretenden verfahren zu können, muß die Wiederausscheidung untauglicher Elemente gestattet sein, damit nicht das Gebahren einzelner die Gefährdung des Ganzen nach sich ziehe. Deshalb wird der Ausschluß erfolgen müssen sowohl bei Nichterfüllung übernommener Verbindlichkeiten, wie bei einzelnen Handlungen oder einer Lebenshaltung, die den Interessen der Genossenschaft zuwiderlaufen oder die sittlichen und wirtschaftlichen Grundlagen antasten, die die Genossenschaft für ihre gesunde Entwicklung nicht entbehren kann.

§ 68 d. Ges. führt als gesetzliche Gründe zum Ausschluß an: Verlust der bürgerlichen Ehrenrechte, Mitgliedschaft in einem anderen Vorschuß- und Kreditverein (vgl. S. 63). Wo die Vorstandsmitglieder von jeder Kreditentnahme ausgeschlossen sind, steht nichts im Wege, daß sie Mitglieder einer anderen Kreditgenossenschaft werden, um ihr

Kreditbedürfnis zu befriedigen. Gezwungen zum Ausschluß wegen mehrfacher Mitgliedschaft ist nach dem Gesetz die Genossenschaft überhaupt nicht; es ist von Fall zu Fall nach der Sachlage zu entscheiden. In der Regel wird man die mehrfache Mitgliedschaft nicht dulden.

Diese Ausschließungsgründe muß das Statut ergänzen (§ 41 des Statuts); Vermögensverfall und insbesondere Konkurs des Mitgliedes müssen schon aus dem Grunde als Ausschließungsgrund bezeichnet sein, damit in diesem Fall die Genossenschaft die Möglichkeit hat, das Geschäftsguthaben zur Aufrechnung mit Forderungen der Genossenschaft freizubekommen, diese Aufrechnung ist nur möglich nach dem Ausscheiden des Mitgliedes (5. Kap. am Schluß).

„Verlegung des Wohnsitzes" ist als Ausschließungsgrund wichtig, weil bei jeder Genossenschaft einmal der Fall vorkommt, daß ein Mitglied mit unbekanntem Wohnsitz verzieht; es muß dann die Genossenschaft die Möglichkeit haben, in irgend einer Form die Beziehungen zu diesem Mitglied zu lösen.

Über die Auflösung einer Gesellschaft, die Mitglied der Genossenschaft ist, als Ausschließungsgrund vgl. S. 68.

In den früheren Auflagen dieses Buches war bestimmt, daß die Entscheidung über den Ausschluß der Generalversammlung zu überweisen ist oder Vorstand und Aufsichtsrat mit der Einschränkung, daß dann dem Ausgeschlossenen das Recht der Beschwerde an die Generalversammlung gegeben würde, um auch nicht den Verdacht aufkommen zu lassen, daß Vorstand und Aufsichtsrat in der Lage sind, eine Opposition gegen die Verwaltung durch Ausschließung von Mitgliedern nieder zu halten. Die Erfahrungen in der Praxis sprechen jedoch dafür, auch dieses Beschwerderecht an die Generalversammlung fallen zu lassen, so daß in dem Musterstatut bestimmt ist: „Die Ausschließung erfolgt durch Beschluß von Vorstand und Aufsichtsrat."

Die Ausschließung ist stets sorgfältig mit Angabe des Grundes zu protokollieren.

Der Beschluß über die Ausschließung ist durch den Vorstand dem Ausgeschlossenen an dessen letzte dem Vorstand bekannt gewordene Adresse durch eingeschriebenen Brief mitzuteilen; von dem Zeitpunkt der Absendung des Briefes an kann der Genosse nicht mehr an der Generalversammlung teilnehmen, auch nicht Mitglied des Vorstandes oder Aufsichtsrates sein (§ 68 d. Ges.). Darüber, daß der Ausschluß nur zum Schluß des Geschäftsjahres erfolgen kann S. 68 (§ 70 d. Ges.).

b) Der freiwillige Austritt. Nach der Natur der Genossenschaft nimmt der freiwillige Austritt eine wichtige Stelle ein, und muß mit großer Vorsicht geordnet werden, will man das Bestehen der Genossenschaft nicht Gefahren aussetzen. Bei den gewöhnlichen Handelsgesellschaften wird vielfach der Gesellschaftsvertrag auf eine bestimmte Zeit geschlossen, und die Gesellschafter, ja selbst ihre Erben und Rechtsnachfolger, sind dann zum Aushalten dieser Frist verbunden. Bei den Kreditgenossenschaften ist dies nicht wohl anwendbar. Sie dienen weder der Ausbeutung vorübergehender Konjunkturen, noch dem speziellen Interesse gewisser Personen, sondern dem dauernden Bedürfnisse ganzer Bevölkerungs- oder Gewerbsklassen. Man muß daher die Genossenschaft als dauernd, ohne jede Zeitbestimmung, als ein von dem bleibenden Gesamtinteresse großer, sich stetig ergänzender Gruppen getragenes Institut hinstellen, dabei dann aber den einzelnen den Ein- und Austritt freigeben. Und ist das Unternehmen nur im Kerne gesund und auf wahre Bedürfnisse einer Menge berechnet, so findet jeder Abgang leicht seinen Ersatz. Das versteht sich indessen von selbst: daß dem freiwilligen Austritte eine Kündigung, und zwar eine schriftliche (Formular 13), vorhergehen muß, soll der Verein nicht jeden Halt in sich selbst verlieren und zu einem losen Gefüge von willkürlich Ab- und Zulaufenden, ohne die Möglichkeit einer organischen Gliederung und geordneten Geschäftsverwaltung, herabsinken. Man ist seitens der Genossenschaft genötigt, Verbindlichkeiten gegen Dritte einzugehen, z. B. Darlehen aufzunehmen und gewisse Fristen dabei inne zu halten. Ist aber die Abwicklung der Geschäfte der Genossenschaft an solche Termine gebunden, so muß es auch die Lösung des Bandes sein, welches das einzelne Mitglied mit der Genossenschaft verknüpft. Aus diesen Gründen darf der Austritt aus der Genossenschaft erst nach Ablauf einer Kündigungsfrist erfolgen, binnen welcher es derselben möglich ist, die alten Verbindlichkeiten, wenn nötig, zu regeln und sich auf den neuen Mitgliederstand einzurichten. Nach § 65 d. Ges. muß die Kündigung mindestens drei Monate betragen; durch das Statut kann eine längere, jedoch höchstens zweijährige Kündigungsfrist festgesetzt werden.

Indes läßt sich der Zweck der Maßregel durch Innehaltung einer zwischen der Kündigung und dem Austritte liegenden Frist allein noch nicht erreichen, wenn nicht der Austritt ferner auf einen Zeitpunkt gelegt wird, zu dem Gewinn und Verlust des Vereinsgeschäfts sich genau übersehen läßt. Dieser Termin kann nur das Ende des

Rechnungsjahres sein, weil man nur an diesem die Abschlüsse macht und die Bilanz zieht. Dies gilt nicht bloß für die Kündigung, sondern auch für den Ausschluß, überhaupt für das Ausscheiden, und das Gesetz läßt daher den Austritt nur zum Schluß des Geschäftsjahres zu (§ 70), ausgenommen den einen Fall, daß der Austritt durch Übertragung des Geschäftsguthabens erfolgt (§ 76), worauf wir unten zu sprechen kommen.

Die Kündigung kann auch durch einen Gläubiger des Mitgliedes erfolgen, wenn derselbe sich das Geschäftsguthaben hat gerichtlich überweisen lassen und nach § 66 d. Ges. verfahren ist.

c) Ausscheiden der physischen Personen durch Tod — der Gesellschaften durch Auflösung. Stirbt ein Mitglied, so gilt es nach § 77 d. Ges. mit dem Schlusse des Geschäftsjahres als ausgeschieden, in dem der Tod erfolgte, auch wenn dieser erst später zur Kenntnis des Vorstandes kommt. Die Mitgliedschaft ist nicht vererblich. Die Genossenschaft kann nur im Statut bestimmen, daß für gewisse Erben, z. B. Witwe, Sohn, die Aufnahme erleichtert wird, etwa in der Art, daß das Eintrittsgeld erlassen wird. Über eine weitere Vergünstigung bei der Gewinnverteilung vgl. 12. Kap. II.

Welche Wirkung die Auflösung einer Gesellschaft, die Mitglied einer Genossenschaft ist, auf die Mitgliedschaft hat, sagt das Gesetz nicht. Nun ist aber rechtlich und wirtschaftlich die Auflösung für die Gesellschaft gleichbedeutend mit dem Tod für die physische Person, sie hat mit der Auflösung aufgehört, rechtlich und wirtschaftlich zu existieren, sie besteht nur noch zum Zweck der Liquidation fort und die Folge davon müßte sein, daß die Mitgliedschaft mit dem Schluß des Geschäftsjahres ihr Ende erreicht, in dem die Auflösung erfolgt.*)

d) Auseinandersetzung. Die vorstehend behandelten drei Fälle des Ausscheidens: Kündigung, Ausschluß, Tod sind die regelmäßigen, sie führen zu einer vollständigen Auseinandersetzung zwischen der Genossenschaft und dem Ausgeschiedenen, die auf Grund der Bilanz erfolgt. Es ist das „Geschäftsguthaben" des Mitgliedes festzustellen, wie es sich nach der Vermögenslage der Genossenschaft aus den Einzahlungen des Mitgliedes auf Geschäftsanteil, den zugeschriebenen Dividenden und den abgeschriebenen Verlusten ergibt. Dieses Geschäfts-

*) Das preußische Kammergericht will dies nicht gelten lassen (Parisius u. Crüger, Kommentar zum G.G. 4. Auflage, S. 430). Alle Zweifel kann man damit beseitigen, daß die Auflösung unter die Gründe der Ausschließung aufgenommen wird (wie es im Musterstatut geschehen ist).

guthaben ist dem Ausgeschiedenen binnen 6 Monaten nach seinem Austritt auszuzahlen (§ 73 d. Ges.).*) Nun kann die Bilanz aber auch eine Überschuldung ergeben, indem Reservefonds und Geschäftsguthaben zur Deckung der Schulden nicht ausreichen, dann hat einmal das ausgeschiedene Mitglied seine Einzahlungen auf Geschäftsanteil und diesem Konto zugeschriebene Dividenden verloren und es muß ferner von dem Fehlbetrage den ihn treffenden Anteil an die Genossenschaft zahlen, der in Ermangelung einer anderen Bestimmung des Statuts nach der Kopfzahl der Mitglieder berechnet wird (§ 73 d. Ges.); für eine Genossenschaft mit beschränkter Haftpflicht erreicht dieser Anteil am Verlust seine Grenze in der Haftsumme, doch müßte dann der Konkurs eröffnet werden, zu dem es nach § 140 d. Ges. bei Genossenschaften mit beschränkter Haftpflicht bereits kommt, wenn die Überschuldung ein Vierteil des Betrages aller Haftsummen übersteigt (s. auch oben S. 45). Über den Maßstab der Verlustverteilung vgl. 12. Kap. II.

Zur Beseitigung der Mißstände, welche die Verpflichtung der Genossenschaft, nicht abgehobene Geschäftsguthaben ausgeschiedener, namentlich verstorbener Genossen bis zum Ablauf der ordentlichen Verjährung zur Verfügung zu halten, mit sich führt, bestimmt § 74 d. Ges.: die Klage des ausgeschiedenen Genossen auf Auszahlung des Geschäftsguthabens verjährt in zwei Jahren.**)

e) Ausscheiden durch Übertragung des Geschäftsguthabens. Zu den drei Fällen (a—c) des Ausscheidens ist durch das Gesetz von 1889 noch ein vierter gekommen: Ausscheiden zu jeder Zeit (also nicht bloß zum Schluß des Geschäftsjahres) durch Übertragung des Geschäftsguthabens (§ 76 d. Ges.), sofern der Erwerber an Stelle des Austretenden Genosse wird, oder, sofern er schon Genosse ist, dessen bisheriges Guthaben mit dem ihm zuzuschreibenden Betrage den Geschäftsanteil nicht übersteigt.***) Vgl. Formular 14 für Übertragung des Geschäftsguthabens.

---

*) Wenn jedoch binnen 6 Monaten nach dem Ausscheiden die Genossenschaft aufgelöst wird, so gilt das Ausscheiden als nicht erfolgt, bereits ausgezahlte Geschäftsguthaben sind zurückzuerstatten, Kündigung usw. sind dadurch mit rückwirkender Kraft aufgehoben.

**) Über die Verjährung des Anspruches auf Dividende vgl. Parisius u. Crüger, Kommentar zum G.G. 4. Auflage S. 229, B.G.B. §§ 224, 225.

***) Bei Genossenschaften mit beschränkter Haftpflicht: Die der höchsten Zahl der statutarisch zugelassenen Geschäftsanteile entsprechende Gesamtsumme nicht übersteigt (§ 138 d. Ges.).

Diese Übertragung des Geschäftsguthabens zum Zweck des Ausscheidens kann das Statut ausschließen oder an weitere Voraussetzungen knüpfen. Es ist nicht zu verkennen, daß diese Art des Austritts, bei der keine Kündigungsfrist einzuhalten ist, für die Mitglieder sehr wertvoll sein kann, z. B., wenn ein Mitglied seinen Wohnsitz aufgibt, wenn es auswandert, wenn ein Besitzer sein Gut verkauft usw. Jedoch sollte im Statut stets bestimmt sein, daß zu der Übertragung die Genehmigung von Vorstand und Aufsichtsrat einzuholen ist. Mit dieser Maßgabe hat der Allgemeine Genossenschaftstag zu Baden-Baden (1901) die Zulassung des Ausscheidens durch Übertragung des Geschäftsguthabens empfohlen.

f) Ausscheiden infolge Verlegung des Wohnsitzes. Es sei schließlich noch — nur der Vollständigkeit halber — einer fünften Art des Ausscheidens gedacht, die weniger für die Schulze-Delitzschschen Kreditgenossenschaften als die Raiffeisenschen Darlehnskassen bestimmt ist. Falls nämlich durch das Statut die Mitgliedschaft an den Wohnsitz innerhalb eines bestimmten Bezirkes geknüpft ist (§ 8 Pos. 2 d. Ges.), kann ein Genosse, welcher den Wohnsitz im Bezirke aufgibt, ohne Einhaltung einer Kündigungsfrist zum Schlusse des Geschäftsjahres seinen Austritt schriftlich erklären — und die Genossenschaft kann dem Genossen schriftlich erklären, daß er am Schlusse des Geschäftsjahres auszuscheiden habe (§ 67, § 70 d. Ges.). Für die Auseinandersetzung mit Bezug auf das Geschäftsguthaben gilt dann das vorstehend zu d Ausgeführte. Es ist eben nur eine Aufkündigung der Mitgliedschaft (die allerdings auch von seiten der Genossenschaft zulässig ist) ohne Kündigungsfrist und allein abhängig von der Tatsache der Verlegung des Wohnsitzes. Übrigens ist die Genossenschaft nicht verpflichtet, dem Genossen die Mitgliedschaft in diesem Falle aufzukündigen, wenn er es nicht tut. Es ist hierbei also vorausgesetzt, daß die Genossenschaft statutarisch nur Mitglieder aus einer bestimmten Gemeinde, Pfarrei, einem Kreise usw. aufnimmt, wie es bei den Raiffeisenschen Kassen üblich ist. Man hat bei den Genossenschaften geglaubt, die Bestimmung auch auf den Fall der Verlegung des Wohnsitzes anwenden zu können, indem man statutarisch die Mitgliedschaft an den Wohnsitz im Deutschen Reich knüpfte, um sich so von Mitgliedern zu befreien, die, ausgewandert, lange Jahre niemals etwas von sich hören ließen. Das entspricht nicht dem Sinne des Gesetzes. Das gleiche Resultat läßt sich erreichen, wenn Auswanderung oder Verlegung des Wohnsitzes als Ausschließungsgrund in das Statut aufgenommen wird.

3. Gesetzliche Regelung von Erwerb und Verlust der Mitgliedschaft.

Es wäre nun nur noch kurz die gesetzliche Regelung von Erwerb und Verlust der Mitgliedschaft zu behandeln. Wir haben bisher Aufnahme und Beitritt einerseits und die Gründe des Ausscheidens andererseits besprochen.

Das Gesetz will eine Sicherheit dafür schaffen, daß alle in der Mitgliederliste aufgeführten Personen — daß eine solche geführt wird, ist selbstverständlich und war auch vor dem neuen Gesetz Rechtens — wirklich als Genossen haften, und andererseits alle haftpflichtigen Genossen wirklich in der Liste aufgeführt sind. Zu diesem Zweck legt das Gesetz die Führung der maßgebenden Liste in die Hände des Gerichts und knüpft Entstehung und Verlust der Mitgliedschaft an die Eintragung in die gerichtliche Liste. Die Urkunden über den Erwerb der Mitgliedschaft (Beitrittserklärung), über Ausscheiden (Kündigung, Abschrift des Ausschließungsbeschlusses usw.) sind dem Gericht einzureichen,*) welches danach den Erwerb oder Verlust der Mitgliedschaft in die Liste der Genossen einträgt (§ 15, §§ 69, 76 Abs. 2 d. Ges.). Die Mitgliedschaft entsteht mit dem Tage der Eintragung des Erwerbs. Die Mitgliedschaft endigt bei Kündigung, Ausschluß, Ausscheiden, Verlegung des Wohnsitzes nach Maßgabe des § 67 mit dem in der Liste vermerkten Jahresschluß, wenn jedoch die Eintragung erst im Laufe eines späteren Geschäftsjahres erfolgt, mit dem Schlusse des letzteren (§ 70 d. Ges.) — bei Ausscheiden durch Übertragung des Geschäftsguthabens mit dem Tage der Eintragung (§ 76 Abs. 3 d. Ges.). Nur in dem Falle des Todes endigt die Mitgliedschaft ohne Rücksicht auf die Eintragung stets mit dem Schlusse des Geschäftsjahres, in welchem der Tod erfolgt ist, und es ist auch dieser Zeitpunkt selbst bei einer erst in späteren Jahren erfolgten Anzeige an das Gericht in die Liste der Genossen als Tag des Ausscheidens einzutragen (§ 77 d. Ges.), jedoch behält für die Haftpflicht der Erben des verstorbenen Mitgliedes die Eintragung noch eine gewisse Bedeutung (§ 125 Abs. 2 d. Ges.).

Im Falle der Verheiratung einer Frau, die Mitglied ist, oder

*) Vgl. § 31 der Bekanntmachung, woselbst die Urkunden aufgeführt sind, welche in den verschiedenen Fällen des Ausscheidens dem Gericht einzureichen sind. Die Einreichung erfolgt durch den Vorstand in der für die Abgabe von Erklärungen des Vorstandes vorgeschriebenen Form (§ 5 des Statuts).

Wiederverheiratung einer Witwe ist die Änderung des Namens dem Gericht anzuzeigen.

Ähnlich wie die Entstehung der Mitgliedschaft von der Eintragung in die Liste der Genossen abhängig gemacht ist, ist für die Genossenschaft mit beschränkter Haftpflicht der Erwerb eines weiteren statutarisch zugelassenen, Geschäftsanteils an die Eintragung in die Liste der Genossen gebunden (§ 137 Abs. 3 d. Ges.).

Über den Mitgliederbestand hat der Vorstand ein Verzeichnis der Genossen zu führen (S. 40).

Es empfiehlt sich, für den Verkehr mit dem Gericht und die Führung des Mitgliederverzeichnisses — für welches man am besten das gleiche Formular anwendet, wie das Gericht für die Liste der Genossen und das in der mehrfach bereits erwähnten Bekanntmachung vom 1. Juli 1899 zum G.G. abgedruckt ist — folgende auf dem Allgemeinen Genossenschaftstag zu Freiburg i. B. aufgestellten Grundsätze zu beobachten:

die ordnungsmäßig vollzogenen Beitrittserklärungen sind mindestens einmal in jedem Monate dem Gerichte an einem mit dem Gerichte vereinbarten Tage einzureichen,

die zum Austritt am Schlusse des Geschäftsjahres rechtzeitig eingekommenen Aufkündigungen aber sind erst gegen Ende des Geschäftsjahres und mindestens sechs Wochen vor dem Ende des Geschäftsjahres einzureichen,*)

die Anzeige von dem Tode eines Genossen ist unverzüglich, sobald der Vorstand davon Kenntnis erhalten hat, einzureichen (§ 77 d. Ges.),

auf Grund der Benachrichtigungen der Gerichte über die in die Liste der Genossen vorgenommenen Eintragungen sind zur Gleichstellung des von dem Vorstande geführten Mitgliederverzeichnisses die erforderlichen Eintragungen vorzunehmen**) und die Benachrichtigungen der Gerichte sind sorgsam aufzubewahren.

---

*) Es kommt zuweilen vor, daß das Mitglied die Kündigung zurücknehmen will, daher ist es zweckmäßig, mit der Einreichung an das Gericht so lange zu warten, als es das Gesetz gestattet (§ 69 d. Ges.).

**) Zur Erklärung sei bemerkt, daß das Gericht von den Eintragungen in die Liste der Genossen sowohl den Vorstand wie die betreffenden Mitglieder zu benachrichtigen hat; da nun das von dem Vorstande zu führende Mitgliederverzeichnis mit der Liste der Genossen sich in Übereinstimmung befinden muß, so kann der Vorstand die Eintragungen erst vornehmen, wenn er die Benachrichtigung von dem Gericht erhalten hat.

4. Veröffentlichung des Mitgliederbestandes, der Geschäftsguthaben und der Haftsummen.

Der Vorstand hat die Zahl der im Laufe des Jahres eingetretenen oder ausgeschiedenen, sowie die Zahl der am Jahresschlusse der Genossenschaft angehörigen Genossen (gleichzeitig mit der Bilanz) zu veröffentlichen (§ 33 d. Ges.), und die Vorstandsmitglieder sind von dem Gerichte durch Ordnungsstrafen dazu anzuhalten (§ 160 d. Ges.). Dabei ist zu beachten, daß die mit Jahresschluß ausscheidenden Mitglieder an dem letzten Tage des Geschäftsjahres noch Mitglieder sind, folglich auch als solche mitzuzählen sind.

Muster einer Veröffentlichung:

Mitgliederbestand bei Beginn des Geschäftsjahres 1903 (angenommen)		630
Hiervon sind in Abgang zu stellen:		
1. in früheren Jahren verstorbene, jedoch erst im Berichtsjahr zur gerichtlichen Liste als verstorben angezeigte Genossen	3	
2. durch Übertragung nach § 76 G.G. ausgeschiedene Genossen	4	= 7
		623
Dagegen kommen in Zugang:		
die im Berichtsjahr neu eingetretenen Genossen . .		33
so daß am Schluß des Geschäftsjahres 1903 Genossen vorhanden sind. . .		656
Mit Beendigung des Geschäftsjahres scheiden aus:		
1. infolge Aufkündigung		12
2. durch Tod		5
3. durch Ausschluß		7
zusammen		24

Es werden sonach in das neue Geschäftsjahr 1904 632 Genossen übernommen.

Für Genossenschaften mit beschränkter Haftpflicht hat sich diese Veröffentlichung nach § 139 d. Ges. auch auf den Gesamtbetrag, um welchen in diesem Jahre die Geschäftsguthaben, sowie die Haftsumme der Genossen sich vermehrt oder vermindert haben und den Betrag der Haftsummen zu erstrecken, für welche am Jahresschluß alle Genossen zusammen aufzukommen haben. Die Aufstellung nach § 139 d. Ges. für Ende 1904 z. B. würde folgende sein:

Betrag der Geschäftsguthaben Ende des Geschäftsjahres 1903	Mk.
„ „ „ „ „ 1904	„
Vermehrung (oder Verminderung) während des Jahres 1904	Mk.
Betrag der Haftsummen Ende des Geschäftsjahres 1903	„
„ „ „ „ „ „ 1904	„
Vermehrung (oder Verminderung) während des Jahres 1904	Mk.

Die Veröffentlichung hätte dann zu lauten:

Die Geschäftsguthaben haben sich von 1903 auf 1904 um . . . Mk. vermehrt (vermindert), die Haftsummen in der gleichen Zeit um . . . Mk. vermehrt (vermindert). Am Jahresschluß haben die Genossen für . . . Mk. Haftsummen aufzukommen.

Fünftes Kapitel.

Beschaffung der Geldmittel.

A. Aufnahme fremder Gelder.

Ist die Beschaffung der zum Betriebskapital erforderlichen Gelder auf Kredit eine der wichtigsten Aufgaben der Kreditgenossenschaften, so erfordert sie zugleich die höchste Sorgfalt, wenn die Genossenschaften in ihren Geschäften wirklich gefördert und nicht im hohen Grade gefährdet werden sollen. Namentlich gilt es hier, einmal die Quellen und sodann die Bedingungen des Kredits in das Auge zu fassen, schließlich aber sich klar bewußt zu sein, welches Maß man dabei überhaupt innezuhalten hat.

Über die Kreditquellen, auf welche die Genossenschaft ebenso, wie andere Bankinstitute angewiesen sind, ist im allgemeinen folgendes zu bemerken.

Wohl in den wenigsten Fällen wird eine Bank das Geldbedürfnis eines größeren Kundenkreises allein mit ihren eigenen Mitteln zu befriedigen imstande sein. Deshalb ist es ihre Aufgabe, sich zum Mittelpunkte für das Zusammenströmen von Geldern zu machen, welche Anlagen suchen und ohne ihre Dazwischenkunft nutzlos für den Verkehr liegen würden. Man muß sich ebensogut für das Angebot von Kapitalien, wie für die Nachfrage danach eine feste Kundschaft zu verschaffen wissen, Leute an sich zu fesseln verstehen, die Geld bringen, so gut wie solche, die Geld holen, sich für den Abfluß so gut, wie für den Zufluß, regelmäßige Kanäle offen halten.

I. Bankkredit.

Was den Zufluß von Geld anlangt, so muß dieser der Hauptsache nach auf die Besitzer größerer oder kleinerer Summen selbst berechnet sein, denen es um Unterbringung ihrer Gelder zu tun ist, nicht etwa auf die Verbindung mit anderen Bankinstituten oder Kreditgenossenschaften. Denn wenn man sich, um den Kapitalbedarf anderer zu vermitteln, selbst erst wieder eines Vermittlers bedient — und das tut jede Bank, die sich durch den Kredit bei anderen

Banken hilft — tritt man aus der Stelle des Vermittlers selbst in die des Kunden zurück, und die Kosten wie die Gefahren eines hierauf gegründeten Bankgeschäfts überwiegen seine Vorteile schon in gewöhnlichen Zeiten. Bei großen Verkehrserschütterungen mit Kreditkrisen in ihrem Gefolge wird eine solche Kreditquelle, gerade wenn man ihrer am meisten bedarf, am ersten versagen. Denn natürlich wird die kreditierende Bank, die dann selbst ihre ganzen Mittel zusammennehmen muß, leicht gezwungen, den Kredit zu schmälern, wobei eine Rücksichtnahme auf Verlegenheiten, die sie dadurch bereitet, um so weniger zu erwarten ist, als diese ihr selber nicht erspart bleiben. Hieraus folgt, daß die Kreditgenossenschaften alles anwenden müssen, sich in ihren lokalen Umgebungen den Geldzufluß zu verschaffen, dessen sie dauernd zur Ergänzung ihres Betriebskapitals bedürfen. Dagegen dürfen sie Kredit bei anderen Banken oder Vereinen, wenn es sich um Verstärkung ihres Kapitals, nicht um eine gegenseitige bloße Verkehrserleichterung handelt, in der Regel nur in Fällen vorübergehenden gesteigerten Bedürfnisses in Anspruch nehmen, wollen sie nicht ihren geschäftlichen Operationen eine ungesunde Grundlage geben.

Die bei früheren Kreditkrisen gemachten Erfahrungen scheinen heut leider vielfach vergessen zu sein, denn nicht nur daß Kreditgenossenschaften in größerer Anzahl auf den ihnen von **Banken** eingeräumten Kredit ihren Geschäftsbetrieb erweitern, sind weitaus die meisten Gründungen von Kreditgenossenschaften in der letzten Zeit auf Bankkredit hin erfolgt. Die Form der Genossenschaft berechtigt nicht, für den Geschäftsbetrieb die soliden geschäftlichen Grundlagen außer acht zu lassen. Wie es für den Privatmann gefährlich ist, allein auf seinen Kredit hin sich auf weitangelegte geschäftliche Unternehmungen einzulassen, so ist dies nicht minder bedenklich für eine Genossenschaft, ja es ist für diese sogar noch bedenklicher, da sie den Kredit in Anspruch nimmt, um das Kreditbedürfnis anderer zu befriedigen und daher im Falle einer Kreditkrisis von zwei Seiten her bedroht wird.

Die natürliche Vorsicht für die Kreditgenossenschaft, die bei einer Kredit- oder Wirtschaftskrisis ihren Mitgliedern ein sehr weitgehendes Entgegenkommen zeigen muß, gebietet es, ihre Kreditquellen so zu wählen, daß sie nach dieser Seite auch unter schwierigen Verhältnissen wenig zu fürchten hat. **Der Bankkredit kann nach den Aufgaben der Banken aber stets nur ein vorübergehender sein, er ist ein Notbehelf, und darf unter normalen Verhältnissen daher niemals aufs äußerste angespannt sein.**

Es ist daher als eine Gefahr für die Entwicklung des Genossenschaftswesens zu betrachten und schafft eine ungesunde Grundlage, wenn Kreditgenossenschaften auf Betriebsmittel hin ins Leben gerufen oder erweitert werden, die nach ihrer Natur nicht die Bestimmung haben können, dauernd der Genossenschaft belassen zu werden. Dazu kommt noch, daß eine derartige Erleichterung der Befriedigung des Kreditbedürfnisses zu einer Vernachlässigung der Aufsuchung dauernden Betriebskapitals führt.

Vielfach besteht das Streben, durch Zusammenschluß der Kreditgenossenschaften zu Zentralkassen, das Kreditbedürfnis der Genossenschaften zu befriedigen, indem man unterstellt, daß es auch Genossenschaften mit Geldüberfluß gibt, der die beste Verwendung finden kann, wenn er anderen kreditbedürftigen Genossenschaften zugeführt wird. Die Erfahrung hat bisher wenigstens ergeben, daß ein solcher Geldausgleich in der Praxis nicht durchführbar ist, denn die Zentralkasse muß, will sie im Rahmen ihrer Aufgabe des Geldausgleichs bleiben, sich auf einen bestimmten, nicht zu großen Bezirk beschränken, in dem dann aber die Verhältnisse der Kreditgenossenschaften meist gleichartige sind und entweder überall Geldüberfluß oder Geldmangel ergeben. Diese Beobachtung wird auch selbst dann gemacht, wenn die Zentralkasse sich über einen weiten Bezirk erstreckt, aber auf Genossenschaften wesentlich gleicher Art beruht. Derartige Zentralkassen sind in der Regel nur am Platze, wo es gilt, eine Anzahl kleiner Kassen zusammenzufassen, denen es in der Vereinzelung wegen ihrer Kleinheit oder der Art ihres Betriebes an dem notwendigen eigenen Halt fehlt, doch auch hier soll die Zentralkasse, wenn ihre Aufgabe richtig aufgefaßt wird, nur dazu dienen, die Einzelkassen zur Selbständigkeit zu führen. Geht sie weiter, entsteht durch sie eine gewisse Konzentration des Betriebes, so sinken die Einzelkassen zu Filialen herab und verlieren dadurch wesentlich an Wert und Bedeutung. Das Verhältnis der Zentralkasse zu den Einzelkassen sollte sich daher immer nur nach den gleichen Grundsätzen gestalten, die für die Verbindungen der Kreditgenossenschaften mit den Banken gelten, auch wenn die Zentralkasse sich nicht auf den Geldausgleich beschränkt, sondern einen bankartigen Charakter erhält.

Die durch staatliche Subventionen wesentlich geförderte Zentralkassenbewegung hat zur Bildung von Zentralkassen geführt, die sich über ganz Deutschland erstrecken, aus dieser Bewegung ist die Zentralisation entstanden, deren Gefahren wir oben (S. 31) näher darlegten. Einzelne

Zentralkassen sind in Konkurs geraten, und es haben sich dabei die großen Gefahren dieses Systems gezeigt; eine Anzahl Genossenschaften wurden in den Konkurs der Zentrale hineingezogen, konnten sich selbst nicht halten, gerieten in Konkurs, und so erstreckten sich die Folgen der Mißwirtschaft, die bei der Zentrale geherrscht, über die weitesten Kreise.

Der mangelnde Geldausgleich hat zum Teil die Zentralkassen in Zeiten des Geldzuflusses veranlaßt, Anlage der Gelder in Effekten zu suchen, und wir finden Zentralkassen mit Effektenbeständen, die insbesondere im Verhältnis zum eigenen Kapital der Zentralkassen als eine im höchsten Grade gefahrbringende Anlage zu betrachten sind, denn verhältnismäßig geringe Kursschwankungen können das ganze eigene Vermögen verschlingen. Das eigene Vermögen ist fast stets ein recht geringes, man begnügt sich meist mit sehr niedrigen Geschäftsanteilen und sehr hohen Haftsummen. Sehr lehrreiches Material hierüber bieten die von der Preußischen Zentral-Genossenschafts-Kasse herausgegebenen „Mitteilungen zur Genossenschaftsstatistik“. Der Bearbeiter der Statistik bemerkt zu den Tabellen, in denen veranschaulicht wird, wie Geschäftsanteil und Haftsumme bei den Zentralkassen sich abstufen: „Diese Zahlenbilder weisen manche Seltsamkeiten auf. Die Statistik hat ihre Schuldigkeit getan, wenn sie darauf hinweist, weiteres darf den Genossenschaftspolitikern überlassen bleiben.“ Es würde nun den Rahmen dieses Buches überschreiten, die Gefahren im einzelnen darzulegen, die sich ergeben müssen, wenn ganz systematisch Genossenschaften und Zentralkassen auf niedrigen Geschäftsanteilen und unverhältnismäßig hohen Haftsummen aufgebaut werden,*) besonders wenn noch die weitgehende Zentralisation und die vielfache wechselseitige Mitgliedschaft der Genossenschaften bei einander und bei anderen Zentralen hinzukommt.

Der Allgemeine Genossenschaftstag zu Neustadt a. H. (1898) hat sich veranlaßt gesehen, folgende Lehre den Kreditgenossenschaften zu erteilen: „Der Allgemeine Genossenschaftstag hält das heute vielfach hervortretende Bestreben, Kreditgenossenschaften auf Bankkredit hin zu begründen und den Geschäftsbetrieb wesentlich auf Bankkredit hin zu erweitern, für unvereinbar mit der gesunden Entwicklung der Kreditgenossenschaften, und erklärt für dieselben als Bedingung: Beschaffung von regelmäßig zur Verfügung stehendem Betriebskapital,

*) Vgl. hierüber unter anderem den Aufsatz „Mitteilungen zur deutschen Genossenschaftsstatistik von 1900“ in Bl. f. G. Jahrg. 1903 S. 38 ff. — ferner Bl. f. G. Jahrg. 1904 S. 23 ff.

und Benutzung des Bankkredits nur zur Deckung des vorübergehenden Kreditbedürfnisses."

In einem an den Anwalt des Allgemeinen Verbandes, Dr. Crüger, gerichteten Schreiben vom 17. November 1896 äußert sich der Präsident der Reichsbank, Dr. Koch, über die Kredit-Praxis der Reichsbank gegenüber den Genossenschaften wie folgt:

„Wenn die Reichsbank davon ausgeht, daß nur das Vermögen der Genossenschaft, d. h. das Mitgliederguthaben und der angesammelte Reservefonds die Grundlage für die Kreditgewährung bilden und daß die Solidarhaft diese nur verstärken könne, so befindet sie sich überdies in Einklang mit dem Begründer des Genossenschaftswesens in Deutschland (vgl. Schulze-Delitzsch, Vorschuß- und Kreditvereine als Volksbanken, Leipzig 1876, S. 84). . . . Gern erkenne ich an, worauf Sie hinweisen, daß die Kreditgenossenschaften fortgesetzt bemüht sind, ihrer sozialen und wirtschaftlichen Aufgabe nach den Grundsätzen der Selbsthilfe gerecht zu werden. In diesem Streben sind sie von der Reichsbank in den hier durch das Gesetz gezogenen Grenzen stets unterstützt worden. Weiter zu gehen aber verbietet ihr die Rücksicht auf ihre Solidität und auf das eigene Interesse der Genossenschaften."

Der Präsident der Preußischen Zentral-Genossenschafts-Kasse, Dr. Heiligenstadt, hat auf dem Verbandstag des Verbandes der landwirtschaftlichen rheinpreußischen Genossenschaften in Bonn 1900 sich ganz ähnlich ausgesprochen; er führte unter anderem aus:

„Die heutigen Kreditgenossenschaften dürften eigentlich, soweit sie mit fremden, sofort oder in kurzen Terminen abforderbaren Geldern arbeiten, nur verhältnismäßig kurzfristigen Kredit zur Ergänzung des sogenannten umlaufenden Betriebskapitals geben. Diesem Betriebskredit steht gegenüber der Grundkredit, für den ja besondere Organisationen geschaffen sind. Zwischen diesen beiden, ich will mal sagen, Extremen des Kredits gibt es eine ganze große Anzahl Übergangsstufen. Zu diesen gehört der Teil des Anlagekredits, d h. der zur Ergänzung des sogenannten stehenden Betriebskapitals erforderliche Kredit, dessen der Landwirt zum Vieh- und Maschinenkauf, zur Ausführung von Meliorationen usw. bedarf, bei dem also das hineingesteckte Kapital erst im Verlaufe mehrerer Jahre ganz allmählich im Produkte wieder erscheint, weswegen also auch der Kredit erst allmählich in einer Reihe von Jahren zurückgezahlt werden kann. Da es nun heute für die Landwirtschaft in vielen Fällen sehr zweckmäßig ist, ihren Betrieb möglichst kapitalistisch zu betreiben, möglichst viel Kapital, besonders auch stehendes Betriebskapital zu verwenden, um in einer oder anderer Weise den größtmöglichen Reinertrag zu erzielen, so ist es nicht nur zweckmäßig, sondern auch erforderlich, daß die Genossenschaften je nach der Lage, in der sie sich befinden, diesem Bedürfnisse entgegenkommen. Die Befriedigung dieses Kredits zu „vorübergehenden Anlagezwecken" sollte im allgemeinen nicht durch Mittel, die man sich im Bankverkehr oder durch Depositen und Spareinlagen verschafft, erfolgen, da diese Kredite ihrer ganzen Natur nach entweder sofort oder doch mit kurzer Kündigung zurückverlangt werden können. Für die Befriedigung dieser Kredite müssen andere Vorkehrungen getroffen, Mittel geschaffen werden, die den Genossenschaften so leicht nicht entzogen werden können. Die zweckmäßigsten Mittel hierzu wären gewiß die Reserven der Genossenschaften, da diese aber wegen ihrer Geringfügigkeit meistens nicht ausreichen dürften, so muß auch der zweite Weg zur Ansammlung eigenen Vermögens, den das Genossenschaftsgesetz zur Verfügung gestellt hat, in dem Maße beschritten werden, als ein Bedürfnis für die genannten Anlagezwecke im Bereiche der Genossenschaften sich geltend macht."

Diese Stellungnahme des Präsidenten der Preußischen Zentral-Genossenschafts-Kasse ist um so erfreulicher, als gerade die Gründung dieser Anstalt vielfach in den Kreisen der Landwirte und Handwerker den Glauben geweckt hat, es sei nur nötig, eine Kreditgenossenschaft zu gründen, eine Zentralkasse zu bilden, um mit Hilfe des Kredits der Preußischen Zentral-Genossenschafts-Kasse den Kredit der Genossenschaften und deren Mitglieder befriedigen zu können; ein Glaube, der wesentlich noch gestärkt wurde durch die Praxis der Preußischen Zentral-Genossenschafts-Kasse, die dahingeht, bei der Kreditbemessung der Zentralkasse und der ihr angehörigen Genossenschaften die Haftsumme zugrunde zu legen. An und für sich war die Berücksichtigung der persönlichen Haftpflicht der Mitglieder bei Bemessung des Bankkredits durchaus nichts Neues, aber die Betonung, die diese Kreditbemessung durch die Preußische Zentral-Genossenschafts-Kasse erfuhr und die Einführung eines gewissen Schematismus bei Bemessung des Kredits nach der persönlichen Haftpflicht der Mitglieder, erweckten in den Jahren nach Gründung der Preußischen Zentral-Genossenschafts-Kasse den Glauben, es hätten die Genossenschaften und Zentralkassen nur nötig, die Haftsummen in die Höhe zu setzen, um den Kredit bei der Preußischen Zentral-Genossenschafts-Kasse zu erhöhen. Einem solchen Gebahren ist die genannte Kreditanstalt nun energisch entgegengetreten, hat für die Beleihung der Haftsummen enge Grenzen gezogen und eine Reihe Beschränkungen in der sonstigen Kreditbeschaffung eingeführt. Gleichwohl wirkt noch immer in den Kreisen der Genossenschaften die irrige Anschauung nach, daß schon allein die Höhe der Haftsummen bestimmend ist für die Kreditwürdigkeit und Kreditfähigkeit der Genossenschaften. So ist denn auch jene Kritik in der von der Preußischen Zentral-Genossenschafts-Kasse herausgegebenen Genossenschaftsstatistik zu erklären: „Diese Zahlenbilder (Geschäftsanteil und Haftsumme der Zentralkassen) weisen manche Seltsamkeiten auf."

Zu der Benutzung des Bankkredits gehört auch die Weiterdiskontierung von Wechseln durch die Genossenschaft, d. h. das Diskontieren von Wechseln, welche die Genossenschaft ihrerseits ihren Mitgliedern diskontiert hat (vgl. 7. Kap. II). Bamberger sagt in seinem Buche „Die Zettelbank vor dem Reichstag" (1874) von dem

Bankier, welcher durch Diskontieren und Rückdiskontieren künftig fällige Forderungen kauft und wieder verkauft, daß dieser dadurch beinahe alle Geschäftsarten der Welt in der Notwendigkeit und folglich in der Gewohnheit des häufigen Umschlages übertreffe.

Es bleibt aber mit dem Diskontieren des Wechsels ein Risiko verbunden: der Vermögensverfall der Wechselverpflichteten, und dieses Risiko bleibt selbstverständlich bei der Rückdiskontierung bestehen. Ein großer Betrag weiterbegebener Wechsel schließt daher auch ein erhebliches Risiko in sich, und es dürfen folglich die sich aus der Rückdiskontierung ergebenden Giroverbindlichkeiten ein gewisses Maß nicht übersteigen, das sich nach der Vermögenslage der Genossenschaft bestimmt, denn stets ist zu beachten, daß, wenn die Wechselverpflichteten nicht zahlen können, die Genossenschaft aus ihrem Giro haftbar ist. Ganz zu verwerfen ist, wenn die Genossenschaft auch die eigentlichen Vorschußwechsel im Falle des Geldbedarfs weiter diskontiert, denn diese Wechsel müssen in der Regel prolongiert werden, und so hat die Genossenschaft rechtzeitig vor der Fälligkeit für die Einlösung des Wechsels Sorge zu tragen, wenn sie denselben weiter diskontiert hat.

Von den Allgemeinen Genossenschaftstagen ist mit vollem Recht daher auch stets gefordert, daß die Giroverbindlichkeiten im Geschäftsbericht zum Ausdruck gebracht werden. Sie gehören nicht in die Bilanz hinein, da sie nur bürgschaftsartigen Charakter haben, aber sie müssen im Geschäftsbericht erkennbar gemacht werden, damit Mitglieder und Gläubiger ein klares Bild von der Geschäftslage der Genossenschaft sich machen können. In der Revisorenkonferenz, die bei Gelegenheit des Allgemeinen Genossenschaftstages zu Danzig (1903) stattfand, ist sogar von verschiedenen Seiten die Ansicht vertreten, daß die Giroverbindlichkeiten als Bestandteil des fremden Kapitals aufzufassen sind und daher von § 49 d. Ges. mit getroffen werden, der bestimmt: „Die Generalversammlung hat festzusetzen den Gesamtbetrag, welchen Anleihen der Genossenschaft und Spareinlagen bei derselben nicht überschreiten sollen.“

Für die Kreditgenossenschaften bleibt als Quelle für die Beschaffung des dauernden Betriebskapitals die Aufnahme von Geldern bei Privaten. Diese Beschaffung ist freilich schwieriger und unbequemer, als die Inanspruchnahme des Kredits bei einer Großbank oder Zentralkasse, sie bietet aber auch die solide Grundlage und Gewißheit für eine Entwicklung nach streng geschäftlichen Grundsätzen, die bei einer Kreditgenossenschaft am allerwenigsten auch nach dieser

Richtung hin zu entbehren sind, und über die sich hinwegzusetzen für ein Kreditinstitut als Genossenschaft keine Rechtfertigung zu finden ist.

In der Tat ist es den Kreditgenossenschaften bisher stets gelungen, sich die erforderlichen Geldzuflüsse in ihren unmittelbaren Umgebungen zu eröffnen, sobald nur die richtigen Männer an der Spitze standen und eine ausreichende Kreditunterlage geschaffen war. Wohl wird überall in den Anfängen auch der Bankkredit in Anspruch genommen, aber bei richtiger Ordnung der Verhältnisse hält er sich in mäßigen Grenzen. Wenn freilich, wie oben (S. 51) des näheren ausgeführt ist, Kreditgenossenschaften mit kleinem Geschäftsanteil und kleiner Haftsumme begründet werden, dann fehlt es sowohl an dem regelmäßigen Geldzufluß wie auch selbst am Bankkredit und man kann von den Gründern die Behauptung hören, daß auf dem Boden der Selbsthilfe die Kreditgenossenschaft nicht gebildet werden kann.

Wenden wir uns nun zu den einzelnen Arten der Aufnahme fremder Gelder zur Verstärkung des Betriebskapitals.

II. Spareinlagen.

Wesen und Zweck der Kreditgenossenschaften weist dieselben recht eigentlich bei der Beschaffung ihres Betriebskapitals auf die Spareinlagen hin. Zum Teil kommt ihr eigenes Bedürfnis hierbei in Betracht, das sich an manchen Orten kaum anders in ausreichendem Maße befriedigen läßt, zum Teil das Bedürfnis der Sparer selbst, denen die Genossenschaften ihre Ersparnisse in Form von Darlehen zu ihren Arbeits- und Erwerbszwecken wieder zufließen lassen. Zeigt sich irgendwie die Gelegenheit oder gar das Bedürfnis nach einer solchen Sparkasse bei den Vereinen, so richte man dieselbe ein. Erhebliche Schwierigkeiten werden sich nur in großen Städten ergeben, wo die Konkurrenz von Sparkassen und Banken neue Spargelegenheiten nicht leicht aufkommen läßt. So finden wir denn auch gerade bei Kreditgenossenschaften großer Städte häufiger als bei Kreditgenossenschaften in kleinen Städten, daß mit Hilfe der Weiterdiskontierung von Wechseln die Genossenschaft sich das notwendige Betriebskapital schafft. Freilich zeigt die Erfahrung auch immer wieder, daß, wenn die Genossenschaft die Sparkasseneinrichtungen den Bedürfnissen der Bevölkerung anpaßt, ein ausreichender Geldzufluß erfolgt.

In letzter Zeit macht sich eine Bewegung bemerkbar, die dahin abzielt, den Kreditgenossenschaften den Sparkassenverkehr zu erschweren. Im deutschen Sparkassenverband haben Erörterungen stattgefunden, wie mit Hilfe der Gesetzgebung den Genossenschaften der Gebrauch der Bezeichnung „Sparkasse" verboten werden kann. Und der Hamburger Senat hat der Bürgerschaft im Jahre 1903 eine Vorlage unterbreitet, in der er das Wort „Sparkasse" definiert und dann bestimmt, daß die Bezeichnung „Sparkasse" nur für die Einrichtungen gebraucht werden dürfte, die der gesetzlichen Definition „Sparkasse" entsprächen. Das Wort „Sparkasse" war so definiert, daß die Genossenschaften ihre Sparkasseneinrichtungen nicht mehr hätten als solche bezeichnen können. Die Bürgerschaft hat die Vorlage abgelehnt. Der Allgemeine Genossenschaftstag in Danzig (1903) hatte in dieser Frage folgenden Beschluß gefaßt: „Der Allgemeine Genossenschaftstag erhebt Protest gegen die Bestrebungen, den Kreditgenossenschaften das Recht auf Pflege des Sparkassenbetriebes unter der Bezeichnung „Sparkasse" zu entziehen. Eine derartige Beschränkung ist rechtlich unzulässig, wirtschaftlich von dem schwersten Nachteil für unser Genossenschaftswesen und damit für weite Schichten unseres Volkes." *)

Die Sparkassen der Genossenschaften gelten natürlich nicht als „öffentliche", sondern zählen zu den privaten Sparkassen. Infolgedessen unterstehen sie nicht der behördlichen Aufsicht.**)

Für die Sparkassenordnung ist eine der wichtigsten Fragen die Kündigungsfrist der Sparkassengelder. Als Grundsatz ist überall festzuhalten, daß die Genossenschaft sich möglichst Kapitalien auf längere Fristen sichert.

Es ist dies insbesondere dort notwendig, wo die Genossenschaft das landwirtschaftliche Kreditbedürfnis zu befriedigen hat und daher mit Kreditgewährung auch auf längere Fristen rechnen muß.

So hat der Allgemeine Genossenschaftstag zu München (1892) beschlossen:

„Die Kreditgenossenschaften des Allgemeinen Verbandes sollen dem Kreditbedürfnisse der Genossen, die Landwirtschaft betreiben, ebenso wie dem Kreditbedürfnisse der übrigen Genossen dienen.

Die nach den besonderen Verhältnissen des landwirtschaftlichen Betriebes in vielen Fällen erforderlichen geräumigen Zahlungsfristen aber können nur diejenigen Genossenschaften gewähren, die ein ausreichendes eigenes Vermögen in Geschäfts-

---

*) Vgl. über diese Frage Bl. f. G. Jahrg. 1902 S. 413, Jahrg. 1903 S. 115, 154, 283, 290, 333, 413.

**) Vgl. hierüber Verhandlungen des Allgemeinen Genossenschaftstages in Rostock (1897 S. 119).

anteilen und Reserven besitzen oder bei den zu ihrem Geschäftsbetriebe aufgenommenen fremden Geldern entsprechend längere Kündigungsfristen sich ausbedungen haben.

Unter Hinweisung auf den Beschluß des Allgemeinen Vereinstages in Wiesbaden im Jahre 1877 wird deshalb den Kreditgenossenschaften empfohlen: neben der Erhöhung ihres eigenen Vermögens immer mehr darauf bedacht zu sein, bei der Aufnahme fremder Gelder zu Vereinszwecken möglichst geräumige Kündigungsfristen zu erlangen."

Vgl. über Kreditgewährung an Landwirte 8. Kapitel.

Unbeschadet der eigenen Sicherheit kann der Kredit nur auf längere Zeit gewährt werden, wenn die Genossenschaft die Kapitalien auf entsprechend lange Fristen aufgenommen hat.

Die Lage der bei solchen Spareinlagen hauptsächlich beteiligten Klassen bedingt die Möglichkeit baldigster Zurückforderung bei eintretendem Bedürfnis, und je mehr man darauf seitens der Kasse eingeht, auf desto stärkeren Andrang, desto billigeren Zinsfuß hat man zu rechnen. Hierin liegt eine Versuchung, den Sparern sehr kurze Kündigungsfristen zuzugestehen. Allerdings ist es bei dem Sparkassenverkehr Regel, daß, sobald er nur einigermaßen ausgebildet ist, und die Kasse gewisse Kreise einmal an sich gezogen hat, der fortwährende Abfluß durch einen ebenso stetigen Zufluß aufgewogen wird. Diese Erfahrung gilt indessen bloß für gewöhnliche Zeiten geordneten Verkehrs- und Erwerbslebens. Denn sobald die mindeste Störung, wie z. B. Krieg, eine Geld- oder Kreditkrisis, eintritt, so versiegt diese Quelle ebenso plötzlich und vollständig, als sie sich vorher ergiebig gezeigt hatte. Gerade die Mehrzahl der Sparer bedarf dann wirklich des Geldes selbst mehr oder weniger dringend, oder ist auch wohl ängstlicher wie andere, und so werden die Kassen um Geld bestürmt, während keiner ihrer Kunden daran denkt, Geld niederzulegen. Wie nun, wenn die Kasse das erhaltene Kapital auf längere Fristen verliehen und sich selbst zur Rückzahlung auf sofortige oder ganz kurze Kündigung verpflichtet hat? Ein einziges, wenn auch nur augenblickliches Aussetzen der Zahlung, wie es alsdann, wenn nicht bedeutende anderweite Hilfsmittel den Kassen zu Gebote stehen, fast unausbleiblich ist, treibt sogleich zur Krisis, indem dann das Vertrauen sofort verschwindet, was natürlich den unausbleiblichen Untergang eines solchen lediglich auf Kredit basierten Instituts zur Folge hat. Mögen die Gelder noch so vorteilhaft und sicher seitens der Genossenschaft untergebracht sein, so daß ein eigentlicher Verlust in keiner Weise zu fürchten ist — der augenblickliche Mangel an Barschaft wirkt ebenso verderblich, wie ein wirklicher Verlust. Man schütze hiergegen nicht das Beispiel der öffentlichen Sparkassen vor, welche sich in den erwähnten Krisen behauptet hätten. Als öffentliche, vom Staate oder von Kommunen garantierte Institute, haben dieselben in solchen Fällen einen ganz anderen Rückhalt, als die lediglich auf die eigene Kraft angewiesenen Genossenschaften, und selbst öffentliche Sparkassen haben zuweilen in kritischer Zeit einen schweren Stand gehabt, wenn die Spareinleger in Massen Rückzahlung verlangten. Wie schwierig die Lage vieler Sparkassen in den Verkehrskrisen gewesen ist, und welche bedeutende Opfer gebracht werden mußten, um die erforderlichen Gelder aufzutreiben, welche Verluste erlitten wurden, wissen alle, die mit den Verhältnissen vertraut sind. Und nicht nur in Zeiten von Verkehrskrisen sind solche Erschütterungen vorgekommen, sondern leeres Gerede, Gerüchte haben zuweilen zu einem Ansturm auf Sparkassen geführt, der den Bestand des Instituts in Frage stellte und dasselbe der Gefahr aussetzte, zahlungsunfähig zu werden. Nur lange Kündigungsfristen sichern die Genossenschaft gegen eine Störung des Geschäftsbetriebes durch die Spareinleger. Dabei steht selbstverständlich nichts im Wege, daß unter normalen Verhältnissen die Kreditgenossenschaft sich nicht an die Kündigungsfrist hält, sondern dem Spareinleger jederzeit das Sparkassenguthaben auszahlt (vgl. S. 85).

Der Sparkassenverkehr bietet in der Regel auch billiges Betriebskapital.

Unter den heutigen Verhältnissen ist eine gut geleitete Kreditgenossenschaft in der Lage, gegen einen Zins von 3—3½ % die notwendigen Spareinlagen zu erhalten. Bei der Bemessung des Zinssatzes kommt allerdings hauptsächlich der Zinsfuß in Betracht, welchen die konkurrierenden öffentlichen Sparkassen vergüten. Die Erfahrung hat jedoch gezeigt, daß die Kreditgenossenschaften selbst dann den nötigen Zufluß von Spareinlagen erhalten, wenn sie unter den Zinsfuß der öffentlichen Sparkassen heruntergehen, vorausgesetzt, daß sie eine vertrauenswürdige Leitung haben und imstande sind, den Spareinlegern Bequemlichkeiten zu bieten, die diese bei den öffentlichen Sparkassen nicht haben. So ist es bei den öffentlichen Sparkassen vielfach üblich, die Einlagen für den Monat der Einzahlung und Abholung nicht zu verzinsen. Die Genossenschaft kann die Spareinlagen von dem auf die Einzahlung folgenden bis zum Tage der Abhebung verzinsen. Für größere Genossenschaften kann es sich auch empfehlen, für die großen Einlagen einen niedrigeren Zinsfuß zu vergüten, niemals aber sollte man die kleinen Spareinlagen schlechter stellen wie die großen, denn zu den Aufgaben der Kreditgenossenschaften gehört es, den Sparsinn zu pflegen und ihm Gelegenheit zur Betätigung zu geben, die kleinen in Wirtschaft und Erwerb gemachten Ersparnisse von Mitgliedern und Nichtmitgliedern zu sammeln. Die öffentlichen Sparkassen pflegen die sämtlichen Spareinlagen auf die gleiche Kündigungsfrist anzunehmen. Die Genossenschaften tun gut, gewisse Abstufungen einzuführen, indem sie Spareinlagen auf verschiedene Kündigungsfrist aufnehmen, etwa mit 14tägiger, 4wöchiger, 3, 6—12monatlicher Kündigung, dementsprechend vergüten sie dann auch einen verschiedenen Zins, der um so höher, je länger die Kündigungsfrist ist. Auf diese Weise zieht die Genossenschaft sowohl langbefristete Gelder an, wie sie auch gleichzeitig gegen einen ganz billigen Zins von vielleicht 2 % Spareinlagen erhält, die nur vorübergehend bei ihr angelegt werden, über die sie für kürzer befristete Geldausleihungen verfügen kann. Daher hat der Allgemeine Genossenschaftstag zu Hannover (1900) auch empfohlen, die Abstufung des Zinsfußes für Spareinlagen nach der Länge der Kündigungsfrist vorzunehmen. Alle diese Kündigungsfristen dienen nur dem Schutz der Genossenschaft, die in der Lage sein muß, sich auf die Kündigungsfrist berufen zu *können*, wenn der Spareinleger aus irgend welchen Gründen vorzeitig sein Geld zurückfordert. Es ist aber allgemein Übung bei den Genossenschaften, das Geld ohne Einhaltung der Kündigungsfrist zurückzuzahlen, durch dieses Entgegenkommen sind sie die denkbar bequemsten Sparkassen geworden. Die vorgeschlagene *Abstufung der Kündigungsfristen* und nach denselben *des Zinsfußes* bietet in diesen Fällen den Vorteil, die Genossenschaft vor einem aus vorzeitiger Auszahlung der Spareinlagen entstehenden Schaden zu schützen, indem der Spareinleger bei dem Begehren einer kürzeren als der vereinbarten Kündigungsfrist zwar seinem Wunsche entsprechend befriedigt wird, jedoch dann auch nur den Zins für die Summe vergütet erhält, der ihm zugekommen, wenn das Kapital von vornherein nur mit der kürzeren Kündigungsfrist eingezahlt worden wäre. Stets ist daran festzuhalten, daß es sich nur um ein freiwilliges Entgegenkommen der Genossenschaft handelt, wenn sie die Einhaltung der Kündigungsfrist nicht verlangt, auf welche die Einzahlung erfolgt ist.

Aus dem Umstande, daß der Sparkassenverkehr bald einen größeren Umfang anzunehmen pflegt, ergibt sich, daß die Genossenschaft nicht jedesmal den Vorzeiger des Sparkassenbuches, auf das eine Abholung erfolgen soll, einer Legitimations-Prüfung unterziehen kann. Die Genossenschaft muß sich daher gegen etwaige Regreßansprüche dadurch zu decken suchen, daß sie sich für berechtigt erklärt, allein auf das Sparkassenbuch hin Zahlungen zu leisten. Das Sparkassenbuch wird damit kein Inhaberpapier, da sich die Genossenschaft nicht verpflichtet, dem Vorzeiger auf dasselbe Zahlung zu leisten. Durch § 808 B.G.B. ist heute außer Zweifel gestellt, daß die Sparkassenbücher der Kreditgenossenschaften Legitimations-Papiere sind.

Für den Sparkassenverkehr werden Sparkassenbücher ausgegeben, in welchen Ein- und Auszahlungen, vom Vorstande ordnungsmäßig bescheinigt, eingetragen werden. Nimmt die Genossenschaft Spareinlagen unter verschiedenen Kündigungsfristen auf, so müssen auch verschiedene Sparkassenkonten geführt und dementsprechend verschiedene Arten Sparkassenbücher ausgegeben werden.

Um für die Kontrolle der Eintragungen in die Bücher der Genossenschaft durch den Aufsichtsrat Belege zu besitzen, ist es zu empfehlen, den Spareinleger über jede Zahlung, die er erhält, eine Quittung ausstellen zu lassen. In vielen Genossenschaften hat es sich auch als sehr wohl durchführbar erwiesen, in einer besonderen Kolonne des von der Genossenschaft geführten Buches quittieren zu lassen. Die Quittung erfolgt dann unter dem Namen dessen, der das Geld abholt.

Überhaupt ist der Sparkassenverkehr einer ganz besonders sorgfältigen Kontrolle zu unterwerfen. Es hat denn auch der Allgemeine Genossenschaftstag zu Berlin (1899) den Genossenschaften empfohlen, Einrichtungen zu treffen, die eine Vergleichung der Sparkassenkonten auf ihre Übereinstimmung mit den Sparkassenbüchern durch den Aufsichtsrat ermöglichen. Für die Auswahl des Mittels sind lokale Verhältnisse entscheidend. Als sehr zweckmäßig hat sich folgender Weg gezeigt: in den ersten Wochen des Geschäftsjahres, wenn die Spareinleger zur Genossenschaft kommen, um die Zinsen abzuheben, muß täglich während der Geschäftsstunden ein Aufsichtsratsmitglied anwesend sein, das dann die von den Spareinlegern vorgelegten Sparkassenbücher auf die Übereinstimmung mit den Büchern der Genossenschaft vergleicht. Als praktisch hat sich auch ergeben, nach Schluß des Geschäftsjahres eine tabellarische Zusammenstellung aller Spareinlagen mit Angabe der Nummer und des Guthabens jedes einzelnen Sparkontos anzufertigen und im Geschäftslokal zur Einsicht der Spareinleger auszulegen, damit diese sich von der Richtigkeit des Sparkontos überzeugen können. Ist der Sparkassenverkehr nicht zu umfangreich, so kann die Übersicht auch dem Geschäftsbericht beigegeben werden.

Bei diesen letzteren Einrichtungen hat sich leider oft gezeigt, daß die Spareinleger selbst an der Kontrolle ein nur geringes Interesse nehmen; daher ist es geboten, daß der Aufsichtsrat sich nicht auf die Kontrolle der Spareinleger verläßt. Wählt der Aufsichtsrat den zuerst hier in Vorschlag gebrachten Weg zur Kontrolle, so ist freilich auch wieder zu berücksichtigen, daß es sich nur um eine stichprobenweise Kontrolle handelt, weil nur ein Teil der Spareinleger sich bei Beginn des Jahres im Kassenlokale einfindet. Wo die Genossenschaft die Zinsen nur auf ausdrückliche Anweisung des Einlegers kapitalisiert, liegt hierin ein wirksames Mittel, die Einleger zur Vorzeigung der Sparkassenbücher zu veranlassen. Die beste Kontrolle für den Sparkassenverkehr möchte in der Einführung von Anerkenntnissen liegen, die bei dem Kontokorrentverkehr ganz allgemein üblich sind. Es müßten die Spareinleger mit der Zinsquittung, die sie über die empfangenen Zinsen auszustellen haben, ein Anerkenntnis des Kapitalbestandes bei Jahresschluß verbinden.

Der Allgemeine Genossenschaftstag zu Stettin (1893) hat den Kreditgenossenschaften empfohlen, ihren Sparkasseneinrichtungen die Bedingungen über Annahme, Verzinsung und Rückzahlung zugrunde zu legen, die wir in Formular 15 mitteilen und zwar mit den Änderungen, die sich durch die neue Gesetzgebung als erforderlich gezeigt haben.*)

Die Sparordnung kann nach den Bedürfnissen der Genossenschaft erweitert oder beschränkt werden. Nach ersterer Richtung kommt besonders in Betracht die Einführung gesperrter Sparkassenbücher. Darunter werden Sparkassenbücher verstanden, auf welche jederzeit Einlagen gemacht werden, aber erst bei Eintritt eines gewissen Ereignisses oder nach Ablauf einer bestimmten Zeit Abhebungen stattfinden dürfen; bis dahin werden alle Einzahlungen, die auf das Konto geleistet werden, wie die Zinsen dem Spareinleger gutgeschrieben. Die Bücher können auf den Namen des Einlegers oder der Person, zu

*) Der Stettiner Genossenschaftstag (1893) hatte noch für die Sparkassenbedingungen die Festsetzung einer Höchstgrenze der Spareinlage empfohlen, der Hannoversche Genossenschaftstag (1900) hat „bei der heutigen Lage des Geldstandes die Festsetzung einer Höchstgrenze durch die Sparkassenbedingungen für die bei der Kreditgenossenschaft anzusammelnden Spareinlagen nicht für angemessen" erachtet.

deren Gunsten die Einlagen erfolgen, ausgestellt werden; sie erhalten auf dem Titelblatt den Vermerk „gesperrt“ und die Angabe, wann bzw. wodurch die Sperre beseitigt werden soll. Die Beschränkung tritt stets außer Kraft, wenn der, zu dessen Gunsten das Buch gesperrt ist, stirbt. Für die Genossenschaft bieten diese gesperrten Sparkassenbücher den Vorteil, auf längere Zeit über die Einlagen verfügen zu können, ohne einer Kündigung ausgesetzt zu sein. Erfahrungsgemäß wird aber von einer solchen Einrichtung so selten Gebrauch gemacht, daß mit deren Einführung nur unter ganz besonderen Umständen vorgegangen werden sollte.

Auch die Einrichtung einer Pfennigsparkasse kann in Erwägung gezogen werden. Um für kleinere Beträge eine bequeme Spargelegenheit zu schaffen, gibt die Genossenschaft Sparmarken und Sparkarten aus, welche im Vereinslokal sowie bei einer Anzahl von Kaufleuten und anderen geeigneten Personen zu haben sind; es werden dann Sparkarten, die mit 10 Sparmarken beklebt sind, als Spareinlagen ebenso wie bares Geld angenommen.

III. Depositenverkehr und laufende Rechnung ohne Kredit.

Der Depositenverkehr unterscheidet sich von dem Sparkassenverkehr wesentlich nur dadurch, daß es sich um größere Summen und kürzere Kündigungsfristen handelt. Nur größere Genossenschaften unterhalten in der Regel einen Depositenverkehr, der eine bankmäßig geschulte Verwaltung erfordert. Falsche Dispositionen bei der Bestimmung des Zinsfußes, bei der Anlage der Depositen können für die Genossenschaft mit erheblichen Verlusten verbunden sein; die Genossenschaft muß die Anlagen im richtigen Verhältnis zu den Depositen liegend halten, um nicht bei größeren Ansprüchen der Deponenten in Zahlungsschwierigkeiten zu geraten. Vgl. für die Bedingungen Formular 16.

Bei der Einrichtung des Depositenverkehrs sind die landesgesetzlichen Bestimmungen über die Stempelsteuer zu berücksichtigen; es ist zu prüfen, ob die Bescheinigungen in den Rechnungsauszügen aus dem Depositenkonto stempelpflichtig sind. Wo dies der Fall ist und sich auch keine Möglichkeit bietet, den Rechnungsauszug in einer Form auszustellen, daß der Stempel nicht verwendet zu werden braucht, wird man wie z. B. in Preußen in Erwägung ziehen müssen, von einem besonderen Depositenverkehr abzusehen und den Sparkassenverkehr entsprechend zu erweitern.

Die laufende Rechnung ohne Kredit (auch Kontokorrent ohne Kredit genannt) ist ein entwickelter und erleichterter Depositenverkehr; während aber im Depositenverkehr jeder Posten seine Selbständigkeit behält wie im Sparkassenverkehr, bilden bei der laufenden Rechnung alle Posten ein Ganzes, und werden die einzelnen Zahlungen nicht auf bestimmte Posten, sondern auf das Ganze geleistet. Die Anerkennung des Saldos bildet daher auch einen selbständigen Verpflichtungsgrund, es geht aber der Saldo mit dem Vortrage auf neue Rechnung in diese wieder über. Die Bedingungen sind wesentlich die gleichen wie für den Depositenverkehr. Vgl. Formular 17.

IV. Scheckverkehr.

Unmittelbar an die laufende Rechnung schließt sich der Scheckverkehr an, denn er ist eigentlich nur ein Teil derselben. Wesen und Zweck des Scheckverkehrs können wir nicht besser wiedergeben, als mit einer Schilderung der Oldenburger Bank bei Einführung des Scheckverkehrs:

„Der vornehmlichste Zweck des Scheckbureaus besteht darin, von den einzelnen privaten Klassen alle diejenigen Gelder in sich aufzunehmen, welche nur kurze Zeit, auf einzelne Wochen oder Monate, verfügbar sind. Der Kaufmann, Handwerker, Fabrikant, der zur bestimmten Zeit Wechsel zu decken oder sonst größere Zahlungen zu leisten hat, führt die inzwischen erfolgenden Eingänge eines Tages oder einer halben Woche in das Scheckbureau ab, um sie nach Bedarf wieder abzuheben; der Beamte, Offizier, Rentner bringt nach Empfang des Gehaltes, der Zinsen oder sonstiger Einnahmen die betreffenden Summen dem Scheckbureau und behält nur kleine Beträge zur Deckung des täglichen Handbedarfs zurück. Bei richtiger Ausnutzung ist beinahe für jedermann das Halten irgend größerer Kassenbestände entbehrlich . . . Macht die Hausfrau aus der Stadt oder vom Lande größere Einkäufe in der Stadt, so nimmt sie kein Geld, sondern das Scheckbuch mit und füllt an Ort und Stelle den Scheck mit dem Betrage der bewußten Einkäufe aus, so daß das lästige, zeitraubende Geldzählen für alle Teile hinfällig wird. Der Kaufmann oder Handwerker präsentiert seinerseits die erhaltenen Schecks der Bank und läßt sich den Betrag auszahlen oder auf seinem Scheckkonto gutschreiben. So vollziehen sich, wenn erst eine breite Kundschaft dem Scheckverkehr erworben ist, ungemein zahlreiche kleinere und größere Umsätze, die sonst nur mittels umständlichen Barausgleichs bewirkt sein würden, durch einfache Ab- und

Zuschreibung in den Büchern der Bank. Und nicht bloß die Umständlichkeit der Operation des Geldzählens und Empfangens, sondern auch die Gefahren des Verlustes, Verzählens und Versehens werden vermieden."

Die Kreditgenossenschaften nehmen es als ein besonderes Verdienst in Anspruch, für die Einführung des Scheckverkehrs bereits sehr viel getan zu haben. Eine große Anzahl dieser Genossenschaften hat den Scheckverkehr unter ihre Geschäftszweige aufgenommen und die Zahl steigt von Jahr zu Jahr. Damit erfüllen die Genossenschaften eine bedeutende wirtschaftspolitische Aufgabe, wie sich aus vorstehender Schilderung des Scheckverkehrs ergibt. Folgende kleine Tabelle zeigt die Entwicklung und Ausbreitung des Scheckverkehrs bei den Genossenschaften des Allgemeinen deutschen Genossenschaftsverbandes, wobei noch besonders zu berücksichtigen ist, daß in die Tabelle nur die Kreditgenossenschaften aufgenommen sind, die für den Scheckverkehr ein besonderes Konto eingerichtet haben; nicht klein ist die Zahl der Genossenschaften, die den Scheckverkehr über Kontokorrent-, Sparkassen- oder Depositenkonto führen, so daß also tatsächlich der Scheckverkehr noch erheblich umfangreicher ist als sich aus der Tabelle ergibt.

Die Genossenschaft selbst hat aus dem Scheckverkehr recht erhebliche Vorteile. Sie gelangt zunächst durch denselben zu billigem Gelde. Allerdings ist bei dessen Benutzung für den regelmäßigen Geschäftsbetrieb große Vorsicht geboten, da die Einlagen in kürzester Zeit wieder entzogen werden können. Nicht jede Genossenschaft ist daher in der Lage, den Scheckverkehr einzuführen, dazu bedarf es einer tüchtigen Verwaltung. Die selbstverständliche Voraussetzung ist die Abhaltung regelmäßiger Geschäftsstunden, freilich eine Bedingung, der jede Kreditgenossenschaft entsprechen müßte. Wo man sich aber bereits mit dem Depositenverkehr, mit der laufenden Rechnung vertraut gemacht hat, da ist es nur ein Schritt noch zum Scheckverkehr. Und die Kreditgenossenschaft erscheint ganz besonders geeignet, diesen Geschäftszweig zu pflegen, da sie durch ihre Verbindung mit allen Volkskreisen diese am besten für die Benutzung des Schecks beeinflussen kann.

Der Scheckverkehr muß stets auf Verfügung über das Guthaben begrenzt werden und braucht daher nicht auf die Mitglieder beschränkt zu werden, sondern kann auch auf Nichtmitglieder ausgedehnt werden. Der Allgemeine Genossenschaftstag zu Hannover (1900) hat eine solche Ausdehnung der Kreditgenossenschaften ausdrücklich empfohlen. So

Berichtsjahr	Scheckverkehr haben Genossenschaften	Über Scheckverkehr berichteten Genossenschaften	Zahl der Scheckkonten	Gesamtbetrag der Einzahlungen auf Scheckkonto	Abhebungen auf Scheck-Konto 1902		Die Abhebungen auf Scheckkonto sind erfolgt 1902					
							a. durch Barabhebungen		b. durch Einreichung von Schecks am Platze zur Gutschrift auf andere Konten		c. durch Zusendung von Schecks aus anderen Orten	
					Gesamtbetrag Mk.	Gesamtzahl der Schecks	Betrag Mk.	Zahl	Betrag Mk.	Zahl	Betrag Mk.	Zahl
1902	269	215	20 020	365 528 449	358 612 181	404 488	332 407 602	369 858	3 138 721	2250	23 065 858	32 380
1901	260	190	22 510	328 497 360	316 255 181	342 709	247 941 670	259 220	12 292 479	4579	21 190 554	31 510
1900	243	186	21 509	308 715 987	296 875 459	272 290	250 846 941	241 408	14 184 921	3559	18 036 470	21 909
1899	222	180	22 532	295 635 556	284 693 059	305 922	255 591 285	282 416	14 905 137	5734	14 196 637	17 772
1898	172	134	15 626	225 486 786	217 453 020	240 565	110 411 456	83 490	14 883 514	3356	5 996 150	7 782
1897	174	110	8 933	120 445 941	108 183 411	90 723	—	—	—	—	—	—
1896	141	63	5 337	84 252 355	77 686 462	55 561	—	—	—	—	—	—

dient der Scheckverkehr der Genossenschaft gewissermaßen als Agitationsmittel. Die Genossenschaft wird weiteren Kreisen bekannt, sie bietet den Gewerbetreibenden eine Einrichtung, die sie sonst nicht haben; diese lernen die Bedeutung der Genossenschaft kennen und treten, wie die Erfahrung lehrt, weiter mit ihr in Geschäftsverbindung, um schließlich Mitglieder zu werden. Eine Reihe Genossenschaftstage haben den Kreditgenossenschaften die Einführung des Scheckverkehrs empfohlen. Formulare für den Scheckverkehr unter Formular 18.

Eine ganz besondere Entwicklung hat der Scheckverkehr durch die Bildung des Scheckverbandes genommen.

Die Deutsche Genossenschafts-Bank Sörgel, Parrisius & Co. A.-G. hat sich die Pflege des Scheckverkehrs zur besonderen Aufgabe gemacht und bereit erklärt, die auf ihre Kasse gezogenen Schecks kostenfrei auf Girokonto einzulösen. Zu diesem Zweck erhalten die Schecks die Bemerkung:

„Dieser Scheck wird nach Prüfung der Ordnungsmäßigkeit und falls in Ordnung auch in Frankfurt a. M. (oder Berlin) bei der Deutschen Genossenschafts-Bank Sörgel, Parrisius & Co. A.-G., Frankfurt a. M. (oder Berlin), ausbezahlt.

In solchem Falle wird die Prüfung regelmäßig 2 bis 3 Tage in Anspruch nehmen."

Die Schecks, welche vorgezeigt werden, werden auf Kosten der Genossenschaft dieser zur Prüfung zugeschickt und die Bank muß umgehend entweder zur Zahlung der Schecks ermächtigt werden oder diese, wenn sie nicht in Ordnung sein sollten, zurückerhalten.

Voraussetzung der Zahlung ist natürlich, daß die Genossenschaft auf Girokonto ein zur Einlösung genügend großes Guthaben besitzt.

Aus dieser Einrichtung der Deutschen Genossenschafts-Bank und im Anschluß an den Giroverband, über den wir später berichten, hat sich der Scheckverband entwickelt. Die Bedingungen sind folgende:

1. Die Schecks werden von den Genossenschaften, die sich dazu bereit erklärt haben, nach vorheriger Feststellung ihrer Ordnungsmäßigkeit kostenfrei eingelöst.
2. Diese Feststellung erfolgt durch Anfrage bei dem bezogenen Verein, was zirka 3 Tage Zeit in Anspruch nimmt.
3. Es kann durch vorheriges Avis der bezogenen Genossenschaft, welcher zu diesem Zweck von der Ausgabe des Schecks Mitteilung zu machen ist, eine bestimmte Zahlstelle zur Honorierung des Schecks auch angewiesen werden.
4. Schecks, welche außerhalb kostenfrei eingelöst worden sind, werden dem Kontoinhaber auf den Tag der Präsentation bei der Zahlstelle belastet.
5. Der Scheck wird von der Genossenschaft, die Zahlung leisten wird, der Genossenschaft, auf die der Scheck lautet, mit der Bitte um Gutschrift auf Girokonto bei der Deutschen Genossenschafts-Bank Soergel, Parrisius & Co. A.-G., Berlin-Frankfurt a. M. auf den Tag der Präsentation zugeschickt. Der Scheck

wird zu diesem Zweck mit dem Stempelaufdruck: „Nur zur Verrechnung“ versehen.

6. Die Ausgleichung über Girokonto bei der Deutschen Genossenschafts-Bank kann nur erfolgen, wenn der bezogene Verein über ein Guthaben daselbst verfügt.

7. Die Liste der Genossenschaften, die sich zur gegenseitig provisionsfreien Einlösung von Schecks bereit erklärt haben, wird von Zeit zu Zeit mit den etwa erforderlich werdenden Änderungen in den „Blättern für Genossenschaftswesen“ veröffentlicht.

Dem Scheckverbande gehören z. B. 143 Genossenschaften an.

Ein großer Vorteil ist es für die Kreditgenossenschaften gewesen, daß der Postscheckverkehr nicht zur Einrichtung gelangt ist.*)

V. Anlehen.

Haben wir es bisher mit Geschäftszweigen zu tun gehabt, die den Kreditgenossenschaften als regelmäßige Kreditquellen dienen, aus denen sie fortlaufend das notwendige Betriebskapital ziehen können, so wäre schließlich nur noch die Form zu erwähnen, in der gelegentlich größere Beträge beschafft werden, die nach dem Bedürfnis aufgenommen werden. Es ist dies die Aufnahme von Anlehen bei Privaten, Gesellschaften oder Genossenschaften.

Einer besonderen Erörterung bedarf diese Art der Geldbeschaffung nicht.

VI. Öffentliche Gelder.

Kreditgenossenschaften, die sich eines großen Ansehens in ihrem Bezirk zu erfreuen haben, dienen nicht selten als Anlegestellen für öffentliche Gelder. Nach Lage der Gesetzgebung sind aber die Kreditgenossenschaften nicht als mündelsichere Institute zu betrachten und können auch schwerlich als solche erklärt werden. In Kreisen der ländlichen Darlehnskassen ist freilich wiederholt die Anregung gegeben, den Genossenschaften das Privileg zu verschaffen, doch aus erklärlichen Gründen haben die Bemühungen keinen Erfolg gehabt. Die Genossenschaften sind auch zu verschiedenartig, um ihnen die Mündelsicherheit ganz allgemein zubilligen zu können. Die Frage wird im allgemeinen geregelt durch das B.G.B. §§ 1807, 1808, 1811. Die Genossenschaften können besonders Vorteil ziehen aus der Bestimmung des § 1811, der lautet: „Das Vormundschaftsgericht kann aus besonderen Gründen dem Vormund eine andere Anlegung als die in den §§ 1807, 1808 vorgeschriebene gestatten.“ Tatsächlich wird hiervon zu Gunsten

*) Vgl. über den Postscheckverkehr Bl. f. G. 1899 S. 39, 497, 1900 S. 69, 109, 150, 165.

von Genossenschaften häufig Gebrauch gemacht. Die Frage der Anlegung öffentlicher und Mündelgelder bei Kreditgenossenschaften ist eingehend behandelt auf dem Allgemeinen Genossenschaftstag zu Kreuznach (1902, „Mitteilungen" S. 200ff.); wir müssen uns hier darauf beschränken, auf jene Verhandlungen Bezug zu nehmen.*)

VII. Anlegung müßiger Bestände und Liquidität.

Am Ende dieses Abschnitts können wir den Genossenschaften nicht dringend genug an das Herz legen die Warnung:

> sich in günstigen Zeiten und bei gutem Gange der Geschäfte, wenn die Kapitalien ihnen reichlich zuströmen, nicht verleiten zu lassen, auf die Dauer beträchtlich mehr fremde Gelder anzunehmen, als einmal der Umfang ihres Geschäfts und sodann das richtige Verhältnis des eigenen Vermögens dazu, als des unerläßlichen Gegengewichts, zuläßt.

Nichts reizt mehr zu einer ungesunden Ausdehnung der Geschäfte, als ein solcher Überschuß von Geldern, die zur Anlage drängen, sollen sie die Genossenschaft durch Zinsverlust nicht in Schaden bringen; man übernimmt Risikos, läßt sich auf Spekulationen ein, an die man sonst nicht gedacht haben würde. Es liegen aber in der Geschichte des Genossenschaftswesens der warnenden Beispiele genug vor, wohin eine solche Geschäftsführung schon in gewöhnlichen Zeiten führt. Tritt aber gar eine jener Geld- oder Handelskrisen hinzu, wie sie den Verkehr von Zeit zu Zeit erschüttern, so ist eine Genossenschaft, die hier nicht Maß gehalten, schwer getroffen, selbst wenn sie sich auf zu weit gehende Anlagen in Wertpapieren eingelassen hat. Aus diesem Grunde hat daher bereits der Allgemeine Vereinstag zu Konstanz (1873) nach dem Antrage Schulze-Delitzsch folgende Sätze zum Beschlusse erhoben:

1. Sobald durch einen solchen dauernden Geldandrang das Betriebskapital sich so anhäuft, daß es im regelmäßigen Geschäftskreise der Vereine in keiner Weise mehr Verwendung findet, bleibt das altbewährte Verfahren, wonach man die Zinsen sowohl der Gläubiger wie der Schuldner (Geschäftskunden) herabsetzt und die Kündigungsfristen der ersteren verlängert, als das zur Herbeiführung des Ausgleichs zwischen Geldangebot und Geldnachfrage natürlichste Mittel, immer zumeist zu empfehlen.

Nur hüte man sich bei der hiernächst eintretenden Ausbreitung des eigenen Geschäfts mittels Zunahme der Kreditgesuche, in Bemessung der einzelnen Risikos

---

*) Vgl. auch Bl. f. G. Jahrg. 1898: S. 449; 1899: S. 241, 1900: S. 34, 517; 1901: S. 13, 345; 1902: S. 42, 280.

über das Maß hinauszugehen, welches der Umfang der eigenen unkündbaren Fonds gebietet, damit nicht der Ausfall bei einem einzigen Kunden schon zum Rückgriff auf die Geschäftsanteile der Mitglieder nötige, was regelmäßig zur Verwirrung der Finanzlage des Vereins, ja zu dessen Erschütterung in seinem ganzen Bestande führt.

2. Lassen sich auf diesem Wege bedeutendere Bestände dieser Art nicht vermeiden, so daß man zu deren anderweitiger Unterbringung sich genötigt sieht, so ist dabei mehr, als auf hohen Gewinn, darauf zu sehen: daß dieselben jederzeit leicht realisiert, die geleistete Zahlung ungefährdet wieder dem Vereine zugeführt werden kann. Anderenfalls würde der Mangel an stets bereiten Barmitteln die Vereine den schlimmsten Eventualitäten aussetzen, indem in kritischen Zeiten, wie sie oft ganz unerwartet eintreten, der Abfluß der deponierten Gelder in weit kürzeren Fristen erfolgt, als es zu deren Ansammlung bedurfte. Aus diesem Grunde ist eine solche Anlage in Wechseln erster Firmen, welche sich jeden Augenblick leicht und ohne nennenswerten Verlust umsetzen lassen, der Anlage in Wertpapieren vorzuziehen, da der Rückgang der Kurse während finanzieller Krisen selbst bei solchen solid fundierten Papieren die Inhaber um so schwerer trifft, je mehr dieselben in der Lage sind, in augenblicklicher Bedrängnis um jeden Preis losschlagen zu müssen.

3. Wo man trotzdem zu zeitweiser Anlage der bez. Bestände in Wertpapieren sich gedrungen fühlt, ist aus den eben angeführten Gründen mindestens darauf streng zu halten, daß:

einerseits, ohne Rücksicht auf hohe Gewinnverheißungen, nur die solidesten Papiere unter Beirat eines zuverlässigen Bankhauses angekauft werden;

andererseits der Betrag der Anlage mit den eigenen Mitteln des Vereins im angemessenen Verhältnis steht.

Unter keinen Umständen darf aber die Spekulation in Wertpapieren in der Geschäftstätigkeit unserer Vereine eine Stelle erhalten, indem dieselben dadurch, abgesehen von der Gefährdung der eigenen Existenz, ihrer wirtschaftlichen wie ihrer sozialen Aufgabe entfremdet, und in eine verwerfliche Dividenden- und Tantiemenhetze verwickelt werden würden.

Und so schwer wiegt diese Gefahr gerade bei den Genossenschaften, bei denen die Solidarhaft — unbeschränkt oder beschränkt — aller Mitglieder hinter den eingegangenen Verbindlichkeiten steht, daß es durchaus notwendig erscheint, die Mitwirkung der Gesamtheit der Mitglieder bei Festellung der Grundsätze wenigstens im allgemeinen und soweit vorzubehalten:

> daß von Zeit zu Zeit durch Beschlüsse der Generalversammlung der Höchstbetrag aller Verpflichtungen, mit welchen gleichzeitig die Genossenschaft zum Behufe der Verstärkung des Betriebskapitals belastet werden darf, festgesetzt wird.

Inwieweit Giroverbindlichkeiten zu den fremden Mitteln gehören, ist oben S. 80 erörtert. Auch Gefälligkeitsakzepte werden zu dem fremden Betriebskapital zu zählen sein.

Dieser den Genossenschaften stets erteilte Ratschlag ist in das Genossenschaftsgesetz hinübergenommen (§ 49), und bei eigener Verantwortung haben Vorstand und Aufsichtsrat der Generalversammlung eine Summe in Vorschlag zu bringen, die den Verhältnissen und Bedürfnissen der Genossenschaft entspricht.

Die Liquidität der Mittel, welche für das Ansehen der Großbanken von so großer Bedeutung ist, ist freilich bei den Kreditgenossenschaften nicht im gleichen Umfange aufrecht zu erhalten. Bereits die Art der Kreditgewährung, die in der Regel notwendig werdenden Prolongationen erschweren es sehr, die Dispositionen so zu treffen, daß jederzeit den Verbindlichkeiten entsprechend verfügbare Mittel vorhanden sind. Um so notwendiger ist die größte Vorsicht bei der Anlage der zeitweise nicht gebrauchten Bestände, um stets, ohne Opfer und ohne die Mitglieder bei Beitreibung der Außenstände in Schwierigkeiten zu bringen, Mittel zur Befriedigung der Gläubiger bereit zu haben.

Daher hat der Allgemeine Genossenschaftstag zu Baden-Baden (1901) den Kreditgenossenschaften, welche das Passivkreditgeschäft pflegen, nämlich kurzfällige Spareinlagen annehmen und Gelder im Kontokorrent anlegen, sowie Akzeptkredit gewähren, empfohlen, dagegen eine möglichst große Summe jederzeit sofort und ohne Verlust realisierbarer Aktiva zu halten. Den Notenbanken ist vorgeschrieben, daß sie $^2/_3$ ihrer ausstehenden Noten durch Wechsel decken müssen, welche nicht länger als 3 Monate laufen und 3, mindestens aber 2 gute Unterschriften tragen. Der Charakter der Kreditgenossenschaften läßt es nicht zu, für die Liquidität einen bestimmten Prozentsatz vorzusehen, es bleibt aber die Forderung gleichwohl bestehen, die in dem Baden-Badener Beschluß zum Ausdruck gebracht ist. Den Kreditgenossenschaften sei dringend empfohlen, die Ausführungen nachzulesen, mit denen Direktor Thorwart in Baden-Baden den erwähnten Beschluß begründete („Mitteilungen“ S. 167 ff.) Bei Behandlung des Verkehrs mit der Großbank wird die Frage der Liquidität nochmals berührt werden.*)

*) Die Beschlüsse der Allgemeinen Genossenschaftstage über die Aufnahme fremder Gelder und die Anlage müßiger Gelder sind zusammengestellt in Nr. 27 Bl. f. G. von 1898, vgl. ferner Bl. f. G. 1901 S. 205. „Die Anlegung müßiger Geldbestände“ und die Verhandlungen in der Revisorenkonferenz bei Gelegenheit des Allgemeinen Genossenschaftstages zu Berlin (1899 „Mitteilungen“ S. 305 ff.) und Hannover (1900 „Mitteilungen“ S. 421 ff.)

B. Eigenes Vermögen der Genossenschaft.

Wenn auch auf den in den vorigen Abschnitten bezeichneten Wegen das ganze Betriebskapital auf Kredit mit Leichtigkeit aufzutreiben sein sollte, so lasse man die Bildung eines eigenen, der Genossenschaft gehörigen Kapitals, als eine der wichtigsten Aufgaben bei der Organisation, doch keinen Augenblick außer acht, indem die Genossenschaften nur dadurch erst in ihren geschäftlichen Angelegenheiten die unerläßliche, sichere Grundlage erhalten. Soll ein Bankgeschäft den Schwankungen des Geldmarktes, den mancherlei politischen und wirtschaftlichen Ereignissen, die auf das Angebot und Zurückziehen fremder Gelder Einfluß üben, auf die Dauer gewachsen sein, so muß es ein eigenes, mit fremden Kapitalien in Verhältnis stehendes Vermögen besitzen, das ihm verbleibt, auch wenn die angeliehenen Beträge sich aus dem Geschäfte zurückziehen. Selbst wenn man die Kündigungsfristen gegen die Vereinsgläubiger noch so vorsichtig gewahrt hat, gehen die von der Genossenschaft an die Schuldner geliehenen Gelder niemals so pünktlich wieder ein, daß nicht in vielen Fällen andere Deckungsmittel behufs pünktlicher Erfüllung der Vereinsverbindlichkeiten bereit gehalten werden müßten. Überhaupt ist das Einsetzen eines eigenen Kapitals seitens des Unternehmers Grundbedingung jedes Geschäftsbetriebes, und die allmähliche Bildung desselben aus den bescheidensten Anfängen heraus gewiß das Mindeste, was man bei Gründung einer Genossenschaft fordern muß. Ganz besonders gehört bei einem Kreditinstitut, dessen Zweck in Gewährung von Barmitteln besteht, die Aufbringung eines eigenen Vermögens zu den unerläßlichen Voraussetzungen, da die bloße Haft die bereiten Zahlmittel nicht ersetzt. Es ist falsch, sich einzubilden, daß ein genossenschaftliches Unternehmen von dem entbinde, was zur soliden Begründung eines Geschäfts überhaupt gehört.

Dies kann die Genossenschaft nicht, dies soll sie nicht! Vielmehr beruht ihre Bedeutung und Aufgabe darin, daß sie jene Erfordernisse, welche bei Unbemittelten nicht vorhanden sind, durch Zusammenschluß einer größeren Zahl von ihnen beschafft, indem sie die der Aufgabe nicht genügenden Mittel und Kräfte der einzelnen zu gemeinsamer Wirkung zusammenfaßt.

Aus diesen Gründen ist es unerläßlich, mit dem Anwachsen des fremden Kapitals die Steigerung des eigenen Vereinsvermögens Hand in Hand gehen zu lassen, oder, wo das letztere in angemessenem Fortschritt nicht tunlich erscheint, mit der Annahme fremder Gelder inne zu halten und das Geschäft lieber zu beschränken, als seine Ausdehnung auf unsolider Basis zu begünstigen.

Über die Gefahren der unbegrenzten Kreditinanspruchnahme haben wir uns oben S. 77 ff. ausgelassen und dort auch dargelegt, wie sowohl die Reichsbank wie die Preußische Zentral-Genossenschafts-Kasse auf die Bildung eines ausreichenden eigenen Vermögens bei den Kreditgenossenschaften hinwirkt.

Das Verhältnis zwischen den eigenen und fremden Geldern ein für allemal durch einen festen Satz zu bestimmen, hat allerdings seine großen Schwierigkeiten. Die eigentümliche Lage einer jeden Genossenschaft, ihr Geldbedürfnis und die größere oder geringere Leichtigkeit der Deckung desselben, der Charakter ihres Kundenkreises endlich, greifen hier bestimmend mit ein und erzeugen Verschiedenheiten, denen man eine gewisse Anerkennung nicht versagen kann. Dennoch ist gerade bei den Kreditgenossenschaften mehr als bei gewöhnlichen Bankinstituten die Aufstellung bestimmter Grundsätze, welche einen festen Maßstab bieten, wünschenswert. Natürlich fällt bei Prüfung der Sicherheit besonders der kreditsuchenden Genossenschaft das Verhältnis des eigenen Vermögens zum fremden schwer in das Gewicht. Und eben deshalb liegt es im Interesse der Beteiligten, daß man Grundsätze aufstellt, die bis zu einem gewissen Grade bei der Beurteilung als Maßstab dienen. — Ganz besonders wird auf Wahrung dieses Verhältnisses bei Beanspruchung von Kredit seitens der Großbanken gesehen. Wie sicher auch die Solidarhaft ihnen die schließliche Befriedigung garantiert, ist man hier, wo die Geschäfte die stete Bereitschaft großer Barbestände erfordern, allen weitaussehenden Realisationen der Ausstände abgeneigt und verlangt die ausreichende Dotierung mit eigenem Vermögen, um nicht, behufs Geltendmachung der Solidarhaft, die Verwicklung in den Konkurs in das Auge fassen zu müssen.

Sehen wir, um für die Feststellung des in Rede stehenden Verhältnisses einen Anhalt zu gewinnen, auf das, was im Bankwesen sich etwa im allgemeinen ergeben hat, so zeigt sich je nach der verschiedenen Grundlage der Institute ein ziemlich weiter Spielraum, und man wird etwa das Maß im Durchschnitte treffen, wenn man Bestände an eigenem Kapital, welche 20—30 % der fremden Gelder erreichen, als das gewöhnliche annimmt. Will man sich hiernach entscheiden, so würde doch bei der Einführung eines solchen Maßes bei den Kreditgenossenschaften darauf Rücksicht zu nehmen sein, daß das eigene Kapital bei ihnen sich überhaupt erst allmählich im Laufe der Jahre bildet, und in der ersten Zeit nach ihrem Entstehen nur Anfänge davon vorhanden sein können. Hier sogleich strenge Anforderungen stellen, hieße die Genossenschaften in Aufnahme fremder Gelder dergestalt beschränken, daß die Entwicklung ihres Geschäfts dadurch erheblich aufgehalten und in Frage gestellt würde, da dieses gerade im Anfange mit seinem Geldbedürfnisse hauptsächlich auf Kredit angewiesen ist. Wie die Bildung eines eigenen angemessenen Kapitals selbst ein Ziel ist, dem wir in den Genossenschaften nur allmählich uns nähern, so kann jenes zu solider Geschäftsbegründung unentbehrliche Verhältnis zwischen eigenem und fremdem Kapitale durch die unausgesetzte Tätigkeit der Genossenschaft nur allmählich erreicht werden und nicht schon bei ihrer Gründung vorhanden sein. In Berücksichtigung dieser Verhältnisse haben sich in der Praxis bei den im Deutschen Genossenschaftsverbande stehenden Genossenschaften die nachfolgenden Sätze herausgestellt, die auf dem Allgemeinen Vereinstage zu Potsdam (1862) und zu Stuttgart (1879) zum Beschlusse erhoben sind. Es wird in der ersten Zeit nach der Entstehung einer Kreditgenossenschaft gefordert, daß dieselbe etwa 10% der aufgenommenen fremden Gelder an eigenem Vermögen besitze, während man nach 2—3 Jahren diese Anforderung auf 20—25% steigert, bei älteren Genossenschaften aber verlangt, daß das eigene Kapital bis auf 50% des fremden, also auf ein Drittel des gesamten Betriebskapitals gebracht werde. — Ist aber das so bestimmte Verhältnis eher höher als niedriger gegen das bei gewöhnlichen Banken, so wird man dies als das wirksamste Schutzmittel gegen die Gefahren der Solidarhaft der Mitglieder für die Vereinsschulden sicherlich für geboten erachten.

Die beiden Hauptbestandteile des eigenen Vermögens der Genossenschaft sind die Reserven und die Geschäftsguthaben.

I. Die Reserven.

Von Anbeginn sind die Kreditgenossenschaften auf Gründung eines, den Ansprüchen der einzelnen entzogenen Vermögens bedacht gewesen, weil ein derartiger Grundstock vorzugsweise geeignet ist, den Bestand der Kreditgenossenschaft ohne Rücksicht auf den Wechsel der Mitglieder zu sichern. Mögen dann schlechte Perioden für das Geschäft kommen und eine beträchtliche Zahl von Mitgliedern zum Ausscheiden bewegen: das Vorhandensein eines solchen Grundstocks, an dem die Ausscheidenden keinen Anteil haben, der den Mitgliedern der Genossenschaft vielmehr ganz verbleibt, wird nicht bloß einem Austritte vorbeugen, sondern auch zum Eintritt bestimmen und überhaupt der Genossenschaft in jeder Beziehung eine sichere Grundlage bieten. Es entsprach daher vollständig den Grundsätzen und Forderungen der Genossenschaften, daß das Gesetz vom 1. Mai 1889 im § 7 Pos. 4 vorschreibt: das Statut muß die Bildung eines Reservefonds bestimmen, der zur Deckung eines aus der Bilanz sich ergebenden Verlustes zu dienen hat.*)

Freilich wird man die Verluste zunächst aus den Geschäftserträgnissen auszugleichen haben, wie dies bereits der Beschluß des Allgemeinen Vereinstages zu Neustadt a. d. Haardt (1869) anerkannte.**) Doch muß man auch auf Fälle gefaßt sein, wo diese Erträgnisse dazu nicht ausreichen, und man auf die Geschäftsguthaben der Mitglieder zurückzugreifen genötigt sein würde, wenn es an solcher Reserve fehlte. Wie sehr dies aber der Genossenschaft Eintrag tun, welche Mißstimmung es unter den dadurch betroffenen Mitgliedern verursachen müßte, liegt auf der Hand. Daher scheint die Bildung eines hierzu eigens bestimmten Vermögens unerläßlich. Die größte Beachtung verdient daher der Beschluß des Allgemeinen Genossenschaftstages zu Gotha (1894), durch den den Kreditgenossenschaften empfohlen ist: „Den Jahresgewinn mehr zu angemessenen Zuwendungen zum Reservefonds und zur Bildung von Spezialreserven zu bestimmten Zwecken, als zur Gewährung hoher, den landesüblichen Zinsfuß weit übersteigenden Dividenden an die Genossen zu verwenden.“ Es wird freilich darauf ankommen, die Beiträge zu den Reserven in einer Art zu bestimmen, daß sie den Mitgliedern nicht zu lästig werden, denn es liegt in der Natur der Verhältnisse, daß die Mitglieder eher geneigt sind, den augenblicklichen Vorteil in Form einer Dividende vorweg zu nehmen, als daß sie in Sorge für die Zukunft den Reserven größere Beträge überweisen. Es hat sich auch hierbei gezeigt, wieviel von der Richtigkeit der ersten Organisation abhängt. Es ist leichter, bei einer neuen Genossenschaft die Dividende zu beschränken und höhere Überweisungen an den Reservefonds durchzusetzen als bei einer alten Genossenschaft,

*) Nach dem Gesetz von 1868 war die Bildung noch nicht obligatorisch.

**) „Die Verwendung des Reservefonds zur Deckung von Geschäftsverlusten hat sich auf die Fälle zu beschränken: a) daß der Geschäftsertrag für das betr. Rechnungsjahr dazu nicht ausreicht; oder b) die Verluste sich aus Geschäften herschreiben, welche in Vorjahre fallen, und erst in der laufenden Rechnungsperiode zur Abwicklung gelangt sind.“

deren Mitglieder an höhere Dividenden gewöhnt sind, die Dividende herabzusetzen, um größere Zuwendungen an die Reserven machen zu können. — Der Reservefonds wird gebildet aus Teilen des Reingewinns und aus den Eintrittsgeldern neuer Mitglieder.

Sobald nämlich einmal mit Bildung eines solchen Fonds der Anfang gemacht, also ein Eigentum der Genossenschaft vorhanden ist, erscheint es gerechtfertigt, ein Eintrittsgeld zu erheben. Natürlich fällt dieser Grund weg, so lange eine Reserve überhaupt nicht vorhanden ist, weshalb die Gründungsmitglieder der Regel nach davon frei sein werden. Bei der Festsetzung des Eintrittsgeldes wird jedoch stets im eigenen Interesse der Genossenschaft als Grenze zu wahren bleiben, daß man nie zu solchen Beträgen gelangt, die die weniger Bemittelten vom Beitritt abschrecken. Der Allgemeine Vereinstag in München (1875) hat dies besonders hervorgehoben. Unrichtig ist es, das Eintrittsgeld von der Höhe des Reservefonds oder der Geschäftsanteile abhängig zu machen, denn dies würde dazu führen, die Genossenschaft auf einen kapitalistischen Boden zu drängen, während es das Bestreben der Genossenschaften sein muß, den unbemittelten Volksklassen Gelegenheit zur eigenen Kapitalbildung zu bieten, dadurch ihre wirtschaftliche Lage zu verbessern und auf eine Ausgleichung der Klassengegensätze hinzuarbeiten.

Es sollte das Eintrittsgeld daher niemals höher als auf 5 Mark bemessen werden.

Soll der Reservefonds die angemessene Höhe in nicht zu ferner Zeit erreichen, so muß jährlich ein bestimmter Teil des Reingewinns dem Reservefonds überwiesen werden; ganz besonders ist im Anfange eine größere Zuwendung wünschenswert, um recht bald ein Grundkapital zu erhalten, und hier wird es namentlich der Gewinn des ersten Jahres sein, welchen man ganz dahin überweisen kann, da ohnehin die Mitglieder eine Dividende davon nicht zu beanspruchen haben, sobald man die für deren Verteilung weiter unten aufgestellten Grundsätze annimmt. Weiter hat man dann in den nächsten Jahren 15—20% und später regelmäßig 5—10% vom Reingewinne bei den meisten Genossenschaften dem Reservefonds überwiesen, um schnell vorwärts zu kommen.

Was die Höhe des Reservefonds anlangt, auf deren Erreichung im Laufe der Zeit man Bedacht zu nehmen hat, so wird diese natürlich der Größe des Risikos im Vereinsgeschäfte zu entsprechen haben, welches mit dem Umfange des Geschäfts in unmittelbarem Zusammenhange steht. So verordnet denn auch § 7 Abs. 4 d. Ges., daß das Statut die Art der Bildung zu bestimmen hat, insbesondere den Teil des jährlichen Reingewinnes, welcher in den Reservefonds einzustellen ist, sowie den Mindestbetrag des letzteren, bis zu dessen Erreichung die Einstellung zu erfolgen hat.

Bei der Veränderlichkeit und Verschiedenartigkeit des Umfanges des Geschäfts, das namentlich bei den Kreditgenossenschaften aus den geringsten Anfängen heraus sich von Jahr zu Jahr steigert, erscheint eine Festsetzung der zu erreichenden Summe von vornherein untunlich.

In der Praxis hat sich als der einfachste Maßstab ergeben, den Reservefonds in ein bestimmtes Verhältnis zum Betriebskapital zu bringen, da aus dessen Verwendung die Verluste entstehen können, und man ist dabei zu einem Satz von 10% des (aus Geschäftsguthaben, Reserven und fremden Geldern) bestehenden Betriebskapitals gekommen. Vielfach findet sich auch die Festsetzung eines Verhältnisses zwischen Reservefonds und Geschäftsguthaben, und ist dieses Verhältnis wiederholt von den Allgemeinen Vereinstagen empfohlen; dabei wird dann aber vorausgesetzt, daß die Geschäftsguthaben im richtigen Verhältnis zu dem Betriebskapital stehen, so daß die Wirkung schließlich die gleiche ist. Es ist gefordert, den Reservefonds auf mindestens 15% der Geschäftsguthaben zu bringen, unter der Voraussetzung, daß diese ca. 30% des Betriebskapitals betragen. Der Allgemeine Genossenschaftstag zu Kreuznach (1902) hat den Kreditgenossenschaften empfohlen, den durch das Gesetz vorgeschriebenen Reservefonds auf mindestens 10% des Betriebskapitals festzusetzen.

Ferner ist der Art zu gedenken, wie der Reservefonds bei der Mehrzahl der Kreditgenossenschaften angelegt zu werden pflegt. Während er bei industriellen Unternehmungen oft aus dem Geschäfte herausgezogen, mit dessen Beständen nicht vermengt, sondern sicher untergebracht wird, legen ihn die Kreditgenossenschaften meist in ihrem Geschäfte werbend mit an. Dies erscheint insoweit auch unbedenklich, als sich dieselben innerhalb der ihnen gestellten wirtschaftlichen Aufgabe halten. Da sich hier das Risiko wesentlich auf die Insolvenz der Schuldner beschränkt, mag man den zur Deckung solcher Ausfälle bestimmten Fonds im Geschäft lassen, wo er als billigstes Betriebskapital mitarbeitet. Nur die zu bedeutendem bankmäßigen Verkehr angewachsenen Genossenschaften, deren Geschäfte nach vielen Millionen jährlich zählen, wobei das Risiko natürlich mehr in den Vordergrund tritt, mögen die Reserve zum Teil aus dem Geschäfte ziehen und getrennt, in sicherer, stets realisierbarer Anlage verwalten. Eine Notwendigkeit hierzu besteht auch nicht bei diesen Genossenschaften, denn schließlich sind doch nur die für die Liquidität geltenden Grundsätze bestimmend.

Wie mit der Reserve zu verfahren ist, wenn Verluste eintreten, welche nicht durch den Geschäftsertrag gedeckt werden können, liegt auf der Hand. Man schreibt die Beträge einfach von der Reserve ab, zieht diese insoweit zum Geschäftsfonds ein, wenn sie außerhalb desselben angelegt ist, und geht sodann von neuem an die Ergänzung oder Neubildung derselben in der beschriebenen Weise. Erst nach völliger Erschöpfung der Reserve wird auf die Geschäftsguthaben der Mitglieder zurückgegriffen werden. Doch steht es der Generalversammlung auch frei, die Verluste mit den Geschäftsguthaben ganz oder teilweise zu decken, und den Reservefonds nicht anzugreifen (§ 48 d. Ges.). Maßgebend ist dafür in erster Reihe das Statut. Nur ist stets zu beachten, daß dieser Reservefonds, dessen Bildung das Gesetz vorschreibt, bestimmt ist „zur Deckung eines aus der Bilanz sich ergebenden Verlustes", d. h., daß er zur Deckung nur dann und insoweit verwendet werden soll, als die Erträge des Jahres nicht zur Deckung der Verluste ausreichen.

Aus dieser eng begrenzten Verwendung des Reservefonds hat sich die Notwendigkeit ergeben, neben dem obligatorischen Hauptreservefonds noch Spezialreserven für bestimmte Zwecke zu bilden. Die Verwendung der Spezialreserven unterliegt mangels statutarischer Regelung der freien Beschlußfassung der Generalversammlung. Ganz besonders ist zu empfehlen, eine Effektenreserve zu bilden, um die Genossenschaft möglichst gegen die Folgen von Kursverlusten zu sichern. Diese Reserve ist dann heranzuziehen, wenn die Genossenschaft ihre Effekten mit Verlust verkaufen oder zum niedrigeren als dem Einkaufspreis oder Tageskurs in die Bilanz einstellen muß. Selbstverständlich dürfen dann aber auch nicht aus dem Steigen der Effekten erzielte Gewinne verteilt werden, sondern dieselben müssen der Effektenreserve überwiesen werden, damit mit ihnen späterer Verlust ausgeglichen werden könne.

Bei bedeutendem Verkehr ist auch die Bildung von Spezialreserven aus dem Reingewinne zur Deckung besonderer Verluste zu empfehlen, wodurch deren Verteilung über mehrere Jahre ermöglicht wird. Ebenso sollte stets eine Spezialreserve gebildet werden, sobald Außenstände in ihrem Werte zweifelhaft werden und man spätere Verluste befürchtet.

Schließlich sei noch erwähnt, daß ausscheidende Mitglieder an die Reserven keinen Anspruch haben (§ 73 d. Ges.). Bei den ländlichen Darlehnskassen, die dem Neuwieder Verbande angehören, ist sogar durch das Statut bestimmt, daß auch im Falle der Auflösung der Genossenschaft deren Reinvermögen nicht zur Verteilung kommt, sondern für bestimmten näher bezeichneten Zweck unverteilbar verbleibt. Die Schulze-Delitzschschen Genossenschaften halten diese einem kommunistischen Prinzip entsprechende Einrichtung für recht bedenklich und jedenfalls nicht zu den Aufgaben einer Kreditgenossenschaft passend.

Inbezug auf die bei Auflösung der Genossenschaft eintretende Verteilung dessen, was nach Abwicklung aller Verbindlichkeiten vom Reservefonds noch übrig ist, unter die alsdann vorhandenen Mitglieder wird man gerechterweise sich bei Genossenschaften mit unbeschränkter Haftpflicht für gleichmäßige Berücksichtigung aller, also für die Teilung nach der Kopfzahl entscheiden müssen, wenn man die tatsächlichen und rechtlichen Verhältnisse hinsichtlich der Haftbarkeit der Mitglieder entsprechend berücksichtigt. Es ist nämlich diese Haftbarkeit eine doppelte. In erster Linie das Haften der Mitglieder mit den von ihnen auf den Geschäftsanteil eingezahlten Summen, welche unter den einzelnen der Höhe nach verschieden sind; in zweiter Linie, als ergänzendes Moment dahinter, die Solidarhaft derselben mit ihrem sonstigen Vermögen, welche alle rechtlich gleich trifft, wenn sie schon für den Gläubiger, je nach den verschiedenen Vermögensverhältnissen der Mitglieder, verschiedenen Wert hat. Der Haft in erster Linie mit ungleichem Risiko, ungleichen Geldeinlagen, entspricht die ungleiche, vom Betrage der eingelegten Summe abhängige Dividende; der Haft in zweiter Linie, bei der jeder sein Vermögen ohne Rücksicht auf dessen Größe gleichmäßig einsetzt, entspricht der gleiche Anteil am Gesamtvermögen der Genossenschaft, das durch gleiche Eintrittsgelder angesammelt ist und bei Auflösung der Gesamtheit allen gleichmäßig zugute kommen muß. Diese Auffassung ist denn auch im § 91 d. Ges. der Verteilung zugrunde gelegt, und kann nur durch ausdrückliche, derselben entgegenstehende Bestimmungen des Statuts geändert werden.

Führt die unbeschränkte Haftpflicht zur Verteilung nach Köpfen, so ergibt die Anwendung obigen Grundsatzes auf die beschränkte Haftpflicht die Verteilung nach Haftsummen, d. h. nach dem Umfang der persönlichen Haftpflicht, mit der die Mitglieder für die Verbindlichkeiten der Genossenschaft haften. Allerdings wird auch dies der Verteilung nach Köpfen überall dort gleichkommen, wo bei der Genossenschaft mit beschränkter Haftpflicht nur der Erwerb eines Geschäftsanteils zugelassen ist, oder von den Mitgliedern ausnahmslos nur ein Geschäftsanteil erworben ist, da dann auch die Haftsumme (der Umfang der persönlichen Haftpflicht) für alle Mitglieder gleich groß ist.

Der Allgemeine Genossenschaftstag zu Baden-Baden (1901) hat daher den eingetragenen Genossenschaften mit beschränkter Haftpflicht, die den Erwerb mehrerer Geschäftsanteile zulassen, empfohlen, „für die Verteilung des Vereinsvermögens im Falle der Auflösung der Genossenschaft und für die Heranziehung der Mitglieder zur Verlustdeckung aus ihrer persönlichen Haftpflicht das Verhältnis der Haftsummen zugrunde zu legen“. Dabei ist ohne weiteres klar: legt man die Haftsummen als Maßstab der Verteilung des Vereinsvermögens zugrunde, so muß der gleiche Maßstab auch für die Verlustverteilung gelten (vgl. 12. Kap. II), soweit die persönliche Haftpflicht dabei in Frage kommt, und das ist der Fall beim Ausscheiden der Mitglieder (s. oben), und ferner im Konkurse der Genossenschaft im Nachschußverfahren (§ 70 des Musterstatuts für Kreditgenossenschaften mit beschränkter Haftpflicht; vgl. daselbst auch §§ 67 Abs. 2, 86 Pos. 2).

II. Geschäftsanteil der Mitglieder.

Die Reservebildung geht jedenfalls stets langsam vor sich, und für das Anwachsen des eigenen Vermögens der Genossenschaften bleibt von besonderer Bedeutung die Ansammlung angemessener Geschäftsguthaben der Mitglieder.

Es liegt weder im Interesse der Mitglieder noch der Genossenschaften, ausschließlich auf die Bildung der Reserven Gewicht zu legen. Die Stärkung des eigenen Vermögens der Genossenschaft muß sowohl durch die Reserven wie durch die Geschäftsanteile erfolgen.

Daß man zum Behufe der Bildung von Geschäftsanteilen in entsprechender Höhe auf die sofortige Vollzahlung, als Bedingung des Eintritts, verzichten und auch allmähliche Beiträge zu diesem Zweck zulassen muß, ist gewiß, will man die Unbemittelten nicht geradezu ausschließen, und einen Hauptzweck der Genossenschaftsbewegung verfehlen. Aus demselben Grunde darf man einerseits den Satz dieser regelmäßig fortlaufenden, etwa wöchentlich oder monatlich zu zahlenden Beträge nicht zu hoch greifen, während freilich andererseits jede Beschränkung das wünschenswerte Anwachsen des eigenen Vermögens hemmt. Es erscheint daher, um beiden Rücksichten Rechnung zu tragen, am zweckmäßigsten, wenn man einen bestimmten niedrigen Satz, wie ihn auch der wenig bemittelte Gewerbtreibende aufzubringen vermag (S. 61), als regelmäßigen Mindestbeitrag, den jedes Mitglied, will es überhaupt aufgenommen sein, zum wenigsten zahlen muß, feststellt, und es jedem freiläßt, zu jeder Zeit seinen Beitrag zu erhöhen oder die Vollzahlung zu bewirken; dazu enthält die Dividende vom Geschäftsgewinn, insofern man sie nach der Höhe der Geschäftsguthaben verteilt, wie wir unten sehen werden, den wirksamsten Anreiz. So sind Sätze, wie monatlich 1 Mark als Mindestbeträge nicht zu hoch. Ganz besonders müssen die Verhältnisse dort liegen, wo die Genossenschaft sich veranlaßt sieht, nach oben hin die Einzahlungen auf Geschäftsanteil zu beschränken; bei neu gegründeten Kreditgenossenschaften wird diese Frage selten zu erörtern sein. So unentbehrlich der Kredit für den weniger bemittelten Gewerbtreibenden ist, will er sein Geschäft in wirklich lohnender Weise betreiben, so sicher steht auch fest: daß ein zu leicht und zu ausgedehnt gewährter, nicht nach gewerblichen und wirtschaftlichen Umständen und Eigenschaften des Kreditnehmers bemessener Kredit diesem verderblich wird. Das erste ist also, daß ein solcher Kreditbedürftiger durch Sparen die nötige Garantie für seine Kreditwürdigkeit bietet. Und damit stehen wir vor einer Hauptforderung jeder genossenschaftlichen Gestaltung. Gerade das Ermannen, das Sichzusammenfassen, das dazu gehört, gibt der Kapitalbildung noch einen anderen als den bloß materiellen Wert. Je mehr man besonders während der ersten Anfänge in den materiellen Geschäftsunterlagen zurücksteht, um so mehr muß die sittliche Basis der Einigung gepflegt werden. Und dies geschieht eben durch die Nötigung, die sich jeder Beitretende zu regelmäßigen Beiträgen selbst auferlegt. Im voraus für die Aufbringung des Geldes sorgen, um in der Reihe der Genossen in Erfüllung der übernommenen Pflicht nicht zurückzustehen, sich, wenn es darauf ankommt, einen auch erlaubten Genuß für den Augenblick zu versagen, um einen Halt für die Zukunft zu gewinnen, das erfordert Einsicht und Energie, und ohne die Pflege dieser beiden, ohne das Vorhandensein einer solchen sittlichen Grundlage im Kreise der ihr Angehörigen gedeiht selten eine Genossenschaft. Hier seine Befähigung durch die Tat zu beweisen und somit die Probe der Tauglichkeit für seine Zulassung abzulegen, dazu bietet dem einzelnen nichts eine bessere Gelegenheit, als die Einrichtung dieser regelmäßig wiederkehrenden Ratenzahlungen, die zugleich an Ordnung und Pünktlichkeit im eigenen Haushalt gewöhnen. Wer sie nicht leisten will, dem gebricht es an den sittlichen, dem, der es nicht kann, an den wirtschaftlichen Voraussetzungen, ohne welche die Selbsthilfe durch die Genossenschaft nicht zu realisieren ist (vgl. S. 56).

Es entspricht daher vollkommen den Anschauungen der Schulze-Delitzschschen Genossenschaften, wenn nach § 7 Abs. 2 d. Ges. das Statut bestimmen muß, „den Betrag, bis zu welchem sich die einzelnen Genossen mit Einlagen beteiligen können (Geschäftsanteil), sowie die Einzahlungen auf Geschäftsanteil, zu welchen jeder Genosse verpflichtet ist", und es müssen nach der gleichen Vorschrift diese Einzahlungen bis zu einem Gesamtbetrage von mindestens einem Zehnteil des Geschäftsanteils nach Betrag und Zeit bestimmt sein. Nur in dem Fall des § 50 d. Ges. unterliegt die Festsetzung der Einzahlungen der Beschlußfassung durch die Generalversammlung; sie kann niemals durch Statut Vorstand und Aufsichtsrat überlassen werden.

Es ist also zu unterscheiden zwischen dem Geschäftsanteil und den Einzahlungen auf denselben. Der erstere muß im Statut angegeben sein, ebenfalls muß auch eine Verpflichtung der Mitglieder zu regelmäßigen Einzahlungen ausgesprochen sein; diese Einzahlungen brauchen aber nach Betrag und Zeit nur bis zur Erreichung eines Geschäftsguthabens von mindestens dem zehnten Teil des Geschäftsanteils bestimmt sein.

Zur Klarstellung sei hier der Unterschied zwischen „Geschäftsanteil" und „Geschäftsguthaben" eingefügt. Geschäftsanteil bedeutet den Höchstbetrag, mit dem sich ein Mitglied mit Mitgliedereinlagen beteiligen kann — mit Geschäftsguthaben wird der jeweilige sich aus Einzahlungen, zugeschriebenen Dividenden (bzw. abgeschriebenen Verlusten) ergebende Betrag bezeichnet, den das Konto des Mitgliedes erreicht hat.*)

*) In der Regel werden für die Quittungen über Einzahlungen auf Geschäftsanteil Geschäftsanteilbücher ausgegeben, in denen sich folgende Kolonnen finden:

Datum	Bareinzahlungen		Zuschreibung der Dividenden		Betrag des Geschäftsguthabens		Quittung des Vorstandes bei Bareinzahlungen	Quittung des Mitgliedes über zurückgezahltes Geschäftsguthaben
	Mk.	Pf.	Mk.	Pf.	Mk.	Pf.		

Es ist nicht zweckmäßig, irgend welche Bestimmungen in diese Bücher aufzunehmen, insbesondere sollte nicht aufgenommen werden die Bestimmung, daß das Geschäftsguthaben beim Ausscheiden des Mitgliedes nur ausgezahlt wird gegen

Betreffend den Erlaß von Einzahlungen schreibt § 22 Abs. 2 d. Ges. vor: „eine geschuldete Einzahlung darf nicht erlassen werden."

Um für die Bestimmung der Höhe, welche je nach Geschäftsumfang und Richtung in den einzelnen Genossenschaften für die Normierung des Geschäftsanteils eine verschiedene sein wird, einen Anhalt zu gewinnen, mache man sich den Zweck, das möglicherweise dadurch erreichbare Resultat, klar. Dies kann nicht wohl ein anderes sein, als höchstens das ganze zum Vereinsgeschäft erforderliche Betriebskapital durch derartige Geschäftsanteile aufzubringen, so daß es der Aufnahme fremder Gelder nicht mehr bedarf: ein Resultat, welches freilich in der Wirklichkeit nicht erreicht werden wird, weil fortwährend ältere Mitglieder mit vollen Anteilen ausscheiden, und neue eintreten, bei denen

---

Vorlegung des Geschäftsguthabenbuches, weil dann, im Falle das Geschäftsguthabenbuch verloren gegangen ist, Streit entstehen kann, ob das Buch zunächst aufgeboten werden muß. Ohne entsprechende Klausel ist das Buch nichts anderes als eine Sammlung von Quittungen.

Am einfachsten lautet das Titelblatt wie folgt:

eingetragene Genossenschaft mit beschränkter Haftpflicht.

Guthabenbuch

für

das Mitglied

Herrn ....

zu ....

Nr. des Mitgliederverzeichnisses:

In der Revisorenkonferenz, die bei Gelegenheit des Allgemeinen Genossenschaftstages zu Hannover (1900) stattfand, ist empfohlen, jedem Mitgliede ein Gegenbuch auszuhändigen, in dem die Einzahlungen auf den Geschäftsanteil bescheinigt, ferner die empfangenen Vorschüsse sowie Prolongationen unter Angabe der Fälligkeit und der geleisteten Rückzahlung. Diese Einrichtung bietet dem Mitglied den Vorteil, daß es seine gesamten Verpflichtungen der Genossenschaft gegenüber aus diesem Buche ersieht, wann und wieviel Zinsen es gezahlt hat, wann die Vorschüsse fällig sind — der Genossenschaft sind die Gegenbücher nützlich, weil sie sich leicht behufs Feststellung und Kontrolle mit dem Konto vergleichen lassen.

die Bildung der Anteile immer erst wieder von neuem beginnt. Sonach wird man in betreff des Betriebskapitals einen Überschlag machen müssen, wieviel man zur Deckung des Gesamtbedürfnisses der Mitglieder wahrscheinlich bedarf, was sich, wenn auch nicht gleich beim Beginn der Genossenschaft, so doch nach einiger Zeit wohl übersehen läßt, indem man ja mit steigender Mitgliederzahl und wachsender Bedeutung des Geschäfts auch den Geschäftsanteil von Zeit zu Zeit erhöhen kann.*)

Für die Festsetzung der äußersten Grenze des Geschäftsanteils wird darauf Rücksicht zu nehmen sein, daß ohne Steigerung des Zinsfußes für gewährten Kredit eine den gewöhnlichen Kapitalzins um einiges übersteigende Dividende zur Verteilung gebracht werden kann.**) Und daß dies geschieht, daß die Dividende nicht unter ein Maß heruntersinkt, welches sie überhaupt den Beteiligten annehmbar macht, daran haben die Genossenschaften aus zwei verschiedenen Gründen Interesse. Einmal werden sie nur dadurch eine gewisse Klasse von Mitgliedern gewinnen und dauernd erhalten, an der ihnen viel gelegen sein muß. Dies sind nämlich solche, welchen es mehr um vorteilhafte Anlage kleiner Summen und Ersparnisse, als um Darlehen zu tun ist, die Wohlhabenderen unter dem kleinen Gewerbestande, die der höheren Rente halber gern das Risiko eines Geschäfts mit übernehmen, dessen Wirkungskreis ohnehin ihre Sympathien besitzt. Diese Leute, die mehr Geld bringen, als holen, deren Mitgliedschaft dem Kredite der Genossenschaft äußerst förderlich ist, an sich zu fesseln, dazu gehört durchaus eine den gewöhnlichen Zinsfuß etwas übersteigende Dividende. Es ist dem gegenüber hingewiesen auf die Gefahr, die der Genossenschaft durch Dividendenjäger entsteht; wir haben oben (S. 62) uns hiermit beschäftigt. Die Gefahr solcher Dividendenjäger soll nicht unterschätzt werden, aber in der Regel wird nur eine Kreditgenossenschaft, die bereits gefestigt dasteht, Personen als

*) Es bedarf dies einer Statutenänderung (§ 16 d. Ges.).

**) Wenn z. B. mit einem Betriebskapitale von 60000 Mk. für 240000 Mk. Geschäfte gemacht werden, und dabei ein Nettogewinn von 3600 Mk. erzielt ist, so macht es einen bedeutenden Unterschied in der Dividende, ob und wieviel von dem Betriebskapitale aus Geschäftsguthaben der Mitglieder besteht und also als dividendenberechtigt am Gewinne teil hat. Nehmen wir an, daß das ganze Kapital der 60000 Mk. den Mitgliedern gehört, so beträgt die Dividende 6%; ist dies nur mit der Hälfte, mit 30000 Mk., der Fall, die andere Hälfte von 30000 Mk. aber von Dritten angeliehen, so wächst die Dividende auf 12%, weil die gewonnenen 3600 Mk. nur auf 30000 Mk. zu verteilen sind usw.

Mitglieder zurückweisen, die nicht in der Lage sind, mit der Genossenschaft zu arbeiten, neu gegründeten Kreditgenossenschaften werden gerade solche Mitglieder, die nicht den Kredit bei der Genossenschaft in Anspruch nehmen wollen, aber ihr Mittel zuführen, nur willkommen sein (S. 62). Aufgabe der Verwaltung wird es sein, von vornherein in der Generalversammlung die Dividendenjäger nicht Boden fassen zu lassen, so daß für die Festsetzung der Dividende nur die Rücksichten der Genossenschaft maßgebend bleiben.

Die Dividende bei den Kreditgenossenschaften ist von erheblicher Bedeutung für die Bildung des eigenen Vereinsvermögens.

Es handelt sich also bei Begrenzung des Geschäftsanteils darum, den beiden dabei in Betracht kommenden, entgegengesetzten Gesichtspunkten:

a) der soliden Begründung des Geschäfts durch angemessene Steigerung des eigenen Vermögens,

b) der Rentabilität desselben durch angemessene Herbeiziehung fremden Kapitals,

in der Art Rechnung zu tragen, daß keiner derselben den anderen zurückdrängt, sondern beide gleichmäßig zur Geltung kommen. Und hiermit hängen die Vorschläge in bezug auf das Verhältnis des eigenen zum fremden Kapital im ganzen zusammen, indem wir das erstere auf 50 Prozent vom letzteren gebracht wissen wollten. Nach allen praktischen Erfahrungen ist damit bei einem Bankgeschäfte, welches sich vom Börsenspiele und Effektenhandel fern hält, einerseits eine hinlänglich solide Grundlage gewonnen, und andererseits eine angemessene Dividende gesichert, bei vollkommen billiger Bedienung der Mitglieder. Demnach würde sich die äußerste Grenze in der Höhe des Geschäftsanteils etwa dahin ergeben, daß man bei Veranschlagung des je nach dem Umfange des Geschäfts erforderlichen Betriebskapitals und der wahrscheinlichen Mitgliederzahl diese Anteile so bestimmt, daß durch die Gesamtsumme derselben im Soll die eine Hälfte des ganzen Betriebsfonds dargestellt, die andere aber für das fremde Kapital offen gelassen wird. Da nämlich dieses Soll, d. h. der höchste zulässige Betrag sämtlicher Geschäftsanteile, als idealer Maßstab behufs Aufstellung der Rechnung, wie wir bereits bemerkt haben, in der Praxis niemals verwirklicht wird wegen des fortwährenden Austritts alter Mitglieder, die ihre Vollanteile herausziehen, und des stetigen Eintritts neuer, die mit der Ansammlung immer wieder von vorn beginnen, so kommt der von uns vorgeschlagene Satz (die Hälfte des Betriebskapitals) in Wirklichkeit ungefähr auf das von uns für den Betrag des eigenen Kapitals geforderte Verhältnis hinaus, nach dem wir bei ausgebildeten Genossenschaften ein Drittel des ganzen Betriebskapitals als ihnen gehörig verlangten, d. h. 50 Prozent des fremden Kapitals. Indem wir demnach das den einzelnen vorzusteckende ideale Ziel in dem Geschäftsanteil etwas weiter hinausrücken, werden wir am ehesten dahin gelangen, den Forderungen einer geordneten Praxis in der Wirklichkeit zu genügen.

Die Notwendigkeit eines dem Geschäftsbetriebe entsprechenden hohen Geschäftsanteils und die Erfahrung, daß bei einer großen Anzahl Kreditgenossenschaften der Geschäftsanteil zu niedrig bemessen ist, hat den Allgemeinen Genossenschaftstag zu Wiesbaden (1896) bestimmt, den Kreditgenossenschaften dringend zu empfehlen, „die Höhe des Geschäftsanteils und der durch das Statut vorgeschriebenen Einzahlungen auf denselben derartig festzusetzen, daß sie in richtigem Verhältnis zu dem Umfange des Geschäfts stehen und der Geschäftsanteil auch bei kleinen Genossenschaften mindestens dreihundert Mark beträgt“.

Zu den regelmäßigen Einzahlungen auf Geschäftsanteil tritt für die Bildung des Geschäftsguthabens noch hinzu die Dividende, denn solange die Einzahlungen auf Geschäftsanteil nicht den Betrag des Geschäftsanteils erreicht haben, wird man die Dividende dem Geschäftsguthaben zuschreiben. Eine Ausnahme hiervon wird in der Regel bei den Kreditgenossenschaften nur dann gemacht, wenn der Geschäftsanteil auf einen sehr hohen Betrag bemessen ist, dann wird Zuschreibung der Dividende nur bis zur Erreichung eines gewissen Betrages des Geschäftsguthabens vorgesehen, vgl. hierüber näheres im 12. Kap.*)

Für die statutarisch vorgeschriebene Bildung des Geschäftsanteils sollte aber auch noch ein Umstand nicht unberücksichtigt bleiben: es ist dies die Kreditentnahme der Mitglieder; nur billig erscheint es, von einem Mitgliede, das einen hohen Kredit in Anspruch nimmt, die entsprechende Bildung des Geschäftsanteils zu fordern. Freilich ist nicht zu verkennen, daß gerade die Beziehung der Höhe des Geschäftsguthabens zur Höhe des Kredits zur Bildung von Geschäftsguthaben führen kann, die schließlich nur auf dem Papier stehen. Wird z. B. von einem Mitglied ein Kredit von 30000 Mk. beansprucht und der

*) Über die Ausgabe von Dividendenscheinen vgl. Bl. f. G. Jahrg. 1897 S. 279.

Vorstand verlangt die Bildung eines Geschäftsanteils von 1000 Mk., während das Mitglied auf Geschäftsanteil erst 500 Mk. eingezahlt hat, so kann der Fall eintreten, daß das Mitglied einen Kredit von 30 500 Mk. begehrt und die 500 Mk. zur Einzahlung auf Geschäftsanteil benutzt. Es braucht nicht näher ausgeführt zu werden, wie der Vorstand einem solchen Geschäftsgebahren selbstverständlich energisch entgegenwirken muß.

Wir wollen noch eine Maßregel erwähnen, die einzelne Genossenschaften, um das Anwachsen ihres Stammkapitals möglichst zu fördern, ergriffen haben.

Sie machen von der Vorschrift in § 7 Abs. 2 d. Ges. Gebrauch, daß die regelmäßig auf Geschäftsanteil zu leistenden Einzahlungen nur bis zu einem bestimmten Betrag desselben zu leisten sind. Dadurch wird es möglich, den Geschäftsanteil höher zu bestimmen, als es sonst angängig wäre, ohne die minder bemittelten Gewerbtreibenden durch die Höhe abzuschrecken, indem diese sich mit ihren Pflichteinzahlungen begnügen können. Den besser Gestellten ist dann eine höhere Beteiligung ermöglicht und es können insbesondere die, welche den Kredit erheblich in Anspruch nehmen, zu einer angemessenen Beteiligung auf Geschäftsanteil angehalten werden, vgl. § 48 des Statuts und die vorstehende Warnung.

Der gleiche Zweck wurde vor dem Gesetz von 1889 vielfach dadurch erreicht, daß der Erwerb mehrerer Geschäftsanteile im Statut zugelassen wurde. Durch das Gesetz ist dies für Genossenschaften mit unbeschränkter Haftpflicht und unbeschränkter Nachschußpflicht verboten.*)

Für Genossenschaften mit beschränkter Haftpflicht läßt das Gesetz es zu, daß das Statut die Beteiligung der Genossen auf mehrere Geschäftsanteile, unter Festsetzung der höchsten Zahl derselben, gestattet (§ 134 d. Ges.). Der Umfang der persönlichen Haftpflicht der Mitglieder richtet sich nach der Höhe des Geschäftsanteils, die Zu-

*) Anmerkungsweise mag hier erwähnt werden, daß Schulze-Delitzsch sich in der 5. Auflage gegen die Zulassung des Erwerbes mehrerer Geschäftsanteile und überhaupt gegen jede Unterscheidung von Einzahlungen auf Geschäftsanteil in obligatorische und fakultative ausgesprochen hat, weil dadurch der so wichtigen sozialen Aufgabe der Genossenschaften, „der Ausgleichung dieser Klassenunterschiede in wirtschaftlicher Hinsicht", Abbruch geschieht. Die Bedeutung dieses Einwandes ist gewiß nicht zu verkennen, die Entwicklung der Kreditgenossenschaften aber hat vielfach gezeigt, daß diese Unterscheidung gerade gemacht werden muß, um die Genossenschaft allen an sich für ihren Geschäftsbetrieb geeigneten Berufsklassen offen zu halten.

lassung des Erwerbs mehrerer Geschäftsanteile soll die Beteiligung der Mitglieder nach ihrer Leistungsfähigkeit ermöglichen. Den Genossenschaften mit beschränkter Haftpflicht ist zu empfehlen, von dieser Freiheit Gebrauch zu machen und im Statut anzugeben, wieviel Geschäftsanteile ein Mitglied erwerben kann.*) Was für die Genossenschaften mit unbeschränkter Haftpflicht durch die Einteilung der Einzahlungen auf Geschäftsanteil in obligatorische und fakultative erreicht wird, wird hier durch die Beteiligung mit mehreren Geschäftsanteilen erzielt. Jedes Mitglied ist verpflichtet, einen Geschäftsanteil zu erwerben, es steht ihm frei, weitere Einzahlungen zu leisten, um dadurch sich mit weiteren Geschäftsanteilen zu beteiligen; es kann auch die Befriedigung des beanspruchten Kredits von dem Erwerb weiterer Geschäftsanteile abhängig gemacht werden. Daraus ergibt sich, daß Geschäftsanteile von tausend Mark und mehr, die sich bei Genossenschaften mit unbeschränkter Haftpflicht finden, für Genossenschaften mit beschränkter Haftpflicht entschieden zu verwerfen sind, denn man kann das gleiche Resultat mit der entsprechenden Zahl kleinerer Geschäftsanteile erreichen und zwingt dann nicht einen großen Teil der Mitglieder, eine Haftpflicht zu übernehmen, die in keinem Verhältnis zu ihrer Leistungsfähigkeit steht.**) Vgl. Formular 12 für die Beteiligungserklärung auf einen weiteren Geschäftsanteil.

Daß die Geschäftsanteile allerdings nur mit einer Beschränkung der Genossenschaft als festes Kapital dienen, folgt aus der Natur des Verhältnisses von selbst. Im Gegensatze zu dem Reservefonds müssen sie den Ausscheidenden, insoweit sie nicht bei Deckung von Verlusten verloren gegangen sind, zurückgezahlt werden. Wollte man hiervon abgehen, so hieße das, eine Strafe auf den Austritt setzen, was mit dem Wesen der Genossenschaft direkt in Widerspruch stehen würde. Es muß daher darauf gehalten werden, daß die Geschäftsguthaben während der Dauer der Mitgliedschaft von keinem Vereinsmitgliede weder ganz noch teilweise aus der Genossenschaft zurückgezogen werden. Eigentlich folgt dies schon aus dem Begriffe, aus ihrer Bestimmung von selbst, da die Mitgliedschaft mit dem Geschäftsguthaben verbunden ist. Wollte man den Mitgliedern die jederzeitige Rückforderung auch

*) Die Zulassung des Erwerbes weiterer Geschäftsanteile sollte man aber von der Genehmigung des Vorstandes abhängig machen, damit dieser eine zu weitgehende Ausübung dieses Rechtes verhindern kann.

**) Über den Einfluß der Höhe der Haftsumme auf den Erwerb der Mitgliedschaft vgl. S. 61.

nur bis zu einem Teilbetrage freistellen, so wären die von ihnen bei der Genossenschaft aufgesammelten Beträge eben keine Geschäftsguthaben, d. h. Summen, welche man dem Publikum gegenüber im Gesellschaftsvertrage ausdrücklich als Einsatz für die Verpflichtungen des Genossenschaftsgeschäfts bezeichnet hat, sondern beliebige Einlagen, wie sie jeder Dritte bei der Genossenschaft machen kann, um sie jederzeit auf Kündigung zurückzufordern. Es entspricht daher vollständig den Verhältnissen der Genossenschaft, wenn § 22 d. Ges. bestimmt: „Das Geschäftsguthaben eines Genossen darf, solange er nicht ausgeschieden ist, von der Genossenschaft nicht ausgezahlt werden." Es sind sogar besondere Vorsichtsmaßregeln wegen der Rückgewähr an die Ausscheidenden nötig. Daß man den Austritt überhaupt an eine lange Kündigungsfrist knüpft, und füglich nur mit Ende des Geschäftsjahres zuläßt, um die Veränderungen im Mitgliederbestande und die daran sich knüpfenden Kassenverpflichtungen längere Zeit vorher zu übersehen, ist bereits S. 67 dargetan. Treten alsdann selbst massenhafte Abmeldungen der Mitglieder ein, so behält man Zeit genug, um diejenigen Maßregeln zu ergreifen, welche der bedeutenden Zurückziehung des eigenen Kapitals und dem etwaigen Bestreben, sich der Deckung von Verlusten zu entziehen, gegenüber geboten erscheinen. Einmal hat man in der Auflösung und Liquidation der Genossenschaft das Mittel in der Hand, die erwähnten Absichten bei der Kündigung zu kreuzen und die Abgemeldeten bei der Verlustdeckung mit ihren Geschäftsguthaben und der persönlichen Haftpflicht voll zu beteiligen (§ 75 d. Ges.). Sodann ist man aber auch bei Fortsetzung des Unternehmens in der Lage, die Geschäftsguthaben und selbst die persönliche Haftpflicht der Ausscheidenden zur Verlustdeckung mit heranzuziehen. Es schreibt § 73 d. Ges. vor (vgl. S. 68):

„Die Auseinandersetzung (zwischen der Genossenschaft und dem Ausscheidenden) erfolgt auf Grund der Bilanz. Reicht das Vermögen einschließlich des Reservefonds und aller Geschäftsguthaben zur Deckung der Schulden nicht aus, so hat der Ausgeschiedene von dem Fehlbetrage den ihn treffenden Anteil an die Genossenschaft zu zahlen."

Über die Beleihung des Geschäftsguthabens vgl. 11. Kap. Wie daselbst des näheren ausgeführt, widerspricht es dem Wesen des Geschäftsguthabens und dem Gesetz (§ 22), wenn die Genossenschaft auf das Geschäftsguthaben Kredit gewährt. Gleichwohl hat die Genossenschaft für ihre Forderungen an das Mitglied an dem Geschäftsguthaben ein gewisses Sicherheitsrecht, denn, wenn das Mitglied ausscheidet und es hat noch Schulden bei der Genossenschaft, so zahlt diese selbstverständlich nicht das Geschäftsguthaben aus, sondern benutzt dasselbe zur Kompensation, wobei freilich vorausgesetzt wird, daß die Forderungen der Genossenschaft entstanden sind, ehe ein Dritter, z. B. durch Pfändung, ein Recht auf das Geschäftsguthaben erworben hat.

Das Geschäftsguthaben als bedingte Forderung, d. h. also der Anspruch des Mitgliedes im Falle seines Ausscheidens nach der nach § 73 d. Ges. vorzunehmenden Auseinandersetzung, steht nämlich im freien Verfügungsrecht des Mitgliedes, das dasselbe zedieren, verpfänden (nur nicht an die Genossenschaft, § 22) kann, wie das Geschäftsguthaben auch von Gläubigern gepfändet werden kann. Hat doch, wie S. 68 ausgeführt ist, der Gläubiger nach Maßgabe des § 66 d. Ges. selbst das Kündigungsrecht des Mitgliedes.

Diese eigenartige Rechtsnatur macht eine kurze Darlegung des Verhaltens der Genossenschaft im Konkurse des Mitgliedes erforderlich, wobei wir, um alle Zweifel zu beseitigen, nochmals hervorheben, daß die Aufrechnung mit dem Geschäftsguthaben ebenso wie dessen Auszahlung unter allen Umständen voraussetzt, daß das Mitglied aus der Genossenschaft ausgeschieden und auf Grund der Bilanz nach § 73 d. Ges. die Auseinandersetzung erfolgt ist. Um also z. B. den Bürgen des Mitgliedes möglichst zu schonen, wird man bestrebt sein, das Geschäftsguthaben auf die Forderung abzurechnen, dann aber muß man für die Beendigung der Mitgliedschaft des Schuldners durch Ausschluß, wenn ein statutarischer oder gesetzlicher Grund für denselben vorhanden ist, sorgen.

Verhalten im Konkurse des Mitgliedes:

I. Hat die Genossenschaft an das Mitglied keine Forderung, so wird sie auch von dessen Konkurs schwerlich berührt. Sie hat nur infolge des von dem Konkursverwalter über das gesamte Vermögen des Gemeinschuldners verhängten offenen Arrestes dem Konkursverwalter von dem Vorhandensein des Geschäftsguthabens Anzeige zu machen und kann im übrigen abwarten, ob das Mitglied oder der Konkursverwalter diejenigen Schritte unternehmen, welche erforderlich sind, um das Ende der Mitgliedschaft herbeizuführen, denn der Konkurs des Mitgliedes beendigt nicht die Mitgliedschaft und bei bestehender Mitgliedschaft kann die Auszahlung des Geschäftsguthabens nicht erfolgen (§ 22 d. Ges.).

Ihrerseits aber hat die Genossenschaft die auf den Geschäftsanteil während des Konkursverfahrens fällig werdenden Einzahlungen zur Konkursmasse anzumelden. Dies darf nicht übersehen werden.

II. Wenn die Genossenschaft an das Mitglied Forderungen hat, so ist zu unterscheiden:

1. Bei Eröffnung des Konkursverfahrens ist der Gemeinschuldner nicht mehr

Mitglied, hat aber sein Geschäftsguthaben noch nicht erhalten; es muß die Auseinandersetzung nach § 73 d. Ges. erfolgen, dem Konkursverwalter ist das Vorhandensein des Geschäftsguthabens anzuzeigen, gleichzeitig ist auch die Forderung der Genossenschaft anzumelden und in ihrer Höhe das Kompensationsrecht mit dem Geschäftsguthaben zu beanspruchen. Einer besonderen Geltendmachung im Konkurse bedarf es nicht. Nur der die Forderung der Genossenschaft übersteigende Betrag ist an die Konkursmasse auszuzahlen; ist aber die Forderung größer als das Geschäftsguthaben, so ist der Mehrbetrag als Konkursforderung geltend zu machen.

2. Bei Eröffnung des Konkursverfahrens ist der Gemeinschuldner noch Mitglied, es ist jedoch bereits einer der Gründe für die Beendigung der Mitgliedschaft (z. B. Ausschluß) eingetreten, dann ist in der gleichen Weise wie vorstehend zu verfahren; mit der Kompensation und — falls noch ein Rest bleibt — der Auszahlung des Geschäftsguthabens muß gewartet werden, bis nach Schluß des Geschäftsjahres die Auseinandersetzung erfolgt ist.

Nicht berechtigt ist die Genossenschaft, ihre Forderung im Konkurse geltend zu machen, um sich dann wegen des Ausfalls an das Geschäftsguthaben zu halten, da in der Anmeldung ohne Rücksicht auf spätere Kompensation ein Verzicht auf dieselbe (Parisius u. Crüger S. 416) zu sehen sein würde.

Hat die Genossenschaft einen Bürgen für die Forderung an den Gemeinschuldner, so wird sie gleichwohl in der gleichen Weise vorgehen und sich an den Bürgen nur wegen des durch die Kompensation mit dem Geschäftsguthaben nicht gedeckten Teils der Forderung halten, und diesem dann die Wahrnehmung seiner Rechte insoweit im Konkurse überlassen.

3. Der Gemeinschuldner ist Mitglied, es ist aber noch keiner der das Ende der Mitgliedschaft herbeiführenden Gründe eingetreten. Kann während des Konkursverfahrens durch die Genossenschaft, das Mitglied oder den Konkursverwalter der Eintritt eines die Mitgliedschaft beendigenden Grundes herbeigeführt werden, so ergibt sich für die Genossenschaft die gleiche Rechtslage wie zu 2. Ist dies nicht der Fall, so ist gleichwohl das Vorhandensein des Geschäftsguthabens (als einer durch die Beendigung der Mitgliedschaft bedingten Forderung, deren Höhe von der Auseinandersetzung abhängt) zur Konkursmasse anzuzeigen. In Frage bleibt, wie solchenfalls die Genossenschaft mit ihren Forderungen an den Gemeinschuldner zu verfahren hat. Jedenfalls ist die Genossenschaft berechtigt, ihre Forderung geltend zu machen, sie muß sich jedoch auf den Einwand bereit halten, daß ihr Verhalten als Verzicht auf eine spätere Kompensation aufgefaßt wird. Dieser Einwand wird aber nur dann begründet erscheinen, wenn die Genossenschaft überhaupt in der Lage war, ihrerseits durch Ausschluß das Ende der Mitgliedschaft herbeizuführen; vermag dies die Genossenschaft nicht, so kann ihr nicht zugemutet werden, sich mit der Aussicht auf eine Kompensation zufrieden zu geben, deren Eintritt ganz unbestimmt, selbst unsicher ist; es kann dann weder von „vorhandener" noch von „bevorstehender Realisierbarkeit des Geschäftsguthabens" gesprochen werden, wie es für die Geltendmachung der Kompensation unentbehrlich ist (vgl. Parisius u. Crüger S. 416). Zuweilen glaubt die Genossenschaft sich das Geschäftsguthaben sichern zu können, um sich an dasselbe für den im Konkurs erlittenen Ausfall zu halten; es ist dabei nicht die vorstehend geschilderte Rechtslage zu übersehen (vgl. auch den Aufsatz „Das Geschäftsguthaben im Zwangsvergleich" Bl. f. G. Jahrg. 1898

S. 377, in dem auch die Ansicht vertreten wird, es soll die Genossenschaft stets in erster Reihe sich das Geschäftsguthaben zum Zwecke der Aufrechnung sichern).

Auch hier mag wiederholt der durch Bürgschaft gesicherten Forderung gedacht werden. Die Schonung des Bürgen ist nur durch Kompensation der Forderung auf das Geschäftsguthaben zu erreichen, es kann nicht der Bürge in Anspruch genommen und ihm überlassen werden, sich an das Geschäftsguthaben zu halten, denn er bedürfte dazu der Pfändung desselben, die wohl erst Verurteilung des Schuldners voraussetzt, und dazu kommt schließlich als die Hauptsache, daß sich der Schuldner in Konkurs befindet, Pfändungen gegen ihn also nicht mehr ausführbar sind. An der Genossenschaft ist es daher, in dem Vermögen des Schuldners Befriedigung zu suchen, ehe sie auf den Bürgen zurückgreift.

Mit Rücksicht auf das eigene Interesse und die Schonung des Bürgen wird daher in jedem Falle zu prüfen sein, ob die Genossenschaft in der Lage ist, das in Konkurs geratene Mitglied auszuschließen, um das Geschäftsguthaben zur Kompensation frei zu bekommen.

Sechstes Kapitel.

Die Organe der Kreditgenossenschaft und deren Zuständigkeit.

Daß die Mitglieder jeder Genossenschaft zu gemeinsamem Raten und Taten als Generalversammlung zusammentreten müssen, weil sie nur so in den Stand gesetzt werden, als konstituierte Gesamtheit ihre Interessen bei dem Unternehmen wahrzunehmen, dessen Träger sie sind, versteht sich von selbst. Doch reicht dies für einen geordneten geschäftlichen Verkehr nicht aus; vielmehr bedarf die Genossenschaft zur Leitung und Verwaltung ihrer Angelegenheiten im einzelnen, zu ihrer Vertretung nach außen, sowie zur Kontrolle der Leitung bestimmter Organe. Das Genossenschaftsgesetz fordert daher: Generalversammlung (§§ 43 ff.), Vorstand (§§ 24 ff.) und Aufsichtsrat*) (§§ 36 ff.).

Natürlich ist die Begrenzung der Zuständigkeit jedes dieser Organe eine Aufgabe von größter Wichtigkeit, da das gehörige Ineinandergreifen ihrer Obliegenheiten einen geordneten Geschäftsgang bedingt. Es versteht sich zwar von selbst, daß keine Schablone gegeben werden kann für die Obliegenheiten der einzelnen Organe, jedoch müssen bei deren Bestimmung gewisse durchgreifende Gesichtspunkte festgehalten werden, wobei insbesondere in Betracht kommt, daß das Gesetz die Zuständigkeit der Organe zu einander abgrenzt. Bei der statutarischen Ordnung der Angelegenheit ist vor allem zu beachten, daß die betreffenden Bestimmungen klar und deutlich gefaßt sind, denn nichts gibt soviel Streit unter den Organen, als wenn nach der Fassung des Statuts Zweifel darüber entstehen können und entstehen, welches der Organe für die betreffende Obliegenheit zuständig ist. An und für sich lassen sich schon nicht bestimmte Grenzen für die Zuständig-

*) Erst durch das Gesetz vom 1. Mai 1889 ist der Aufsichtsrat ein notwendiges Organ geworden; gleichwohl gab es auch nach dem Gesetz von 1868, das die Einsetzung eines Aufsichtsrats dem freien Ermessen der Genossenschaft überließ, nur wenige Kreditgenossenschaften ohne einen solchen und Schulze-Delitzsch hielt denselben „für unentbehrlich“, er forderte, daß bei der Revision des Genossenschafts-Gesetzes der Aufsichtsrat zu einem notwendigen Organe der Genossenschaft gemacht würde.

keit der Organe der Genossenschaft zu einander festsetzen, die Grenzen sind flüssig, was wir auch noch bei der Besprechung der Obliegenheiten von Vorstand und Aufsichtsrat sehen werden, um so mehr sind klare Bestimmungen notwendig.

I. Die Generalversammlung.

Das den Kreditgenossenschaften zugrunde gelegte Prinzip der Selbsthilfe bedingt nicht bloß das passive Eintreten der Mitglieder in die Gesamthaft als Kreditbasis des Vereinsgeschäfts, sondern auch ihre möglichst aktive Beteiligung bei der Ordnung und höchsten Entscheidung der Vereinsangelegenheiten, die sie in der Generalversammlung ausüben. Die eingetragene Genossenschaft hat rechtliche Selbständigkeit, sie bedarf daher einer gesetzlichen Vertretung und diese ist ihr durch das Gesetz in dem Vorstand gegeben; wenn nun der Vorstand auch nach außen Dritten gegenüber die Genossenschaft unbeschränkt vertritt und diese Vertretungsbefugnis nicht einmal beschränkt werden kann, so bleibt doch die Generalversammlung das oberste und für den inneren Geschäftsverkehr der Genossenschaft entscheidende Organ. Der Generalversammlung ist vorzubehalten:

a) die oberste konstituierende und normgebende — sozusagen gesetzgebende — Gewalt, d. h. die Bestimmung über die rechtliche und geschäftliche Grundlage, Zweck und Ausdehnung der Genossenschaft;

b) die Festsetzung der maßgebenden Grundsätze für die Verwaltung und oberste Aufsicht über dieselbe.

Natürlich wird sich die Sache im einzelnen bei den Genossenschaften verschieden gestalten und manches hier der Generalversammlung überwiesen werden, was man dort dem Vorstande und Aufsichtsrat selbständig zu ordnen überläßt. Namentlich sind die bereits angedeuteten beiden Hauptrichtungen für den einen oder anderen Weg maßgebend. Größere Genossenschaften mit bedeutender Mitgliederzahl aus allen Gesellschaftsklassen, deren Verkehr ein eigentlich bankmäßiger geworden, sind mehr für die Selbständigkeit des Vorstandes und Aufsichtsrates, sie schränken die Mitwirkung der Generalversammlung auf diejenigen Obliegenheiten ein, die nach dem Gesetze zur Zuständigkeit der Generalversammlung gehören. Indessen ist stets zu bedenken, daß man bei einer sehr weitgehenden Ausschaltung der Generalversammlung in Gefahr gerät, einen wichtigen Teil der Aufgabe des Genossenschaftswesens zu verfehlen. Unzweifelhaft besteht dieser darin, daß die Mitglieder der Genossenschaft allmählich zur Einsicht in die Bedingungen und Aufgaben des gemeinsamen Geschäfts herangebildet und auf diese Weise mehr und mehr zum Eintritt in die Verwaltung fähig gemacht werden, was nur durch Verhandlung der wichtigsten Geschäftsfragen in den Generalversammlungen möglich wird. Für sich selbst sorgen und arbeiten lernen, sich lebendig bei dem Geschäfte betätigen, welches bestimmt ist, das so wichtige Kreditbedürfnis seiner Mitglieder zu befriedigen, darauf kommt es an. Die Fernhaltung der Generalversammlung rächt sich besonders dann, wenn Schwierigkeiten eintreten und bedeutendere Anforderungen an Verständnis und Opferwilligkeit der Mitglieder gestellt werden. Will man sich bei allen Vorkommnissen auf die Mitglieder verlassen können, so muß man sie auch einen Einblick in die Geschäfte gewinnen lassen. Dazu kommt noch, daß die durch ein solches Verfahren erzielte Öffentlichkeit der Bestrebungen auch sonst außerordentlich förderlich ist. Durch nichts — dies hat eine vielfältige Erfahrung bewiesen — vermögen nämlich die Genossenschaften sich das Vertrauen in die Solidität ihrer Verwaltungsgrundsätze und Redlichkeit ihrer Geschäftsführung sowohl bei ihren Mitgliedern, wie beim Publikum wirksamer zu sichern, als durch eine offene Darlegung, in der die Beweggründe für die zu ergreifenden Maßregeln in überzeugender Weise erörtert, der Stand der Geschäfte und des Vermögens ohne Scheu zur öffentlichen Kenntnis gebracht wird.

Zu den regelmäßigen Klagen der Verwaltungen gehört die über den schlechten Besuch der Generalversammlungen, und leider ist diese Klage nur allzu oft auch berechtigt. Es mag sich freilich aber auch die Verwaltung der Genossenschaft stets fragen, ob sie nicht einen Teil der Schuld an dem schlechten Besuch der Generalversammlung trägt. Wenn z. B. in der Generalversammlung den Mitgliedern nur eine Menge trockenen Zahlenmaterials vorgetragen wird, das von einzelnen garnicht aufgefaßt und verstanden werden kann — wenn dann in aller Eile die verschiedenen Punkte der Tagesordnung Erledigung finden, dann braucht sich die Verwaltung nicht darüber zu wundern, daß die Mitglieder in Zukunft fortbleiben und sich zufriedengeben, wenn ihr Kreditbedürfnis ausreichend befriedigt wird und eine angemessene Dividende zur Verteilung gelangt. Die Verwaltung muß es verstehen, die Mitglieder für die Angelegenheiten der Genossenschaft zu interessieren, sie muß die Generalversammlung ordnungsmäßig durch Verteilung eines leicht verständlichen Geschäftsberichts vorbereiten, sie muß Themata auf die Tagesordnung setzen, die das Interesse der Mitglieder in Anspruch nehmen.

An Stoff zu Verhandlungen wird es nicht fehlen. So hat sich z. B. bei Genossenschaften mit ländlicher Bevölkerung sehr gut bewährt, wenn allgemeine landwirtschaftliche Fragen auf die Tagesordnung gesetzt werden; es mögen in der Generalversammlung die Mitglieder aufgeklärt werden über Ziele und Bestrebungen des Genossenschaftswesens überhaupt, es mag die Generalversammlung der Kreditgenossenschaft dazu benutzt werden, um den Gewerbtreibenden die Aufgaben anderer Genossenschaftsarten klarzumachen. Die Mitteilungen über die allgemeinen Genossenschaftstage und Verbandstage, die Blätter für Genossenschaftswesen, die Jahrbücher bieten Anregungen genug. Der Allgemeine Vereinstag zu Eisenach (1878) hat es für eine Pflicht der Vorstände und Aufsichtsräte erklärt, die Beschlüsse und Verhandlungen der allgemeinen Vereinstage sowie der Unterverbandstage in den Generalversammlungen zur Kenntnis und Besprechung der Mitglieder zu bringen, um der vielfach auftretenden Gleichgültigkeit der Mitglieder entgegen zu wirken, und der Allgemeine Vereinstag zu Karlsruhe (1885) hat die Besprechung allgemeiner genossenschaftlicher Angelegenheiten empfohlen. Die Leitung der Genossenschaft muß die Generalversammlung sorgfältig vorbereiten und für eine Abwicklung der Tagesordnung sorgen, die geeignet ist, das allgemeine Interesse wach zu halten — dann werden auch die Klagen über den schwachen Besuch der Generalversammlungen, die heut nur leider zu oft gehört werden, vielleicht verstummen. Sorge man für inhaltvolle Verhandlungen, verschone die Mitglieder möglichst mit dem Vortrage von trockenem Zahlenmaterial und stelle den Besuch der Generalversammlung als eine Pflicht hin, die die Mitglieder mit ihrem Beitritt zur Genossenschaft übernommen haben, dann werden die Bemühungen der Verwaltung um guten Besuch der Generalversammlung seltener erfolglos sein.

§§ 43 ff. d. Ges., §§ 48 ff. des Statuts ordnen Einberufung, Abhaltung und Obliegenheiten der Generalversammlung.

Nach dem Gesetz (§ 44) wird die Generalversammlung durch den Vorstand berufen und § 38 d. Ges. macht dem Aufsichtsrat die Berufung zur Pflicht, wenn es das Interesse der Genossenschaft erfordert. Berücksichtigt man, daß der Aufsichtsrat gewissermaßen der Vertrauensausschuß der Mitglieder ist, so wird es den Verhältnissen wohl am meisten entsprechen, wenn im Statut in erster Reihe dem Aufsichtsrat die Berufung zugewiesen wird. Die Generalversammlung muß nach § 45 d. Ges. berufen werden, wenn der 10. Teil oder der im Statut hierfür bezeichnete geringere Teil die Einberufung ordnungsmäßig verlangt. Dabei ist aber wohl zu beachten, daß der Aufsichtsrat oder der Vorstand gute Gründe haben können, dem Verlangen der Mitglieder nicht zu entsprechen. Um nicht die Entscheidung vollkommen der Willkür von Vorstand und Aufsichtsrat zu überlassen, bestimmt das Gesetz in § 45 Abs. 3, daß, wenn dem Verlangen der Mitglieder nicht entsprochen wird, das Gericht die Genossen, welche das Verlangen gestellt haben zur Berufung der Generalversammlung (oder zur Ankündigung des Gegenstandes der Tagesordnung) ermächtigen kann. Das Gericht ist keineswegs verpflichtet, dem Antrag der Mitglieder zu entsprechen, es darf vielmehr füglich von jedem Gericht erwartet werden, daß, ehe es dem Antrage der Mitglieder nachkommt, es Vorstand und Aufsichtsrat hört, so daß, wenn es sich davon überzeugt, es handle sich um Schikanen, es dem Antrage der Mitglieder nicht entspricht.

Die Leitung der Verhandlungen in der Generalversammlung wird man im allgemeinen dem Organ zusprechen, von welchem die Berufung ausgeht. Wird die Generalversammlung auf gerichtliche Ermächtigung durch die Mitglieder berufen, so haben diese den Vorsitzenden zu wählen. Ganz sachgemäß hat das Gesetz (§ 46) der Versammlung selbst den Beschluß über die Leitung zugewiesen, auch wenn dies vorher auf der Tagesordnung nicht gestanden hat, weil unter Umständen nach dem Gange der Verhandlungen die Leitung unmöglich Vorstand und Aufsichtsrat überlassen werden kann. Nach § 6 Abs. 3 d. Ges. muß das Statut eine Bestimmung über den Vorsitz in der Generalversammlung enthalten. § 34 des Statuts regelt die Leitung der Generalversammlung.

Zu jeder gültigen Beschlußfassung wird erfordert:

1. daß die Gegenstände der Verhandlung bei der Berufung als Tagesordnung bekannt gemacht worden sind, und
2. daß sich die Mehrheit der in der Versammlung Erschienenen über die Angelegenheit einigt.

Die Tagesordnung muß so gefaßt sein, daß aus jedem Punkte derselben deutlich der Verhandlungsgegenstand zu erkennen ist. So genügt es z. B. nicht, auf die Tagesordnung zu setzen „Statutenänderung", sondern es muß, wenn auch nur mit einigen kurzen Worten, angegeben sein, welche Bestimmung des Statuts geändert werden soll.

Aufzustellen und bekannt zu machen ist die Tagesordnung von dem Organ, das die Generalversammlung beruft, wobei dann aber auch die Anträge des anderen Organs aufzunehmen sind und ferner die Anträge, welche der zehnte Teil der Genossen oder der im Statut hierfür bezeichnete geringere Teil der Genossen einbringen. Wird dem Verlangen der Genossen nicht stattgegeben, so kann das Registergericht die Genossen, welche das Verlangen gestellt haben, zur Ankündigung des Gegenstandes ermächtigen (§ 45 Abs. 3 d. Ges., § 33 des Statuts). Das Gericht hat in solchem Fall ebenso zu verfahren wie bei dem Antrage von Mitgliedern auf Ermächtigung zur Einberufung der Generalversammlung.

Bei der Festsetzung der Tagesordnung hüte man sich, die Gegenstände zu allgemein zu fassen, denn einmal kann die allgemeine Fassung eines Gegenstandes es zweifelhaft machen, ob eine gültige Beschlußfassung über einen bestimmten Gegenstand herbeigeführt werden kann, dann aber vor allem gibt sie den Mitgliedern allzusehr Gelegenheit, sich in ihren Ausführungen zu verlieren und Gegenstände in die Erörterung hereinzuziehen, die nicht zur Tagesordnung gehören. Daher ist z. B. unter allen Umständen zu vermeiden, auf die Tagesordnung zu setzen: „Geschäftliche Mitteilungen", „Beschwerden" oder ähnliches.

Als Frist für die Einladung der Generalversammlung, mit der die Tagesordnung bereits nach Möglichkeit zu verbinden ist, schreibt das Gesetz eine Zeit von mindestens einer Woche vor (§ 46 d. Ges.), das Statut kann auch eine längere Frist — aber keine kürzere — bestimmen. Nach B.G.B. § 187 wird bei der Berechnung der Frist der Tag nicht mitgerechnet, auf welchen das Ereignis oder der Zeitpunkt fällt, es müssen daher 7 volle Tage zwischen dem Tage der Berufung und dem Tage der Generalversammlung liegen; dabei ist maßgebend der Tag der Zeitung (das Datum) und nicht etwa die früher erfolgende Ausgabe der Zeitung.

Wie die Generalversammlung zu berufen ist, soll das Statut bestimmen (§ 6 Abs. 3, § 46 d. Ges.), dabei ist allgemein zu empfehlen: Berufung durch das in den Kreisen der Mitglieder gelesenste Blatt. In der Regel wird dann ausreichen, daß das Statut ein Blatt für die Bekanntmachungen bestimmt, nötigenfalls sind mehrere Blätter zu bezeichnen. In der Regel wird es auch genügen, wenn das Statut einmalige Einladung verordnet, wobei es den Organen der Genossenschaft unbenommen bleibt, mehrmals die Einladung bekannt zu geben, wenn es sich um sehr dringende Angelegenheiten handelt.

Fordert das **Statut** mehrmalige Einladung, so ist jene Frist von der **letzten** Bekanntmachung ab zu rechnen.

Meist wird die **Tagesordnung** für die Generalversammlung **mit der Einladung** bekannt gegeben werden, es kann sich aber auch in der Zeit bis zur Generalversammlung noch die Ergänzung der Tagesordnung als erforderlich ergeben, oder Mitglieder treten noch mit Anträgen hervor. Für diese Fälle bestimmt das Gesetz (§ 46), daß die Gegenstände noch mindestens drei Tage vor der Generalversammlung angekündigt sein müssen (§ 30 des Statuts).

Über nicht ordnungsmäßig bekannt gegebene Angelegenheiten kann ein Beschluß nicht gefaßt werden, hiervon sind ausgenommen Beschlüsse über **Anträge auf Berufung einer außerordentlichen Generalversammlung und über die Leitung der Versammlung.**

Die für den Beschluß zu erfordernde **Mehrheit** ist verschieden je nach der Angelegenheit, um die es sich handelt. So schreibt das Gesetz bereits für eine Anzahl Fälle als **Mindesterfordernis** eine $^3/_4$-Mehrheit vor, nämlich bei der Beschlußfassung

1. über die Abänderung des Statuts (§ 16 d. Ges.);
2. über die Abänderung des Gegenstandes des Unternehmens (§ 16 d. Ges.);
3. über die Erhöhung des Geschäftsanteiles (§ 16 d. Ges.);
4. über den Widerruf der Bestellung zum Mitgliede des Aufsichtsrates (§ 36 d. Ges.);
5. über die Auflösung der Genossenschaft (§ 78 d. Ges.);
6. über die Erhöhung der Haftsumme (§ 132 d. Ges.) (gilt natürlich nur für Genossenschaften mit beschränkter Haftpflicht);
7. über Umwandlung einer Genossenschaft mit unbeschränkter Nachschußpflicht in eine solche mit unbeschränkter Haftpflicht oder einer Genossenschaft mit beschränkter Haftpflicht in eine solche mit unbeschränkter Haftpflicht oder mit unbeschränkter Nachschußpflicht (§ 144 d. Ges.).

In den Fällen zu 1, 2, 3, 5, 6, 7 kann das Statut auch weitere Erschwernisse vorsehen, bei 4 ist dies nicht zulässig. Eine Erleichterung der Beschlußfassung ist in den Fällen 2 bis 7 ausgeschlossen, sie kann im Statut für Abänderung des Statuts vorgesehen werden, so weit es sich nicht um einen der oben bezeichneten Gegenstände handelt, doch wird schwerlich eine Genossenschaft hiervon Gebrauch machen.

Bei besonders wichtigen Gegenständen, z. B. bei der Beschlußfassung über Auflösung, hat sich als zweckmäßig erwiesen, noch ein Erschwernis einzuführen, nämlich die **Beschlußfähigkeit** der Generalversammlung von der Anwesenheit einer bestimmten Anzahl Mitglieder, z. B. $^{1}/_{4}$, abhängig zu machen. Eine Präsenzliste ist nicht zu führen, wohl aber ist die Zahl der Anwesenden anzugeben, damit die Beschlußfähigkeit festgestellt werden kann. Um aber auch die Beschlußfassung nicht über die Gebühr zu erschweren, unter Umständen sogar unmöglich zu machen, ist dann eine Bestimmung erforderlich, daß, wenn die erforderliche Anzahl der Genossen in der Generalversammlung nicht anwesend ist, eine zweite Generalversammlung, die mit einem im Statut näher zu bestimmenden Zwischenraum zur Erledigung derselben Tagesordnung anberaumt wird, ohne Rücksicht auf die Zahl der anwesenden Genossen gültig beschließen kann. Das Musterstatut verlangt eine gewisse Beschlußfähigkeit der Generalversammlung auch für Statutenänderungen, abgesehen von der Statutenänderung betr. die Erhöhung des Geschäftsanteils; es mag den Genossenschaften überlassen bleiben, ob sie auch Statutenänderungen in dieser Weise erschweren wollen.

Die **Art der Abstimmung** muß durch das Statut bestimmt werden, wobei man in der Regel mit Abstimmung durch Aufheben der Hände auskommen wird; nur für Wahlen ist an der geheimen Abstimmung unbedingt festzuhalten.

Eine Bestimmung für die **Beurkundung der Beschlüsse** muß das Statut nach § 6 Pos. 3 d. Ges. enthalten. Bei der Beurkundung der Beschlüsse ist selbstverständlich größte Sorgfalt geboten. Vgl. § 37 des Statuts (Formular 1) und ferner Muster für das Protokoll einer Generalversammlung (Formular 6).

Bei Wahlen ist der Wahlgang genau anzugeben; handelt es sich um Vorstandswahlen, die nach dem Statut auf Vorschlag des Aufsichtsrats erfolgen, so ist der Vorschlag des Aufsichtsrats anzuführen und genau das Stimmenverhältnis mitzuteilen; bei Abstimmungen über Bilanzen ist zu unterscheiden zwischen der Genehmigung der Bilanz, der Erteilung der Entlastung und der Beschlußfassung über Verteilung von Gewinn und Verlust.

Für die **Ausübung des Stimmrechts** bestimmt § 43 d. Ges.: „Jeder Genosse hat eine Stimme."

Weder kann einem Genossen dies **Stimmrecht** entzogen, noch kann ihm mehrfaches Stimmrecht eingeräumt werden. Nur der Ausgeschlossene verliert sein Stimmrecht nach § 68 d. Ges., und der Genosse darf sein Stimmrecht nicht ausüben, der durch die Beschlußfassung entlastet (z. B. Vorstandsmitglieder) oder von einer Verpflichtung befreit werden soll. Das allgemeine gleiche Stimmrecht gilt auch für die Genossenschaften mit beschränkter Haftpflicht, wenn ein Mitglied mehrere Geschäftsanteile erworben hat. Diese Bestimmung ist die notwendige Folge des Personalcharakters der Genossenschaft und der Solidarhaft der Mitglieder.

Das Stimmrecht ist auch nur in den im Gesetz vorgesehenen Ausnahmen übertragbar, was eine gewisse räumliche Begrenzung der Genossenschaft bedingt. Man muß in der Lage sein, von der Handhabung der Geschäftsführung Kenntnis zu nehmen, und in der Generalversammlung eine Einwirkung auf dieselbe ausüben zu können. Ist jemand so weit vom Sitze der Verwaltung entfernt, daß er so gut wie nichts davon zu sehen und zu hören bekommt, ja selbst an dem Besuche der Versammlung behindert wird, dann erscheint der Beitritt doch bedenklich. Die Bildung von Genossenschaften, welche sich auf weite Entfernungen erstrecken, innerhalb deren der Verkehr mit der Verwaltung, sowie der Mitglieder unter sich erheblich erschwert wird, muß daher in der Regel widerraten werden. Dies ist auch eine Erwägung, die wesentlich ist für die Beurteilung von Zentralgenossenschaften, die ihren Geschäftskreis über ganz Deutschland erstrecken, oder für Genossenschaften, die ihren Mitgliederbestand auf einen bestimmten Berufskreis beschränken, aber dann aus allen deutschen Staaten Mitglieder dieses Berufsstandes aufnehmen.

Durch andere (Genossen oder Nichtgenossen) kann das Stimmrecht ausgeübt werden, wenn der Genosse handlungsunfähig, oder eine Korporation, Handelsgesellschaft, Genossenschaft oder ein Personenverein ist. Außerdem können weibliche Mitglieder ihr Stimmrecht einem Bevollmächtigten zur Wahrnehmung ihrer Rechte in der Generalversammlung übertragen, wenn das Statut die Teilnahme von Frauen an der Generalversammlung ausschließt. Ein triftiger Grund für eine derartige Ausschließung ist nicht zu erkennen. Ein Bevollmächtigter kann nicht mehr als einen Genossen vertreten.

II. Vorstand und Aufsichtsrat in ihrer gegenseitigen Stellung.

Durch die Bestimmung des Gesetzes (§ 17), daß die Genossenschaften als Kaufleute im Sinne des Handelsgesetzbuches gelten und die Anerkennung der Genossenschaften als Rechtsperson, vermöge deren sie Eigentum erwerben, vor Gericht klagen und verklagt werden können, sind die Genossenschaften in vieler Hinsicht in das System des Handelsrechts eingeordnet. Es ist ein im Handelsgesetzbuch durchgeführter und auch in das Genossenschaftsgesetz (§§ 24, 26, 27 d. Ges.) übertragener Grundsatz: daß jede zu einem eigentlichen Geschäftsbetrieb vereinigte Gesellschaft durch ihre Vorstände dritten Personen gegenüber unbedingt vertreten und verpflichtet wird, und daß alle im Gesellschaftsvertrag hierin enthaltenen Beschränkungen den Vorstand nur der Gesellschaft gegenüber verpflichten, nicht aber das ohne ihre Beachtung abgeschlossene Geschäft Dritten gegenüber ungültig machen.

Der Grund dafür liegt darin, daß ein gesunder, nach allen Seiten hin gedeihlicher Handel vor allem Einfachheit und Verlässigkeit in seinen Rechtsformen erfordert, namentlich also schwierige Informationen über die Legitimation der Parteien, wovon die Rechtsverbindlichkeit der Geschäftsabschlüsse abhängt, abgeschnitten werden müssen, weil man sonst Hinterziehungen und schikanösen Einwendungen aller Art Tür und Tor öffnet und durch die Unsicherheit der Geschäftsabschlüsse im einzelnen die geschäftliche Solidität im allgemeinen leidet. Diese in dem Genossenschaftsgesetze den Vorständen verliehene Machtvollkommenheit haben die eingetragenen Genossenschaften ernst in das Auge zu fassen und in ihren Einrichtungen Vorsorge gegen den etwaigen Mißbrauch derselben zu treffen. Man hat daher, wie das Musterstatut (§§ 23 ff.) und die Geschäftsanweisung (Formular 11) zeigen, zum Schutze gegen den Mißbrauch dieser Befugnisse wirksame Hilfsmittel nach mehreren Richtungen hin gesucht, welche wesentlich auf Einführung einer wirksamen, mit entscheidenden Befugnissen ausgerüsteten Kontrolle hinauslaufen.

Der erste Schritt hierzu ist eine Art gegenseitiger Kontrolle der Vorstandsmitglieder unter einander selbst, die man dadurch erreicht, daß man zu jedem Geschäftsabschluß, namentlich zur Zeichnung von verpflichtenden Urkunden, die Mitwirkung von mindestens zwei Vorstandsmitgliedern erfordert, widrigenfalls die Geschäfte für die Genossenschaft nicht rechtsverbindlich sind. Auf diese Weise entzieht man die Disposition wenigstens der Willkür eines einzelnen und verhindert, daß ein solcher für sich allein betrügerisch oder leichtsinnig die Genossenschaft in ungemessene Verpflichtungen stürzen kann (vgl. hierüber unten III.).

Von der größten Wichtigkeit ist daneben die richtige Bemessung der dem eigentlichen Kontrollorgane, dem Aufsichtsrate, zu übertragenden Rechte und Pflichten, mittels deren man die wirksame Beaufsichtigung der Verwaltung durch ihn sichert.

Schon dies ergibt, daß eine gemeinschaftliche Geschäftsführung des Vorstandes und Aufsichtsrates unzulässig ist.

Nach §§ 24 ff. d. Ges. ist die Vertretung der Genossenschaft und der Abschluß von Geschäften für sie in die Hände des Vorstandes gelegt, der in dieser Tätigkeit nur durch Beamte oder Bevollmächtigte, niemals aber durch den Aufsichtsrat ersetzt werden kann. Der Aufsichtsrat nimmt die ihm durch das Gesetz ausdrücklich angewiesene Stellung als Kontrollorgan ein. Danach hat derselbe nicht die Geschäfte zu führen, sondern die gesamte Geschäftsführung des Vorstandes zu überwachen, sowie das ganze Kassen- und Rechnungswesen unter steter Aufsicht zu halten; ja er kann selbst die Vorstandsmitglieder vorläufig von der Geschäftsführung entheben, und wegen deren interimistischer Fortführung durch andere Anordnungen treffen (§ 40 d. Ges.).*)

Hieraus ergibt sich mit Notwendigkeit die strenge Scheidung beider Organe, die selbständige Konstituierung eines jeden, wie sie das Musterstatut durchführt, und wie sie durch das Gesetz geboten ist. Soll der Aufsichtsrat die Verwaltung überwachen, so darf er selbst nicht mit verwalten; soll der Vorstand durch den Aufsichtsrat in der Verwaltung überwacht werden, so darf er selbst nicht mit überwachen, sonst hebt eins das andere auf.

Ist nun auch durch die Bestimmung des Gesetzes (§ 37), nach der Vorstandsmitglieder nicht zugleich Mitglieder des Aufsichtsrates sein dürfen, dem gröbsten Verstoße gegen die obigen Grundsätze vorgebeugt, und die Scheidung beider Organe in ihrem Personalbestande gesichert, so zeigen sich doch hinsichtlich der Scheidung in den Obliegenheiten manche Mängel, die sich aus der früheren in die neue Verfassung der Genossenschaften zuweilen mit eingeschlichen haben. Besonders kommt es hierbei darauf an, einer mißverständlichen Auffassung des § 27 d. Ges. entgegenzutreten. Unzweifelhaft können nach § 27 — selbstredend nicht Dritten, sondern nur der Genossenschaft zur Sicherung ihrer Schadensansprüche gegenüber — den Vorständen Beschränkungen in der Geschäftsführung auferlegt, sie bei gewissen Geschäften an die

---

*) Nur in den Fällen der Prozeßführung gegen die Vorstandsmitglieder und bei den mit ihnen abzuschließenden Verträgen tritt der Aufsichtsrat als Vertreter der Genossenschaft auf (§ 39 d. Ges.).

Genehmigung der Generalversammlung oder des Aufsichtsrates gebunden werden. Dabei wird ganz zweifellos die Anordnung gemeinsamer Sitzungen des Aufsichtsrates und Vorstandes zweckmäßig sein, wie dies auch im Musterstatut in § 27 vorgeschlagen ist. Niemals aber darf die Abstimmung dann in der Art stattfinden, daß nach Köpfen abgestimmt wird, so daß für die Abstimmung nur die Anzahl der aus beiden Organen anwesenden Personen gezählt wird, vielmehr haben Vorstand und Aufsichtsrat getrennt abzustimmen, so daß ein Beschluß nur dann zustande gekommen ist, wenn er sowohl die Mehrheit der Vorstandsmitglieder wie der Aufsichtsratsmitglieder gefunden hat. Vgl. Formular 9 für das Protokoll einer gemeinschaftlichen Sitzung. Ebensowenig darf bei den Befugnissen des Aufsichtsrates in bezug auf eigentliche Verwaltungsmaßregeln über die Schranken einer einfachen Genehmigung hinausgegangen, niemals dem Aufsichtsrate eine positive Einwirkung dabei, eine entscheidende Stimme bei der Vornahme solcher geschäftlichen Maßnahmen selbst zugestanden werden, er darf sie unter keinen Umständen veranlassen, vielmehr nur abweisen, sein Veto dagegen einlegen. Denn sobald er Geschäftsabschlüsse sogar gegen den Willen des Vorstandes, dem er ja an Mitgliederzahl meist überlegen ist, durch dessen Majorisierung bei der Beschlußfassung oder durch selbständige Anordnung herbeiführen kann, hört auf seiner Seite die Kontrolle, auf seiten des Vorstandes die Verantwortlichkeit dafür auf. Indem man durch eine solche Verschmelzung der Vorstände und Aufsichtsräte für Verwaltung gewisser Geschäftszweige geradezu ein neues Organ schafft, verstößt man nicht nur gegen die gesetzliche Regelung des Verhältnisses und lähmt die jedem der ursprünglichen Organe zugeteilte Wirksamkeit, sondern gerät auch in einen Widerspruch mit sich selbst. Man will keine unkontrollierte Verwaltung haben, deshalb setzt man den Aufsichtsrat ein. Nun befaßt man ihn aber selbst mit den Dingen, die er kontrollieren soll, und schafft gerade dadurch eine unkontrollierte Verwaltung! Zugleich hebt man die Verantwortlichkeit des eigentlichen Verwaltungsorgans, des Vorstandes, auf, und gelangt so überall zum Gegenteil dessen, was man mit der ganzen Maßregel beabsichtigte.

„Andererseits," heißt es zutreffend in der Begründung des Gesetzes, „empfiehlt es sich hier ebensowenig wie bei den Aktiengesellschaften, den Aufsichtsrat ausschließlich auf eine kontrollierende Tätigkeit im engsten Sinne zu beschränken, d. h. ihm jede entscheidende

Mitwirkung bei der inneren Verwaltung schlechthin zu entziehen. Als nur beobachtendes Organ und ohne jedes maßgebende Bestimmungsrecht würde derselbe leicht das Interesse an der Kontrolle und die Befähigung zu dieser selbst verlieren. Auch an sich ist es zweckmäßig, den Vorstand über besonders wichtige Angelegenheiten nicht allein entscheiden zu lassen." Ein Organ, welches der Verwaltung in dem Geschäftsbetriebe völlig fern steht, kann in dieselbe einen Einblick nur schwer gewinnen, und wird seine Aufsicht meist auf die formale Geschäftsführung, namentlich die Buchführung, beschränken, deshalb aber kaum in der Lage sein, Mißgriffen des Vorstandes rechtzeitig vorzubeugen.

Wie sich nach alledem die Befugnisse des Vorstandes und Aufsichtsrates regeln, ergibt sich nach den aufgestellten Sätzen von selbst. Solche Verwaltungshandlungen und Geschäftsabschlüsse, die irgendwie bei leichtsinnigem oder gar pflichtwidrigem Verhalten der Vorstandsmitglieder mit einem Risiko für den Verein verbunden sind, dürfen der Initiative des Vorstandes zwar nicht entzogen werden, niemals aber ohne oder gar gegen den Willen des Aufsichtsrats durchgesetzt werden. Vielmehr gelangen sie bei richtiger Praxis an den letzteren erst, nachdem sich der erstere dahin entschieden hat, zur Genehmigung. Demnach soll der Aufsichtsrat, wie wir bereits andeuteten, in der Lage sein, Geschäfte dieser Art wohl zu verhindern, aber nicht zu machen.

Handelt es sich dagegen um Grundsätze, Geschäftsanweisungen und Geschäftsbedingungen, nach welchen in der Geschäftshandhabung überhaupt verfahren werden soll, dann wird man am zweckmäßigsten die Angelegenheiten der gemeinsamen Beratung der beiden Organe übertragen. Die Abstimmung ist, wie bereits dargelegt ist, so zu regeln, daß Vorstand und Aufsichtsrat getrennt abstimmen.

Aus diesen Erwägungen sind die §§ 26, 27 des Musterstatuts entstanden.

Wegen des Verhältnisses von Vorstand und Aufsichtsrat zu einander bei der Kreditgewährung sei auf das 8. Kap. verwiesen.

Daß bei der Wahl in den Vorstand und Aufsichtsrat nach Möglichkeit zu nahe verwandtschaftliche Beziehungen unter den Vorstands- und Aufsichtsratsmitgliedern zu vermeiden sind, ist selbstverständlich. Das Gesetz besagt hierüber nichts, und auch in das Musterstatut ist keine Bestimmung aufgenommen, die zu nahe Verwandtschaft oder Schwägerschaft zwischen Vorstands- und Aufsichtsratsmitgliedern ausschließt, weil in kleinen Orten sich oft dies gar nicht wird umgehen lassen. Nach Möglichkeit aber müssen verwandtschaftliche Beziehungen vermieden werden.

Über die Frage, ob Vorstands- und Aufsichtsratsmitglieder als Notare in Angelegenheiten der Genossenschaft tätig sein können, vgl. die eingehenden Darlegungen in den Bl. f. G. Jahrg. 1901 S. 213.

III. Der Vorstand.

Die Mitglieder des Vorstandes, dessen im vorigen Abschnitt erörterte weitgehende Befugnisse in Vertretung der Genossenschaft sich auch auf solche Rechtshandlungen erstrecken, zu denen sonst eine Spezialvollmacht erforderlich ist, und der seine Legitimation durch eine Bescheinigung des Registergerichts über seine Eintragung im Genossenschaftsregister führt (§ 26 d. Ges.), müssen Genossen sein (§ 9 d. Ges.). Daß man sie dadurch in die Lage bringen will, die Folgen des Gebrauchs jener Machtvollkommenheit selbst mit zu tragen, ist klar.

Nicht notwendig ist, daß aus den Mitgliedern gewählt wird, es genügt, wenn der Gewählte bei seiner Anmeldung zur Eintragung in das Genossenschaftsregister Mitglied der Genossenschaft ist, und es reicht sogar aus, wenn dann gleichzeitig die Beitrittserklärung zur Eintragung in die Liste der Genossen dem Gericht vorgelegt wird.

Vorstandsmitglieder können nur physische Personen sein, also z. B. nicht Gesellschaften. Daß Frauen in den Vorstand gewählt werden können, ist selbstverständlich. Ist eine Genossenschaft Mitglied einer Genossenschaft, so können Mitglieder der ersteren in den Vorstand gewählt werden, ohne daß sie für ihre Person noch die Mitgliedschaft erwerben müssen (§ 9 d. Ges.). Die gleichen Grundsätze gelten durchweg für die Wahlen in den Aufsichtsrat.

Warnten wir vor zu nahen verwandtschaftlichen Beziehungen zwischen Vorstands- und Aufsichtsratsmitgliedern, so gilt dies natürlich noch um so mehr für verwandtschaftliche Beziehungen unter den Vorstandsmitgliedern. Vgl. über die Qualifikation S. 148.

In betreff der Wahl ist nicht vorgeschrieben, von wem sie vorgenommen werden soll. Wenn wir sie aber der Generalversammlung zuweisen, so hängt dies wiederum mit der weitgreifenden Machtvollkommenheit der Stellung des Vorstandes zusammen. Die Gesamtheit der Mitglieder soll über die Personen entscheiden, welche sie an ihre Spitze gestellt wissen will, denen sie eine so große Gewalt einräumt, deren unfähiger oder gewissenloser Gebrauch die schwersten Folgen für die Genossenschaft wie für jedes einzelne Mitglied herbeiführen kann. Die Wahl ausschließlich dem Aufsichtsrate überlassen, hieße einerseits die Vorstandsmitglieder in eine bedenkliche Abhängigkeit vom Aufsichtsrate versetzen und andererseits diesen, wenn bei der Wahl irgend ein Mißgriff hervorträte, in eine schwierige Stellung der Genossenschaft gegenüber bringen. Die Wahl selbst muß der Generalversammlung überlassen bleiben. Freilich kann dies nicht durch beliebig von jedem Mitgliede bei der Wahlhandlung selbst ausgehende Aufstellung von Kandidaten bewirkt werden. Einerseits würde man dadurch einer unleidlichen Zersplitterung der Stimmen und Agitationen zugunsten Unfähiger bei guter Besoldung der Stellen ausgesetzt, andererseits bedingt aber auch jede Wahl, daß ihr eine Verständigung mit dem Kandidaten vorausgeht, ob und unter welchen Bedingungen dieser die fragliche Stellung anzunehmen bereit ist — und wem können diese Verhandlungen anders obliegen, als dem Aufsichtsrate? — Demnach bleibt als richtiges Auskunftsmittel, um allen Forderungen gerecht zu werden, nur der im Musterstatut (§ 4) eingeschlagene und von den meisten Genossenschaften bereits erprobte Weg übrig. Man überläßt nämlich dem Aufsichtsrate, vorschlagsweise die zu wählenden Personen zu benennen. Der Aufsichtsrat ist auch zweifellos besser als die Generalversammlung in der Lage, die Fähigkeiten der in Betracht kommenden Kandidaten in technischer Beziehung zu beurteilen. Dabei hat dann aber der Aufsichtsrat nur einen Kandidaten vorzuschlagen, da bei dem Vorschlag mehrerer zur Auswahl wieder zum Teil die eben geschilderten Gefahren entstehen. Die Generalversammlung hat nur über den vorgeschlagenen Kandidaten abzustimmen, wobei die Abstimmung in der Regel mit „ja" oder „nein" erfolgen wird, jedenfalls die Stimmen, welche auf andere Personen fallen, ungültig sind. Lehnt die Generalversammlung den Kandidaten ab, so wird die Angelegenheit als vertagt zu betrachten sein, der Aufsichtsrat aber hat sich schlüssig zu machen, ob er der Generalversammlung dieselbe Person nochmals in Vorschlag bringt oder den bei den Verhandlungen über die Wahl geäußerten Wünschen der Mitglieder nachkommen kann. Findet der Aufsichtsrat, daß sein Vorschlag ohne triftige Gründe abgelehnt ist, oder daß Zufälligkeiten einen bestimmenden Einfluß ausübten, so wird er den Vorschlag in der nächsten Generalversammlung erneuern. Erfolgt wiederum die Ablehnung, so werden sorgfältige Erwägungen das weitere Verhalten des Aufsichtsrates bestimmen. — Regeln lassen sich für solche Fälle nicht geben.

Daß übrigens von den Mitgliedern des Vorstandes jedes in einem besonderen Wahlakte zu der ihm im Vorstande übertragenen Stellung, z. B. als Vorsitzender oder Direktor, Kassierer usw., gewählt werden muß, ergibt sich von selbst.

Festzusetzen ist die Amtsdauer, die Zeit, für welche die Wahl gelten soll. Da ein öfterer Wechsel in den Stellungen den Interessen der Genossenschaften nicht förderlich ist, so kommen hier meist Fristen von drei Jahren und länger vor, nach deren Ablauf die Wiederwahl zugelassen wird. In dem Statut ist nur die längste Wahlzeit zu bestimmen. Alsdann ist es bei jeder Neuwahl möglich, die Wahlzeit so zu ordnen, daß die Wahlperiode nicht gleichzeitig mit der eines anderen Vorstandsmitgliedes abläuft, denn das gleichzeitige Ausscheiden aller oder mehrerer Vorstandsmitglieder muß nach Möglichkeit vermieden werden, damit ein Personenwechsel im Vorstande ohne Störung des Geschäftsbetriebes vor sich geht.

Die Wahlen selbst sind stets so vorzunehmen, daß sie vor bezw. bei Ablauf der Wahlperiode stattfinden, da anderenfalls die Geschäfte von Personen geführt werden könnten, die rechtlich dazu nicht mehr befugt sind. Dies läßt sich dadurch erreichen, daß man die Wahlperiode mit dem Geschäftsjahr zusammenfallen läßt und die Wahlen in der letzten Generalversammlung vor Ablauf des Geschäftsjahres vornimmt, oder daß man die Wahlen in der ersten Generalversammlung des Geschäftsjahres vornimmt, die Wahlperiode aber von dieser Generalversammlung bis zu der entsprechenden Generalversammlung des letzten Jahres der Wahlzeit laufen läßt. Diese letztere Wahlbestimmung hat den Vorzug, daß kein Streit darüber entsteht, ob durch das alte oder das neue Vorstandsmitglied die Bilanz aufzustellen und der Generalversammlung vorzulegen ist.

Für Kreditgenossenschaften mit berufsmäßigen Vorstandsmitgliedern ist die Anstellung auf Kündigung vorzuziehen, die die Vorstandsmitglieder unabhängiger von zufälligen Agitationen in der Generalversammlung macht. Die Kündigung ist dann eine gegenseitige. Für die Genossenschaft wird dieselbe durch den Aufsichtsrat ausgeübt, doch muß gegen die Kündigung entweder dem Vorstandsmitgliede Berufung an die Generalversammlung gewährt werden, oder man läßt die Kündigung allgemein auf Antrag des Aufsichtsrates durch die Generalversammlung beschließen. Würde man die Kündigung allein in das

Ermessen des Aufsichtsrates stellen, so würde dadurch natürlich die Stellung des Vorstandes dem Aufsichtsrate gegenüber nachteilig beeinflußt werden.

Die Zahl und Zusammensetzung des Vorstandes stellt das Gesetz mit der Maßgabe in das Belieben jeder Genossenschaft, daß der Vorstand nicht aus weniger als zwei Mitgliedern bestehen darf (§ 24 d. Ges.); diese Einschränkung ergibt sich aus der Bestimmung in § 25 d. Ges. (S. 135), daß im Statut weniger als zwei Vorstandsmitglieder zur Zeichnung für die Genossenschaft nicht bestimmt werden dürfen. Dennoch ist die Zahl der Vorstandsmitglieder im Musterstatut (§ 4) auf drei festgesetzt, und wird man nicht wohl unter dieselbe heruntergehen können. Denn wo überhaupt nur zwei Vorstandsmitglieder vorhanden sind, wird bei jeder augenblicklichen Verhinderung eines von ihnen, wie sie so leicht vorkommen kann, die Doppelzeichnung unmöglich, das ganze Geschäft gerät ins Stocken und man muß, vielleicht für wenige Tage, eine mit Weitläufigkeiten und Kosten verbundene förmliche Stellvertretung einleiten. Dem ist durch die Wahl von drei Vorstandsmitgliedern möglichst vorgebeugt, von denen zwei als die Mehrheit ausreichen, die Genossenschaft zu vertreten, so daß die augenblickliche Behinderung eines einzigen den Geschäftsgang nicht unterbricht. Auch wegen der erforderlich werdenden Abstimmungen und Beurlaubungen von Vorstandsmitgliedern verdient die Dreizahl den Vorzug.

Diese Dreizahl, in welcher obenein eine Unterverteilung der Hauptfunktionen eines Bankgeschäfts, als: Disposition nebst Korrespondenz, Kassenverwaltung und Buchführung, durch einen Vorsitzenden oder Direktor recht eigentlich angezeigt ist, zu übersteigen, können wir aber selbst größeren Genossenschaften durchaus nicht anraten. Einmal wird die Verwaltung dadurch außerordentlich schwerfällig. Wenn beispielsweise fünf Vorstandsmitglieder fungieren, so würde die Zeichnung und somit die Übereinstimmung von mindestens dreien, als der Mehrheit, zur Ausführung jeder Verwaltungsmaßregel erforderlich sein, da man alsdann doch nicht zweien gestatten kann, als der Minderheit, ohne oder gegen den Willen der anderen Rechtshandlungen vorzunehmen und die Genossenschaft dadurch zu verpflichten. Sodann spricht aber auch noch ein anderer Umstand gegen die Vermehrung der angegebenen Zahl: die Notwendigkeit der Besoldung sämtlicher Vorstandsmitglieder (S. 144). Bei so strengen Anforderungen an die Geschäftsführung, wie sie unerläßlich sind, kann man die Geschäfte nicht

Personen anvertrauen, welche dieselben unentgeltlich führen. Diese erweisen der Genossenschaft durch solche unbezahlte Arbeit eine Gunst; sie wenden Zeit und Kraft in den Vereinsgeschäften aus sogenanntem guten Willen auf, stehen der Genossenschaft als Wohltäter gegenüber, und es ist überaus mißlich, ihnen eine strenge Geschäftsordnung vorzuschreiben, sie mit Nachdruck zur Erfüllung ihrer Pflichten anzuhalten, und für Fehler und Versäumnisse verantwortlich zu machen! — Aus dieser Rücksicht wird die angemessene Besoldung aller Vorstandsmitglieder zum mindesten zweckmäßig erscheinen. Selbstredend braucht die Entschädigung nicht hoch zu sein, sie kann sich in ganz bescheidenen Grenzen halten (vgl. S. 144). Wo aber bei Genossenschaften von bedeutenderem Umsatz das Geschäft mehr Kräfte erfordert, oder wo gewisse zur Vertretung der Genossenschaft besonders geeignete Persönlichkeiten der Verwaltung nicht ihre ganze Kraft widmen können, da stelle man lieber, anstatt die Zahl der Vorstandsmitglieder zu vermehren, zu deren Unterstützung Beamte für gewisse Geschäfte an.

Bei großen Genossenschaften mit zahlreichen Angestellten sucht man sogar zuweilen mit zwei Vorstandsmitgliedern (Direktoren) auszukommen, man behilft sich damit, daß man im voraus Stellvertreter wählt, die in Behinderungsfällen einzutreten haben. Zu einem solchen Verfahren kann nur unter ganz besonderen Verhältnissen geraten werden, wie sogleich (S. 136) näher zu begründen sein wird.

In welcher Weise die Vorstände die Anmeldung ihrer Wahl beim Registergericht, unter Überreichung einer Abschrift des Wahlprotokolls und zugleich ihre Zeichnung zu bewirken haben, ist im 3. Kap. unter II behandelt. Nur Neuwahlen sind zur Eintragung in das Genossenschaftsregister anzumelden; die Veröffentlichung erfolgt nach § 28 d. Ges.

In betreff der Zeichnung des Vorstandes und Stellvertretung ist einiges besonders hervorzuheben.

Die Zeichnung durch die Vorstandsmitglieder, als die die Genossenschaft rechtlich verpflichtende Handlung, muß bei allen Geschäften in einer und derselben Art geschehen. Die Vertretung der Genossenschaft und demgemäß die Zeichnung durch den Vorstand geschieht nach § 25 d. Ges. in der durch das Statut bestimmten Weise und muß, wenn es an einer solchen Bestimmung fehlt, durch sämtliche Vorstandsmitglieder erfolgen. Weniger als zwei Vorstandsmitglieder dürfen nach dem Gesetz hierfür nicht bestimmt werden. Von dieser Vorschrift kann im Statut auch nicht bei einer Gattung von Geschäften wieder abgegangen, und, z. B. etwa bei Annahme von Spareinlagen nur eine Unterschrift, die des Kassierers, bei anderen dagegen, wie etwa bei Zeichnung von Schuldscheinen über aufgenommene Anlehen, die der sämtlichen drei Vorstandsmitglieder gefordert werden. Über die Vollmachtserteilung vgl. S. 159 ff.

Unzulässig ist nach dem Gesetz die Beschränkung eines Vorstandsmitgliedes auf die Zeichnung gewisser Rechtshandlungen oder gar der Ausschluß eines Vorstandsmitgliedes von der Zeichnung, denn „gegen dritte Personen hat eine Beschränkung der Befugnis des Vorstandes, die Genossenschaft zu vertreten, keine rechtliche Wirkung" (§ 27 d. Ges.).

Die Doppelzeichnung erlangt ihre wirkliche Bedeutung jedoch erst dann, wenn die Vorstandsmitglieder die Zeichnung unter gegenseitiger Kontrolle abgeben, d. h. in den Geschäftsstunden, worauf wir sogleich zu sprechen kommen.

Daß das Vorstehende nur von der Zeichnung durch die Vorstandsmitglieder gilt, nicht auch von der Zeichnung der nach § 42 d. Ges. bestellten Bevollmächtigten und Beamten, bemerken wir hier ausdrücklich. Vielmehr sind die Bestimmungen, die bei Anstellung solcher Bevollmächtigten gelten, im letzten Abschnitte dieses Kapitels besprochen.

Vorsorge zu treffen ist im Statut für die Vertretung im Falle dauernder oder längerer Behinderung oder Amtsenthebung von Vorstandsmitgliedern (vgl. § 40 d. Ges.). Die Stellung der Stellvertreter von Vorstandsmitgliedern, die im voraus bestellt werden, ist nun klarzustellen. Wir haben eines solchen Falles S. 135 gedacht.

Diese Stellvertreter müssen als Vorstandsmitglieder zur Eintragung in das Genossenschaftsregister angemeldet werden und die Eintragung hat ohne Beschränkung ihrer Vertretungsbefugnis zu erfolgen. Die „Stellvertreter" sind also nach dem Gesetz vollberechtigte und vollverpflichtete Vorstandsmitglieder. Nach § 27 d. Ges. gilt die Wirkungslosigkeit einer Beschränkung der Befugnis des Vorstandes, die Genossenschaft zu vertreten, insbesondere für den Fall, daß die Vertretung „nur unter gewissen Umständen oder für eine gewisse Zeit stattfinden soll". So sind denn zwar solche Stellvertreter jederzeit befugt, als Vorstandsmitglieder aufzutreten, dem entsprechend tragen sie aber auch die Verantwortung für die dem Gesamtvorstande nach dem Gesetz obliegenden Pflichten, sie hätten z. B. die Bilanz mit zu unterzeichnen, bei allen Anmeldungen zum Genossenschaftsregister mitzuwirken; dies scheint aber wenig zu ihrer Stellung als Stellvertreter zu passen, nach der sie in der Regel sich garnicht um den Geschäftsgang zu bekümmern haben und zu den Geschäften nicht zugelassen werden, es sei denn, daß sie ein Vorstandsmitglied zu vertreten haben. Es ist daher geratener, wie das Musterstatut dies tut (§ 12), die Anordnung dem Aufsichtsrate zu überlassen.

Wie S. 131 ausgeführt ist, ist die Vertretungsbefugnis des Vorstandes eine unbeschränkte und unbeschränkbare, sie erstreckt sich auch auf solche Rechtshandlungen, die sonst eine Spezialvollmacht erfordern, es genügt zu seiner Legitimation die Bescheinigung des Registergerichts über die stattgehabte Eintragung seiner Mitglieder (§ 26 d. Ges.); dies gilt auch für die Stellvertreter.

Daß die Geschäftsführung bei einer Mehrzahl von Vorstandsmitgliedern eine kollegialische sein muß, ist natürlich. Zu diesem Zwecke müssen regelmäßige Sitzungen derselben, nach Zeit und Ort ein für allemal bestimmt, unter Leitung des Vorsitzenden stattfinden, in denen die laufenden Geschäfte nach Stimmenmehrheit (bei zwei Vorstandsmitgliedern Stimmeneinheit) erledigt werden, nur bei Berufung einer außerordentlichen Sitzung ist die Bekanntmachung der Gegenstände mit der Einladung zu verbinden, für die regelmäßigen Sitzungen ist dies nicht erforderlich. Die Obliegenheiten des Vorstandes im einzelnen sind durch eine von Vorstand und Aufsichtsrat aufzustellende, von der Generalversammlung zu genehmigende Geschäftsanweisung zu ordnen (Formular 11). Auf diese Geschäftsanweisung muß der größte Wert gelegt werden, besonders für kleine und mittlere Genossenschaften, für die sie so recht geeignet ist, die Vorstandsmitglieder mit ihren Obliegenheiten vertraut zu machen und an eine geordnete Verwaltung zu gewöhnen. Daß derartige ausdrückliche Vorschriften allermindestens über die Aufbewahrung der Kassenbestände an Geld, Wertpapieren und Wertsachen (Pfändern), sowie Dokumenten aller Art, möglichst unter Einrichtung doppelten Verschlusses, in allen Genossenschaften ohne Ausnahme ganz unumgänglich notwendig sind, bedarf keiner Ausführung.

Als wichtige Frage, besonders bei Festhaltung der Doppelzeichnung, tritt die Innehaltung bestimmter Geschäftsstunden auf, innerhalb deren die Vorstandsmitglieder im Vereinslokal anwesend sind, um die vorkommenden Geschäfte mit den Kunden zu erledigen, besonders Zahlungen zu leisten oder anzunehmen, die nötigen Buchungen darüber zu machen usw. In der Tat wird man bei Genossenschaften von bedeutenderem Verkehr nicht wohl hiervon abgehen können. Ja selbst da, wo der Geschäftsumfang nicht der Art ist, ist es doch nötig, daß mindestens zwei Vorstandsmitglieder stetig anwesend sind. Ein anderes öfters bei Genossenschaften von geringem Umfange, besonders in den ersten Anfängen, zugelassenes Verfahren bleibt immer bedenklich. Danach können die Kunden von dem allein anwesenden Kassierer, um z. B. bei Quittungen, Spareinlagen u. dgl. die zweite Unterschrift zu erhalten, entweder einem der anderen Vorstandsmitglieder zugesandt werden, oder die Dokumente werden bis zu dessen Erscheinen im Kassenlokal zurückgelassen, was unter Umständen bei nicht sehr strenger Kontrolle leicht zu Unordnungen, ja zu Hinterziehungen Anlaß geben kann. Dies Geschäftsverfahren führt sehr bald dazu, daß das ganze Geschäft in den Händen des Kassierers liegt und sich die Mitglieder schließlich mit der einen Unterschrift des Kassierers begnügen. Eine wirkliche gegenseitige Kontrolle der beiden Vorstandsmitglieder ist nur dann denkbar, wenn sie sich durch eigene Wahrnehmung von allem und jedem zu überzeugen vermögen. Wo nun der Kassierer allein im Geschäftslokal die Geschäfte ausführt, in die Bücher einträgt und die zweite Unterschrift der anderen Vorstandsmitglieder nur einholen läßt, da ist die Kontrolle eine tatsächlich sehr geringe, weil sich das andere Vorstandsmitglied, wenn es später in das Geschäftslokal kommt, um die Kontrollbuchungen vorzunehmen, auf die Eintragungen des Kassierers verlassen muß und tatsächlich nur diese abschreibt.

Ist der Umfang des Geschäfts gering, so läßt sich die regelmäßige Anwesenheit zweier Vorstandsmitglieder dadurch erreichen, daß die Geschäftsstunden beschränkt werden, auf einige Stunden am Tage oder sogar nur auf einige Stunden an einigen Tagen; das reicht für den Anfang vollständig aus und die Erfahrung hat ergeben, wie die Mitglieder sich sehr bald an die Einhaltung der Geschäftsstunden gewöhnen. Es sollte unter keinen Umständen geduldet werden, daß der Kassierer jederzeit den Mitgliedern zur Verfügung steht, denn dann hört jede wirksame Kontrolle auf und das Geschäft wird allein vom Kassierer geführt.

Die Genossenschaften, die keine regelmäßigen Geschäftsstunden glauben einführen zu können, haben nun die verschiedenartigsten Kontrollmaßregeln eingeführt. So muß bei einer Genossenschaft jeder Geldempfänger oder Spareinleger zum Kontrolleur, der über die einzunehmenden oder auszugebenden Beträge genau Buch führt und die Eintragungen in die Sparbücher macht, die Schuldscheine ausstellt oder schriftliche Anweisung zur Auszahlung gibt. Der Kassierer nimmt nur Geld, nachdem er sich vergewissert hat, daß der Kontrolleur seine Notizen gemacht hat, und zahlt nur auf Anweisung des Kontrolleurs. Dadurch sind die Mitglieder und Gläubiger der Genossenschaft daran gewöhnt, bei allen Einlagen zwei Unterschriften zu erhalten und eine Abweichung von dieser Gewohnheit würde auffallen. Der Kontrolleur vergleicht wöchentlich die Einnahmen und Ausgaben des Kassierers mit seinen Büchern. Zu vervollständigen wäre diese Einrichtung noch dadurch, daß in Verhinderung des Kontrolleurs der Direktor dessen Amt ausüben müßte.

Bei anderen Genossenschaften besteht bezüglich der Vorschüsse folgende ähnliche Einrichtung. Es muß jede Anweisung zur Geldauszahlung von mindestens zwei Vorstandsmitgliedern außer dem Kassierer unterschrieben sein, sonst zahlt der Kassierer nicht aus. Bei den Spareinlagen ist die Kontrolle dann von selbst gegeben, wenn jedes Mitglied sich bei der Aufnahme zu einer bestimmten wöchentlichen Einlage — von 10 Pf. an — verpflichtet; diese Einlagen werden durch Boten abgeholt, und der gesamte Vorstand hat eine genaue Übersicht über die Einnahmen, welche der Kassierer gemacht hat. Dies ist aber auch nur dadurch möglich, daß die Buchführung von der Kassenführung vollständig getrennt durch verschiedene Vorstandsmitglieder besorgt wird.*)

Besondere Maßregeln sind auch zur Verhinderung von Veruntreuungen für den G e l d v e r m i t t e l u n g s v e r k e h r m i t d e r P o s t anzuwenden und es empfiehlt sich das bei den preußischen Steuerkassen vorgeschriebene Verfahren.**) Die von der Post zunächst allein

---

*) Vgl. Bl. f. G. Jahrg. 1901 S. 459.

**) Die größte Sicherheit gewährt die Einrichtung der Post, für Genossenschaften, welche Girokonto bei der Reichsbank haben, die eingehenden Zahlungen nicht direkt an die Genossenschaft zu leisten, sondern auf Girokonto bei der Reichsbank einzuzahlen. Natürlich ist dies Verfahren nur an Bankplätzen möglich. Vgl. Bl. f. G. Jahrg. 1902 S. 253. Folgendes sind die Hauptpunkte aus den „Allgemeinen Bedingungen für die Teilnahme an dem Verfahren der Begleichung einzuzahlender und auszuzahlender Postanweisungsbeträge im Wege der Giroübertragung":

Ist die R e i c h s b a n k a n s t a l t als Einlieferungsstelle bestimmt, so werden die Giropostanweisungen in einem Verzeichnis aufgeführt, zu welchem die Postanstalt die Formulare liefert. Diese Anweisungen nebst Verzeichnis werden im verschlossenen Briefumschlag (Postanweisungspäckchen) der Reichsbankanstalt übergeben, und ein roter Scheck, auf den Gesamtbetrag lautend, gleichzeitig abgeliefert. Die Behandlung bei der Reichsbankanstalt betrifft die Belastung des Girokontos des Teilnehmers unter Gutschrift auf das Girokonto der Postanstalt. Die Post besorgt das Weitere,

ausgehändigten Postanweisungen sind in ein Eingangsbuch zu vermerken, welches bei Abholung der Beträge bei der Postanstalt vorzulegen ist, die die richtige Eintragung der Postanweisungen prüft und die Richtigkeit bescheinigt. Die Auszahlung durch die Post erfolgt gegen Vorlage des Eingangsbuches. Für ein solches Buch ist folgendes Formular empfohlen:

Laufende Nummer.	Eingangsdatum.	Bezeichnung des Absenders.	Post-Aufgabeort.	Nummer des Postbuchs.	Bezeichnung der Sendung.	Kurze Inhaltsangabe.	Empfangsbescheinigung.	Empfangsdatum.	Bemerkungen.

---

insbesondere die Abholung des Päckchens, Öffnung desselben, Prüfung der einzelnen Anweisungen, Absendung derselben und Rückgabe des mit Quittungsvermerk versehenen Verzeichnisses an den Teilnehmer.

Ist das **Postamt** als Einlieferungsstelle bestimmt, werden die Postanweisungen in gewöhnlicher Weise auf Grund eines Quittungsbuches oder Verzeichnisses offen mit dem roten Scheck abgegeben und nach Richtigbefund darüber Zug um Zug wie üblich und zwar mit dem Zusatz „durch Scheck" von der Annahmestelle quittiert. Die Absendung der Postanweisungen erfolgt, sobald der Betrag von der Reichsbankanstalt dem Postamt gutgeschrieben ist. An Orten mit mehreren Postanstalten wird ein Giropostamt bestimmt, mit welchem die übrigen Postanstalten den Postgiroverkehr zu vermitteln haben, wenn im Bedürfnisfalle nachgelassen ist, daß die Teilnehmer auch bei den anderen Ortspostanstalten einliefern können.

An der Begleichung **auszuzahlender**, also für die Teilnehmer bestimmten Postanweisungsbeträge im Postgiroverkehr dürfen außer den Girokunden der Reichsbank auch Personen oder Firmen teilnehmen, welche kein Reichsbank-Girokonto führen. In solchen Fällen werden die Beträge dem Girokonto einer anderen Person oder Firma unter Zustimmung der letzteren gutgeschrieben. Auch auswärts wohnende Personen können sich an diesem Verfahren beteiligen, falls sie bei der Reichsbankanstalt am Orte ein Girokonto unterhalten.

Die Abwicklung zwischen der Postanstalt und dem Empfänger vollzieht sich derart, daß die Postanweisungen an den Empfänger im verschlossenen Postanweisungspäckchen gegen Erhebung des tarifmäßigen Bestellgeldes von 5 Pfennigen für jede Postanweisung gelangen. Dagegen hat der Empfänger die Richtigkeit der Stückzahl und den ausmachenden Geldbetrag zu prüfen, die Abschnitte von den Anweisungen zu trennen und auf dem Umschlag den Vermerk: „Anerkannt .... Mk. .. Pf." auszufüllen und unterschriftlich zu vollziehen. Es fällt also die Quittungsleistung auf der einzelnen Postanweisung weg und nur die vorerwähnte Quittung über den Gesamtbetrag ist zu bewirken. Die so behandelten Anweisungen sind im offenen Umschlag an den Briefträger zurückzugeben. Werktäglich einmal wird bei der Reichsbankanstalt die Übertragung der Gesamtsumme von dem Girokonto der Postanstalt auf dasjenige des Teilnehmers veranlaßt, so daß noch an demselben Tage über den gutgeschriebenen Betrag verfügt werden kann.

Die schriftliche Aufzeichnung der Vorstandsbeschlüsse mit Datum und Unterschrift der dabei Beteiligten, die am zweckmäßigsten chronologisch in einem dazu bestimmten Buche erfolgt, ist zum Zwecke der einzuholenden Genehmigung des Aufsichtsrates oder der Generalversammlung notwendig (Formular 7). Sie erscheint aber überhaupt, wegen Feststellung der Verantwortlichkeit für die bei Fassung der Beschlüsse Beteiligten, erforderlich, da es dem oder den in der Minderheit Gebliebenen gestattet sein muß, einen Protest niederschreiben zu lassen, um sich gegen eine etwa dabei in Frage kommende Vertretung zu schützen.

Mit dieser Verantwortlichkeit des Vorstandes treten wir an eine Hauptbedingung der ganzen ihm angewiesenen Stellung heran, der die Genossenschaften die ernsteste Beachtung zu widmen haben. Dieselbe ist im Genossenschaftsgesetz geordnet.

Es kommen zunächst die umfangreichen Strafbestimmungen der §§ 146ff. d. Ges. in Betracht. Die Mitglieder des Vorstandes machen sich strafbar, wenn sie absichtlich zum Nachteile der Genossenschaft handeln (§ 146); in den von ihnen dem Gericht zu machenden Anmeldungen, Anzeigen und Versicherungen wissentlich falsche Angaben machen (§ 147); in ihren Darstellungen, ihren Übersichten über den Vermögensstand der Genossenschaft, über die Mitglieder und die Haftsummen, oder in den in der Generalversammlung gehaltenen Vorträgen den Stand der Verhältnisse der Genossenschaft wissentlich unwahr darstellen (§ 147); entgegen den Vorschriften in §§ 99, 118, 140 den Antrag auf Eröffnung des Konkursverfahrens zu stellen unterlassen (§ 148).

Besondere Beachtung verdient auch die Strafandrohung im § 149, nach der die Vorstandsmitglieder bestraft werden: „wenn ihre Handlungen auf andere als die im § 1 erwähnten geschäftlichen Zwecke gerichtet sind, oder wenn sie in der Generalversammlung die Erörterung von Anträgen gestatten oder nicht hindern, welche auf öffentliche Angelegenheiten gerichtet sind, deren Erörterung unter die Gesetze über das Versammlungs- und Vereinsrecht fällt."

Von besonderer Bedeutung für die Verantwortlichkeit des Vorstandes ist die Aufstellung der Bilanz und die Sorge für eine gehörige Buchführung, da die erstere die Probe, die letztere eine der unerläßlichen Vorbedingungen jeder geordneten Geschäftsführung ist. Auch ohne die spezielle Verweisung des § 33 d. Ges. darauf würden diese Verpflichtungen den Vorstand nach dem Handelsgesetzbuch treffen, an das die Genossenschaften als Kaufleute im allgemeinen durch § 17 d. Ges. verwiesen sind. Aus diesem Grunde haben sie auch den Bestimmungen dieses Gesetzbuchs über die berührten Punkte zu genügen. Das zu beobachtende Verfahren, bei welchem neben den Bücherabschlüssen, ganz besonders die Inventur in Betracht kommt, findet sich, unter Berücksichtigung der eingreifenden Tätigkeit des Aufsichtsrates, in dem Kapitel über das Rechnungswesen besonders behandelt.

Von wesentlicher Bedeutung für die Verantwortlichkeit der Vorstände sind sodann die §§ 27 u. 34 d. Ges., die gewissermaßen der Machtvollkommenheit derselben, durch ihre Handlungen die Genossenschaft Dritten gegenüber unbedingt zu verpflichten, als Gegengewicht dienen. Danach ist der Vorstand der Genossenschaft gegenüber zur Beobachtung aller durch Statut und Generalversammlungs-Beschlüsse gezogenen Beschränkungen bei eigener Verantwortlichkeit verpflichtet; und Mitglieder desselben, welche die im Statut und die in den Beschlüssen der Generalversammlung festgesetzten Grenzen ihrer Befugnisse überschreiten, haften persönlich und solidarisch für den dadurch entstandenen Schaden. Daß dies ebenfalls bei einem Zuwiderhandeln der Vorstandsmitglieder gegen die ihnen erteilten Geschäftsanweisungen (oben S. 137) und mit ihnen abgeschlossenen Verträge eintritt, ist selbstverständlich.

Über die von den Vorstandsmitgliedern bei der Ausführung ihrer Obliegenheiten wahrzunehmende Sorgfalt herrschte unter der Geltung des Gesetzes von 1868 Streit. Das Gesetz von 1889 hat alle Zweifel beseitigt, indem es im § 34 bestimmt:

„Die Mitglieder des Vorstandes haben die Sorgfalt eines ordentlichen Geschäftsmannes anzuwenden.

Mitglieder, welche ihre Obliegenheiten verletzen, haften der Genossenschaft persönlich und solidarisch für den dadurch entstandenen Schaden.“*)

Mit der Verantwortlichkeit stehen die Verordnungen des Gesetzes in betreff der Entlassung und Enthebung des Vorstandes

*) Bei Auszahlung von Gewinn oder Geschäftsguthaben entgegen den Vorschriften im § 19 und § 22 d. Ges. sind die Vorstandsmitglieder zum Ersatz der Zahlung an die Genossenschaft verpflichtet, ohne daß ein Schadensnachweis erbracht zu werden braucht (§ 34 Abs. 3 d. Ges.).

Die Ersatzansprüche gegen die Vorstandsmitglieder verjähren in 5 Jahren (§ 34 Abs. 4 d. Ges.).

(§§ 24, 40 d. Ges.) im Zusammenhange. Um sich vor den Folgen pflichtwidrigen Verhaltens des Vorstandes zu schützen, hat man nicht bloß an den Ersatz von bereits verursachten, sondern eben so sehr an die Abwendung von Schäden zu denken, die der Genossenschaft vielleicht in nächster Zukunft drohen. Sobald man daher von der Unfähigkeit, Gewissenlosigkeit oder Nachlässigkeit der Vorstandsmitglieder hinreichende Beweise hat, muß deren sofortige Entlassung erfolgen, indem das Gesetz ihre Stellung als zu jeder Zeit widerruflich bestimmt (§ 24 d. Ges.). Da aber die Entscheidung darüber nur von der Generalversammlung ausgehen kann, deren Einberufung nicht immer in so kurzer Frist möglich ist, als es vielleicht dringende Umstände erheischen, ist dem Aufsichtsrat im Gesetz (§ 38) die Befugnis beigelegt: Vorstandsmitglieder vorläufig, bis zur Entscheidung der ohne Verzug zu berufenden Generalversammlung von ihren Geschäften zu entheben und wegen einstweiliger Fortführung der Geschäfte das Erforderliche zu veranlassen. Wieder hat, wie wir sehen, die Rücksicht auf die strenge Haftbarkeit der Mitglieder den Gesetzgeber bewogen, den Genossenschaften ein Mittel zu ihrer Sicherung in die Hände zu geben, wie es in dem Umfange bei keiner Art der Handelsgesellschaften vorkommt.

Den Schluß der sämtlichen vorstehend erörterten Sicherungsmaßregeln bildet die Kautionsbestellung, die man freilich vielleicht nicht überall von sämtlichen Vorstandsmitgliedern wird erlangen können, die aber, vom Kassierer, dem Vorstandsmitgliede, durch dessen Hände in erster Linie die Einnahmen und Ausgaben des Vereinsgeschäfts gehen, gefordert werden sollte, auch wenn er bloß Beamter ist. Doch verhehlen wir uns nicht, daß die Kautionsbestellung in der Regel den Wert nicht hat, der ihr vielfach beigemessen wird, und es dürfte hier hervorgehoben werden, daß sowohl Staat wie Kommune vielfach von der Verpflichtung zur Kautionsbestellung heute absehen. Ob die Kaution in Hypotheken, Wertpapieren oder barem Gelde, welches dann zinsbar außerhalb des Vereinsgeschäfts unterzubringen ist, bestellt werden soll, richtet sich nach den in jedem Falle gegebenen Verhältnissen, indem man nur auf die Sicherheit und jederzeitige Einziehbarkeit der Kaution zu sehen hat. Wird eine Kaution von den Vorstandsmitgliedern gestellt, so sollte dieselbe dem Aufsichtsrat zur Aufbewahrung übergeben werden, der sie unter besonderen Verschluß zu nehmen hat. Fehlt es an einem solchen im Geschäftslokal der Genossenschaft, so wird man am besten die Kaution in die Verwahrung einer Bank geben, wobei Vorsorge zu treffen ist, daß der Vorstand nicht allein sich in den Besitz der Kaution setzen kann.

Neuerdings hat die Versicherung sich auch auf diesen Geschäftszweig ausgedehnt, und der Allgemeine deutsche Genossenschaftsverband hat mit einer Versicherungsgesellschaft einen Vertrag abgeschlossen, nach dem den Genossenschaften besondere Prämienermäßigungen bei Abschluß des Versicherungsvertrages mit dieser Gesellschaft bewilligt werden. Zweck der Versicherung ist, daß bis zu dem versicherten Betrage die Versicherungsgesellschaft die Genossenschaft bei Veruntreuungen des versicherten Beamten schadlos hält. Die Höhe der Kaution wird natürlich im Verhältnis zu den Kassenbeständen und der Größe des Umsatzes zu bemessen sein.

Von größter Wichtigkeit ist die richtige Besoldung der Vorstandsmitglieder; bereits oben (S. 134) ist die unbedingte Notwendigkeit der Besoldung als Grundsatz aufgestellt. In der ersten Zeit der Kreditgenossenschaften wurde den Vorständen meist ein Anteil von den eingehenden Zinsen und Provisionen der Kreditnehmer, also vom Brutto-Geschäftsertrage, überwiesen. Dafür sprach einmal, daß dadurch die Vergütung mit dem Geschäftsertrage und der Arbeitsleistung der Vorstandsmitglieder in ein Verhältnis gebracht wurde, und zugleich sich ein ungefährer Überschlag machen ließ, wie hoch man mit den Zins- und Provisionssätzen zu gehen habe, um die Unkosten zu decken und von dem Überschusse eine angemessene Dividende und Reserve zu erhalten. Konnte man so während der kleinen überaus einfachen Verhältnisse der Genossenschaften ganz zweckmäßig verfahren, so änderte sich dies mit der Entwicklung des genossenschaftlichen Kreditwesens, als die Vorschußvereine mehr und mehr zu wirklichen Volksbanken wurden. Sobald die Geschäftsführung eine fachmäßige Bildung der Vorstandsmitglieder erfordert und deren Zeit und Kraft erheblich in Anspruch zu nehmen beginnt, tritt die Notwendigkeit, ihnen eine gesicherte auskömmliche Stellung zu gewähren, unabweisbar hervor. Die Gewährung eines festen Gehalts wird notwendig und neben demselben kann nur eine verhältnismäßig geringe Tantieme vom Reingewinn des Geschäfts als Nebenbezug in Betracht kommen. Dieser Tantieme darf nicht in der Erwägung, daß das persönliche Interesse der Vorstandsmitglieder mit dem Aufschwunge und den guten Resultaten des von ihnen geleiteten Instituts zusammenfällt, ein Übergewicht eingeräumt werden, denn diese Verquickung der Genossenschaft mit den Privatinteressen der Vorstandsmitglieder bringt neben der angedeuteten noch eine andere Wirkung hervor, welche die unleugbar vorteilhafte Seite der ersteren in bedenklicher Weise kreuzt. Es ist dies die Versuchung, die an die Vorstandsmitglieder herantritt, die geschäftlichen Operationen zur Erzielung hoher Gewinne in Bereiche auszudehnen, welche die Kräfte der Genossenschaften übersteigen und diese nicht nur ihren eigentlichen Aufgaben entfremden, sondern zugleich die schwersten Gefahren für sie herbeiführen — vor denen wir bereits im 5. Kap. (S. 94) gewarnt haben. Natürlich muß sich diese Versuchung noch steigern, wenn die Ungerechtigkeit sich fühlbar macht, die eine solche Anweisung des Hauptteiles der Entlohnung auf den Geschäftsgewinn in sich schließt. Sobald nämlich bei allgemein schlechter Geschäftslage oder bei besonders ungünstigen Vorkommnissen, welche eine Genossenschaft auch ohne jede Schuld des Vorstandes treffen können, der regelmäßige Geschäftsertrag auf einen Mindestbetrag herabsinkt — werden da nicht die Vorstandsmitglieder, deren Tätigkeit solche Vorgänge vielleicht mehr wie je in Anspruch nahmen, geradezu dahin gedrängt, durch gewagte Einsätze, wenn nicht auf noch schlimmere Weise, einzubringen, was ihnen an Einnahmen verloren ging? Und nicht nur diese Gefahr besteht für die Genossenschaft, sondern für die Vorstandsmitglieder kann sich als Resultat ergeben, daß sie für ihre Mühewaltung überhaupt nichts erhalten.

Diese bedenkliche Folge des Tantiemesystems hat sich in der Praxis gezeigt, so daß auf den Antrag von Schulze-Delitzsch der Allgemeine Vereinstag in Bremen (1874) zu dem Beschluß gelangte: „den Vorschuß- und Kreditvereinen dringend zu empfehlen, sobald Charakter und Umfang der Vereinsgeschäfte zu bankmäßiger Entwicklung drängen, und Zeit und Kraft der bei der Verwaltung beteiligten Personen in einem Grade in Anspruch nehmen, welcher lohnende Nebenbeschäftigungen ausschließt, denselben ein auskömmliches, der Mühewaltung entsprechendes festes Gehalt zu gewähren, dagegen die Tantiemen von Gewinn oder Umsatz zu beschränken".

Wird hiernach das Fixum des Gehalts für jedes der Vorstandsmitglieder nach dem Umfang, der Wichtigkeit und Verantwortlichkeit der ihm übertragenen Obliegenheiten den lokalen Verhältnissen entsprechend festgesetzt, so mag alsdann eine Tantieme von einigen Prozenten des Reingewinns zur Verteilung unter sie immerhin als eine Extravergütung für die durch ihre Geschäftsleitung herbeigeführten günstigen Resultate bewilligt werden.

Im Genossenschaftsgesetz fehlen Bestimmungen über die Tantiemeberechnungen, wie sie das H.G.B. für Aktiengesellschaften enthält; für letztere bestimmt H.G.B. § 237: „Wird den Mitgliedern des Vorstandes ein Anteil am Jahresgewinn gewährt, so ist der Anteil von dem nach Vornahme sämtlicher Abschreibungen und Rücklagen verbleibenden Reingewinn zu berechnen," unter Rücklagen sind hierbei selbstverständlich auch die Überweisungen zum Reservefonds zu verstehen, es fallen dahin auch die bei guten Abschlüssen gemachten Rücklagen, auf die man in späteren weniger günstigen Jahren zurückgreifen will. Unbedingt muß den Kreditgenossenschaften empfohlen werden, bei der Tantiemeberechnung der Vorstandsmitglieder die gleichen Grundsätze anzuwenden.

Die sich immer noch findende Tantieme vom Bruttoertrage oder den Zinserträgnissen ist durchaus zu verwerfen, denn sie führt den Vorstand in die Versuchung, zur Erzielung einer höheren Tantieme den Zinsfuß höher zu bemessen, als es notwendig ist.

Die Ansprüche, die die Genossenschaften an die Vorstandsmitglieder stellen, wachsen von Jahr zu Jahr, und nicht bloß die Ansprüche steigern sich, auch die Verantwortung der Vorstandsmitglieder wird eine immer größere und so haben die Genossenschaften das lebhafteste Interesse daran, tüchtige Kräfte sich zu erhalten und im Falle eines Wechsels im Vorstand neue tüchtige Kräfte zu gewinnen. Nur höchst selten können die Genossenschaften den Vorstandsmitgliedern hohe Gehälter bieten; in der Regel gestatten die Erträge es nicht, über eine mäßige Grenze hinauszugehen. Die Genossenschaften können meist nicht ein Gehalt bewilligen, das den Vorstandsmitgliedern ermöglicht, für die Tage des Alters Kapitalien zurückzulegen oder über eine verhältnismäßig geringe Lebensversicherung hinaus für die Hinterbliebenen Sorge zu tragen. Es können aber die Genossenschaften den Vorstandsmitgliedern die Fürsorge für die Folgen von Alter und Invalidität erleichtern, sie können sich beteiligen an der Fürsorge für die Hinterbliebenen. Es sei an dieser Stelle gedacht der von den Genossenschaften des Allgemeinen Verbandes gebildeten Ruhegehaltskasse deutscher Erwerbs- und Wirtschaftsgenossenschaften und Witwen- und Waisen-Pensionskasse deutscher Erwerbs- und Wirtschaftsgenossenschaften.*)

Die Krankenversicherungsgesetzgebung kommt für die Vorstandsmitglieder der Genossenschaften nicht in Betracht, da die Vor-

*) Auskunft über diese Kassen erteilt der Anwalt des Allgemeinen deutschen Genossenschaftsverbandes.

standsmitglieder als gesetzliche Vertreter der Genossenschaft nicht zu den im Krankenversicherungsgesetz als krankenversicherungspflichtig aufgeführten Personen gehören.

Da die Vorstandsmitglieder die gesetzliche Vertretung der Genossenschaft bilden, würden sie auch der Alters- und Invalidenversicherung nicht unterliegen. Die Anwendung des Gesetzes hat jedoch zu einer anderen Praxis geführt, der zum erheblichen Teil freilich nicht die Willkür abzusprechen ist. So ist z. B. entschieden, daß der Direktor nicht versicherungspflichtig sei, weil er eine selbständige Stellung habe, dagegen hat man den Kassierer für versicherungspflichtig erklärt, wenn er weniger als 2000 Mk. Gehalt hat; zuweilen ist die Vermögenslage des Vorstandsmitgliedes in Betracht gezogen, zuweilen hat man sich auch darüber hinweggesetzt. So erklären die Entscheidungen des Reichsversicherungsamts vom 29. September 1898 und vom 13. Oktober 1900 (Bl. f. G. Jahrg. 1899 S. 99; 1901 S. 21) ein Vorstandsmitglied für versicherungspflichtig, während die Entscheidung vom 4. Oktober 1901 (Bl. f. G. Jahrg. 1902 S. 156) die Versicherungspflicht verneint.

In der Entscheidung des Reichsversicherungsamts vom 29. September 1898 heißt es: „Der Annahme eines versicherungspflichtigen Dienstverhältnisses zu der mit eigener Rechtspersönlichkeit ausgestatteten Genossenschaft steht auch nicht der Umstand entgegen, daß der Kläger selbst Genossenschafter ist... Ebensowenig zutreffend ist der Einwand, daß ein versicherungspflichtiges Arbeitsverhältnis deshalb nicht denkbar sei, weil die Vorstandsmitglieder zugleich die gesetzlichen Vertreter der handlungsunfähigen Genossenschaft seien, damit gewissermaßen die Stellung des Dienstherrn einnehmen und daher nicht zugleich Arbeitnehmer sein können. Eine gewisse Berechtigung könnte einem Gesichtspunkt vielleicht zugestanden werden, wenn das einzelne Vorstandsmitglied völlig selbständig und unabhängig für die Genossenschaft handelte. Dies ist jedoch nach den Bestimmungen des Gesetzes betreffend die Erwerbs- und Wirtschaftsgenossenschaften vom 1. Mai 1889 nicht einmal nach außen im vollen Umfange der Fall.*)

Eine Frage von großer Bedeutung ist die Beurlaubung der Vorstandsmitglieder, es sollte als Grundsatz gelten, daß jedes Vorstandsmitglied für eine gewisse Zeit im Laufe des Jahres auf Urlaub

*) Vgl. Bl. f. G. Jahrg. 1899 S. 99 (Kassierer), 1902 S. 156 (Direktor), 1903 S. 77 (Kontrolleur), ferner 1903 S. 472.

geht und zwar im eigenen Interesse der Genossenschaft, denn in der Beurlaubung der Vorstandsmitglieder liegt vielleicht die beste und zuverlässigste Kontrollmaßregel.

Daß die gesamten Verhältnisse in einem besonderen Dienstvertrage mit den Vorstandsmitgliedern gleich nach der Wahl festgestellt werden müssen, versteht sich von selbst. Wir geben deshalb im Formular 10 den Entwurf eines solchen Vertrages. Auch die Folgen der Enthebung der Vorstandsmitglieder vom Amte vor Ablauf der Wahlperiode würden zweckmäßigerweise in diesem Vertrage zu regeln sein. Freilich kann diese Enthebung nach § 24 d. Ges. jederzeit erfolgen, ohne daß den Vorstandsmitgliedern ein Widerspruch zustände. Indessen erfolgt sie doch nur „unbeschadet der Entschädigungsansprüche aus bestehenden Verträgen". Um nun den Vorständen schikanöse Ansprüche auf Fortgewährung ihres Gehalts nach der Enthebung, welche doch gewiß nicht ohne zwingende Gründe erfolgen wird, abzuschneiden, ist die in dem Entwurf enthaltene Sicherung wohl zu beachten.

Daß bei der Auswahl der zur Wahl in den Vorstand vorzuschlagenden Personen die allergrößte Vorsicht geboten ist, sollte kaum einer Betonung bedürfen (S. 131). Es soll nur darauf aufmerksam gemacht werden, daß man stets bestrebt sein muß, Personen ausfindig zu machen, die bereits einige kaufmännische Kenntnisse mitbringen und ferner, wo zu dem Geschäftsbetriebe der Genossenschaft landwirtschaftliche Bezirke gehören, da sollte, wenn irgend möglich, ein Landwirt in den Vorstand gewählt werden, um die Bedürfnisse der landwirtschaftlichen Bevölkerung kennen zu lernen und denselben den Geschäftsbetrieb anzupassen. Es hat sich dies stets als sehr günstig für die Heranziehung von Landwirten als Mitglieder gezeigt.

Das Gesetz überträgt dem Vorstande eine Anzahl Obliegenheiten: der Vorstand hat für die nach den §§ 14, 15, 16 Abs. 3, 28, 33 Abs. 2 (§ 139), 51 Abs. 4, 63 Abs. 2, 69, 76 Abs. 2, 77 Abs. 2, 78 Abs. 2, 79 Abs. 2, 84 Abs. 1, 133 Abs. 2, 143 Abs. 3, 157 Abs. 2 d. Ges. notwendigen Anmeldungen, Anzeigen an das Gericht und für die vorgeschriebenen Veröffentlichungen über die daselbst bezeichneten Gegenstände zu sorgen, auch die ihm in den §§ 8 Abs. 2, 30, 33 Abs. 2, 47, 48 Abs. 2, 51 Abs. 3, 61 Abs. 2, 63 Abs. 1 d. Ges. auferlegten Verpflichtungen zu erfüllen, widrigenfalls ihn die in dem Gesetz § 160 auf die Unterlassung gesetzten Strafen treffen.

Die nach den Bestimmungen in §§ 11, 14, 16, 28, 78, 79, 84, 85

Abs. 2, 133 d. Ges. vorgeschriebenen Anmeldungen zum Genossenschaftsregister müssen durch sämtliche Mitglieder des Vorstandes persönlich bewirkt oder in beglaubigter Form eingereicht werden. Bei den sonstigen Anzeigen, Einreichungen und Erklärungen zum Genossenschaftsregister oder zu der Liste der Genossen bedarf es weder der Mitwirkung sämtlicher Vorstandsmitglieder noch der beglaubigten Form, sie sind aber in der für die Willenserklärungen der Vorstandsmitglieder vorgeschriebenen Form zu erstatten*) (§ 157 d. Ges.).

Von den gesetzlichen Obliegenheiten des Vorstandes ist von besonderer Wichtigkeit die Veranlassung der Revision nach Maßgabe der §§ 53ff. d. Ges. (vgl. 15. Kap.).

§ 53 d. Ges. bestimmt: „Die Einrichtungen der Genossenschaft und die Geschäftsführung derselben in allen Zweigen der Verwaltung sind mindestens in jedem zweiten Jahre der Prüfung durch einen der Genossenschaft nicht angehörigen, sachverständigen Revisor zu unterwerfen."

Gehört die Genossenschaft keinem Revisionsverbande an, so hat der Vorstand nach § 61 d. Ges. zu handeln, der vorschreibt:

„Für Genossenschaften, welche einem Revisionsverbande (§§ 55 bis 57) nicht angehören, wird der Revisor durch das Gericht (§ 10) bestellt.

Der Vorstand der Genossenschaft hat die Bestellung zu beantragen.

Die Bestellung erfolgt, nachdem die höhere Verwaltungsbehörde über die Person des Revisors gehört ist. Erklärt die Behörde sich mit einer von der Genossenschaft vorgeschlagenen Person einverstanden, so ist diese zum Revisor zu bestellen"

Es muß aber dringend jeder Genossenschaft empfohlen werden, sich einem der bewährten Revisionsverbände anzuschließen, denen nach § 54 d. Ges. das Recht verliehen ist, den Revisor zu bestellen.

IV. Der Aufsichtsrat.

Der Aufsichtsrat besteht, sofern nicht das Statut eine höhere Zahl festsetzt, aus drei von der Generalversammlung zu wählenden Mitgliedern (§ 36 d. Ges.).**) Natürlich erhöht man obige Zahl nach Verhältnis des Geschäftsumfanges der Genossenschaft bis auf 9—15. Wie die Vorstandsmitglieder, müssen auch die Aufsichtsratsmitglieder Genossen sein (§ 9 d. Ges.). Daß dieselben nicht gleichzeitig dem Vorstande angehören dürfen (§ 37 d. Ges.), ist bereits besprochen (S. 128).

---

*) Vgl. § 6 und § 7 der Bekanntmachung, betr. die Führung des Genossenschaftsregisters vom 1. Juli 1899.

**) Die Wahl kann nach dem Gesetz nur durch die Generalversammlung erfolgen; so ist insbesondere Kooptationswahl unzulässig.

Die Wahlperiode wird man nicht zu kurz und nicht zu lang bemessen. Drei Jahre hat sich als eine angemessene Zeit ergeben. Es ist aber Vorsorge zu treffen, daß die Aufsichtsratsmitglieder nicht alle gleichzeitig sich der Wahl zu unterziehen haben, damit nicht etwa ein vollständig neu zusammengesetzter Aufsichtsrat aus der Wahl hervorgeht, dem jeder Zusammenhang mit der bisherigen Verwaltung fehlen würde, wodurch der Geschäftsgang erheblich gestört werden möchte (§ 16 d. Statuts).

Was wir über die Auswahl der Personen für den Vorstand sagten (S. 148), gilt auch im allgemeinen für den Aufsichtsrat, nur daß man hier auf kaufmännische Kenntnisse nicht so großes Gewicht zu legen hat, da bei einigem guten Willen die Aufsichtsratsmitglieder sich die für die Prüfung der Bücher notwendigen Kenntnisse sehr bald erwerben werden. Notwendig ist es vielmehr, dafür zu sorgen, daß Mitglieder mit großer Personenkenntnis in den Aufsichtsrat eintreten und daß möglichst alle für den Geschäftsbetrieb der Genossenschaft in Betracht kommenden Berufsklassen auch ihre Vertreter im Aufsichtsrate haben, ganz besonders gilt dies für Handwerk und Landwirtschaft, die nach der Lage der Genossenschaft (städtischer, ländlicher oder gemischter Bezirk) entsprechend im Aufsichtsrate vertreten sein müssen.

Die Statuten bestimmen in der Regel, daß die Aufsichtsratsmitglieder wiederwählbar sind. Dagegen wird sich auch Grundsätzliches nicht einwenden lassen, und es erscheint sogar ganz selbstverständlich, daß tüchtige Kräfte nach Ablauf der Wahlperiode wiedergewählt werden. Doch hat es auch seine Schattenseiten, wenn jahraus, jahrein der Aufsichtsrat aus denselben Personen besteht. Sind Unregelmäßigkeiten in der Geschäftsführung vorgekommen und einmal übersehen, dann ist ihre Entdeckung um so weniger zu erwarten, wenn dieselben Personen immer wieder die Kontrolle ausüben. Auch noch etwas anderes kommt in Betracht. Ein solcher Aufsichtsrat wird mit den Jahren für Neuerungen und Verbesserungen schwer zugänglich, er hat sich in die Verhältnisse eingelebt, findet sie gut und verhältnismäßig selten erlangt ein von dritter Seite ausgehender Rat Beachtung. Diesem Übelstande haben verschiedene Genossenschaften dadurch vorzubeugen gesucht, daß sie die Wiederwahl eines Aufsichtsratsmitgliedes für gewisse Zeit verbieten, um neues Blut in den Aufsichtsrat zu bringen. Nicht nur verhindern sie damit die bezeichneten Mißstände, sondern es werden auch im Laufe der Jahre ein großer Teil der Mitglieder zur Verwaltung herangebildet und es wird ein Stamm

Mitglieder herangezogen, die auch als einfache Mitglieder imstande sind, der Verwaltung mit Verständnis zu folgen. Allerdings läßt sich eine solche Praxis wohl in der Regel nur bei größeren Genossenschaften durchführen, wo unter den Mitgliedern das geeignete Material für die Besetzung der Aufsichtsratsstellen leicht zu finden ist.*)

Für die Vornahme der Wahlen gelten die gleichen Grundsätze wie bei den Vorstandswahlen (S. 133); entweder fällt die Wahlperiode mit dem Geschäftsjahr zusammen, dann müssen die Wahlen in der letzten Generalversammlung vor Ablauf derselben stattfinden, oder man läßt die Wahlperiode von Generalversammlung bis Generalversammlung laufen und wählt in der Generalversammlung, in der die Wahlperiode zu Ende geht. Für die Wahl ist absolute Mehrheit zu fordern, damit nicht infolge Stimmenzersplitterung Personen in den Aufsichtsrat gelangen, die die große Mehrheit der Mitglieder für ungeeignet hält.

Die Wahl sämtlicher Mitglieder wird in einem und demselben Wahlgange vorzunehmen sein, da es sich nicht, wie beim Vorstande, um verschiedene Funktionen der einzelnen handelt, vielmehr alle gleichmäßig zur Mitwirkung bei den ihnen gemeinsam übertragenen Geschäften berufen werden. Aus diesem Grunde hat man ihnen auch ihre Konstituierung durch Wahl eines Vorsitzenden und Schriftführers, und nach Befinden von Stellvertretern, zu überlassen, zu welchem Zwecke sie baldigst nach ihrer Wahl zu einer Sitzung zusammentreten, die event. vom Vorstande zu veranlassen ist.

Daß die Geschäftsbehandlung eine kollegialische sein muß, haben wir bereits gesagt. Was in dieser Hinsicht über regelmäßig stattfindende und außerordentliche Sitzungen, deren Berufung und Leitung durch den Vorsitzenden in bezug auf den Vorstand im vorigen Abschnitt ausgeführt wurde, gilt auch für den Aufsichtsrat. Die zu einer Beschlußfassung erforderliche Zahl ist durch das Statut zu bestimmen (§ 36 d. Ges.). Dabei muß einer gewissen Anzahl der Mitglieder des Aufsichtsrates, sowie dem Vorstande das Recht zugestanden werden, jederzeit die Berufung einer solchen Sitzung zu fordern.

Nicht dringend genug kann empfohlen werden, die Abhaltung regelmäßiger Sitzungen dem Aufsichtsrat zur Pflicht zu machen, denn nur diese sichern der Genossenschaft eine regelmäßige und dauernde

*) In den Kreisen der Genossenschaften gehen die Ansichten über die Zweckmäßigkeit der Verhinderung von Wiederwahlen weit auseinander, vgl. darüber z. B. die Aufsätze in den Bl. f. G. Jahrg. 1894 S. 364, 1898 S. 497.

Kontrolle durch den Aufsichtsrat. Begnügt man sich mit Sitzungen, die auf Einberufung stattfinden, so kann es leicht kommen, daß man sich nur auf die allernotwendigsten Sitzungen beschränkt, auch ist auf die regelmäßige Anwesenheit der Aufsichtsratsmitglieder am ehesten zu rechnen, wenn im voraus der Tag für die Sitzung festgesetzt ist.

Auch müssen stets Protokolle über die Sitzungen aufgenommen und sicher aufbewahrt werden (Formular 8). Darin sind aufzuführen:

a) die Beschlüsse in genauer Fassung;
b) die Namen der in den Sitzungen Anwesenden, nebst Feststellung der Beschlußfähigkeit;
c) der Vermerk über die entschuldigt Ausgebliebenen;
d) bei außerordentlichen Sitzungen der Nachweis der ordnungsmäßigen Berufung.

Auf die sorgfältige Protokollierung der Beschlüsse ist großer Wert zu legen, einmal, weil in gewissen Fällen die Legitimation des Aufsichtsrates auf die Beschlüsse zurückzuführen ist, dann aber auch vor allem wegen der Verantwortlichkeit der Aufsichtsratsmitglieder. Je sorgfältiger die Protokollierung, desto leichter sind die Aufsichtsratsmitglieder imstande, nachzuweisen, daß sie ihre Schuldigkeit getan haben.

Unterzeichnung des Protokolls durch alle in der Sitzung Erschienenen ist unbedingt erforderlich. Haben die Vorstandsmitglieder der Sitzung beigewohnt, wird man auch durch sie das Protokoll unterzeichnen lassen.

Eine Enthebung der Aufsichtsratsmitglieder vom Amte kann auch vor Ablauf der Wahlperiode durch die Generalversammlung jederzeit erfolgen und ist nicht an das Vorliegen gesetzlich oder statutarisch bestimmter Gründe gebunden. Es kann auch die Enthebung nicht nach dem Gesetz an bestimmte Gründe gebunden werden, eine entsprechende statutarische Bestimmung würde gesetzwidrig sein. Der Beschluß bedarf einer Mehrheit von drei Vierteilen der erschienenen Genossen, Erschwernisse oder Erleichterungen für die Beschlußfassung durch das Statut einzuführen, ist unzulässig. Der Antrag auf Enthebung kann vom Vorstande, vom Aufsichtsrate oder den Mitgliedern (in der für die Antragstellung der Mitglieder erforderlichen Anzahl vgl. S. 123) ausgehen.

Werden hierdurch, oder den Tod oder freiwilligen Austritt Stellen im Aufsichtsrate erledigt, so werden in der Regel Nachwahlen nicht erforderlich sein, wenn der Aufsichtsrat so zahlreich ist, daß die Durchführung der Obliegenheiten dadurch nicht wesentlich erschwert wird;

nur wenn dies zu befürchten ist, muß eine Nachwahl vorgenommen werden auf den Rest der Wahlperiode des Ausgeschiedenen.

Im zweiten Abschnitt dieses Kapitels sind die Obliegenheiten des Aufsichtsrates, die in der Kontrolle und nicht in der Verwaltung beruhen, auseinandergesetzt, und es ist dort des näheren die Zuständigkeit des Aufsichtsrates gegenüber dem Vorstande dargelegt. Nur in den in § 39 d. Ges. bestimmten Fällen liegt dem Aufsichtsrate eine Vertretung der Genossenschaft ob, es sind dies die Fälle, in denen die Genossenschaft dem Vorstande gegenüber handelnd auftritt. Dem Aufsichtsrate liegt ob die Führung der von der Generalversammlung beschlossenen Prozesse gegen den Vorstand und der Abschluß von Verträgen mit demselben. Ferner hat der Aufsichtsrat nach § 40 d. Ges. die Befugnis der vorläufigen Amtsenthebung der Vorstandsmitglieder und die sich daraus ergebende Verpflichtung, für einstweilige Fortführung der Geschäfte Sorge zu tragen bis zur Entscheidung der Generalversammlung, die er alsbald zu berufen hat. Indessen darf man auch hier die ihm obliegende Fürsorge nicht auf eigentliche Geschäftsabschlüsse mit Dritten ausdehnen. Nicht die einstweilige Fortführung der Geschäfte wird dem Aufsichtsrate im Gesetz übertragen, vielmehr soll er nur „die nötigen Anstalten wegen dieser Fortführung treffen". Und diese Anstalten können, außer der augenblicklichen Sicherung der Kassenbestände usw., in nichts anderem, als in der sofortigen Bestellung von Stellvertretern für den suspendierten Vorstand bestehen; ist doch die Geschäftsführung nach dem Gesetz ein für allemal, wie wir gezeigt haben, an den Vorstand gebunden, der nur durch förmlich an seiner Statt berufene Stellvertreter darin ersetzt werden kann, deren Anmeldung und Eintragung in das Genossenschaftsregister nach § 35 d. Ges., ganz in derselben Weise wie die der Mitglieder des Vorstandes selbst geordnet ist. Wie strenge das Gesetz die Geschäftsführung des Vorstandes von der Kontrolle der Verwaltung getrennt wissen will, geht daraus hervor, daß nach § 37, wenn der Aufsichtsrat den Stellvertreter für das Vorstandsmitglied aus seiner Mitte bestellt, dieser in dem Aufsichtsrate erst dann wieder seine Tätigkeit aufnehmen kann, wenn ihm für die Zeit seiner Stellvertretung von der Generalversammlung Entlastung erteilt ist. Überhaupt ist der Aufsichtsrat bei der Bestellung der Stellvertreter aus seiner Mitte durch § 37 beschränkt, indem der Aufsichtsrat nur für einen im voraus begrenzten Zeitraum einzelne seiner Mitglieder zu Stellvertretern von behinderten Mitgliedern des Vorstandes bestellen kann.

Wir gehen nun von dieser nur bei außergewöhnlichen Vorkommnissen stattfindenden Tätigkeit des Aufsichtsrates zu den ihm stetig obliegenden Funktionen in bezug auf die Kontrolle, die Überwachung der Geschäftsführung des Vorstandes über, in der wir den wesentlichen Endzweck seiner Einsetzung erblicken. Das Gesetz erteilt dem Aufsichtsrate zu diesem Behufe in § 38 d. Ges. die weitgehendsten Befugnisse.*)

In der Erteilung dieser Befugnisse**) liegt aber zugleich die Verpflichtung zu deren zweckentsprechendem Gebrauch, wie ihn die Überwachung der Geschäftsführung erfordert, die dem Aufsichtsrate direkt zugewiesen ist. Daß die Verschiedenheiten in den Einrichtungen der einzelnen Genossenschaften sich auch hier geltend machen, ist gewiß, nur werden die in diesen Kapiteln dargelegten Grundsätze und die Bestimmungen des Musterstatuts nicht aus dem Auge gelassen werden dürfen.

Hatten wir bei dem Vorstande die Aufstellung einer Geschäftsanweisung für notwendig erklärt, so gilt dies noch mehr für den Aufsichtsrat, in den vielfach Personen eintreten mit geringer Kenntnis ihrer Obliegenheiten und für die eine möglichst bestimmte Einführung in diese erforderlich ist. Zweck solcher Einführung ist die Geschäftsanweisung und man wird sogar gut tun, diese stets von den Aufsichtsratsmitgliedern unterzeichnen zu lassen, um die Gewißheit der Kenntnisnahme zu haben (Formular 11).

Daß in den Sitzungen des Aufsichtsrates auf dessen Erfordern die Mitglieder des Vorstandes erscheinen müssen, um Auskunft zu erteilen, ist lediglich eine Konsequenz der Befugnisse des ersteren, ebenso wird man die Anberaumung und Leitung der gemeinschaftlichen

---

*) § 38 d. Ges. lautet: Der Aufsichtsrat hat den Vorstand bei seiner Geschäftsführung in allen Zweigen der Verwaltung zu überwachen und zu dem Zweck sich von dem Gange der Angelegenheiten der Genossenschaft zu unterrichten. Er kann jederzeit über dieselben Berichterstattung von dem Vorstande verlangen und selbst oder durch einzelne von ihm zu bestimmende Mitglieder die Bücher und Schriften der Genossenschaft einsehen, sowie den Bestand der Genossenschaftskasse und die Bestände an Effekten, Handelspapieren und Waren untersuchen. Er hat die Jahresrechnung, die Bilanzen und die Vorschläge zur Verteilung von Gewinn und Verlust zu prüfen und darüber der Generalversammlung vor Genehmigung der Bilanz Bericht zu erstatten. Er hat eine Generalversammlung zu berufen, wenn dies im Interesse der Genossenschaft erforderlich ist.

**) Über die Mitwirkung des Aufsichtsrates bei der Kreditgewährung und über die Kreditgewährung an Aufsichtsratsmitglieder vgl. 8. u. 11. Kap.

Sitzungen beider Organe dem Vorsitzenden des Aufsichtsrates zu übertragen und dem Vorstande nur vorzubehalten haben, jederzeit unter Angabe des Gegenstandes der Verhandlung eine solche zu verlangen.

Die Hauptstelle unter den Kontrollfunktionen nehmen die Revisionen des Geschäfts- und Kassenstandes ein. Dieselben finden entweder regelmäßig in gewissen Zwischenräumen, z. B. monatlich oder vierteljährlich, unter allen Umständen aber am Schlusse des Geschäftsjahres statt. Und wenn man sich bei den ersteren mit einer Prüfung der Buchführung im allgemeinen und Vergleichung von deren Ergebnissen mit den vorhandenen Beständen an Geld, Wertpapieren, Dokumenten und in einzelnen Konten und Geschäftszweigen begnügen kann, insofern keine Anstände dabei hervortreten, so muß dagegen bei der letzteren mit dem völligen Abschluß der Bücher und einer durchgreifenden Inventur vorgegangen werden.

Im 13. Kap. ist im einzelnen die Mitwirkung des Aufsichtsrates bei der Inventuraufnahme dargelegt.

Die Revision der Sparkassen haben wir im 5. Kap. (S. 86) behandelt. In der Revisorenkonferenz zu Danzig (1903) ist ausdrücklich die Verpflichtung des Aufsichtsrates zur Prüfung der Passiva ausgesprochen und hervorgehoben, daß der Aufsichtsrat die in der Bilanz vorhandenen Passivsummen nach den Spezialbüchern festzustellen hat.

Außer diesen regelmäßigen Revisionen muß aber mindestens einmal in jedem Jahre und außerdem bei jedem irgend bedenklichen Anzeichen eine außerordentliche Revision vorgenommen werden, die den Vorstand völlig unvorbereitet trifft und so am sichersten Aufschluß über die Ordnung und Zuverlässigkeit seiner Geschäftsführung gewährt. Bei Kreditgenossenschaften mit entwickeltem Verkehr empfiehlt es sich, für den Aufsichtsrat zum Zweck der Revision und Erledigung seiner Arbeiten eigene Kommissionen zu bilden, die der Aufsichtsrat aus seinen besonders dazu geeigneten Mitgliedern entweder ein für allemal oder für jeden einzelnen Fall zu dem Revisionsgeschäft bestellt.

Die Revisorenkonferenz auf dem Allgemeinen Genossenschaftstag zu Baden-Baden (1901) hat es sogar dem Aufsichtsrate empfohlen, sich in Kommissionen zu teilen, welche in regelmäßigem Turnus abwechselnd im Laufe des Jahres die Revision der Genossenschaft vornehmen.

Werden solche Kommissionen eingesetzt, dann sind die Genossenschaften aber dringend davor zu warnen, daß die Kommissionen immer aus denselben Personen bestehen, da der Wechsel in den Personen eine gewisse Bürgschaft für die Aufdeckung von etwaigen Unregelmäßigkeiten bietet und andererseits verhindert, daß einzelne Vorstandsmitglieder und einzelne Aufsichtsratsmitglieder sich zum Schaden der Genossenschaft verbinden. Wenigstens ein Teil der Kommissionsmitglieder sollte von Zeit zu Zeit ersetzt werden.

Erscheint die Lage irgend bedenklich oder fehlt es an hinlänglich geübten Mitgliedern, so soll man nicht zögern, einen kaufmännischen Bücherrevisor*) oder sonst eine in diesen Dingen erprobte Persönlichkeit zuzuziehen, insbesondere, wenn es sich um Defekte oder sonstige durch gewissenlose Verwaltung veranlaßte Schäden handelt.

Bei großen Kreditgenossenschaften, wo der Aufsichtsrat außerstande ist, selbst kalkulatorische Revisionen der Bücher vorzunehmen, wird es sich empfehlen, zum Zweck dieser Revisionen einen Bücherrevisor anzustellen.

Die Besoldung der Aufsichtsratsmitglieder wird in den einzelnen Genossenschaften sehr verschieden gehandhabt. Wo der Aufsichtsrat mit einzelnen Sitzungen von wenigen Stunden, vielleicht einer in der Woche, auskommt, um die Geschäfte zu erledigen, wird man von einer Besoldung füglich absehen können, und es haben sich noch überall Personen gefunden, welche die Stellung aus Interesse für die Genossenschaft, mit welcher ja das eigene zusammenfällt, und wegen des Einflusses auf die Verwaltung als Ehrenamt anzunehmen bereit waren. Aber selbst in diesem Falle ist es zweckmäßig, bei außergewöhnlichen, Zeit und Kraft mehr in Anspruch nehmenden Arbeiten, z. B. Geschäfts- und Kassenrevisionen, eine Entschädigung für Versäumnisse im eigenen Geschäft, etwa in der Form von Tagegeldern und Sitzungshonoraren, zu gewähren.

Bei größeren und großen Kreditgenossenschaften, bei denen die Verantwortung des Aufsichtsrates neben der Arbeitslast eine sehr große ist, wird sich die Unentgeltlichkeit nicht auf die Dauer durchführen lassen, und eine angemessene, sich aber in mäßigen Grenzen haltende Entschädigung erscheint dann auch am Platz. Freilich darf die Entschädigung nie so hoch sein, daß sie für Mitglieder als Anreiz dienen kann, sich um die Stelle eines Aufsichtsratsmitgliedes zu bewerben. § 36 d. Ges. verbietet die Zusicherung einer im voraus nach dem Geschäftserträgnis bemessenen Vergütung (Tantieme); es wäre aber

---

*) Genossenschaften, die einem Revisionsverbande angehören, wenden sich zweckmäßig an den Verbandsdirektor, der dann den Verbandsrevisor schickt.

statthaft, in der Jahresgeneralversammlung jedesmal beschließen zu lassen, daß ein bestimmter Prozentsatz des Reingewinns dem Aufsichtsrate zugute kommt, doch entspricht es dem Wesen der Kreditgenossenschaft mehr, im voraus eine Summe zu bestimmen, die der Aufsichtsrat für seine Bemühungen erhält. Ob diese Summe dann unter den Aufsichtsratsmitgliedern zu gleichen Teilen verteilt wird, oder ob ein anderer Verteilungsmodus zu wählen ist, hängt von den Verhältnissen im einzelnen Fall ab.

Wir wenden uns nun zu der wichtigen Frage der Verantwortlichkeit der Mitglieder des Aufsichtsrates.

Das Gesetz bestimmt in § 41:

„Die Mitglieder des Aufsichtsrates haben die Sorgfalt eines ordentlichen Geschäftsmannes anzuwenden.

Mitglieder, welche ihre Obliegenheiten verletzen, haften der Genossenschaft persönlich und solidarisch für den dadurch entstandenen Schaden.

Insbesondere sind sie in den Fällen des § 32 Absatz 3 zum Ersatze der Zahlung verpflichtet, wenn diese mit ihrem Wissen und ohne ihr Einschreiten erfolgt ist.

Die Ansprüche auf Grund der vorstehenden Bestimmungen verjähren in fünf Jahren."

Für das Eintreten wie für die Art der Haftbarkeit der Mitglieder des Aufsichtsrates ist ihre kollegialische Tätigkeit, das Verhältnis der einzelnen dazu entscheidend. Im allgemeinen wird man festhalten müssen, daß die bei den fraglichen Obliegenheiten Beteiligten, ebenso wie die, welche sich dabei pflichtmäßig hätten beteiligen sollen, dies aber ohne hinreichenden Grund unterlassen haben, in gleichem Maße regreßpflichtig sind.

Wer der Mitwirkung bei den Obliegenheiten sich entzieht, handelt ebenso pflichtwidrig, wie die, welche bei schädlichen Beschlüssen und Maßnahmen mit tätig sind, da er solche durch seine Teilnahme an den betreffenden Beratungen hätte hindern können und sollen. Die Genossenschaft hat nur nachzuweisen, daß und welche Pflichten dem Aufsichtsratsmitgliede in der betreffenden Angelegenheit obliegen, daß zwischen diesen Pflichten und dem Schaden ein Kausalzusammenhang vorhanden ist, und es ist Sache des Aufsichtsratsmitgliedes, die Erfüllung seiner Verpflichtungen oder solche Umstände darzulegen, welche ihm die Erfüllung unmöglich gemacht haben. Bitten und Ermahnungen und Äußerung von Bedenken gegenüber dem Vorstand werden in der Regel zur Entlastung nicht für genügend angesehen werden. Für die Ausführung der dem Aufsichtsrat als Organ übertragenen Obliegenheiten (§ 38 d. G.) sind alle Mitglieder desselben verantwortlich.

Daß mehrere Aufsichtsratsmitglieder, insoweit sie nach Vorstehendem beteiligt sind, solidarisch haften, steht nach dem Gesetze fest. Da es nun, wie wir schon geltend machten, jedem einzelnen Mitgliede des Aufsichtsrates möglich ist, auf Erfüllung der der Gesamtheit obliegenden Verpflichtungen zu dringen und durch seine Mitwirkung auf ein ordnungsmäßiges Verfahren dabei hinzuwirken; da ferner ein solches Mitglied, wenn seinen entsprechenden Anträgen nicht nachgegeben wird, ebenso wie beim Vorstande, in der Lage ist, sich durch einen Protest gegen die Verantwortlichkeit zu decken, so ist jedes Mitglied gegen die Folgen der solidarischen Haftbarkeit hinlänglich geschützt. Mit Rücksicht auf den Aufsichtsrat ist jedenfalls die Bestimmung über die Haftpflicht in die Geschäftsanweisung aufzunehmen. Denn in der Tat haben dessen Mitglieder zumeist von dem Vorhandensein einer solchen Verantwortlichkeit nur einen unvollkommenen Begriff. Nur durch die ausdrückliche Aussprache wird man daher imstande sein, das ganze Verhältnis ihnen vollständig zum Bewußtsein zu bringen und sie lebhafter zu der entsprechenden Tätigkeit anzuregen. Wie sehr dies aber nötig ist, davon liefern die durch solche Unterlassungssünden meist mitverschuldeten Verluste, welche bei einzelnen Genossenschaften bis zum Bruche führten, wiederholt den Beweis. Hat man nun auch im ganzen auf eine Vervollkommnung der Kontrolleinrichtungen überall hingewirkt, so ist doch damit so lange nicht geholfen, als es an Personen fehlt, die den rechten Gebrauch davon machen. Hier liegt der eigentliche Grund des Übels; viel weniger in den mangelhaften Einrichtungen, als in der mangelhaften Weise, wie man davon Gebrauch gemacht hat, in der ungenügenden Pflichterfüllung seitens der mit der Kontrolle Betrauten. Diese, die Mitglieder des Aufsichtsrates, demnach zu regerer Betätigung bei ihren Obliegenheiten zu bringen, darauf kommt es an. Dies wird, wie die Erfahrung zeigt, im allgemeinen kaum anders zu erreichen sein, als daß man ihnen in greifbarer Weise durch die Geschäftsanweisung oder das Statut die Folgen vor Augen bringt, die sie anderenfalls zu fürchten haben.

Schließlich ist noch der Mitwirkung des Aufsichtsrates bei der nach Maßgabe der §§ 53 ff. d. Ges. vorzunehmenden Revision durch einen der Genossenschaft nicht angehörigen sachverständigen Revisor zu erwähnen (vgl. 15. Kap.). Nach § 63 d. Ges. ist der Aufsichtsrat zu dieser Revision zuzuziehen, d. h. der Vorstand hat den Vorsitzenden des Aufsichtsrates zu benachrichtigen, wenn die Revision stattfindet. Nicht notwendig erscheint es, daß der Aufsichtsrat dann vollzählig sich bei der Revision einfindet, wohl aber ist er verpflichtet, in einer Sitzung diejenigen seiner Mitglieder zu bestimmen, welche der Revision beiwohnen sollen. Der Geschäftsverkehr darf bei der Revision nicht unterbrochen werden, er muß schon fortgesetzt werden, um dem Revisor eine Kontrolle des Geschäftsganges zu ermöglichen. In den Genossenschaften, die den Unterverbänden des Allg. Verbandes der deutschen Erwerbs- und Wirtschaftsgenossenschaften angehören, findet nach durchgeführter Revision eine gemeinschaftliche Sitzung von Vorstand und Aufsichtsrat statt und hier ist es Pflicht des Aufsichtsrates, möglichst vollzählig zu erscheinen; nur aus ganz zwingenden Gründen darf ein Aufsichtsratsmitglied fernbleiben, denn diese Sitzung kann für die Entwicklung und Gestaltung der Genossenschaft von der größten Bedeutung sein, hier erfahren die Aufsichtsratsmitglieder möglicherweise schwerwiegende Vorkommnisse, die ihnen selbst entgangen sind, aus diesen Sitzungen endlich können sie mindestens viel Belehrung schöpfen. Der Allgemeine Genossenschaftstag zu Neustadt (1898) hat den Genossenschaften angeraten, über die Verhandlungen dieser Sitzungen ein Protokoll aufzunehmen. Als eine gesetzliche Pflicht des Aufsichtsrates kommt dann noch hinzu, in der auf die Revision folgenden Generalversammlung „sich über das Ergebnis der Revision zu erklären". Diese Aufgabe wird in der Regel dem Vorsitzenden des Aufsichtsrates zufallen. Es ist nicht der Revisionsbericht vorzutragen, sondern über das Ergebnis zu berichten und nur auf Beschluß der Generalversammlung würde der Bericht zu verlesen sein. Der Allgemeine Genossenschaftstag in Baden-Baden (1901) hat es für notwendig erachtet, daß die nach Maßgabe des § 63 d. Ges. von dem Aufsichtsrat über das Ergebnis der Revision abzugebende Erklärung zu dem Protokoll der Generalversammlung genommen wird. Es soll hiermit dem Aufsichtsrate und dessen Berichterstatter vor der Generalversammlung klar zum Bewußtsein gebracht werden, welche Verantwortlichkeit mit dieser Berichterstattung verbunden ist. Wissentlich unwahre Darstellung ist nach § 147 d. Ges. strafbar.

V. Beamte und Bevollmächtigte. — Der Kassenbote.

Der § 42 d. Ges. verordnet:

„Der Betrieb von Geschäften der Genossenschaft sowie die Vertretung der letzteren in bezug auf diese Geschäftsführung kann auch sonstigen Bevollmächtigten oder Beamten der Genossenschaft zugewiesen werden. In diesem Falle bestimmt sich die Befugnis derselben nach der ihnen erteilten Vollmacht; sie erstreckt sich im

Zweifel auf alle Rechtshandlungen, welche die Ausführung derartiger Geschäfte gewöhnlich mit sich bringt.

Die Bestellung von Prokuristen oder von Handlungsbevollmächtigten zum gesamten Geschäftsbetriebe findet nicht statt."

Durch den zweiten Absatz ist eine Streitfrage entschieden. Schulze-Delitzsch hatte sich auch auf Grund des Gesetzes von 1868 gegen die Zulassung der Bestellung von Prokuristen erklärt, sowohl aus rechtlichen Gründen, wie deswegen, weil ein praktisches Bedürfnis der Zulassung von Prokuristen nicht vorliegt.

Zugelassen ist die Bestellung von Bevollmächtigten und Beamten. Wie sich diese nach § 42 d. Ges. von den im Handelsgesetzbuch aufgeführten unterscheiden, ergibt sich ohne weiteres. Nicht der Betrieb der Geschäfte der Genossenschaft, d. h. der Geschäftsbetrieb der Genossenschaft überhaupt, sondern: der Betrieb von Geschäften der Genossenschaft; nicht die Vertretung der Genossenschaft in Beziehung auf die Geschäftsführuug, sondern: die Vertretung „in bezug auf diese Geschäftsführung" soll nach dem Gesetz Bevollmächtigten oder Beamten zugewiesen werden können. Dabei soll sich „die Befugnis derselben nach der ihnen erteilten Vollmacht" bestimmen, und „sich im Zweifel auf alle Rechtshandlungen erstrecken, welche die Ausführung derartiger (nicht der) Geschäfte gewöhnlich mit sich bringt". Nur vom Betriebe einzelner Geschäfte oder Geschäftszweige ist demnach hier die Rede; nur von der Vertretung der Genossenschaften in diesen speziellen Geschäften oder Geschäftszweigen, keineswegs von Leitung des Vereinsgeschäfts im ganzen, von Vertretung der Genossenschaften in allen zu deren Geschäftsbetrieb überhaupt gehörigen Angelegenheiten. Die ganze Befugnis dieser Bevollmächtigten und Beamten bewegt sich daher lediglich innerhalb der ihnen ausdrücklich vom Vorstande erteilten Vollmacht, und nur wenn diese in einem Punkte Zweifel übrig läßt, erstreckt sie sich auf Vornahme aller Handlungen, welche die Ausführung derartiger Geschäfte, d. h. von Geschäften, wie sie ihnen speziell übertragen sind, erfordert. Überall ist demnach von einer aus dem Gesetze fließenden Machtvollkommenheit dieser Beamten und Bevollmächtigten, wie sie Prokuristen zur Seite steht, keine Rede, und auch nicht von der Ausdehnung der Vollmacht eigentlicher Handlungsbevollmächtigten auf alle in einem Handelsgeschäft gewöhnlich vorkommenden Rechtshandlungen. Vielmehr haben die nach dem Gesetz neben dem Vorstande zugelassenen Vertreter nur die Stellung gewöhnlicher Privatbevollmächtigten, und wenn man etwa zwischen Beamten und Bevollmächtigten unterscheiden will, so wird der Unterschied nicht in dem Rechtstitel ihrer Befugnis zu suchen sein, sondern sich meist darauf zurückführen lassen, daß die Vollmacht von Beamten mehr auf Übertragung dauernder Verrichtungen, vielleicht ganzer Geschäftszweige, die der Bevollmächtigten mehr auf Erledigung einzelner Aufträge sich bezieht.

Fassen wir die vorstehenden Erörterungen zusammen, so erhalten wir folgende Ergebnisse:

a. Der für jede Genossenschaft unentbehrliche Vorstand hat die Gesamtvertretung der Genossenschaft kraft des Gesetzes (§ 24) und kann darin durch das Statut dritten Personen gegenüber nicht beschränkt werden (§ 27). Er übt infolgedessen alle im Handelsgesetzbuch dem Eigentümer eines Handelsgeschäfts (Prinzipal), das ist die von ihm in ihrer Gesamtheit vertretene Genossenschaft, zustehenden Rechte aus. Auf ihn, auf seine Zeichnung müssen daher am letzten Ende alle und jede die Genossenschaft verpflichtenden Rechtshandlungen zurückbezogen werden und darin ihre rechtliche Begründung finden. Die Vorstandsmitglieder sind gesetzliche Vertreter und nicht Beamte oder Bevollmächtigte der Genossenschaft.

b. Der Betrieb von einzelnen Geschäften oder von Geschäftszweigen der Genossenschaft kann auch Bevollmächtigten und Beamten übertragen werden, welche die Genossenschaft nach Maßgabe der ihnen erteilten Vollmacht vertreten und verpflichten. Welche Mitwirkung aber auch im Statut bei der Bestellung von diesen Personen den übrigen Organen der Genossenschaft zugesichert werden mag, so kommt die Bestellung Dritten gegenüber doch nur durch Vornahme der bezüglichen Handlung seitens des Vorstandes zur Ausführung und rechtlichen Geltung. Erst die vom Vorstande in gehöriger Form gezeichnete Vollmacht oder Bestellung verleiht jenen Bevollmächtigten usw. die Vertretungsbefugnis, die daher als eine von der des Vorstandes abgeleitete, auf diese letztere sich in ihrem Rechtsgrunde stützende, in Betracht kommt, und auch insofern davon abhängig ist, als sie allein vom Vorstande widerrufen, die Beamten und Bevollmächtigten von ihm allein entlassen werden können. Ob und inwieweit bei Erteilung oder Zurücknahme der Vollmachten der Vorstand die im Statut bestimmte Mitwirkung der übrigen Vereinsorgane, z. B. der Generalversammlung oder des Aufsichtsrates, beachtet oder sich darüber hinwegsetzt, ist für die Gültigkeit der Handlungen gegen Dritte ohne Einfluß. Was die von ihm auch statutenwidrig eingesetzten Beamten usw. kraft der ihnen erteilten Vollmacht vorgenommen haben, das muß die Genossenschaft gegen sich gelten lassen, und sie kann sich nur an die Vorstandsmitglieder im Wege der Regreßklage halten, wenn sie Schaden dadurch erlitten hat, und die Vorstandsmitglieder bei der Anstellung die Sorgfalt eines ordentlichen Geschäftsmannes nicht angewendet oder sonst ihre Obliegenheiten verletzt haben.

c. Bei Abschließung der ihnen übertragenen Geschäfte müssen die Beamten und Bevollmächtigten diejenigen Formen, besonders bei der Zeichnung, beobachten, welche ihnen ihre Vollmacht oder Bestellung vorschreibt, wenn die Genossenschaft dadurch verpflichtet werden soll. Und hier liegt eben der Unterschied zwischen ihrer und der Zeichnung des Vorstandes. Während diese letztere ihrer Form nach im Statut ein für allemal bestimmt ist und im Genossenschaftsregister eingetragen sein muß, auch stets in dieser Weise erfolgt, so kann der Vorstand die Zeichnung der Beamten usw. in der Vollmacht beliebig anders anordnen. Ist z. B. die Unterschrift zweier Vorstandsmitglieder im Statut gefordert, so hindert dies nicht, daß der Vorstand einen Kassierer annimmt und diesen bevollmächtigt, mit seiner einzigen Unterschrift rechtsgültig über Zahlungen in der Kasse zu quittieren. Sobald nur die Vollmacht oder Bestellung selbst statutenmäßig von den zwei Vorstandsmitgliedern gezeichnet ist, sind die Quittungen gültig, die der Kassierer allein danach erteilt, indem er dabei nur als Substitut der Vollmachtgeber auftritt, die Zeichnung der Vollmacht seitens derselben seine Zeichnung der Quittung deckt. Es muß jedoch einer derartigen Vollmachtserteilung an den Kassierer, allein Quittungen über Zahlungen auszustellen, entschieden widerraten werden und ist stets die Gegenzeichnung eines anderen Angestellten im Interesse der Sicherheit der Genossenschaft zu empfehlen.

d. Als Bevollmächtigter kann auch ein Vorstandsmitglied vom Vorstand bestellt werden, in welchem Falle sich seine Rechte ebensowie die jedes anderen Bevollmächtigten nach der Vollmacht richten, doch sollte eine derartige Vollmacht stets nur nach eingeholter Genehmigung des Aufsichtsrates erteilt werden und darf niemals zur Umgehung der gesetzlich vorgeschriebenen Doppelzeichnung erfolgen.*)

In der Praxis hat sich die Bevollmächtigung sehr verschiedenartig gestaltet.

---

*) Über Selbstbevollmächtigung der Vorstandsmitglieder vgl. Parisius und Crüger, Kommentar zum G.G. S. 251.

In vielen Fällen werden Bevollmächtigte gar nicht zu entbehren sein, z. B. wenn die Genossenschaft Prozesse zu führen hat, dann wird der Vorstand in der Regel einen Rechtsanwalt mit der Führung des Prozesses beauftragen, oder der Vorstand wird auch einem seiner Mitglieder die Vollmacht hierzu erteilen; denn zweifellos ist, daß der Bevollmächtigte nicht immer ein Dritter zu sein braucht, es ist durchaus zulässig, daß der Vorstand eines seiner Mitglieder als Bevollmächtigten bestellt. Dieses Vorstandsmitglied tritt dann nicht als Vorstandsmitglied, sondern als Bevollmächtigter der Genossenschaft auf.

Fast überall finden wir die Bevollmächtigung eines Vorstandsmitgliedes zur Wahrnehmung gerichtlicher Geschäfte. Eine solche Vollmachtserteilung hat etwas besonderes nicht an sich, sie ist in der Natur der Verhältnisse begründet, da sich nicht zwei Vorstandsmitglieder während der Geschäftsstunden auf das Gericht begeben können, ohne daß der Geschäftsbetrieb gestört wird.

Am häufigsten finden wir Bevollmächtigte zur Annahme und Quittierung von Spareinlagen und Einzahlungen auf Geschäftsanteile, wobei zwei Buchhalter als Kassierer und Kontrolleur fungieren. Für den Empfang der Postsachen halten auch große Genossenschaften an der Zeichnung des Vorstandes fest, doch haben auch einige Genossenschaften einem Angestellten in der Weise Postvollmacht erteilt, daß derselbe berechtigt ist, in Gemeinschaft mit einem Vorstandsmitgliede über die Postsachen zu quittieren.*) Das gleiche Verfahren haben verschiedene Genossenschaften für Sparkassen- und Kontokorrent-Verkehr gewählt.

Vielfach sucht man sich damit zu helfen, daß man einen oder zwei Buchhalter zu stellvertretenden Vorstandsmitgliedern bestellt und sie als Vorstandsmitglieder in das Genossenschaftsregister eintragen läßt. Damit aber werden die Buchhalter dann Vorstandsmitglieder und sind als solche zur Vertretung der Genossenschaft berechtigt, sie bedürfen keiner Vollmacht (S. 135).

Bei einzelnen Genossenschaften findet sich die Vollmachtserteilung in der Art, daß einem Buchhalter Vollmacht erteilt ist, in Gemeinschaft mit einem Vorstandsmitgliede Quittungen, Briefe und Wechsel zu unterzeichnen, so daß also ein Vorstandsmitglied und ein Bevollmächtigter die Unterschrift zu leisten haben. In den einzelnen Fällen ist der Umfang natürlich verschieden bestimmt; so bevollmächtigt

*) Vgl. S. 139 über Postgiroverkehr.

eine Genossenschaft „zur Unterschrift von Briefen, Wechseln und Quittungen, welche für die Genossenschaft ausgestellt werden, ferner auch zur Tätigung von notariellen Urkunden, soweit dieselben Einräumung eines Kredits gegen Faustpfand oder Hypothekenbestellung, Zession ausstehender Forderungen, Quittungserteilung mit oder ohne Subrogation, Prioritätseinräumung, Löschungen von eingetragenen Hypothekenforderungen zum Gegenstande haben".

Auch die bei der Reichsbank üblichen Vollmachtsformulare werden zuweilen verwendet.

Die Zahl der Genossenschaften, die Angestellten eine so weitgehende Vollmacht erteilen, ist eine sehr kleine.

Wenn eine Genossenschaft einem Angestellten Vollmacht erteilt „in allen die Geschäfte des Vereins betreffenden Angelegenheiten mit Ausnahme von An- und Verkauf von Grundstücken und Erteilung von Prozeßvollmacht", so gibt diese Vollmacht die Stellung des Prokuristen und würde daher unseres Erachtens im Widerspruch mit § 42 Abs. 2 stehen. Die Vollmacht muß eine beschränkte sein, sie muß erkennen lassen, auf welche Geschäfte und Geschäftszweige sie sich erstrecken soll; § 42 Abs. 1 läßt auch mit dieser Einschränkung noch einen sehr weiten Spielraum für die Anstellung von Bevollmächtigten.

Für den Kassenverkehr wird gegen die Zeichnung zweier Bevollmächtigter, d. h. ohne Zuziehung eines Vorstandsmitgliedes, nichts einzuwenden sein, wenn die nötigen Kontrollmaßregeln getroffen werden. Wo man aber Zulässigkeit der Zeichnung eines Bevollmächtigten für Wechsel, die Genossenschaft verpflichtende Urkunden u. dgl. nicht glaubt entbehren zu können, da sollte unter allen Umständen die Mitzeichnung eines Vorstandsmitgliedes zur Zeichnung des Bevollmächtigten vorgeschrieben werden, die Rechtsverbindlichkeit der Zeichnung des Bevollmächtigten müßte von der Mitzeichnung eines Vorstandsmitgliedes abhängig gemacht werden. Dies ist die geringste zu beobachtende Sicherheitsmaßregel.

Bei jeder Vollmachtserteilung, dies sei hier nochmals festgestellt, sollte beachtet werden, daß nicht die Vorschrift des Gesetzes, die für die rechtsverbindlichen Erklärungen der Genossenschaft Doppelzeichnung verlangt, illusorisch gemacht wird. Das mindeste Erfordernis im Interesse der Sicherheit der Genossenschaft ist die Einschränkung, daß der Bevollmächtigte zu jeder rechtsverbindlichen Zeichnung einer Gegenzeichnung eines anderen Beamten oder eines Vorstandsmitgliedes bedarf.

Wie wir bei der Verwaltung der Vorstandsmitglieder eine Gewähr für deren gewissenhafte Pflichterfüllung in der mindestens zweifachen Zeichnung (S. 135) und unter Umständen in der Kautionsbestellung (S. 143) suchten, so werden wir von diesen Maßregeln den mit der Verwaltung befaßten Bevollmächtigten, besonders den Kassenbeamten gegenüber ebenfalls nicht abgehen können. Bei der Kautionsbestellung freilich wird auch die gleiche Erleichterung Platz greifen müssen, der wir in dem Abschnitt über die Vorstandsmitglieder das Wort geredet haben.

Allen Beamten wird zweckmäßigerweise als Bedingung der Erwerb der Mitgliedschaft bei der Genossenschaft auferlegt werden müssen.

Für die Anstellung von Beamten wird in der Regel statutarisch die Genehmigung des Aufsichtsrates vorgeschrieben werden, dagegen wird man die Entlassung von Beamten allein dem Vorstand übertragen müssen, weil dieser schließlich in erster Reihe für das Tun und Lassen der Angestellten verantwortlich ist.

Krankenkassen- und invalidenversicherungspflichtig sind die Angestellten der Genossenschaft wie die Angestellten überhaupt, es kommen auf sie die Bestimmungen des Krankenversicherungsgesetzes und des Invalidenversicherungsgesetzes zur Anwendung.

Weiter ist zu berücksichtigen der 6. Abschnitt des 1. Buches des H.G.B., der die Rechtsverhältnisse der Handlungsgehilfen und Handlungslehrlinge behandelt, der eine Reihe zwingender Vorschriften mit bezug auf die Schutzbestimmungen (§§ 62—64), die Kündigungsfristen (§§ 66—72), die Regelung des Lehrlingsverhältnisses (§§ 76—82) enthält.

Besondere Berücksichtigung verdient der § 63 des H.G.B., der lautet: „Wird der Handlungsgehilfe durch unverschuldetes Unglück an der Leistung der Dienste verhindert, so behält er seinen Anspruch auf Gehalt und Unterhalt, jedoch nicht über die Dauer von 6 Wochen hinaus.

Der Handlungsgehilfe ist nicht verpflichtet, sich den Betrag anrechnen zu lassen, der ihm für die Zeit der Verhinderung aus einer Kranken- oder Unfallversicherung zukommt. Eine Vereinbarung, welche dieser Vorschrift zuwiderläuft, ist nichtig." Es ist streitig, ob auch Abs. 1 zwingendes Recht enthält. Auch die, welche bestreiten, daß diese Vorschrift unabänderlich sei, geben zu, daß das Gesetz dann eine Inkonsequenz enthalte. Für die Genossenschaften, die ihren sozialen Charakter gewiß nicht verleugnen werden, ergibt sich schon hieraus ohne weiteres, daß sie sowohl Abs. 1 wie Abs. 2 berücksichtigen werden.

Ferner ist noch zu beachten B.G.B. § 616 Satz 1, der bestimmt: „Der zur Dienstleistung Verpflichtete wird des Anspruchs auf die Vergütung nicht dadurch verlustig, daß er für eine verhältnismäßig nicht erhebliche Zeit durch einen in seiner Person liegenden Grund ohne sein Verschulden an der Dienstleistung verhindert wird." Hiernach hat der Handlungsgehilfe besonders während einer Behinderung durch eine kurze militärische Dienstleistung Anspruch auf Gehalt; für länger dauernde militärische Übungen (etwa 6—8 Wochen) hat ihm „wegen der erheblichen Belastung, die hieraus insbesondere für kleine Gewerbtreibende entstehen würde, ein solcher Anspruch nicht zugebilligt werden sollen".

Zum Schlusse dieses Abschnittes gedenken wir noch der besonderen Stellung eines Beamten, der fast bei allen Kreditgenossenschaften vorkommt, des Kassendieners. Derselbe steht lediglich im Dienste des Vorstandes. Außer der Einziehung der Mitgliederbeiträge und der Einholung von Unterschriften besteht eine seiner Hauptverrichtungen in dem Abtragen der Geld- und Wertsendungen zur Post, dem Inkasso von Wechseln, so daß bei größeren Genossenschaften, welche regelmäßigen Bankverkehr unterhalten, oft bedeutende Beträge durch seine Hände laufen. Eine strenge Überwachung ist hier doppelt geboten. Die letztere kann kaum anders als von den Kassenbeamten selbst, also dem Vorstande oder besonderen Kassenbeamten, ausgehen, weil sie Zug um Zug erfolgen muß. Invalidenversicherungsgesetz und Krankenversicherungsgesetz kommen auf den Kassenboten zur Anwendung. Für das Dienstverhältnis sind maßgebend die §§ 611 ff. BGB.*)

*) Vgl. auch Bl. f. G. Jahrg. 1900 S. 396 u. 429.

Siebentes Kapitel.

Die Arten der Kreditgewährung.

Wie sehr bei der Kreditgewährung, dem wichtigsten Geschäftszweige jedes Bankinstituts, die Kreditgenossenschaften mittels der Verleihung der rechtlichen Persönlichkeit gefördert sind, ergibt sich auf den ersten Blick. Durch die ihnen erteilte Befugnis, Geschäfte jeder Art mit den daran geknüpften Rechten und Pflichten unter ihrem Gesamtnamen, als Firma, einzugehen, sind sie Gefährdungen und Weiterungen aller Art überhoben. Mußte man doch früher — wie dies bei nicht eingetragenen Genossenschaften noch jetzt der Fall ist — um der Bemängelung der Legitimation, besonders bei gerichtlichen Verhandlungen, zu entgehen, zu Fiktionen und Umwegen seine Zuflucht nehmen, welche die Sicherheit und Stetigkeit in den Geschäftsabschlüssen nicht wenig beeinträchtigten. So war man meist genötigt, die Urkunden über die Ausleihungen auf die Namen einzelner Mitglieder (in der Regel des Kassierers) ausstellen, und von diesen, weil sie dadurch als Inhaber der Forderungen bezeichnet wurden, durch Revers die Rechte der Genossenschaft sicherstellen zu lassen. Wie erschwerend dies auf die gesamte Geschäftsführung wirkte, wie es namentlich im Wechsel- und Hypothekenverkehr zu den bedenklichsten Konsequenzen führte, ist bekannt.

Als Arten der Kreditgewährung sind zu unterscheiden, d. h. dieselbe erfolgt in folgenden Formen:

1. Darlehen auf Schuldscheine oder Wechsel,
2. Diskontierung (auch Ankauf genannt) von Geschäftswechseln,
3. Beleihung von Wertpapieren usw. (Lombardierung),
4. Kredit in laufender Rechnung (Kontokorrent),
5. Akzeptkredit,
6. Kautionskredit,
7. Diskontierung von Forderungen.

Bereits in der ersten Auflage (1855) führte Schulze-Delitzsch' praktische Anleitung zur Gründung und Einrichtung von Kreditgenossenschaften den Titel: „Vorschuß- und Kreditvereine als Volksbanken". Schulzes Vorschußvereine wurden bald wirkliche „Volksbanken", die neben der Kreditgewährung in den verschiedensten Formen auch Ansammlung der Ersparnisse und Kassenführung für die kleinen und mittleren Gewerbetreibenden besorgten. Schon 1870 hatte Parisius in der von ihm herausgegebenen und von Schulze-Delitzsch zur Verbreitung empfohlenen kleinen Schrift: „Vorwärts, vorwärts, ihr deutschen Genossenschaftsmänner! Sieben Flugblätter für die Deutschen Vorschuß- und Kreditvereine" entwickelt, was ein guter Vorschußverein leisten könne, was er leisten müsse, sobald er die in gut organisierten Genossenschaften üblichen Geschäftszweige sämtlich bei sich einführe und nach volkswirtschaftlich richtigen Grundsätzen betreibe. Die Genossenschaft müsse dann nicht bloß dem städtischen Gewerbetreibenden den ihm nötigen Kredit verschaffen, sondern auch das Bedürfnis des Landwirts nach Personalkredit vollständig befriedigen; sie müsse gleich den schottischen Banken durch laufende Rechnung (Kontokorrent mit Scheckbuch) allen Gewerbetreibenden in Stadt und Land das zeitweise überflüssige Geld verwahren und nutzbringend verwalten; sie biete die besten und sichersten Sparkassen für Arbeiter, Dienstboten usw.; sie müsse mit Hilfe des von der Deutschen Genossenschaftsbank Sörgel, Parrisius & Co. gegründeten Giroverbandes (der Giroverband der Reichsbank ist eine weit spätere Gründung) den Gewerbetreibenden ihre Geschäftswechsel diskontieren und Zahlungen nach anderen deutschen Plätzen vermitteln; endlich müsse sie die wirtschaftliche und sittliche Erziehung ihrer Mitglieder dadurch fördern, daß sie nach den strengen Grundsätzen Schulze-Delitzsch' nur dem gesunden Kredit dient.

Der Allgemeine Genossenschaftstag zu Rostock (1897) hat den Kreditgenossenschaften empfohlen: „Auf eine der wirtschaftlichen Entwicklung des gewerblichen Lebens entsprechende Vervollständigung und Vervollkommnung der verschiedenen Geschäftszweige auf solider Grundlage bedacht zu sein; und wo in der Mitgliederbewegung ein Stillstand oder gar Rückschritt eingetreten ist, nach Erforschung der Ursachen die Vergrößerung des Mitgliederbestandes mit den geeigneten Mitteln anzustreben."

Wie ein roter Faden zieht sich denn auch durch die Verhandlungen der Allgemeinen Genossenschaftstage der Rat, die Kreditgenossenschaften sollen sich den heutigen Verhältnissen und Bedürfnissen anpassen. Zuweilen begegnet man der Ansicht, es entspreche den

Anschauungen Schulze-Delitzsch', die Kreditgenossenschaft auf das einfache Vorschußgeschäft zu beschränken; gerade Schulze-Delitzsch aber ist stets dafür eingetreten, daß die Genossenschaft mitgehe mit den Bedürfnissen der Zeit. Und dies ist Lebensfrage für die Genossenschaft, denn tut sie es nicht, verliert sie den Boden, und andere Institute treten für die Befriedigung des Kreditbedürfnisses der Gewerbetreibenden und Landwirte an ihre Stelle. Die Ansprüche, die an eine Genossenschaft heute gestellt werden, sind eben anderer Art, als die, denen die Kreditgenossenschaft vor 30, 40 Jahren zu entsprechen hatte, damals waren die wirtschaftlichen Verhältnisse erheblich einfacher, und es war für die Kreditgenossenschaft ein leichtes, den an sie herantretenden Kreditansprüchen gerecht zu werden; die Kreditbefriedigung erfolgte in der einfachsten Form — heute wird die Kreditgenossenschaft nur dann sich entwickeln und auf der Höhe bleiben, wenn sie all den vielfachen und vielseitigen Ansprüchen, die an den „Bankier" gestellt werden, gerecht zu werden imstande ist. Man scheue nicht vor der Bezeichnung „Volksbank" zurück, denn die Kreditgenossenschaft, die sich „volksbankmäßig" entwickelt hat, hört damit durchaus noch nicht auf, „Genossenschaft" zu sein, ja, je mannigfaltiger ihre Beziehungen, desto leichter wird sie auch das Kreditbedürfnis der Kleingewerbetreibenden zu befriedigen imstande sein. Die Genossenschaft braucht, weil sie bankmäßig entwickelt ist, sich noch nicht auf Gebiete zu begeben, auf denen sie mit großen Risiken arbeitet.*)

I. Darlehen auf Schuldschein oder Wechsel. Vorschußgewährung.

Daß beim Beginn der deutschen Kreditgenossenschaftsbewegung um 1850 der einfache Schuldschein bei den Ausleihungen zumeist angewendet wurde, obschon die Deutsche Wechselordnung seit 1849 überall mit ihrer erweiterten Wechselfähigkeit eingeführt war, lag daran, daß die ersten Anfänge hauptsächlich von Handwerkern kleiner Landstädte ausgingen, bei denen der Wechselverkehr, von dem sie bis dahin ausgeschlossen waren, auf großen Widerwillen stieß. Das hat sich seitdem geändert. Nicht bloß in größeren verkehrsreicheren Orten hat sich der Wechsel bei dem gewerblichen Mittelstande, bei den

*) Vgl. „Kreditgenossenschaften nach Schulze-Delitzsch" von Ludolf Parisius (2. Aufl. 1898, J. Guttentag, Verlagsbuchhandlung) und den Aufsatz „Die Vervollkommnung des Geschäftsverkehrs der Kreditgenossenschaften" in Bl. f. G. Jahrg. 1898 S. 349.

Landwirten wie bei den Handwerkern eingebürgert. Auf dem Allg. Vereinstage zu Stettin (1865) bereits wurde den Kreditgenossenschaften empfohlen, sich in allen Fällen, wo es sich um ein einfaches Darlehen an die Mitglieder handelt, der trockenen (eigenen) Wechsel zu bedienen. Als vorzügliches Mittel, Pünktlichkeit in Erfüllung von Verpflichtungen und rasche Rechtshilfe zu fördern einerseits, sowie andererseits seiner leichten Übertragbarkeit halber nahezu in den Rang eines Wertpapieres erhoben, findet er immer allgemeinere Anwendung und dringt auch in die Reihen der Kleinbürger und Landleute. Nur vereinzelt besteht noch bei unbemittelten Handwerkern kleiner Orte und Besitzern kleiner Ackerwirtschaften eine gewisse Abneigung gegen den Wechsel, der man bei kleinen Beträgen besonders alsdann nachgeben mag, wenn damit die Stempelfreiheit einer solchen Urkunde, im Gegensatz zum Wechsel, zusammenhängt. Überhaupt wird die Frage der Stempelpflichtigkeit für die Wahl der Urkunde nicht ganz bedeutungslos sein, man wird den Lombardschein da, wo auf ihn die Voraussetzungen der Stempelfreiheit zutreffen, dem Wechsel vorziehen, und es ist dies in der Regel auch deswegen unbedenklich, weil, wie z. B. im preußischen Stempelsteuergesetz die Stempelfreiheit davon abhängig ist, daß das Darlehen innerhalb Jahresfrist rückzahlbar gestellt ist (Pos. 58 I, Befreiungen a des Tarifs zum Stempelsteuergesetz vom 31. Juli 1895).

Zuweilen wird freilich gefordert, Wechsel über allzu kleine Beträge nicht zuzulassen oder man verlangt sogar, daß Kleingewerbetreibenden und Landwirten die Wechselfähigkeit genommen wird. Derartige Wünsche beruhen auf sehr veralteten Anschauungen. Es kann sich nicht darum handeln, den Handwerkern und Landwirten die Wechselfähigkeit zu nehmen, sondern im Gegenteil, man soll bestrebt sein, den Handwerkern und Landwirten die Fähigkeit beizubringen, von dem Wechsel den richtigen Gebrauch zu machen, denn auch diese Berufsstände werden mehr und mehr in das wirtschaftliche Leben hineingezogen, sie müssen kaufmännisch ihre Geschäfte betreiben und werden nur dann allen an sie herantretenden Anforderungen und Ansprüchen gerecht werden, wenn sie auch vollkommen mit dem modernen Geschäftsverkehr vertraut sind.

Den Vorzug des abgekürzten Verfahrens hat heute freilich zum großen Teil auch der Schuldschein seit der Einführung des Urkundenprozesses durch die Reichsjustizgesetze. Gleichwohl kann nur empfohlen werden, von Anbeginn an den Wechsel zu benützen, da die Erfahrung gelehrt hat, um wieviel mehr derselbe geeignet ist, die Mitglieder zur Pünktlichkeit in der Erfüllung ihrer Verbindlichkeiten anzuhalten, als der Schuldschein. Es kommt dabei insbesondere die Zinsenzahlung und die Abschlagszahlung bei Prolongationen in Betracht. Der Wechsel enthält kein Zinsversprechen, die Zinsen müssen daher im voraus bezahlt werden, bei Ausstellung des Wechsels; der Wechselanspruch verjährt in erheblich kürzerer Zeit als die Forderung aus dem Schuldschein, die Genossenschaft muß daher darauf bedacht sein, daß das Mitglied die Schuld in einer bestimmten Zeit abträgt. Es zeigt sich nun, daß in den Gegenden, in welchen der Schuldschein für die einfachen Darlehen noch vorzugsweise in Gebrauch ist, die Zinsenrückstände und die Verlängerung der Zahlungsfrist ohne angemessene Abschlagszahlungen viel bedeutender sind, als dort, wo der Wechsel üblich ist. Da nun bei älteren Kreditgenossenschaften die Ersetzung des Schuldscheins durch den Wechsel oft auf Schwierigkeiten stößt, hat der Allg. Genossenschaftstag zu Gotha (1894), um die aus jenen Mißständen sowohl für die Genossenschaft wie nicht minder für deren Mitglieder sich ergebenden Nachteile zu beseitigen, den Kreditgenossenschaften empfohlen, die Zinszahlung vierteljährlich vorauszahlbar auszubedingen und die Verlängerung der Rückzahlung stets nur gegen angemessene Abzahlung zu bewilligen. Vgl. wegen Zinsrückstände das 12. Kap., wegen Prolongationen das 10. Kap. III; für die Geschäftsbedingungen der Vorschußgewährung Formular 19.

Für den Vorschußwechsel empfiehlt sich der trockene (eigene) Wechsel.

Die Gründe dafür lassen sich in folgendem zusammenfassen:

1. Zunächst entspricht diese Form des Wechsels dem geschäftlichen Vorgange, aus welchem die Zahlungsverpflichtung herrührt, und somit dem Bewußtsein des Schuldners von seiner Verpflichtung, indem derselbe einfach die Rückzahlung eines empfangenen Darlehens an denjenigen verspricht, von dem er es erhalten hat. Wenn dieses Moment bei Rechtsgeschäften im allgemeinen schon hoch in Anschlag zu bringen ist, so ist dies für den Verkehr der Kreditgenossenschaften doppelt der Fall, da dieser es gerade zum großen Teil mit dem kleinen in solchen Dingen weniger erfahrenen und gewandten Gewerbestande zu tun hat. Deshalb wird die künstlichere, ursprünglich auf ein anderes Verhältnis berechnete Tratte hier viel schwerer Boden gewinnen, weil in ihr durch das Auftreten des Remittenten, Akzeptanten und

Ausstellers des Wechsels die eigentliche Stellung der Beteiligten zu dem Geschäfte so verschoben ist, daß schon ein Grad von Übung dazu gehört, sich zurecht zu finden und nicht vor unfaßbaren Verpflichtungen zurückzuschrecken, die dem Unerfahrenen unter solchen Hüllen verdeckt scheinen können. Dabei soll freilich nicht verkannt werden, daß, wenn die Genossenschaft sich auf die in ihrem Besitz befindlichen Wechsel Geld beschaffen will, sie dies leichter erreicht, wenn sie von ihren Mitgliedern gezogene Wechsel hat, denn in der Regel pflegen die Banken nur diese zu diskontieren. Demgegenüber ist jedoch freilich wieder darauf hinzuweisen, daß die Genossenschaft die aus dem einfachen Vorschußgeschäft herstammenden Wechsel nicht zur Geldbeschaffung weiter begeben soll, denn sie hat darauf Rücksicht zu nehmen, daß diese Wechsel in der Regel werden prolongiert werden müssen.

2. Es bedarf bei eigenen Wechseln zur Erhaltung des Wechselrechts gegen die Aussteller weder der Präsentation des Wechsels am Zahlungstage, noch der Protesterhebung; vielmehr kann gegen dieselben binnen der ganzen dreijährigen Verjährungsfrist auch nach dem Verfalltage die Zahlung eingefordert und wechselmäßig verfahren werden, was bei gezogenen Wechseln nur hinsichtlich des Akzeptanten, nicht hinsichtlich des Ausstellers gilt (Art. 100, 77, 44 der W.-O.).

Der Grund liegt in der verschiedenen rechtlichen Stellung beider bei gezogenen Wechseln. Es hat nämlich der Akzeptant eines gezogenen mit dem Aussteller eines eigenen Wechsels die gleiche Stellung, indem beide als Hauptverpflichtete gelten. Dagegen gilt der Aussteller eines gezogenen Wechsels als Nebenverpflichteter, wenn auch alle Wechselverpflichteten gleichmäßig in Anspruch genommen werden können (Art. 49). Nach der Wechselordnung sind Präsentation und Protest nur zur Ausübung des Regresses an die Nebenverpflichteten erforderlich für den Fall, daß der Hauptverpflichtete ausfällt (Art. 41), nicht zur Erhaltung des Anspruchs an diesen selbst (Art. 44), woraus sich ergibt, daß beide Akte bei eigenen Wechseln nur dann vorzunehmen sind, wenn Indossanten vorhanden sind, gegen welche man sich den Regreß sichern will, indem diese allein als Nebenverpflichtete gelten.

Auch gegen die Hauptverpflichteten ist Präsentation und Protest zur Erhaltung des Wechselrechts unerläßlich, nur

a) bei Domizilwechseln mit benanntem Domiziliaten*) — vgl. Art. 24, 99 der W.-O.;

*) Domizilwechsel ist ein Wechsel, der einen vom Wohnorte des Bezogenen

b) bei Wechseln auf Sicht oder eine bestimmte Zeit nach Sicht — vgl. Art. 19, 20, 31, 32 und 98, Nr. 3, 5 der W.-O.

Der Sichtwechsel, der behufs der Hinterlegung benutzt wird, wird bei Behandlung der laufenden Rechnung besprochen werden.

Die Ausstellung von Domizilwechseln wird man in der Regel vermeiden können. Wenn nämlich der Aussteller nicht am Vereinsorte wohnt, so bietet die Bestimmung Art. 97 der W.-O. das geeignete Auskunftsmittel. Man läßt den Wechsel am Orte, wo die Genossenschaft ihren Sitz hat, ausstellen und von ihm datieren, der dann als Zahlungs- und Wohnort des Ausstellers gilt, so daß dieser hier Zahlung leisten muß und verklagt werden kann, wobei, zur genaueren Bezeichnung desselben, seiner Unterschrift immerhin der eigentliche Wohnort, etwa so: „A. U. aus N.", beigefügt werden kann.

Diese großen Vorteile beim Gebrauch eigener Wechsel erhalten noch ihren ganz besonderen Wert durch eine in der Rechtspraxis erfolgte Feststellung. Es hängt schon nach diesen Ausführungen die Erhaltung des Wechselrechts gegen die Aussteller von der Präsentation am Zahlungstage nicht ab, vielmehr bleibt dasselbe auch bei deren Unterlassung bis zum Ablauf der dreijährigen Verjährungsfrist bestehen, während welcher der wechselmäßige Anspruch jederzeit erhoben werden kann. Allein zur Einforderung der Zahlung — am Verfalltage oder später — mit der Wirkung, daß den Schuldner die Folgen des Verzugs treffen, wenn er sie nicht leistet (Art. 50, 51, 98 Nr. 6 der W.-O.), ist die Präsentation des Wechsels unerläßlich. Dies hat schon darin seinen Grund, daß der Wechselschuldner niemals anders, als gegen Aushändigung des quittierten Wechsels zu zahlen verpflichtet ist, der Wechsel ihm also zur Zahlung präsentiert, d. h. bei der Aufforderung dazu vorgelegt werden muß (Art. 39—41, 98, Nr. 5 u. 6 der W.-O.). Nun muß bekanntlich die Präsentation am Zahlungs-

---

(beim eigenen Wechsel vom Wohnort des Ausstellers) verschiedenen Zahlungsort (d. h. Ortschaft, nicht bloß Wohnung, Straße) hat (Art. 24 W.-O.). Über die für den Domizilwechsel geltenden besonderen Protestbestimmungen vgl. Art. 43, 99 W.-O. Ist der Domiziliat benannt, so wird der Protest bei demselben notwendig selbst zur Erhaltung des Wechselrechts gegen den Akzeptanten (bzw. bei eigenem Wechsel gegen den Aussteller). Der Domiziliat muß eine zur Zahlung befähigte Person (Firma) sein; „zahlbar im Kassenlokale der . . ." ist nicht für eine genügende Bezeichnung des Domiziliaten erachtet.

orte, und zwar im Geschäftslokale oder der Wohnung des Schuldners geschehen (Art. 91, 98, Nr. 10 der W.-O.). Wenn man nun das Geschäftslokal der Genossenschaft als Zahlungsstelle in den Wechseln bezeichnet, so gilt dies als Verzicht auf die Präsentation seitens des Gläubigers, mit der Wirkung, daß nun der Gläubiger — also hier die Genossenschaft — behufs der Präsentation am Verfalltage sich nicht in das Lokal des Schuldners, vielmehr dieser in das Lokal der Genossenschaft begeben, und hier gegen Vorzeigung und Aushändigung des Wechsels Zahlung leisten muß, widrigenfalls ihn die Folgen des Verzugs, insbesondere auch die Prozeßkosten treffen.

Vorausgesetzt ist dabei jedoch, daß der eigene Wechsel dadurch kein Domizilwechsel mit benanntem Domiziliaten wird, welcher des Protestes bedürfte, falls Zahlung nicht erfolgt ist (Anm. auf S. 172). Es ist aber soeben dargelegt, wie man die Ausstellung eines Domizilwechsels vermeidet.

3. Diese Erleichterungen treten auch bei der Bürgschaft ein.

Bekanntlich enthält die W.-O. über Bürgschaften weiter nichts als die Bestimmung im Artikel 81 (98, Nr. 10), daß der Aussteller, Akzeptant und Indossant, überhaupt jeder Unterzeichner eines Wechsels, Akzepts oder Indossaments, selbst dann wechselmäßig verpflichtet wird, wenn er sich dabei nur als Bürge benannt hat, so daß sich der Wechselinhaber wegen seiner ganzen Forderung an jeden einzelnen halten kann und die Wahl hat, welchen darunter er zuerst belangen will. Es ist sogar zu empfehlen, den Wechselbürgen sich ausdrücklich als „Bürgen" auf dem Wechsel bezeichnen zu lassen, um das Rechtsverhältnis unter den Ausstellern klarzustellen.*)

---

*) Notwendig ist dies stets bei gezogenen Wechseln, vgl. die in den Bl. f. G. Jahrg. 1903 S. 179 mitgeteilte Entsch. des R.G. (Johow Bd. I N.F. 1903 S. 69). Es kam in Frage, ob der aus dem gezogenen Wechsel in Anspruch genommene Bürge dem ihn in Anspruch nehmenden Bürgen den Einwand aus dem Bürgschaftsverhältnis entgegenhalten kann. Nach dem B.G.B. (§ 426) haften Gesamtschuldner einander nur zu gleichen Anteilen. Ist also bei der Wechselzeichnung zwischen zwei Personen vereinbart, daß sie beide als Bürgen den Wechsel zeichnen wollten, so könnte unzweifelhaft der von dem einen Bürgen wegen der ganzen Wechselsumme in Anspruch genommene Mitbürge den Einwand erheben, daß er nur zum gleichen Anteil, zur Hälfte hafte. Zweifelhaft wird die Zulässigkeit des Einwands aus der Gesamtschuld, wenn mehrere Personen den Wechsel als Bürgen, jeder einzeln ohne vorgängige Vereinbarung unabhängig von den anderen auf Ansuchen des Schuldners gezeichnet haben. Das Reichsgericht nahm früher den Standpunkt

Es zeigt sich, wie zweckmäßig auch die Bürgschaft durch Anwendung der eigenen Wechsel geordnet wird.

Indem die Bürgen den Wechsel selbst mit unterzeichnen und so als Mitaussteller, trotz ihrer beigefügten Bezeichnung als Bürgen, nach Art. 81 eintreten, bedarf es weder der Präsentation noch des Protestes gegen sie, vielmehr geht, wenn die Zahlung im Geschäftslokal bestimmt wird, auch diese Verpflichtung von selbst auf sie mit über. Und daher treten sie mit dem eigentlichen Schuldner in die gleiche solidarische Haft, so daß sie nicht erst, wenn von diesem keine Zahlung zu erlangen ist, sondern sofort entweder zugleich mit ihm oder auch ohne ihn, belangt werden können. Da es indessen im Interesse der Genossenschaft liegt, die Bürgen so viel wie möglich zu schonen, läßt man die Zwangsvollstreckung immer zuerst gegen den Schuldner allein ausführen, und nimmt die Bürgen erst nach deren fruchtlosem Verlaufe in Anspruch, wenn eine andere Deckung nicht zu erreichen ist.*)

4. Endlich gewährt der eigene Wechsel der Genossenschaft auch in bezug auf die Prolongation den tunlichsten Spielraum.

Da die W.-O. die Wechselprolongation so wenig, wie die Wechselbürgschaft behandelt, so kommt auch hierbei das bürgerliche Recht insoweit in Anwendung, als nicht speziell wechselrechtliche Grundsätze eingreifen.

In dieser Beziehung sind bei der Prolongation besonders die vorstehenden Erörterungen unter 2. über die Notwendigkeit der Präsentation und des Protestes zur Sicherung des Regresses gegen die Nebenverpflichteten zu beachten. Bei den strengen Forderungen der W.-O. (Art. 41ff. und Art. 98, Nr. 6) bleibt nämlich die Vornahme beider Akte, wo es sich um einen solchen Regreß handelt, an den im Text der Wechsels bestimmten Verfalltag gebunden, und darf nicht auf den durch die Prolongation später festgesetzten Verfalltag verschoben werden, widrigenfalls der Verlust des Regreßanspruchs gegen alle Nebenverpflichtete erfolgt, welche sich nicht unmittelbar bei

---

ein, daß auch in diesem Fall der Einwand zulässig wäre. Dieser Standpunkt ist in der erwähnten Entscheidung des Reichsgerichts teilweise aufgegeben, das Reichsgericht hält den Einwand nur dann für zulässig, wenn die Eigenschaft der Wechselzeichner als Bürgen auf dem Wechsel zum Ausdruck gekommen ist.

*) Eine solche, wenn auch nur teilweise Deckung wird aber meist durch das Geschäftsguthaben des Schuldners zu erlangen sein (vgl. S. 115ff.).

der Prolongation beteiligt haben. Im Gegensatz hierzu werden beide Akte wie bei der Bürgschaft so auch bei der Prolongation erspart, sobald man sich der eigenen Wechsel bedient, es sei denn, daß auf dem eigenen Wechsel sich auch Indossanten befinden (S. 172).

Man kann von einer förmlichen Prolongation durch Ausstellung eines neuen Wechsels absehen, um erforderlichenfalls Nachsicht in der Beitreibung einer Wechselforderung eintreten zu lassen. Man verständigt sich beim Nachsuchen einer weiteren Frist mit dem Schuldner, läßt die schriftliche Genehmigung des Bürgen zur Prolongation beibringen und hält den Wechsel einfach so lange zurück, ohne auf diesen selbst über die Stundung einen Vermerk zu bringen, was während der ganzen dreijährigen Verjährungsfrist nach Art. 100 der W.-O. ohne Gefährdung des wechselmäßigen Anspruchs zulässig ist; nur über die Abschlagszahlung wird auf der Rückseite des Wechsels quittiert. — Wir begnügen uns hier mit dieser Feststellung, nehmen im übrigen für die Frage der Befristung und der Prolongation Bezug auf das 10. Kapitel I, II.

Ist auch der eigene Wechsel diejenige Urkunde, welche schon nach ihrer Ausdrucksweise am besten dem einfachen Vorschußgeschäft entspricht, und außerdem die oben bezeichneten aus der Wechselordnung sich ergebenden Vorteile bietet, so ist doch auch bei vielen Vorschußvereinen für den Vorschußverkehr die Tratte — der gezogene Wechsel — im Gebrauch (S. 172) und es ist nicht zu verkennen, daß der gezogene Wechsel infolge der regelmäßig bei Prolongationen erforderlichen Erneuerung des Wechsels die Ordnung der Geschäftsführung sehr günstig beeinflußt; regelmäßige Abrechnung bei Prolongation, pünktliche Zinszahlung, Zustimmung des Bürgen zur Prolongation werden durch den gezogenen Wechsel besser gewährleistet, als durch den eigenen Wechsel. Wegen der zur Erhaltung des Regreßrechts notwendigen Formalitäten ist dann ganz besonders für die Vereinsleitung Kenntnis des Wechselrechts notwendig. Da von den Genossenschaften bei den Darlehen meist Bürgschaft gefordert wird, der Bürge aber nicht wohl als Hauptverhafteter bei dem Geschäft auftreten wird, so muß er als Aussteller, der Kreditnehmer dagegen als Akzeptant auf dem Wechsel stehen.

Bedient sich übrigens die Genossenschaft der gezogenen Wechsel für das Vorschußgeschäft, so sollten diese Wechsel jedenfalls von den wirklichen Geschäftswechseln, die diskontiert werden (S. 178), streng getrennt gehalten werden.

Hat die Genossenschaft einen domizilierten Wechsel genommen, so ist stets zu empfehlen, den Akzeptanten zu benachrichtigen, um etwaigen Wechselfälschungen auf die Spur zu kommen.

Zum Schluß möge noch die Mahnung an die pünktliche Beobachtung der Stempelsteuergesetze eine Stelle finden, mit denen sich die Leiter der Genossenschaften genau bekannt machen müssen, wollen sie nicht in erhebliche Nachteile und Strafen verfallen. Nur zwei besonders wichtige Punkte heben wir hervor.

Es muß der Meinung entgegengetreten werden, der man zuweilen begegnet, daß die Wechsel erst dann stempelpflichtig würden, wenn sie vom Remittenten weiterbegeben werden, daß also die von den Darlehnsempfängern ausgestellten eigenen (trockenen) Wechsel, die den Genossenschaften zur Verbriefung der Darlehen gegeben werden, stempelfrei seien, solange sie im Besitz der Genossenschaft blieben, weil sie ja nicht in Umlauf kämen. Dies ist durchaus irrig, denn nach den §§ 5—7 d. Ges. vom 10. Juni 1869 wird als Teilnehmer an dem Umlaufe eines Wechsels hinsichtlich der Steuerpflichtigkeit angesehen: der Aussteller, jeder Unterzeichner oder Mitunterzeichner eines Akzepts, eines Indossaments oder einer anderen Wechselerklärung, und jeder, der für eigene oder fremde Rechnung den Wechsel erwirbt, veräußert, verpfändet, oder als Sicherheit annimmt usw. Der Wechsel kommt danach in Umlauf, sobald er vom Aussteller aus den Händen gegeben wird. Als einzige Ausnahme hiervon ist gestattet, daß der Aussteller eines gezogenen Wechsels den Wechsel vor Entrichtung der Stempelabgabe, aber lediglich zum Zwecke der Annahme, an den Akzeptanten versenden oder präsentieren darf, wonächst dann der Akzeptant des unversteuerten Wechsels verpflichtet ist, vor Aushändigung des Wechsels die Versteuerung desselben zu bewirken. Demnach muß, wenn der Aussteller oder Akzeptant nicht straffällig sein sollen, der Wechsel vor der Übergabe an die Genossenschaft vorschriftsmäßig gestempelt sein, allenfalls muß die Kassierung der Marken vor der Übergabe des Wechsels an den Kassierer im Vereinslokale durch den Aussteller oder Akzeptanten selbst erfolgen.

Der Wechsel soll also schon vor der Übergabe verstempelt sein, dies wird sich meist nicht durchführen lassen, denn die Personen, die den eigenen Wechsel ausstellen, werden zuweilen nicht imstande sein, die Stempelmarke zu kassieren. In allen solchen Fällen wird das Vorstandsmitglied der Genossenschaft die Marke kassieren, und es kann hierin auch kein Verstoß gegen das Gesetz erblickt werden, denn es ist dann anzunehmen, daß das Vorstandsmitglied von dem Wechseleinreicher Auftrag bekommen hat, die Wechselstempelmarke zu kassieren.

Ferner wird auch die Ansicht vertreten, daß man von der Verstempelung absehen könne, wenn der Wechsel bei der Annahme noch nicht alle Erfordernisse eines solchen enthält, z. B. das Datum offen gelassen ist, um dann dasselbe bei dem Gebrauch auszufüllen. Auch das ist ein Irrtum, denn § 16 des Wechselstempelgesetzes bestimmt, daß der Akzeptant eines gezogenen und der Aussteller eines trockenen Wechsels daraus, daß der Wechsel zur Zeit der Annahmeerklärung oder der Aushändigung mangelhaft gewesen sei, keinen Einwand gegen die gesetzlichen Folgen der Nichtversteuerung desselben entnehmen könne. Hiernach kann derjenige, der ein unvollständig ausgefülltes Wechselformular mit seinem Akzept versieht und in ungestempeltem Zustande einem anderen aushändigt, in Wechselstempelstrafe genommen werden, falls demnächst das Wechselformular ausgefüllt wird und also zur Zeit der Strafverfolgung ein vollständiger, der Wechselstempelsteuer unterliegender Wechsel vorliegt. Wer aber auf die Wechselstempelmarke statt des Datums der tatsächlichen Kassation der Marke das frühere Datum der Ausstellung einschreibt, macht sich möglicherweise der Urkundenfälschung schuldig, zum mindesten ist die Wechselstempelstrafe verwirkt.

Das Reichsgericht hat in dem Urteil vom 19. März 1897 (Bl. f. G. Jahrg. 1898 S. 240) die Ansicht vertreten: „Derjenige, welcher sein Akzept auf ein noch unausgefülltes Wechselformular setzt und dasselbe unversteuert aus der Hand gibt, macht sich daher strafbar, wenn das Blankett später dergestalt ausgefüllt wird, daß ein stempelpflichtiger Wechsel ensteht. Stellt er die Bestimmung der Wechselsumme dem Belieben des Inhabers anheim, so tut er das auf seine Gefahr . . . Belanglos ist der Einwand des Beschwerdeführers, daß er zur Verwendung des erforderlichen Stempels außerstande gewesen sei, weil er nicht gewußt habe, über welche Summe das Wechselformular habe ausgefüllt werden sollen. Verschafft der Blankoakzeptant sich keine Gewähr dafür, daß der Nehmer des Blankoakzepts eine bestimmte Schranke innehält, so ist das seine Sache."

II. Diskontierung von Geschäftswechseln.

Das erste, was sich die Genossenschaften bei Einführung dieses Geschäftszweiges nach den vorstehenden Ausführungen über den Wechselverkehr klar zu machen haben, ist der Unterschied zwischen eigenen (trockenen) — mißbräuchlich sogenannten Solawechseln — und gezogenen Wechseln oder Tratten und die Anwendbarkeit der einen oder der anderen Form, je nach den Verhältnissen (S. 176). Maßgebend bei der Wahl zwischen beiden ist, daß man sich die Bedingungen vergegenwärtigt, auf denen die Entstehung des gezogenen Wechsels überhaupt beruht, durch dessen Diskontieren der Aussteller eine ihm an einen Dritten zustehende Forderung, vor der Fälligkeit, an die Bank verkauft, unter wechselmäßiger Verantwortlichkeit sowohl seitens seiner wie des Schuldners, welch letzterer dieselbe durch Akzept der an ihn in Wechselform erlassenen Zahlungsanweisung an erster Stelle übernimmt. Hier ist natürlich die Tratte die allein anwendbare Form, da sie allein das wirkliche Sach- und Rechtsverhältnis zum Ausdruck bringt. Dabei tritt indessen zunächst die Vorfrage auf, ob die Genossenschaften bei diesem Diskontieren, durch ihr Eintreten als Wechselgläubiger gegen einen Dritten, ihnen oft garnicht angehörigen Schuldner, über den ihnen innerhalb der Reihen ihrer Mitglieder gezogenen Geschäftskreis hinausgreifen. Diese Frage ist durchaus zu verneinen, wenn die Diskontierung für ein Mitglied erfolgt.

Nicht der überwiesene Schuldner, der Akzeptant, obschon seitens der Genossenschaften von diesem zunächst die Zahlung eingefordert werden muß, hat das Geld, das Darlehen, aus der Genossenschaft erhalten, nicht sein, des Akzeptanten, Geldbedürfnis ist dadurch befriedigt, sondern das des Ausstellers, der Mitglied der Genossenschaft ist. Auch ohne wechselmäßig auf seinen Schuldner zu ziehen, könnte der Aussteller, als Darlehensnehmer, seine Forderung an den Dritten, die Genossenschaft zur Sicherheit des erhaltenen Darlehens verpfänden (vgl. hierüber unter VII) und diese müßte bei Realisierung des Pfandes ebenso gegen diesen Schuldner auftreten, dessen Schuld nur als Sicherheitsobjekt für das mit einem Mitgliede gemachte Geschäft dabei in Betracht kommt. Ja selbst ohne Verpfändung der Forderung konnte die Genossenschaft sie, wenn der Darlehnsnehmer nicht zahlte, im Wege der Zwangsvollstreckung sich zu eigener Einziehung durch das Gericht überweisen lassen, und niemand kann behaupten, die Genossenschaft sei deshalb bei dem Geschäfte aus ihrem Kundenkreise herausgetreten.

Inwieweit auch Wechsel für Nichtmitglieder diskontiert werden können, ohne gegen die Verbotsbestimmung in § 8 Abs. 2 d. Ges. zu verstoßen, ist S. 54 ff. dargelegt; es ist zulässig, wenn die Diskontierung zum Zweck der Anlage von Geldbeständen erfolgt.

Dies vorausgeschickt, können wir nur sagen, daß das Diskontieren von Wechseln, wo der Passivverpflichtung des Kreditnehmers eine wirkliche Aktivforderung desselben, ein bereits von ihm erzieltes, geschäftliches Resultat als Unterlage dient, zu den solidesten Geschäftszweigen eines Bankinstituts gehört, welches daher die Kreditgenossenschaften ebenfalls zu pflegen alle Veranlassung haben. Indessen tut dabei große Vorsicht not, wenn es sich um Wechsel handelt, bei denen man weder den Aussteller noch den Akzeptanten kennt, indem die Papiere durch Indossament irgendwie an einen Kunden gelangt sind, welcher sie bei der Genossenschaft anbringen will. Ohne genaue Erkundigung nach den Verpflichteten an deren angeblichen Wohnorten ist man nicht selten schweren Täuschungen ausgesetzt, indem die betreffenden zur Verfallzeit entweder garnicht zu ermitteln oder von vornherein insolvente Leute sind, welche ihre Namen gewerbsmäßig gegen Lohn den Schwindlern zur Verfügung stellen. Die wirtschaftliche Bedeutung des reellen Diskontgeschäfts besteht darin, daß der Diskontierende seine Geschäftsforderungen, ohne deren Fälligkeit abwarten zu müssen, zu Geld machen kann. In den Handelsplätzen sind Geschäftsleute nicht selten, die sogenannte Kellerwechsel in Umlauf setzen, mit den schönsten Firmenstempeln versehen, oft sogar bei bekannten, angesehenen Bankhäusern domiziliert, welch letztere, wenn es zur Einlösung kommt, von den Leuten gar keine Kenntnis haben. Natürlich sind es vorzugsweise Gewerbetreibende in kleineren, vom bankmäßigen Verkehr entfernten Nebenplätzen, auf deren geringere Erfahrung in solchen Dingen man vertraut, und die dann mit den Wechseln zu den Genossenschaften kommen. Daß daraus die ernsteste Verpflichtung für die letzteren zur genauesten Prüfung und Warnung ihrer Mitglieder entsteht, ist gewiß.

Wir haben bereits auf die Notwendigkeit hingewiesen, in allen den Fällen, in denen die Wechsel domiziliert sind, den Akzeptanten zu benachrichtigen, um etwaige Fälschungen aufzudecken.

Nach der vorausgehenden Erklärung des Diskontgeschäfts ergibt sich dann aber auch weiter, daß dieses unter die Kreditgewährungen einzureihen ist, mag man es rechtlich und volkswirtschaftlich als Darlehens- oder Kaufgeschäft charakterisieren, denn die Genossenschaft schießt dem Diskontierenden die Wechselsumme — abzüglich der Zinsen bis zum Verfall — vor. Die Kreditgewährung ist jedenfalls eine tatsächliche Eigenschaft des Diskontgeschäfts und wegen derselben ist dies Geschäft von der Genossenschaft mit der gleichen Vorsicht zu behandeln, wie jede in anderer Form vor sich gehende Kreditgewährung. So hat denn auch der Allgemeine Genossenschaftstag in Gotha (1894) ausgesprochen: „Die Diskontierung von Geschäftswechseln ist ein dem Wechseleinreicher gewährter Kredit. Die Gesuche um Diskontierung von Wechseln unterliegen deshalb wie jedes andere Kreditgesuch den Vorschriften des Statuts über Kreditgewährung"; gleichzeitig ist den Genossenschaften noch folgende Warnung erteilt: „Die Diskontierung nicht akzeptierter Wechsel muß dringend widerraten werden, es sei denn, daß der Einreicher für den zu diskontierenden Betrag noch anderweitige ausreichende Sicherheiten bestellt." Es versteht sich dies eigentlich von selbst, denn aus einem nicht akzeptierten Wechsel haftet der, auf den er gezogen ist, nicht, es bleibt ungewiß, ob der Wechsel überhaupt akzeptiert wird.

In der Regel wird man zwei gute Unterschriften als genügend betrachten. Ist der Akzeptant unbekannt, so wird eine weitere Sicherheit von dem Aussteller gefordert werden.

Vgl. die Geschäftsbedingungen für die Diskontierung von Geschäftswechseln Formular 20.

Die Form der auf einer wirklichen Forderung beruhenden Wechsel ist durch das Sachverhältnis selbst gegeben. Der Inhaber der Forderung zieht als Aussteller des Wechsels auf seinen Schuldner, der die Zahlungsanweisung schriftlich auf dem Wechsel akzeptiert. Ob der Aussteller sich selbst, oder die diskontierende Genossenschaft als Remittenten — Empfänger der Zahlung — bezeichnet und ersterenfalls an die letztere den Wechsel indossiert, bleibt sich dabei gleich, indem er in beiden Fällen, wenn der Akzeptant nicht zahlt, wechselmäßig als Selbstschuldner haftet. Nur, wenn die diskontierende Genossenschaft noch eine dritte Person als Bürgen verlangt, wird man dies in der Art zu erreichen haben, daß der Aussteller den Bürgen als Remittenten im Texte des Wechsels aufführt und dieser sodann den Wechsel auf die Genossenschaft indossiert, wodurch er in die Wechselhaft mit eintritt.

In der Revisorenkonferenz auf dem Allgemeinen Genossenschaftstag zu Kreuznach (1902) ist die Frage behandelt: „Ist es bei Genossenschaften üblich, bei Diskontierung von Wechseln mit Unterschrift mehrerer als zahlungsfähig bekannter Personen oder Firmen, das Mitglied, welches den Wechsel der Genossenschaft gibt, nicht mit der ganzen Summe zu belasten, sondern die Belastung auf die verschiedenen Unterschriften zu verteilen?" Es wurde dabei hingewiesen auf das bei der Reichsbank übliche Verfahren (Bl. f. G. Jahrg. 1895 S. 60), eine anteilsweise Verteilung vorzunehmen. Es ist im höchsten Grade zweifelhaft, ob für die Genossenschaften selbst ein solches Verfahren gesetzlich zulässig ist, denn nach dem Gesetz hat die Generalversammlung die Grenzen festzusetzen, welche bei Kreditgewährung an die Genossen einzuhalten sind, und die Verteilung der Belastung würde zu einer Umgehung dieser von der Generalversammlung gezogenen Festsetzung führen. In der Revisorenkonferenz wurde festgestellt, daß bei einzelnen Genossenschaften die Giroobligos auf die Giranten verteilt werden, es ging aber die überwiegende Meinung dahin, eine solche Praxis bei den Genossenschaften nicht zur Einführung zu empfehlen.

Ganz verschieden von diesem Geschäftszweig ist natürlich der Ankauf von Primadiskonten zur Anlage müßiger Bestände. Unter diesen Primadiskonten werden Wechsel verstanden, die so gut wie „bar Geld" sind, die von ersten Firmen ausgestellt und akzeptiert an der Börse wie Wertpapiere gehandelt werden.

Gehört auch das Diskontierungsgeschäft zu den solidesten Geschäftszweigen, wenn dabei wie vorstehend angeraten, verfahren wird, so ergibt sich aber auch eben daraus, daß nur das Diskontieren guter Wechsel, die am Fälligkeitstage wirklich eingelöst werden sollen, zu den empfehlenswerten Geschäften gehört, und es mögen daher nachstehend einige Grundsätze zusammengestellt werden, welche allgemein zu beachten sind, wobei wir als selbstverständlich voraussetzen, daß die Zahlungsfähigkeit des Bezogenen und der sonstigen Wechselverpflichteten einer sorgsamen Prüfung durch die Genossenschaft unterzogen werden.

1. Es dürfen keine Wechsel zum Diskontieren angenommen werden, deren Ursprung erkennen läßt, daß auf ihren Eingang bei Fälligkeit nicht zu rechnen ist.

2. Desgleichen sind Wechsel zurückzuweisen, die ausgestellt sind, um ein Grundstück zu bezahlen oder die aus Geschäften mit unbeweglichen Gütern herrühren.

3. Desgleichen Wechsel, die ausgestellt sind, um Geldeinschüsse in industrielle Unternehmungen zu machen.

4. Desgleichen Wechsel, die ausgestellt sind, um ältere (verfallende) zu erneuern.

5. Wechsel, welche nur die Unterschrift des Ausstellers enthalten, sind unbedingt zurückzuweisen, unakzeptierten Wechseln gegenüber ist stets die größte Vorsicht geboten, da der Aussteller unbehindert über die zugrunde liegende Forderung verfügen kann, dieselbe auch im Falle

des Konkurses zur Konkursmasse gehört. (Vgl. den oben mitgeteilten Beschluß des Gothaer Genossenschaftstages.)

6. „Ohne-Kosten-Wechsel“ sind dem Bezogenen sofort zur Annahme zu präsentieren und im Falle der Weigerung zu protestieren. Die Klausel auf dem Wechsel „ohne Kosten“ berechtigt den Wechselschuldner nicht, den Ersatz der Protestkosten zu verweigern.

7. Die größte Vorsicht ist geboten, wenn die Genossenschaft mit dem Kunden in Kontokorrent-Verkehr steht und ihm diskontierte Wechsel gutgeschrieben werden, daß keine Überschreitung der Kreditgrenze stattfindet, und die Gutschrift als verfügbares Guthaben angesehen wird. Mit Rücksicht auf die Eigenart des Kontokorrent-Verkehrs möchte es überhaupt zweckmäßig sein, Kontokorrent-Verkehr und Diskont-Verkehr möglichst getrennt zu halten.

8. Mit größter Sorgfalt ist darüber zu wachen, daß keine Reit- und Finanzwechsel (zur Beschaffung von Betriebsmitteln oder zu Spekulationszwecken) diskontiert werden. In der Hingabe von Wechseln zum Diskont unter Täuschung über das zugrunde liegende Rechtsgeschäft liegt ein Betrug.

9. Man hüte sich vor gefälschten Wechseln. Wir haben oben auf die Übung hingewiesen, bei domizilierten Wechseln dem Akzeptanten Nachricht zu geben.

10. Das letzte Giro soll kein Blankogiro sein, sondern auf die Genossenschaft lauten.

III. Beleihung von Wertpapieren usw. (Lombardierung).

Das Lombardgeschäft im weitesten Sinne beschränkt sich nicht allein auf die Beleihung von Wertpapieren. So dehnt sich z. B. der Geschäftsbetrieb der Reichsbank aus: auf Beleihung von Gold und Silber, von Wechseln, von Wertpapieren und Depotscheinen der Reichsbank, von Waren. Für die Kreditgenossenschaften kommt fast nur die Beleihung von Wertpapieren in Frage, ausnahmsweise werden in ländlichen Bezirken auch landwirtschaftliche Produkte beliehen; damit sind jedoch geschäftliche Einrichtungen verbunden, denen die Genossenschaften nur in den seltensten Fällen entsprechen können; so muß die Genossenschaft das Pfandobjekt in einer Dritten erkennbaren Weise in Verwahrung nehmen und ferner in der Regel auch für die sachgemäße Behandlung des Produkts Sorge tragen (vgl. Formular 21). Dagegen wird die Genossenschaft, sobald nur etwas wohlhabendere Mitglieder sich ihr angeschlossen haben, sehr bald in die Lage kommen,

Wertpapiere zu beleihen, da der Besitzer von Papieren, insbesondere bei vorübergehender Inanspruchnahme des Kredits, es vorziehen wird, auf seine Wertpapiere Geld zu leihen, als dieselben zu veräußern.

An und für sich gehört naturgemäß dieser Geschäftszweig zu den sichersten, und es gelten für ihn die gleichen Grundsätze und Formulare, wie für die einfache Darlehensgewährung, wenn für diese die Sicherheit durch Hinterlegung von Wertpapieren bestellt wird. Unbedenklich ist die Beleihung derjenigen Wertpapiere des Inlandes, die von der Reichsbank zu $^3/_4$ des Kurswertes und derjenigen Papiere des Auslandes, die von der Reichsbank zur Hälfte beliehen werden.*)

Die Wertpapiere müssen sich in verkäuflichem Zustande befinden.

Nach Art. 176 Einf.-Ges. zum B.G.B. findet die Außerkurssetzung von Schuldverschreibungen auf dem Inhaberpapier nach dem Inkrafttreten des B.G.B. nicht mehr statt; eine vorher erfolgte Außerkurssetzung hat mit dem Inkrafttreten des B.G.B. ihre Wirkung verloren.**)

Größte Vorsicht ist bei der Beleihung anderer Papiere notwendig; Industriepapiere und ausländische Papiere, die an einer deutschen Börse nicht zugelassen sind, sollten niemals als ausreichende Sicherheit angesehen werden. Es muß dringend vor der Beleihung derartiger Werte gewarnt werden.

Daß die Genossenschaft durch die Beleihung von Wertpapieren nicht dem Börsenspiel der Mitglieder Vorschub leisten darf, braucht kaum hervorgehoben zu werden.

Über die im einzelnen Falle verpfändeten Wertpapiere ist ein spezielles Verzeichnis aufzunehmen, wobei Staats- oder andere öffentliche Papiere nach Serien, Buchstaben und Nummern zu ordnen und die mit den Wertpapieren eingelieferten Zinsscheine — Talons und Zinsscheine dürfen niemals fehlen — genau zu bezeichnen sind.

Die Verpfändung selbst ist ordnungsmäßig zu beurkunden. Ob für den Pfandschein ein Stempel zu verwenden ist, richtet sich nach den Landesgesetzen. Es sei hierbei bemerkt, daß die Reichsbank in der Regel, um die Stempelpflicht einer Verpfändung zu vermeiden, nur ihrerseits einen Pfandschein ausstellt, in dem sie bescheinigt, die betreffenden Objekte als Pfand erhalten zu haben; diesen Pfandschein

*) Vgl. das Verzeichnis der bei der Reichsbank beleihbaren Wertpapiere in Schacht, „Der gesamte Geschäftsverkehr mit der Reichsbank", 6. Aufl. S. 182 ff.

**) Vgl. für die früher geltenden Bestimmungen Schacht, „Der gesamte Geschäftsverkehr mit der Reichsbank", 6. Aufl. S. 55 und die 6. Aufl. dieses Buches S. 147.

erhält der Darlehensnehmer, der über dessen Empfang auf einer Abschrift zu quittieren hat.

Über die Form der Verpfändung und die Geltendmachung des Pfandrechts vgl. Alberti und Scholz: „Das Bürgerliche Gesetzbuch". Wir beschränken uns hier darauf, folgende Grundsätze festzustellen:

Die Verpfändung von Wertpapieren bedarf nicht der schriftlichen Form. Die Rechtsgültigkeit der Verpfändung von Forderungen ist davon abhängig, daß der Verpfänder dem Drittschuldner von der Verpfändung Nachricht gibt.

Für die Verpfändung von Hypothekenforderungen ist unbedingtes Erfordernis Schriftlichkeit, es muß die Forderung schriftlich verpfändet werden und ist der Hypothekenbrief zu übergeben; Hypothekenforderungen, über die kein Hypothekenbrief ausgestellt ist, können nur durch Eintragung im Grundbuch verpfändet werden.

Die Geltendmachung des Pfandrechts ist nicht von einem vorhergehenden gerichtlichen Verfahren abhängig.

IV. Kredit im Kontokorrent.

Seit der immer weiter fortschreitenden Entwicklung der Vorschuß- und Kreditvereine zu wirklichen Volksbanken hat sich die Einführung der Kreditgewährung an die Mitglieder „in laufender Rechnung" (conto corrente), mehr und mehr als ein dringendes Erfordernis herausgestellt.

In der Tat ist diese Art des Geldverkehrs für den Kreditnehmer die vorteilhafteste und bequemste, die es gibt. Er versichert sich durch die Eröffnung eines solchen offenen oder laufenden Konto seitens der Genossenschaft:

1. daß er jeden Augenblick jede ihm gerade genehme Summe, wenn auch nur bis zu einem Höchstbetrage, erhalten, und

2. jeden Augenblick, was er gerade im Geschäfte übrig hat, auf die entnommene Summe zurück-, ja über dieselbe hinaus auf künftige Kredite zum voraus einzahlen kann, und so von jeder Mark und jedem Tage den Zins zieht.

Eine andere Frage ist, wie die Genossenschaften im eigenen Interesse sich dazu verhalten sollen. Da handelt es sich nicht, wie sonst, um ein Darlehensgesuch von bestimmter Höhe auf bestimmte Frist, dessen Gewährung man je nach den jedesmaligen Kassenverhältnissen in der Gewalt hat, und wo auf Wiedereingang des

Geldes am Verfalltage zu rechnen ist; vielmehr muß man innerhalb eines bestimmten, im voraus bewilligten Höchstbetrages zur Zahlung beliebiger Summen jeden Augenblick bereit sein, und kann sich weder auf deren Beträge, noch auf die Zeit, wo sie verlangt werden, vorher mit Sicherheit einrichten. Dasselbe ist hinsichtlich der Einzahlungen auf ein solches Konto der Fall, mögen diese als Rückzahlungen auf gewährten Kredit oder als Einlagen zu künftiger Abhebung geleistet werden. Man weiß weder, wann noch in welchen Beträgen dieselben erfolgen. Man wird zwar den größten Schwankungen dadurch ein Ziel setzen, daß man für die Abhebung größerer Beträge eine vorherige Benachrichtigung erfordert, indessen bleiben die Kassendispositionen doch immer erschwert. Hat freilich dieser Geschäftszweig erst einige Ausdehnung angenommen und geht man in der Einräumung der Kredite nicht zu weit, so gleicht sich unter gewöhnlichen Verhältnissen Geldzufluß und -abfluß in der Regel aus. Folgendes sind die Hauptforderungen, welche bei der Einführung dieses Geschäftszweiges gestellt werden müssen:

1. Wenn eine gewisse bankmäßige Fachkenntnis und Gewandtheit schon zur ordnungsmäßigen Handhabung der Buchführung und der gewöhnlichen Geschäfte nötig ist, so gehört noch außerdem eine bedeutende Umsicht und Erfahrung dazu, um bei den erschwerten Kassendispositionen den Überblick über das Ganze nicht zu verlieren und die eröffneten Konten in richtigen Grenzen in bezug auf die Mittel der Genossenschaft und den Stand des übrigen Geschäfts zu halten.

2. Um auch bei Krediterschütterungen, welche die Zurückziehung der der Genossenschaft geliehenen fremden Gelder zur Folge haben, den Kunden das durch Eröffnung eines laufenden Konto gegebene Kreditversprechen halten zu können, auf dessen Geltendmachung bis zur äußersten Grenze man gerade dann jeden Augenblick gefaßt sein muß, gehört eine sichere Kreditbasis, und ganz besonders dürfen die für die Liquidität der Genossenschaft geltenden Grundsätze (S. 94) nicht aus dem Auge verloren werden, denn um dies nochmals hervorzuheben, die Eigenart des Kontokorrent-Verkehrs liegt darin, daß die Genossenschaft jederzeit bereit sein muß, Geld zu zahlen und Geld anzunehmen. Erwünscht ist daher, daß die Genossenschaft mit bedeutendem Kontokorrent-Verkehr auch auf die Bildung eines angemessenen eigenen Vereinsvermögens bedacht ist.

3. Der Gesamtverpflichtung in laufender Rechnung entsprechende Beträge sind in wirklich disponibeln Mitteln, die in jedem Augen-

blicke zu Geld gemacht werden können, bereit zu halten. Die Großbanken erreichen dies durch Ankauf solcher Wechsel, die jeden Augenblick ohne Verlust wieder in Geld umgesetzt werden können, weit weniger durch Anlagen in Wertpapieren, da auch die besten von diesen bei größeren Krisen Kursrückgänge erleiden, wodurch Verluste entstehen, wenn man die Papiere alsdann versilbern muß (vgl. S. 94 über Anlage müßiger Bestände). Ohne Zweifel sind die Kreditgenossenschaften trotz des Verbots der Darlehensgewährung an Nichtmitglieder zur Diskontierung solcher Wechsel befugt, da sie nur als Anlage von Geldbeständen zu betrachten ist (S. 179).

Haben wir hiermit in Kürze die Voraussetzungen, an welche die Eröffnung dieser Knoten bei den Genossenschaften geknüpft ist, erörtert, so kommen wir nun zu den Grundsätzen, die bei Behandlung dieses Geschäftszweiges zu beobachten sind.

Zu diesem Behufe müssen wir uns zuerst über die verschiedenen Zwecke klar werden, denen solche laufende Konten dienen können. Dieselben werden nämlich erstens ausschließlich zur Kreditgewährung an den Kontoinhaber benutzt, dem, innerhalb der im folgenden angegebenen Grenzen, in beliebigen Beträgen und zu beliebigen Zeiten darauf seinen Geldbedarf zu entnehmen und dagegen ebenso beliebig seine Rückzahlungen zu leisten gestattet ist, wobei er also stets als Schuldner der Genossenschaft in Betracht kommt. Zweitens kann es aber der Zweck des Kontoinhabers sein, durch Anlegung von Geldern bei der Genossenschaft sich deren Verzinsung neben augenblicklicher Verfügbarkeit zu sichern, so daß er diese Einlagen zu jeder Zeit ganz oder teilweise ohne Kündigung herausziehen, oder auch weitere Einzahlungen darauf machen kann. Hierbei ist er, im Gegensatze zu dem ersten Falle, Gläubiger, und die Genossenschaft empfängt von ihm im Grunde nichts, als ein Darlehen ohne Befristung, zu dessen Rückzahlung sie sich, wie bei einem Wechsel auf Sicht, jeden Augenblick ganz oder in Raten bereit halten muß. Endlich können aber auch drittens beide vorher erwähnten Richtungen in einem Konto in der Art zugelassen werden, daß dasselbe zwar hauptsächlich behufs der Krediterteilung der Genossenschaft an den Kunden eröffnet, diesem aber dabei gestattet ist, es nicht nur bei dem Kreditverkehr bewenden zu lassen, sondern auch darüber hinaus Einlagen zu machen, die ebenfalls jederzeit einfach zurückgezogen oder zur Abstoßung später entnommener Kredite benutzt werden können.

Die zweite Art der laufenden Konten, die Annahme verzinslicher Depositen auf jederzeitige Rückzahlung ohne vorherige Kündigung ist oben S. 88 behandelt.

Was die anderen beiden Arten der laufenden Konten anlangt, so ist die erste, wo der Kunde nur als Schuldner in Betracht kommt, unstreitig die einfachste, die Geschäftsübersicht am wenigsten erschwerende, im Vergleiche mit der dritten, wo der Schuldner plötzlich zum Gläubiger werden kann. Es ist daher die Trennung der beiden Konten anheimzugeben, so daß die Entnahme von Geldern auf Kredit und die Einlage verzinslicher Depositen getrennt gehalten wird — wenigstens bei neuen Kreditgenossenschaften ohne geschulte Vorstandsmitglieder.

Vorsichtige Abfassung der Bedingungen ist für den Kontokorrent-Verkehr um so nötiger, weil im H.G.B., mit Ausnahme der Bestimmungen in den §§ 355—357, über die Verzinsung, Rechnungsperiode und Pfandbestellung nichts enthalten ist. Gerade in dem hier erwähnten „Überschuß", dem Saldo, liegt aber die Eigentümlichkeit der laufenden Konten. Eine dauernde Geschäftsverbindung ist es, die gesichert werden soll, bei der nicht die einzelnen, im gegenseitigen Hin- und Herzahlen von Geldern bestehenden Geschäftshandlungen als selbständige Geschäfte in Betracht kommen, sondern nur das Gesamtresultat hiervon, wie es sich am Schlusse des Konto im Kredit und Debet herausstellt. Demnach laufen in dem Konto die Zahlungen beider Teile als beiderseitige Forderungen nebeneinander her, um am Ende zu einer Debet- und einer Kreditsumme zusammengezogen zu werden, nach deren Vergleichung der Überschuß der einen über die andere, der Kredit- oder Debetsaldo, das eigentliche Geschäftsresultat ergibt, welches bei Fortsetzung der Geschäftsverbindung als erster Kredit- oder Debetposten in die neue Rechnungsperiode übertragen wird. Gebhart in seinem Vortrag über den Kontokorrent-Verkehr auf dem Allgemeinen Genossenschaftstag zu Hannover (1900) bemerkt hierzu: „Es ist gerade so, wie wenn ein Chemiker aus verschiedenen Säuren und Basen eine neue chemische Substanz hervorbringt, die alle einzelnen Elemente, aus denen sie zusammengestellt ist, enthält, und doch eine neue von diesen verschiedene Substanz ist; die einzelnen Elemente sind vollständig in ihr aufgegangen. Dieses Verfahren nennt man juristisch: Novation. Der Saldo, die neue Forderung, ist das einzige, richtige, gültige Lebewesen geworden; es können im Kontokorrent-Verkehr die verschiedensten Forderungen enthalten sein, alle sind sie, wenn der Saldo gezogen und anerkannt ist, nicht mehr rechtlich existent." Hieraus ergibt sich als Wirkung, daß durch die Ziehung und Anerkennung des Saldos alle bisher bestandenen Einzelposten wirklich untergehen; es können auch aus den einzelnen Posten keine Einwendungen mehr erhoben werden, es sei denn, daß die Voraussetzungen der ungerechtfertigten Bereicherung (B.G.B. § 812) vorhanden sind. Des weiteren ergibt sich hieraus, daß die Sicherheit, welche für einzelne Posten gewährt ist, z. B. durch Hypothek, Bürgschaften, durch Ziehung und Anerkennung des Saldos erloschen ist. H.G.B. § 356 bestimmt, daß, wenn in den Kontokorrent-Verkehr solche Forderungen, für die eine besondere Sicherheit gegeben ist, aufgenommen werden, diese auch noch bezüglich des Saldos geltend gemacht werden können, aber nur in der Höhe der versicherten Forderung und in Höhe höchstens des Saldos.

Aus der Notwendigkeit des Umsatzes ergibt sich, daß die Genossenschaften das Konto, auf dem ein Umsatz nicht stattfindet, schließen müssen, sie mögen dann mit dem Kontoinhaber einen Darlehnsvertrag vereinbaren.*)

*) Mit Rücksicht auf die Wichtigkeit bringen wir die §§ 355—357 H.G.B. nachstehend zum Abdruck.

§ 355: „Steht jemand mit einem Kaufmanne derart in Geschäftsverbindung, daß die aus der Verbindung entspringenden beiderseitigen Ansprüche und Leistungen nebst Zinsen in Rechnung gestellt und in regelmäßigen Zeitabschnitten durch Verrechnung und Feststellung des für den einen oder anderen Teil sich ergebenden Überschusses ausgeglichen werden (laufende Rechnung, Kontokorrent), so kann derjenige, welchem bei dem Rechnungsabschluß ein Überschuß gebührt, von dem Tage des Abschlusses an Zinsen von dem Überschusse verlangen, auch soweit in der Rechnung Zinsen enthalten sind.

Der Rechnungsabschluß geschieht jährlich einmal, sofern nicht ein anderes bestimmt ist.

Die laufende Rechnung kann im Zweifel auch während der Dauer einer Rechnungsperiode jederzeit mit der Wirkung gekündigt werden, daß derjenige, welchem nach der Rechnung ein Überschuß gebührt, dessen Zahlung beanspruchen kann."

§ 356: „Wird eine Forderung, die durch Pfand, Bürgschaft oder in anderer Weise gesichert ist, in die laufende Rechnung aufgenommen, so wird der Gläubiger durch die Anerkennung des Rechnungsabschlusses nicht gehindert, aus der Sicherheit insoweit Befriedigung zu suchen, als sein Guthaben aus der laufenden Rechnung und die Forderung sich decken.

Haftet ein Dritter für eine in die laufende Rechnung aufgenommene Forderung als Gesamtschuldner, so findet auf die Geltendmachung der Forderung gegen ihn die Vorschrift des Abs. 1 entsprechende Anwendung."

§ 357: „Hat der Gläubiger eines Beteiligten die Pfändung und Überweisung des Anspruchs auf dasjenige erwirkt, was seinem Schuldner als Überschuß aus der laufenden Rechnung zukommt, so können dem Gläubiger gegenüber

Natürlich haben sich durch allgemeinen Brauch **Bedingungen** für den Kontokorrent-Verkehr herausgestellt, die wir, für die Kreditgenossenschaften angepaßt, im **Formular** 22 mitteilen. Als Hauptgesichtspunkte dabei heben wir hervor:

Schuldposten, die nach der Pfändung durch neue Geschäfte entstehen, nicht in Rechnung gestellt werden. Geschäfte, die auf Grund eines schon vor der Pfändung bestehenden Rechtes oder einer schon vor diesem Zeitpunkte bestehenden Verpflichtung des Drittschuldners vorgenommen werden, gelten nicht als neue Geschäfte im Sinne dieser Vorschrift."

Zu § 356 führt Gebhart folgendes Beispiel an:

„Nehmen Sie an, Sie haben in die erste Kontokorrentperiode ein Darlehn von 5000 Mk. aufgenommen, wofür Sie eine Hypothek haben. Nun schließt der Saldo mit 3000 Mk. ab. Da können Sie nun diese Sicherung allerdings noch für den Betrag des Saldos geltend machen, aber nicht höher; und wenn er in der nächsten Periode 7000 Mk. ist, können Sie nicht sagen, hier steckt noch eine Hypothekenforderung von 5000 Mk darin, sondern die Sicherung ist nur für die 3000 Mk. des ersten Saldos noch bestehend. Also, meine Herren, seien Sie da vorsichtig und **nehmen Sie derartige feststehende Forderungen in gesonderten Konten** auf, wenn es auch mehr Arbeit macht."

Zur Erläuterung des § 357 bemerkt Gebhart:

„Eine weitere praktische Bestimmung enthält § 357 H.G.B.; er regelt die **Befugnisse eines dritten Gläubigers**, welcher den etwaigen Anspruch **seines Schuldners auf den Saldo pfänden läßt.** Wenn halbjährlicher Abschluß vereinbart ist, so hätte eine am 2. Februar 1900 angelegte Pfändung die Wirkung, daß der pfändende Gläubiger abwarten muß, ob am 1. Juli 1900, dem ersten Abschlußtermin nach der Pfändung, sich ein Saldo zugunsten seines Schuldners ergeben wird. Nun hätten es die Parteien des Kontokorrent-Verkehrs in der Hand, zu sorgen, daß am 2. Februar 1900 an sich das Verhältnis — durch weitere Kreditgewährungen — so gestaltet würde, daß der pfändende Gläubiger am 1. Juli 1900 keinem Aktivsaldo, sondern einem Passivsaldo seines Schuldners gegenüberstände. Um dies zu verhindern, bestimmt nun § 357, daß von dem Augenblicke der Verpfändung an, dem pfändenden Gläubiger gegenüber keine neuen Schuldposten, welche durch neue Geschäfte nach der Pfändung entstehen, in Rechnung gestellt werden dürfen; es ist also für den pfändenden Gläubiger derjenige Saldo gepfändet, der sich im Augenblick der Pfändung ergibt; wenn also im obigen Falle am 2. Februar 1900 der Schuldner des pfändenden Gläubigers mit 7000 Mk. im Überschusse war, gebührt dieser Saldo dem letzteren.

Dagegen muß sich nach einer weiteren Bestimmung dieses Paragraphen der pfändende Gläubiger gefallen lassen, daß solche Schuldposten, welche zwar erst nach dem 2. Februar 1900 entstanden sind, aber auf Grund von vorher aufgenommenen Verpflichtungen, am Saldo abgezogen werden dürfen.

Nehmen Sie an, daß nach dem 2. Februar 1900 5000 Mk. Kundenwechsel als unbezahlt zurückgehen, welche dem Schuldner vor dem 2. Februar 1900 bei der Hingabe auf das Haben verbucht wurden, so hat der pfändende Gläubiger nur auf 7000 — 5000 = 2000 Mk. Anspruch."

Zunächst ist wichtig die klare Feststellung über den Schluß des Konto, über das Ende der ganzen Geschäftsverbindung. Allerdings kann derselbe fest auf eine gewisse Frist vereinbart, jemandem z. B. ein Konto gleich auf ein Jahr eröffnet werden, indessen bildet die der Natur des Verhältnisses entsprechende Eröffnung des Konto auf unbestimmte Zeit die Regel, da auf eine möglicherweise eintretende Verschlechterung der Kreditverhältnisse des Kontoinhabers Rücksicht genommen werden muß.

Beiden Teilen muß das Recht zustehen, die laufende Rechnung jederzeit aufzukündigen, mit der Maßgabe, daß der Kontoinhaber entweder in kurzer Frist über sein Guthaben zu verfügen oder wenn er in Schuld ist, die Genossenschaft zu befriedigen hat.

Die Genossenschaft wird von dem Rechte der Kündigung insbesondere Gebrauch zu machen haben, wenn der Kontoinhaber es an dem nötigen Umsatz fehlen läßt, weil der Schuldner durch Unterlassen der Einzahlungen seinerseits die erhaltenen Darlehen, der Natur der laufenden Rechnung zuwider, in feste Kapitalanlagen verwandelt.

Ein weiterer Vorbehalt ist noch in anderer Beziehung geboten. Ist eine solche Geschäftsverbindung auf längere Dauer berechnet, so muß auch die Saldierung des Konto während ihrer Dauer in das Auge gefaßt werden. Dies geschieht durch Festsetzung bestimmter Perioden, an deren Schlusse jedesmal die erwähnte gegenseitige Aufrechnung und Aufstellung des Kredit- oder Debetsaldo erfolgt, von dessen ganzem Betrage, wenngleich darunter Zinsen begriffen sind, wiederum Zinsen in Ansatz gebracht werden können. Daß diese Abrechnung unter allen Umständen, wenn das Konto völlig geschlossen werden soll, stattfinden muß — daß sie aber diesen Schluß an sich nicht bedingt, indem der fragliche Saldo ebensogut in die neue Rechnungsperiode übertragen werden kann, wo er den ersten Kredit- oder Debetposten bildet, haben wir bereits dargelegt. Meist wird die Dauer einer solchen Rechnungsperiode auf ein halbes Jahr festgesetzt.

Daß unter allen Umständen die schriftliche Anerkennung des den Saldo ergebenden Rechnungsabschlusses von dem Kontoinhaber erfordert werden muß, bedarf keiner Ausführung, wenn auch nach dem Gesetz mündliche Anerkennung genügen würde; es ist die schriftliche Anerkennung schon notwendig, um dem Aufsichtsrat die Möglichkeit der Kontrolle zu bieten.*)

*) Es soll hier hervorgehoben werden, daß die nach dem Wuchergesetz vom 19. Juni 1893 erforderlichen schriftlichen Rechnungsauszüge von den Genossen-

Ist ein hoher Kredit eingeräumt, so ist es ratsam, dem Kontoinhaber für größere Abhebungen eine ein oder mehrere Tage vorausgehende Benachrichtigung vorzuschreiben.

Bedarf ein Mitglied großen Kredit, so ist zu empfehlen, nicht den ganzen Kredit im Kontokorrent zu gewähren, sondern z. B. einen Teil desselben gegen Akzept des Mitglieds zur Verfügung zu stellen, wenn nicht der Diskonto-Kredit bewilligt werden kann, der sich auch in der Regel für dies Mitglied billiger stellt wie der Kontokorrent-Kredit, wobei sich die Genossenschaft die Möglichkeit sichert, durch Weiterbegebung der Wechsel sich Geld zu beschaffen.

Wegen der Zinsen und Provision muß in den Bedingungen das erforderliche vorgesehen werden. Die bereits erwähnten Umstände, das Erfordernis größerer disponibler Beträge bei dieser Art der Kreditgewährung bedingen schon an und für sich die Ausgleichung durch einen entsprechend höheren Zinssatz nebst Provision, als man ihn etwa beim Diskontieren und dem sonstigen einfachen Wechselverkehr anwendet. Sind doch die Genossenschaften meist gezwungen, sich diese bereiten Mittel, um der Notwendigkeit der Anhäufung müßiger Barbestände zu entgehen, durch Verbindungen mit Großbanken zu sichern, und wo dies der Fall ist, werden sie darauf bedacht sein müssen, die bei den letzteren vorkommenden Zins- und Provisionssätze als Maßstab zu nehmen. Es erscheint für gewöhnliche Verhältnisse angemessen, die Zinsen der Debetposten des Kontoinhabers um 2% pro anno höher anzusetzen, als die für dessen Kreditposten. Um Schwankungen des Geldmarktes Rechnung tragen zu können, wird es zweckmäßig sein, auch die Veränderung des Zinsfußes sofort oder mit Ende der Abrechnungsperiode vorzubehalten, um nicht zum Schlusse des Konto mittels Kündigung genötigt zu sein.

Für den Kontokorrent-Verkehr ist es üblich, außer den Zinsen auch eine Provision zu berechnen, um einen Ausgleich für die Anforderungen zu finden, die an den Kreditgeber gestellt werden. Die Grundsätze, nach denen die Provision berechnet wird, sind sehr verschiedenartige. Man kann im allgemeinen unterscheiden Kreditprovision

---

schaften den Mitgliedern nicht mitgeteilt werden brauchen, denn es heißt daselbst, daß die Bestimmung keine Anwendung findet auf eingetragene Genossenschaften, soweit es sich bei den eingetragenen Genossenschaften um den Geschäftsverkehr mit den Mitgliedern handelt. Es ist aber selbstverständlich, daß im Kontokorrent-Verkehr ein solcher Rechnungsauszug übermittelt wird, um dem Mitgliede die Nachprüfung der Entstehung des Saldos zu ermöglichen.

und Umsatzprovision, je nachdem für die Provisionsberechnung die gewährte Kreditsumme oder der Umsatz auf dem Konto zugrunde gelegt wird. Und bei der Umsatzprovision wieder ist zu unterscheiden eine Provision, die berechnet wird vom Umsatz der Haben- oder Sollseite und eine Provision, der der gesamte Umsatz auf dem Konto zugrunde gelegt wird, wobei dann wieder der Maßstab für die Provision ein verschiedenartiger ist, je nachdem man an und für sich provisionspflichtige Geschäfte über Kontokorrent führt oder gesondert behandelt. Allgemeine Regeln, welche Berechnungsart zugrunde zu legen ist, lassen sich nicht aufstellen, weil die Geschäfte im einzelnen Fall, d. h. die Inanspruchnahme des Kontokorrent-Kredits durch das Mitglied zu verschiedenartige sind. Es soll das Mitglied selbstredend nicht überteuert werden — aber andererseits muß auch die Genossenschaft zur Deckung ihrer Unkosten und Spesen kommen.

Ein Grundsatz wird wohl überall festgehalten, daß der Saldovortrag für die Provisionsberechnung in Abzug kommt, weil für die Summen, die zum Saldo geführt haben, bereits Provision berechnet ist.

Die Kreditgenossenschaften entscheiden sich vielfach für die Provisionsberechnung nach dem Umsatz auf der Debetseite, wobei dann auch zuweilen ein Mindestumsatz zugrunde gelegt wird.

Im Großbankverkehr geht man meist von der Anschauung aus, daß der Provisionsbetrag $^1/_4$ bis $^1/_5$ des Zinsbetrages ergeben muß.

Zur Eigenart des Kontokorrent-Kredits gehört die Zinseszinsberechnung, es werden die Zinsen am Schluß der Geschäftsperiode dem Kapital zugeschlagen und wieder weiter verzinst. Während also bei dem einfachen Darlehnsverkehr die Zinsen bar gezahlt werden müssen, fällt hier die Barzahlung fort, es gehen die Zinsen wie jede Einzelforderung in dem Kontokorrent-Kredit unter. Dabei ist aber zu berücksichtigen, daß nach § 355 des H.G.B. diese Zinseszinsberechnung nur dann platzgreifen darf, wenn der Geschäftsverkehr auch der Rechtsnatur des Kontokorrent-Verkehrs entspricht. Und dazu ist vor allem notwendig, daß auf dem Konto Umsatz stattfindet. Es liegt also kein eigentliches Kontokorrent-Verhältnis vor, wenn die geschäftliche Verbindung nur in einer Reihe einzelner und selbständiger Leistungen besteht, es müssen auch die einzelnen Posten durch eine fortlaufend geführte Rechnung äußerlich verbunden sein.

Weiter kommt die Sicherstellung der Genossenschaft in bezug auf die kreditierte Summe in Betracht, da bei der größeren Gefährlichkeit dieser Kreditgewährung von genügenden Sicherheiten in dieser

Hinsicht noch weit weniger wird abgesehen werden können, ein sog. Blankokredit hier also ganz unzulässig erscheint. Natürlich muß sich die Sicherstellung auf den gesamten Verkehr des Kunden in dem ihm eröffneten Konto, nicht auf die einzelnen darin kreditierten Posten beziehen; außer der Verpfändung von Wertpapieren kommt eine Bürgschaft, unter Umständen auch eine Kautionshypothek in Betracht. Vielfach ist es auch üblich, daß der Kontoinhaber der Genossenschaft einen in deren Gewahrsam bleibenden Wechsel über den Maximalbetrag, den er auf das Konto überhaupt entnehmen darf, ausstellt, um, wenn bei der Abrechnung Reste verbleiben, welche er nicht rechtzeitig deckt, wechselmäßig gegen ihn verfahren zu können. Zu solchen Depotwechseln benutzt man regelmäßig eigene (sog. Sola-) Wechsel, die der Kontoinhaber als Aussteller unterzeichnet. Dieselben werden auf eine bestimmte Zeit nach Sicht gestellt, deren Präsentation nach Art. 19 und 98 Nr. 3 der W.O. nach Maßgabe der darin aufzunehmenden besonderen Bestimmung, und, in deren Ermangelung, innerhalb zweier Jahre nach der Ausstellung erfolgen muß. — Zur Sicherung des Ausstellers gegen eine weitere Begebung des deponierten Wechsels seitens der Genossenschaft dient der darin aufzunehmende Vermerk: „nicht an Order". Der Zweck dieser Wechsel, schleuniges Verfahren, läßt sich aber nach Einführung des Urkundenprozesses auch durch eine einfache Urkunde erreichen. Dazu kommt noch, daß die eigentümliche Rechtsnatur des Kontokorrent-Verkehrs einem chikanösen Schuldner verschiedene Einreden gegen die Klage aus einem solchen Wechsel in die Hand gibt, welche zum mindesten die schleunige Verurteilung aufhalten. Auch selbst wenn man sich einen solchen Depotwechsel ausstellen läßt, darf daher niemals unterlassen werden, mit dem Kontoinhaber einen besonderen Kreditvertrag über den von der Genossenschaft einzuräumenden Kredit und die Bedingungen, unter denen der Kredit gewährt wird, abzuschließen.

So hat denn der Allgemeine Genossenschaftstag zu Neustadt a. H. (1898) den Kreditgenossenschaften empfohlen, bei Einräumung eines Kontokorrent-Kredits durch Abschluß eines Kreditvertrages und eine den Rechtsverhältnissen entsprechende Beurkundung der Sicherstellung die beiderseitigen Rechte und Pflichten zu ordnen.

Einige Erläuterungen sind mit Bezug auf die Bürgschaft notwendig.

Eine Bürgschaft kann dadurch übernommen werden, daß der Bürge den vom Kontoinhaber ausgestellten eigenen Sichtwechsel mit als

Aussteller unterzeichnet. Häufig wird sich aber der Bürge zur Eingehung der strengen wechselmäßigen Verpflichtung nicht bereit finden. Und da, wie bemerkt, die Genossenschaft bei dem Depotwechsel für den Kontokorrent-Kredit chikanösen Einreden ausgesetzt ist, erscheint es besser, den Bürgen in den Kreditvertrag derart aufzunehmen, daß er für den darin eingeräumten Kredit die Bürgschaft übernimmt, dann ist Schuld- und Bürgschaftsverhältnis vollständig klargestellt.*) Dabei ist es dann auch möglich, dem Bürgen seine Verpflichtung zu erleichtern, was in Berücksichtigung der außerordentlichen Wichtigkeit der Bürgschaft für die Genossenschaften nur ratsam ist. So würde sich namentlich gegen die Gestattung der Kündigung der Bürgschaft durch den Bürgen selbst mit der Wirkung, daß derselbe für die von einem gewissen Zeitpunkt ab vom Kontoinhaber nachgesuchten Kredite nicht mehr bürgschaftlich haftet, nichts einwenden lassen. Selbstverständlich wird von der so herbeigeführten Endigung der Bürgschaft ab der Kreditgeber der Zusage der Kreditgewährung gegen den Kontoinhaber, welche nur unter Voraussetzung der Bürgschaft erteilt war, enthoben. Ob durch eine solche Kündigung das Ende der Bürgschaft sofort mit deren Einreichung bei der kreditgebenden Genossenschaft bewirkt wird, oder erst mit Ablauf einer Frist von diesem Zeitpunkte ab eintreten soll, bleibt sich hinsichtlich der Wirkung für den Kredit-

---

*) Es ist auch behauptet, z. B. im Kommentar zur Wechselordnung von Bernstein, daß ein Nach-Sichtwechsel mit **mehreren** Ausstellern nicht gültig ist. Freilich wird nach der neuesten Rechtsprechung diese Ansicht nicht geteilt werden können. Nach einer Entscheidung der vereinigten Zivilsenate des Reichsgerichts vom 31. Mai 1900 ist ein gezogener Wechsel nicht schon deshalb ungültig, weil er mehrere Personen als Bezogene neben einander bezeichnet. Das Reichsbankdirektorium hatte mit Bezug auf diese Entscheidung an die Reichsbankstellen unter dem 30. Juli ein Zirkular gerichtet (vgl. Bl. f. G. Jahrg. 1900 S. 345), in dem es heißt: „Unter Aufhebung der allgemeinen Verfügung vom 12. August v. J. Nr. 12152 ermächtigen wir daher die Reichsbankanstalten, solche Wechsel dann anzukaufen, wenn die Bezogenen neben einander benannt sind und für alle Bezogenen ein und derselbe Wohnort angegeben ist. Auf letzteres Erfordernis kommt es jedoch nicht an, wenn für den Wechsel ein eigener Zahlungsort (und zwar derselbe für alle Bezogenen) bestimmt ist.

Wechsel, auf denen mehrere Bezogene derart benannt sind, daß nur der eine **oder** der andere, oder der eine **nach** dem andern zur Zahlung aufgefordert wird, oder ein jeder nur **anteilmäßig** haften soll, sind ungültig und vom Ankauf auszuschließen.

Sichtwechsel auf mehrere Personen sind allen Bezogenen an demselben Tage zu präsentieren, wenn sie nicht rechtsunwirksam werden sollen."

geber und Kreditnehmer gleich, indem in beiden Fällen der Schluß des Konto mit dem Ende der Bürgschaft zusammenfällt und muß das nähere deshalb der Vereinbarung zwischen den Beteiligten überlassen werden.

Stets sollte daran festgehalten werden, daß der Kontokorrent-Kredit dem Mitgliede eingeräumt wird, mit dem der Kontokorrent-Kreditvertrag eingegangen ist, und daß sich der Kredit nicht auch auf die Rechtsnachfolger des Mitgliedes bezieht; als Grundsatz ist aufzustellen, daß beim Tode des Kontoinhabers Abschluß des Kontos erfolgt, und daß, wenn z. B. die Witwe des verstorbenen Mitgliedes das Konto fortsetzen will, ein neuer Kreditvertrag abzuschließen ist.*)

Besondere Sorgfalt ist auch notwendig bei Erhöhung des Kontokorrent-Kredits, insbesondere dann, wenn der Kontokorrent-Kredit durch Bürgschaft gesichert ist, weil die Erhöhung des Kontokorrent-Kredits eine Veränderung der Sachlage dem Bürgen gegenüber zur Folge hat und daher leicht Streitigkeiten mit dem Bürgen entstehen können. Es ist folglich zweckmäßig, bei derartigen Krediterhöhungen völlige Klarheit zu schaffen. Drei Fälle sind zu unterscheiden:

1. Die Genossenschaft hat zwei Bürgen, die solidarisch bis zum Betrage des erhöhten Kredits der Genossenschaft haftbar sind — dann kann die gewöhnliche Bürgschaftsurkunde gebraucht werden.

2. Der zweite Bürge haftet neben dem ersten für den bisherigen Betrag und darüber hinaus bis zum erhöhten Betrage.

Formular: Wir leisten für die durch Benutzung des nach der vorstehenden Urkunde gewährten Kredits der (Firma der Genossenschaft) erwachsende Forderung an Kapital bis zum Betrage von .... Mk. hierdurch Bürgschaft.

Ferner übernehme ich, der unterzeichnete ...... noch weiter Bürgschaft bis zu einem den vorstehend angegebenen Betrag um ...... Mk. übersteigenden Betrag, der sich durch Benutzung des nach oben stehender Urkunde bewilligten Kredits ergibt.

3. Die Bürgschaft schließt sich an die erste an, erstreckt sich nicht auf den durch den ersten Bürgen sichergestellten Betrag.

Formular: Wir Unterzeichneten leisten für die durch Benutzung des nach der vorstehenden Urkunde gewährten Kredits der

*) Vgl. hierüber auch die in Bl. f. G. Jahrg. 1897 S. 42 mitgeteilte gerichtliche Entscheidung.

(Firma der Genossenschaft) erwachsende Forderung hierdurch Bürgschaft, und zwar übernimmt der unterzeichnete A. die Bürgschaft bis zu einem Betrage von ...... Mk., der unterzeichnete B. für einen weiteren Betrag von ...... Mk.

Über die verschiedenen Arten der Sicherheitsbestellung für den Kontokorrent-Kredit, insbesondere über die Sicherheitshypothek vgl. Dr. Alberti und Dr. Scholz: „Das Bürgerliche Gesetzbuch".

Daß die Höhe des in dem Konto zu beanspruchenden Kredits, d. h. der Höchstbetrag, über welchen der Debet-Saldo des Kontoinhabers nicht hinausgehen soll, bei Vereinbarung der Bedingungen mit ihm festgestellt werden muß, und daß dies einerseits von den Kassenverhältnissen der Genossenschaft, andererseits von der durch den Kreditnehmer gebotenen Sicherheit abhängt, werden wir nur zu erwähnen brauchen.

Endlich empfehlen wir noch einen allgemein eingeführten Brauch. Es müssen den Genossenschaften über jede einzelne Zahlung an die Kunden von diesen, und den Kunden über jede einzelne Zahlung an die Genossenschaft von der letzteren spezielle Quittungen ausgestellt werden. Obschon nun dadurch der Beweis für die beiderseitigen Leistungen gesichert ist, wird dennoch außerdem dem Inhaber eines Konto für Kreditgewährungen ein Buch ausgehändigt, in welches diese Zahlungen nach der Zeitfolge von der Genossenschaft eingetragen werden (Formular 22). Durch dieses Buch, das Duplikat des Konto, erhält der Kontoinhaber die vollständige Übersicht über den Stand seiner Verpflichtungen und kann die Richtigkeit aller Eintragungen prüfen.

V. Akzeptkredit.

Es kommt nicht selten vor, daß zwischen Geschäftsleuten an verschiedenen Orten ein Abkommen getroffen wird, wonach der eine auf den anderen bis zu einem gewissen Betrage mittels solcher Tratten ziehen darf, zu deren Akzept sich der andere verpflichtet hat. Gewähren die Kreditgenossenschaften ihren Kunden diesen Akzeptkredit, so ändert sich natürlich ihre ursprüngliche Stellung im Diskontgeschäft dahin:

a) daß sie aus Remittenten zu Akzeptanten, aus Wechselgläubigern zu Wechselschuldnern an erster Stelle werden; wogegen

b) der Kunde nicht direkt von ihnen, sondern von einem Dritten Valuta erhält, an welchen er entweder den Wechsel verkauft, oder dem er mit dem Wechsel eine Schuld abträgt, so daß nun dieser Dritte die Stelle des Wechselgläubigers gegen die Genossenschaft einnimmt.

Schon diese Verschiebung des ganzen Verhältnisses macht die Stellung der Genossenschaft dabei ungünstiger und diese Art der Kreditgewährung deshalb bedenklich. Unter keinen Umständen soll man auf ein derartiges Abkommen ohne die ausreichendste Sicherstellung wegen der zur Verfallzeit bereiten Deckung seitens des Kunden eingehen. Denn offenbar liegen die Dinge so, daß diese Art der Krediterteilung vom Schuldner leichter wie jede andere zu gefährlichen Ausschreitungen mißbraucht werden kann. Jedenfalls muß daher mit demselben eine schriftliche Einigung über die Höhe und Bedingungen dieses Kredits, selbstverständlich mit Ausschluß aller Sichtwechsel, getroffen werden, in welcher er sich zu pünktlicher Deckung der Akzepte zur Verfallzeit gegen die Genossenschaft mit angemessener Provision, sowie Erstattung aller Zahlungen und Unkosten usw. verpflichtet, widrigenfalls das Abkommen sogleich aufgehoben wird. Die Sicherstellung wegen der Deckung erfolgt sodann am zweckmäßigsten durch Pfänder, Wertpapiere, deren schleuniger Veräußerung nichts im Wege steht.

Es ist den Genossenschaften die Gewährung von Akzeptkredit im allgemeinen zu widerraten wegen der mit der Einräumung desselben verbundenen weitgehenden Verpflichtungen, die besonders dann schwerwiegend sind, wenn es dem Kunden überlassen bleibt, nach Belieben über diesen Kredit zu verfügen. Dazu kommt dann noch die Wechselstrenge, die schleunige Zahlung erfordert oder Protest, wenn dieselbe nicht erfolgt. Kommen solche Proteste häufiger vor, so wird der Kredit der Genossenschaft davon nachteilig beeinflußt. Auch allein der Umstand, daß die Genossenschaft in größerem Maße Akzeptkredit gewährt und daß auf sie viele Wechsel laufen, berührt ihren Kredit nachteilig, da dem Gläubiger dadurch die Beurteilung der Sicherheit und Liquidität erschwert wird.

Was die Buchung des Akzeptkredits betrifft, so ist folgendes zu berücksichtigen:

Für das Akzept der Genossenschaft ist diese der Hauptverpflichtete, und sie muß das Akzept am Verfalltage aus eigenen Mitteln einlösen, gleichgültig, ob das Mitglied, zu dessen Gunsten sie das Akzept ausgestellt hat, ihr die dazu erforderlichen Gelder rechtzeitig eingehändigt hat oder nicht. Sie kann ihre Zahlungspflicht nicht auf letzteres abwälzen, der Inhaber des Wechsels kennt nur den Akzeptanten als Schuldner und von diesem verlangt er Zahlung, die am Verfalltage geleistet werden muß, soll der Kredit des Akzeptanten nicht unwiederbringlich verloren gehen. Daraus ergibt sich, daß die Genossenschaften ihre Akzepte am

Tage der Vollziehung ordnungsmäßig dem Kredit ihres Akzeptkontos zuschreiben und gleichzeitig dem Debet des betreffenden Mitgliedes belasten müssen. Die Akzeptkredite erscheinen dann als Passiven in der Bilanz.

Auf dem Allgemeinen Genossenschaftstag zu Hannover (1900) fand ein Austausch der Ansichten über die Erfahrungen mit dem von den Kreditgenossenschaften ihren Mitgliedern gewährten Akzeptkredit statt. Wegen der Wichtigkeit der Sache lassen wir nachstehend die Ausführungen des Referenten, des Direktors der Deutschen Genossenschaftsbank, Thorwart, im Wortlaut folgen:

„Bezüglich des Akzeptes müssen wir die doppelte Eigenschaft desselben beachten, es gibt Kredit an denjenigen, zu dessen Gunsten es ausgestellt wird, und nimmt Kredit von demjenigen, der es kauft. Diese beiden Eigenschaften des Akzeptes können nicht voneinander getrennt werden. Das Mitglied, das auf seinen Vorschußverein einen Wechsel zieht, empfängt durch dessen Akzept einen zwar nicht sofort, sondern erst am Zahlungstage fälligen Kredit, der Vorschußverein wird aber gleichzeitig den Betrag des Akzeptes an denjenigen schuldig, in dessen Händen sich dieses jeweils befindet. Bei dem Umstande, daß unsere Vorschußvereine unter verschiedenen Formen Kredit in Anspruch nehmen, muß man die Frage, ob Vereine Akzeptkredit gewähren sollen, mit unter dem Gesichtspunkt betrachten, ob ihnen anzuraten ist, ihre Verpflichtungen durch Ausstellung von Akzepten zu erhöhen. Die Vereine nehmen bekanntlich Kredit in der Form von Spareinlagen, Bankkredit durch Entleihung baren Geldes, Wechseldiskontierung und Trassierung auf den Bankier in Anspruch. Charakteristischer Weise unterscheiden sich Norddeutschland und Süddeutschland in der Anwendung der beiden letzten Formen ganz wesentlich. In Norddeutschland kommt es selten vor, daß die einzelnen Kreditgenossenschaften Akzeptkredit seitens des Bankiers in Anspruch nehmen, sie diskontieren vielmehr ihre Kundenwechsel bei diesem, dagegen ist in Süddeutschland ganz gebräuchlich, daß die Vereine ihren Geldbedarf durch Trassierung auf den Bankier decken, während hier wiederum das in Norddeutschland übliche Diskontgeschäft nur sehr selten geübt wird. Sie werden in dem Jahrbuch der Anwaltschaft finden, daß Ende 1898 von den 835 Vereinen, welche ihre Abschlüsse veröffentlicht haben, 120 Vereine 7 586 500 Mk. Kredit in Form von Akzeptverpflichtungen gewährt haben, dies sind etwa 14% der berichtenden Vereine. Die Vereine der Verbände von Magdeburg, Pommern und dem Königreich Sachsen verzeichnen überhaupt keine Akzeptverpflichtungen. Von den Vereinen des Norddeutschen Verbandes waren es nur 2%, welche Akzeptverpflichtungen aufwiesen; sie steigern sich in Thüringen und der Provinz Sachsen auf 3%, in Berlin auf 4%, in Ost- und Westpreußen auf 6%, in Schlesien auf 8%, im Norddeutschen Verband, der Lausitz und Posen auf 9—10%, um dann im Mittelrhein, in Rheinland und Hessen (Darmstadt) auf 15—21% zu springen; in Oberbaden betrug die Zahl schon 26%, in Unterbaden 46%, in Bayern 33%, in Württemberg 23%, und in der Pfalz sogar an 80%. Wir sehen also eine Steigerung von 2% in Norddeutschland auf 80% in Süddeutschland. Ein Gleiches findet sich in der Höhe der Ziffern, in welchen die Vereine Akzeptkredit Ende 1898 ausstehen hatten. Während im Durchschnitt bei dem Norddeutschen Verband nur 700 Mk. auf den Verein entfallen, steigt dieser Betrag im mittelrheinischen Verband auf 62 500 Mk., um in der Pfalz mit 86 900 Mk. die Höchstgrenze zu erreichen. — Aus dieser Verschiedenheit der angegebenen Zahlen geht hervor, daß die Frage nicht für ganz Deutschland einheitlich zu beurteilen, sondern unter Berücksichtigung der provinziellen Verhältnisse zu behandeln ist.

Die Vorteile des Wechselakzeptierens seitens der Genossenschaften zugunsten des Mitgliedes liegen auf der Hand. Geben Sie einem Mitgliede ein Akzept, so ist es in der Lage, dies Akzept selbst bei dem heutigen (1900) hohen Diskontsatz der Reichsbank zu billigerem Zinsfuß in Zahlung zu geben oder zu verkaufen, als wenn Sie dem Mitglied einen Bargeldkredit zu dem für diesen üblichen Zinsfuß gewähren. Weiterhin werden die Vereinsvorstände wohl zur Ausstellung von Akzepten veranlaßt, wenn z. B. unvermutet ein größerer Geldbetrag gefordert wird und die Kasse momentan nicht darauf vorbereitet ist. Man kann alsdann durch Einhändigung des Akzets sofort das Bedürfnis des Kunden befriedigen, ohne die vorherige Geldbeschaffung abwarten zu müssen. Ferner ist anderwärts der Gesichtspunkt maßgebend, daß man die Summe der gewährten Kredite durch Hinausgabe von erst nach einem, zwei oder drei Monaten einzulösenden Akzepten erhöhen kann, obgleich die Kasse zunächst dadurch nicht in Anspruch genommen wird. Endlich kommt auch noch der Umstand der Billigkeit hinzu: Der Verein spart die Provision, die er zahlen muß, wenn er auf den Bankier trassiert und diese Tratten seinen Kunden einhändigt. Um diese Provisionsersparnis kann der Verein also seine Kunden billiger bedienen.

Der uns heute beschäftigende Gegenstand hat schon auf einem früheren Vereinstag zur Diskussion gestanden. Es ist charakteristisch, daß die Frage, ob es zweckmäßig ist, daß die Vereine Akzeptkredit gewähren sollen, gerade zum ersten und einzigen Male auf einem süddeutschen Unterverbandstage, dem mittelrheinischen im Jahr 1876, besprochen worden ist und daß die Anschauungen, die dort als maßgebend angesehen wurden, auf dem Allgemeinen Vereinstage in Danzig von süddeutschen Mitgliedern zur Erörterung kamen. Schulze-Delitzsch hat schon vorher die Akzeptgewährung seitens der Vorschußvereine in seinem Buch „Vorschußvereine als Volksbanken" behandelt, und zwar wesentlich unter dem Gesichtspunkt, daß damit die Vereine einen an einem späteren Tage fälligen Kredit in Anspruch nehmen. Zu dessen Sicherung empfiehlt er, daß das Mitglied, zu dessen Gunsten der Verein unter Akzept tritt, sich schriftlich verpflichten soll, dem Verein vor der Fälligkeit Deckung für das Akzept einzuhändigen, entweder in Effekten oder indem das Mitglied einen Solawechsel unterschreibt. Die Erfahrung hat aber gezeigt, daß diese Vorsichtsmaßregel nicht ausreichend ist, um dem Verein die Mittel zur Einlösung des Akzepts zu sichern. Am Fälligkeitstage muß letzteres unbedingt gezahlt werden, und man kann dann nicht erst zum Verkauf von Wertpapieren oder zur Einklagung von Solawechseln schreiten, auch ist der Kreditnehmer häufig beim besten Willen außerstande, rechtzeitig Deckung zu schaffen. Daher ist es für den Akzeptanten notwendig, selbst mit den nötigen Reserven ausgerüstet zu sein, ohne Rücksichtnahme auf fremde Hilfe, d. h. auf die Hilfe dessen, dem der Kredit in Form des Akzepts gewährt wurde. Wir brauchen daher zur Sicherung unserer Akzeptverpflichtungen Geschäftswechsel, auf deren Versilberung am Fälligkeitstage unbedingt gerechnet werden kann, die wir also jederzeit bei der Reichsbank diskontieren können. Daß solche Ausrüstungen zur Einlösung des Akzepts vorhanden sind, muß auch der Akzeptinhaber wissen, damit die Güte des Akzepts, d. h. der Kredit des Akzeptanten nicht in Frage gestellt wird. Der Akzeptant muß also nicht nur den Willen, sondern auch die Fähigkeit zur Zahlung am Fälligkeitstage haben.

Auf dem Allgemeinen Vereinstage in Danzig war es der Vertreter des Vorschußvereins in Wiesbaden, der einen Antrag: „Es ist den Vorschußvereinen nicht zu empfehlen, Wechsel zu akzeptieren," einbrachte. Der Referent erwähnte die große Annehmlichkeit, die für die Mitglieder eines Vereins bestehe, wenn sie über den Akzeptkredit desselben verfügen könnten. Deshalb gewönnen auch diese Geschäfte da, wo sie zugelassen seien, eine große Ausdehnung; aber darin läge eine ernste Gefahr, namentlich wenn unruhige Zeiten kämen und die großen Banken ihre Hilfe plötzlich versagten, wie wir es 1866 und 1870 erlebt hätten. Der Referent hielt es daher für seine Pflicht, die Vereine zu warnen, diesen Weg zu betreten. Wieder sind es hauptsächlich süddeutsche Vertreter, die an der Debatte teilnehmen. Der Antrag wurde angenommen.

Trotz des Beschlusses von Danzig können wir ja zahlenmäßig konstatieren, daß der Akzeptkredit im allgemeinen sowohl, wie unter den Kreditgenossenschaften seitdem an Ausdehnung gewonnen hat, und dies läßt sich leicht begreifen, ist doch der Zinsfuß der Reichsbank von Jahr zu Jahr immer billiger geworden. Für die Vorschußvereine speziell kommt aber in Betracht, daß in dem Maße, in welchem ihre geschäftliche Ausdehnung in dem Kreis der Kaufleute zugenommen hat, sie von diesen mehr und mehr um Gewährung von Akzeptkredit angegangen werden. Die erhebliche Vermehrung der Bankiersakzepte in den letzten Jahren hat dazu geführt, daß man sich in den Bankkreisen über einige hierauf bezügliche Grundsätze verständigt hat, welche für diejenigen Wechsel gelten sollen, denen man den Charakter als Privatdiskontpapier beilegt. Man verlangt dieserhalb, daß kein Bankier Wechsel akzeptieren soll, der selbst wiederum den Kredit einer Bank in Anspruch nimmt, der fernerhin Wechsel gewerbsmäßig weiter diskontiert, weil man sich sagt, daß die Kumulierung von Akzeptkredit und Diskontkredit zu große Dimensionen annehmen kann, und der endlich nicht ein eigenes großes Vermögen besitzt. Bezüglich dieses letzten Punktes erwähne ich ebenso, daß die Reichsbank seiner Zeit, als sie Wechsel zu dem Privatsatz ankaufte, verlangte, daß der akzeptierende Privatbankier ein Vermögen von, soviel mir bekannt ist, anderthalb Millionen Mark sein eigen nannte.

Wollen wir nun den Maßstab dieser Forderungen an die Akzepte unserer Vorschußvereine legen, so brauchen wir kein Hehl daraus zu machen, daß sie bei den meisten derselben nicht zutreffen. Wir haben eine ganze Reihe von Vereinen, die nur ein verhältnismäßig kleines Kapital besitzen, und die fortwährend den Bankier brauchen, um die laufenden Verpflichtungen zu erfüllen, die aber trotzdem Akzeptverpflichtungen eingehen. Wenn wir ferner fragen, in welcher Weise unsere Vorschußvereine Fürsorge für die Einlösung ihrer Akzepte treffen, so ist es auch in dieser Beziehung nicht zum Besten bestellt. Sie verlassen sich darauf, daß bis zum Einlösungstermine genug Geld eingehen wird, und wenn kein Geld da ist, trossiert man auf den Bankier, der schließlich doch aushelfen muß. Daß hierin eine große Gefahr liegt, ist augenscheinlich. Es ist sehr bezeichnend, daß in der Provinz Sachsen und in den angrenzenden Preußischen Landesteilen das Risiko des Akzepts dem ursprünglichen Kreditnehmer aufgebürdet wird, was auch an und für sich das durchaus Richtige ist. Kommt dort der Kunde zum Bankier und verlangt ein

Darlehen, so muß der Kunde einen Wechsel über den betreffenden Betrag akzeptieren, während der Bankier den Wechsel als Aussteller unterschreibt und dann an die Reichsbank oder anderswohin giriert. Hier ist der Schuldner der Erstverpflichtete, der s. Z. für die Einlösung des Wechsels auch in erster Linie zu sorgen hat. Dieser Wechsel stellt also das Schuldverhältnis ganz richtig dar.

Eine solche Forderung in Süddeutschland zu stellen, ist aber dort ganz unmöglich. Niemand würde sich darauf einlassen. Sie sehen also, wie verschieden in Norddeutschland und Süddeutschland die Formen sind, in denen dieses Geschäft betrieben wird.

Wenn wir die uns vorgelegte Frage in ihrer Allgemeinheit beantworten wollen, so kann man wohl sagen: unsere Vereine werden sich nicht mehr weigern können, ihren Kunden Akzeptkredit zu geben, aber sie sollen diesen beschränken auf die Begleichung von Warenschulden ihrer Mitglieder, sie sollen aber nicht diesen einen Akzeptkredit geben zur Vergrößerung ihres Geschäftskapitals; die Mitglieder sollen also nur Akzeptkredit erhalten, wenn sie vorübergehend Geld gebrauchen. Die Vorschußvereine dürfen aber endlich nur als Akzeptanten ausstellen, wenn sie genügendes eigenes Kapital haben und nicht auf den Bankierkredit angewiesen sind, und ferner nur dann, wenn sie über genügend flüssige Mittel verfügen, so daß sie in der Lage sind, das Akzept an dem Tage zu zahlen, wo es fällig wird, ohne fremde Hilfe in Anspruch zu nehmen, endlich muß das Akzept dem Mitgliede an dem Tage in den Büchern des Vereins belastet werden, wo es ausgestellt wird, so daß die Forderung an das Mitglied auf der einen Seite und die Akzeptschuld des Vereins auf der anderen Seite in den Büchern des Vereins an demselben Tage zum Ausdruck kommen, an welchem das Akzept gegeben wird. Wollten Sie anders verfahren, und das Akzept erst dann dem Mitglied zur Last schreiben, wenn es fällig ist und von Ihnen eingelöst wird, so verstoßen Sie gegen den Grundsatz, daß Ihre Bücher eine genaue Übersicht Ihrer Verbindlichkeiten und Forderungen gewähren sollen, was ja auch das Handelsgesetzbuch Ihnen zur Pflicht macht."

Schließlich wurde auf Antrag des Mitberichterstatters, Direktor Lorenzen-Speier folgender Beschluß gefaßt:

„Es ist den Genossenschaften nur dann zu empfehlen, ihren Mitgliedern Akzeptkredit zu gewähren, wenn folgende Voraussetzungen zutreffen:

1. Die Genossenschaft muß unter fachmännischer Leitung entwickelt sein.
2. Die Tratten der Mitglieder sollen nur zur Deckung von Warenverbindlichkeiten bestimmt sein.
3. Die Genossenschaft muß zur Deckung der laufenden Akzeptverbindlichkeiten stets reichliche liquide Mittel besitzen.
4. Akzepte werden nur in dem Rahmen bewilligter, beziehungsweise gedeckter Kredite geleistet."

VI. Kautionskredit.

Die Gewährung von Kautionskredit gehört zu den neueren Geschäftszweigen der Kreditgenossenschaften und hat in verhältnismäßig wenigen Jahren sehr weite Verbreitung gefunden. Vielfach wird über die Submissionsbedingungen Klage geführt, und eine der Beschwerden der Gewerbetreibenden geht dahin, daß die Ansprüche, die seitens des Ausbietenden an den Bieter mit Bezug auf die Kaution gestellt werden, so weit gehen, daß nur ein wohlhabender Gewerbetreibender in der Lage ist, denselben zu entsprechen.

Der Kautionskredit kommt aber nicht bloß bei Submissionen, sondern auch noch in vielen anderen Fällen in Betracht, so z. B. bei Frachtstundung und Steuerkredit.

Die Kreditgenossenschaften haben sich mit der Frage zum erstenmal auf dem Allgemeinen Genossenschaftstag zu Baden-Baden (1901) beschäftigt. Daselbst wurde „bankmäßig entwickelten Kreditgenossenschaften" empfohlen:

„als neuen Geschäftszweig die Hergabe ihres Akzeptes zum Zwecke der Bestellung von Lieferungskautionen für ihre Mitglieder aufzunehmen. Es ist hierbei jedoch ein angemessener Höchstbetrag einzuhalten und ferner zu fordern:

1. daß für die Verbindlichkeit der Genossenschaft eine gleiche Sicherheit seitens des Genossen gestellt wird, wie sie bei jeder anderen Art von Kreditgewährung notwendig und üblich ist,
2. daß die Akzeptverbindlichkeit nur solchen Personen gegenüber eingegangen wird, die nach ihrer geschäftlichen Grundlage, wie nach ihrer gewerblichen Leistungsfähigkeit vertrauenswürdig erscheinen,
3. daß Vorkehrungen zur Verhütung einer mißbräuchlichen Verwendung des Akzepts getroffen werden,
4. daß eine besondere und regelmäßig zu kontrollierende Liste der zu Kautionszwecken gegebenen Akzepte geführt wird"

Es ist kennzeichnend, daß die Anregung vielfach mit einem gewissen Mißtrauen aufgenommen wurde und daß unter Kautionskredit fast ausschließlich nur der Akzeptkredit verstanden wurde, der den Mitgliedern zur Verfügung gestellt werden könnte. In der Praxis hat dann aber die Gewährung von Kautionskredit bald eine sehr weitgehende Anwendung gefunden, und man hat in der verschiedensten Form den Mitgliedern Kautionskredit zur Verfügung gestellt, z. B. in der Form eines Sparkassenbuches der Kreditgenossenschaft, selbst in der Gewährung von Wertpapieren (vgl. Formular 23).

Erfreulicherweise kommen auch die Behörden den Kreditgenossenschaften hierbei mehr und mehr entgegen. Wir entnehmen hierüber einem Aufsatz in den Bl. f. G. Jahrg. 1904 S. 43, daß in letzter Zeit aus Anlaß von Einzelfällen der Minister für Landwirtschaft, Domänen und Forsten und der Minister für öffentliche Arbeiten, sowie der Kriegsminister die Kautionsbestellung durch Genossenschaften für zulässig erklärt haben. Der Finanzminister hat in einem an den Anwalt

Dr. Crüger gerichteten Erlaß vom 20. Jan. 1904*) sich in ähnlichem Sinne ausgesprochen und ebenso das Reichspostamt am 5. Jan. 1904.

Selbstredend berechnet die Genossenschaft für den Kautionskredit keinen Zins sondern nur eine Provision.

Die Kautionsbestellung mit Sparkassenbüchern der Genossenschaft wird in der Regel in der Weise vorgenommen, daß dem betreffenden Mitglied auf Sparkassenkonto der Betrag gutgeschrieben wird, den es zur Kautionsbestellung nötig hat. Hierauf erhält es ein Sparkassenbuch in entsprechender Höhe ausgehändigt und wird mit dem gleichen Betrage belastet.

VII. Beleihung und Einzug von Forderungen.

Wir haben oben (S. 178) die Diskontierung von Wechseln behandelt und hervorgehoben, daß die Diskontierung gleichkommt dem Ankauf einer Forderung; die Eigenart des Geschäftszweiges besteht nur darin, daß nicht die Forderung unmittelbar abgetreten oder verpfändet wird, sondern daß der Verkauf des über die Forderung ausgestellten Geschäftswechsels den Gegenstand des Rechtsgeschäfts bildet. Dies erübrigt, auf die Forderung selbst zurückzukommen, denn wenn die Genossenschaft im Besitz des akzeptierten Wechsels ist, hat sie aus dem Wechsel selbst den Anspruch gegen den Akzeptanten erworben. Anders liegen die Verhältnisse, wenn die Warenforderung abgetreten oder als Sicherheit benutzt werden soll und kein Wechsel ausgestellt ist. In solchen Fällen greifen die Bestimmungen des B.G.B. über die Abtretung und Verpfändung von Forderungen Platz; zur Rechtsgültigkeit der Verpfändung ist erforderlich, daß der Drittschuldner von der Verpfändung benachrichtigt wird, auch bei der Abtretung ist die Benachrichtigung in der Regel zum Schutze der Genossenschaft notwendig.

In Handwerkerkreisen wird nun verlangt, die Genossenschaften sollen die **Beleihung von Forderungen** einführen, denn es sei eine schwere Schädigung des Handwerks, daß der Handwerker, wenn eine Ware geliefert sei, so spät zu seinem Gelde käme. Wir verkennen ganz gewiß nicht den Mißstand, der in dieser Borgwirtschaft liegt, und sind oft genug in Schrift und Wort dafür eingetreten, daß die Grundsätze der Barzahlung zum Durchbruch kommen möchten. In Frankreich ist es gang und gebe, daß der Konsument, wenn er nicht bar bezahlt, einen Wechsel ausstellt, mit dem dann der Gewerbtreibende

*) Vgl. Bl. f. G. Jahrg. 1904 S. 55.

verfährt, wie wir es oben bei der Diskontierung von Geschäftswechseln dargestellt haben — in Deutschland wird kein Wechsel ausgestellt, und oft genug bleibt der Konsument lange Zeit dem Handwerker die Ware schuldig. Inwieweit den Gewerbtreibenden selbst hierbei eine Mitschuld trifft, soll bei dieser Gelegenheit nicht untersucht werden.

An und für sich steht gewiß nun nichts im Wege, diese ausstehenden Handwerkerforderungen zu beleihen, vorausgesetzt, daß die Genossenschaft sich darüber vergewissert hat, daß die Ausstände gut sind und als ausreichende Sicherheit betrachtet werden können, aber schon jetzt hat sich in der Praxis gezeigt, daß der Durchführung sich große Schwierigkeiten entgegenstellen, denn der Handwerker, der seine Forderung beliehen haben will, ist nicht geneigt, seinem Kunden Kenntnis zu geben, daß er die Forderung der Genossenschaft abgetreten oder verpfändet hat. Und so lange der Handwerker nicht bereit ist, hierauf einzugehen, ist eine Beleihung der Forderung unmöglich.

Als Ausweg ist vorgeschlagen, der Genossenschaft die Handwerkerforderung zum Einzug zu überweisen. Diesem Ansinnen kann sich um so leichter die Genossenschaft fügen, als sie dies Geschäft ohne jegliches Risiko ausführt, indem sie dem Handwerker nur dann Zahlung leistet, wenn die Forderung eingeht. Schwerlich aber wird die große Masse der Handwerker geneigt sein, von diesem Hilfsmittel ergiebigen Gebrauch zu machen, in der Regel wird der Handwerker, wenn er überhaupt hierauf eingeht, gute Forderungen selbst einziehen, es werden zum Einzug durch die Genossenschaft wahrscheinlich nur die schlechten Forderungen übrig bleiben. Wie schließlich doch trotz aller theoretischen Bedenken, die wir vorstehend geäußert, dieser Geschäftszweig Eingang findet, beweist eine Mitteilung in den Bl. f. G. Jahrg. 1903 S. 506. Dort berichtet eine Genossenschaft, daß sie in einem halben Jahre in rund 150 Fällen in Anspruch genommen ist, die sie auf folgende Weise zu erledigen sich bemühte:

Zunächst läßt sich die Genossenschaft die betreffende Forderung ihres Mitgliedes mit allen Rechten in schriftlicher Form abtreten und veranlaßt den Zedenten, dem Schuldner Mitteilung über die erfolgte Zession zukommen zu lassen (§ 409 B.G.B.). Hierauf erfolgt seitens der Genossenschaft eine Zahlungsaufforderung an den Schuldner unter Bewilligung einer kurzen Frist, nach deren Ablauf die Genossenschaft Zahlungsbefehl gegen den Schuldner erwirkt und event. Vollstreckung veranlaßt. Die Fälle, in denen gerichtliche Schritte in Anspruch genommen werden müssen, sind indessen, wie die gemachte Erfahrung lehrt, nur verhältnismäßig gering; die Mehrzahl der Schuldner reagiert schon auf die bloße Zahlungsaufforderung der Genossenschaft, welche auf Wunsch auch weitgehendes Entgegenkommen hinsichtlich der ratenweisen Tilgung der Schuld zeigt. Es kommt allerdings in einzelnen

Fällen auch zur Klagestellung, wenn der Schuldner gegen den Zahlbefehl Widerspruch erhebt. Selbst bis zum Offenbarungseid mußten einige Schuldner getrieben werden, nachdem die Zwangsvollstreckung fruchtlos geblieben war. Diese unangenehmen Fälle bilden indessen nur die Ausnahme. Die Regel ist, daß die Schuldner, namentlich aber die am Sitze der Genossenschaft selber wohnhaften, gerichtlichen Konflikt mit der Genossenschaft zu vermeiden suchen. Der moralische Druck, den die Genossenschaft auf den Schuldner ausübt, wirkt allem Anschein nach meist intensiver als selbst das gerichtliche Vorgehen des Erstgläubigers.

Um eine Zurückdrängung des übrigen Geschäftsbetriebes durch diesen Forderungseinzug, der wohl mit viel Arbeit verbunden ist, zu verhindern und in der Praxis aufgetauchten Mißständen zu begegnen, haben sich Einschränkungen als notwendig erwiesen in der Weise, daß Forderungen, welche ein Mitglied der Genossenschaft dem andern gegenüber geltend macht, nur soweit zum Einzug übernommen werden, als die Verfolgung des Rechtsanspruchs ohne gerichtliches Einschreiten geschehen kann. Bei solchen Anlässen arbeitet die Genossenschaft nur vermittelnd. Ferner wurde die Beschlagnahme von Anwesen und deren Versteigerung und Errichtung von Zwangshypotheken für Rechnung Dritter vom Wirkungskreis der Genossenschaft ausgeschlossen. Endlich wurde durch die Bestimmung, wonach jenen Mitgliedern, welche mit ihren übrigen Geldgeschäften die Genossenschaft umgehen, auch die Benutzung des Inkassoverkehrs versagt bleibt, dem Umstand Rechnung getragen, daß derselbe nur einen Nebenzweig des Geschäftsbetriebes bilden darf. An Gebühren berechnete die Genossenschaft bisher

für Beträge bis 100 Mk.	2 %	minimal	1 Mk.,
„ „ von 100 bis 1000 Mk. . .	1 %	„	2 „
„ „ „ 1000 „ 3000 „	3/4 %	„	10 „
„ „ über 3000 Mk.	1/2 %	„	20 „

die dem Auftraggeber belastet und dem Schuldner berechnet werden. Wenn auch bei Klagestellung die Mahngebühren in der Regel wohl keine gerichtliche Anerkennung finden, so erfährt doch die Beitreibung derselben im Mahnverfahren gerichtlicherseits keine Beanstandung und fallen solche somit dem Gläubiger nur selten zur Last (vgl. Formular 24: Bedingungen für die Beleihung von Forderungen).*)

*) Vgl. über diesen Geschäftszweig Bl. f. G. Jahrg. 1901 S. 241, 279, 321, 469; 1903 S. 506.

Achtes Kapitel.

Das Verfahren bei der Kreditgewährung.

Wir haben in dem vorstehenden Kapitel uns hauptsächlich mit der äußeren Form beschäftigt, in der die Kreditgewährung vor sich geht und die materielle Seite dabei nur soweit berücksichtigt, als sie mit der Form zusammenhängt.

Wie soll nun die Kreditgewährung erfolgen?

Zunächst sollte darüber kein Zweifel sein, daß dem Vorstande bei der Kreditgewährung nicht vollständig freie Hand zu lassen ist, sondern Maßnahmen zu treffen sind, die die Genossenschaft gegen die Folgen von Irrtum und Leichtsinn des Vorstandes bei der Kreditgewährung möglichst schützen. Daraus ergibt sich, daß eine gewisse Mitwirkung des Aufsichtsrates geboten ist. Ein besonderes Organ, z. B. eine Kreditkommission, für diesen Zweck einzusetzen, würde nicht zu empfehlen sein, da man dann dem Aufsichtsrate den wichtigsten Teil der Kontrolle abnimmt und diesen Personen überträgt, deren Pflichten und Verantwortung nicht so scharf gesetzlich feststehen, wie die der Aufsichtsratsmitglieder.

Es fragt sich nun, welche Stellung dem Aufsichtsrate bei der Kreditgewährung einzuräumen ist.

Wir sagten bei der Abgrenzung der Funktionen von Vorstand und Aufsichtsrat: „Verwaltungsakte und Geschäftsabschlüsse, welche irgendwie bei leichtsinnigem oder gar pflichtwidrigem Verhalten der Verwaltung mit einem Risiko für die Genossenschaft verbunden sind, dürfen der Initiative des Vorstandes nicht entzogen, niemals ohne oder gar gegen seinen Willen vom Aufsichtsrate durchgesetzt werden. Vielmehr gelangen sie bei richtiger Praxis an den letzteren erst, nachdem sich der erstere dafür entschieden hat, zur Genehmigung." Demnach soll der Aufsichtsrat in der Lage sein, Geschäfte dieser Art wohl zu verhindern aber nicht zu machen. Anderenfalls liegt eine Verschiebung der Verantwortung und eine Beseitigung der Kontrolle vor. Daraus ergibt sich für die Kreditgewährung, daß über die Aufnahme und Genehmigung von Krediten (wie überhaupt über die laufenden Kassengeschäfte und sonstigen bankmäßigen Verfügungen) der Vorstand zunächst allein zu befinden hat, und nur zur Einholung der Genehmigung des Aufsichtsrates bei denjenigen Krediten verpflichtet werden kann, für deren Gewährung er sich seinerseits entschieden hat, wogegen Gesuche und Geschäfte, auf welche der Vorstand nicht einzugehen für gut findet, dem Aufsichtsrate nur zur Kenntnis zu bringen sind, um ihm ein Bild über die Geschäftsbehandlung des Vorstandes zu bieten.

Deshalb kann es nur die Aufgabe des Aufsichtsrates sein, das Vorgehen des Vorstandes in dieser Richtung zu mäßigen, aber nicht ihn zu Bewilligungen zu drängen, deren Abweisung er für geboten hält.

Bei größeren Genossenschaften würde es auch genügen, wenn der Aufsichtsrat sich in Kommissionen*) teilt, die abwechselnd bei der Prüfung der vom Vorstande dem Aufsichtsrate zur Genehmigung unterbreiteten Kredite mitwirken.

Wo aber diese Genehmigung bei jedem einzelnen Kreditgesuche wegen bedeutenden Geschäftsumfanges nicht eingeholt werden kann, erscheint die Aufstellung einer sogenannten Kreditfähigkeitsliste in gemeinsamer Sitzung beider Organe notwendig, um dem Aufsichtsrate bei Beurteilung der Kreditfähigkeit der einzelnen Mitglieder eine Stimme zu sichern, und dadurch den Vorstand zu binden, nicht über den so festgesetzten Höchstbetrag für die Kunden hinauszugehen. Diese Liste ist selbstverständlich häufigen Revisionen zu unterwerfen, um sie den wechselnden Verhältnissen gegenüber im Laufenden zu erhalten. Die Kreditfähigkeitsliste bedeutet, daß innerhalb derselben der Vorstand nach freiem Ermessen Kredit gewähren kann, natürlich ist der Vorstand nicht gehalten, bis zur Grenze derselben zu gehen, er darf unter keinen Umständen einen höheren Kredit dem Mitgliede gewähren als er glaubt, vor der Genossenschaft verantworten zu können. Soll die Kreditfähigkeitsliste überschritten werden, so müßte für diesen Fall die Genehmigung des Aufsichtsrates eingeholt werden.

Auf die jedesmalige Einholung der Genehmigung wird man verzichten müssen bei der Diskontierung von Wechseln,**) da hier in der Regel eine sofortige Erledigung des Geschäfts geboten ist.

*) Über die Notwendigkeit eines zeitweisen Wechsels in der Zusammensetzung der Kommissionen vgl. S. 155.

**) Vgl. über die Belastung der Mitglieder oben (S. 181).

Für diesen Geschäftszweig empfiehlt es sich daher, die Mitglieder, welche Diskontkredit in Anspruch nehmen, durch Vorstand und Aufsichtsrat auf einen Höchstkredit einzuschätzen, bis zu dem dann der Vorstand bei der Diskontierung ohne Zuziehung des Aufsichtsrates gehen kann.

Dr. Schneider teilt in den Bl. f. G. Jahrg. 1897 S. 466 folgende Einrichtung mit, die in einzelnen großen Städten Eingang gefunden hat: täglich oder wenigstens 4mal wöchentlich erscheint zur bestimmten Stunde eine Kommission des Aufsichtsrates im Geschäftslokal der Genossenschaft, um über die Diskontierung der inzwischen eingereichten und vom Vorstand für einwandsfrei befundenen Geschäftswechsel von Fall zu Fall ohne Kreditfähigkeitsliste zu beschließen. Das Statut einer dieser Genossenschaften bestimmt zugleich, daß, wenn die Kommission nicht einstimmig für die Genehmigung ist, der trassierte Wechsel der nächsten Aufsichtsratssitzung unterbreitet werden muß.

Um jederzeit die Belastung eines Mitgliedes feststellen zu können, ist den Kreditgenossenschaften anzuraten, Belastungslisten zu führen (Formular 25).

Einer besonderen Besprechung bedarf noch die Kreditgewährung an ländliche Mitglieder,*) da die Prüfung der Kreditwürdigkeit für die in der Stadt wohnenden Vorstands- und Aufsichtsratsmitglieder schwierig ist, selbst wenn, was wir wiederholt nicht dringend genug empfehlen können, mit Rücksicht auf die ländliche Mitgliedschaft in den Aufsichtsrat ländliche Mitglieder gewählt sind. Es mögen kurz die Grundsätze der Organisation mitgeteilt werden, welche sich im allgemeinen für die Handhabung des Geschäftsverkehrs mit Landwirten bewährt haben, die aber allerdings im einzelnen Falle örtlichen Verhältnissen und Bedürfnissen angepaßt werden müssen.**)

1. Der ländliche Bezirk, auf den sich der Geschäftsbetrieb der Genossenschaft erstreckt, wird in Kreise geteilt, für jeden Kreis wird möglichst aus den in demselben angesessenen Mitgliedern von Vorstand und Aufsichtsrat der Genossenschaft ein Vertrauensmann und ein Stellvertreter oder auch ein Vertrauensausschuß (Lokalausschuß) bestellt.

---

*) Vgl. über die Kreditgewährung an Landwirte auch 10. Kapitel II u. III.

**) Die Grundsätze sind entworfen nach Beschlüssen des Verbandstages der Genossenschaften der Provinz Preußen zu Christburg (1874) und nach der Instruktion der Landwirtschafts- und Gewerbebank zu Gotha, eing. Gen. mit beschr. Haftpflicht, für die Lokalausschüsse (S. 215).

Besteht ein Vertrauensausschuß, so hat dieser sich mit Vorsitzendem und Schriftführer zu konstituieren.

2. Mitgliederanmeldungen und Kreditgesuche sowie Anträge auf Prolongationen aus dem Bezirk gehen direkt an den Vertrauensmann (Vertrauensausschuß); dem Vertrauensmann (oder Vorsitzenden des Ausschusses) liegt die Korrespondenz mit der Genossenschaft ob und er hat die vom Vorstande und Aufsichtsrate vorgeschriebenen Listen (Mitglieder des Bezirks, Belastung der Mitglieder durch Schuld oder Bürgschaft usw.) zu führen.

3. Die Mitgliederanmeldungen, Kreditgesuche usw. hat der Vertrauensmann mit einem Gutachten dem Vorstande zu übermitteln. Die Gutachten bleiben geheim. Wo ein Ausschuß besteht, wird das Gutachten auf Beschluß desselben erstattet.

4. Aufgabe des Vertrauensmannes bzw. Vorsitzenden des Ausschusses ist, die Unterschriften von Ortsangehörigen auf den für die Genossenschaft bestimmten Urkunden zu beglaubigen.

5. Von dem Beschluß der Verwaltung der Genossenschaft werden sowohl das Mitglied wie der Vertrauensmann (Vorsitzender des Ausschusses) in Kenntnis gesetzt.

6. Die Auszahlung der Darlehen wie die Rückzahlung erfolgt in der Regel bei der Genossenschaft; nur wenn das Mitglied die Genehmigung des Vorstandes dazu erlangt hat, kann es an den Vertrauensmann (Vorsitzenden des Ausschusses) Zahlung leisten und erhält dann von diesem eine Interimsquittung. Die ordnungsmäßige Quittung der Genossenschaft geht dem Mitgliede durch den Vorstand zu.

In der Geschäftsbehandlung ist ein Unterschied zwischen den verschiedenen Arten der Kreditgewährung nicht zu machen.*) Ob das Mitglied auf Bürgschaft ein Darlehen erhält — ob es den Kredit dadurch in Anspruch nimmt, daß es einen Wechsel diskontiert, d. h. auf eine schuldfällig werdende Wechselforderung den Betrag beansprucht — ob es gegen Verpfändung von Wertpapieren Geld erhält (Lombarddarlehen) — ob es die Einräumung eines Kontokorrent-Kredits beantragt, immer ist nach den vorstehend angegebenen Grundsätzen zu verfahren.

Es dürfte hier der Platz sein, einiges mitzuteilen aus dem Resultat einer im Jahre 1899 bei Kreditgenossenschaften veranstalteten Umfrage über Einrichtungen zur Erleichterung der Befriedigung des Kreditbedürfnisses der Landwirte.

---

*) Über die Befristung der Kredite an Landwirte 10. Kap. II u. III u. S. 82.

Selbstverständlich sind für den Verkehr der Kreditgenossenschaften mit den Landwirten lokale Verhältnisse von entscheidender Bedeutung. Wenn z. B. in einer Stadt, wie es von einer Genossenschaft mitgeteilt wird, üblich ist, daß die Landwirte regelmäßig an Wochentagen nach der Stadt kommen und die Genossenschaft ihre Geschäftsstunden dem anpaßt, so kann dies vollständig genügen. Von anderer Seite wird darauf hingewiesen, daß bei den guten Chausseen und Bahnverbindungen die Stadt leicht zu erreichen sei und daß Wünsche nach besonderen Einrichtungen niemals laut geworden wären. Wieder bei anderen Genossenschaften besteht die Erleichterung darin, daß man möglichst darauf bedacht ist, die Kreditangelegenheit brieflich zu erledigen. In diesem Falle sucht man sich gegen Fälschungen durch behördliche Beglaubigung der Unterschrift zu schützen.

In einzelnen Genossenschaften hat man allerdings auch zu Maßregeln gegriffen, die keineswegs gebilligt werden können; so schreibt ein Verein, daß er möglichst nicht auf Begleichung des Kontos „dränge", die von den Kunden ausgestellten Solawechsel „lauten auf Sicht, was das Angenehme hat, daß wir an keine Zeit gebunden sind"; der Verein arbeitet mit den Landwirten im „Kontokorrent-Verkehr". Derartige Maßregeln sind gewiß nicht zu empfehlen, denn die Genossenschaft darf nicht auf Kosten ihrer Sicherheit Erleichterungen des Geschäftsbetriebes einführen und es ist eine von den Genossenschaften recht oft gemachte Erfahrung, daß Wechsel mit offenem Fälligkeitstag die Veranlassung zu endlosen Streitigkeiten geben.

Andere Genossenschaften teilen mit, daß sie dem landwirtschaftlichen Kredit insoweit Rechnung tragen, daß sie den Landwirten auf sechs und neun Monate Kredit gewähren, auf einen Zeitpunkt hin, bei dessen Eintritt der Landwirt Geld zu haben pflegt, d. h. also, es wird möglichst auf die Erntezeit für die Festsetzung des Fälligkeitstages Rücksicht genommen. Gewiß ist nichts hiergegen einzuwenden, vorausgesetzt, daß die Kreditgenossenschaft Spareinlagen und Depositen auf entsprechend lange Fristen bekommen hat (S. 82).

Die Einrichtungen der meisten Vereine, die den Verkehr der Landwirte mit der Genossenschaft erleichtern wollen, bestehen darin, daß Vertrauensmänner, Agenten in verschiedenen Bezirken bestellt werden, die als Mittelsperson zwischen dem Kreditsucher und der Genossenschaft dienen.

So schreibt z. B. die Landwirtschafts- und Gewerbebank Gerabronn:

„Der Verkehr mit unseren Mitgliedern, soweit wir ihn von hier aus nicht direkt besorgen, geschieht durch 13 Agenten, Vermittler, diese sind gleichzeitig unsere Vertrauensmänner, welche uns von Zeit zu Zeit über jedes Mitglied ihres Rayons zu berichten haben, sie erhalten für ihre Bemühungen am Schluß des Jahres eine Vergütung, welche sich nach dem Umsatz richtet. Ferner bekommen sie die nötigen Formulare und haben monatlich mindestens einmal mit der Genossenschaft abzurechnen. Diese Einrichtung hat sich außerordentlich gut bewährt."

Der Spar- und Vorschußverein Tauberbischofsheim teilt mit,

daß er in den meisten Gemeinden Vertrauensmänner besitze (meist den betreffenden Bürgermeister oder Ratsschreiber), welche Aufschlüsse über die in Frage kommenden Verhältnisse geben; vielfach betrachtet man dies Amt als Ehrensache und lehnt jede Belohnung ab.

Hier sind es also nur Auskunftsstellen.

Auch der Vorschußverein Thiengen teilt mit, daß er sich zunächst an die Vertrauensmänner um Auskunft über die Kreditsucher wende. Die Genehmigung der Bürgen könne dann auf besonderer Urkunde, unter bürgermeisteramtlicher Beglaubigung am betreffenden Orte ausgestellt werden, der Schuldner bringe sie nach Thiengen.

Hier scheinen die Vertrauensmänner nur bis zum gewissen Grade den Verkehr zwischen dem Kreditsucher und dem Vorschußverein zu erleichtern.

Man hört so häufig von lokalen Verhältnissen und lokalen Sonderheiten sprechen, auf diesem Gebiet scheint es solche nicht zu geben; wie die Vereine in Württemberg und Baden äußert sich der ostpreußische Vorschußverein Ragnit:

daß die einzige Einrichtung, um den ländlichen Mitgliedern den Verkehr mit der Genossenschaft zu erleichtern, die ist, daß in jedem Kirchspiel des Kreises ein bis zwei Vertrauensmänner angestellt seien, bei denen der Wechsel unterschrieben werden könne und die den Wechsel nach vollzogener Unterschrift mit ihrem Visum versehen; es bliebe den Interessenten hierbei wenigstens die Reise nach Ragnit erspart, die namentlich im Herbst und Winter bei schlechtem Wege häufig sehr erschwerlich sei.

Der Vorschußverein zu Obersitzko hat zwar nicht die Einrichtung der Vertrauensmänner, er verlangt aber nicht, daß der Kreditsucher nach der Stadt kommt, sondern begnügt sich auf Wunsch des Geldempfängers damit, daß die Wechselunterschrift beim Schulzenamt geleistet und beglaubigt ist.

Während wir hier überall die Einrichtung der Vertrauensmänner empfohlen und bewährt finden, schreibt der Vorschußverein Greifenhagen:

„Die versuchten Maßnahmen scheitern stets an dem großen Widerwillen der Landleute, mit ihren Geldangelegenheiten an die Öffentlichkeit zu treten, namentlich ihren eigenen Genossen gegenüber. Die hiesige Sparkasse hat versucht, durch Einrichtung von Filialen auf dem Lande ein Entgegenkommen zu zeigen. Die Geschäfte derselben sind jedoch ganz untergeordneter Art geblieben. Unser Versuch, Unterschriften durch Vertrauensmänner bescheinigen zu lassen, findet keinen Anklang, auch werden die Bürgen größtenteils in der Stadt bei den Geschäftsleuten gesucht, bei denen die Landleute verkehren. Die Einführung der Abrechnungsbücher, welche die öftere Erneuerung des Wechsels unnötig macht, ist sehr gern gesehen, die hierzu erforderlichen Unterschriften nötigen zur Abzahlung und werden ohne Schwierigkeiten gegeben."

Verschiedene Vereine glauben den Landwirten am besten zu dienen, wenn sie den Bürgen möglichst wenig bei der Abwicklung des Geschäfts in Anspruch nehmen. So berichtet der Vorschußverein Bretten:

„Der Geschäftsbezirk (ein Drittel der Mitglieder des Vereins betreiben Landwirtschaft) umfaßt 10 bis 15 Kilometer, und trotzdem in verschiedenen Gemeinden des Bezirks mit Unterstützung der Regierung eine Anzahl landwirtschaftlicher Darlehnskassen (System Raiffeisen) gegründet worden sind, wurde niemals ein Wunsch nach Erleichterung des Verkehrs laut; man komme den Mitgliedern insofern entgegen, als man bei den Vorschüssen, welche alle drei Monate prolongiert werden müssen, die Bürgen erst nach zehnmaliger Prolongation wieder in Anspruch nehme. Gerade bei solchen Vereinen, wo die Bürgen alle drei Monate wieder zur Unterschrift beigebracht werden müssen, kommen Klagen über die häufige Inanspruchnahme der Bürgen vor, welch letztere auch mit Unkosten für den Schuldner verknüpft ist. Selbstverständlich muß der Vorstand die Mitglieder genau kennen, um 2½ Jahr zu warten, bis der Bürge wieder aufs neue hinzugezogen wird, sind jedoch die Verhältnisse eines Mitgliedes rasch zurückgegangen, so wird der Bürge immer benachrichtigt, was in der Regel der letztere so gut wie wir selbst schon wahrgenommen hat. Wir lassen über jedes Mitglied ein Vermögenszeugnis mit vertraulichen Mitteilungen vom betreffenden Pfandgericht ausstellen und sind dadurch über die Vermögenslage unserer Schuldner ganz genau informiert. Eine weitere ganz wesentliche Erleichterung gewähren wir den Landwirten, indem wir zu Zeiten, da dieselben nichts verkaufen können, auch ohne Abzahlung an Kapital (nur mit Zinszahlung) den Vorschuß prolongieren, vorausgesetzt, daß kein Nachteil für den Verein oder Bürgen zu befürchten ist. Gerade in den letzteren Maßnahmen können die Landwirte am meisten unterstützt werden, denn was hilft es einem Mann, wenn er Geld geliehen bekommt und zu einer Zeit abzahlen soll, wo er nichts zu verkaufen hat."

Der Vorschußverein Emmerichenhain kommt dem Prolongationsantrag zuvor und will dadurch den Verkehr mit der Genossenschaft erleichtern. Wie er verfährt, geht aus folgender Darstellung hervor:

„Vorschüsse geben wir auf sechs Monate und zwar in Wechselform. Zwei bis drei Wochen vor Verfall des Vorschusses werden Leiher, Bürge und Wechselsumme in ein Buch eingetragen. In gemeinschaftlicher Sitzung von Vorstand und Aufsichtsrat wird über das Weiterbestehen des Vorschusses Beschluß gefaßt. Fürchtet der Vorstand, daß bei einer weiteren Prolongation der Verein zu Schaden kommen könnte, so beschließt derselbe, daß ein größerer Abtrag zu leisten ist oder ein neuer Bürge gestellt werden muß. Durch diese Einrichtung haben wir den früheren Brauch verworfen, daß der Leiher eine weitere Prolongation erst auf dem Bureau anmelden mußte, also den Weg doppelt zu machen gezwungen war. Ist der Vorschuß fällig und es soll nicht prolongiert werden, so wird der Leiher schriftlich benachrichtigt, seine Sache zu ordnen. In den Orten, wo Mitglieder des Vorstandes und Aufsichtsrats wohnen, geschieht dies durch dieselben, in den übrigen durch die Post. In unserer industriearmen Gegend, wo auch die Landwirtschaft nur kümmerliche Erträge abwirft, ist ein Teil der Mitglieder von Februar bis Weihnachten auswärts beschäftigt. Bei diesen werden die Vorschüsse folgendermaßen geordnet: Am Verfalltage senden diese den Betrag der halbjährigen Zinsen per Post. Bei ihrer Ankunft, Weihnachten, zahlen sie den Betrag der bis dahin verfallenen Zinsen nebst Abtrag nach und stellen einen neuen Wechsel aus. Andere unterschreiben wieder, ehe sie fortgehen, einen Blankowechsel, den die Ehefrau oder ein Verwandter aufbewahrt, und lassen durch diese die Sache regeln. Ins neue Jahr werden diese Vorschüsse höchst selten übernommen, es müßten denn besondere Umstände eintreten.

Unsere Einrichtung, den Vorstand und Aufsichtsrat auf neun Orte verteilt zu haben, wird Nachahmung finden können. Ein Mitglied kann hierdurch sehr schnell zu einem Mitglied des Vorstandes oder Aufsichtsrats kommen. Die Prolongation wird nun in folgender Weise ausgeführt, wenn das Mitglied nicht zur Kasse kommen kann, verhindert ist, oder infolge Krankheit oder Alter, bei anhaltend schlechtem Wetter, z. B. im Winter, den Weg nicht ausführen kann: Der Leiher geht mit seinem Bürgen zu einem Mitgliede des Vorstandes oder Aufsichtsrats, wo der Bürge einen Blankowechsel unterschreibt. Die Richtigkeit der Unterschrift wird alsdann von dem Vorstands- oder Aufsichtsratsmitglied, in dessen Gegenwart sie geleistet worden ist, bescheinigt. Dasselbe geschieht auch von dem Bürgermeister des Ortes, wo der Bürge wohnt, wenn derselbe nicht zu einem Mitgliede des Vorstandes oder Aufsichtsrats kommen kann. Mit den Bürgermeistern haben wir die Vereinbarung getroffen, daß dieselben als Privatleute bescheinigen, damit keine Stempelkosten entstehen. Kann der Leiher nun auch nicht zur Kasse gehen, so wird dasselbe Verfahren bezüglich der Unterschriften beobachtet und ein Mitglied der Familie ordnet die Sache. Vereinzelt kommt es auch vor, daß ein Mitglied des Aufsichtsrats oder Vorstandes dies übernimmt, oder es wird auch wohl der Wechsel nebst Zinsen und Abtrag per Post eingesandt.

Dieses Verfahren wird nur bei Prolongationen angewandt. Wird neues Geld verlangt, so hat der Leiher nebst Bürge auf dem Bureau zu erscheinen. Kann der Bürge dieses nicht, so hat er bei einem Mitglied des Vorstandes oder Aufsichtsrats zu unterschreiben. Will ein Vorschußnehmer zu seinem z. B. halb abgetragenen Vorschuß auf denselben Wechsel eine neue Anleihe haben, und der Bürge schreibt nicht auf dem Bureau, so muß der Leiher eine schriftliche Erklärung des Bürgen beibringen, worin derselbe sein Einverständnis zu der Beischreibung der neuen Anleihe zur alten gibt. Der Leiher hat in den letzten Fällen an der Kasse zu erscheinen. Ausnahmsweise wird gestattet, daß die Ehefrau das Geld in Empfang nimmt, doch muß der Wechsel resp. die Unterschrift vorschriftsmäßig beglaubigt sein."

Es ist eine bekannte Erfahrung, daß dort, wo die schwierigsten Arbeitsbedingungen sind, nicht selten die größte Spartätigkeit entwickelt wird — daß die geschäftliche Handhabung die strengste, wo sich der geschäftliche Verkehr nach der wirtschaftlichen Lage am schwierigsten gestaltet. Ost- und Westpreußen, die Provinzen, die ganz gewiß nicht zu den reichsten Landesteilen gehören, weisen eine bedeutende Spartätigkeit der Bevölkerung auf. Die dortigen Kreditgenossenschaften haben sich im allgemeinen nicht über teures Geld zu beklagen, sie sind zum erheblichen Teil in der Lage, ihr Kreditbedürfnis mit Spareinlagen und Depositen der Mitglieder und Nichtmitglieder zu befriedigen — in diesen Provinzen ist bei den Genossenschaften, die nach Lage und Zusammensetzung der Mitglieder vielfach einen ausgesprochen landwirtschaftlichen Charakter haben, der Wechsel allgemein üblich, während westdeutsche Genossenschaften für ihre Mitglieder nicht glauben des Schuldscheins entbehren zu können — und nicht bloß der eigene Wechsel ist für die Vorschußbeurkundung in Ost- und Westpreußen in Gebrauch, sondern sogar der gezogene Wechsel. Da erscheint es denn hier und dort schon als eine ganz besondere Erleichterung der Befriedigung des Kreditbedürfnisses der Landwirte, wenn Genossenschaften ihnen die Ausstellung des eigenen Wechsels gestatten. So schreibt der Vorschußverein zu Tilsit:

„Es haben in dem Verein von jeher die Bedürfnisse der ländlichen Genossen die weitgehendste Berücksichtigung gefunden. Als besonders zweckentsprechend hat sich nach dieser Richtung hin die Einrichtung bewährt, Darlehen bis zum Betrage von 1000 Mk. und ausnahmsweise auch darüber hinaus gegen Solawechsel zu gewähren. Wir machen es dabei zur Bedingung, daß derartige Darlehen durch vierteljährliche Abzahlung von 10 % des ursprünglichen Betrages in längstens drei Jahren amortisiert werden. Behufs Prolongation genügt die Beibringung eines Antrages, auf welchen die Bürgen ihr Einverständnis mit der Verlängerung durch

Unterschriften zu erklären haben. Nach den Erfahrungen, welche wir gemacht haben, ist es leider nicht möglich, gewisse Kreise der ländlichen Bevölkerung daran zu gewöhnen, ihren Wechselverbindlichkeiten mit kaufmännischer Pünktlichkeit nachzukommen, es würden daher, wollten wir bei jeder Prolongation neues Papier verlangen, zahlreiche Proteste unvermeidlich sein, und werden durch den bei uns üblichen Abzahlungsmodus der ländlichen Genossen recht erhebliche Kosten erspart.

Für Vorschußantrag usw. hält die Genossenschaft selbstverständlich die entsprechenden Formulare unentgeltlich zur Verfügung."

Der Vorschußverein Insterburg hat die Einrichtung der Vertrauensmänner, die die für den Verein bestimmten Anträge aufnehmen, Wechsel ausfertigen, soweit dieses möglich ist, in ihrer Gegenwart unterzeichnen lassen, und durch Einsendung solcher Anträge den ersten Verkehr der Mitglieder mit der Genossenschaft vermitteln. Hauptsächlich freilich sucht der Verein damit sein eigenes Interesse zu fördern, indem die Vertrauensmänner Auskunft über die Antragsteller zu geben haben und den Verein gegen Fälschungen sichern. 34 Personen in zehn Ortschaften vermitteln diesen Verkehr. Abzahlungen und Zinsen müssen direkt an den Verein erfolgen. Das vom Vertrauensmann auszufüllende Formular hat folgenden Inhalt:

Dem
Vorschußverein zu Insterburg
e. G. m. u. H.

sende ich anbei einen Wechsel des . . . .
. . . .

Derselbe wünscht seinen am . . . . fälligen Wechsel bei einer Abzahlung von Mark . . . . . auf . . . . Monate zu prolongieren.	Derselbe beantragt, ihm dieses Darlehn neu zu gewähren . . . .

(Was nicht zutrifft, wollen Sie gefälligst durchstreichen.)

Auskunft.

1. Ist der Darlehnsnehmer für diesen Betrag unter Anrechnung seiner bereits laufenden Wechsel allein sicher? . . . .
2. Wer hat den Wechsel als Bürge unterzeichnet?
   1. . . . .
   2. . . . .
   3. . . . .
   4. . . . .
3. a) Bieten die Bürgen für das Darlehn unbedingt Sicherheit? . . . .
   . . . .
   . . . .
   b) Haben Antragsteller und Bürgen den Wechsel in Ihrer Gegenwart unterschrieben? . . . .

. . . . . . den . . . . 19 . .

Der Vertrauensmann . . . .

Die Gewerbe- und Landwirtschaftsbank zu Gotha — um auf Mitteldeutschland überzugehen — hat eine von den bisher beschriebenen abweichende Einrichtung. Die Genossenschaft hat nicht einzelne Vertrauensmänner, sondern Lokalausschüsse zur Erleichterung des Verkehrs zwischen Mitgliedern und Genossenschaft. Im allgemeinen sind auch diese Lokalausschüsse nur Auskunftsstellen, allein drei Lokalausschüsse bzw. deren Vorsitzende haben das Recht Gelder anzunehmen, dieselben mit der Bank zu verrechnen und die Auszahlungen zu vermitteln. Es sind dies drei Orte, deren Bewohner ihren Marktverkehr nicht nach Gotha haben. Die Instruktion für die Lokalausschüsse der Gewerbe- und Landwirtschaftsbank lautet:

1.

Bestimmung der Lokalausschüsse.

Lokalausschüsse werden von der Gewerbebank in denjenigen Orten des Herzogtums Gotha bestellt, wo sich der Geschäftsverkehr auf eine größere Anzahl Mitglieder erstreckt.

Die Lokalausschüsse sollen für die Gewerbebank das Organ sein, durch welches sie sich über die Kreditverhältnisse der Ortsangehörigen unterrichten, allgemeine oder besondere Mitteilungen an diese gelangen, sowie die Vollziehung und Beglaubigung von Urkunden welche im Geschäftsverkehr mit der Gewerbebank von Ortsangehörigen auszustellen sind, besorgen läßt.

Andererseits sollen die Lokalausschüsse die Ortsangehörigen mit den Einrichtungen der Gewerbebank bekannt machen, sie über die Erfordernisse und Bedingungen der Kreditierlangung bei derselben verständigen und ihnen behilflich sein, daß die im Verkehre mit der Gewerbebank erforderlichen Geschäfte auf die leichteste und am wenigsten Geld und Zeit erfordernde Weise erledigt werden können.

2.

Persönliche Erfordernisse der Mitglieder der Lokalausschüsse sowie Bestellung derselben.

Um den Anforderungen entsprechen zu können, die nach vorstehendem an die Ausschußmitglieder zu machen, ist unabhängige Stellung die wesentlichste. Wirtschaftlich und sonst geschäftlich darf das Ausschußmitglied nicht durch Rücksichten gehindert sein, ohne Scheu sein Urteil über die Kreditwürdigkeit der Ortsangehörigen der Gewerbebank aussprechen zu können.

In größeren Orten, wo die Angehörigen sich aus verschiedenen Berufskreisen zusammensetzen, macht sich wünschenswert, daß die wichtigeren derselben auch im Lokalausschusse vertreten sind.

Die Gewerbebank soll auch dem kleinen Manne angemessenen Kredit gewähren, wenn er fleißig, ordentlich und sparsam ist. Es darf daher nach dieser Richtung hin dem Lokalausschußmitgliede wohlwollende Gesinnung nicht fehlen; dagegen darf es sich von keiner schwächlichen Nachsicht gegen lässige, durch eigene Schuld wirtschaftlich zurückgehende oder sonst kreditunwürdige Personen leiten lassen.

Je mehr die Gewerbebank der Unparteilichkeit, Gewissenhaftigkeit und Wachsamkeit eines Lokalausschusses vertrauen kann, desto mehr erhöht sich auch bei ihr im allgemeinen der Kredit des betreffenden Ortes, und umgekehrt ist sie genötigt, diesen Kredit einzuschränken, wenn sie die Erfahrung macht, daß ihre Interessen von dem Lokalausschusse nicht in gehöriger Weise wahrgenommen werden.

3.

Bestellung der Lokalausschüsse.

Die Mitglieder der Lokalausschüsse werden auch künftig von der Gewerbebank bestellt.

Bei Ausscheiden von Mitgliedern haben die Übrigen der Gewerbebank Personen vorzuschlagen, welche sich für die zu besetzenden Stellen eignen.

Die Zahl der Mitglieder richtet sich nach der Größe des Ortes. Wünschenswert ist, daß die Mitglieder der Lokalausschüsse auch Mitglieder der Gewerbebank sind, bezügl. als solche eintreten.

4.

Wahl des Vorsitzenden.

Jeder Lokalausschuß hat seinen Vorsitzenden selbst zu wählen. Das Wahlprotokoll ist von sämtlichen Mitgliedern zu unterzeichnen und der Gewerbebank vorzulegen.

Die Gewerbebank behält sich die Bestätigung der Wahl vor. Ohne Angabe der Gründe wird sie nicht versagt werden.

5.

Obliegenheiten des Vorsitzenden sowie der übrigen Lokalausschuß-Mitglieder im allgemeinen.

Der Vorsitzende hat den laufenden Geschäftsverkehr und die Korrespondenz mit der Gewerbebank zu besorgen. Er hat die vorgeschriebenen Akten und Listen zu führen und aufzubewahren. Wenn über gemeinsame Beratungen der Ausschußmitglieder Niederschrift erforderlich ist, so hat sie der Vorsitzende zu machen. Sämtliche Mitglieder des Lokalausschusses sind verpflichtet, sowohl über die zu ihrer Begutachtung gelangten Kreditgesuche, als auch über die von ihnen und anderen Ausschußmitgliedern abgegebenen Gutachten nicht nur dem Kreditsuchenden selbst, sondern auch dritten Personen gegenüber strengstes Geheimnis zu bewahren.

6.

Geschäfte im einzelnen.

a. Begutachtungen von Kreditgesuchen.

Alle Gutachten über Kreditgesuche (Vorschüsse, Bürgschaften), welche von den Ausschußmitgliedern verlangt werden, sind schriftlich und in verschlossenem Briefumschlage abzugeben.

Den Ausschußmitgliedern werden die desfallsigen Fragen in der Regel in gleichem Verschlusse unter Beilage eines offenen Briefumschlags zugestellt.

Nicht nur der Vorsitzende kann eine gemeinsame Beratung der Ausschußmitglieder über ein Kreditgesuch stattfinden lassen, sondern auch jedes einzelne Ausschußmitglied kann auf eine solche antragen. Jedes Ausschußmitglied hat aber auch in diesem Falle sein Gutachten schriftlich und verschlossen abzugeben.

Die einzelnen Gutachten hat der Vorsitzende in einem verschlossenen Briefumschlage mit möglichster Beschleunigung an die Gewerbebank einzusenden. Damit nicht zu Verletzungen des Geheimnisses Veranlassung gegeben werde, ist die Einsendung in der Regel nicht durch den Kreditsuchenden selbst, sondern durch die Post oder andere Gelegenheit zu machen.

Die Gewerbebank behält sich in allen Fällen die Entscheidung über die begutachteten Kreditgesuche vor. Sie wird, wenn die Entscheidung gegen das Gutachten des Lokalausschusses ausfällt, demselben die Gründe mitteilen.

Den Kreditsuchenden bezw. deren Bürgen wird von seiten der Gewerbebank in keinem Falle irgend eine Mitteilung über die abgegebenen Gutachten gemacht.

Der Vorsitzende des Lokalausschusses kann von den Ortsangehörigen Kreditgesuche zur Beförderung an die Gewerbebank annehmen.

Als Regel gilt aber, daß die Auszahlung von Vorschüssen an die betr. Personen im Lokale der Gewerbebank erfolgt.

b. Urkunden-Beglaubigungen.

Beglaubigungen der Unterschriften auf Urkunden, welche von Ortsangehörigen für die Gewerbebank auszustellen sind, wie Wechsel, Schuldscheine, Bürgschaftserklärungen, Verlängerungs-Genehmigungen ꝛc. dürfen wegen der häufig vorkommenden Fälschungen nicht auf die bloße Aussage des Überbringers hin, daß die Unterschrift von der sich verpflichtenden Person erfolgt sei, gemacht werden. Vielmehr hat sich der Vorsitzende des Lokalausschusses zu vergewissern, daß die Unterschrift richtig ist, und zu diesem Behufe in allen irgend zweifelhaften Fällen die betr. Urkunde in seiner Gegenwart unterzeichnen zu lassen.

7.

Kontrolle der Mitgliedschaft von Ortsangehörigen bei anderen Kredit-Genossenschaften.

Da die gleichzeitige Mitgliedschaft oder sonstige Beteiligung von Mitgliedern der Gewerbebank bei anderen Kreditgenossenschaften nach allgemein anerkannten Grundsätzen nicht geduldet werden kann, weil sie die Beurteilung des Kredits der betr. Person erschwert und zu Täuschungen und übermäßiger Kreditgewährung Veranlassung gibt, so ist von seiten der Lokalausschüsse nicht nur bei Begutachtung von Kreditgesuchen und vorgeschlagenen Bürgschaften zu erörtern, ob die betr. Personen Mitglieder einer anderen Kreditgenossenschaft sind und bei einer solchen als Schuldner oder Bürgen Verbindlichkeiten haben, sondern es ist auch später von seiten der Lokalausschuß-Mitglieder unausgesetzte Aufmerksamkeit darauf zu richten, ob dies inzwischen geschehen ist.

Sobald von der einen oder anderen Art etwas zur Kenntnis der Ausschußmitglieder kommt, haben sie sofort dem Vorsitzenden Anzeige zu machen und dieser hat darüber an die Gewerbebank zu berichten.

8.

Mitglieder- und Bürgen-Listen.

Die den Lokalausschüssen zugefertigten Listen der ortsangehörigen Mitglieder der Gewerbebank sind nach den späteren Mitteilungen von Ab- und Zugang von Mitgliedern fortlaufend zu ergänzen und zu berichtigen.

Von den im Laufe des Jahres vorkommenden Todesfällen und Wohnortsveränderungen von Mitgliedern der Gewerbebank und deren Bürgen, desgleichen wenn in den Verhältnissen oder der Lebensweise dieser Personen Veränderungen stattgefunden haben, welche auf Kreditgewährung irgend Einfluß haben, ist sofort der Gewerbebank Mitteilung zu machen und zugleich anzuzeigen, auf welche Weise sich dieselbe nötigenfalls für ihre Forderungen Sicherstellung verschaffen kann.

Die am Schlusse jeden Jahres den Lokalausschüssen zugehenden Ortsmitglieder- und Bürgen-Listen der Gewerbebank sind in gemeinschaftlicher Sitzung sämtlicher Mitglieder des Lokalausschusses sorgfältig zu prüfen und zu begutachten. Das darüber aufgenommene Protokoll ist von sämtlichen Ausschußmitgliedern zu unterzeichnen und an die Gewerbebank einzusenden.

9.

Vergütung an die Lokalausschüsse.

Die Gewerbebank leistet für jede Begutachtung sowie für jedes sonstige Schriftstück, welches an sie vom Lokalausschusse gelangt, gleichviel ob dazu von ihr Veranlassung gegeben ist oder ob es auf eigenen Antrieb des Lokalausschusses geschehen ist, eine Vergütung von 50 Pfg.

Für einzelne größere Korrespondenzen oder sonstige Bemühungen des Lokalausschusses behält sich die Gewerbebank besondere Vergütung vor.

Die Auszahlung der Vergütungen erfolgt am Jahresschlusse auf Grund der von der Gewerbebank geführten besonderen Liste.

Über die Verteilung der Vergütung unter die einzelnen Mitglieder des Lokalausschusses haben diese selbst zu beschließen.

Von den einzelnen Personen selbst, über welche an die Gewerbebank Gutachten abgegeben oder deren Urkunden beglaubigt worden sind, ist eine Gebühr nicht zu erheben. Solche wird vielmehr von der Gewerbebank für die Lokalausschüsse erhoben. — —

Der Vorschußverein Sonthofen — eine Kreditgenossenschaft in Bayern — schreibt auf die Anfrage nach den für die ländlichen Mitglieder getroffenen Sondereinrichtungen:

Es wurde „bestimmt, daß entfernt wohnende Landwirte, die nur unter größerem Zeit- und Kostenaufwand im Kassenlokal der Kreditgenossenschaft ihr Kreditbedürfnis zu befriedigen vermögen, gleich Darlehen auf ein halbes Jahr mit eben solcher Verlängerung erhalten sollen, so daß nur ein im Jahre zweimaliges Erscheinen oder schriftliches Ersuchen notwendig ist. Als solches schriftliches Gesuch gilt die Unterzeichnung und Einsendung einer Bürgschaftsverlängerung nach Formular, sowie Übermittelung des betreffenden Zinsbetrages, der für Landwirtschafts- und gewerbliche Darlehen seit Bestehen der Genossenschaft 4 % und ¼ % Provision quartaliter beträgt."

Die Genossenschaft bedient sich des eigenen Wechsels.

Der Vorschußverein zu Groß-Neundorf i. Schles. kann es, trotzdem er unter seinen Mitgliedern Landwirte zählt, durchsetzen, daß alle Unterschriften im Kassenlokal geleistet werden; die einzige Erleichterung besteht darin, daß Schuldner und Bürge nicht gleichzeitig erscheinen brauchen. Von dem Schuldner werden keine Prolongationsgesuche erwartet, um ihm Wege und Portoauslagen zu ersparen.

Zu den Genossenschaften, die in den letzten Jahren einen ganz außerordentlich günstigen Aufschwung genommen haben, gehört der Vorschußverein in Kosel Ob./Schles. Die Genossenschaft hat in den zu ihrem Bezirk gehörigen Dörfern „Nebenstellen" eingerichtet, deren Verwaltung Kaufleuten übertragen ist, die für ihre Tätigkeit eine Provision erhalten. Das Verfahren bei Erledigung des Geschäfts ist folgendes: Kreditbedürftige Personen erkundigen sich bei der Nebenstelle, welche schon von außen durch ein Firmenschild mit der Aufschrift: „Geschäftsnebenstelle des Vorschußvereins in Kosel" kenntlich ist, zunächst nach den Bedingungen, unter welchen der Beitritt zur Genossenschaft und die Kreditgewährung bei derselben erfolgt. — Sofern die diesbezügliche Information zu einem positiven Ergebnis führt, füllt der Vertrauensmann der Genossenschaft ein Antragsformular aus, und sendet dasselbe zu weiterer Veranlassung an den Vorstand ab. Von hier aus werden nun, falls die Verhältnisse der in Frage kommenden Personen noch nicht bekannt sind, entweder mündlich oder schriftlich bei vertrauenswürdigen Mitgliedern des betreffenden Ortes die nötigen Erkundigungen eingezogen. Das auf diese Weise gewonnene Informations-Material bildet die Unterlage für die statutenmäßige Behandlung des in gemeinsamer Sitzung von Vorstand und Aufsichtsrat zu erledigenden Gesuches. — Von dem Ergebnis der Beschlußfassung wird sowohl der Antragsteller als die Nebenstelle unverzüglich schriftlich benachrichtigt. Im Falle der Genehmigung findet sich nun der Antragsteller mit den angenommenen Bürgen bei der Nebenstelle ein, um dort im Beisein des Vertrauensmannes die erforderlichen Urkunden zu vollziehen und die Darlehnsvaluta in Empfang zu nehmen. Die für die betreffenden neuen Mitglieder ausgefertigten Gegenbücher, welche denselben zugleich mit dem Gelde ausgehändigt werden, werden stets zugleich mit der Ermächtigung zur Auszahlung des Darlehens an die Nebenstellen abgesandt, während alle übrigen Formulare bei letzteren vorrätig gehalten werden. — Da die Vertrauensmänner ein Antragbuch führen, in welchem die bei der Kontrahierung der einzelnen Darlehen vereinbarten Rückzahlungsbedingungen vermerkt werden, sind sie auch in der Lage, sofern nicht besondere Umstände zu vorheriger Ablehnung der Prolongation veranlassen, bei Eintritt der Fälligkeit der betreffenden Wechsel die Abzahlung zu bestimmen, von welchen die Prolongation der ersteren abhängig gemacht wird. Sie nehmen deshalb gegen Quittung im Gegenbuche die Mitgliedsbeiträge, Abzahlungen und Zinsen in Empfang und vermerken dieselben unter Beifügung des neuen Fälligkeitstermins in ihrem eigenen Kassabuche. Über Spareinlagen, welche in den Nebenstellen eingezahlt werden, stellen die letzteren Interimsquittungen aus, welche so lange im Besitz der betreffenden Einleger verbleiben, bis die vom Vorstande auszufertigenden Sparbücher, mit den entsprechenden Eintragungen versehen, an der Zahlstelle eingehen, und dort gegen Rückgabe der Interimsquittung in Empfang genommen werden. Über Einnahmen und Ausgaben führen die Nebenstellen ein Kassabuch, aus welchem sie allwöchentlich einen ordnungsmäßig abgeschlossenen Auszug mit allen inzwischen etwa eingegangenen Urkunden, Belägen 2c. dem Vorstande übersenden. — Die Richtigkeit der aufgegebenen Saldi wird selbstverständlich jedesmal genau geprüft und bestätigt. Größere Kassenbestände werden nur dann von den Nebenstellen zurückbehalten, wenn entsprechende Abhebungen unmittelbar in Aussicht stehen, sonst erfolgt bei Eingang größerer Zahlungen die Absendung derselben in abgerundeten Summen unverzüglich. Reichen die Bestände für die zu leistenden Zahlungen nicht aus, so werden erstere durch entsprechende Baarsendungen erhöht. — Die Provisionsberechnung und Gutschrift findet nach Ablauf eines jeden Halbjahres statt.

Eine den landwirtschaftlichen Verhältnissen sehr genau angepaßte Organisation besitzt der Landwirtschaftliche Kreditverein in Augsburg, e. G. m. u. H. Der Verein hat zahlreiche Agenturen, die eine recht weitgehende Selbständigkeit besitzen.

Der Vorschußverein Jestetten, e. G. m. u. H., berichtet:

„daß er seit Gründung des Vereins in den vom Sitze der Genossenschaft entfernt liegenden Gemeinden sogenannte Geschäftsfreunde angestellt hat, welche die beantragten Kreditgesuche entgegennehmen, die Schuldurkunde aufnehmen und empfehlend nach Jestetten zu geben haben. Die Gegenwerte sendet die Genossenschaft alsdann an dieselben zur Ausfolgung an die Antragsteller. Die für die Genossenschaft eingehenden Gelder haben dieselben sofort nach Eingang einzusenden, worauf denselben Abrechnung zugeht. Je nach dem Umfang der Geschäfte erhalten die Geschäftsfreunde jährlich für die Mühewaltung Gratifikationen von 20 bis 70 Mark."

Im allgemeinen muß empfohlen werden, den Ausschüssen und Agenturen keine zu weitgehende Selbständigkeit zu gewähren (vgl. 15. Kap.). Wird den

Ausschüssen das Recht gegeben, Geld anzunehmen und auszuzahlen, so sind dabei sehr genau die Kontrollmaßregeln zu beobachten, die in den vorstehend mitgeteilten Instruktionen enthalten sind.

Über Kredite an Vorstands- und Aufsichtsratsmitglieder, über Beschränkungen der Kreditgewährung, Sicherheitsleistung und Prolongation vgl. 10. und 11. Kap.

Zu empfehlen ist den Genossenschaften die Anlage von „Personalakten" über ihre Mitglieder, in denen die eingeholten Auskünfte und sonstigen Informationen gesammelt werden. Der Besitz solcher Akten erleichtert wesentlich die Entscheidung über Kreditgesuche. Die Anlegung der Akten beginnt mit der Selbstschilderung des Kreditsuchenden über seine Verhältnisse. Ebenso dient auch wesentlich der Einziehung zuverlässiger Auskünfte über Kreditsuchende und Bürgen die Bildung von Lokalausschüssen nach den Bezirken, über welche sich die Genossenschaft erstreckt (vgl. oben). Wo der Bezirk der Genossenschaft nicht groß ist, genügt es auch, aus den Mitgliedern des Aufsichtsrates solche Erkundigungsausschüsse zu bilden, oder verschiedene Aufsichtsratsmitglieder als Vertrauenspersonen zu bestellen, die die Pflicht haben, in jedem Falle die erforderlichen Erkundigungen einzuziehen.*) In den letzteren Fällen wird dem Vorstande von der Vertrauensperson dann auch nur mündlich über das Bericht erstattet, was in Erfahrung gebracht ist. Alle diese Auskünfte werden, wenn Personalakten angelegt sind, zu denselben genommen, wobei bei mündlicher Mitteilung eine kurze Notiz durch den Vorstand in den Akten genügt.

Schließlich sei noch auf eins aufmerksam gemacht: Vorstands- wie Aufsichtsratsmitglieder sind zur strengsten Verschwiegenheit über die erhaltenen Auskünfte und die die Kreditgesuche betreffenden Verhandlungen verpflichtet. Wird diese Verschwiegenheit nicht beobachtet, macht z. B. eins der Aufsichtsratsmitglieder dem Kreditsucher Mitteilung von einer ungünstigen Auskunft, einem in der Sitzung von einem Mitgliede gefällten ungünstigen Urteile, so hat dies nur

---

*) Erkundigungen bei den Mitgliedern der Genossenschaft über die Zahlungsfähigkeit der Kreditsuchenden haben sich in der Regel als zweckmäßig erwiesen, da sie an der Sicherheit der Geschäfte unmittelbar beteiligt sind. Wohnt der Kreditsuchende auswärts an einem Orte, an dem eine Genossenschaft ihren Sitz hat, so wird man bei dieser die Erkundigung einziehen. Die Genossenschaften sollten die gegenseitige Auskunftserteilung für ihre Pflicht halten und sogar in den Fällen, in denen ihnen die Verhältnisse von Personen, über die sie angefragt werden, unbekannt sind, sich nach denselben erkundigen.

zu leicht, wie die Erfahrung lehrt, erbitterte Feindschaft unter den Beteiligten zur Folge. Nur dem Bürgen gegenüber wird in der Regel vollste Offenheit auch nach dieser Richtung hin notwendig sein. Sind die Auskünfte über den Kreditsuchenden schlecht, so ist der Bürge zu warnen, da die Genossenschaft, worauf wir noch zurückkommen, verpflichtet ist, auch die Interessen des Bürgen zu wahren.

Das neue bürgerliche Recht hat auch auf dem Gebiete des Kreditwesens verschiedene Neuerungen gebracht, die für die Kreditgenossenschaften von Wichtigkeit sind. Es ist nunmehr durch die Reichsgesetzgebung die Führung von Verzeichnissen solcher Personen, welche bereits den Offenbarungseid geleistet haben, ferner solcher, bezüglich deren die Konkurseröffnung wegen Mangels genügender Masse abgelehnt wurde, den Amtsgerichten zur Pflicht gemacht. Die betreffenden Vorschriften lauten:

§ 915 der Z.P.O.: Das Vollstreckungsgericht hat ein Verzeichnis derjenigen Personen zu führen, welche vor ihm den Offenbarungseid geleistet haben oder gegen welche wegen Verweigerung des Eides die Haft angeordnet ist. Die Vollstreckung einer Haft ist in dem Verzeichnisse zu vermerken, wenn sie sechs Monate gedauert hat. Nach Ablauf der im § 903 Abs. 2 oder der im § 914 Abs. 2 bezeichneten Frist (5 Jahre) ist die Eintragung dadurch zu löschen, daß der Name unkenntlich gemacht wird. Die Einsicht des Verzeichnisses ist jedem gestattet.

§ 107 Abs. 2 der K.O.: Das Gericht hat ein Verzeichnis derjenigen Schuldner zu führen, bezüglich deren der Eröffnungsantrag (wegen Mangels einer den Kosten des Verfahrens entsprechenden Konkursmasse) abgewiesen worden ist. Die Einsicht des Verzeichnisses ist jedem gestattet. Nach Ablauf von fünf Jahren seit der Abweisung des Eröffnungsantrags ist die Eintragung in dem Verzeichnisse dadurch zu löschen, daß der Name unkenntlich gemacht wird.

Auch die Einsicht des Grundbuches kann natürlich für die Krediteinschätzung von hohem Werte sein. Das Grundbuch ist nun allerdings nicht in dem Sinne öffentlich, daß jedem die Einsicht gestattet ist. Nach § 11 der R.G.B.O. ist die Gewährung der Einsicht von der Darlegung eines berechtigten Interesses abhängig gemacht. Die Landesjustizverwaltungen sind nach § 93 G.B.O. ermächtigt, die Einsicht in weiterem Umfange zu gestatten; es würde also nichts im Wege stehen, daß durch Landesgesetz das Grundbuch jedem zugänglich gemacht wird, ohne daß ein besonderes Interesse darzulegen wäre. Allein Preußen hat von dieser Ermächtigung nur beschränkten Gebrauch gemacht und in § 32 der Allgemeinen Verfügung zur Ausführung der G.B.O. nur öffentlichen Behörden und deren Vertretern die Einsichtnahme des Grundbuches ohne Darlegung eines besonderen Interesses gestattet. Immerhin wird man annehmen dürfen, daß die Grundbuchämter bei dem Verlangen einer Darlegung des berechtigten Interesses nicht allzu engherzig sein werden. Insbesondere sollte wohl die glaubhafte Versicherung eines Vorstandsmitgliedes oder beauftragten Beamten eines Kreditvereins, es handle sich um Gewährung von Kredit in irgend welcher Form an einen im Grundbuch Eingetragenen, ausreichen, um das „rechtliche Interesse“ an der Einsicht darzulegen. Auch hier kann daher den Vereinen empfohlen werden, von der beschränkten Öffentlichkeit des Grundbuchs in Zweifelsfällen Gebrauch zu machen.*)

Ferner mag hier hingewiesen werden auf die Ausführungen oben (S. 63), betreffend Schutzmaßregeln bei Aufnahme neuer Mitglieder. Weiter noch ist gegangen der Allgemeine Genossenschaftstag zu Danzig, der folgenden Beschluß gefaßt hat:

Der Allgemeine Genossenschaftstag empfiehlt den Verbänden die Einführung von gemeinsamen Maßregeln zum Schutze der Verbandsvereine gegen zahlungsunfähige und böswillige Schuldner, sowie gegen andere Personen, denen gegenüber bei einer Geschäftsverbindung Vorsicht geboten ist, oder deren Kreditwürdigkeit nicht einwandfrei erscheint.

Als diesem Zweck dienende Schutzmaßregeln werden empfohlen:

1. Die Aufstellung einer allgemeinen Liste der Mitglieder der Verbandsvereine, sowie
2. der Austausch der Namen der von den Vereinen aufgenommenen und der ausscheidenden Mitglieder.
3. Die Mitteilung der Namen solcher Personen, deren Aufnahme von einem Verbandsverein abgelehnt worden ist.
4. Der Austausch der Namen von Personen, die als Geber und Nehmer von Kellerwechseln, als Wechselschieber oder als solche bekannt geworden sind, deren Treiben geeignet ist, die Vereine zu schädigen.

Der Austausch des Materials hat durch Vermittelung der Verbandsvorstände in regelmäßigen, möglichst kurzen Zwischenräumen zu geschehen.

---

*) Vgl. Bl. f. G. Jahrg. 1900 S. 157.

Neuntes Kapitel.

A. Andere Geschäftszweige.

In den beiden vorhergehenden Kapiteln haben wir die bei den Kreditgenossenschaften gebräuchlichen Arten der Kreditgewährung besprochen, im 5. Kapitel war die Rede von den mit der Aufnahme fremder Gelder verbundenen Geschäftszweigen, es bleiben nun noch einige weder zu der einen noch der anderen Gattung gehörigen Geschäftszweige zu behandeln, wobei wir nur in Erinnerung bringen wollen, daß wir oben aufs dringendste den Kreditgenossenschaften empfohlen haben, den Betrieb auf die Geschäftszweige zu beschränken, die wirtschaftlich und rechtlich in den Rahmen einer Kreditgenossenschaft hinein gehören. Nichts ist für die Entwicklung der Kreditgenossenschaft verhängnisvoller, als wenn z. B. der Vorstand gleichzeitig mit dem Wareneinkauf und Warenverkauf für die Mitglieder und mit sonstigen Unternehmungen befaßt wird.

Gewisse Grenzen für die Ausdehnung des Geschäftsbetriebes zieht auch die neue Gesetzgebung. So bestimmt das Hypothekenbankgesetz vom 13. Juli 1899 in § 2, daß eingetragenen Genossenschaften der Betrieb eines Unternehmens der im § 1 Abs. 1 bezeichneten Art untersagt ist, und § 1 Abs. 1 lautet: „Aktiengesellschaften, Kommanditgesellschaften auf Aktien, bei welchen der Gegenstand des Unternehmens in der hypothekarischen Beleihung von Grundstücken und der Ausgabe von Schuldverschreibungen auf Grund der erworbenen Hypotheken besteht (Hypothekenbanken), bedürfen zur Ausübung ihres Geschäftsbetriebes der Genehmigung des Bundesrates.“ Ferner bestimmt das Privatversicherungsgesetz vom 12. Mai 1901 in § 6 Abs. 2: „Die Erlaubnis darf Personenvereinigungen, welche die Versicherung ihrer Mitglieder nach dem Grundsatz der Gegenseitigkeit betreiben wollen, nur erteilt werden, wenn diese Vereinigungen in der Form von Versicherungsvereinen auf Gegenseitigkeit (§§ 15—53) errichtet werden.“ Hieraus ergibt sich, daß eingetragene Genossenschaften ohne Unterschied des Umfanges der Haftung ausgeschlossen sind. Eine

Ausnahme gilt nur für die bei Erlaß des Gesetzes bestehenden eingetragenen Genossenschaften, die den Versicherungsbetrieb zum Gegenstand des Unternehmens haben. Andererseits muß hingewiesen werden auf die Ausführungen (S. 168), wo den Kreditgenossenschaften entschieden geraten ist, mit ihrem Geschäftsbetrieb sich den modernen Bedürfnissen und Verhältnissen anzupassen.

Es kommen folgende Geschäftszweige*) in Betracht:

I. Inkasso von Wechseln.

Wir bemerkten soeben, daß die Ausdehnung des Geschäftsbetriebes auf Nichtmitglieder in den meisten deutschen Staaten die Genossenschaften steuerpflichtig macht, wenn die Geschäfte gegen Provision ausgeführt werden. Dies gilt auch von dem Inkasso von Wechseln, d. h. dem Wechseleinzug für fremde Rechnung. Geschieht das Inkasso nicht gegen Provision, sondern nur gegen Erstattung der Selbstkosten oder provisionsfrei, so liegt kein Hinausgehen des Geschäftsbetriebes mit diesem Geschäftszweig über den Kreis der Mitglieder vor. Vgl. Formular 27 für Inkasso von Wechseln. Und damit gelangen wir zu dem von der Deutschen Genossenschaftsbank Sörgel, Parrisius & Co., A.-G. gebildeten Giroverband.

Der Giroverband (Bedingungen Formular 26) ist 1867 von dem Direktor Sörgel, einem der ältesten und tüchtigsten genossenschaftlichen Freunde Schulze-Delitzsch', begründet, von letzterem von Anfang an nachdrücklich empfohlen und wiederholt als der Schlußstein der Organisation der Kreditgenossenschaften bezeichnet. Das Girogeschäft, durch den zehn Jahre später eingerichteten Giroverkehr der Reichsbank allgemeiner bekannt geworden, stammt aus England, wo es sich mit dem größten Erfolge eingebürgert hat. Es ist die Vermittelung kaufmännischer Zahlungen durch Zu- und Abschreiben auf den Konti, welche die betreffenden Geschäftsleute durch Einzahlungen bei einer Bank auf ihren Namen sich haben eröffnen lassen. Bezweckt wird also, „die Zahlungen, das Hin- und Hersenden der baren Geldes

*) Für diese Geschäftszweige gilt, wie für die Annahme fremder Gelder nicht das Verbot des § 8 Abs. 2 d. Ges. (S. 53 ff.). Da jedoch die Ausdehnung dieser Geschäftszweige auf Nichtmitglieder wohl nach allen Landesgesetzen die Steuerpflicht der Genossenschaft zur Folge hat, denn ihr Geschäftsbetrieb nimmt mit der Ausdehnung auf Nichtmitglieder den Charakter eines Gewerbes an, vorausgesetzt, daß die Geschäfte gegen Provision gemacht werden, so wird zu erwägen sein, ob der sich aus der Ausdehnung des Geschäftsbetriebes auf Nichtmitglieder ergebende Gewinn im Verhältnis zur Steuerlast steht.

oder der dessen Stelle vertretenden Noten dadurch zu vermindern, daß man die gegenseitigen Forderungen nur in bestimmten Fristen durch Zahlungen ausgleicht." Als die ersten hundert Vorschußvereine bewogen wurden, die Genossenschaftsbank zu Berlin zu einer Ausgleichstelle für Forderungen und Gegenforderungen zu machen, gab es in Deutschland nur 110 „Bankplätze", d. h. Plätze, auf welche die Preußische Bank Wechsel zur Einziehung annahm, alle übrigen Orte waren „Nebenplätze", auf welche, da sie keine Filialstelle der Preußischen Bank waren, Wechsel von der Preußischen Bank überhaupt nicht, von Privatbankgeschäften mit erheblichem Kostenaufschlage angenommen wurden. Die Genossenschaftsbank bezweckte nun, allen „Nebenplätzen", in denen Vorschußvereine (Girogenossen) ihren Sitz haben, die Vorteile der Bankplätze zuzuwenden. Jedem dem Giroverbande beigetretenen Vorschußverein wurde bei der Genossenschaftsbank ein Konto eröffnet, auf dem er ursprünglich ein Guthaben von mindestens einhundert Talern halten mußte, welches durch Ab- und Zuschreibung der zur Einziehung übersandten Wechsel, der zugunsten eines anderen Girogenossen geforderten Übertragungen und der bargesendeten oder abgehobenen Beträge usw. erhöht oder vermindert wurde; jetzt braucht der Girogenosse ein Guthaben von bestimmter Höhe nicht mehr zu haben. Die Genossenschaftsbank überträgt Forderung oder Schuld der einen Genossenschaft auf die andere durch eine Buchung. So werden den „Girogenossen" Arbeit und Kosten durch die von der Genossenschaftsbank vorgenommene Abrechnung bedeutend verringert. „Jede zugehörige Genossenschaft", so hieß es in der ersten Aufforderung, „hat für alle übrigen Girogenossen nur ein einziges Konto zu führen, braucht, wenn sie Inkassos besorgt haben will, nur zweimal monatlich an bestimmten Tagen an die Genossenschaftsbank zu schreiben und wenn sie die von ihr einkassierten Wechsel nicht auf ihr Guthaben in Abrechnung bringen will, nur zweimal monatlich an die Genossenschaftsbank, nicht an die einzelnen Genossenschaften zu remittieren." Wegen der verschiedenen Währung hatte die Genossenschaftsbank 1872 bei ihrer Filiale in Frankfurt am Main eine zweite Girostelle errichtet, so daß es seitdem einen Giroverband mit zwei Abteilungen gibt und jede Genossenschaft kann Mitglied einer oder beider Abteilungen sein. Der Zweck des Giroverbandes ist ein doppelter:

a) den Geldverkehr der Mitglieder untereinander zu erleichtern, indem sie Schulden und Forderungen an einem gemeinsamen Mittelpunkte — Berlin oder Frankfurt am Main — durch Übertragung (Giro) ausgleichen;

b) das Inkasso von Wechseln auf Orte, an denen Mitglieder einer der zwei Abteilungen des Giroverbandes wohnen, zu vereinfachen, zu sichern und die Kosten auf das möglichst kleinste Maß zu vermindern.

Die Mitglieder des Giroverbandes heißen Girogenossen, ihre Plätze sind „Giroplätze". Seit dem Jahre 1877 besteht neben dem Giroverbande, aber mit diesem eng zusammenhängend, noch ein „Inkassoverband", dessen Mitglieder, die „Inkassogenossen", sich nur zum provisionsfreien Inkasso von Wechseln verpflichtet haben; endlich werden auch noch „Nebenplätze" unterschieden, es sind das Ortschaften in der Umgebung von Giro- oder Inkassoplätzen, auf welche der Giro- bzw. Inkassogenosse den Wechseleinzug übernommen hat, mit diesen „Nebenplätzen" steht die Genossenschaftsbank nicht in direkter Verbindung, sondern sie rechnet mit dem betr. Giro- bzw. Inkassogenossen ab. Bei Wechseln auf die Inkasso- und Nebenplätze wird keine Verpflichtung zur rechtzeitigen Beibringung eines Protestes oder eine rechtzeitige Rückgabe unbezahlt gebliebener Wechsel übernommen. Die Mitglieder des Giroverbandes sind — abgesehen von einigen Ausnahmen — Genossenschaften oder aus Genossenschaften hervorgegangene Aktiengesellschaften.

Das Statut des Giroverbandes teilen wir im Formular 26 mit.

Machen wir uns die Bedeutung des Inkassos an einem Fall klar. Der Verein in X, der einen in Y zahlbaren Wechsel hat, muß, wenn er daselbst keine Bankverbindung besitzt, und Y auch kein Bankplatz ist, den Wechsel der Post zur Einziehung geben. Die Haftbarkeit der Post dafür ist eine verhältnismäßig sehr geringe, sie geht nicht weiter wie „für einen eingeschriebenen Brief"; die Post kümmert sich um den Inhalt der Protesterklärung nicht, sie weist Teilzahlungen auf den Wechselbetrag ab und nimmt auch z. B. von der Erklärung der Notadresse gar keine Kenntnis, sondern sendet Wechsel und Protest dem Auftraggeber zurück. Den Genossenschaften sind dadurch schon erhebliche Verluste entstanden. Dazu kommt noch, daß die Post überhaupt den Wechseleinzug auf den Betrag von 800 Mk. begrenzt. Durch den Giroverband wird jeder Platz, an dem ein Girogenosse seinen Sitz hat, und außerdem noch eine größere Anzahl sog. Nebenplätze für die Mitglieder, ein Bankplatz.*)

*) Vgl. Bl. f. G. Jahrg. 1890, S. 191: „Die ersten Jahre des Giroverbandes" insbes. auch über den früheren Zweck dieses Verbandes, die Verschiedenheiten des

Der Allgemeine Genossenschaftstag zu Wiesbaden (1896) hat den Kreditgenossenschaften empfohlen, dem von der Deutschen Genossenschaftsbank gebildeten Giroverband beizutreten.

Über die Anlehnung des Scheckverbandes an den Giroverband vgl. oben (S. 92).

Allerdings wird diese und jene Genossenschaft, da sie die ihr von beiden Zentralstellen Berlin und Frankfurt a. M. oder von einzelnen Mitgliedern beider Abteilungen wegen zu kurzer Verfallzeit direkt zugehenden Wechsel provisionsfrei und ohne Abzug von Spesen auf Girokonto zu kreditieren und nach den Vorschriften der allgemeinen deutschen Wechselordnung einzuziehen hat, vielleicht erheblich damit belastet, besonders wenn sie selten in der Lage ist, Wechsel zum Inkasso zu übersenden; dafür hat sie aber auch durch das ihr übertragene Inkasso sehr oft Gelegenheit, von Verhältnissen der Gewerbetreibenden am Orte Kenntnis zu nehmen, die ihr sonst unbekannt geblieben wären und die ihr sehr wertvoll sein können.

Die Wechseleinziehungskosten im Giroverbande betragen zunächst 5 Pfg. für das Stück und außerdem den entsprechenden Anteil an den erwachsenden Gesamtkosten; sie beliefen sich in den letzten Jahren auf etwa 14 Pfg. für 1000 Mark.

Gewinn und Lasten lassen sich natürlich nicht für jedes Mitglied einer großen Organisation stets zahlenmäßig gegenüberstellen und vergleichen. Wiederholt hat Schulze den Beitritt zum Giroverbande aufs dringendste empfohlen, denn „wir haben schon manches erreicht und wollen dahin kommen, eine Großmacht im Verkehr zu werden; wer sich vor dieser Vervollkommnung unsrer Organisation scheut, steht nicht auf der Höhe des Prinzips."

Nachfolgende Tabelle zeigt die Entwicklung des Giroverbandes:

Jahr	Zahl der Giro- und Inkassoplätze	Zahl	Betrag in Mk. der ausgetauschten Wechsel	Gesamtumsatz des Giroverbandes in Mk.
1868	93	?	961728	1446762
1874	270	67256	22372238	34428897
1889	839	312647	82836589	124093581
1895	837	375034	95600183	150590459
1900	1093	476853	149644156	259667458

deutschen Münzfußes zu mildern, ferner „Mitteilungen" 1898 S. 117 ff. und die Vollbornsche Schrift: „Benutzung und Vorteile des Giroverbandes" (zu beziehen durch den Allgemeinen Deutschen Genossenschaftsverband).

Über die Behandlung von Giroverbindlichkeiten haben wir oben (S. 80) gesprochen. Es ist klar, daß die Verbindlichkeiten, die sich aus zum Inkasso begebenen Wechseln ergeben, nicht gleichartig sind mit den Giroverbindlichkeiten aus weiter diskontierten Wechseln; nur letztere Verbindlichkeiten sind als solche für die Bilanz und die Statistik zu betrachten. Selbstverständlich ist es durchaus wünschenswert, wenn auch diese Giroverbindlichkeiten im Geschäftsbericht angegeben werden, doch wird man gut tun, sie in besonderer Summe aufzuführen, um keine unrichtigen Schlußfolgerungen zuzulassen.*)

II. An- und Verkauf von Wertpapieren.**)

Bankmäßig entwickelte Kreditgenossenschaften wenden sich diesem Nebengeschäft, mit welchem, wenn es richtig betrieben wird, keinerlei Verlust verbunden ist, gern zu. Es braucht aber kaum gesagt zu werden, daß die Genossenschaft dabei niemals dem Börsenspiel der Mitglieder dienen darf — daß jeder Terminhandel ausgeschlossen bleiben muß. Der Betrieb dieses Geschäftszweiges setzt bei dem Vorstande einige Kenntnis des Börsengeschäfts und des Handels mit Wertpapieren voraus, er muß über den Stand der wichtigsten Wertpapiere und ihre Aussichten unterrichtet sein, denn er muß den Käufern und Verkäufern auch nötigenfalls Rat und Auskunft über die Auswahl der Papiere und über deren Sicherheit erteilen können. Vor allem aber muß auch der Vorstand über die börsentechnische Seite des Handels mit Wertpapieren unterrichtet sein.

Der Allgemeine Genossenschaftstag zu Danzig (1903) hat den Kreditgenossenschaften die Pflege des Effektenkommissionsgeschäfts bei Vorhandensein folgender Voraussetzungen in den Geschäftsbereich aufzunehmen empfohlen:

1. entsprechende bankmäßige Organisation des Vereins, insbesondere ausreichende Einrichtungen für die Aufbewahrung fremder und eigener Effekten;
2. unbedingter Ausschluß aller Spekulationsgeschäfte für eigene Rechnung;
3. Ausschluß aller Spekulationsgeschäfte dritter, insbesondere aller Ultimo- und Prämiengeschäfte;
4. tunlichste Vorsicht bei der Kreditgewährung, wobei besonders darauf zu achten ist, daß solche nicht etwa als Mittel zur Heranziehung von Kunden dienen darf.

---

*) Vgl. Bl. f. G. Jahrg. 1901, S. 306.

**) Nur einige für die Genossenschaften in Betracht kommende Hauptgrundsätze führen wir an und nehmen im übrigen Bezug auf „Saling's Börsenpapiere", besonders den ersten Teil „Die Börse und die Börsengeschäfte" (Haude & Spenersche Buchhandlung, Berlin).

Wir lassen die wichtigsten Grundsätze folgen, welche für diesen Geschäftszweig zu befolgen sind, und lehnen uns dabei an die Grundsätze der Reichsbank, welche unseren Genossenschaften gerade für diesen Teil eines Bankgeschäfts gewiß vorbildlich sein kann, da derselbe hier wie dort nur einen Nebenzweig des Unternehmens bildet, dessen Betrieb für die Bank auch nicht das geringste Risiko bringen darf. Demnach ergibt sich:

Nur auftragsweise wird der An- und Verkauf von Wertpapieren besorgt.

Ankaufsaufträge werden nur ausgeführt, wenn die Genossenschaft für den erforderlichen Geldbetrag die notwendige Deckung hat — Verkaufsaufträge erst, wenn die zu verkaufenden Papiere eingeliefert sind. Dabei sind die Bestimmungen über die Verstempelung genau zu beachten. Bei dem Ankauf ist genau darauf zu achten, daß die Papiere nicht gestohlen sind.

Hat der Auftraggeber für den An- und Verkauf Bestimmungen getroffen, so müssen dieselben befolgt werden.

Die Vermittelungsgebühren sind festzusetzen. Portoauslagen hat der Auftraggeber zu ersetzen, die Versendung von Wertpapieren erfolgt unter voller Wertangabe, wenn nicht die Geldsendung gegen Verlust versichert ist. Letzteres geschieht besonders bei großen Postwertsendungen, da die Versicherungsgebühr billiger ist als die von der Post in Form des Portos erhobene.

Muß sich die Genossenschaft zur Ausführung des Auftrages eines Bankiers bedienen,*) so würde sie gut tun, mit demselben im voraus ein Abkommen zu treffen, wonach ihr billigere Sätze berechnet werden, damit sie ihren Kunden nicht höhere Sätze, als die üblichen, zu berechnen braucht (vgl. Formular 28).

---

*) Ausführung der Aufträge durch ein Bankhaus werden die Regel bilden. Es ist dann § 12 Abs. 2 des Reichsstempelabgabengesetzes vom 27. April 1894 zu beachten: „Wird bei Kommissionsgeschäften für einen auswärtigen Kommittenten, welcher seinerseits als Kommissionär eines Dritten handelt, die Schlußnote mit dem Zusatz „in Kommission" ausgestellt, so bleibt das Abwicklungsgeschäft zwischen ihm und seinen Kommittenten von der Abgabe befreit, wenn er die Schlußnote mit dem Vermerk versieht, daß sich die versteuerte, über denselben Betrag oder dieselbe Menge und denselben Preis lautende Schlußnote mit zu bezeichnender Nummer in seinen Händen befindet." Es genügt, wenn die Genossenschaft ihrem Bankhause mitteilt, daß sie alle Aufträge, welche sie erteilen werde, falls nicht in Einzelfällen das Gegenteil ausdrücklich angegeben sei, als Kommissionär Dritter erteile und daß daher alle für sie bestimmten Schlußnoten, abgesehen von den erwähnten Ausnahmefällen, mit dem Zusatz „in Kommission" zu versehen seien.

An dieser Stelle mag auch das Gesetz, betr. die Pflichten der Kaufleute bei Aufbewahrung fremder Wertpapiere vom 5. Juli 1896, erwähnt werden, dessen Bestimmungen von den Genossenschaften (§ 1 d. Ges.) zu beobachten sind. Wir führen nachstehend die wichtigsten Grundsätze an:*)

1. Gesonderte Verwahrung der Depots. Alle Wertpapiere, mit Ausnahme von Banknoten und Papiergeld, die einem Kaufmann zur Aufbewahrung oder zum Pfand übergeben sind, müssen so aufbewahrt werden, daß der Name des Hinterlegers oder Verpfänders äußerlich sichtbar gemacht wird und das Depot von den Beständen anderer Personen und dem eigenen Effektenbesitz abgesondert wird. Jedes Depot muß also eine besondere Hülle erhalten, als solche genügt natürlich eine einfache Schleife mit Aufschrift.

2. Führung des Nummernbuches. Jedes Depot ist derart in ein Handelsbuch einzutragen, daß die Wertpapiere jedes Hinterlegers oder Verpfänders nach Gattung, Nennwert, Nummern oder sonstigen Unterscheidungsmerkmalen der Stücke ersichtlich gemacht werden.

Ein den Bedürfnissen der Genossenschaften entsprechendes Formular für die Einrichtung eines solchen Buches dürfte etwa das folgende sein:

Eingang F. W. Müller

1 Datum des Ankaufs oder Eingangs.		2 Nominal oder Stücke	3 Gattung.	4 Serie und Nummer.	5 Nummer aufgegeben am	6 Bemerkungen.
1903 August	1	4	Braunschw. 20 Thlr.-Lose	20/5 u. 6 10/4 17/8	3. August	im Depot bei der D. G.-B.

Ausgang.

7 Datum des Ausgangs oder Verkaufs		8 Nominal oder Stücke.	9 Gattung.	10 Serie und Nummer.	11 Bemerkungen.
1903 August	10	4	Braunschw. 20 Thlr.-Lose	20/5 u. 6 10/4 17/8	

Für jeden Hinterleger oder Verpfänder wird ein besonderes Konto geführt; die beispielsweisen Eintragungen geben über den Zweck der einzelnen Rubriken Aufschluß. Spalte 5 ist von Wichtigkeit mit Rücksicht auf den § 3 des Gesetzes, der dem Einkaufskommissionär die Nummernaufgabe zur Pflicht macht. Spalte 6

*) Blätter für Genossenschaftswesen Jahrg. 1896, S. 321.

dient, den Zweck ersichtlich zu machen, ob es sich um ein Depot im engeren Sinne oder um ein Faustpfand handelt, sowie zur Eintragung des Vermerks, daß die Papiere sich in dritter Hand befinden (§ 8 d. Ges.).

Nur für Genossenschaften mit lebhafterem Effektengeschäft wird sich neben diesem Buch die Führung eines besonderen Stückenkonto behufs leichterer Kontrolle als empfehlenswert erweisen; als Muster eines solchen, das insbesondere bei Detachierung der Koupons, Kontrolle der Verlosungen usw. gute Dienste leistet, möge folgendes dienen:

Eingang. Braunschweiger 20 Thlr.-Lose.

1 Datum des Eingangs resp. Ankaufs.		2 Nominal oder Stücke	3 Eigentümer.	4 Bemerkungen.
1903 August	1	4	F. W. Müller	im Depot bei der Deutschen Genossenschafts-bank.

Ausgang.

5 Datum des Ausgangs resp. Verkaufs.		6 Nominal oder Stücke.	7 Eigentümer.	8 Bemerkungen.
August	10	4	F. W. Müller	

3. Nummernaufgabe seitens des Einkaufskommissionärs. Der Einkaufskommissionär hat dem Kommittenten binnen drei Tagen nach der Ausführung ein genaues Stückeverzeichnis zu übersenden. Zu beachten ist, daß die Frist „mit dem Erwerb der Stücke" beginnt, wenn der Kommissionär nicht als Selbstkontrahent eintritt. In dem die Regel bildenden Fall, daß der Auftrag durch Vermittelung eines zweiten Kommissionärs zur Ausführung kommt, läuft die Frist von der Erteilung des Nummernverzeichnisses seitens des letzteren, denn damit vollzieht sich „der Erwerb".

Was den Selbsteintritt des Kommissionärs anlangt, so ist zu berücksichtigen, daß dieses Recht dem Kommissionär nach § 71 des Börsengesetzes nur zusteht hinsichtlich der Aufträge auf amtlich notierte Wertpapiere und nur soweit der Kommittent nichts anderes vorschreibt. Die Frist für die Erteilung des Stückeverzeichnisses beginnt in diesen Fällen mit dem Zeitpunkt, in dem der Kommissionär bei ordnungsmäßigem Geschäftsgang die Stücke hätte beziehen können.

4. Ausantwortung fremder Wertpapiere. Der Kaufmann, der fremde Wertpapiere einem Dritten zur Aufbewahrung, zum Umtausch, zur Geltend-

machung von Bezugsrechten oder zum Kouponeinzug ausantwortete, hat die Pflicht, zu erklären, daß diese Papiere fremde seien. Dasselbe gilt in den Fällen der Verkaufs- und der Einkaufskommission. Demnach ist jene Erklärung auch abzugeben, wenn Papiere des Kunden zur Veräußerung versandt werden, und es ist, wenn Wertpapiere gekauft werden, zu erklären, daß die Anschaffung für fremde Rechnung geschah.

Das Gesetz läßt auch die Verabredung über den Verzicht auf die Beobachtung der Vorschriften zu, doch ist ein allgemeiner Verzicht auf die Vorschriften der §§ 1 und 3 (gesonderte Verwahrung der Depots, Führung des Nummernbuchs, Erteilung des Stückeverzeichnisses) nur dem gewerbsmäßigen Bankier gestattet, ein solcher Verzicht wird daher schwerlich bei den Kunden der Genossenschaften vorkommen; Verzichterklärungen anderer Personen sind nur gültig, wenn sie für das einzelne Geschäft ausdrücklich oder schriftlich abgegeben werden, die Genossenschaften werden kaum solcher Verzichterklärungen ihrer Kunden bedürfen.

III. Aufbewahrung und Verwaltung von Wertstücken.

Unterschieden werden „verschlossene“ und „offene“ Depots; erstere sind, wie das Wort besagt, verschlossen, die Genossenschaft bekümmert sich nicht um den Inhalt, prüft nicht, ob er den Angaben entspricht, sie hat nur für die Aufbewahrung des Pakets zu sorgen. In der Regel setzt die Aufbewahrung voraus, daß die Genossenschaft Tresors besitzt, oder es handelt sich um ganz kleine Pakete, für die in zu diesem Zweck hergestellten eisernen oder eingemauerten Schränken Platz ist.

Anders verhält es sich mit den „offenen“ Depots, das sind Wertpapiere, deren Verwaltung die Genossenschaft übernimmt, z. B. durch Einziehung der Zinsen, Überwachung der Konvertierung, Auslosung usw. Die Verwaltung erfordert, daß der Vorstand mit der Behandlung derartiger Wertpapiere vollständig vertraut ist.

Für die verschlossenen Depots verlangt die Reichsbank Einlieferung durch den Besitzer; Übersendung durch die Post ist unstatthaft; von dem Inhalte des Depots nimmt sie keine Kenntnis. Das Deposit wird mit Vor- und Zunamen oder der Firma des Niederlegers bezeichnet und muß dergestalt verschlossen sein, daß ohne Verletzung eines Siegels nichts herausgenommen werden kann; die Reichsbank haftet nur bis 5000 Mark, wenn nicht ein höherer Wert angegeben und besonders versichert ist; für höhere Gewalt und inneren Verderb ist die Haftpflicht ausgeschlossen; Lagergeld und Versicherungsgebühr sind stets im voraus zu bezahlen; ist über die Auslieferung nichts Besonderes vereinbart, so erfolgt dieselbe an den Vorzeiger des Depotscheins, ohne die Verpflichtung, dessen Legitimation zu prüfen.

Friedrich Voigt, Hier. Fol. 1.

Eingang. Ausgang.

Nr.	Datum.		Bezeichnung des Depots.	Betrag.			Effekten. Litt.	Serie.	Nummer.	Zins-Term.	Beliehen mit ℳ	Datum.		Betrag. ℳ	Quittung.	Anmerkungen.
1	August	9.	3 Stück 3½-proz. Preuß. Konsols	ℳ	1500	—	G	1891	68120, 179	1./1. 1./7.	1600,—	Novbr.	15.	500,—	Nebenstehende Depots zurückempfangen zu haben bescheinigt Fr. Voigt.	
			1 Stück do. do.	ℳ	300	—	H	1891	110745	1./4. 1./10.						
2	Oktbr.	2.	Hypothek auf dem Hause Kaiserstr. 18 eingetr. im Hyp.-B. Bd. III Bl. 18 u. Nr. 2.	ℳ	3000	—					2500,—					
3	Oktbr.	10.	Sparbuch der städt. Sparkasse Nr. 1812	ℳ	740	60					750,—					gekündigt zum 31. Dezbr.

u. s. f.

Für die Aufbewahrung und Verwaltung offener Depots hat die Reichsbank sehr eingehende Bedingungen aufgestellt, für welche wir auf Schacht, „Der gesamte Geschäftsverkehr mit der Reichsbank", 6. Aufl. S. 101 ff., verweisen, sämtliche Anstalten der Reichsbank verabreichen die „Bedingungen" kostenfrei. Wir geben in Formular 29, 30 die wichtigsten Bestimmungen, für die Genossenschaften angepaßt, wie sie bei solchen in Geltung sind.

In den Bl. f. G. Jahrg. 1899 S. 326 wird folgende Einrichtung für das Depotbuch (S. 234), das sich nicht nur auf Effekten, sondern auch auf Hypothekendokumente, Sparbücher usw. erstreckt, also alles aufnimmt, was der Genossenschaft zur Sicherheit oder zur Aufbewahrung übergeben worden ist, empfohlen.

Zur Erläuterung dieses Depotbuches führt Vollborn a. a. O. folgendes aus:

„Die Einrichtung ist so gedacht, daß jeder Pfandgläubiger ein mit seinem Namen überschriebenes Konto eröffnet bekommt. Die Pfänder werden darin nach einer Nummernfolge eingetragen, die für jedes Konto mit 1 beginnt. Es folgt dann das „Datum" der Hinterlegung und die „Bezeichnung des Depots" nebst dem „Betrage" desselben — Nominalbetrag. Für Effektendepots ist die Angabe der „Littera", „Serie" und „Nummer" der Stücke nötig. Es wird hiernach dann auch die Kontrolle der Verlosungen stattfinden können. Unter den Spezialrubriken für Effekten befindet sich ferner eine solche für die „Zinstermine"; es werden die Fälligkeitstage der Koupons darin notiert. Dies hat den praktischen Vorteil, daß der Vorstand nur das Depotbuch durchzusehen braucht, um zu wissen, bei welchen Hinterlagen Koupons fällig sind, deren Trennung er im Interesse der Kundschaft natürlich rechtzeitig bewirken wird. Es erübrigt sich dadurch am Quartalsschluß die Durchsicht der sämtlichen Pfandstücke selbst. In der letzten Eingangsrubrik soll angegeben werden, wie hoch das Pfand „beliehen" ist. Dadurch wird bei Prüfung der Pfänder zugleich eine leichte Kontrolle in Hinsicht auf die Kreditgewährung ermöglicht. Auf der Revisorenkonferenz in Berlin (1899) ist auch für zweckmäßig anerkannt, solche Angaben besonders bei Hypotheken im Depotbuch zu machen, da zu einer Beurteilung der Flüssigkeit der Mittel hierdurch eine Handhabe geschaffen werde.

Die Ausgangsrubriken umfassen zunächst das „Datum" und den „Betrag" des zurückgegebenen Depots. Es ist möglich, daß von mehreren unter einer Nummer aufgeführten Effektenstücken nur eins oder einige zurückgezogen werden. Dann wird durch Angabe des Betrages im Ausgang und Durchstreichung der betreffenden Nummern im Eingang das Verhältnis klar und deutlich zum Ausdruck gebracht und es bleibt der Bestand übersichtlich zu erkennen. Die „Quittungs"-Rubrik in dem Depotbuch hat sich bewährt, sie ist allgemein beliebter als die Ausfertigung besonderer Quittungen. Die letzte Rubrik soll zu „Anmerkungen" dienen, die zu irgend welchen weiteren Erläuterungen wünschenswert erscheinen, z. B. wenn von der Regel abgewichen wird, daß der Deponent einen Pfandschein erhält, auf dessen Rückgabe bei Rückziehung des Pfandes stets zu achten ist, oder über Kündigung einer beliehenen Spareinlage, Auslosung von Effekten usw.

Die Einrichtung des Depotbuchs kann auch so getroffen werden, daß man die einzelnen Depots in chronologischer Reihenfolge verzeichnet. Es ist dann nur eine Rubrik für den „Namen des Deponenten“ vor der Rubrik der Pfandbezeichnung einzuschalten. Die kontoweise Verbuchung ist jedoch entschieden vorzuziehen, da sie ermöglicht, mehrere zu verschiedenen Zeiten hinterlegte Pfänder eines Mitgliedes zusammen auf einer Seite zu übersehen. Für Einzelpfänder oder vorübergehend nur hinterlegte Stücke kann man übrigens auch ein allgemeines Konto errichten, auf dem die einzelnen Stücke unter Überschreibung mit dem Namen des Besitzers der Reihe nach eingetragen werden.

Die Aufbewahrungsart der Pfänder spricht ebenfalls für die Kontoeinrichtung. Es tritt nicht selten der Fall ein, daß ein Mitglied mehrere Kredite zu verschiedenen Zeiten in Anspruch nimmt und dabei verschiedene Pfänder hinterlegt, von denen jedes einzelne als Sicherheit für alle Kredite gilt. Zur Beurteilung des ganzen Kreditverhältnisses müssen alsdann die verschiedenen Depots in ihrer Gesamtheit in Berücksichtigung gezogen werden. Dieselben würden bei chronologischer Führung des Pfandbuches unter verschiedenen Nummern zu suchen sein. Weit angenehmer ist es, dieselben unter einer Nummer zu finden, wie es der einheitlichen Buchung auf einem Konto entspricht. Man legt für jedes Konto eine Depotmappe an, die mit der Kontonummer versehen wird. In derselben werden die verschiedenen Stücke, der Nummernordnung im Konto entsprechend, unter sich geordnet. So ist jedes Pfand sowohl einzeln als auch jedes Gesamtdepot eines Mitgliedes leicht aus dem Bestande herauszugreifen, und es ist sowohl in den Büchern wie in den effektiven Beständen das ganze Verhältnis der Genossenschaft zu ihrem Schuldner und Deponenten klar zu übersehen.“

B. Verkehr mit der Großbank.

Jede Kreditgenossenschaft wird früher oder später Gelegenheit haben mit einer Großbank in Verbindung zu treten, sei es nun, daß sie in der einen oder anderen Form Bankkredit zu beanspruchen in der Lage ist, sei es, daß sie eine solche Verbindung zum Einzug ihrer Wechsel oder zur Besorgung ihrer Effekten- und Devisengeschäfte benötigt.

Die laufende Geschäftsverbindung mit einer Großbank setzt naturgemäß eine gewisse Vertrautheit mit den Formen des Bankverkehrs und dessen Technik voraus, die nicht ohne weiteres bei jedem Leiter einer Kreditgenossenschaft vorhanden sein wird. Es dürfte daher angemessen sein, die hauptsächlichsten Geschäftszweige im Verkehr mit der Großbank hier einer kurzen Besprechung zu unterziehen und dabei auf die Gesichtspunkte hinzuweisen, welche von seiten der Vereine vornehmlich zu beachten sind.

Vorweg ist zu betonen, daß die geschäftlichen und bücherlichen Einrichtungen eines Vereins, welcher eine Bankverbindung unterhält, derartig sein müssen, daß sie mit den Einrichtungen und der Buchführung der Bank korrespondieren.

Die Bank erteilt über jedes einzelne Geschäft ihrem Kunden eine Aufgabe, bzw. eine **Abrechnung** mit der Angabe der Valuta. Diese Aufgaben sind konform in die Rechnung mit der Bank einzustellen, so daß also an sich die Rechnung des Vereins bei der Bank und das Konto der Bank bei dem Verein genau miteinander übereinstimmen müssen. Indessen wäre es unzureichend, wenn der Verein sich damit begnügen wollte, ohne Prüfung die jeweiligen Aufgaben der Bank in deren Rechnung einzutragen, vielmehr ist als erster Grundsatz festzustellen, daß alle Aufgaben einer Überprüfung, bzw. einer Nachrechnung bedürfen und unterworfen werden müssen. Die Erfahrung zeigt, daß Fehler und Irrtümer bei den Abrechnungen und Gutschriften sich trotz der Kontrolle, welche bei allen Banken geübt wird, niemals ganz vermeiden lassen, und es ist daher von Wichtigkeit, daß der Empfänger der Abrechnung dieselbe von sich aus und unabhängig von der ihm erteilten Aufgabe prüft. Nur so lassen sich die sonst unvermeidlichen und ärgerlichen Reklamationen umgehen, deren Richtigstellung nach längerer Zeit oft nur unter finanziellen Opfern des Vereins, seines Kunden oder der Bank erkauft werden können, und die nur geeignet sind, die Annehmlichkeiten der Geschäftsbeziehungen zu trüben.

Um die notwendige Kontrolle über die Richtigkeit der beiderseitigen Buchungen zu erleichtern, pflegen die Banken außerdem allmonatlich ihren Kunden einen sogenannten Postenauszug zu erteilen, d. h. eine Abschrift des Kontos aus dem letzten Monat. Dieser Postenauszug ist unverzüglich mit der Niederschrift in den Büchern des Vereins zu vergleichen und abzustimmen und etwa gefundene Differenzen sind behufs Richtigstellung sofort zu reklamieren. Auf keinen Fall darf die Prüfung oder gar die Buchung der Aufgaben der Bank bis zum Semesterschluß oder bis zur Erteilung des Kontoauszuges aufgeschoben werden.

Was von den einzelnen Aufgaben, gilt auch von der **Prüfung des Abschlusses** selbst. Hier sind die Berechnungen der Zinsen und Provisionen an Hand der Aufstellung und der Auszüge der Bank nachzurechnen und zu kontrollieren, und mit den Bedingungen des Geschäftsverkehrs zu vergleichen. Umgekehrt hat der Verein bei den Aufgaben und Aufträgen, welche er der Bank erteilt, sich besonderer Sorgfalt zu befleißigen. So ist namentlich da, wo mehrere Konten bei derselben Bank geführt werden, stets genau anzugeben, über welches Konto der Verein disponiert und ferner möglichst die Korrespondenz in der Weise getrennt zu führen, daß es vermieden wird, nicht zusammengehörige Angelegenheiten, wie z. B. in- und ausländische Wechsel, Couponssendungen und Effektenaufträge, ungeordnet im Text aufzuführen. Es ist dabei zu berücksichtigen, daß die Behandlung der verschiedenen Angelegenheiten bei der Bank in getrennten Ressorts erfolgt und daß daher eine schnelle und sachdienliche Erledigung der Aufträge nur dann ermöglicht oder wenigstens erleichtert wird, wenn die verschiedenen Aufträge getrennt aufgeführt werden.

Führt der Verein mehrere Konten, so hat er sein Augenmerk darauf zu richten, daß die Verfügung über diese Konten jeweils so erfolgt, wie es in seinem Interesse liegt; er muß es beispielsweise vermeiden, auf dem einen Konto ein Guthaben zu unterhalten, während er auf dem anderen Geld schuldig ist. Der Verein kann nicht erwarten, daß die Bank ihrerseits ihn dieser Mühe überhebt und ohne speziellen Auftrag Ausgleichungen durch Überträge vornimmt.

Die Geschäfte, welche der Verein mit der Bank macht, zerfallen in solche, bei denen er den Kredit derselben in Anspruch nimmt, und solche, die sich als reine Kommissionsgeschäfte darstellen.

Wie der Verein seinen Mitgliedern gegenüber für deren bankmäßige Geschäfte eine Provision berechnet oder wenigstens berechnen soll, ist auch die Tätigkeit der Bank in der Regel eine entgeltliche, d. h. die Bank berechnet für die Führung des Kontos oder für jedes einzelne Geschäft, je nach den Vereinbarungen, eine Provision.

Zwar gibt es auch Konten, deren Umsätze einer provisionsweisen Besteuerung nicht unterliegen, indessen sind dies nur Konten, auf welchen der Verein ein Guthaben zu unterhalten hat, durch welche er also der Bank disponible Mittel zuführt und bei denen die letztere einen Ausgleich für ihre Mühewaltung darin findet, daß die Verzinsung dieses Guthabens eine niedrigere ist, als dem Marktwert des Geldes entspricht.

Für eine Kontoführung, die mit einer Kreditgewährung verbunden ist, wird die Bank sich in der Regel eine höhere Provision ausbedingen, als bei einem Konto ohne solche, doch hängt dies im einzelnen von der Art der Inanspruchnahme des Kredits ab und ist ganz verschieden, je nachdem es sich um offenen, Diskont- oder Akzeptkredit handelt.

Ehe wir diese einzelnen Arten des Kredites einer näheren Betrachtung unterziehen, dürfte es wohl am Platze sein, hier nochmals die Grundsätze für die Benutzung des Bankkredites (S. 74 ff.) anzuführen.

Es ist zu betonen, daß der Bankkredit niemals ein dauerndes Betriebskapital darstellen darf. Hierzu ist er seiner Natur nach völlig ungeeignet. Die fremden Gelder, mit welchen die Genossenschaften arbeiten, müssen der Hauptsache nach immer ihre Spar- oder Depositeneinlagen bilden. Nur diese bieten der Genossenschaft ein sowohl billiges, wie auch dauerndes und verläßliches Betriebskapital, während der Bankkredit naturgemäß teurer und unsicherer ist, weil nicht darauf gerechnet werden kann, daß er zu allen Zeiten und in gleicher Höhe der Genossenschaft zur Verfügung stehen wird. Eine etwaige Zurückziehung des Kredits in schwierigen Zeiten könnte aber die Genossenschaft, die sich darauf eingerichtet hat, den Bankkredit als dauerndes Betriebskapital zu betrachten, in eine unangenehme Lage bringen.

Der Bankkredit kann nur als ein bewegliches Element in den Betriebsmitteln des Vereins angesehen werden. Er ist eine Reserve für den Notfall und dient dazu, bei vorübergehendem Bedürfnis die übrigen Betriebsmittel zu verstärken. Dies ist schon durch die Rücksicht auf die Zinsverhältnisse geboten.

Nehmen wir z. B. an, eine Genossenschaft besitzt Mk. 300 000.— Spareinlagen, welche sie durchschnittlich mit $3^1/_2$ % zu verzinsen hat, so muß sie eine Zinsausgabe von Mk. 10 500.— im Jahre aufwenden. Nimmt sie nun noch für 6 Monate einen durchschnittlichen Bankkredit von Mk. 50 000.— in Anspruch, für den sie an Zinsen und Provision 6 % zu entrichten hat, so erwächst ihr hierfür eine Ausgabe von Mk. 1500.—. Auf den Durchschnitt des fremden Kapitals gerechnet kostet sie also das fremde Geld 3.70 %, und stellt sich daher nur unwesentlich teurer als ihre Spareinlagen. Es ist also das Kalkül ein falsches, daß die Genossenschaft außerstande wäre, die teuren Zinsen für den Bankkredit zu bezahlen, weil sie ihren eigenen Mitgliedern das Geld zu billigeren Bedingungen zur Verfügung stellen müsse, es kommt allein auf den Durchschnitt an.

Ist aber die Inanspruchnahme des Bankkredits der Höhe und Zeit nach eine so bedeutende, daß sie dieses Durchschnittsverhältnis ungünstig beeinflußt, so ist dies ein sicheres Zeichen dafür, daß die Genossenschaft in dieser Inanspruchnahme zu weit geht und falsch disponiert; sie geht alsdann Geschäfte ein, die nur auf dem Bankkredit basiert sind und von denen sie sich besser zurückhalten sollte.

Wie oben schon erwähnt, scheiden sich die Arten des Bankkredits hauptsächlich in den offenen oder Kontokorrentkredit,

Diskont- und Akzeptkredit, wobei es an und für sich keinen Unterschied macht, ob der Kredit gegen Deckung, oder ohne eine solche in Anspruch genommen wird.

Welche dieser drei Arten in den einzelnen Fällen vorzuziehen ist, hängt von den Umständen, zum Teil auch von lokalen Gewohnheiten ab. So ist z. B. in Süddeutschland die Form des Akzeptkredits die gangbarste, während in Norddeutschland der Diskontkredit bevorzugt wird.

Der Kontokorrentkredit bietet den Vorteil, daß er zu jeder Zeit zurückgezahlt werden kann, so daß die Genossenschaft es in ihrer Hand hat, die Zeit der Kreditinanspruchnahme auf das geringste Maß zu beschränken.

Dieser Vorteil fällt bei den anderen Arten weg. Akzepte werden nur auf drei Monate ausgestellt, und der Verein hat daher bei der Begebung derselben die Zinsen für diese ganze Zeit im voraus zu entrichten. In gleicher Weise verliert er bei der Diskontierung seiner Geschäftswechsel die Zinsen für die ganze Laufzeit derselben, gleichviel ob er das Geld für die ganze Zeit gebraucht oder nicht.

Andererseits bietet aber der Diskontkredit den Vorteil, daß er in der Regel billiger ist als der Kredit in laufender Rechnung. Denn da die Bank in den diskontierten Wechseln ein wiederverwertbares Aktivum erhält, so ist sie in der Lage, den Kredit, welchen sie durch den Ankauf dieser Wechsel gewährt, zu billigerem Satz zu geben, als einen solchen, der in der bloßen Hinausgabe baren Geldes besteht.

Wie bei den Vereinen selbst, so richtet sich auch bei den Banken die Höhe des Zinsfußes nach der jeweiligen Geldmarktlage, nur daß die Veränderung des Zinsfußes bei jenen schneller erfolgt, als es bei den Genossenschaften der Fall zu sein pflegt.

Auch sind die Banken hinsichtlich der Normierung ihrer Zinssätze nicht überall ungebunden, wie z. B. in Berlin die Stempelvereinigung, welcher sämtliche größere Banken und Bankiers angehören, die Zinssätze mit bindender Kraft für ihre Mitglieder festsetzt.

Was die Höhe der Kreditprovision anlangt, so lassen sich nach dieser Hinsicht einheitliche Grundsätze nicht aufstellen, hierbei hängt alles von der Führung und Gestaltung des Kontos ab.

Als banktechnischer Grundsatz muß indessen festgehalten werden, daß die zu zahlende Provision in einem gewissen Verhältnis zu den Zinsen steht, und zwar pflegt man in der Regel davon auszugehen, daß die Provision etwa den vierten bis fünften Teil der zu zahlenden Debetzinsen beträgt.

Es erhellt daraus schon, daß ein Konto, auf welchem lebhafte Umsätze stattfinden, die einer Umsatzprovision unterliegen, auch hinsichtlich der Kreditprovision anders und günstiger behandelt werden kann, als ein Konto, auf dem solche Umsätze nicht stattfinden.

Mit anderen Worten, der Kredit wird um so teurer, je weniger Umsätze das Konto aufweist und umgekehrt, eine besondere Kreditprovision wird unter Umständen nicht berechnet, wenn die Umsatzprovision allein schon eine genügende Entschädigung für die zeitweilige Inanspruchnahme von Kredit gewährt.

Die Vereine haben es also bis zu einem gewissen Grade in der Hand, sich bei Berücksichtigung dieses Umstandes den Kredit zu verbilligen, und es trifft dies namentlich da zu, wo mehrere Bankverbindungen unterhalten werden.

Man wird behaupten können, daß, wenn nicht zwingende Gründe für die Aufrechterhaltung dieser mehreren Verbindungen sprechen, diese Zersplitterung der Konten für den Verein nachteilig ist und ihm den Kredit verteuert.

Soweit es sich um die Inanspruchnahme von Diskontkredit handelt, sind folgende Grundsätze zu beachten:

Die Bank kann in der Regel nur Wechsel ankaufen, welche sie ihrerseits wieder weiter zu begeben in der Lage ist. Sie wird also im allgemeinen darauf sehen müssen, daß die Diskontwechsel den Bedingungen der Reichsbank für den Ankauf von Wechseln entsprechen. Daraus folgt zunächst, daß die Wechsel auf einen Bankplatz lauten müssen.

Da eine große Anzahl von Geschäftswechseln der Vereine nicht an Bankplätzen zahlbar ist, so ist es daher notwendig, diese Wechsel mit einem Domizilvermerk zu versehen und am Sitz des Vereins selbst, oder wenn auch dieser kein Bankplatz ist, bei der diskontierenden Bank zahlbar zu stellen. Hierzu bedarf es natürlich einer besonderen Vereinbarung mit der letzteren und der Verein hat in diesem Falle darauf zu achten, daß die Deckung für den domizilierten Wechsel rechtzeitig in den Händen der Bank sich befindet.

Selbstverständlich ist, daß die einzureichenden Wechsel in formaler Hinsicht zu Beanstandungen keinen Anlaß geben dürfen, insbesondere ist eine genaue Prüfung des Wechselstempels erforderlich, um den Verein vor Schaden zu bewahren, denn wenn die Bank auch ihrerseits eine solche Prüfung vornimmt und die nicht vorschriftsmäßig gestempelten Wechsel zurückgibt, so lehrt doch die Erfahrung, daß auch hier Versehen vorkommen und daß sämtliche Unterzeichner des Wechsels zur Tragung der erheblichen Stempelstrafe, die bekanntlich das 50fache des Wertes der Marke beträgt, herangezogen werden.

Schließlich sei noch erwähnt, daß zur Erleichterung des Verkehrs es sich empfiehlt, die einzureichenden Wechsel mit einem besonderen Bordereau oder Wechselverzeichnis zu versehen und dieses nicht etwa in den Brief selbst aufzunehmen. Oft liefern die Banken, ähnlich wie dies bei der Genossenschaftsbank im Giroverkehr geschieht, besondere Formulare für derartig einzureichende Wechsel.

Was die Qualität der Wechsel anlangt, so pflegt die diskontierende Bank dieselbe an der Hand des ihr zur Verfügung stehenden Materials darauf zu prüfen, daß keine Wechsel mit unsicheren Akzeptanten und keine Kellerwechsel sich darunter befinden.

Bekanntlich gibt es periodisch erscheinende Verzeichnisse der Kellerwechselfabrikanten, und es ist den Vereinen, welche einen so ausgedehnten Diskontverkehr pflegen, daß ihnen der Kreis der Wechselverpflichteten nicht persönlich bekannt ist, nur zu empfehlen, sich ähnlicher Hilfsmittel zu bedienen, damit sie nicht Gefahr laufen, solche Wechsel zurückgewiesen zu sehen. Aus demselben Grunde empfiehlt es sich auch, eine Kontrolle darüber zu führen, welche Bezogenen bereits einmal Wechsel in Protest haben gehen lassen. Allerdings ist damit eine gewisse Mühe verbunden, andererseits dienen aber derartige Einrichtungen durchaus dazu, den Verkehr mit der Bank zu erleichtern, nicht zu reden von dem unmittelbaren Vorteil, der dem Verein selbst durch diese Kontrolle erwächst.

Was den Akzeptkredit anlangt, so bietet dessen Benutzung für den Verein in der Regel keine Schwierigkeiten, da für gewöhnlich die Prima-Akzepte leicht an der Börse unter Zuhilfenahme eines Maklers begeben werden können und auch die meisten größeren Banken auf Anfrage bereit sind, Wechsel dieser Art zum Privatsatz zuzüglich einer kleinen Provision hereinzunehmen.

Der Akzeptkredit ist in der Regel für die Vereine insofern vorteilhaft, als bei genügender Spannung zwischen Bank- und Privatsatz diese Form der Kreditinanspruchnahme sich sehr billig stellt. Denn zu dem Zinssatz, zu welchem der Verein diskontiert, hat er nur die Provision für das Akzept, die Provision für die Begebung und den Wechselstempel hinzuzurechnen, um den Betrag der effektiven Zinsausgabe für den Kredit festzustellen. In geldknappen Zeiten, in denen der Privatsatz sich dem Bankdiskont nähert, kann indessen dieser Vorteil sich leicht in das Gegenteil verwandeln, so daß es jeweils Sache der Berechnung ist, ob die Form des Akzeptkredits oder die des Diskontkredits vorzuziehen sei.

Auf der anderen Seite kommt in Betracht, daß die Aufrechterhaltung eines Akzeptkredites von seiten der Bank nicht unter allen Umständen gewiß ist, weil die Bank die Gesamtsumme der von ihr ausgestellten Akzepte nach ihren allgemeinen Verhältnissen regulieren muß und daher in die Lage kommen kann, diese Form der Kreditgewährung einzuschränken und Abdeckung der Tratten zu verlangen.

In der Regel werden Akzeptkredite auf einem besonderen Konto, getrennt von der laufenden Rechnung verbucht.

Der Verein muß alsdann in seinem eigenen Interesse darauf sehen, daß zur Verfallzeit des Akzepts die Erneuerung der Tratte rechtzeitig geschieht und der Gegenwert zur Abdeckung des Kontos beizeiten eingezahlt wird, wenn er nicht Debetzinsen und noch eine besondere Provision zahlen will.

Soviel über die Kreditinanspruchnahme.

Bei den Geschäften ohne Kreditinanspruchnahme kommt zunächst die Führung der Scheckkonten und des Girokontos in Betracht. Das Girokonto dient dazu, den Geldausgleich zu vermitteln und insbesondere die durch das gegenseitige Wechselinkasso entstandenen Forderungen zu verbuchen (S. 225). Das Girokonto ist daher unter allen Umständen von der laufenden Rechnung getrennt zu halten. Dem Zweck desselben entspricht es am meisten, wenn auf ihm nur solche Geschäfte zur Verbuchung gelangen, welche tatsächlich dem durch die Girobedingungen festgesetzten Geschäftsbereich zugehören.

Viele Vereine sind freilich der Ansicht, es bedeute für sie eine Geschäftserleichterung und eine Vereinfachung des Verkehrs, wenn sie nur ein Konto mit der Bank zu führen hätten und wenn daher das Girokonto von der laufenden Rechnung nicht getrennt sei und führen entsprechend dieser Anschauung zum Teil tatsächlich die Konten vereint. Ein solches Verfahren widerspricht dem oben erwähnten Grundsatz, wonach die Bücher des Vereins mit denen der Bank korrespondieren müssen.

Es ist auch nicht richtig, daß die Einrichtung und Führung eines besonderen Kontos eine Erschwerung gegenüber dem anderen Verfahren darstellt. Im Gegenteil bietet die einheitliche Führung des Kontos beim Verein nur eine Quelle von Fehlern und Mißverständnissen, wenn er, wie das dann häufig vorkommt und fast unvermeidlich ist, bei etwaigen Dispositionen nicht genau bezeichnet, ob diese zu Lasten des Girokontos oder der laufenden Rechnung gehen sollen. Die Bank wird, wenn eine besondere Verfügung nicht getroffen ist, in der Regel die laufende Rechnung belasten, während der Verein das Girokonto meint und aus solchen ungenügenden Dispositionen entstehen dann Fehler, Reklamationen und Zinsverluste.

Daher ist es auch nicht zu billigen, wenn die Vereine, obwohl die Girobedingungen dies an sich vorsehen, ihre laufenden Geschäfte unter Abzug der Provision nur über Girokonto verbuchen lassen und eine laufende Rechnung überhaupt nicht führen.

Schon im Interesse der Statistik des Giroverbandes ist es wünschenswert, wenn auf dem Girokonto nur solche Umsätze erscheinen, die tatsächlich dahin gehören. In gleicher Weise sollten die Vereine das Girokonto nicht für Zwecke benutzen, die einem Scheckkonto entsprechen. Das Girokonto ist nicht dafür bestimmt, einen Geld- und Auszahlungsverkehr in sich aufzunehmen. Es ist zwar durch die Girobedingungen den Mitgliedern gestattet, ein Guthaben durch Einzahlungen zu bilden und über dasselbe auch durch Reichsbanküberweisungen an Dritte oder Auszahlungen am Platze zu verfügen, indessen sind andere Zahlungen ausdrücklich ausgeschlossen und schon aus dieser Einschränkung erhellt, daß das Girokonto nicht auf gleiche Linie mit einem Geld- oder Scheckkonto zu stellen ist. Die Genossenschaftsbank trägt diesem Charakter des Girokontos insofern Rechnung, als die Verzinsung auf demselben, wenn auch niedriger, als die in provisionspflichtiger laufender Rechnung, doch wesentlich höher gestellt ist als die für Scheckkonten, wie sie üblicherweise bei den Banken gewährt wird. Gestaltet sich daher die Führung des Girokontos derart, daß dasselbe einen erheblichen Teil solcher Umsätze aufweist, die an und für sich einem Scheckkonto zufallen, so wird sich der Verein damit begnügen müssen, für dieses Konto nicht die Vorteile zu erhalten, welche sonst mit dem Girokonto verknüpft sind, sondern dasselbe wie ein wahres Scheckkonto behandelt zu sehen.

Es wird daher Sache der Prüfung im einzelnen Falle sein müssen, ob es den Interessen des Vereins besser entspricht, zwei getrennte Konten, ein Scheck- und ein Girokonto zu führen, oder unter der obigen Voraussetzung alle Umsätze über Girokonto laufen zu lassen.

Im Anschluß daran seien einige Bemerkungen über die Behandlung der Inkassoschecks hier angefügt.

Es hat die Genossenschaftsbank den dem Giroverbande angehörenden Vereinen die Berechtigung eingeräumt, ihre Schecks an den beiden Niederlassungen der Bank in Berlin und Frankfurt zahlbar zu stellen (vgl. S. 92). Die vorkommenden Schecks werden von der Bank mit einem bestimmten Formular dem Verein zur Verifizierung zugeschickt und nach Rückerhalt der Antwort an der Kasse ausbezahlt. Durch diese Einrichtung ist dem Scheckverkehr der Vereine, wie aus dem vorjährigen Bericht des Giroverbandes zu ersehen ist, eine große Förderung zuteil geworden, denn die Schecks auf die Vereine erhalten dadurch, daß sie an den Zentralplätzen zahlbar sind, eine vermehrte Umlaufsfähigkeit. Infolgedessen wächst die Zahl dieser an den Kassen der Bank zur Einlösung gelangenden Schecks von Tag zu Tag. Für die Bank selbst ist mit dieser Einrichtung eine ganz erhebliche Mühewaltung verbunden, welche sie lediglich im genossenschaftlichen Interesse auf sich nimmt. An dem weiteren Ausbau der Einrichtung sind alle Vereine interessiert, doch läßt sich dieser nur dadurch erreichen, daß die Vorschriften, welche die Bank hierfür aufgestellt hat, genau befolgt werden. Es müssen also insbesondere die Formulare der Bank für die Bestätigungsschreiben benutzt und nicht an deren Stelle Postkarten oder etwa gar eine beiläufige Mitteilung im laufenden Briefe gewählt werden. Des weiteren hat der Verein streng darauf zu sehen, daß er bei der Bank ein genügend großes Guthaben auf Giro oder Scheckkonto unterhält, um die Einlösung der jeweils vorkommenden Schecks zu ermöglichen, ohne daß die Bank in Vorschuß zu gehen braucht. Ohnehin muß die Bank für die bei ihr täglich vorkommenden Schecks einen erheblichen Kassenbestand unterhalten, der sich nach den Mitteilungen auf dem letzten Genossenschaftstage auf nahezu Mk. 100 000.— täglich beläuft und der für die Bank also einen Zinsverlust bedeutet. Jede Erschwerung des Geschäftsverkehrs, welche die Vereine durch Geltendmachung von Sonderwünschen oder eine von der allgemeinen Regel abweichende Behandlung durchzusetzen versuchen, muß die Funktion dieser Einrichtung gefährden und ist daher schon im genossenschaftlichen Interesse durchaus zu vermeiden.

Von den Kommissionsgeschäften, welche die Vereine der Bank zuzuweisen pflegen, verdient hauptsächlich das Effektengeschäft Berücksichtigung.

Die Pflege dieses Geschäftszweiges ist den Genossenschaften unter Beobachtung gewisser Kautelen auf dem Allgemeinen Genossenschaftstag in Danzig empfohlen worden (S. 229). Es ist nicht möglich, im Rahmen dieser Erörterungen eine genaue Anleitung dafür zu geben, welche Einrichtungen für den Verein erforderlich sind, um sich diesem Geschäftszweige widmen zu können. Nur auf einige Gesichtspunkte sei hier hingewiesen und zwar wiederum nur von dem Gedanken aus, den Geschäftsverkehr der Vereine mit der Bank zu erleichtern.

In erster Linie hat der Verein für deutliche Aufgabe seiner Effektenorders zu sorgen. Genaue nicht mißverständliche Bezeichnung der Beträge, der Effektengattung und der Limite sind unerläßlich.

In der Regel pflegen die Banken ihren Kunden besondere Orderformulare hierfür zu übermitteln. Wie im allgemeinen, so empfiehlt es sich durchaus, auch hier im Interesse der Sicherheit des Geschäftsverkehrs diesen Orderzettel zu benutzen und die Aufträge nicht in den Text des Briefes aufzunehmen.

Die Abrechnungen der Bank sind entsprechend der allgemeinen Regel einer Nachprüfung in bezug auf den Kurs und die Richtigkeit der Rechnung zu unterwerfen. Für Vereine mit lebhaftem Effektengeschäft empfiehlt sich zu diesem Zwecke der Bezug eines offiziellen Kursblattes, da die dem Handelsteil der Zeitungen beigefügten Kursblätter häufig Irrtümer und Unrichtigkeiten enthalten. Die Kenntnis der Börsenusancen und der Abrechnungsmethode muß bei Überprüfung der Rechnung selbstverständlich vorausgesetzt werden.

Hat der Verein Effekten verkauft, so ist für alsbaldige Absendung derselben an die Bank zu sorgen. In der Regel pflegt sich eine gewisse Schwierigkeit für den Verkehr mit ängstlichen Kunden für den Kommissionär in der Provinz daraus zu ergeben, daß der letztere die Effekten, die er selbst im Verwahr hat, erst abliefern will, nachdem er die Aufgabe über den Verkauf erhalten hat, während er umgekehrt beim Kauf meist sofortige Lieferung erwartet und erst zur Zahlung Zug um Zug hiergegen bereit ist.

Aus der Verzögerung der Lieferung pflegen sich daher oft Mißhelligkeiten zu ergeben und namentlich ist auch die Bank, welche die Effekten an der Börse verkauft hat, oft nicht in der Lage, den Ansprüchen des auswärtigen Kunden auf sofortige Lieferung der Effekten, bzw. Erteilung der Nummernaufgabe zu entsprechen.

Um dies beurteilen zu können, muß man sich vergegenwärtigen, daß der Ankauf der Effekten an der Börse sich unter Zugrundelegung der Usancen vollzieht und daß häufig die Bank gegen ihren Kontrahenten bei nicht sofortiger Lieferung eine gewisse Rücksichtnahme obwalten lassen muß, weil dieser sich in derselben Lage befindet wie sie selbst, daß nämlich ein Auftraggeber ihm gegenüber mit der Lieferung der Effekten im Rückstande bleibt.

Außerdem aber führt das Eingreifen der Arbitrage dazu, daß eine rechtzeitige Lieferung der Effekten oft ganz unmöglich gemacht wird, denn wenn als Verkäufer eine Arbitragefirma auftritt, welche die verkauften Effekten erst an einer auswärtigen Börse ankaufen muß, um den Kursunterschied auszunutzen, so ist leicht zu sehen, daß die Lieferung sich verzögern wird und daß selbst eine börsenmäßige Exekution nicht zum Ziel führt, weil diese wiederum oft durch das Eintreten eines anderen Arbitrageurs ausgeführt wird. Hier ist also eine gewisse gegenseitige Rücksichtnahme unerläßlich und der Verein wird, wenn er Zerwürfnisse mit seinen Kunden einerseits oder der Bank andererseits vermeiden will, darauf sehen müssen, seine Kundschaft, soweit dieselbe mit diesen Verhältnissen nicht vertraut ist, in entsprechender Weise aufzuklären.

Von Wichtigkeit ist es auch, nach dem Erwerb von Effekten, welche in das Depot des Vereins bei der Bank gehen, genaue und zweifelsfreie Angabe darüber zu machen, ob dieselben dem Depot A oder dem Depot B, welch letzteres die Effekten für fremde Rechnung umfaßt, beigefügt werden sollen.

Dies ist notwendig nicht nur im Interesse des Vereins, weil das Depot A die Unterlage für den demselben eingeräumten Kredit darstellt, sondern auch für die Kunden des Vereins, deren Effekten der Bank gegenüber nicht verpfändet werden dürfen, wenn nicht dem Verein ausdrücklich das Verfügungsrecht darüber eingeräumt ist.

Eine mangelnde Sorgfalt in dieser Hinsicht ist geeignet, dem Verein unter Umständen Ungelegenheiten zu bereiten, weil, wenn die Bank einmal ein Pfandrecht an den Effekten erworben hat, sie nicht gehalten ist, dasselbe wieder aufzugeben.

Im übrigen kommen bei der Behandlung der fremden Effekten, sowohl im Verkehr der Bank mit dem Verein, wie auch im Verkehr des Vereins mit seinen Kunden die Bestimmungen des Depotgesetzes in Frage, welche an anderer Stelle behandelt worden sind (S. 231).

Was die weiteren Kommissionsgeschäfte angeht, so handelt es sich im wesentlichen nur um den Verkehr mit fremden Geldsorten und Coupons, sowie um Wechsel auf das Ausland.

Für beide Geschäftszweige dürfte es sich erübrigen, hier ausdrückliche Anweisungen zu geben, da sie keinerlei Besonderheiten bieten.

Die Kurse für fremde Coupons und fremde Wechsel finden sich

wie die der Effekten im Kurszettel der Börse notiert. Außerdem pflegen die meisten Banken täglich durch besondere Kurszettel ihren Kunden mitzuteilen, zu welchen Kursen sie Geber und Nehmer von Coupons und Wechseln auf das Ausland sind, so daß es also für den Verein ein leichtes sein wird, auf Grund dieser Anstellungen seinerseits mit seinen Kunden Abmachungen zu treffen.

Selbstverständlich ist es erforderlich, daß der Verein sich über die Lieferbarkeit fremder Wechsel genau unterrichtet, weil derartige Offerten sich nur auf solche Devisen zu erstrecken pflegen, welche an der Börse verkäuflich sind. Vor allem ist daher darauf zu achten, daß die Stempelung der Papiere den ausländischen Vorschriften entspricht; außerdem ist die Lieferbarkeit der einzelnen Abschnitte durch die Börsenusancen nach einer Minimalgrenze bestimmt und der Verein kann daher nicht darauf rechnen, kleine Appoints zu gleich günstigen Sätzen anzubringen, dieselben sind vielmehr einem Abzug unterworfen, dessen Höhe variiert.

Bei dem Verkehr mit Coupons ist zu beachten, daß der Verein Sicherungsmaßregeln dagegen trifft, daß er den Einreicher von Coupons, die von der Bank aus irgend welchen Gründen beanstandet werden, jederzeit ohne Schwierigkeit ermitteln kann. Hierzu empfiehlt es sich, jeden Coupon auf der Rückseite mit einem Firmenstempel und einer Nummer zu versehen, aus welcher die Person des Einlieferers festgestellt werden kann, indem für die jedesmalige Couponseinreichung eines Kunden eine Nummer gewählt wird.

Wenn also z. B. ein Kunde 40 Stück Coupons verschiedener Gattungen gleichzeitig einliefert, so erhalten diese sämtlichen Coupons eine Nummer und aus dem Eingangsjournal ist alsdann unschwer festzustellen, von welchem Kunden ein beanstandeter Coupon dem Verein zugegangen ist. Daß es sich bei diesem Verkehr ganz besonders empfiehlt, jeder Einreichung an die Bank ein genaues Bordereau beizufügen, versteht sich von selbst.

Hiermit dürfte im großen ganzen ein vollständiger Überblick über die Punkte gegeben sein, welche jeder Verein im Verkehr mit seiner Bank zu beachten hat.

Es ist vielleicht zweckmäßig, zum Schlusse noch einige Winke hinsichtlich der Liquidität der Kreditgenossenschaften hier anzufügen.

Die Frage der Liquidität ist auf dem Genossenschaftstage in Baden ausführlich behandelt worden und hat dort, wie oben S. 94 erwähnt ist, zu dem Beschlusse geführt, daß es den Kreditgenossenschaften, welche das Passivkreditgeschäft pflegen, nämlich kurzfällige Spareinlagen annehmen und Gelder im Kontokorrent ausleihen, sowie Akzeptkredit gewähren, zu empfehlen ist, dagegen eine möglichst große Summe jederzeit sofort und ohne Verlust realisierbarer Aktiven zu halten.

Es darf keine Kreditgenossenschaft den Gesichtspunkt außer Augen lassen, daß sie für ihre kurzfälligen Verbindlichkeiten eine entsprechende Summe sofort greifbarer Aktiven zu unterhalten hat. Neben der baren Kasse kommen für diese Aktiven hauptsächlich die Diskontwechsel in Betracht; in zweiter Linie steht die Anlage in Effekten.

Der Vorrat an barer Kasse wird naturgemäß bei den Vereinen ein tunlichst geringer sein müssen, dagegen ist denselben mit Nachdruck zu empfehlen, für einen genügenden Bestand an Geschäftswechseln Sorge zu tragen. Dieses empfiehlt sich besonders dann, wenn dem Verein, der den Scheckverkehr pflegt, aus diesem ein größerer Bestand an fremden Geldern zufließt. Die letzteren werden am zweckmäßigsten in Geschäftswechseln angelegt, weil auf diese Weise der Verein nicht nur mit einer erheblichen Zinsspannung arbeitet, sondern auch für die jederzeit rückzahlbaren Scheckguthaben dann ein sofort greifbares Aktivum besitzt.

Die am leichtesten realisierbare Art der Wechsel bilden die Primadiskonten, d. h. Wechsel auf erste Bankfirmen, welche an der Börse zu niedrigem Zinssatz stets gehandelt werden. Es dürfte sich für die Kreditgenossenschaften empfehlen, einen Teil der ihnen zufließenden Gelder auch in dieser Form anzulegen; freilich ist damit stets eine Mindereinnahme an Zinsen verknüpft, doch steht diesem kleinen Nachteil der nicht hoch genug zu veranschlagende Vorteil der jederzeitigen Realisierungsmöglichkeit gegenüber.

Die Kreditgenossenschaft, welche einen Bestand in solchen Wechseln unterhält, wird der Notwendigkeit überhoben, gegebenen Falles ihre Effektenbestände veräußern oder lombardieren zu müssen, wodurch Kursverluste oder höhere Zinsausgaben, die mit solchen Lombardgeschäften unausbleiblich verbunden sind, vermieden werden.

Hat die Genossenschaft größere Bestände verfügbar, so kann auch die Anlage derselben als Ultimo-Geld bei der Bank in Betracht kommen, für das ein höherer Zinsfuß gewährt wird. Es muß nur die Genossenschaft sich für den Monat der Verfügung über das Geld begeben können und sie muß im letzten Drittel des Monats das Geld der Bank zur Verfügung stellen.

Zehntes Kapitel.

Begrenzung der Kredite nach Höhe und Zeit.

I. Höhe der Kredite.

Die Höhe der Kredite wird einerseits vom Bedürfnisse der Klassen, denen hauptsächlich die Mitglieder angehören, andererseits vom Betrage der Mittel abhängen, über welche die Genossenschaft zu verfügen hat. Am zweckmäßigsten wird es in jedem Falle sein, wenn man im Anfange keine zu hohe Summe festsetzt, jedoch sich die Hände freihält, die Beträge allmählich, je nach dem Gange der Geschäfte, zu erweitern.

Als Grenze ist aber unter allen Umständen von den Genossenschaften festzuhalten, daß sie weder über ihre finanziellen Kräfte im besonderen, noch über die Verkehrsgrenzen, welche den genossenschaftlichen Volksbanken im allgemeinen vermöge ihrer Einrichtung und Bestimmung gezogen sind, hinausgehen.

In ersterer Hinsicht wird man das Risiko, welches man einem Kunden gegenüber eingeht, nie so weit ausdehnen dürfen, daß bei dem immerhin möglichen Verluste eines solchen einzelnen Postens die Genossenschaft in ihrem Fundamente erschüttert wird. Sehr bedenklich wirkt es schon, wenn der gesamte Reinertrag des Geschäfts dadurch verschlungen wird. Muß aber zudem auf den Reservefonds bis zu dessen Erschöpfung, und außerdem gar noch auf die Geschäftsguthaben der Mitglieder zurückgegriffen werden, so ist die Genossenschaft gefährdet, auch wenn noch nicht mit der persönlichen Haftpflicht seitens der Mitglieder einzutreten ist. Die Arbeiten und Opfer von Jahren, die mühsamen Ersparnisse unbemittelter Handwerker und Arbeiter sind mit einem Schlage verloren, das Vertrauen der Mitglieder wie des Publikums ist erschüttert, der ganze Boden für die volkstümliche Organisation im lokalen Umkreise solcher Katastrophen auf lange hinaus verdorben — und nicht nur in lolalem Umkreise wirken solche Krisen, sondern sie ziehen ihre Kreise weit darüber hinaus, so daß selbst fernliegende Genossenschaften in Mitleidenschaft gezogen werden (vgl. S. 76, 77).

Zu der Rücksicht auf die Leistungsfähigkeit jeder einzelnen Genossenschaft tritt aber auch noch die in der Bestimmung und Organisation der Kreditgenossenschaften überhaupt gezogene Grenze. Sie hatten ursprünglich nicht den Zweck, dem Großverkehr zu dienen, sondern verdanken ihre Entstehung dem Geldbedürfnisse des kleinen und zum Teil des mittleren Gewerbestandes, und wenn auch einzelne Genossenschaften nach der Höhe ihres Vereinsvermögens, nach ihren geschäftlichen Einrichtungen wohl zu größeren Bankinstituten gezählt werden können und dementsprechend berechtigt sind, ihren Geschäftsbetrieb auf eine Kundschaft auszudehnen, die erhebliche Ansprüche an die Leistungsfähigkeit des Bankinstituts macht, so sind dies doch Ausnahmen, und derartige Verhältnisse dürfen nicht auf Genossenschaften verallgemeinert werden, bei denen diese Voraussetzungen fehlen. Sofern jene Genossenschaften ihre Aufgaben im Kleinverkehr gewissenhaft erfüllen, sind sie ein Beweis genossenschaftlicher Kraft. Verdient ihre Leitung die vollste Anerkennung für ihr treues Festhalten an den sozialen und wirtschaftlichen Grundsätzen der Genossenschaften, so ist um so mehr die Leitung von Genossenschaften zu verurteilen, die Geschäftsverbindungen anknüpfen, aus denen ein die Verhältnisse übersteigendes Risiko erwächst. Der Vorstand einer kleineren und mittleren Genossenschaft, an die ein Industrieller mit großem Kreditbedürfnis herantritt, wird sich stets die Frage vorlegen müssen: wie kommt der Mann zur Genossenschaft, versagen ihm seine alten Verbindungen, und weshalb? Wenn die Banken sein Kreditbedürfnis nicht befriedigen konnten oder wollten, denen doch größere Mittel und genauere Kenntnis seines Geschäfts zu Gebote stehen, wie sollen oder wollen wir dies unternehmen, und ein Risiko uns aufladen, welches von diesem einzigen Engagement aus die Existenz der ganzen Genossenschaft bedroht? — Kommt nun gar noch hinzu, daß ein solcher Kunde nicht einmal im Orte, wo die Genossenschaft ihren Sitz hat, sondern an einem größeren Handelsplatze wohnt, oder wenigstens seinen Hauptverkehr nach dort hat, seine Wechsel dorthin zieht, so wird die Vermutung, daß das ganze Verhältnis faul ist und die Genossenschaft nur in große Verluste stürzen wird, wohl in den meisten Fällen zutreffen. Unter allen Umständen haben sich daher die Vorstandsmitglieder der genauesten Prüfung der Verhältnisse zu unterziehen und ohne genügende Sicherstellung und Begrenzung des gesuchten Kredits sich auf keine derartigen Geschäfte einzulassen.

Eine Kreditgenossenschaft aber gar, in welcher dem von dem

kleinen Handwerker oder Landwirt beanspruchten Kredit nicht die gleiche Aufmerksamkeit geschenkt wird, wie dem Kredit des begüterten Mannes — in welcher jene Klassen sich nur als geduldete Mitglieder fühlen, an denen „nichts zu verdienen ist“ — in welcher man sich diesen Klassen verschließt, sie abweist, eine solche Keditgenossenschaft hat den Anspruch verwirkt, sich noch weiter Genossenschaft nach Schulze-Delitzschschem System nennen zu dürfen.

Um eine solche Entartung der Genossenschaft zu vermeiden, um auch hier den Grundsatz der Selbstverwaltung der Mitglieder in den Vordergrund zu stellen und daselbst zu erhalten, ist eine besondere Vorsichtsmaßregel notwendig. Man läßt nämlich die Generalversammlung, je nach dem Geschäftsstande, von Zeit zu Zeit die Summe bestimmen, welche durch die gleichzeitig bei einem Kunden ausstehenden Kredite zusammen nicht überstiegen werden darf, eine Maßregel, welche nicht nur verhängnisvollen Ausschreitungen der Vorstände, sondern auch dem Andrängen der bezeichneten Klasse von Kunden von selbst ein Ziel setzt. Als maßgebend für Bestimmung dieser Summe wird aber am füglichsten ein gewisser Teil des Reservefonds angenommen, indem dadurch das Verhältnis eines jeden solchen einzelnen Risikos zu den Kräften der Genossenschaft am besten bei den Mitgliedern zum Bewußtsein gelangt.

Allerdings läßt sich damit nicht ein Normalsatz für alle Genossenschaften bestimmen: eine neugegründete Genossenschaft mit einem kleinen Reservefonds wird über denselben bei der Kreditgewährung hinausgehen müssen und bei entwickelter Genossenschaft darf der große Reservefonds nicht die Veranlassung sein, zu hohe Kredite zu gewähren. Nur als Regel gilt, daß der Reservefonds den Maßstab für die Bestimmung der Grenze der Kreditgewährung an ein Mitglied abgeben soll.

Diesen stets den Kreditgenossenschaften empfohlenen Ratschlägen entspricht die Bestimmung in § 49 d. Ges.:

Die Generalversammlung hat festzusetzen

die Grenzen, welche bei Kreditgewährungen an Genossen eingehalten werden sollen.

Der Allg. Genossenschaftstag zu Gotha (1894) hat den Kreditgenossenschaften empfohlen:

„die nach der Bestimmung in § 47 (jetzt § 49) des Gen.-Ges. durch die Generalversammlung für die Kreditgewährung an Genossen festzusetzende Grenze in der Regel nicht über den Betrag des Reservefonds der Genossenschaft zu bemessen.“

Besondere Berücksichtigung verdient hierbei der nachstehende Beschluß der Revisorenkonferenz zu Wiesbaden (1896), der auch einer verschiedenen Festsetzung der Kreditgrenze je nach der Kreditart Rechnung trägt:

„Es ist darauf zu achten, daß

1. sowohl der Gesamtbetrag für die fremden Gelder, als auch
2. die Grenzen, welche bei Kreditgewährungen an Genossen eingehalten werden sollen,

von der Generalversammlung ziffernmäßig und zwar zu 1. nur nach dem bestehenden Bedürfnis, zu 2. im allgemeinen nach der ungefähren Höhe der vorhandenen Reserven festgesetzt werden.

Unter den fremden Geldern sind dabei alle aufgenommenen Betriebsmittel zu berücksichtigen, welche nicht in die Reserven, reservierten Beträge und in die Geschäftsguthaben gehören.

Sind oder werden für die Einzelkredite verschiedene Grenzen in den einzelnen Geschäftszweigen bestimmt, dann erscheint die Fixierung der zulässigen Gesamtbelastung eines einzelnen Genossen erforderlich. Bei Feststellung dieser Gesamtbelastungsgrenze findet eine Unterscheidung zwischen gedeckten und ungedeckten Krediten nicht statt.

Die Einbeziehung der übernommenen Bürgschaften ist zu widerraten, dafern hieraus ein Grund hergeleitet wird, die Gesamtbelastungsgrenze höher zu normieren, als dies sonst der Fall sein würde.

Die alljährliche Vornahme der Grenzfestsetzungen in beiderlei Richtung ist mangels eines Bedürfnisses zur Erweiterung oder Einengung der Begrenzungen gesetzlich nicht erforderlich."

Über die Verteilung der Kredite beim Wechseldiskontgeschäft ist oben (S. 181) gesprochen.

Pflicht von Vorstand und Aufsichtsrat ist es, unter Berücksichtigung der vorstehenden Grundsätze die Mitglieder über die Bedeutung der Festsetzung der Grenze für die Kreditgewährung aufzuklären, nicht dabei über die Verhältnisse der Genossenschaft und der Mitglieder hinauszugehen, deren berechtigtes Kreditbedürfnis zu befriedigen, Aufgabe der Genossenschaft ist. Verletzung dieser Pflicht macht die Mitglieder des Vorstandes und Aufsichtsrates verantwortlich. Für alle Arten der Kreditgewährung hat die Generalversammlung die Grenze festzusetzen. Da nun aber nicht zu verkennen ist, daß das Risiko ein verschiedenes ist, daß in der Regel die Beleihung von guten Wertpapieren sicherer ist, als die Diskontierung von Geschäftswechseln oder die Gewährung eines Darlehens gegen Bürgschaft, so wird es bei entwickelteren Kreditgenossenschaften zweckmäßig sein, durch die Generalversammlung für die verschiedenen Arten der Kreditgewährung je nach der Gattung der Sicherheit eine verschiedene Grenze festsetzen zu lassen, ohne daß man bei der höchsten Grenze und der sichersten Kreditgewährung über die Verhältnisse der Genossenschaft hinausgehen darf. Außer den Grenzen für die verschiedenen Arten der Kreditgewährung muß gleichzeitig auch die Grenze für die Gesamtbelastung bestimmt werden. Daß Bürgschaftsübernahmen in diese Grenzen nicht einzuziehen sind, ist selbstverständlich.

Noch ist das Verfahren einiger Genossenschaften zu erwähnen, welche die Höhe der Kredite ihrer Mitglieder von der Höhe der Geschäftsguthaben derselben abhängig machen, indem sie ein Vielfaches der letzteren — das Zwanzigfache oder mehr — als Grenze hierbei innehalten. Wir können dies nicht als richtigen Maßstab anerkennen, weil es den vielseitigen Rücksichten, die hier den Ausschlag geben müssen, zu wenig Spielraum läßt. Es genügt eine solche Begrenzung der Kreditgewährung auch nicht der Vorschrift in § 49 d. Ges. Daß freilich das Verhalten eines Mitgliedes zu den Einzahlungen auf den Geschäftsanteil bei der Krediterteilung nicht unberücksichtigt bleiben kann, weil es einen Schluß auf Pünktlichkeit und Ordnung in seinen Geschäften zuläßt, ist gewiß. Wer namentlich die Kreditgewährung im höchst zulässigen Maße beansprucht, von dem ist es nicht zu viel gefordert, daß er seinen Geschäftsanteil auch voll einzahlt, und es mag daher auch angebracht sein, einen bestimmten Prozentsatz — vielleicht $^1/_2$ oder 1 % — des beanspruchten Kredits zur Bildung des Geschäftsanteiles einzubehalten, wenn dieser noch nicht den statutarischen Betrag erreicht hat (vgl. § 48 Anm. Musterstatut).

II. Befristung.

Was die Fristen anlangt, auf welche die Kredite zu bewilligen sind, so wird man auch hier das Bedürfnis der Kreditnehmer mit der Leistungsfähigkeit der Genossenschaft in Einklang zu bringen haben.

Dabei ist als anerkannter, nicht mehr bestrittener Grundsatz vorauszuschicken, daß die Kreditgenossenschaft Realkredit zu gewähren nicht imstande ist (11. Kap. Abschn. II 2a). So hat denn auch das oben (S. 224) erwähnte Reichshypothekenbankgesetz mit Recht die eingetragenen Genossenschaften von diesem Geschäftsbetrieb ausgeschlossen. Der Genossenschaft fehlt die dazu notwendige sichere kapitalistische Grundlage, die unabhängig von den zeitigen Mitgliedern und Gesellschaftern ist; der der Genossenschaft eigentümliche wechselnde Mitgliederbestand kann zu erheblichen Schwankungen im Vereinsvermögen führen (vgl. auch S. 67 ff.). Es bleibt hier also nur die Befristung des Personalkredits zu prüfen. Dabei treten natürlich zunächst diejenigen Fristen in den Vordergrund, die die Genossenschaft selbst im Durchschnitt bei ihren Anleihen genießt, da sie in der Regel ihren Schuldnern keinen längeren Kredit gewähren soll, als ihr selbst von ihren Gläubigern zugestanden wird, vgl. S. 82. Nun erhalten nur in seltenen Fällen, besonders neue Genossenschaften und solche mit geringem eigenen Vereinsvermögen, fremde Gelder auf längere als dreimonatliche Kündigung, und es wird sich daher dann meist von selbst verbieten, den Darlehensnehmern eine andere, als höchstens dieselbe Frist zu gestatten. Daß die genannte Frist sich so ziemlich als allgemeine Regel bei der fraglichen Art des Geldverkehrs Geltung verschafft hat, beruht übrigens keineswegs auf bloßer Willkür, sondern auf entschieden in der Natur des Personalkredits liegenden inneren Gründen, welche man einerseits auf einen gewissen durchschnittlichen Geschäftsumsatz im Verkehr, dem dieser Kredit vorzugsweise dient, andererseits darauf zurückbeziehen kann, daß man das unterlaufende Risiko hierbei nicht auf eine längere Frist, als durchaus notwendig, auszudehnen geneigt ist, weil sich innerhalb einer solchen die Vermögensumstände des Schuldners zum Nachteile des Gäubigers ändern können, ohne daß der letztere dies so leicht vorherzusehen und zu berechnen vermag. Aber eben deshalb, weil die Genossenschaft die Bestimmung hat, ihren Mitgliedern auf deren Personalkredit Darlehen zu gewähren, wie sie auf diesen selben Kredit hin sich das Geld dazu verschafft, werden die Darlehensnehmer den im Wesen des Personalkredits liegenden Bedingungen sich um so williger zu fügen haben, als dieselben im allgemeinen auf die Verkehrsverhältnisse berechnet sind, in denen sie sich bewegen, und die ihnen durchschnittlich die Innehaltung der gestatteten Fristen ermöglichen. In der Tat leistet man von diesem Gesichtspunkte aus manchen Darlehensnehmern, besonders aus dem kleinen Gewerbestande, sogar einen Dienst, wenn man sie durch die Notwendigkeit kürzerer Zahlungsfristen in die Lage versetzt, öfter einmal Abschlüsse in ihrem Geschäfte machen zu müssen. Ihnen auf lange Zeit Kredit geben, hieße in vielen Fällen nur der Nachlässigkeit und Unordnung Vorschub tun, und es ist weit besser, wenn man die Leute anhält, mit den eingegangenen Geldern sobald als möglich das genommene Darlehen abzuzahlen, da sie die zu den neuen Geschäften erforderliche Summe ja jederzeit von der Genossenschaft wieder erhalten können, und nur auf diese Weise sich an Pünktlichkeit und einen festen Plan und Überschlag in ihrem Gewerbebetriebe gewöhnen. Als nicht zweckmäßig hat sich dabei in der

Regel die Vereinbarung ratenweiser Rückzahlung der Darlehen in mehreren Terminen bewiesen. Nicht nur, daß die immer mehr durchgreifende Einführung des Wechsels dieselbe verdrängte, wurde sie zudem fast niemals benutzt. Gerade bei der Klasse der kleinen Gewerbetreibenden verlangt der Geschäftsumsatz eher eine Fristverlängerung, so daß in der Regel erst bei Prolongation auf eine ratenweise Abzahlung wird zu denken sein, worauf wir im Abschn. III zu sprechen kommen.

Mit der Erstarkung der Genossenschaften, der Vergrößerung des Vereinsvermögens, dem Sinken des Zinsfußes aber hat sich die Stellung der Genossenschaften bei Aufnahme der fremden Gelder derart verbessert, daß, wie wir S. 74 hervorhoben, bei richtiger Geschäftsführung kaum irgendwo von einem Geldmangel die Rede ist, eher der gegenteilige Fall eintritt, daß den Genossenschaften mehr Geld zufließt, als oft in ihrem Interesse liegt. Diese günstige Stellung hat den Vorteil gehabt, daß die Genossenschaften in die Lage kamen, längere Kündigungsfristen bei ihren Gläubigern auszubedingen, nicht selten werden ihnen Gelder mit sechsmonatiger, ja zuweilen mit einjähriger Kündigungsfrist angeboten und die Genossenschaften haben diesen Vorteil wahrgenommen, sie haben, was nur zu billigen ist, lieber einen höheren Zins gegeben und dafür eine längere Kündigungsfrist erhalten, so daß sie nun auch ihrerseits ihren Mitgliedern bei der Ausleihung mit Darlehen auf längere Fristen entgegenkommen können. Dies war besonders wichtig für die Heranziehung der Landwirte als Mitglieder, denn ist auch grundsätzlich zwischen dem gewerblichen und landwirtschaftlichen Kredit kein Unterschied, so kann doch nach der Natur des Betriebes der Landwirt in der Regel erst nach 9 bis 12 Monaten an die Rückzahlung denken, da sein Betriebskapital sich zum größten Teil nur einmal im Jahre umsetzt (vgl. S. 81 ff.).

Auch die Handwerker und sonstigen Gewerbetreibenden ziehen aus diesen längeren Kündigungsfristen Nutzen, da die Genossenschaft leichter auf die Prolongation und damit ratenweise Abzahlung einzugehen vermag, wenn sie nicht fürchten muß, dadurch ihre Liquidität, d. h. die Fähigkeit, stets entsprechende Kapitalien zur Befriedigung ihrer Gläubiger zur Verfügung zu haben, zu beeinträchtigen.

III. Prolongationen.

Daß natürlich Fälle vorkommen werden, wo der Anspruch des Darlehensnehmers, ihm das Geld länger als die erwähnten Fristen zu lassen, ebenso vom Standpunkte seines Gewerbebetriebes berechtigt, als in bezug auf die Genossenschaft ohne Gefahr sein kann, läßt sich nicht in Abrede stellen. Bei einem nicht geringen Teile der Kredite wird die Genossenschaft sogar sogleich mit der Notwendigkeit der Prolongation rechnen müssen, das liegt in den wirtschaftlichen Verhältnissen der für die Kreditgenossenschaft in Betracht kommenden Kunden. Dennoch darf man sich dadurch nicht verleiten lassen, die Fristen von Haus aus über die bezeichneten Grenzen auszudehnen, da man in der Prolongation eines Darlehens, in dessen Verlängerung auf eine neue Frist, das Mittel besitzt, jedem einzelnen begründeten Verlangen dieser Art gerecht zu werden, ohne daß man dadurch die angedeuteten Gefahren läuft. Demgemäß ist denn auch bei den meisten Genossenschaften die Prolongation einmal bewilligter Darlehen — jedesmal natürlich höchstens auf dieselbe Frist, bis auf welche die erste Bewilligung gestattet ist, also etwa bis auf 3 Monate — zugelassen, und man erlangt dadurch, im Gegensatze zu einer gleich beide Fristen in sich fassenden Bewilligung von Haus aus, den großen Vorteil, mit Eintritt des ersten Zahlungstermins die Verhältnisse des Geldmarktes wie der Genossenschaft einerseits und die der Schuldner andererseits einer wiederholten Prüfung unterwerfen und, je nach deren Ausfall, entweder das Darlehen noch einmal auf neue Frist zu geben, oder auf sofortige Zahlung dringen zu können. Denn daß auf Bewilligung der Prolongation den Darlehensnehmern kein Anrecht erteilt werden darf, dieselbe vielmehr, wie ein neues Darlehen, von der Erwägung und Beschlußnahme der Vereinsverwaltung abhängt, versteht sich von selbst.

Und wie man diese Rücksicht dem Interesse der Genossenschaft schuldet, wird sie auch zugunsten der für die Genossenschaften so überaus wichtigen Bürgschaft beobachtet werden müssen. Unzweifelhaft bringt man die Bürgen, ebensogut wie die Genossenschaft, durch lange Fristerteilung, innerhalb deren sich die Verhältnisse der Schuldner leichter zu ihrem Nachteile ändern können, in eine schlimmere Lage, als dies bei kürzeren Rückzahlungsterminen der Fall ist, die mit Rücksicht auf sichere Umsätze und Einnahmequellen der Schuldner bestimmt sind. Auf ein Jahr hinaus wird jemand viel weniger geneigt sein, eine Bürgschaft zu übernehmen, als auf 3 Monate, innerhalb deren der Schuldner voraussichtlich in seinen Verhältnissen nicht so leicht in einem Grade zurückkommen kann, daß der Bürge Gefahr läuft.

Die Rücksichten auf die Sicherheit der Genossenschaft und des Bürgen fordern es, daß man nicht den Bürgen sich von vornherein mit allen Prolongationen auf ungewisse und unbestimmte Zeit einverstanden erklären läßt, denn man kann sich nicht darauf verlassen, daß der Bürge am Fälligkeitstage selbständig prüft, ob er gegen weitere Prolongation Einspruch erheben und Befreiung von der Bürgschaft fordern soll. Kommt aber ein Bürge in Schaden, dann wird er Bekannte und Freunde vor jeder Bürgschaftsübernahme warnen und das Ansehen der Genossenschaft beeinträchtigen, er wird zu einem Feinde der Genossenschaft und diese wie ihre Mitglieder haben den Nachteil davon (vgl. 11. Kap.). Es ist gewiß richtig, daß ein Bürge, der sich der Folgen eines solchen Einverständnisses mit weiteren Prolongationen bewußt ist, dasselbe niemals abgeben wird. Wenn daher zuweilen behauptet wird, die Bürgen verzichten gern auf ihre Zustimmung, wegen der damit verbundenen Weitläufigkeiten, so müßte immer hinzugesetzt werden, die Bürgen sind sich der Bedeutung ihrer Handlungsweise nicht bewußt; und solche Bürgen sind auch von geringerem Werte. Allerdings liegt in der jedesmaligen Beibringung der Genehmigung des Bürgen zur Prolongation ein Erschwernis der Geschäftsführung.

Gewisse Erleichterungen lassen sich schaffen. So wird man heute nicht mehr an dem Erfordernis überall festhalten, daß bei jeder Prolongation ein neuer Wechsel ausgestellt wird. Wir wollen die Frage hier nicht untersuchen, ob diese Erleichterung ganz allgemein von Vorteil ist, sie ist aber geboten wie die Verhältnisse liegen: mit Rücksicht auf die Konkurrenz der ländlichen Darlehnskassen, die heute fast in jedem Dorf bestehen. Die Leichtgläubigkeit der Bürgen erleichtert im allgemeinen nur allzusehr die Einführung von Vergünstigungen, die schließlich doch keine für den Bürgen sind. Ist von dem Bürgen der eigene Wechsel mit ausgestellt, so bleibt der Bürge noch 3 Jahre vom Fälligkeitstage des Wechsels ab während der Wechselverjährungsfrist verhaftet. Dann erreicht aber auch die Wechselbürgschaft ihr Ende, und die vielfach verbreitete Annahme, daß der verjährte Wechsel noch als Schuldschein zu betrachten ist, ist irrig. Soll dann noch weiter prolongiert werden, so muß ein neuer Wechsel ausgestellt werden, und es wird dann angebracht sein, diesen Wechsel in dem Geschäftslokal der Genossenschaft ausstellen zu lassen, damit der Vorstand sich auch selbst von der Zustimmung des Bürgen zur Prolongation vergewissert. Unter keinen

Umständen darf man sich damit begnügen, dem Schuldner es zu überlassen, die Unterschrift des Bürgen auf dem Wechsel beizubringen.

Bei vielen Genossenschaften wird im Laufe der dreijährigen Wechselverjährungsfrist von Zeit zu Zeit die Genehmigung des Bürgen eingeholt, dann kann man zu dem Aushilfsmittel greifen, daß der Bürge sein Einverständnis zu weiteren Prolongationen vor einem Vertrauensmann der Genossenschaft erklärt. Wir haben oben (S. 209 ff.) die Einrichtung der Vertrauensmänner besprochen.

Auf alle Fälle würden wir empfehlen, daß die Genossenschaften sich nicht darauf verlassen, der Bürge bleibt aus dem Wechsel drei Jahre verhaftet, und sie brauchen sich um die Verpflichtungen des Bürgen nicht zu kümmern, vielmehr ist es wenn nicht rechtliche, so doch moralische Pflicht gegenüber dem Bürgen, und die Genossenschaft erfüllt diese Pflicht in ihrem eigenen Interesse, wenn sie von Zeit zu Zeit dem Bürgen Nachricht über den Umfang seiner Verpflichtungen gibt. Die Allgemeinen Genossenschaftstage haben über die Einholung der Genehmigung des Bürgen sehr strenge Regeln aufgestellt. In Stettin (1893) erklärte die Revisorenkonferenz: „Bei Prolongation von Wechselschulden ist die jedesmalige Ausstellung neuer Wechsel zu verlangen"; der Allgemeine Genossenschaftstag in Gotha (1894) hat dringend die Kreditgenossenschaften aufgefordert: „Verlängerung der Rückzahlung der gewährten Vorschüsse gegen Bürgschaft stets nur mit ausdrücklicher Zustimmung des Bürgen zu bewilligen".

Werden Erleichterungen eingeführt, so soll man sich stets die Gefahr derselben für den Bürgen und für die Genossenschaft vor Augen halten, und als Mindesterfordernis erscheint uns, den Bürgen mindestens einmal jährlich von seinen laufenden Bürgschaftsverpflichtungen in Kenntnis zu setzen.

Wird eine Genehmigung des Bürgen zur Prolongation gefordert, so darf mit Rücksicht auf B.G.B. § 777 keine Fristbestimmung eingefügt werden. Vielmehr darf die Genehmigung nur lauten:

> Mit der Verlängerung der Wechselschuld Nr. . . . . . .
> des . . . .
> an den Vorschußverein zu . . . . im Betrage
> von Mk. . . . . erkläre ich mich einverstanden.

Kaum eine Frage hat die Kreditgenossenschaften so oft beschäftigt wie die der Behandlung der Prolongation.

Der Allgemeine Genossenschaftstag zu Berlin (1899) hat mit

Bezug auf die Behandlung der Prolongation folgenden Beschluß gefaßt:

„Bei der Handhabung der Prolongation ist der stets den Genossenschaften erteilte Rat, auf regelmäßige Abzahlung Bedacht zu nehmen, im Auge zu behalten; die Genehmigung des Bürgen zu den Prolongationen ist in einer Weise zu ordnen, daß als Mindesterfordernis die Verpflichtung der Genossenschaft betrachtet wird, den Bürgen über den Umfang seiner Verpflichtungen in gewissen Zeiträumen unterrichtet zu halten. Die bücherliche Einrichtung ist so zu treffen, daß die Höhe der Prolongationen zu ersehen ist."

Über die bücherliche Einrichtung brauchen wir uns hier nicht des weiteren auszulassen, wir nehmen Bezug auf das Buch von Vollborn: „Die Buchführung für Vorschuß- und Kreditvereine".

Nicht gering sind auch die Schwierigkeiten, die die Behandlung der Prolongation für die Statistik bereitet, weil leider nicht immer die Kreditgenossenschaften scharf unterscheiden zwischen neuer Kreditgewährung und Prolongation; daher wäre dringend zu wünschen, daß schon bei der Neugründung einer Kreditgenossenschaft von vornherein berücksichtigt wird die Empfehlung des Berliner Genossenschaftstages: die bücherliche Einrichtung so zu treffen, daß die Höhe der Prolongationen zu ersehen ist.

Vor allem ist unbedingt eins festzuhalten, das, wenn es nicht mit großer Strenge durchgeführt wird, den nachteiligsten Einfluß auf das Gedeihen der Genossenschaft ausübt und die wegen Höhe und Befristung der Kredite gegebenen Vorsichtsmaßregeln wieder zunichte macht. Die Darlehen dürfen weder im Wege der Prolongation, noch sonst durch Umgehung der Zahlungsfristen zu festen Kapitalanlagen bei den Schuldnern werden, wie dies leider noch in einer ganzen Anzahl von Genossenschaften mehr oder weniger geduldet wird. Selbst wo man die vorgeschlagenen Fristen bei Erteilung von Prolongationen der Form nach innehält, geschieht es, daß das gegebene Darlehen zu gleicher Zeit als abgezahlt und unter anderer Nummer als von neuem gewährt aufgeführt, und die Schuld so auf Jahre hinaus verschleppt wird. Dieses Verfahren ist um so gefährlicher, als seine Folgen meist erst dann hervortreten, wenn es schwer oder unmöglich geworden ist, Abhilfe zu schaffen. Und indem man so die Grenzen des Personalkredits, auf dessen Gewährung die Genossenschaften ihrer eigenen Sicherheit halber sich beschränken müssen, überschreitet, trägt man obenein wesentlich zur Demoralisierung der Mitglieder bei, zu deren Gunsten das Statut umgangen wird, und schafft sich selbst eine Lage, die früher oder später die Genossenschaft in immer ungesundere Bahnen treibt. Denn komme man einmal solchen Kunden, die man an ein solches Hinziehen gewöhnt hat, sie weisen sicher das Ansinnen der Zahlung, wenn endlich die Genossenschaft selbst das Geld dringend bedarf, als etwas Unerhörtes, Unberechtigtes, was lediglich auf ihren Ruin abziele, zurück. Haben sie doch ihre Zinsen usw. richtig bezahlt, Bürgen gestellt — meist die alten, denen sie ihrerseits wiederum zu denselben Geschäften dieselben Dienste leisten — sie sind sicher, wie kann man Zahlung von ihnen fordern! Daß mit solcher Kreditgewährung Schlaffheit und Unordnung in den Geschäften, und damit der Rückgang in den wirtschaftlichen Verhältnissen Hand in Hand geht, ist leicht einzusehen, und so wird die Forderung von Jahr zu Jahr schlechter, ihr Eingang immer gefährdeter, je länger sie aussteht, bis die mindeste Veranlassung den Zusammenbruch des Mitgliedes herbeiführt und für die Genossenschaft den Verlust zur Folge hat.

Eins der besten Mittel hiergegen besteht darin, daß man bei jeder Prolongation eines Darlehens eine Abschlagszahlung, und sei es nur von 5—10 % des ursprünglichen Darlehensbetrages fordert, und diese Abzahlung mit unnachsichtlicher Strenge betreibt, wenn nicht ganz besondere Umstände eine Stundung rechtfertigen, wie es z. B. bei Landwirten im Falle einer Mißernte geschehen kann. So hat denn auch der Allg. Genossenschaftstag zu Gotha (1894) die Kreditgenossenschaften dringend aufgefordert: „auf der pünktlichen Rückzahlung der auf bestimmte Zeit gegebenen Darlehen zu bestehen und Rückstände an Kapital und Zinsen nicht aufkommen zu lassen; Verlängerung der Rückzahlung der gewährten Darlehen in der Regel nur gegen angemessene Abzahlung zu bewilligen“.

Dringend erwünscht wäre es, daß jede Genossenschaft eine besondere Statistik über die Prolongation von Vorschüssen und über das Alter der Vorschüsse bearbeitete. Ganz gewiß würde manche Verwaltung selbst erschrecken, wenn sie auf diese Weise erführe, wie alt schon manche Vorschüsse sind. Sie würde aber auch bald erkennen, daß dort, wo lange Jahre hindurch, vielleicht Jahrzehnte hindurch keine Abschlagszahlung geleistet ist, kaum mehr daran zu denken sein wird, die ganze Forderung hereinzubekommen (vgl. über die Führung von Listen zum Nachweise über das Alter der Vorschüsse Bl. f. G. Jahrg. 1898 S. 451, 1899 S. 14, 344). Daselbst macht Kuckuck folgenden Vorschlag:

„Bei der Mehrzahl der Vereine, welche die Vorschüsse nummernweise buchen, ist bei der Nummer gleichzeitig die Jahreszahl angegeben, sei es, daß jährlich von 1 angefangen oder fortlaufend numeriert wird. Aber auch wenn die Jahreszahl mit der Nummer nicht angegeben, entstehen keine Schwierigkeiten; denn da die Inventuraufnahme meist nach der Reihenfolge der Nummern vorgenommen wird, ist eine Addition der einzelnen Jahrgänge sehr leicht, es ist dann nur nötig nachzusehen, wie weit jeder Jahrgang zählt.

Etwas anders, aber auch nicht viel umständlicher, gestaltet sich diese Kontrolle bei der kontenweisen Verbuchung der Vorschüsse. Man muß auch hier versuchen, möglichst ohne viel Schreibwerk zu dem gewünschten Resultat zu kommen, und das geschieht am zweckmäßigsten durch eine jahrgangweise Anordnung der Vorschußurkunden, die in vielen Vereinen üblich ist. Hier muß allerdings wieder darauf geachtet werden, daß die erneuerten Schuldscheine alter Schuldposten auch in die für den betreffenden Jahrgang vorhandene Mappe kommen; die Jahreszahl der Ausgabe ist auf der Urkunde zu vermerken. An dieses Verfahren wird man sich aber in denjenigen Vereinen schwer oder ungern gewöhnen, welche ihre Schuldurkunden nach der Fälligkeit ordnen. Für diese dürfte der beste Weg die Führung von Listen nach Art des für die Wechsel gebräuchlichen Fälligkeitskalenders sein. Die im Laufe des Jahres ausgegebenen neuen Vorschüsse werden verzeichnet und dann jährlich die Ab- und Rückzahlungen nachgetragen."

Elftes Kapitel.

Beschränkungen der Kreditgewährung und Sicherstellung der Ausleihungen.

I. Beschränkungen.

An verschiedenen Stellen haben wir schon die Sicherstellung der Ausleihungen behandelt. Wir haben auf den Austausch der Mitgliederlisten (S. 63) hingewiesen — auf Schutzmaßregeln, die ergriffen werden können (S. 223). In dem 10. Kap. sind die Höhe der Darlehen, die Befristung und die Prolongationen behandelt. Im 8. Kap. ist das Verfahren bei der Kreditgewährung erläutert.

Bei den Maßregeln zur Verhütung von Verlusten muß vor allem die Beschränkung des Geschäftsbetriebes auf die den vorhandenen Mitteln, wie dem Charakter der Volksbanken entsprechenden Geschäfte von den Vorstandsmitgliedern fest im Auge behalten werden. Unter Verweisung auf die im I. Abschn. des vorigen Kap. enthaltenen Warnungen, mit der Höhe der Ausleihungen nicht in den Bereich der Großbanken überzugreifen, kommen wir auf das schon früher über die Bestimmung der Genossenschaften Angedeutete zurück.

Vor allem muß sich die Genossenschaft von allen ungesunden wirtschaftlichen Unternehmungen und Aufgaben fernhalten. Der Kredit in seiner Wurzel, in Treu und Glauben getroffen, ist auf lange geschwächt, in ihm die Seele alles Verkehrs. Trifft aber schon die Großbanken ein Vorwurf, wenn sie sich zu leichtfertigen Geschäften hergeben, um wieviel mehr würde er bei ähnlichem Treiben die Volksbanken belasten. Dazu berufen, dem kleinen und mittleren Gewerbestande die Segnungen des Kredits zu eröffnen, an der wirtschaftlichen Erziehung zahlreicher Volksklassen zu arbeiten, würden sie das Unheil in die weitesten Kreise hineintragen. Nun ist nicht zu leugnen, daß zu einer solchen Richtung die Kreditgenossenschaften auch durchaus nicht hinneigen, und es dürfte wohl kaum eine einzige geben, welche nicht die Spekulation in Effekten u. dgl. prinzipiell als Geschäftszweig ausschließt. Sind im Andrange des fremden Kapitals und verlockender

Strömung Ausschreitungen hierbei vorgekommen, so sind sie doch immer vereinzelt geblieben. Gleichwohl wird eine unablässige Mahnung in dieser Hinsicht seitens der Leiter der Bewegung je nach dem Gange der Dinge stets am Platze sein, um das Bewußtsein ihrer Aufgabe in den Kreditgenossenschaften lebendig zu erhalten.

Eine andere zu den allgemeinen Sicherungsmaßregeln gehörende Forderung wird durch die Stellung gewisser Personen zu der Genossenschaft bedingt. Liegt, wie S. 207 ff. ausgeführt wurde, die Bewilligung der Kredite wesentlich in den Händen des Vorstandes, so sollte sich mit Notwendigkeit das Verbot anschließen, daß den Vorständen, so lange sie sich in dieser Stellung befinden, Darlehen oder Kredite in irgend einer Form von der Genossenschaft gewährt werden, denn sie würden sich selbst den Kredit bewilligen. Und wie will man von einem Vorstandsmitgliede, das für sich selbst den Kredit in Anspruch nimmt, Strenge und Unparteilichkeit bei der Kreditgewährung an die Mitglieder erwarten, wo es gewärtig sein muß, von diesen zu hören, daß es gegen sich selbst weniger streng als gegen andere ist! Wie kann man glauben, daß ein solches Vorstandsmitglied bei der Aufnahme der Inventur alle schlechten Forderungen abstreicht, wenn es vielleicht bei seinen eigenen Schulden anfangen müßte! Man kann einwenden: Die Gewährung des Kredits hängt doch aber von der Genehmigung des Aufsichtsrates ab, das betreffende Vorstandsmitglied darf bei der Entscheidung des Vorstandes über den Kreditantrag nicht mitwirken. Ein wenig durchschlagender Einwand, der nur zeigt, wie wenig man die Beziehungen zwischen Vorstand und Aufsichtsrat würdigt! Auch die Aufsichtsratsmitglieder werden Kredit beanspruchen — wo bleibt dann ihre Selbständigkeit den kreditbegehrenden Vorstandsmitgliedern gegenüber? Werden sie sich nicht von dem Gedanken leiten lassen, daß ein Entgegenkommen ihrerseits mit entsprechender Rücksichtnahme bei dem Vorstande wird vergolten werden? Und man denke sich den Fall, daß ein Vorstandsmitglied für den empfangenen Kredit unsicher wird — dann werden die Kollegen und der Aufsichtsrat zunächst alles tun, um nichts davon in die Öffentlichkeit gelangen zu lassen; die Erfahrung hat es zur Genüge bewiesen, daß der Kredit noch vergrößert wird, in der Hoffnung, die alte Forderung zu retten! Hätten in solchem Falle noch alle Beteiligten die Energie, einzuschreiten — aber freundschaftliche, verwandtschaftliche, gesellige Beziehungen, ja auch die Rücksicht auf das Gerede, den Ruf der Genossenschaft lassen den entscheidenden Schritt immer weiter hinausschieben, bis es zu demselben überhaupt zu spät ist.

Wir raten aus diesen Gründen allen Vorschuß- und Kreditvereinen ohne Ausnahme, das Verbot der Kreditgewährung an die Vorstandsmitglieder in ihre Statuten aufzunehmen und seine Verletzung durch die Vorstände mit sofortiger Entlassung zu ahnden.

Wo man gleichwohl ohne Kreditgewährung an Vorstandsmitglieder nicht glaubt auskommen zu können, da wähle man dann wenigstens die Vorsichtsmaßregeln, die wir sogleich für die Kreditgewährung an Aufsichtsratsmitglieder besprechen werden. Außerdem ist § 39 d. Ges. zu beachten, woselbst bestimmt ist, daß jede Kreditgewährung an ein Mitglied des Vorstandes der Genehmigung des Aufsichtsrates bedarf, soweit dieselbe nicht durch das Statut an noch weitere Erschwernisse geknüpft oder ausgeschlossen ist. Der Genehmigung des Aufsichtsrates bedarf es also unter allen Umständen.

Hinsichtlich der Mitglieder des Aufsichtsrates ist die Kreditentnahme, wenn auch nicht zu verbieten, doch zu beschränken, was wir gleichermaßen allen Genossenschaften ohne Unterschied dringend empfehlen. Da die Mitglieder des Aufsichtsrates bei der Kreditgewährung durch spezielle Genehmigung oder Aufstellung der Kreditfähigkeitsliste so wesentlich mitwirken, bedarf ihre eigene Kreditfähigkeit einer genauen und besonderen, nicht bloß von den einzelnen unter ihnen, sondern von ihrer ganzen Körperschaft unabhängigen Feststellung. Denn nach den gemachten Erfahrungen kommt es nicht selten vor, daß die Mitglieder des Aufsichtsrates in längerem gemeinsamen Verkehr sich gegenseitig in einer Art näher treten, die mit Wahrung der Vereinsinteressen nicht wohl verträglich ist. Und im übrigen gelten gegen die Kreditgewährung an die Aufsichtsratsmitglieder wesentlich die gleichen Bedenken wie bei den Vorstandsmitgliedern. Die Zusammenbrüche von Kreditgenossenschaften sind zum weitaus größten Teil auf hohe Kredite an Aufsichtsratsmitglieder zurückzuführen.

Gleichwohl würden nur wenige Genossenschaften den Aufsichtsrat in geeigneter Weise besetzen können, wollten sie die Mitglieder dieses Organs von der Kreditentnahme ausschließen, und wenn wenigstens die Kreditgewährung an die Vorstandsmitglieder verboten wird, so fallen die Wechselbeziehungen mit Bezug auf die Kreditentnahme für die Vorstands- und Aufsichtsratsmitglieder fort, was dem Vorstande eine gewisse Selbständigkeit und Unparteilichkeit gegenüber den Kreditanträgen der Aufsichtsratsmitglieder sichert. Damit ist aber die Sicherheit der Genossenschaft noch nicht genügend gewahrt. Dem Aufsichtsrate muß jede Mitwirkung bei der Kreditgewährung an seine Mitglieder entzogen werden.

Deshalb scheint die nach dem Musterstatut (§ 56) zur Feststellung der ihnen zu gewährenden Höchstkredite zu wählende Einschätzungskommission als geeignetes Sicherungsmittel, das bei keiner Genossenschaft fehlen sollte.

Der Allgemeine Genossenschaftstag zu Berlin (1899) hat bedingungslos die Einführung der Einschätzungskommission beschlossen und in dem Beschluß gleichzeitig die Mitwirkung des Aufsichtsrates bei der Kreditgewährung an Aufsichtsratsmitglieder dort, wo eine Einschätzungskommission besteht, näher geregelt. Der Beschluß lautet:

> „Zu den Aufgaben der für die Krediteinschätzung der Aufsichtsratsmitglieder eingesetzten Einschätzungskommission gehört neben der Einschätzung der Aufsichtsratsmitglieder die Prüfung, ob die gezogenen Grenzen bei der Kreditgewährung von dem Vorstand eingehalten werden.
>
> Der Vorstand entscheidet im Rahmen der von der Einschätzungskommission aufgestellten Kreditfähigkeitsliste selbständig über die Kreditansprüche der Aufsichtsratsmitglieder.
>
> Eine Mitwirkung des Aufsichtsrats bei Kreditgewährung an seine Mitglieder ist dadurch ausgeschlossen, ihm bleibt aber die sich aus seinen allgemeinen Kontrollbefugnissen ergebende Prüfung der Sicherheit der Außenstände der Genossenschaft, auch bei den an Mitglieder des Aufsichtsrats gewährten Krediten, und er ist befugt, von der von der Einschätzungskommission aufgestellten Liste Einsicht zu nehmen."

Es hat dann innerhalb dieser von der Einschätzungskommission aufgestellten Kreditfähigkeitsliste der Vorstand freie Hand; selbstverständlich entbindet diese Einschätzung den Vorstand nicht von der Prüfung in jedem Falle, die Einschätzung hat für ihn nur die Bedeutung, daß er über dieselbe bei der Kreditgewährung nicht hinausgehen kann.

Die Einschätzungskommission hat von Zeit zu Zeit — etwa alle drei Monate — die Liste zu revidieren und zu berichtigen, und muß ferner eine Kontrolle darüber ausüben, daß der Vorstand die gezogenen Grenzen einhält.

Die Einschätzungskommission wählt ihren Vorsitzenden und Schriftführer, und führt über ihre Sitzungen und die in denselben gefaßten Beschlüsse Protokoll.

II. Sicherstellungen.*)

Dies vorausgeschickt, kommen wir nun zu den üblichen Arten der Sicherstellung bei den einzelnen Geschäftsabschlüssen. Wenn man bedenkt, daß die durch deren Vernachlässigung verursachten Verluste zum nicht geringen Teil die weniger bemittelten Klassen treffen, welche nach Aufopferung ihrer oft mühsam aufgesammelten Einlagen noch mit ihrem sonstigen Vermögen für die Vereinsverpflichtungen haften, so wird man in dieser Hinsicht die entsprechenden Anforderungen stellen müssen.

Natürlich steht die Zahlungsfähigkeit der Kreditnehmer hierbei zuerst in Frage, wobei dann die geschäftliche und moralische Tüchtigkeit neben den Vermögensverhältnissen in Betracht kommt. Da dies eine eingehende Kenntnis der Verhältnisse der einzelnen Kunden voraussetzt, so hilft man sich dadurch, daß man entweder dem Aufsichtsrate die Kreditbewilligungen des Vorstandes zur Genehmigung vorlegen, oder vom Vorstande und Aufsichtsrate in gemeinsamer Sitzung eine sogenannte Kreditfähigkeitsliste aufstellen läßt, in welcher sämtliche Mitglieder gleich bei ihrer Aufnahme rücksichtlich des Höchstbetrages abgeschätzt werden, der ihnen vom Vorstande kreditiert werden darf (vgl. S. 207 ff.). In beiden Fällen gewinnt man die Mitwirkung einer größeren Zahl von Männern, bei denen man die Berührung mit den verschiedensten Kundenkreisen, und daher eine größere Vertrautheit mit der Lage der einzelnen erwarten darf. Indessen darf der so gewonnene Halt für Beurteilung der Zahlungsfähigkeit von der Sicherstellung keineswegs entbinden, auf der man schon deshalb in allen Fällen bestehen soll, damit nicht die einzelnen Mitgliedern, wenn auch in noch so unbedenklichen Fällen, gestatteten Ausnahmen zu gleichen Ansprüchen seitens anderer führen. Vielmehr müssen alle Mitglieder von Haus aus daran gewöhnt werden, daß Kreditgesuche nie anders als unter angemessener Sicherstellung angebracht werden können. Und diese ist in allen Fällen, wenn der Kunde nur irgend in seiner wirtschaftlichen und sittlichen Haltung Sicherheiten bietet, erfahrungsmäßig auch für die am wenigsten bemittelten Mitglieder zu beschaffen, nämlich durch Bürgschaft.

Dabei ist freilich zu beachten, daß diese Art der Sicherheitsleistung nicht dahin führen darf, den Kredit allein nach ihr zu bemessen und einem nicht genügend Kreditwürdigen z. B. nur mit Rücksicht auf den

---

*) Formulare S. 234, Form. 25, 31.

guten Bürgen den beanspruchten Kredit zu bewilligen. Dadurch würde die Stellung des Bürgen als Sicherheit aufgehoben werden, was weder mit den Interessen des Bürgen noch denen der Genossenschaft vereinbar ist, da letztere dann dem Grundsatze, nur gegen eine weitere Sicherstellung auszuleihen, untreu wird.*)

Vor einer Sicherheit ist hierbei zu warnen, es ist die Sicherstellung mit einer Lebensversicherungspolice. Oft ist für den Pfandnehmer damit die Gefahr verbunden, für den in Vermögensverfall geratenen Versicherten die Prämie zu zahlen und damit das Sicherheitsobjekt immer weiter zu schmälern. Daher ist denn auch der wahre Wert eines solchen Pfandes sehr schwer zu schätzen, dazu gehören versicherungstechnische Kenntnisse, überdies beleihen auch die Versicherungsgesellschaften selbst ihre Policen nach deren wirklichem Werte. Nur zur Rettung einer Forderung sollte man sich entschließen, eine Police als Sicherheit anzunehmen.**)

1. Bürgschaft.

In der Tat ist die Bürgschaft der unentbehrlichste Schlußstein bei Organisation des persönlichen Kredits, weil sie die einzig mögliche verantwortliche Kontrolle über die Kreditwürdigkeit des Schuldners in sich begreift, wie ja auch die Großbanken anerkennen, wenn sie nur Wechsel diskontieren, welche die Unterschriften mehrerer guter Firmen tragen. Nichts sichert der Genossenschaft ein richtiges Urteil über die Zahlungsfähigkeit der Darlehensnehmer besser, durch nichts übt sie eine solche Kontrolle über die in ihren Verhältnissen etwa vorgehenden Veränderungen, welche ein strengeres und schleunigeres Einschreiten erfordern. Nie wird es einem ordentlichen, tüchtigen Handwerker und Landwirt, der durch ein Darlehen wirklich gefördert wird, bei dem wahrscheinliche Aussicht auf Wiederbezahlung vorhanden ist, an einem Bürgen unter seinen Genossen fehlen, da ja die Aushilfe in dieser Beziehung eine gegenseitige ist, überdies aber eine Schädigung des Bürgen meist den Ausschluß aus der Genossenschaft zur Folge hat, worauf dem ersteren das Geschäftsguthaben des Schuldners insoweit

*) Es sind diese Abschnitte, die die Sicherstellung behandeln, vollkommen in dem Sinne der früheren Auflagen des Schulze-Delitzschschen Werkes gehalten, vgl. auch Bl. f. G. Jahrg. 1900 S. 293 „Zur Gewährung von Blankokredit“.

**) Über die zu beachtenden Bestimmungen vgl. Blätter für Genossenschaftswesen Jahrg. 1892 S. 498, 1893 S. 155, 428, 448, 1901 S. 267, 436 („Eine gefährliche Policenbestimmung“), 1902 S. 366.

zugut kommt, als die Genossenschaft dessen Betrag von der Schuld durch Kompensation kürzt, ehe sie sich an den Bürgen hält (vgl. S. 115). Fehlen daher die Bürgen, so ist dies der sicherste Beweis, daß es entweder an der nötigen Solidität des Darlehnssuchers gebricht, oder die verlangte Summe für seine Verhältnisse zu hoch ist, und muß ihm daher für solche Fälle überlassen bleiben, die Genossenschaft anderweit sicherzustellen.

Aus diesen Erwägungen ergibt sich, wie wichtig das Bürgschaftssystem für die Kreditgenossenschaften ist, die daher auch die Pflicht haben, die Bürgen nach Möglichkeit zu schonen und zu schützen. An anderer Stelle (10. Kap. Abschn. III) ist bereits darauf hingewiesen, wie gefährlich für den Ruf der Genossenschaft ein Bürge werden kann, der für den Schuldner hat zahlen müssen; daher ist es denn auch geboten, einem notorisch faulen Kunden auf einen guten Bürgen hin keinen Kredit zu gewähren.

Wenn die Übernahme der Bürgschaft für die Schuld eines anderen nur nach Feststellung der Insolvenz des Schuldners zur Deckung des Gläubigers verpflichtet, so kann dies nur dadurch geändert werden, daß der Bürge ausdrücklich erklärt, für die Schuld als Selbstschuldner*) haften zu wollen. Übrigens erfolgt die Bürgschaftserklärung entweder speziell für eine in sich bestimmte bereits feststehende Schuld, oder für das, was jemand aus einer Geschäftsverbindung einem anderen erst schuldig werden wird. Im letzteren Falle ist es geraten, dieselbe auf einen Höchstbetrag der Summe nach zu beschränken, wie dies (S. 185) beim Kontokorrent-Verkehr zur Sprache kam. Ebenso verweisen wir auf S. 174 wegen der im Wechselverkehr rücksichtlich der Bürgschaft zu ergreifenden Maßregeln.

Die Einwilligung der Bürgen bei Prolongationen der Hauptschuld haben wir 10. Kap. Abschn. III besprochen.

2. Unterpfand.

Ehe wir auf die Pfandbestellung in ihren verschiedenen Arten eingehen, haben wir eine früher sehr gewöhnliche Praxis, die sogenannte **Guthabenbeleihung**, zu erwähnen, wonach die von den Mitgliedern

*) Nicht zu empfehlen ist die sog. **Schadlosbürgschaft**, welche eine Einschränkung der Haftung des Bürgen darstellt, denn sie ist bedingt durch den Ausfall, den der Gläubiger bei dem Hauptschuldner an seiner Forderung erleidet. Es ist dies eine Einschränkung, die auch nicht durch den Verzicht auf die Einrede der Vorausklage beseitigt werden kann.

auf Geschäftsanteil geleisteten Einzahlungen (Geschäftsguthaben) gewissermaßen als Pfänder für die von ihnen entnommenen Darlehen betrachtet wurden, so daß man von jeder weiteren Sicherstellung bis zur Höhe dieser Guthaben absah. Es hat die Erfahrung gelehrt, daß bei eintretenden allgemeinen Verkehrskrisen, ebenso wie bei ungünstigem Geschäftsstande einer einzelnen Genossenschaft, unter der Form dieser auf die Geschäftsguthaben entnommenen Darlehen massenhaft die Herausziehung der Guthaben aus der Genossenschaft seitens solcher Mitglieder betrieben wurde, die gar nicht eines Darlehens bedurften, sondern lediglich sich dadurch ihrer Verpflichtung, für die Vereinsschulden mit aufzukommen, zu entziehen vermeinten. So wenig dies nun auch rechtlich zutraf, so wurde die Genossenschaft doch augenblicklich der bereiten Mittel dadurch beraubt und dem Andrange der Gläubiger gegenüber, wie er in den bezeichneten Lagen niemals ausbleibt, in die gefährlichste Lage versetzt. Aber abgesehen hiervon steht schon der Begriff eines Geschäftsguthabens, unter dem man den Anteil versteht, den jemand in das Vermögen eines Handels-Unternehmens eingeworfen hat, der Beleihung desselben zugunsten des Inhabers entgegen, weil die Einlage dadurch ihrer ursprünglichen Bestimmung entzogen wird. Das Vereinsvermögen dient dem Kredit der Genossenschaft, den Vereinsgläubigern gegenüber, zur Unterlage. Sobald daher die Vereinsmitglieder ihre Anteile als Sicherheit für den Kredit benutzen, den sie in ihrem Privatinteresse von der Genossenschaft als deren Schuldner beanspruchen, werden sie ihrem Zwecke entfremdet. Um daher ihrer ausgesprochenen Bestimmung gerecht zu werden, dürfen diese Geschäftsguthaben mit keinerlei Verpflichtungen belastet sein.

Wie wesentlich dies für die Aufstellung des Vermögensstandes ist, wird man sich leicht klar machen, da ein so belastetes Vermögen vor Abzug der auf ihm haftenden Pfandrechte nicht als freies Vereinsvermögen gelten kann, und Forderungen, die nur mittels dieses eigenen Vermögens gesichert sind, kaum zu den sicheren Aktiven gehören, da sie entstehendenfalls aus den Mitteln der Genossenschaft, also des Gläubigers selbst, gedeckt werden müssen. Es entspricht daher vollständig der Rechtslage und den den Genossenschaften bereits durch Beschluß des Allgemeinen Vereinstages zu Neustadt a. H. 1869 erteilten Ratschlägen, wenn das Gesetz in § 22 bestimmt: „Das Geschäftsguthaben eines Genossen darf, so lange er nicht ausgeschieden ist, von der Genossenschaft nicht ausgezahlt oder im geschäftlichen Betriebe zum Pfande genommen werden.“

Das gesetzliche Aufrechnungsrecht der Genossenschaft mit dem Geschäftsguthaben auf ihre fälligen Forderungen, die entstanden sind, ehe ein Dritter ein Recht auf das Geschäftsguthaben erworben hat, wird davon nicht berührt, die Geltendmachung der Kompensation aber setzt dann voraus, daß das betreffende Mitglied ausgeschieden ist und daß mit ihm die Auseinandersetzung mit Bezug auf das Geschäftsguthaben nach § 73 d. Ges. stattgefunden hat (vgl. S. 115).

Wir gehen nun auf die beiden Hauptarten der Pfandbestellung über.

a) Hypotheken-Bestellung.

Allerdings sind die früher der Legitimation der Genossenschaften im Hypothekenverkehr entgegenstehenden Schwierigkeiten, welche dieselben nötigten, ihre Hypothekenforderungen auf die Namen einzelner Mitglieder schreiben, und sich seitens dieser durch Revers decken zu lassen, für eingetragene Genossenschaften völlig behoben. Dennoch stehen dieser Art der Sicherstellung noch ernste Bedenken entgegen.

Zumeist sprechen die in den früheren Abschnitten gegen ein Kreditgeben auf längere Frist (vgl. 10. Kap. Abschn. II) geltend gemachten Gründe im wesentlichen gegen den eigentlichen Hypothekenverkehr bei den Genossenschaften. Denn, wenn man dabei auch allerdings sich z. B. eine dreimonatliche Kündigung vorbehalten kann, so ist dieselbe in der Regel nicht zu realisieren, und die Rückzahlung des Geldes, wenn es zur Zwangsvollstreckung mittels Subhastation des Grundstückes kommt, nur in längerer Zeit zu erreichen. Vergegenwärtige man sich die grundverschiedenen Voraussetzungen, auf welchen der Personal- und Realkredit, der Kredit zur Ergänzung des umlaufenden, und der zur Ergänzung des stehenden Kapitals beruht, von denen wir hier nur einiges flüchtig andeuten wollen. Wenn der Gewerbetreibende, der Kaufmann, Handwerker, Fabrikant, Landwirt usw. Geld zu seinem Geschäftsbetriebe, zum Betrieb der Landwirtschaft leiht, um es in Waren, Rohstoffen, Arbeitslöhnen usw. anzulegen, so muß er sich, will er anders bestehen, so einrichten, daß das angelegte Kapital binnen einer gewissen Zeit im Geschäfte wiederum gelöst wird, ihm, und zwar obenein mit Gewinn, wieder zufließt, was ihn sodann in den Stand setzt, seine Gläubiger zu befriedigen. Anders steht der Grundbesitzer, sei er Landwirt, sei er Hausbesitzer in einer Stadt, in bezug auf das zu stehenden Anlagen, Meliorationen u. dgl. m. verwendete Kapital. Entweder bedarf er desselben zur Abzahlung von Kaufgeldern, oder zur Verbesserung seines Grundstücks. In beiden Fällen ist von einer baldigen Wiederherausnahme des Kapitals keine Rede, da das so angelegte Geld sich natürlich nicht, wie bei den oben angeführten Geschäften, wieder sofort ersetzt und sich herausziehen läßt, vielmehr nur dem Besitzer eine Rente gewährt, von der er dem Gläubiger den Zins zahlt und in der Regel noch einige Prozente Überschuß für sich behält, welche nur sehr allmählich zur Amortisation des Kapitals führen. Deshalb kann sich ein solcher Schuldner niemals auf Darlehen von kurzer Rückzahlungsfrist einlassen, weil ihm diese nichts helfen, und er durch die Kündigung nur in die Verlegenheit kommt, das Geld anderswoher sich wiederum darlehnsweise beschaffen zu müssen. Nun müßte aber ein Vorschußverein — der ja selbst in seinen Geschäftsguthaben, auf deren Rückgewähr an die ausscheidenden Mitglieder er gefaßt sein muß, kein dauernd gesichertes Kapital besitzt — um sich die Möglichkeit zu erhalten, seinen Gläubigern innerhalb der Frist gerecht zu werden, da ihm selbst von diesen gekündigt werden kann, ein solches Darlehen gleich nur fest auf die entsprechende Zeit geben, wie er sonst bei seinen Darlehen tut, und darauf kann der Schuldner nicht eingehen. So sind die wesentlichen Voraussetzungen des Geldverkehrs bei den Genossenschaften für den Realkredit von Haus aus nicht wohl anwendbar und gefährdend nach beiden Seiten. Weil die ersteren ihr Betriebskapital wesentlich aus fremden Geldern, vielfach den Spareinlagen kleiner Leute bilden, und demnach der Kündigung in kürzeren Fristen jederzeit ausgesetzt sind, müssen sie sich auf den Personalkredit beschränken, dessen Bedingungen denen ihrer eigenen Geldbeziehung entsprechen. Um eine Hypothekenbank zu gründen, müßte man eine ganz andere Grundlage schaffen, indem dazu ein sehr bedeutendes unkündbares Kapital gehört.*) So hat dann, wie wir bereits erwähnten, mit Recht das neue Hypothekenbankgesetz untersagt, daß das Hypothekengeschäft im Sinne des Gesetzes in der Form der eingetragenen Genossenschaft betrieben wird.

Schließen wir aber den eigentlichen Realkredit gegen Hypothek für die Zwecke des Grundbesitzes auch grundsätzlich von den Genossenschaften aus, so bleibt doch noch die Frage, ob dieser Besitz nicht zur Sicherstellung eines an sich zu gewerblichen Zwecken aufgenommenen Kredits benutzt werden könne? — Nehmen

---

*) Die Grundkreditfrage mit ihren Beziehungen zu den Kreditgenossenschaften ist in dem Werkchen von Schulze-Delitzsch behandelt: „Die Raiffeisenschen Darlehns-Kassen in der Rheinprovinz usw.“ Leipzig bei J. Klinkhardt 1875.

wir einen Kaufmann, einen Handwerker, der damit Waren oder Rohstoffe kauft, einen Landwirt, der den Kredit nicht zur Verstärkung seines Anlage-, sondern seines Betriebskapitals, z. B. Ankauf von Sämereien, Futter, Dünger u. dgl., benutzt, wo der Ersatz ja ebenfalls im Laufe des Wirtschaftsjahres erfolgt, so sind in dem rascheren Umschlage des verwendeten Kapitals die Erfordernisse vorhanden, von welchen die Volksbanken bei ihren Kunden im eigenen Interesse nicht abgehen dürfen. Denn überall haben sie es in den bezeichneten Fällen mit Personalkredit im eigentlichen Sinne zu tun, dessen auch Landwirte bei der modernen, rationellen Betriebsweise immer weniger entbehren können, weshalb sich dieselben den Kreditgenossenschaften immer mehr zuwenden. Indessen verbietet sich doch auch für solchen Personalkredit die Eintragung einer Spezialhypothek für jedes einzelne Darlehen, der großen Weitläufigkeiten und Kosten halber, welche die Bestellung und Löschung einer Hypothek verursacht. Vielmehr erscheint für einen solchen Fall, namentlich wenn der Schuldner, wie dies die Regel ist, in dauerndem Geldverkehr mit der Genossenschaft steht und mehrmals im Jahre Geld aufnimmt und zurückzahlt, nur die Bestellung einer allgemeinen hypothekarischen Kaution ausführbar, welche die Genossenschaft bis zur Höhe einer gewissen Maximalsumme für alle dem Schuldner gegebene Darlehen innerhalb eines längeren Zeitraums sicherstellt. Die hierbei in Betracht kommenden gesetzlichen Bestimmungen finden die Genossenschaften in dem Buch von Dr. Alberti und Dr. Scholz: „Das Bürgerliche Gesetzbuch".

Ganz besonders sei aber vor der Beleihung industrieller Unternehmungen (Fabriken, Ziegeleien, Mühlen u. s. w.) gewarnt; deren Rentabilität hängt mehr oder weniger von äußeren Einflüssen ab, die die Vorstandsmitglieder einer Kreditgenossenschaft selten richtig zu beurteilen wissen, ganz abgesehen davon, daß ihnen meist die technischen Kenntnisse zur Prüfung der Solidität des Unternehmens und der Brauchbarkeit der in demselben hergestellten Waren fehlen. Die Beleihung solcher Unternehmungen, deren ganzer Wert meist nur in dem Betriebe selbst besteht, führt nur zu oft, wie die Erfahrung lehrt, die Genossenschaft in die Zwangslage, entweder große Verluste abzuschreiben oder den Betrieb zu übernehmen. Wo der letztere Weg eingeschlagen ist, hat damit zuweilen der Zusammenbruch der Genossenschaft begonnen; der Vorstand überschätzt die Kräfte der Genossenschaft, die immer größere Summen aufwenden muß, um den Betrieb zu unterhalten, andererseits fehlen auch die nötigen kaufmännischen und technischen Kenntnisse, um den Betrieb fachmännisch zu leiten — bis dieser dann schließlich nicht mehr zu halten und nun der Zusammenbruch des industriellen Unternehmens auch den der Genossenschaft nach sich zieht.

In der letzten Auflage dieses Buches ist insbesondere auch der Ankauf von Gütersteiggeldforderungen (Güterzielern) behandelt; wir können diesen Geschäftszweig hier unberücksichtigt lassen; insoweit die gesetzlichen Bestimmungen in Betracht kommen, wird er in dem erwähnten Buch von Dr. Alberti und Dr. Scholz besprochen, wirtschaftlich hat er die alten Formen ablegen müssen, nachdem infolge der Reichsgesetzgebung im ganzen Deutschen Reich das Grundbuch eingeführt ist oder doch alsbald eingeführt werden wird. Wo sich noch das Güterzielergeschäft erhält, wird es die Form der Hypothekenbestellung annehmen, und es gelten dann für die Genossenschaften die gleichen Grundsätze, die wir vorstehend für das Hypothekengeschäft dargelegt haben.

Noch eine Frage mag hier behandelt werden: es mag fraglich sein, ob überhaupt die Spezialhypothekengeschäfte als Kreditbewilligung oder als Anlage verfügbarer Gelder anzusehen sind. Tatsächlich können sie beides sein, und es kommt auf den einzelnen Fall an, was als vorliegend zu erachten ist.

Bei den Erörterungen über die Liquidität der Genossenschaft (S. 94) haben wir die Grundsätze besprochen, die zu beobachten sind, um die Genossenschaft liquid zu erhalten. Es dürfte ohne weiteres einleuchten, daß Hypotheken und Güterzieler nicht als liquide Mittel zu betrachten sind. Hat die Genossenschaft sehr starken Geldüberfluß und kann sie das Geld durchaus nicht nutzbringend im Geschäft anlegen, will sie auf Hypotheken als sichere Kapitalanlagen zurückgreifen, so muß sie sich doch hierbei immer in engen Grenzen halten, um nicht die Liquidität zu beeinträchtigen.

Um den Verbandsrevisoren wenigstens die Möglichkeit zu bieten, in eine Prüfung der Hypotheken einzutreten, ist das in Formular 31 aufgenommene Pfänderverzeichnis zu empfehlen. Es mag auf den ersten Blick zu umfangreich erscheinen, doch kann ein Mehr hier jedenfalls nicht so viel schaden wie ein Zuwenig.

b) Verpfändung von beweglichen Sachen und Forderungen.

Praktisch weit wichtiger für die Kreditgenossenschaften, als die Hypothek, ist die Verpfändung beweglicher Sachen, unter denen auch Forderungen des Pfandgebers begriffen werden, insofern sie Leistungen von beweglichen Sachen, besonders Geldzahlungen zum Gegenstande haben. Die ursprüngliche Form hier ist das sogen. Faustpfand, die Hinterlegung von körperlichen Sachen, die einen Kaufwert haben, wo das Pfandstück, dessen Erlös die Deckung bildet, direkt in die Hände des Gläubigers gelangt, dahin gehören auch Inhaberpapiere, welche durch den Börsenkurs einen Marktwert erhalten. In diesem Falle geschieht die Begründung des Pfandrechtes durch die Übergabe der verpfändeten Sache oder des betreffenden Papiers an den Gläubiger. Vgl. Formular 21a für die Beleihung von Waren, 21b für die Beleihung von Wertpapieren.

Ferner kommt neben dem Faustpfand an beweglichen Sachen für die Kreditgenossenschaft in Betracht die Verpfändung von Forderungen, wohin insbesondere die Verpfändung von Hypothekenforderungen gehört (vgl. auch das Pfänderverzeichnis Form. 31). Wir sehen von der Wiedergabe der bei dieser Verpfändung zu beobachtenden Formalitäten hier ab, verweisen auf das Buch von Dr. Alberti und Dr. Scholz: „Das Bürgerliche Gesetzbuch" und nehmen Bezug auf das Formular 21c und die Ausführungen über die Form. S. 185.

Zwölftes Kapitel.

Ertrag und Risiko des Geschäfts.

I. Zins und Provision.

Die von den Kreditnehmern zu zahlenden Zinsen und Provisionen bilden die Erträge des Kreditgeschäfts; die Höhe dieser Erträge ist für den Bestand der Genossenschaft von entscheidender Bedeutung, wobei man als Grundsatz festhalten muß, daß die Zinsen und Provisionen nicht höher gesetzt werden dürfen, als unbedingt geboten ist.

Zunächst wird man dabei zu berücksichtigen haben, daß von diesen Zinsen und Provisionen alle durch das Vereinsgeschäft bedingten Ausgaben, also die sämtlichen Geschäftsunkosten, gedeckt werden müssen. Es kommen hierbei zunächst in Anschlag als Ausgaben, welche in keinem Falle erspart werden können und also notwendig sind:

a) die von der Genossenschaft selbst für die zum Betriebskapital aufgenommenen Darlehen zu zahlenden Zinsen;

b) die Verwaltungskosten, zu denen namentlich die Gehälter der Vorstandsmitglieder, Miete, Steuern und ähnliches gehören.

Sodann müssen aber auch noch folgende Aufwendungen berücksichtigt werden, welche nur aus dem Überschusse der Erträge über die obigen Auslagen entnommen und nicht entbehrt werden können, nämlich:

c) Beiträge zum Reservefonds und

d) Dividende.

Wenn aber hiernach die Bedürfnisse der Genossenschaft gewisse Erträge verlangen, so fordert das Interesse der Mitglieder, die wir nun zu gleicher Zeit als Darlehensempfänger zu betrachten haben, daß dieselben dabei nicht überbürdet werden. Die Nachteile einer solchen Zinsüberbürdung würden auch auf das Vereinsgeschäft selbst insofern zurückfallen, als dessen Verkehr dadurch geschwächt und sein Aufschwung gehindert wird.

Stets ist bei der Festsetzung von Zins und Provision im Auge zu behalten, daß die Aufgabe der Kreditgenossenschaft ist, das Kreditbedürfnis der Mitglieder möglichst billig zu befriedigen, nicht aber eine hohe Dividende herauszuwirtschaften. Deswegen hat auch mit vollem Recht der Allg. Genossenschaftstag zu Gotha (1894) den Kreditgenossenschaften empfohlen: nicht den landesüblichen Zinsfuß weit übersteigende Dividende an die Genossen zu gewähren. Die dauernde Erzielung hoher Dividenden läßt auf ungesunde Zustände in der Genossenschaft schließen, denn ein hoher Gewinn kann nur durch hohes Risiko erzielt werden, indem die Genossenschaft entweder die Geschäftsguthaben im Verhältnis zu dem Betriebskapital zu niedrig hält und folglich für die Solidarhaft der Mitglieder eine erhebliche Gefahr läuft oder die Zinsen höher festsetzt, als es die Natur des Geschäfts mit sich bringt, wodurch wirtschaftlich gutstehende Geschäftsleute von der Benutzung des Kredits ferngehalten werden und die Kreditgewährung sich mehr auf solche erstreckt, die nur durch die Verhältnisse gezwungen zur Genossenschaft kommen. Vgl. über die Dividende auch S. 110 ff. bei Bestimmung der Höhe des Geschäftsanteils und dessen Bildung.

Gewiß kann behauptet werden, daß die Kreditgenossenschaften dieser Aufgabe gerecht werden. Nicht bündiger kann der Beweis hierfür erbracht werden, als mit einer Äußerung des Ökonomierates Stoeckel in der vom Verein für Sozialpolitik veranstalteten Enquete über den Personalkredit des ländlichen Kleingrundbesitzes; Stoeckel berichtet über den Einfluß der Kreditgenossenschaften in Ostpreußen: „Diese Vorschußvereine haben dem Wucher in der Provinz den Todesstoß versetzt.“*) In anderen Gebieten Deutschlands verhält es sich ebenso, es ist unbestritten, daß die Kreditgenossenschaften in ihren Bezirken dem Wucher den Boden entziehen. Von hohem wirtschaftspolitischem Interesse ist es, wie der Zinsfuß bei den Genossenschaften im Laufe der Jahrzehnte allmählich gefallen und sich dem landesüblichen Zinsfuße in dem Maße angepaßt hat, als die Genossenschaften ihre Stellung festigten. Wo dies Verhältnis noch nicht erreicht ist, da gehört es zu den wichtigsten Aufgaben der Verwaltung, dahin zu gelangen. Der Zinsfuß für den zu gewährenden Kredit hängt ab von der Höhe der Zinsen für das fremde Kapital, dessen die Genossenschaft bedarf, um das Kreditbedürfnis ihrer Mitglieder zu befriedigen. Hierbei kommen hauptsächlich die Spareinlagen in Betracht, und indem wir auf die Ausführungen S. 85 über die Verzinsung der Spareinlagen Bezug nehmen, knüpfen

*) Schriften des Vereins für Sozialpolitik (1896) Band 74 S. 452.

wir daran wiederholt die dringende Empfehlung, auf Erlangung der Spareinlagen zu billigem Zinsfuß bedacht zu sein. Allerdings sollen die Kreditgenossenschaften auch Sparkassen sein, doch dieser Zweck kommt erst in zweiter Reihe und er darf nicht zum Schaden der billigen Befriedigung des Kreditbedürfnisses der Mitglieder bevorzugt werden. Auch die Einführung des Scheckverkehrs, der laufenden Rechnung, sind Maßnahmen, die, wie wir dargelegt haben, geeignet sind, der Genossenschaft billiges Betriebskapital zu schaffen und sie möglichst unabhängig von den mit der Benutzung des Bankkredites verbundenen Schwankungen des Zinsfußes auf dem Weltmarkte zu stellen.

Selbstverständlich ist eine stetige Festhaltung eines statutenmäßig ein für allemal bestimmten Zinsfußes nicht durchzuführen, vielmehr wird die Regelung von Zeit zu Zeit nach Bedürfnis und Umständen zu erfolgen haben. Dabei fragt es sich:

a) wem die Regelung zu übertragen sei, der Generalversammlung oder dem Vorstande und Aufsichtsrate? und

b) ob nicht, wenn man sich für das letztere entscheidet, die Regelung der betreffenden Sätze für jeden einzelnen Fall, ohne Bestimmung einer festen, für alle gleichen Norm, der Einigung der Vorstände mit dem Schuldner zu überlassen sei?

Wenn die letztere Methode sich nun auch in mancher Hinsicht als die geschäftlich vorteilhafteste darstellt, und in der Bankpraxis nicht selten zur Anwendung kommt, so erscheint doch eine gleichmäßige Behandlung der Darlehensnehmer, also die Festhaltung eines und desselben Zinssatzes für alle innerhalb einer Periode, durch die besonderen Verhältnisse der Vereine in der Regel geboten. Die Kunden, die Kreditbegehrenden, die Darlehensempfänger sind zugleich die Mitglieder, die Inhaber des Geschäfts, welche das Risiko dafür übernommen haben. Schon deshalb werden und können dieselben in der Regel nicht ungleich von der Genossenschaft behandelt werden, und es würden ganz gewiß, wollte man zu einer und derselben Zeit dem einen das Geld zu höheren oder niedrigeren Prozenten geben, üblen Eindruck machen, sollten nicht besondere Verhältnisse es rechtfertigen. Es ist daher eine Forderung der Gerechtigkeit, daß ein fester, für alle gleicher Grundsatz hierbei aufgestellt werde, an den der Vorstand den Mitgliedern gegenüber im Kreditgeschäfte gebunden ist, was jedoch nicht ausschließt, daß der Zinsfuß von Zeit zu Zeit je nach den Verhältnissen erhöht oder vermindert werden kann, wie wir dies oben befürworteten. Dagegen wird dem Vorstande vollständig freie Hand in Festsetzung des Zinsfußes bei solchen Geschäften zu lassen sein, wo es sich um einstweilige Unterbringung müßiger Kassenbestände, die im Kreditgeschäfte nicht gebraucht werden, handelt. Auch ändert sich das Verhältnis, wenn die Genossenschaft sich nicht mehr auf den einfachen Darlehensverkehr beschränkt, sondern den Kontokorrent-, Lombard- und Diskontverkehr eingeführt hat, dann ergibt es sich von selbst, daß der Zinsfuß für die verschiedenen Geschäftszweige meist ein verschiedener sein wird.

Ohne weiteres ergibt sich, daß ein Schema hierfür nicht gegeben werden kann. Eine Genossenschaft, die vollkommen bankmäßig arbeitet, die zu ihren Mitgliedern Industrielle zählt, für die sie einen großen Geschäftsverkehr vermittelt, muß natürlich nach anderen Grundsätzen arbeiten als ein Vorschußverein, dessen Mitglieder wesentlich gleichartigen Interessenkreisen angehören.

Verwerflich und höchst bedenklich ist es, wenn man den Zinsfuß für weitere Fristen, wenn der Darlehensnehmer das Geld für längere Zeit, also etwa 6 Monate nimmt, gegen den bei kürzeren Rückzahlungsfristen vermindert, also auf das längere Kreditnehmen gewissermaßen eine Prämie setzt. Wie verkehrt dies ist, ergibt schon das in den früheren Abschnitten Angeführte, wonach stets der Personalkredit auf längere Zeit teurer ist als der auf kürzere, weil das Risiko mit der Frist wächst. Auch die Genossenschaften müssen ihren Gläubigern desto höheren Zins geben, je längere Kündigungsfrist sie sich bedingen, wie können sie nun dies Verhältnis ihren Schuldnern gegenüber umkehren? — Je weniger man sie auf langen Kredit in Anspruch nimmt, desto gesicherter sind sie in ihrer geschäftlichen Stellung; und sie wollen das Gegenteil davon selbst herausfordern? Abgesehen von dem Risiko für den Gläubiger wächst der Wert des Kredits, den man im Geschäftsleben jemandem gewährt, mit der Dauer. Je kürzer die Frist ist, auf welche man jemand kreditiert, desto weniger vermag derselbe Nutzen davon zu ziehen, das weiß jeder Geschäftsmann. Deshalb müßte eigentlich der Zinssatz in den Genossenschaften mit der Rückzahlungsfrist sich erhöhen, wie dies im gewöhnlichen Bankverkehr, z. B. bei Wechseln mit kürzerer oder längerer Verfallzeit, der Fall ist, und es ist jener Billigkeitsrücksicht wahrlich schon Rechnung genug getragen, wenn man ihn für alle Fälle gleich bemißt. Dazu kommt nun noch der Übelstand, daß man die Säumigen und Leichtsinnigen, besonders unter den unbemittelten Gewerbetreibenden, durch solche scheinbare Vorteile beim längeren Kreditnehmen, anstatt sie zu häufigen Geschäftsabschlüssen, wie der rasche Umsatz im Kleinverkehr sie bedingt, durch kürzere Zahlungsfristen zu nötigen, in ihrer Lässigkeit bestärkt und sie in immer tiefere Verpflichtungen hineingeraten läßt, während die Gewöhnung an möglichst pünktliche und öftere Abzahlungen für dieselben höchst wohltätig sein würde.

Bei verschiedenen Genossenschaften ist es üblich, dem Schuldner über den Tag der Fälligkeit hinaus das Geld zu höherem Zinsfuße zu belassen. Hierbei sind zwei Momente zu unterscheiden. So lange der Schuldner im Verzug ist, hat er Verzugszinsen zu zahlen, wenn dieselben höher sind, als die vereinbarten Zinsen. Das ist selbstverständlich. Dieser Verzug aber darf kein dauernder werden, denn die Kapitalforderung selbst wird damit gefährdet; ist der Verzug aber nur auf Nachlässigkeit des Schuldners in der Rückzahlung zurückzuführen, so liegt eine Mißachtung der erzieherischen Aufgaben der Genossenschaft durch den Vorstand vor, wenn er diese Nachlässigkeit duldet. Wenn nun ausdrücklich bestimmt wird, daß der Schuldner im Falle der Säumigkeit einen höheren Zinsfuß zu zahlen hat, so wird nur zu leicht bei ihm die Ansicht hervorgerufen, daß er gegen Zahlung des höheren Zinses ein Recht darauf erwirbt, das Darlehen zu behalten — der Vorstand aber gerät in die Gefahr, mit Rücksicht auf die höhere Zinseneinnahme den Zustand zu dulden, und mit dem geringen Gewinne nimmt er dann selbstverständlich das größere Risiko in den Kauf, abgesehen von den üblen Wirkungen, die ein solches Verfahren auf die ganze Geschäftshandhabung hat. Es muß daher ausnahmslos als die Pflicht des Vorstandes hingestellt werden, auf pünktliche Rückzahlung zu bestehen, wenn der Schuldner nicht rechtzeitig Prolongation nachgesucht hat und ihm diese bewilligt ist. Die Pünktlichkeit bei Rückzahlung der Darlehen auf jede Weise zu fördern, liegt sowohl im Interesse der Genossenschaft und einer geordneten Verwaltung, wie in dem der Mitglieder selbst.

Noch ist ein Vorteil zu erwähnen, welchen man der Genossenschaft sichern kann. Es ist die Entrichtung des Zinses im voraus gleich bei Erhebung des Darlehens, welche beim Wechselverkehr ohnehin zur Regel wird, da von Zinsvereinbarungen im Wechsel nicht die Rede sein kann. Dieselbe hat das Gute, daß die Darlehensempfänger, welche den geringen Abzug beim Empfange des Geldes kaum bemerken, später, wo sie die Mittel zur Zahlung oft sehr allmählich aufbringen müssen, bloß noch die Kapitalsumme im Auge zu halten brauchen. Auch schafft sie der Genossenschaft durch den früheren und sicheren Eingang einen nicht unbedeutenden Gewinn im Ganzen, der, auf die einzelnen verteilt, die ihn zu übertragen haben, kaum in Anschlag kommen kann. Im 7. Kap. ist bei Behandlung der Darlehnsgewährung (S. 171) hingewiesen auf den Beschluß des Gothaer Genossenschaftstages, der den Kreditgenossenschaften empfohlen hat, auch bei den gegen Schuldschein gewährten Darlehen auf bestimmte Zeit die Zinszahlung vierteljährlich vorauszahlbar auszubedingen und auf der pünktlichen Rückzahlung der auf bestimmte Zeit gegebenen Darlehen zu bestehen und Rückstände von Kapital und Zinsen nicht aufkommen zu lassen. Der Danziger Allgemeine Genossenschaftstag (1903) hat sich eingehend mit der Frage der Zinsrückstände beschäftigt und folgenden Beschluß gefaßt:

„Es ist den Kreditgenossenschaften dringend zu empfehlen, daß sie auf regelmäßigen Einzug der fälligen Zinsen aus den von ihnen gewährten Krediten bedacht sind.

Diese Forderung ist begründet sowohl durch die Pflichten, welche sie gegen sich selbst haben, indem eine Unterlassung unvereinbar mit geordneter Geschäftsführung ist, als auch durch die Pflichten gegen ihre Schuldner, denen der ursprünglich aufgenommene Kredit durch den fortgesetzten Zuwachs von Zinsen schließlich unerschwinglich gemacht wird.

Die vorliegenden statistischen Nachweise zeigen, daß die Zinsrückstände in denjenigen Verbänden am größten sind, in denen die Darlehen gegen Schuldscheine hinausgegeben werden, und am kleinsten, wo der Vorschußwechsel in Gebrauch ist. Es ergibt sich hieraus die weitere Forderung, den Kreditgenossenschaften von neuem zu empfehlen, ihre Vorschüsse nur durch Ausstellung von Wechseln verbriefen zu lassen.

Die Kreditgenossenschaften haben am Jahresschluß die Einbringlichkeit der Zinsausstände genau zu prüfen und, soweit diese nicht unbedingt gesichert erscheint, entsprechende Abschreibungen am Gewinn vorzunehmen."

An der Hand von mehreren Tabellen hatte der Berichterstatter, Direktor Thorwart, den Nachweis erbracht, daß die Summe der Zinsrückstände größer ist als man im allgemeinen annimmt, und die Tabelle zeigte insbesondere, daß die Zinsrückstände dort verhältnismäßig größer sind, wo die Genossenschaften statt mit dem Wechsel mit dem Schuldschein arbeiten.

Zinsrückstände sind mit den Interessen der Genossenschaft unvereinbar, denn die Genossenschaft braucht die Zinsen der ausgeliehenen Gelder, um ihrerseits die sie belastenden Zinsen und Kosten decken zu können, und sie läuft sogar Gefahr, Kapital und Zinsen ganz oder teilweise zu verlieren, wenn sie Rückstände aufkommen läßt, denn jeder

Rückstand ist ein Zeichen wirtschaftlicher Schwäche des Schuldners. Diese Gefahr trifft vielleicht nicht zu, wo die Genossenschaft für Kapital und Zinsen Sicherheit hat, obgleich die Sicherheit nur selten auch die Rückstände an Zinsen noch decken wird, und in den meisten Fällen sogar hinter dem sichergestellten Betrage zurückbleibt. Die Verwaltung aber schädigt nicht nur die Genossenschaft, sondern vor allen Dingen auch den Schuldner und verfehlt ganz und gar den Zweck des Schulze-Delitzschschen Genossenschaftsprinzips. Die meisten Zwangsversteigerungen, so führte ein Redner auf einem Verbandstage des letzten Jahres aus, die wir in den letzten Jahren betreiben mußten, hatten ihren Grund in den großen auf andere Weise nicht mehr beibringlichen Zinsrückständen. Mit der langsamen Zinszahlung unterbleibt auch die Abzahlung von Kapitalien. Das Darlehen wird eine feste Kapitalsanlage für die Genossenschaft, und wenn diese des Geldes in kritischen Zeiten dringend bedarf, dann kommt sie nur schwer zu ihrem Gelde, wenn nicht gar die Forderung selbst gefährdet ist.

Dazu kommt nun noch, daß die Zinsrückstände außerordentlich die Rechnungsführung erschweren, sie machen, wie Direktor Thorwart in Danzig hervorhob, das Zinsenkonto unübersichtlich, verwirren, wenn die Rückstände mit Eingängen des laufenden Jahres zusammengeworfen werden, die Gewinnberechnung, und bringen Fehler in die Abschlüsse, die sich häufig Jahre hindurch fortpflanzen. Direktor Thorwart schloß mit den Worten: „Die Spalte Zinsenreste ist das Zifferblatt für die Geschäftsführung und Wirksamkeit einer Kasse. Wo viele Zinsreste sind, da sind auch faule Reste, da steht es sicherlich auch mit der Rückzahlung der Darlehen bzw. Darlehnsraten nicht sehr prompt. Der Vorstand, welcher seine Mitglieder zur Pünktlichkeit erzieht, tut denselben wohl, wenn auch vielleicht einzelne nachlässige Schuldner anderer Ansicht sind. Umgekehrt ist es verderblich, wenn durch die Nachsicht oder Gleichgültigkeit des Vorstandes Rest zu Rest sich häuft.“ Was wir oben im Kap. 10 im III. Abschn. über Abschlagszahlungen bei Prolongationen sagten, das hat noch viel größere Bedeutung bei den Zinszahlungen. Wo der Schuldner mit den Zinsen rückständig ist, ist er ganz zweifellos auch mit den Abschlagszahlungen rückständig.

Man hat vielfach von Zinspolitik der Kreditgenossenschaften gesprochen. Soll damit gesagt sein, daß die Kreditgenossenschaften auf eigene Hand hin unabhängig von den wirtschaftlichen Verhältnissen Zinsen berechnen können, so liegt hierin ein bedenklicher

Grundsatz, denn die Kreditgenossenschaften sind Bestandteile unseres wirtschaftlichen Lebens, sie können sich nicht von demselben isolieren. Eine Kreditgenossenschaft z. B., die in teuren Zeiten unter dem Reichsbanksatz Wechsel diskontiert, läuft ganz naturgemäß Gefahr, daß geschickte Geschäftsleute sie ausnutzen, es kann die Kreditgenossenschaft nicht in teuren Zeiten auf die Dauer einen Zinsfuß berechnen, der erheblich hinter dem üblichen Zinsfuß zurückbleibt. Wohl aber muß die Kreditgenossenschaft bemüht sein, sich von vorübergehenden Steigerungen des Zinsfußes unabhängig zu machen, und sie ist auch sehr wohl hierzu imstande. Wir haben in den früheren Kapiteln auf die Schwierigkeiten des Bankkredits hingewiesen, wir zeigten, wie der Bankkredit das verhältnismäßig teuerste Geld darstellt. Wenn die Kreditgenossenschaft sich möglichst unabhängig vom Bankkredit stellt, wenn sie sucht, soviel Spareinlagen und Depositen heranzuziehen, wie sie nötig hat, um das Kreditbedürfnis der Mitglieder zu befriedigen, dann braucht sie vorübergehende Steigerungen des Zinsfußes auf dem Weltmarkt nicht mitzumachen, sondern kann das Ziel erreichen, den Mitgliedern einen dauernd gleichen Zinsfuß zu berechnen.

Auch darauf haben wir bereits hingewiesen, wie die Geldbeschaffung durch Sparkassen und Depositenkassen von Jahr zu Jahr immer schwerer wird, und dabei ist insbesondere eines Umstandes Erwähnung zu tun, es sind nicht bloß fremde Institute, die der Genossenschaft diese Geldbeschaffung erschweren, sondern die Genossenschaften machen sich selbst Konkurrenz, führen dadurch zu einer Geldverteuerung und erschweren indirekt die billige Befriedigung des Kreditbedürfnisses der Mitglieder.*)

Im 7. Kap., in dem wir die Kreditgewährung in laufender Rechnung behandelten, haben wir auch die für diesen Kredit zu berechnenden Zinsen und Provisionen besprochen. Es ist klar, daß eine Genossenschaft, die neben dem Vorschußgeschäft das Diskontgeschäft und den Kredit in laufender Rechnung pflegt, nicht für alle Geschäftszweige gleichen Zinssatz nehmen kann. Bei dem Diskontgeschäft ist insbesondere in Rücksicht zu ziehen, daß die Genossenschaft die Wechsel weiter diskontieren und sich darauf Geld beschaffen kann. Überdies ist der Reichsbanksatz derjenige Punkt, der auch für die Berechnung des Zinsfußes und Provisionssatzes der Genossenschaft maßgebend sein wird.

*) Vgl. auch den Aufsatz „Die Geldverteuerung“ in Bl. f. G. Jahrg. 1899 S. 37 und 61.

Bei dem Kontokorrent-Verkehr muß auf die Provision Wert gelegt werden, und der Zinsfuß wird sich im allgemeinen naturgemäß höher stellen als beim Wechselverkehr, weil die Genossenschaft nicht in der Lage ist, sich, wenn man so sagen darf, auf den Kredit des Mitgliedes hin weiteren Kredit zu beschaffen, wie es beim Diskontverkehr möglich ist. Dazu kommt noch, was im 7. Kap. des näheren dargelegt wurde, daß gerade der Kontokorrent-Verkehr an die Kasse der Genossenschaft und an die Disposition des Vorstandes große Ansprüche stellt. Sind für Diskont- und Kontokorrent-Verkehr die Zinssätze der „Konkurrenz" nicht ohne Bedeutung, so wird für die Zinsberechnung beim einfachen Vorschußverkehr vor allem maßgebend sein eine Prüfung, wieviel muß die Genossenschaft einnehmen an Zinsen, um bestehen zu können. Freilich darf dieser Grundsatz nicht auf die Spitze getrieben werden, sondern es muß die Verwaltung sich darüber klar sein, daß, will sie gute Mitglieder gewinnen und erhalten, sie über einen gewissen Zinssatz nicht hinausgehen kann — stellt sich dann heraus, daß sie zu diesem Zinsfuß das Geld nicht gewähren kann, so ist die Genossenschaft nicht lebensfähig.*)

Die andere Frage, wem die zeitweilige Bestimmung von Zinsfuß und Provision zu übertragen sei, wird wohl ausnahmslos dahin beantwortet, daß dies Sache des Vorstandes und Aufsichtsrates oder des Vorstandes sei, nur in ganz kleinen Vereinen wird noch die Entscheidung der Generalversammlung überlassen, was aber keineswegs empfehlenswert ist.

Die Umstände, welche eine Erhöhung oder Verminderung des Diskontos oder Zinsfußes bedingen, treten oft so plötzlich ein und auch wieder zurück, und die deshalb zu treffenden Maßregeln erhalten dadurch oft einen so vorübergehenden Charakter, daß die jedesmalige Beschlußfassung einer Generalversammlung den Geschäftsgang schwerfällig und für die Mitglieder belästigend machen würde. Dazu ist aber um so weniger Anlaß, als gegen unbegründete Änderungen im Zinsfuße den Mitgliedern ohnehin die Beschwerde an die Generalversammlung offen steht und deren Berufung von ihnen veranlaßt werden kann. Auch eignet sich eine vielköpfige Versammlung nicht zur regelmäßigen Entscheidung derartiger Verwaltungsangelegenheiten.

---

*) Vgl. über die Festsetzung der Zinsen im Vorschußgeschäft und im Kontokorrent-Verkehr die Aufsätze in den Bl. f. G. Jahrg. 1897 S. 243 und 278.

II. Gewinn und Verlust.

Daß die Teilnahme am Gewinn eines Geschäfts die gleichmäßige Teilnahme am Verlust bedingt, ist im Geschäftsleben nicht bloß als Forderung der Gerechtigkeit anerkannt, sondern auch, weil darin der beste Ausgleich der verschiedenen in Frage kommenden Interessen liegt. Wie einerseits nur die Aussicht auf Gewinn und Nutzen die Leute durchschnittlich zum Eintritt in derartige Unternehmungen bewegt, so vermag andererseits nichts so wirksam gewagten, lediglich auf großen Gewinn abzielenden Geschäften einen Damm entgegenzusetzen, als der Hinblick auf das damit untrennbar verbundene Risiko. Weshalb dies nun, unter Berücksichtigung der Aufgaben und Bedürfnisse der Genossenschaften, am besten dadurch erreicht wird, daß man beides, Risiko und Gewinn, an die Einzahlungen auf die Geschäftsanteile knüpft, haben wir bereits im 5. Kap. S. 104, 106 dargelegt und fassen dies hier nur noch zusammen.

Ihrem Begriffe und ihrer Grundbestimmung nach bilden die auf Geschäftsanteil von den Mitgliedern geleisteten Einzahlungen, wie in dem angezogenen Kapitel ausgeführt ist, das Stammkapital als Sicherheit für die von der Genossenschaft eingegangenen Verpflichtungen, und werden also von den Mitgliedern im Vereinsgeschäft eingesetzt, so daß sie gegen die Forderungen der Vereinsgläubiger zurücktreten müssen, wenn bei erlittenen Verlusten die Schulden der Genossenschaft deren Barschaft und Ausstände übersteigen. In dieser Beziehung tragen sie daher den Charakter von Aktien, und es sind nach Aufopferung des Geschäftsertrages und der Reserven die Geschäftsverluste von den Geschäftsguthaben abzuschreiben. Der Verlust wird dabei wie der Geschäftsgewinn nicht nach dem für alle Mitglieder gleichen Betrage des Geschäftsanteils, welchen sie sämtlich im Laufe der Zeit erreichen sollen, sondern nach Höhe dessen, was von jedem einzelnen darauf wirklich eingezahlt ist, verteilt. Ausdrücklich bestimmt § 21 d. Ges., daß „Genossen, welche mehr als die geschuldeten Einzahlungen (auf Geschäftsanteil) geleistet haben, im Falle eines Verlustes andere Genossen nicht aus dem Grunde in Anspruch nehmen können, daß von letzteren nur diese Einzahlungen geleistet sind".

Das Statut hat für die Gewinn- und Verlustverteilung die maßgebenden Grundsätze aufzustellen, innerhalb deren dann nach § 48 d. Ges. die Generalversammlung „von dem Gewinn oder Verlust den auf die Genossen fallenden Betrag festzusetzen hat."

Das Statut kann nach § 19 auch einen anderen Maßstab für

die Verteilung des Verlustes als nach Geschäftsguthaben festsetzen, doch ist davon wohl nie Gebrauch gemacht worden.

Als das der Verteilung zugrunde liegende Geschäftsguthaben gilt der Betrag, welcher buchmäßig nach Einzahlungen usw. als Geschäftsguthaben am Schlusse des vorhergegangenen Geschäftsjahres ermittelt wird.

Diese Art der Verlustverteilung gilt gleichmäßig für alle drei Haftarten; bei Genossenschaften mit beschränkter Haftpflicht, bei denen der Erwerb mehrerer Geschäftsanteile zugelassen ist, ist für die mit mehreren Geschäftsanteilen beteiligten Mitglieder das Geschäftsguthaben in der gleichen Weise zu berechnen. Daß die Heranziehung der Mitglieder aus der persönlichen Haftpflicht bei der Genossenschaft mit beschränkter Haftpflicht nach Verhältnis der Haftsumme zu ordnen ist, ergibt sich aus dem S. 105 für die Verteilung des Vermögens aufgestellten Grundsatz (§ 67, §§ 69, 70 des Statuts, Formular 2).

Wie wir nur das auf den Geschäftsanteil wirklich Eingezahlte zur Deckung der Geschäftsverluste heranziehen, ohne die Nachzahlung des am Vollbetrage dieser Anteile bei einzelnen Mitgliedern noch Fehlende zu diesem Zwecke zu fordern, bringen wir auch nur diesen wirklichen Bestand bei Berechnung der Dividende in Ansatz und verteilen dieselbe danach ungleich unter die einzelnen, so weit ihre Einzahlungen ungleich sind. Die Erfahrung hat gelehrt, daß durch nichts bei den weniger bemittelten Mitgliedern ein solcher Reiz zum Sparen, zur Erhöhung ihrer monatlichen oder wöchentlichen Beisteuern, behufs Erfüllung ihres Geschäftsanteils, erweckt und gepflegt werden kann, als durch Verteilung der Dividende nach vorstehenden Grundsätzen. Erhalten solche Mitglieder, von denen nicht wenige zum ersten Male eine kleine Kapitalrente ziehen, einen irgend den gewöhnlichen Zinsfuß übersteigenden Prozentsatz von ihren Einlagen, so tragen sie jeden mühsam erübrigten Groschen zur Genossenschaft.

Noch ist ein anderes, vom Risiko ganz absehendes Prinzip bei Verteilung des Gewinns von einigen Seiten in Vorschlag gebracht, das bei den Rohstoffgenossenschaften und Konsumvereinen eingeführt worden ist. Weil der Geschäftsgewinn aus den Zinsen und Provisionen, welche die Darlehensempfänger an die Genossenschaft zahlen, fließt, hat man ihn diesen Darlehensempfängern nach Höhe der von ihnen in dem betreffenden Rechnungsjahre gezahlten Zinsen und Provisionen zugesprochen.*) Man erstattet ihnen

*) Vgl. Bl. f. G. Jahrg. 1897 S. 437 und 492.

demnach recht eigentlich einen Teil ihrer Leistungen als Rückprämie, insoweit dieselben durch Geschäftsunkosten und sonstige Bedürfnisse der Genossenschaft nicht in Anspruch genommen werden. So gerecht aber auch dies auf den ersten flüchtigen Hinblick erscheint und so sehr es bei den erwähnten Genossenschaften wegen der ganz eigentümlichen Verhältnisse derselben geboten ist, so unzweckmäßig und ungerecht ist es bei den Volksbanken. Denn außerdem, daß dadurch wie bei der Kopfverteilung jeder Reiz zur Erhöhung des Geschäftsanteils wegfällt, läßt es sich auch sonst in keiner Weise rechtfertigen, Mitglieder, die vielleicht in einem Jahre einmal keinen Geldbedarf haben, oder einen höchst geringen im Verhältnis zu anderen, und die vielleicht höhere Einlagen auf die Geschäftsanteile gemacht und die gleiche Haftpflicht für die Vereinsschulden haben, vom Geschäftsgewinne ganz oder bis zu einem nicht nennenswerten Betrage auszuschließen. Werden die Vereinsschulden durch das Hereinziehen fremder Gelder in die Genossenschaft nicht gerade im alleinigen Interesse derer gemacht, deren Geldbedürfnisse man durch die Darlehen befriedigt, und nun sollen nur sie, und nicht jene anderen, welche *für sie* das Risiko mit tragen, den Gewinn davon ziehen? Die Mitgliedschaft würde alsdann allein aus den Hauptkunden und Borgern bestehen und vielleicht der Absatz, die Höhe des Umsatzes im Darlehensgeschäfte, nur wenig darunter leiden, wohl aber der Kredit der Genossenschaft, ihre Widerstandsfähigkeit gegen Krisen. Denn gerade dadurch, daß solche Leute, denen es weniger um Darlehen aus der Genossenschaft, als vielmehr darum zu tun ist, ihre Ersparnisse mit gutem Nutzen anzubringen, mit in die Gesamthaft treten, wächst der Kredit der Genossenschaft im Publikum, welcher den Zufluß größerer Kapitalien befördert, was wiederum gerade den Interessen der anderen Mitgliederklasse entspricht, deren Geldbedürfnis nun erst Aussicht auf volle Befriedigung erhält (S. 62, 109).

Haben wir im vorstehenden die Grundsätze erörtert, nach denen die *Dividende* zu gewähren ist, so sind nun *noch einige Nebenpunkte*, welche dabei in Betracht kommen, von Interesse.

Das Gesetz verbietet in § 21, daß für das Geschäftsguthaben „*Zinsen von bestimmter Höhe* vergütet werden“, auch wenn der Genosse Einzahlungen in höheren als den geschuldeten Beträgen geleistet hat — und mit vollem Recht, denn einmal ist der höhere Anteil am Gewinn ein genügendes Äquivalent, dann aber kann die Genossenschaft auch ihren Mitgliedern keine Verzinsung versprechen, weil sie nicht weiß, ob ein Gewinn erzielt wird.

Es kommt ferner der Zeitpunkt, von welchem ab die Geschäftsguthaben bei der Verteilung der Dividende in Ansatz zu bringen sind, in Betracht. Da nämlich dieselben durch die Monatsbeiträge allmählich anwachsen, so kommt in Frage, ob und wie weit die in dem Jahre, um dessen Gewinnüberschüsse es sich handelt, eingezahlten Beiträge mit in Rechnung kommen; ob also z. B. bei Verteilung der Dividende für 1904 die im Laufe des Jahres 1904 eingezahlten Monatsbeiträge dem Guthaben schon mit zugerechnet werden oder nicht. In den meisten Statuten ist diese Frage verneint und es dürfte in der Regel dafür die Natur der Sache sprechen. Da nämlich die Dividende die Rente bildet, welche die Geschäftsguthaben abwerfen, so ergibt sich der Satz von selbst, daß sie, gerade wie Zinsen, eben nur für den Zeitraum zu gewähren ist, innerhalb dessen die Genossenschaft den Betrag der Anteile besaß. Wollte man hier nun ganz streng zu Werke gehen, so müßte man eigentlich am Ende jeden Monats Rechnung legen und den auf den Monat fallenden Geschäftsgewinn ermitteln und verteilen, weil in der Regel allmonatlich die Zuzahlungen auf die Anteile geschehen, die letzteren also mit jedem Monate sich verändern und wachsen. Da dies aber mit zu vielen Schwierigkeiten und Kosten verknüpft sein würde und das Rechnungswerk nur alljährlich abgeschlossen wird, so kann nur der zu Anfang des Jahres bereits in der Genossenschaft stehende Betrag der Anteile, nicht das im Laufe desselben erst allmählich dazu Gezahlte, bei Verteilung des Jahresgewinns in Ansatz kommen. Was z. B. erst im November oder Dezember eingezahlt ist, kann nicht an dem Gewinne der früheren Monate einen Anteil beanspruchen, und da eben nur der Gewinn des ganzen Jahres ungetrennt zur Verrechnung kommt, so geht daraus hervor, daß nur der am Schlusse des Vorjahres bereits vorhandene Betrag der Anteile der einzelnen der richtige Teilungsmaßstab für die Gewinnüberschüsse des darauf folgenden Jahres abgibt, da nur dieser das ganze Jahr über genutzt ist.

Auch das Gesetz § 19 stellt die Verteilung des Gewinnes nach den Geschäftsguthaben, wie dieselben zum Schlusse des voraufgegangenen Geschäftsjahres ermittelt sind, als die Regel auf.

Nun kann freilich eingewendet werden: einmal, daß diese im Rechnungsjahre fortlaufenden Beiträge vom Augenblicke ihres Eingangs in das auf den Geschäftsguthaben lastende Risiko eintreten; sodann, daß die Lust, mehr, als den Mindestsatz einzuzahlen, bei manchem

Mitgliede durch diese Einrichtung leicht bis gegen Ende des Jahres aufgeschoben werden möchte.

Diesen Erwägungen wird aber nur dort Rechnung zu tragen sein, wo der Geschäftsanteil hoch, vielleicht 1000 Mark und mehr, ist und die regelmäßigen Einzahlungen gering sind. Unter solchen Verhältnissen empfiehlt es sich allerdings, von dem vorstehenden Grundsatz insoweit abzuweichen, daß man z. B. bestimmt, die im Laufe des ersten Halbjahres geleisteten Einzahlungen erhalten für das zweite Halbjahr die halbe Dividende; diese Berücksichtigung kann man noch weiter durchführen, doch wird halbjährliche oder vierteljährliche Anteilnahme an der Dividende ausreichen.

Auch noch folgender Fall gebietet eine Ausnahme zu machen: Der Tod führt das Ende der Mitgliedschaft zum Schluß des Geschäftsjahres herbei. Das Geschäftsguthaben des verstorbenen Mitgliedes ist ebenso zu behandeln, wie das eines freiwillig ausgeschiedenen Mitgliedes, es steht nach der nach Maßgabe des § 73 d. Ges. vorgenommenen Auseinandersetzung zur Verfügung der Erben. Tritt nun ein Erbe als Mitglied ein und will das Geschäftsguthaben seines Erblassers der Genossenschaft belassen, so muß er den Betrag als Einzahlung auf seinen Geschäftsanteil hingeben, dann aber geht es der Dividende für das betreffende Jahr verlustig, da es ja eine Einzahlung im Laufe des Jahres ist und diese nach obigem Grundsatz für das betreffende Jahr nicht dividendenberechtigt ist, obgleich tatsächlich das Geschäftsguthaben aus dem Vermögen der Genossenschaft gar nicht herausgekommen ist. Das ist eine Härte, die man mit einer Bestimmung im Statut vermeidet, nach welcher

> im Falle ein Mitglied verstirbt und einer seiner Erben Mitglied wird, der das Geschäftsguthaben des Verstorbenen als Einzahlung auf seinen Geschäftsanteil benutzt, diese Einzahlung Anspruch auf die volle Jahresdividende hat.

Ferner müssen wir noch in betreff der Berechnung des Geschäftsgewinnes im ganzen auf einiges aufmerksam machen. Daß der bei einem Bank-, wie bei jedem anderen Handelsgeschäfte vorkommende Rein- oder Nettogewinn aus dem Überschusse der Geschäftserträgnisse über sämtliche Geschäftsunkosten besteht, darf als bekannt vorausgesetzt werden. Daher wird man sich bei der Gewinnberechnung klar zu machen haben, was zu den eigentlichen Geschäftserträgnissen gehört. Dies kann nun keineswegs von allen vorkommenden Einnahmen behauptet werden, wie z. B. niemand

Kasseneingänge, welche durch Aufnahme von Darlehen entstehen, oder die Einzahlungen der Mitglieder auf ihre Geschäftsanteile, welche ebenfalls von der Genossenschaft geschuldet werden und künftig einmal zurückerstattet werden müssen, zu den Geschäftserträgnissen rechnen wird. Nicht anders ist es mit den Eintrittsgeldern neuer Mitglieder, welche dem Vermögen des Vereins (der Reserve) hinzutreten und schon deshalb nicht als Geschäftsertrag betrachtet werden können. Die Erträge eines Bankgeschäftes, welches keinen Effektenhandel und sonstige Börsengeschäfte, sondern lediglich das Ausleihen von Geldern in einer der marktgängigen Formen — gegen Schuldschein, durch Diskontieren von Wechseln, im laufenden Kredit usw. — betreibt, bestehen lediglich in den Zinsen und Provisionen für die ausgeliehenen Gelder, mögen diese von Mitgliedern im gewöhnlichen Geschäftsverlaufe gezahlt werden, oder durch nutzbare Unterbringung von Kassenbeständen entstehen, welche im Bankgeschäfte nicht unmittelbar verwertet werden konnten. Höchstens können hierzu noch einige ganz unbedeutende Nebeneinnahmen treten, wie z. B. aus dem Verkaufe von Statuten, Sparbüchern u. dgl., wenn man sich dieselben, wie zuweilen geschieht, von den eintretenden Mitgliedern und von den Sparern bezahlen läßt.

Unter den Geschäftsunkosten, welche den Geschäftserträgnissen gegenübergestellt werden müssen, kommen vor allem in Betracht:

a) die von der Genossenschaft für fremde Gelder zu zahlenden Zinsen;

b) sämtliche Geschäftsspesen und Verwaltungskosten.

Daß zu den letzteren ganz besonders die Bezahlung der Vereinsbeamten gehört, und daß es daher unrichtig ausgedrückt ist, wenn, wie es in manchen Genossenschaften geschieht, nur die übrigen Geschäftsspesen nebst den Zinsen an die Vereinsgläubiger vom Geschäftsertrage abgerechnet und von dem alsdann verbleibenden sogenannten Gewinne ein Teil den Beamten als Vergütung angewiesen wird, versteht sich von selbst. Mag diese letztere in fester Besoldung oder in einem Anteile am Geschäftsertrage (Tantieme) bestehen, immer muß sie vom letzteren erst gekürzt werden, ehe vom Nettoertrage oder Reingewinne wirklich die Rede sein kann.

Zu den Verwaltungskosten kann man nicht die durch Insolvenz von Schuldnern und sonst erlittenen, manchmal erheblichen Verluste am Kapitale rechnen, weil sie keine Betriebskosten sind, sondern verfehlte Geschäftserfolge, Unfälle. Dennoch wird man an

Deckung des dadurch erlittenen Ausfalles am Geschäftskapitale denken müssen, ehe man zur Gewinnverteilung schreitet. Und das erste, woran man sich deshalb zu halten hat, bleibt immer der Geschäftsertrag: das, was das Geschäft in dem Rechnungsjahre abgeworfen hat, in welches der Verlust fällt, von dem man also diesen abschreiben muß. Mit Recht gilt es für kein Zeichen solider Geschäftsführung, den Ertrag ohne Rücksicht auf die gehabten Verluste als Gewinn zu verteilen, indem schon den gewöhnlichen Begriffen nach der Verlust den Gewinn aufhebt. Nur in ungewöhnlichen Fällen mag daher, um einen mäßigen Teil des Ertrages für die Dividende zu retten, ein entsprechender Teil des Verlustes auf eine zu derartigen Zwecken gebildete Spezialreserve (vgl. oben S. 103) übernommen werden, besonders wenn die betreffenden Geschäfte in frühere Jahre zurückgreifen. Hierbei aber so weit gehen, daß man nach Erschöpfung des Reservefonds einen Teil des Verlustes zur Deckung auf den Gewinn des folgenden Jahres überträgt, wäre eine recht verkehrte Maßregel, käme einer Dividendengewährung aus dem Stammkapital gleich, die mit den Grundsätzen einer soliden Geschäftsführung und mit einer richtigen Bilanzaufstellung unvereinbar ist. Im Gegenteil müssen die Kreditgenossenschaften im eigenen Interesse sich zur unverbrüchlichen Regel machen, mit den Verlusten in jedem Jahre vollständig aufzuräumen und selbst, wenn Geschäftsertrag und Reserve zusammen nicht zu der Deckung ausreichen, eine Abschreibung auf die Geschäftsguthaben nicht zu scheuen, um dieses Ziel zu erreichen. Wie will man auf den Eintritt neuer Mitglieder rechnen, solange das Gespenst des Defizits allen vor Augen steht und der Eintritt jeden zur Mithaft für die Verluste der Vergangenheit (§ 23 d. Ges.) verpflichtet, indem er zugleich die Aussichten auf den Gewinn der Zukunft trübt; wie will man bei den alten Mitgliedern den Anreiz zum Austritt bekämpfen, den der Aufschub der zu bringenden Opfer, denen sie sich dadurch zu entziehen suchen, naturgemäß hervorruft; wie will man endlich der Erschütterung des Kredits bei den Gläubigern vorbeugen, wenn man anstatt durch einen definitiven Abschluß mit den alten Sünden völlig zu brechen und reine Bahn für die Zukunft zu machen, durch Verschleppung des Defizits in die ganze weitere Geschäftsentwicklung den Keim des Ungesunden hineinträgt! Man gehe mit der Abschreibung sofort vor, weil nur ein solcher entschiedener Schritt, unter offener Klarlegung des Geschäftsstandes bei den Mitgliedern selbst, wie bei dem Publikum denjenigen Grad des Vertrauens auf die

Einsicht und die Energie der Vorstände und Mitglieder der Genossenschaft zu erwecken vermag, ohne welchen an eine dauernde Fortführung der Geschäfte nicht gedacht werden kann.

Ganz besondere Sorgfalt ist geboten bei der Feststellung, welche von den vereinnahmten oder noch ausstehenden Zinsen — oder auch gezahlten bzw. zu verausgabenden — auf das zum Abschluß kommende Geschäftsjahr entfallen.

Es treffen nämlich die Fälligkeitstermine der gegebenen Darlehen und diskontierten Wechsel natürlich nur selten gerade mit dem Jahresschlusse zusammen, vielmehr wird eine große Zahl von Darlehen, die erst in den letzten Monaten des Jahres bewilligt sind, erst im künftigen Jahre fällig. Der von solchen Ausständen laufende Zins muß daher der Zeit nach, während welcher jeder einzelne davon in das eine oder das andere Jahr fällt, getrennt, und danach jeder Teil in der Rechnung desjenigen Jahres aufgenommen werden, dem er als Geschäftserträgnis gebührt, andernfalls ist die Bilanz falsch, da Aktiva zu höherem als dem wirklichen Werte erscheinen. Werden die Zinsen postnumerando erst am Fälligkeitstermine des Kapitals nachgenommen, so muß in dem Vorjahre, in welches die Ausleihung fällt, der betreffende Zinsteil vom Datum der Auszahlung bis zum Jahresschlusse, welcher erst in dem darauf folgenden Jahre zur Hebung kommt, im Soll der Zinsrechnung gebucht und als Einnahmerest geführt, bei der Gewinnberechnung und Bilanz auch unter den Geschäftserträgnissen, den Aktiven, mit in Ansatz gebracht werden. Abweichungen kommen in dem entgegengesetzten Falle vor, wenn nämlich die Zinsen gleich bei Ausleihung der Gelder praenumerando eingezogen werden. Hier muß nämlich umgekehrt der auf die Frist über den Schluß des Rechnungsjahres hinausfallende Zinsenteil, als überhoben, bei der Gewinnberechnung wie in der Bilanz unter den Passiven mit angesetzt werden und vom Geschäftsertrage in Abzug kommen, um ihn dem nächstfolgenden Jahre, in dessen Anfang er übergreift, zu reservieren, in welchem er bei der Gewinnberechnung und Bilanz als Aktivum in Ansatz kommt und den Ertrag erhöht. Unterläßt man dies und bucht die Zinsen ganz in der Rechnung des Jahres, wo die Ausleihung erfolgt, ohne die über den Jahresschluß hinaus zum voraus überhobenen abzuschreiben, so wird eine erhebliche Differenz bei der Gewinnberechnung entstehen, welche unter Umständen sehr empfindlich in die Verhältnisse eingreifen kann, alsdann nämlich, wenn dadurch für das eine Jahr ein zu großer Gewinn gewährt wird, und er dann im folgenden, um einen Teil seiner Einkünfte verkürzten Jahre, in dem man vielleicht schlechtere Geschäfte macht, fehlt. Man nehme folgende Beispiele: Wenn eine Genossenschaft am 1. November, bei 5 % Zins und Provision auf das Jahr, einen Vorschuß von 600 Mk. auf 3 Monate ausgibt und dafür 7 Mk. 50 Pf. an Zins und Provision empfängt, so gehören von den erworbenen 7 Mk. 50 Pf. nur 5 Mk. zum Geschäftsertrage des mit dem Dezember schließenden Jahres, und 2 Mk. 50 Pf. zum Geschäftsertrage des mit dem 1. Januar beginnenden neuen Jahres. Wenn eine Genossenschaft am 31. Dezember einen Vorschuß von 300 Mk. auf zwei Monate ausgibt und dafür 2 Mk. Zinsen vorweg empfängt, so hat das mit dem 31. Dezember schließende Geschäftsjahr doch nicht den empfangenen ganzen Zinsbetrag von 2 Mk. in einem Tage verdient, sondern nur den 60. Teil, der ist 3 Pf., und dem mit dem 1. Januar beginnenden neuen Geschäftsjahre gebührt von den empfangenen 2 Mk. der bei weitem größere Teil, nämlich 1 Mk. 97 Pf. Diejenigen Genossenschaften nun, welche im ersten Falle 7 Mk. 50 Pf., im letzten Falle 2 Mk. zum Geschäftsjahre 1904 gehörenden Gewinn als Dividende des Jahres 1903 verteilen, begehen einen schweren Irrtum. Setzt man den Fall, daß alle gegebenen Vorschüsse 3 Monate liefen, und an jedem Tage gleich viele verfielen, dann würde vom Jahre 1903 der 8. Teil der erhobenen Zinsen und Provision dem Jahre 1904 vorbehalten bleiben müssen. Wenn dies aber auch nicht ganz zutrifft, wird sich doch der Rechnungsfehler dem 8. Teile der erhobenen Zinsen und Provision sehr nähern — ein Betrag, welcher beträchtlich genug ist, das Bedenkliche des Verfahrens zu kennzeichnen. Zwar wird die Differenz einigermaßen dadurch ausgeglichen, daß im künftigen Jahre dasselbe Verfahren beobachtet wird. Man gleicht nämlich den durch Entbehrung der im Vorjahre überhobenen Zinsen erlittenen Ausfall durch ein gleichmäßiges Überheben der in das nächstfolgende Jahr hinübergreifenden insofern aus, als der Verkehr in den letzten Monaten beider Jahre, namentlich die hier in Frage kommenden Darlehensbewilligungen, untereinander ungefähr gleich sind. Indessen bleibt diese Ausgleichung von rein zufälligen Umständen abhängig.

Endlich muß noch die Warnung hier eine Stelle finden: ein etwaiges Mehr in den *Tageskursen der Wertpapiere**) gegen

*) Schwierig ist die Bewertung von Effekten, die keinen Kurswert haben. Hier muß eine sorgfältige Schätzung, die oft selbstredend große Schwierigkeiten hat,

deren Ankaufspreis ohne weiteres dem Nettoertrage des Geschäftes zuzuschlagen und als Gewinn bei Gewährung der Dividenden und Tantiemen zu behandeln. Wohl enthält eine solche Kurssteigerung die Möglichkeit eines Gewinnes, welcher jedoch in jedem Falle erst noch ein anderweites davon unabhängiges Moment, der Verkauf der Papiere während des günstigen Kursstandes, hinzutreten muß, ehe die bloße Aussicht zur Wirklichkeit wird. Solange man daher nicht in dieser Weise verfügt hat, sondern die Papiere behält, hat man eben den Gewinn noch nicht gemacht, und ist desselben nicht einmal sicher, indem die Aussicht darauf jeden Tag in das Gegenteil umschlagen kann. Deshalb sind solche Kurssteigerungen mit großer Vorsicht zu behandeln, und niemals ist wie über realisierte Gewinne über dieselben zu verfügen. Mögen sie auch in der Bilanz zum vollen Ansatz gelangen (13. Kap.), in die Gewinnberechnung gehören sie nicht. Vielmehr erscheint es dringend geraten, daraus eine Effektenreserve zu bilden (S. 103), die bei Kursrückgängen zum Ausgleich dient. Bei Gelegenheit der schon früher angeführten Beschlüsse des Allgemeinen Vereinstages zu Konstanz (vgl. S. 94) wurde die gerügte Gewinnverteilung als ganz bedenklich ausdrücklich anerkannt.*) Vgl. auch für die Bewertung 13. Kap. S. 299.

---

zugrunde gelegt werden, vgl. hierüber die Verhandlungen der Revisorenkonferenz in Baden-Baden 1901 (Mitteilungen S. 298).

*) Wegen der Verbuchung nehmen wir Bezug auf Vollborn: „Die Buchführung für Vorschuß- und Kreditvereine.“

Dreizehntes Kapitel.

Kassen- und Rechnungswesen. Buchführung und Inventur. Revisionen und Bilanz.

Ist Ordnung im Kassenwesen und in der Buchführung für jede Geschäftsführung Lebensfrage, so kann über die dahinzielenden Forderungen für eingetragene Genossenschaften kein Zweifel sein, seitdem dieselben nach dem Genossenschaftsgesetz (§ 17) den Kaufleuten gleichgestellt sind. Sorge für die Buchführung und Aufstellung der Bilanz gehören zu den Obliegenheiten des Vorstandes (§ 33 d. Ges.) und jedes Vorstandsmitglied ist für die Wahrnehmung dieser Pflicht verantwortlich, die Geschäfts- und Arbeitsteilung vermag keinen rechtlichen Einfluß auf Befreiung von dieser Pflicht zu bewirken.

Wie man die im Kassen- und Rechnungswesen vorkommenden Funktionen im einzelnen unter den Vorstandsmitgliedern oder Beamten verteilt, hängt vom Geschäftsumfange der einzelnen Genossenschaften ab, doch sind wesentliche Anhaltspunkte dafür in dem Musterstatut und den betr. Geschäftsanweisungen gegeben.

Um mit den gesetzlichen Forderungen im einzelnen zu beginnen, so hat man in betreff der Geschäftsbücher die Forderung des H.G.B. § 38: daß aus denselben die Handelsgeschäfte und die Lage des Vermögens vollständig zu ersehen sein müssen, wohl zu beachten. Aus diesem Grunde ist die kaufmännische sogenannte doppelte Buchführung unerläßlich. Wir verweisen auf das Buch von Vollborn: „Die Buchführung für Vorschuß- und Kreditvereine."

Einer Erwähnung bedarf die Behandlung der geschäftlichen Korrespondenz. Nach § 38 Abs. 2 H.G.B. sind die Kreditgenossenschaften als Kaufleute verpflichtet: die empfangenen Handelsbriefe aufzubewahren und eine Abschrift der abgesandten Handelsbriefe zurückzubehalten und nach der Zeitfolge in ein Kopierbuch einzutragen.

Im Zusammenhange mit Abs. 1 § 38 wird es keinem Zweifel unterliegen, daß unter Handelsbriefen nur Korrespondenzen zu verstehen sind, welche sich auf Handelsgeschäfte, d. h. auf Abschluß und

Ausführung solcher beziehen, also die Grundlagen der betreffenden Buchungen bilden, die zum Teil auch als Beweismittel in Streitfällen in Betracht kommen können. Allerdings ist diese Korrespondenz bei den meisten Genossenschaften nicht von besonderer Bedeutung, weil dieselben ihre auf einen engeren Umkreis beschränkten Geschäfte fast immer mittels persönlichen Abkommens unter Vollziehung der betreffenden Urkunden im Geschäftslokale abmachen. Indessen kommt doch mindestens die durch Geschäftsverbindungen mit anderen Banken bedingte Korrespondenz in Betracht, deren Aufbewahrung nebst Bewirkung der vorgeschriebenen Kopien ebenso wie bei den sonst noch vorkommenden auswärtigen Geschäftsbeziehungen, den bezüglichen gesetzlichen Vorschriften unterliegt. Die bei den Kreditgenossenschaften zumeist eingeführten schriftlichen Anträge der Kunden auf Kreditgewährung, welche, wie erwähnt, oft durch persönliches Abkommen erledigt werden, rechnen wir nicht zu den Handelsbriefen im angedeuteten Sinne. Indessen werden dieselben ja ohnehin für einige Zeit meist aufbewahrt.

Die außerordentliche Wichtigkeit der Bilanz und die strengen Anforderungen des Gesetzes an deren sorgsame und gewissenhafte Aufstellung bedürfen keiner besonderen Begründung.

Daß jede Bilanz aus zwei ineinander greifenden Teilen sich zusammensetzt, wenn sie ihren Zweck erfüllen soll, dürfen wir als bekannt voraussetzen, obschon noch zuweilen hiergegen gefehlt wird. Gehört einerseits der Abschluß der Bücher dazu, um die Übersicht über das Soll der Aktiven und Passiven des Geschäfts zu gewinnen, so muß damit gleichzeitig die Inventur verbunden werden, die genaueste Revision aller Geschäftsbestände, um festzustellen, ob das Ist dem Soll entspricht, das als vorhanden in den Büchern Angegebene auch in der Wirklichkeit vorhanden ist, weil ja ohnedies es an der Probe für die Richtigkeit und Vollständigkeit der Bücher fehlt und jeder Defekt leicht durch falsche Buchungen verdeckt werden könnte.

Sicher liegt es schon im wohlverstandenen Interesse der Vorstandsmitglieder selbst, sich von alledem stetig in genauer Kenntnis zu erhalten und einander ebenso wie die ihnen untergeordneten Beamten in Wahrnehmung der geschäftlichen Obliegenheiten zu überwachen, um jederzeit über redliche Verwaltung und Wahrnehmung der ihnen anvertrauten Interessen sich ausweisen zu können. Ganz besonders gehört es aber auch zu den Verpflichtungen der Kontrollbehörde, des Aufsichtsrates, sich von dem Geschäftsstande möglichst genaue Kenntnis zu verschaffen. Wie bei den Revisionen der Aufsichtsrat etwa unter Zuziehung eines Sachverständigen — besonders eines Bücherrevisors — zu verfahren hat, ist schon S. 154 ff. besprochen, und muß je nach Umfang des Geschäfts, nach Zahl und Befähigung der Mitglieder dieser Körperschaft geordnet werden.

In erhöhtem Maße ist die Kontrolle bei der am Ende des Geschäftsjahres behufs Aufstellung der Jahresrechnung und Bilanz stattfindenden Revision zu üben. Zu diesem Behufe müssen die Eintragungen in die Bücher bis zum Jahresschlusse vollständig bewirkt werden und noch am letzten Tage mit der Inventur soweit vorgegangen werden, daß:

1. das Kassenbuch aufgerechnet, die Kasse nachgezählt und die Übereinstimmung des Kassenbestandes mit dem Buche festgestellt wird;

2. die vorhandenen Bestände an Wechseln, Schuldscheinen, Wertpapieren durchgesehen, speziell verzeichnet und mit den betr. Listen und Kontrollen verglichen werden. Wäre die Beendigung dieser Arbeiten unter Umständen nicht an demselben Tage möglich, so müßte dieselbe mindestens am nächsten Tage erfolgen, bis dahin aber alles unter sicheren Verschluß genommen und dem Vorstande der Zugang dazu bis zur Beendigung der Inventur versagt werden, da, wenn dieses nicht geschieht, demselben die Möglichkeit zu Verfügungen bleibt, welche zur Verdeckung von Defekten benutzt werden können.

In diesem Sinne hat der Allg. Genossenschaftstag zu Stettin (1893) folgenden wichtigen Beschluß gefaßt:

„Nach der Bestimmung in § 36 (38) des Reichs-Genossenschaftsgesetzes hat der Aufsichtsrat die Jahresrechnung, die Bilanzen und die Vorschläge zur Verteilung von Gewinn und Verlust zu prüfen und darüber der Generalversammlung vor Genehmigung der Bilanz Bericht zu erstatten.

Dieser Verpflichtung kann der Aufsichtsrat nur genügen, wenn er durch Mitwirkung bei der Inventur am Jahresschlusse von deren ordnungsmäßiger Aufnahme und von dem wirklichen Bestande des Vermögens der Genossenschaft sich überzeugt hat.

Der Genossenschaftstag empfiehlt deshalb,

in der Erwägung, daß in einer nicht geringen Anzahl von Genossenschaften des Allgemeinen Verbandes diese Mitwirkung des Aufsichtsrates bei der Inventur fehlt, und daß

dieses zum Teile Genossenschaften sind, welche dem Allgemeinen Verbande erst in der letzten Zeit beigetreten sind, und solche Genossenschaften, welche eine Geschäftsanweisung für den Aufsichtsrat nicht besitzen, den Genossenschaften,

für die dem Geiste des Gesetzes nach gebotene Mitwirkung ihrer Aufsichtsräte bei der Inventur am Jahresschlusse besorgt zu sein, und überall da, wo Geschäftsanweisungen für den Aufsichtsrat nach den Beschlüssen der Vereinstage zu Wiesbaden und Eisenach, welche die Beteiligung des Aufsichtsrates bei der Inventur vorschreiben, noch fehlen, solche baldmöglichst einzuführen."

Wird die vorstehend unter 1 erwähnte Revision des Kassenbestandes unter Feststellung der vorgefundenen Geldsorten und Banknoten keinen besonderen Aufwand von Mühe und Zeit beanspruchen, so wird man davon umsomehr auf die genaue Inventur der Dokumentenbestände verwenden müssen. Zuerst heben wir hierbei die Inventarisierung des Wechselportefeuilles hervor. Es bedarf hierzu der genauen Protokollierung jedes einzelnen Wechsels nach seiner laufenden Nummer, seinem Betrage, Fälligkeitstage und Schuldner, womit zugleich der notwendige Anhalt für Berechnung des am Tage des Rechnungsabschlusses bei jedem überhobenen Diskont gegeben ist, welcher den Aktivis des nächsten Jahres gutzubringen ist. Sehr genau ist darauf zu achten, daß die Jahresrechnung des Vorstandes, welche später dem Aufsichtsrate zur Revision unterbreitet wird, nicht einen höheren Betrag an Wechselforderungen enthält, als die Inventur des Wechselportefeuilles ergeben hat; denn eine Differenz hierin, wenn sie nicht auf einem Rechenfehler beruht, würde zu dem Schluß berechtigen, daß entweder unrichtige Buchungen in den Büchern stattgefunden haben oder dem Aufsichtsrate bei der Inventur nicht, wie es geschehen sollte, sämtliche Wechsel vorgelegt worden sind. Der Grund jeder solcher Unordnung ist auf das strengste, eventuell durch Rückfragen bei den beteiligten Schuldnern, deren Verbindlichkeiten so unerwartet nachträglich zum Vorschein kommen, zu untersuchen, um die Höhe der Wechselforderungen am Jahresschlusse über jeden Zweifel sicher zu stellen und zugleich den Vorstand genau zu überwachen.

Mit der rechnungsmäßigen Feststellung der Wechselforderungen muß aber auch die Prüfung ihrer Sicherheit Hand in Hand gehen. Sobald eine unbefangene Erwägung der Sachlage dahin führt, eine Forderung als gefährdet ansehen zu müssen, darf man sie nicht ihrem vollen Betrage nach in die Rechnung aufnehmen, sondern muß sie, wenn sie uneinbringlich erscheint, ganz zurückstellen oder zu dem Werte ansetzen, den man wahrscheinlich noch darauf erhalten wird. Diese Prüfung der Sicherheit der Forderungen führt von selbst dahin, sich darüber zu vergewissern, daß der Vorstand bei der Kreditgewährung die ihm vorgeschriebenen Grenzen eingehalten und die Genossenschaft nicht etwa in Risikos verwickelt hat, zu denen er nach den Beschlüssen des Aufsichtsrates oder der Generalversammlung nicht ermächtigt war.

Ebenso wie die Wechsel sind selbstverständlich auch die sonst vorhandenen Schulddokumente bei der Inventur sorgfältig aufzunehmen und nach ihrem rechnungsmäßigen Wert wie nach ihrer Sicherheit festzustellen. Namentlich kommen bei Genossenschaften, die Wertpapiere beleihen und sich zur Verbriefung der betreffenden Darlehen nur Schuldscheine geben lassen, in denen die geschehene Verpfändung zugleich anerkannt ist, diese Schuld- und Verpfändungsscheine, sowie die verpfändeten Objekte in Betracht. Denn hier hängt die Sicherheit der Forderung wesentlich von der Sicherheit des Pfandes ab. Es mag zweifelhaft sein, ob zum Zwecke der Inventur der Aufsichtsrat sich von dem Vorhandensein jeder Sicherheit zu überzeugen hat. Jedenfalls wird ihm eine Prüfung darüber obliegen, daß die Pfänder auch alle im Gewahrsam der Genossenschaft und nicht etwa widerrechtlich vom Vorstande anderweitig verwendet sind, und daß diese eine ausreichende Sicherheit für die darauf bewilligten Kredite bieten, der Vorstand auch bei diesen Kreditgewährungen nicht die ihm gezogenen Grenzen überschritten hat. Es liegt auf der Hand, daß, um diesen Teil der Inventur sachgemäß auszuführen, eine gewisse Kenntnis des Effektengeschäfts unerläßlich ist, und sollten daher diejenigen Genossenschaften, deren Vorstände und Aufsichtsräte ein selbständiges Urteil über den Wert der Effekten nicht besitzen, entweder sich auf derartige Geschäfte nicht einlassen, oder, wie wir auch in anderer Beziehung namentlich wegen der Bücherrevision schon geraten haben, Sachverständige bei diesen Arbeiten zuziehen. Für die Bewertung der eigenen Effekten ist im 12. Kap. der Grundsatz aufgestellt, daß Kursgewinne unter keinen Umständen zur Verteilung kommen dürfen, sondern daß sie vielmehr einer Effektenreserve zu überweisen sind. Kein Zweifel besteht darüber, daß die Wertpapiere nicht höher als zum Tageskurs in die Bilanz eingesetzt werden dürfen; es fehlt in dem Genossenschaftsgesetz jedoch eine Bestimmung darüber, daß die Wertpapiere nicht auch höher als zum Anschaffungspreis eingesetzt werden dürfen (vgl. H.G.B. § 261 Pos. 1). Wir möchten keinen Fehler darin sehen, wenn die Genossenschaften diese strengeren für die Aktiengesellschaften geltenden Vorschriften bei der Bilanzaufstellung zugrunde legen und verneinen einen Anspruch der Mitglieder auf Einstellung zum Tageskurs. Zur Erörterung dieser Zweifelsfrage kann es aber überhaupt nur kommen, wo die Mitglieder sich durch große Kurzsichtigkeit auszeichnen. Hat überdies die Genossenschaft eine Effektenreserve, so wird die Streitfrage niemals praktische Bedeutung erlangen.*)

Über die Berechnung des Reingewinns für die Tantieme haben wir das Nähere S. 146 dargelegt. Es genügt daher, hier festzustellen, daß die Tantieme nur vom wirklichen Reingewinn berechnet werden darf.

Über die Aufnahme der Giroverbindlichkeiten in den Geschäftsbericht haben wir S. 79 gesprochen.

Die auf den Unterverbandstagen der süddeutschen Vorschußvereine gewählte Kommission zur Beratung einer „Instruktion für die Aufsichtsräte der Vorschuß- und Kreditvereine bei Überwachung der Geschäftsführung" hatte als besonderen Paragraphen vorgeschlagen:**) „Bei den von dem Ausschusse vorzunehmenden Revisionen darf eine Untersuchung der sogenannten schwebenden Verbindlichkeiten aus Wechsel-Indossamenten (Giroverbindlichkeiten) nicht unterlassen werden, denn ohne Einblick über die Summen und den Charakter dieser Verbindlichkeiten ist ein Urteil über die Geschäftslage nicht möglich und durch leichtsinniges Eingehen solcher Verbindlichkeiten können die schwersten Verlegenheiten und Verluste entstehen. Akzeptverbindlichkeiten müssen selbstverständlich als Passiven in der Bilanz erscheinen." Dieser Satz ist alsdann in abgekürzter Form ohne die erläuternde Begründung in die von dem Wiesbadener Allgemeinen Vereinstage (1877) beschlossene Instruktion übergegangen (Formular 11).

Über Akzeptverpflichtungen vgl. S. 197; über Kautionskredite vgl. S. 202.

Der Abschluß und die genaue Durchsicht der Bücher nehmen sodann ihren weiteren Fortgang, wobei auch hinsichtlich der Inventur noch manches nachzuholen ist. So müssen z. B. wegen des meist vorkommenden Geldverkehrs mit anderen Genossenschaften und Banken mit diesen die darauf bezüglichen Kontoabschlüsse ausgetauscht und danach die Aktiv- oder Passivsaldis in den Büchern eingetragen werden.

Wenn man bei Revision der Aktivbestände bei gründlichem Verfahren insofern einen zuverlässigen Anhalt hat, als die über die Forderungen des Vereins vorhandenen Urkunden zur Prüfung vorhanden sein müssen, etwa mit Ausnahme der Forderungen aus

*) Über die Bewertung von Effekten, die keinen Kurswert haben, vgl. 12. Kap. S. 293 Anm.

**) Blätter für Genossenschaftswesen 1877 S. 108.

laufenden Rechnungen: so steht dies bei dem größten Teile der Passiven anders, da sich die Schulddokumente in den Händen der Vereinsgläubiger befinden. Wir meinen die Prüfung der Spareinlagen, der Einzahlungen auf den Geschäftsanteil der Mitglieder und auf laufende Konten, wo fortlaufend eine Menge zum Teil kleiner Beträge eingehen, und Irrtümer wie Hinterziehungen seitens der Kassenbeamten leichter vorkommen und leichter verdeckt werden können. Hier gilt es also, beim Jahresschlusse sich völlige Klarheit zu verschaffen.

Dies kann auf verschiedene Weise bewirkt werden. In einzelnen Genossenschaften werden die Sparkassen-, Geschäftsguthaben- und Gegenbücher der Inhaber laufender Konten eingefordert, und ihr Inhalt mit den von den Beamten geführten Büchern der Genossenschaft verglichen. In anderen Genossenschaften finden sich in den ersten Wochen des Geschäftsjahres Aufsichtsratsmitglieder im Geschäftslokal ein, welche die zur Zinsengutschrift usw. vorgelegten Gegenbücher mit den Büchern der Genossenschaft vergleichen.

In der Revisorenkonferenz zu Danzig (1903) ist ausdrücklich es als eine Pflicht des Aufsichtsrates erklärt, die in der Bilanz vorhandenen Passivsummen nach den Spezialbüchern festzustellen, vgl. oben (S. 155). Der Vollständigkeit halber erwähnen wir nur, daß eine Revision der Kautionshypotheken auf deren wirklichen Bestand nur möglich ist durch Einsichtnahme in das Grundbuch.

Der Danziger Allgemeine Genossenschaftstag (1903) hat das nachstehende Inventurprotokoll den Kreditgenossenschaften als Muster empfohlen:

Inventurprotokoll einer Kreditgenossenschaft.

. . . ., den 31. Dezember 1901.

Am heutigen Tage mittags 1 Uhr begaben sich sämtliche Aufsichtsratsmitglieder nach dem Kassenlokal des Vereins, um hier die Jahresinventur in Gemeinschaft mit dem Vorstande vorzunehmen. Die Arbeiten wurden in der Weise geteilt, daß

I. mit der Feststellung des Kassenbestandes, der eigenen Effekten des Vereins und der Hypotheken seitens des Vorstandes der Kassierer und seitens des Aufsichtsrats die Herren Adam, Behrend und Pasche;

II. mit der Feststellung der Vorschußwechsel und der Mobilien seitens des Vorstandes der Direktor und seitens des Aufsichtsrats die Herren Engelhardt, Hagedorn und Schleiden;

III. mit der Feststellung der Geschäftswechsel und des Werts des Bankgebäudes seitens des Vorstandes der Kontrolleur und seitens des Aufsichtsrats die Herren Kadelbach, Selle und Zinn

beauftragt wurden.

Das Kontokorrentkonto und das Konto der Deutschen Genossenschafts-Bank Soergel, Parrisius & Co. A.-G. soll bei Revision der Jahresrechnung, wenn die Anerkenntnisse der Kontokorrentkunden und die Abrechnung der Deutschen Genossenschafts-Bank vorliegen, festgestellt werden.

Zu I ergab sich:

1. ein Kassenbestand von . . . . 16 834,97 Mk.

nämlich	5 Reichsbanknoten zu 1000 Mk. =	5000,— Mk.
	25 „ „ 100 „ =	2500,— „
	32 Reichskassenscheine „ 20 „ =	640,— „
	12 „ „ 5 „ =	60,— „
	Gold (20 Mk.- und 10 Mk.-Stücke)	6820,— „
	Taler	771,— „
	Anderes Silbergeld (2 Mk.-, 1 Mk.- und ½ Mk.-Stücke)	1011,50 „
	Nickel und Kupfer	10,27 „
	Wechselstempelmarken . . .	20,20 „
	Briefmarken	2,— „
	Summa wie oben	16834,97 Mk.

Der Abschluß des Kassenbuchs, welches durch die monatlichen Revisionen bis zum 1. Dezember 1901 revidiert war, ergab:

Einnahme in 1901 zuzüglich des Kassenbestandes vom 1. Januar 1901	16 720 493,02 Mk.
Ausgabe in 1901	16 703 685,05 „
mithin Kassenbestand am 31. Dezember 1901	16 834,97 Mk.

übereinstimmend mit dem Istbestande.

2. Der Bestand an eigenen Effekten des Vereins war gemäß dem vom Vorstand aufgestellten speziellen Verzeichnis der Stücke

an Deutscher Reichsanleihe und Preuß. Konsols nominell . . . . . 26 300 Mk.

Die Ermittlung des Kurswertes für die Bilanz wird für die Revision der Jahresrechnung vorbehalten.

Der Nominalbetrag ergibt sich übereinstimmend auch aus dem Effektenbuch.

3. Der Hypothekenbestand beträgt in 2 Posten

von	7 000 Mk.
und	10 150 „
zusammen	17 150 Mk.,

welche in 1895 und 1897 zur Rettung gefährdeter Forderungen übernommen wurden.

Nachdem die Grundstücke, welche mit diesen Hypotheken belastet sind, ihrer Lage wegen neuerdings im Wert gestiegen sind, sind die Hypotheken zu ihrem vollen Betrage in die Bilanz einzustellen.

Zu II. 1. hatte der Vorstand eine Inventurliste für die Vorschußwechsel vom 31. Dezember 1901 aufgestellt, in welche Herr Hagedorn die von Herrn Schleiden einzeln verlesenen Vorschußwechsel anstreicht, während Herr Engelhardt dieselben in der Vorschußwechselliste anstreicht und der Direktor die verlangte Auskunft zu mehreren Vorschußwechseln gibt.

Es wurden vorgefunden 1310 Wechsel lautend auf . . . . 529049 Mk.

Außerdem waren in Klage und wurden als beim Rechtsanwalt liegend nachgewiesen: Nr. 4501 über 75 Mk.
„ 4673 „ 40 „

Bei beiden Posten ist der Aussteller (Schuldner) und der Bürge in Vermögensverfall, dieselben werden daher außer Ansatz gelassen.

Es erschien ferner geboten, von den Wechseln:

Nr. 4521 über 800 Mk.
„ 4730 „ 720 „
„ 4778 „ 300 „
zusammen 1820 Mk.

weil kürzlich die Aussteller in Konkurs geraten und die Bürgen nicht mehr hinlänglich sicher erscheinen, 50 % mit . . . . 910 „
abzuschreiben, so daß verbleiben . . . . 528135 Mk.

Es war weiter zu bemängeln, daß der Wechsel Nr. 4580 in Buchstaben irrtümlich auf 600 Mk. statt auf 650 Mk. lautete; indes wurde hier von einer Abschreibung abgesehen, da die Revisoren einstimmig der Ansicht waren, daß die Rückzahlung der vollen 650 Mk. keine Schwierigkeiten verursachen und eventuell der Kassierer für einen etwaigen Ausfall aufzukommen haben würde.

Übrigens fand sich gegen die Bonität der Vorschußwechsel nichts zu erinnern. Insbesondere ergab sich, daß die zur Sicherheit für eine Anzahl Wechsel hinterlegten und im Pfandbuch unter Nr. 5, 17, 22, 23, 25, 32 bis einschließlich 37, 39, 40, 41, 44, 47 bis einschließlich 60 verzeichneten Pfänder tatsächlich im Besitz des Vereins sich befanden und für die darauf gegebenen Vorschüsse eine ausreichende Sicherstellung gewährten.

Der unter Nr. 18 des Pfandbuchs verzeichnete Hypothekenbrief war zurzeit nicht im Besitz des Vereins, aber als nur vorübergehend dem Rechtsanwalt N. N. ausgehändigt nachgewiesen. Auch gegen diese Sicherstellung bestand kein Bedenken.

Da die Statutenmäßigkeit der Vorschußgewährungen schon bei den Monatsrevisionen geprüft ist, so wurden nur an mehreren im Dezember gegebenen Vorschüssen (Wechsel Nr. 4830 bis 4835, 4842, 4850) durch Vergleich mit den Protokollen die ordnungsmäßige Bewilligung und Genehmigung festgestellt.

Die zur Sicherstellung für Tratten hinterlegten Pfänder Nr. 30, 38, 42 und die zur Sicherstellung für Kontokorrent-Kredite hinterlegten Pfänder Nr. 27, 28, 29, 43, 45 befanden sich im Besitz des Vereins.

Der Abschluß des Vorschußwechselkontos im Hauptbuch ergab unter Berücksichtigung der vorerwähnten Abschreibungen übereinstimmend mit dem Istbestande 528135 Mk. und waren alle Wechsel im Besitz des Vereins, welche nach der Vorschußwechselliste in seinem Besitz sein sollten.

2. Die Mobilien wurden mit dem darüber vorliegenden, bis auf die Gegenwart fortgeführten Verzeichnis verglichen, vollständig und wohlerhalten befunden. Um das Mobilienkonto möglichst bald auf einen Mindestbetrag herunterzubringen, wird von dem Buchwert mit 1597,12 Mk.
eine Abschreibung von 797,12 „ für empfehlenswert gehalten, so daß . . . . 800,— Mk. in die Aktiva der Bilanz einzustellen sein würden.

Zu III. 1. besichtigen die oben genannten Revisoren vom Keller anfangend bis zum Dach das Bankgebäude in allen seinen Teilen. Abgesehen von einer unerheblichen Beschädigung am Dach, welche eine außerordentliche Abschreibung nicht nötig macht, überzeugen sich die Revisoren, daß der Buchwert des Gebäudes mit . . . . 68300 Mk.
den vollen Wert nicht übersteigt, und halten eine Abschreibung von
2 % mit . . . . 1366 „
für völlig ausreichend, so daß in die Bilanz einzustellen sein würden 66934 Mk.

2. Der Vorstand hat eine Inventurliste der Geschäftswechsel per 31. Dezember 1901 aufgestellt, in welcher Herr Zinn die von Herrn Kadelbach einzeln verlesenen Geschäftswechsel anstreicht, während Herr Selle dieselben im Wechselkopierbuch anstreicht und der Kontrolleur zu einigen Wechseln die für die Beurteilung der Bonität erforderliche Auskunft erteilt.

Es wurden vorgefunden 1523 Geschäftswechsel lautend auf 534960,82 Mk.

Unter diesen Wechseln befanden sich auch eine Anzahl Tratten mit nur einer Unterschrift, die aber, insoweit die unter Nr. 30 und 38 des Pfandbuchs aufgeführten Pfänder in Betracht kamen, genügend sichergestellt waren. Dagegen war die unter Nr. 42 des Pfandbuchs aufgeführte Kautionshypothek nicht zur Sicherstellung der Tratten Nr. 9566 bis 9572, 9577, 9582 ausreichend und wurde dem Vorstand zur Pflicht gemacht, auf weitere Sicherstellung hinzuwirken, von einer Abschreibung indes abgesehen, da nach Ansicht der Revisoren ein Verlust nicht zu befürchten ist.

Es war ferner zu beanstanden der Wechsel Nr. 9532, weil mangels des Giros des Ausstellers (Wechsel an eigene Order) der Verein als Wechselgläubiger nicht legitimiert ist. Eine Abschreibung erübrigt sich aber, weil eventuell der Kassierer den Verlust zu ersetzen hätte, wenn es nicht möglich sein sollte, das fehlende Giro noch nachträglich zu erhalten.

Sonst war gegen die Bonität der Wechsel kein Bedenken zu erheben.

Abgesehen von der oben erwähnten ungenügenden Sicherstellung für einige Tratten war gegen die Statutenmäßigkeit der Diskontierungen nach mehreren Stichproben nichts zu erinnern, insofern bei den Kunden auf Fol. 72, 85, 93, 102, 125 des Wechselkontos die Belastung nicht über die hierfür festgesetzte Einschätzung hinausging.

Der Istbestand an Wechseln stimmte mit dem Wechselkopierbuch überein, und ergab der Abschluß des Geschäftswechselkontos im Hauptbuch auch einen Sollbestand von 534960,82 Mk.

Nachdem die Ergebnisse der Inventur wie vorstehend zusammengefaßt und die Inventurlisten vom Vorstand und Aufsichtsrat unterschrieben waren, wurde, da die Feststellung der anderen Aktiva für die Revision der Jahresrechnung vorbehalten ist, mit Verlesung und Unterzeichnung dieses Protokolls durch alle Teilnehmer die Inventur geschlossen.

(Unterschriften.)

Derselbe Genossenschaftstag hat die folgenden für die Aufnahme der Inventur maßgebenden Grundsätze gebilligt:

Grundsätze, betreffend die Aufnahme der Inventur bei Genossenschaften.

1. Nach § 39 des H.G.B. ist die jährliche Aufstellung der Bilanz für

Kaufleute aller Art vorgeschrieben, und darf die Dauer eines Geschäftsjahres 12 Monate nicht überschreiten.

2. Mit der Aufstellung der Bilanz eng verbunden und als Grundlage derselben ist im H.G.B. überall auch die Aufstellung eines Inventars hervorgehoben, welche auch alljährlich zu geschehen hat. Ausgenommen sind nach § 39 Absatz 3 daselbst nur Kaufleute,

> die ein Warenlager haben, bei dem nach der Beschaffenheit des Geschäfts die Aufnahme des Inventars nicht füglich in jedem Jahr geschehen kann. Bei diesem genügt es, wenn die Aufnahme des Inventars alle zwei Jahre erfolgt.

3. Die bisher bekannten Genossenschaften haben kein Warenlager, bei welchem die Aufnahme des Inventars alle zwei Jahre für gerechtfertigt gelten könnte. Dieselbe muß daher immer nach spätestens 12 Monaten erfolgen.

4. Die Aufstellung des Inventars erstreckt sich auf die Aktiven, welche nach § 40 des H.G.B. nach dem Wert anzusetzen sind, der ihnen in dem Zeitpunkt beizulegen ist, für welchen die Aufstellung stattfindet.

5. Die weitere Vorschrift des H.G.B. § 40,

> daß zweifelhafte Forderungen nach ihrem wahrscheinlichen Wert anzusetzen, uneinbringliche Forderungen abzuschreiben sind,

macht es allen Genossenschaften, die unter ihren Aktiven Forderungen haben, zur gebieterischen Pflicht, eine gewissenhafte Abschätzung dieser Forderungen bei der Inventur vorzunehmen.

Zu dem Zweck sind auch die für die Forderungen hinterlegten Sicherheiten wie Pfänder nach ihrem Bestande festzustellen.

6. Wie die sonstigen Aktiven bei der Inventur zu bewerten sind, wird im H.G.B. durch besondere Vorschriften für Genossenschaften nicht geordnet; indes verdienen die im § 261 Ziffer 1 bis 4 daselbst für Aktiengesellschaften gegebenen Vorschriften auch von Genossenschaften berücksichtigt zu werden.

7. Am Tage des Abschlusses selbst sind alle täglich der Veränderung unterworfenen Aktiven aufzunehmen, deren Istbestand für diesen Tag nachträglich auch nicht durch Abrechnung dritter Personen zuverlässig festgestellt werden kann, d. i.

> der Kassenbestand, die Effekten, die Wechselforderungen auf festes Ziel, die Waren,

während Aktiven, die nur einer allmählichen Wertverminderung zu unterliegen pflegen, oder die durch Anerkenntnisse von Geschäftskunden kontrolliert werden, auch noch bei Aufstellung der Jahresrechnung, jedoch nicht später, nach ihrem Wert für den Tag des Abschlusses ermittelt werden können. Dahin gehören

> die Mobilien, die Maschinen, die Immobilien, die Kontokorrentforderungen an Mitglieder oder Bank und die im voraus bezahlten auf spätere Jahre zu verrechnenden Unkosten, wie Versicherungsprämien und dergleichen.

8. Als Kassenbestand sind einzustellen nicht nur die vom Vorstand selbst verwahrten, sondern auch etwaige in den Händen von Vereinsbeamten (z. B. Lagerhaltern) befindliche, sowie die unverzinslich bei der Reichsbank oder dergleichen angelegten, sofort zur Verfügung stehenden Gelder.

9. Die Effekten sind zunächst zum Nennwert einzustellen, vorbehaltlich der eventuellen Bewertung nach dem Kurswert am Tage des Abschlusses, oder nach dem Anschaffungspreis, je nachdem der eine oder andere niedriger ist.

10. Die Wechselforderungen sind nach ihrem Nennwert einzustellen, soweit sie für sicher zu halten sind, und vorbehaltlich der späteren Berechnung der für das nächste Jahr überhobenen Zinsen.

11. Die Waren sind zum Einkaufspreise, jedenfalls aber nicht höher zu bewerten, als sie am Tage des Abschlusses von der Genossenschaft eingekauft werden könnten. Der Vorsicht wegen kann, um hierbei mögliche Differenzen auszugleichen, schließlich noch eine allgemeine Abschreibung vom Gesamtwarenbestand ratsam sein.

Ebenso wie die zum Verkauf bestimmten Waren sind auch die zur Produktion dienenden, wie Baumaterialien bei Baugenossenschaften, in das Inventar einzustellen.

12. Bei den Mobilien ist eine die wirkliche Abnutzung übersteigende Abschreibung vom Wert ratsam, unbeschadet der ebenfalls bei der Inventur vorzunehmenden Prüfung der Mobilien auf ihre Vollständigkeit und auf ihre Brauchbarkeit zur Feststellung der im Falle eines Brandschadens daran etwa geltend zu machenden Ansprüche an die Versicherungsgesellschaft.

13. Bei Einstellung der Maschinen in das Inventar ist eine die Abnutzung erheblich übersteigende Abschreibung geboten, weil technische Verbesserungen in konkurrierenden Betrieben die Entwertung der Maschinen beschleunigen können. Die Bewertung derselben darf nicht ohne vorherige genaue Besichtigung erfolgen.

14. Die Immobilien sind auf Grund einer genauen Prüfung für den Tag des Abschlusses zu ihrem wirklichen jederzeit realisierbaren Wert, jedoch, insofern sie nicht zur Weiterveräußerung bestimmt sind, jedenfalls nicht höher als zum Herstellungspreis in das Inventar aufzunehmen.

15. Die Kontokorrentforderungen sind, soweit tunlich, nach den darüber vorliegenden Anerkenntnissen und Abrechnungen der betreffenden Kunden, und soweit sie für sicher zu halten sind, in die Aktiven aufzunehmen.

In den Bl. f. G. Jahrg. 1900 S. 101 wird, um alles zu veranschaulichen, was die Revision der Jahresrechnung klarstellen soll, das Muster eines solchen Revisionsprotokolls von Dr. Schneider veröffentlicht:

Revisionsprotokoll.

. . . ., den 10. März 1899.

Am 3., 5., 7., 8. und 10. März 1899 hat durch die unterzeichneten Aufsichtsratsmitglieder in Gegenwart des Vorstands im Kassenlokal des Vereins die Revision der Jahresrechnung von 1898 stattgefunden. Die Arbeiten wurden in der Weise geteilt, daß

I. mit der Prüfung der Aktiva der Bilanz, der Giroverbindlichkeiten und der Einnahmen an Zinsen und Provisionen die Herren Adam, Schleiden und Selle,

II. mit der Prüfung der Passiva der Bilanz und der Ausgaben an Zinsen und Provisionen für dieselben die Herren Behrend, Engelhardt und Zinn,

III. mit der Prüfung des Gewinn- und Verlustkontos, soweit es nicht schon durch die zu I und II bezeichneten Kommissionen geprüft ist, und des Abschlusses im ganzen auf seine Übereinstimmung mit den Büchern des Kassierers und Kontrolleurs die Herren Hagedorn, Kadelbach und Pasche

beauftragt wurden.

Zu I ergab sich,

1. daß die bei der Inventur vorgefundenen Aktiva mit den gleichen Beträgen in die Aktiva der Bilanz eingestellt waren, mit Ausnahme der Effekten und Vorschußwechsel. Die Effekten waren nach dem als Belag der Jahresrechnung beigefügten Kurszettel der Berliner Börse vom 31. Dezember 1898 mit nominell 12000 Mk. $3^1/_2$ % Reichsanleihe zu 101,30 12156,— Mk.
14300 „ $3^1/_2$ „ Preuß. Konsols „ 101,30 14485,90 „
zusammen mit 26641,90 Mk.
einzustellen und sind auch richtig so eingestellt.*)

Die Zinsen dafür ($3^1/_2$ %) mit 920,50 Mk. sind sachgemäß auf der Einnahmeseite (Kredit) der Gewinnberechnung verrechnet. Da sie Ende 1898 schon voll zur Kasse gekommen waren, sind sie in die Aktiva nicht aufgenommen.

2. Der bei der Inventur nach den vorgenommenen Abschreibungen ermittelte Bestand an Vorschußwechseln mit 528135 Mk. erfuhr eine Veränderung, weil für den damals als unsicher angenommenen Wechsel Nr. 4521 über 800 Mk. inzwischen von einem Bürgen in Wertpapieren (Pfandbuch Nr. 55) hinreichende Sicherheit bestellt worden ist, so daß dem Wechselbestande von . . 528135 Mk.
50 % von 800 Mk. = ... 400 „
hinzutreten und der Bestand sich auf . . . . 528535 Mk.
erhöht.

Dieser Bestand wurde auch durch den der Jahresrechnung beigefügten Auszug aus den persönlichen Konten der Vorschußempfänger bestätigt.

Der unter Nr. 18 des Pfandbuchs verzeichnete Hypothekenbrief ist inzwischen von dem Rechtsanwalt N. N. zurückgegeben und wurde in Ordnung gefunden.

3. In betreff der Geschäftswechsel war bei der Inventur einmal die unzureichende Sicherstellung für die Tratten Nr. 9566—9572, 9577, 9582 bemängelt und ferner das Fehlen des Giros auf dem Wechsel Nr. 9532 beanstandet. Dieses Giro ist nachträglich beigebracht, und für die vorerwähnten Tratten weiterhin noch 1 Sparkassenbuch, lautend auf 723,50 Mk. (Pfandbuch Nr. 54) hinterlegt (unter entsprechender Benachrichtigung der Sparkasse), so daß die Sicherstellung nunmehr vollständig ausreicht.

Der bei der Inventur ermittelte Bestand an Geschäftswechseln mit 534960,82 Mk. ist hiernach unverändert in die Bilanz eingestellt und wird auch durch den Abschluß des Wechselkopierbuchs bestätigt.

Die Einnahme an Wechselzinsen und -Provisionen ist, wie zahlreiche Stichproben ergaben, nach den jeweilig geltenden Zins- und Provisionssätzen richtig mit . . . . 79825,06 Mk.
berechnet, wozu vorerhobene Zinsen von 1897 laut vorjähriger
Rechnung mit . . . . 10957,40 „
hinzutreten, während die vorerhobenen Zinsen für 1899 . . . 12826,04 „
auf die Ausgabeseite des Gewinn- und Verlustkontos kommen. Auch diese Zinsen sind in einer besonderen Spalte der Wechselinventurliste richtig berechnet.

4. Die Giroverbindlichkeiten am Jahresschluß, welche in der Jahresrechnung nachrichtlich auf 267736 Mk. angegeben sind, wurden aus den Büchern

*) Über Einsetzung des Anschaffungswertes vgl. S. 299.

und dem Briefwechsel mit der Reichsbank und mit der Deutschen Genossenschafts-Bank Soergel, Parrisius & Co. A.-G. in Berlin in dieser Höhe festgestellt.

5. Das Kontokorrentkonto (mit Kreditgewährung) ergab im Hauptbuch einen Saldo von 565450 Mk., welcher sich nach dem der Jahresrechnung beigefügten Auszug aus den persönlichen Konten der Kontokorrentkunden zusammensetzte aus

Debet mit	. . .	603740 Mk.
Kredit „	. . . .	38290 „
	Saldo	565450 Mk. wie oben.

Der Auszug stimmte mit den Büchern und mit den von Kontokorrentkunden vorliegenden Anerkenntnissen ihres Saldo pro 31. Dezember 1898 überein. Es fehlten von diesen Anerkenntnissen nur das zu

Bl. 317 des Kontokorrentkontos mit Debet 3450 Mk.
„ 254 „ „ „ Kredit 580 „

welche beide bei der nächsten Monatsrevision nachträglich zu prüfen sein werden. Die Einnahmen und Ausgaben auf diesen Konten stimmten aber mit den bezüglichen Kassenbelägen überein, auch die Zins- und Provisionsberechnung war nicht zu beanstanden, so daß auch die Saldi dieser beiden Konten für richtig anzunehmen sind.

Insoweit die Bonität der Kontokorrentkredite durch Pfand sichergestellt ist, hat eine Prüfung schon bei der Inventur stattgefunden. Auch die durch Bürgschaften sichergestellten Kredite sind als gut anzusehen, einschließlich derjenigen auf Bl. 133, bei welchem sich Ende 1898 eine Überschreitung der Einschätzung um 135 Mk. ergibt, die hätte vermieden werden sollen.

Der Kredit Bl. 120 erweist sich als unbeweglich und sollte daher gekündigt werden. Die Zinsen- und Provisionsberechnung im Kontokorrent (mit Kredit) ist zwar durch das Anerkenntnis des Saldo seitens der Kontoinhaber schon als richtig anerkannt, indes prüften die Revisoren bei den auf Bl. 20 bis 80 der bezüglichen konten auch diese Berechnung, wobei sich nichts zu erinnern fand. Danach ist die Einnahme an Zinsen und Provisionen im Kontokorrent richtig mit 32134,98 Mk. in die Gewinnberechnung (Kredit) eingestellt und der Saldo des Kontokorrent-Kontos selbst richtig in den Aktiven auf 603740 Mk. und in den Passiven auf 38290 Mk. angegeben.

6. Über das Girokonto der Deutschen Genossenschafts-Bank Soergel, Parrisius & Co. A.-G. in Berlin lag die Abrechnung der Bank pro 31. Dezember vor, die übereinstimmend mit den Vereinsbüchern und Belägen gemäß der aufgemachten Bilanz ein Guthaben zugunsten des Vereins mit 14645 Mk. nachwies.

7. Das Hypothekenkonto steht gemäß der Inventur mit 17150 Mk. in den Aktiven der Bilanz. Die dafür erwachsenen Zinsen, welche bis zum Jahresschluß bezahlt sind, sind auf der Einnahmeseite (Kredit) des Gewinn- und Verlustkontos richtig, wie die Beläge ergeben, mit 857,50 Mk. gebucht.

Zu II wurde festgestellt:

1. Daß das Geschäftsguthabenkonto der Mitglieder im Hauptbuch denselben Saldo von 405232,50 Mk. ergab, den auch der der Jahresrechnung beigelegte Auszug aus den persönlichen Konten der Mitglieder nachwies und daß nach zahlreichen Stichproben der Auszug auch mit den Mitgliederkonten übereinstimmte.

Bei Prüfung der Beläge über die Rückzahlung der Geschäftsguthaben der

Ende 1897 ausgeschiedenen Mitglieder fand sich jedoch, daß das frühere Mitglied Nr. 322 der Liste sein Geschäftsguthaben mit 35 Mk. noch nicht abgehoben hat und daß dieser Betrag irrtümlich auf Geschäftsguthabenkonto verblieben ist. Derselbe ist hier in Abgang und auf dem Konto für ausgeschiedene Mitglieder in Zugang zu stellen.

Hiernach stellte sich das

Geschäftsguthabenkonto	auf	405 232,50 Mk.
	ab	35,— „
	bleibt	405 197,50 Mk.,

dagegen das

„Konto für ausgeschiedene Mitglieder"	auf	313 Mk.
	zu	35 „
	zusammen	348 Mk.

Gegen das Konto für ausgeschiedene Mitglieder fand sich sonst nichts zu erinnern. Von demselben sind die nicht abgehobenen Geschäftsguthaben der Ende 1895 ausgeschiedenen Mitglieder, bezüglich deren die Klage nunmehr verjährt ist, mit Recht auf Spezialreservekonto übertragen.

2. Der Reservefonds ist durch die Eintrittsgelder und die Zuschreibung aus dem Gewinn von 1897 Ende 1898 auf 62 745 Mk. angewachsen und so auch übereinstimmend mit dem Abschluß des Kontos im Hauptbuch in die Bilanz eingestellt.

3. Der Spezialreservefonds ist durch die Zuschreibung aus dem Gewinn von 1897 und durch die ihm überwiesenen Geschäftsguthaben früherer Mitglieder auf 45 894,20 Mk. angewachsen und so auch übereinstimmend mit dem Abschluß des Kontos im Hauptbuch in die Bilanz eingestellt.

4. Das Spareinlagen-Konto ergibt nach Zuschreibung der Zinsen im Hauptbuch einen Saldo pro 31. Dezember 1898 von 961 782,91 Mk. Denselben Betrag weist die der Jahresrechnung beigefügte Zusammenstellung der Saldi der Konten der einzelnen Spareinlagen nach, welche mit den Konten in den Vereinsbüchern übereinstimmen.

Die für die Spareinlagen eingeführte Kontrolle*) bestätigt die Richtigkeit der einzelnen Spareinlagen-Konten und ihre Übereinstimmung mit den Belägen. Bei den Konten Nr. 25 bis 250, 580 bis 680, 901 bis 1015 wurden auch die Zinsberechnungen geprüft und richtig befunden.

Gezahlt sind an Sparkassenzinsen für 1898	895,12 Mk.,
noch zu zahlen oder dem Kapital zuzuschreiben sind für 1898 .	25 453,22 „
zusammen	26 348,34 Mk,

wie dieser Betrag in der Bilanz in dem oben erwähnten Saldo des Spareinlagen-Konto eingeschlossen und ebenso auf der Ausgabenseite (Debet) des Gewinn- und Verlustkonto gebucht ist.

5. Das Scheckkonto ergibt nach Zuschreibung der Zinsen im Hauptbuch einen Saldo pro 31. Dezember 1898 von 228 409,61 Mk. Denselben Betrag weist die der Jahresrechnung beigefügte Zusammenstellung der Saldi der Konten der einzelnen Kunden nach, welche nicht nur mit den Konten in den Vereinsbüchern übereinstimmen, sondern auch mit den von den Kunden ausgestellten Anerkenntnissen über ihren Saldo, die vollzählig vorliegen.

*) Vgl. S. 86, 155.

Auf den Scheckkonten Bl. 52 bis 100 wurde noch besonders die Zinsberechnung geprüft und richtig befunden. Die Zinsenausgabe auf Scheckkonto ist richtig mit 5527,05 Mk. auf der Ausgabeseite (Debet) des Gewinn- und Verlustkontos gebucht.

6. Das Konto für Banken beschränkt sich auf ein Kontokorrent-Konto bei der Deutschen Genossenschafts-Bank Soergel, Parrisius & Co. in Berlin, welches nach der Abrechnung derselben per 31. Dezember 1898 mit einem Saldo von 15 105,56 Mk. zu ihrem Gunsten abschließt. Nach den Vereinsbüchern ergibt sich derselbe Saldo, wie er auch in die Passiva der Bilanz eingestellt ist. Die auf diesem Konto für 1898 gezahlten Zinsen und Provisionen sind mit 523,25 Mk. richtig berechnet und im Debet des Gewinn- und Verlustkontos gebucht.

7. Die Kautionen der Vorstandsmitglieder betragen 9000 Mk., nämlich 5000 Mk. die des Kassierers und je 2000 Mk. die des Direktors und des Kontrolleurs. Die Beträge sind bar hinterlegt, und die Bescheinigungen, daß sie als Kaution dienen, sind in Verwahrung des Vorsitzenden und Schriftführers des Aufsichtsrats im Kontor des Vereins. Die Bescheinigungen wurden vorgelegt und dann wieder unter Verschluß genommen.

An Zinsen werden für die Kautionen vertragsmäßig 4% vergütet, die am Jahresschluß für 1898 noch nicht bezahlt und daher mit 360 Mk. in die Passiva eingestellt waren. Diese Zinsen stehen ebenso auf der Ausgabeseite (Debet) des Gewinn- und Verlustkontos.

Zu III wurden

1. die Zinsen und Provisionen, welche für weiterbegebene Wechsel für 1898 an Banken gezahlt sind, geprüft und mit den Belägen verglichen. Danach ergab sich der auf die Debetseite des Gewinn- und Verlustkontos eingestellte Betrag mit 21 397,11 Mk. als richtig.

2. Die Verwaltungskosten und Gehalte wurden formell auf ihre Übereinstimmung mit den Belägen und materiell auf ihre Zweckmäßigkeit oder Notwendigkeit geprüft. Der dafür aufgestellte Etat war in keiner Position überschritten. Es fand sich nichts zu erinnern und wurde auch darin dem Vorstande zugestimmt, daß mit Rücksicht auf die neuen, am 1. Januar 1900 in Kraft tretenden Gesetze die Position „Bücher und Zeitschriften" im nächsten Jahre um 40 Mk. höher zu bemessen sein wird.

Im ganzen sind die Verwaltungskosten und Gehalte mit 16 946,24 Mk. auf die Debetseite des Gewinn- und Verlustkontos und davon 1021,50 Mk., die am Jahresschluß noch nicht bezahlt waren, auch in die Passiva der Bilanz richtig eingestellt.

3. Der Ertrag des Bankgebäudes an Miete, abzüglich der dafür gezahlten Unkosten und ungerechnet die dem Vereine für seine Geschäftsräume in Ansatz zu bringende Miete, beträgt nach den darüber vorliegenden, von der Kommission revidierten Ausweisen 1320 Mk. und ist mit dieser Summe richtig auf der Kreditseite des Gewinn- und Verlustkontos gebucht.

4. Hiernach war der Reingewinn, nachdem auch die zu I und II bezeichneten Revisionen stattgefunden und Bedenken nicht ergeben hatten, mit 42 087,41 Mk. als richtig anzuerkennen und schließt die Bilanz nach Einstellung dieses Gewinns in Aktiva und Passiva richtig mit 1 810 241,69 Mk. ab. Über die Verteilung des Reingewinns wird auf Grund der Vorschläge des Vorstandes der Aufsichtsrat demnächst zu beschließen haben.

5. Der Abschluß stimmte, wie mit der vorgelegten Jahresrechnung auch mit den Geschäftsbüchern des Kassierers und Kontrolleurs, die ordnungsmäßig geführt waren und keine Abweichungen voneinander ergaben, durchweg überein, so daß irgend welche Bedenken gegen die Genehmigung desselben nicht bestehen.

Wir schließen den Abschnitt mit der Wiedergabe des von dem Allgemeinen Genossenschaftstag zu Danzig (1903) den Kreditgenossenschaften zur Aufstellung des Geschäftsberichts empfohlenen Schemas:

I. Bilanz.

Aktiva.	Passiva.
1. Kasse.	1. Geschäftsguthaben der Mitglieder[4]).
2. Diskont- (Geschäfts-) Wechsel	2. Reservefonds.
3. Sonstige (Lombard-) Darlehen.	3. Spezialreservefonds.
4. Guthaben bei Banken und Vereinen.	4. Spareinlagen.
5. Wertpapiere.	5. Anlehen.
6. Vorschüsse.	6. Scheckeinlagen.
7. Kontokorrentforderungen[1]).	7. Kontokorrentschulden.
8. Hypothekenforderungen und Güterzieler.	8. Schulden bei Banken und Vereinen.
	9. Akzepte[1]).
9. Noch zu empfangende Zinsen	10. Hypothekenschulden.
10. Mobilien.	11. Noch zu zahlende Zinsen.
11. Grundstücke.	12. Zu zahlende Geschäftsguthaben an früher ausgeschiedene Mitglieder.
[2])	13. Noch zu zahlende Verwaltungskosten.
[3])	14. Vorauserhobene (Antizipando-) Zinsen.
	15. Reingewinn.

II. Gewinn- und Verlustkonto.

Einnahmen.	Ausgaben.
1. Gewinnvortrag aus dem Vorjahre.	1. Zinsen für Spareinlagen.
2. Zinsen und Provisionen aus Vorschüssen.	2. Zinsen für Anlehen.
	3 Zinsen für Scheckeinlagen.
3. Zinsen und Provisionen aus sonstigen (Lombard- u. a.) Darlehen.	4. Zinsen für Kontokorrentschulden.
	5. Zinsen und Provisionen von Banken und Vereinen.
4. Zinsen aus Kontokorrentforderungen.	6. Zinsen für Hypothekenschulden.
5. Provisionen aus Kontokorrentforderungen.	7. Rückdiskont für weiter begebene Wechsel.
6. Zinsen von Banken und Vereinen.	8. Vorauserhobene (Antizipando-) Zinsen und Provisionen.
7. Wechseldiskont.	
8. Zinsen aus Wertpapieren.	9. Verwaltungskosten (Saldo).
9. Gewinn aus verkauft. Wertpapieren.	10. Kursverlust[5]).
10. Zinsen aus Hypotheken und Güterzielern.	11. Abschreibung an Grundstücken und Mobilien.
11. Provisionen aus Hypotheken und Güterzielern.	12. Abschreibung an Forderungen.
	13. Reingewinn.
12. Grundstücksertrag.	
13. Sonstige Gewinne.	

[1]) Vereinen, welche Avalakzepte haben, ist zu empfehlen, den Betrag derselben von den übrigen Kontokorrent-Forderungen bezw. Akzepten getrennt anzugeben.

[2]) Bei Vereinen, welche ein besonderes Koupon- und Sortenkonto führen, ist der Bestand desselben als nächste Position in die Bilanz einzustellen.

[3]) Vereine, welche die von Banken zum Einzug erhaltenen Wechsel in einem besonderen Konto sofort gutschreiben, werden den Bestand als Girowechsel und den Bestand der von Mitgliedern zum Einzug erhaltenen Wechsel als Inkassowechsel in die Bilanz einstellen.

[4]) Es empfiehlt sich auch, zu trennen in

a) der im neuen Geschäftsjahr verbleibenden Mitglieder,

b) der mit Schluß des Geschäftsjahres Ausscheidenden.

[5]) Kursgewinn oder -Verlust ist nur als Saldo einzustellen, das Gewinn- und Verlustkonto wird also entweder einen Kursgewinn oder einen Kursverlust ergeben.

III. Geschäftsübersicht.

Diejenigen Vereine, welche nur ein Kassenbuch nach dem Schema der „Anleitung zur einfachen Buchführung" (Schulze-Delitzsch, Vorschuß und Kreditvereine, Seite 395) besitzen, müssen zur Herstellung der Geschäftsübersicht die einzelnen Kolonnen des Kassenbuchs mit ihren Benennungen und mit ihren Endsummen in Einnahme und Ausgabe wiedergeben, mit dem Kassebestand bei Beginn des Rechnungsjahres anfangend und mit dem Kassebestand am Schlusse desselben endigend. Die Vereine, die außer dem Kassenbuch noch ein oder mehrere Beibücher für den Wechselumsatz und den Effektenumsatz o. a. gebrauchen, und die Eintragungen dieser Einzelbücher in ein Hauptbuch übertragen, müssen gleich den Vereinen, welche ihre Bücher nach dem System der sogenannten doppelten Buchführung angelegt haben, zur Wiedergabe der Geschäftsübersicht eine Abschrift sämtlicher Hauptbuchkonten mit ihren Endsummen in Einnahme und Ausgabe anfertigen.

Der Geschäftsübersicht müssen ferner die Summe der Giroverbindlichkeiten, der Bestand der Inkassowechsel, die Bewegung des Mitgliederstandes (Zahl am Beginn des Rechnungsjahres, Abgang und Zugang während desselben, Zahl an dessen Schluß) und endlich die Vorschläge über die Verwendung des Reingewinnes beigegeben werden.

Diese Vorschläge enthalten mit Bezug auf die Rechnungslegung nur das Nötigste, was eine jede Genossenschaft mitzuteilen sich für verpflichtet halten sollte. Außerdem dürften niemals fehlen:

Spezifizierung aller in dem Besitz der Genossenschaft befindlichen Wertpapiere mit Angabe des Buchwertes (Beschluß des Allg. Vereinstages zu Bremen 1874), damit sich die Mitglieder davon überzeugen können, daß die Verwaltung nur solide Papiere kauft;

die Bewegung des Mitgliederstandes nach Berufsklassen;

die Vorschläge für Verwendung des Reingewinnes — die Zuteilung zu den Reserven, die Dividenden, Vorträge, Zuwendungen zu gemeinnützigen Zwecken;

die Festsetzungen der Generalversammlung über den Gesamtbetrag, den Anleihen und Spareinlagen nicht überschreiten dürfen, und über die Grenzen, die bei Kreditgewährungen an die Genossen eingehalten werden müssen;

bei den fremden Geldern: der Zinsfuß der einzelnen Darlehensarten, die Zahl der Konten, die Kündigungsfristen;

bei den verschiedenen Arten der Kreditgewährung: Zins- und Provisionssätze, die Zahl der Konten, die Höhe der Kredite nach den einzelnen Kreditarten (Darlehen, Geschäftswechsel, Hypotheken-Kredite, Kontokorrent-Kredite);

Spezifikation der Verwaltungskosten (Besoldung der Vorstandsmitglieder, der Aufsichtsratsmitglieder, der Angestellten, Gerichtskosten, Bureaukosten usw.);

Spezifikation der Verluste mit genauer Angabe ihrer Entstehung;

tabellarische Zusammenstellung der Geschäftsergebnisse für die ganze Zeit der Tätigkeit der Genossenschaft;

in einem „allgemeinen Teil" sollte über die wichtigsten Vorkommnisse aus dem Geschäftsjahre berichtet werden.

Die Aufnahme der Mitgliederbewegung und bei Genossenschaften mit beschränkter Haftpflicht der Veränderungen in dem Bestande der Geschäftsguthaben und Haftsummen ergibt sich aus der Notwendigkeit, diese Angaben mit der Bilanz zu veröffentlichen (§§ 33, 139 d. Ges. S. 73).

Es bedarf kaum der Erwähnung, welchen großen Wert ein solcher Bericht für die Mitglieder hat, die durch denselben erst das nötige Verständnis für die mitgeteilte Bilanz gewinnen.

Bemerkt sei, daß die Bilanz erst **nach** der Genehmigung durch die Generalversammlung zu veröffentlichen ist. Da die Veröffentlichung im Interesse der Gläubiger erfolgt, so ist die Bilanz so zu veröffentlichen, daß sie den Gläubigern ein klares Bild über die Geschäftslage bietet; es ist also die Nettobilanz **vor** der Gewinnverteilung auf die verschiedenen Konten zu veröffentlichen, denn würde man die Bilanz nach vollzogener Gewinnverteilung veröffentlichen, so würden die Gläubiger bei dem Fehlen des Gewinn- (bzw. Verlust-) Betrages nicht zu prüfen vermögen, ob und wieviel verdient oder ob mit Verlust gearbeitet ist.

Der Allgemeine Genossenschaftstag zu Neustadt a. H. (1898) hat infolgedessen beschlossen:

In Erwägung, daß

1. die nach § 31 Abs. 2 (jetzt § 33) des Genossenschaftsgesetzes zu veröffentlichende Bilanz ein deutliches Bild von dem Vermögensstande der Genossenschaft und von dem geschäftlichen Ergebnisse derselben im abgelaufenen Geschäftsjahre geben,
2. der Vermögensstand der Genossenschaft durch die Gruppierung der Saldi der einzelnen Konten in den Aktiven und Passiven der Nettobilanz, das geschäftliche Ergebnis durch den in dieser Bilanz enthaltenen Saldo des Gewinn- und Verlustkontos zur Darstellung gebracht werden soll,

wird den Vorständen der Genossenschaften empfohlen, im Sinne des § 31 Abs. 2 (jetzt § 33) des Genossenschaftsgesetzes die von der Generalversammlung genehmigte Bilanz vor der Verbuchung der beschlossenen Verteilung des Reingewinnes, bei einem Verlustsaldo oder einer Unterbilanz vor Beseitigung oder Minderung derselben durch die beschlossenen Abschreibungsbuchungen in den durch Statut bestimmten Blättern zu veröffentlichen.

Vierzehntes Kapitel.

Zweigvereine und Filialen der Kreditgenossenschaften.

Vor Geltung des Genossenschaftsgesetzes kamen förmliche Zweigvereine, ebenso wie bloße Filialen bei den Kreditgenossenschaften häufiger vor. Da für eingetragene Genossenschaften das Gesetz von 1868 (§ 7) die Formen für Errichtung von eigentlichen Zweigniederlassungen bestimmt vorschrieb, so wurden die Verhältnisse solcher Zweigvereine zum Hauptverein, sowie deren Organisation in den Grundzügen durch einen Beschluß des Allgemeinen Vereinstages in Breslau (1872) geregelt. Diese Grundzüge sind in der 5. Auflage dieses Buches mitgeteilt. Das Gesetz von $\frac{1889}{1898}$ läßt die Bildung von Zweigniederlassungen in § 14 zu. Von der Wiedergabe jener Grundzüge kann hier abgesehen werden, da die Neigung, Zweigniederlassungen zu errichten, sich bei den Kreditgenossenschaften infolge der mit solchen gemachten üblen Erfahrungen vollständig verloren hat. Bei der der Zweigniederlassung notwendig bis zu einem gewissen Maße einzuräumenden Selbständigkeit ist eine Kontrolle ungemein schwer, Überschreitungen der Vollmacht kommen leicht vor und da die Verwaltung der Hauptniederlassung, solange alles gut geht, geneigt ist, die Überschreitungen zu dulden, so ergibt sich leicht daraus ein Gestatten und damit beginnt die Verpflichtung für die Genossenschaft, die so eingegangenen Rechtsgeschäfte gegen sich gelten zu lassen. Mit Recht ist man daher von der Errichtung von Zweigniederlassungen zurückgekommen und sucht, wenn irgend die geeigneten Kräfte an dem betreffenden Orte zu finden sind, die Gründung einer selbständigen Genossenschaft zu fördern, oder man hält das ganze Geschäft auch, insoweit es sich auf die Nachbarorte erstreckt, am Sitze der Hauptniederlassung zusammen und sucht nur für den Verkehr zwischen den fernerwohnenden Mitgliedern und der Verwaltung gewisse Erleichterungen zu verschaffen, wie wir sie oben S. 209 ff. mitgeteilt haben. Dies ist besonders wichtig für die Ausdehnung der Genossenschaft auf landwirtschaftliche Bezirke, Dörfer usw. Erfolgt aber in dem Dorfe, in dem Landstädtchen die

Gründung einer selbständigen Genossenschaft, so wird der Anschluß an eine bestehende leistungsfähige Genossenschaft für beide Teile von Nutzen sein. Das Gesetz läßt die Mitgliedschaft der Genossenschaft bei der Genossenschaft zu, hiermit bietet sich ein Ersatz für die Filialen, dem nicht die Nachteile dieser anhaften, denn die Mitgliedgenossenschaft bleibt selbständig, — hier aber hat sich gezeigt, daß doch zuweilen zwischen Theorie und Praxis ein Unterschied ist, denn dieses moderne Filialsystem ist nicht bloß vielfach eingeführt auf Kosten der Selbständigkeit der Einzelgenossenschaft, sondern die Zahl der Zentralkassen selbst ist nicht klein, die nur die Rolle von Geldvermittlungsstellen ausüben, die sich selbst auch nur die Bezeichnung „Buchkassen" geben. S. 31, 76 haben wir gezeigt, wie die erwähnte Gesetzesbestimmung zu einer weitgehenden Zentralisation des Genossenschaftswesens geführt und welche Gefahren diese Zentralisation zur Folge hat.

Wird eine Zweigniederlassung errichtet, so ist zu beachten, daß es nach dem Gesetze nicht zulässig ist, für die Zweigniederlassung einen besonderen Vorstand und Aufsichtsrat einzusetzen, denn die Genossenschaft kann nur einen Vorstand und einen Aufsichtsrat haben. Entweder man muß den Vorstand aus so vielen Mitgliedern zusammensetzen, daß einige Mitglieder desselben die Geschäftsführung der Zweigniederlassung übernehmen, wobei aber wohl zu beachten ist, daß alle Vorstandsmitglieder Dritten gegenüber als vollberechtigte Vorstandsmitglieder der Genossenschaft gelten, mögen einige derselben nach ihrer Geschäftsanweisung ihre Tätigkeit auch nur auf die Zweigniederlassung zu beschränken haben — oder der Vorstand bestellt für die Zweigniederlassung Bevollmächtigte, die nach Maßgabe der ihnen erteilten Vollmacht die Geschäfte zu führen haben.

Ferner: mag man auch für Haupt- und Zweigniederlassung besondere Geschäftsabschlüsse aufstellen, die nach § 33 d. Ges. zu veröffentlichende Bilanz muß eine einheitliche für die ganze Genossenschaft sein, wie auch die Haftpflicht der Mitglieder nicht nach den verschiedenen Niederlassungen getrennt werden kann.

Fünfzehntes Kapitel.

Gesetzliche Revision.

Die Verwaltung der Genossenschaften befindet sich zum großen Teil naturgemäß in Laienhänden. Auch heute noch ist die Zahl der Kreditgenossenschaften mit berufsmäßigen Vorstandsmitgliedern nicht sehr groß, und jedenfalls nur selten ist in der Verwaltung mehr als ein berufsmäßiges Vorstandsmitglied angestellt. Wird ein Mitglied der Genossenschaft in den Aufsichtsrat gewählt, so muß es oft sich erst an der Hand des Statuts und der Geschäftsordnung in seine Obliegenheiten einarbeiten.

So hatte sich frühzeitig bei den Kreditgenossenschaften das Bedürfnis nach einer Prüfung der Einrichtungen und der Geschäftsführung durch einen der Genossenschaft nicht angehörigen Sachverständigen herausgestellt; es fehlte den Mitgliedern des Vorstandes und des Aufsichtsrates bei allem guten Willen oft die nötige Kenntnis der Gesetze und einer richtigen genossenschaftlichen und kaufmännischen Geschäftsführung. In den Genossenschaftsverbänden wurden allerdings jährlich Verbandstage abgehalten, auf denen die Genossenschaften zusammenkamen, um ihre Erfahrungen auszutauschen, doch immer dringender trat die Notwendigkeit hervor, daß an Ort und Stelle der Verwaltung der Genossenschaft für die Geschäftseinrichtungen Rat erteilt wurde. Kreditgenossenschaften waren in große Schwierigkeiten geraten, nicht infolge von Veruntreuung der Verwaltung, sondern weil die Mitglieder der Verwaltung den von Jahr zu Jahr wachsenden Aufgaben nicht gerecht zu werden vermochten. Solche Vorgänge hatten dazu geführt, daß im Reichstag von konservativer Seite ein Antrag eingebracht wurde, Revisionen der Genossenschaften durch die Kommune oder den Staat vorzuschreiben. Schulze-Delitzsch erkannte die große Gefahr, die eine solche Einrichtung für die Genossenschaften haben müßte, denn eine staatliche Revision würde die Genossenschaften in ihrem Träger, in der Selbstverwaltung der Genossenschaft durch ihre Organe, getroffen haben.

Die Einrichtung, die wir heute als „Verbandsrevision" bezeichnen, fand nur sehr allmählich Eingang in den Verbänden. Es war der Allgemeine deutsche Genossenschaftsverband, der zuerst dieser Art der Revision nähertrat, dieselbe dann durchführte und vervollkommnete, so daß schließlich das Genossenschaftsgesetz von 1889 sie zur Grundlage der gesetzlichen Regelung machte. Auch in anderen Verbänden wurde die Frage der Verbandsrevision geprüft, doch einmal ist der dem Allgemeinen Verband nächstälteste Verband, der Generalverband ländlicher Genossenschaften für Deutschland zu Neuwied, erst im Jahre 1877 gegründet, und dann beschränkte sich auch später im Neuwieder Verband die Verbandsrevision der Genossenschaften im wesentlichen darauf, daß die Genossenschaften ihre Bücher der Zentralstelle übermittelten, wo sie geprüft wurden und wo aus den Büchern die Bilanz aufgestellt wurde.

Im Allgemeinen Verband, dessen Leitung Jahre hindurch eine beobachtende und abwartende Stellung einnahm gegenüber der durch außerhalb der Genossenschaft stehende Sachverständige zu vollziehenden Revision, war es zuerst der Verband der Erwerbs- und Wirtschaftsgenossenschaften am Mittelrhein, bei dem die Verbandsrevision eine systematische Durchbildung erfuhr; dieser Verband forderte im Jahre 1864 den Verbandsdirektor auf, dafür Sorge zu tragen, daß er zu jeder Zeit in der Lage sei, den Vereinen des Verbandes auf deren Verlangen einen sachverständigen Revisor zur Verfügung zu stellen.

Im Jahre 1878 veranlaßte Schulze-Delitzsch einen Beschluß des Allgemeinen Vereinstages zu Eisenach, den Unterverbandsdirektoren dringend zu empfehlen, sachverständige, im kaufmännischen Rechnungswesen erfahrene und mit der genossenschaftlichen Organisation vertraute Männer zum Behufe von Geschäftsrevisionen und Inventuren auf Anrufen der einbezirkten Vereine bereit zu halten und die Vornahme solcher Revisionen zu befördern. Man war damals also jedenfalls sehr fern dem Gedanken, diese Revision obligatorisch zu machen. Wenige Jahre später ging der Allgemeine Verband bereits erheblich weiter, der Allgemeine Vereinstag in Kassel (1881) beschloß:

„In Erwägung, daß die Einrichtung regelmäßiger Revisionen in den Verbandsvereinen allmählich durchgeführt eine wünschenswerte Vervollständigung und organische Weiterentwicklung der Verbandseinrichtungen darstellt und zugleich geeignet ist, gesetzgeberischen Versuchen, die Genossenschaften der Kontrolle staatlicher oder kommunaler Behörden zu unterstellen, entgegenzuwirken, daß es daher den allgemeinen Interessen entspricht, diese Einrichtung in allen Verbänden zur Durchführung zu bringen, erklärt es der Allgemeine Vereinstag für Pflicht der Unterverbände, für die Einrichtung regelmäßig wiederkehrender Revisionen der einzelnen Vereine Sorge zu tragen."

Nun wurde in den meisten Verbänden die Revision zur obligatorischen Einrichtung erklärt, es wurden die Genossenschaften verpflichtet, alle drei Jahre durch einen vom Unterverband angestellten, mit dem Genossenschaftswesen vertrauten praktischen Genossenschafter (Revisor) ihre gesamte geschäftliche Tätigkeit prüfen zu lassen; der Revisor sollte sein Augenmerk besonders darauf richten, ob die Bestimmungen der Gesetze überall beachtet werden und ob die Geschäftsführung den Vorschriften des Statuts und den auf Genossenschafts- und Verbandstagen aufgestellten Grundsätzen entspricht; nach vollendeter Revision hatte der Revisor den Befund in gemeinschaftlicher Sitzung mit Vorstand und Aufsichtsrat zu besprechen und sodann einen schriftlichen Bericht an die Genossenschaft zu erstatten und eine Abschrift desselben dem Verbandsdirektor einzusenden.

Diese Grundsätze sind auch heute noch die maßgebenden.

Der Allgemeine Vereinstag zu Plauen (1887) faßte die für die Ausbildung der Revision wichtigsten Grundlehren in einen Beschluß zusammen, der folgenden Wortlaut hat:

In Erwägung,

1. daß die weitere erfolgreiche Entwicklung der Verbandsrevision zunächst davon abhängt, daß zu dem verantwortlichen Amte eines Verbandsrevisors überall nur tüchtige, leistungsfähige und taugliche Männer berufen werden, daß in der Person des Revisors ein öfterer Wechsel ausgeschlossen ist, und daß die gesamte Tätigkeit aller in dem allgemeinen Verbande angestellten Revisoren einer fortwährenden, eingehenden, gewissenhaften Kontrolle unterstellt ist,

2. daß die Revisionstätigkeit gefördert wird, wenn die einzelnen Revisoren nicht nur die geschäftlichen Einrichtungen in einem Verbande kennen lernen, sondern wenn dieselben Gelegenheit und Veranlassung finden, die geschäftliche Behandlung und deren Erfolge in Genossenschaften verschiedener Unterverbände zu beobachten,

3. daß die zweckentsprechende Durch- und Weiterführung der Verbandsrevisionen erfordert, daß in allen Unterverbänden über die Anstellung, die Rechte und die Verpflichtungen der Verbandsrevisoren, in den wesentlichen Punkten gleichmäßige Bestimmungen, wie solche auf dem allgemeinen Vereinstage zu Weimar von dem Anwalte angeregt worden sind, erlassen werden, — und

4. daß endlich die fernere segensreiche Wirksamkeit der Verbandsrevision wesentlich dadurch bedingt ist, daß in allen Unterverbänden — entsprechend dem Beschlusse des Vereinstages zu Karlsruhe — Anordnungen getroffen werden, welche, ohne die Selbständigkeit der einzelnen Genossenschaften anzutasten, für die bereitwillige, rasche und pünktliche Befolgung der Ratschläge des Revisors in geeigneter Art Fürsorge treffen,

wird den Unterverbänden empfohlen:

1. bei der Anstellung der Verbandsrevisoren darauf bedacht zu sein, daß

zu diesem Amte nur kaufmännisch gebildete, mit dem Genossenschaftswesen und den Bestimmungen des Genossenschaftsgesetzes vertraute, praktische Genossenschafter, und — soweit als dieses möglich ist — nur solche praktische Genossenschafter berufen werden, welche bereit und imstande sind, ihre ganze Kraft und Zeit der Revisionssache zu widmen,

2. überall, wo die Revision der Genossenschaften eines Verbandes nicht die ganze Arbeitskraft eines Revisors in Anspruch nimmt, für mehrere Unterverbände einen gemeinsamen Revisor zu bestellen,

3. in jedem Unterverbande über die Anstellung, die Rechte und die Pflichten des Verbandsrevisors Bestimmungen zu erlassen, welche Vorschriften darüber enthalten:

   a) daß der Revisor Beamter des Unterverbandes ist und als solcher den Anordnungen des Verbandsdirektors unterworfen ist; daß der Revisor insbesondere nur auf Anweisung des Verbandsdirektors ordentliche und außerordentliche Revisionen vornehmen darf;

   b) daß der Revisor von dem Verbandstage auf Vorschlag des Verbandsdirektors gewählt und entlassen wird; und daß in Fällen gröblicher Pflichtverletzung der Verbandsdirektor berechtigt ist, den Revisor vorläufig und unter Vorbehalt der Genehmigung des nächsten ordentlichen Verbandstages seines Amtes zu entheben;

   c) daß der Revisor für seine Leistungen aus der Verbandskasse nach Anweisung des Verbandsdirektors bezahlt wird, und daß demselben untersagt ist, von einzelnen Vereinen oder von Mitgliedern derselben Bezahlung, Gratifikation oder Geschenke anzunehmen; und daß derselbe auch Nebenbeschäftigungen, welche mit einer Einnahme verbunden sind, nur mit Zustimmung des Verbandsdirektors übernehmen darf;

   d) daß der Revisor bei allen ordentlichen Revisionen nach Vorschrift der ihm gegebenen Instruktion zu verfahren hat; daß bei den ordentlichen Revisionen in der Regel nicht eine kalkulatorische Prüfung der einzelnen Geschäfte vorzunehmen ist, daß der Revisor aber ganz besonders darauf sein Augenmerk zu richten hat, ob die Bestimmungen des Gesetzes überall beobachtet sind, ob die Geschäftsführung den Vorschriften des Gesellschaftsvertrages entspricht, und ob die Beschlüsse der Vereinstage und der Verbandstage die erforderliche Beachtung gefunden haben;

   e) daß der Revisor überall da, wo die Verwaltung in einzelnen Teilen, wie z. B. bei der Vornahme von Revisionen oder bei der Geschäftsinventur am Jahresschlusse 2c. mangelhaft geführt ist, gehalten sein soll, die betreffende Geschäftstätigkeit in Gegenwart von Vorstand und Aufsichtsrat selbst vorzunehmen und dabei die erforderliche Anleitung zu erteilen;

   f) daß der Revisor die unabweisbare Verpflichtung hat, nach vollendeter Revisionsarbeit dem Vorstand und Aufsichtsrate der revidierten Genossenschaft in gemeinschaftlicher Sitzung über seinen Revisionsbefund genaue Mitteilung zu machen und über die Beseitigung vorhandener Mängel und die Herbeiführung besserer Einrichtungen seine Ratschläge zu erteilen, und nach dieser Verhandlung mit Vorstand und

Aufsichtsrat über das Ergebnis seiner Revision schriftlichen Bericht an die revidierte Genossenschaft zu erstatten und eine Abschrift dieses Berichtes an den Verbandsdirektor einzusenden;

g) und daß der Revisor dem ordentlichen Verbandstage in jedem Jahre über seine Tätigkeit als Verbandsrevisor und deren Erfolge schriftlichen Bericht zu erstatten hat;

und

4. in jedem Unterverbande Anordnungen zu treffen, durch welche der Vorstand jeder revidierten Genossenschaft verpflichtet wird, innerhalb einer bestimmten Zeit nach stattgehabter Revision dem Verbandsdirektor Mitteilung zu machen, inwieweit die Erinnerungen und Mahnungen des Verbandsrevisors befolgt worden sind, oder aus welchen Gründen dieses in einzelnen Fällen nicht geschehen ist oder nicht geschehen konnte, und durch welche dem Verbandsdirektor ausdrücklich das Recht erteilt und die Verpflichtung auferlegt wird,

etwa vorhandene Irrtümer und Mißverständnisse über die Ausstellungen und Ratschläge des Verbandsrevisors aufzuklären, sodann aber zur Befolgung dieser Ratschläge durch Beseitigung der vorhandenen Übelstände und Herbeiführung besserer Einrichtungen aufzufordern, und sofern diese Aufforderungen ohne Erfolg bleiben sollten, in geeigneter Weise dem nächsten ordentlichen Verbandstage Mitteilung zu machen."

Dieser Beschluß ist durch die Beschlüsse des allgemeinen Genossenschaftstages zu Gotha 1894 dahin erweitert:

„Die Erhaltung der segensreichen Wirksamkeit und die weitere Entwicklung der Verbandsrevision ist bedingt durch die bereitwillige und gewissenhafte Berücksichtigung der Ratschläge des Verbandsrevisors durch die Genossenschaften; die Bestimmungen des Genossenschaftsgesetzes und der Verbandsstatuten, welche zur Herbeiführung und Sicherung dieser bereitwilligen Berücksichtigung der Ratschläge des Revisors durch die Genossenschaften gegeben sind, müssen deshalb überall sorgsame Beobachtung finden.

1. An die Vorstände der Unterverbände wird deshalb das Ersuchen gestellt, strenge darüber zu wachen, daß den Vorschriften, in § 61 (jetzt § 63) des Genossenschaftsgesetzes und den von den Genossenschaften selbst durch die Verbandsstatuten und durch Verbandstagsbeschlüsse zu diesem Zwecke getroffenen Anordnungen pünktlich Folge geleistet wird;

2. die Vorstände der Genossenschaften werden aufgefordert, nach der Vorschrift in § 61 (jetzt § 63) des Genossenschaftsgesetzes den Bericht des Verbandsrevisors stets zur Beschlußfassung auf die Tagesordnung der nächstfolgenden Generalversammlung zu setzen, und

3. den Aufsichtsräten wird dringend empfohlen, an den Revisionen sich zu beteiligen und über das Ergebnis der Revision der Generalversammlung eingehenden Bericht zu erstatten."

Zur Ausführung dieser Anweisung beschloß der Allgemeine Genossenschaftstag zu Augsburg (1895):

„1. Den Vorständen der Unterverbände wird empfohlen, darüber zu wachen:

a) daß keine Revision abgehalten wird, ohne die in § 61 (jetzt § 63) des Genossenschaftsgesetzes vorgeschriebene Zuziehung des Aufsichtsrats;

b) daß der Verbandsrevisor nach Vollendung der Revisionsarbeit in gemeinschaftlicher Sitzung mit dem Vorstand und dem Aufsichtsrat der revidierten Genossenschaft das Ergebnis der Revision bespricht und erst nach dieser Besprechung den schriftlichen Bericht über die Revision erstattet;

c) daß der Bericht über die Revision zur Beschlußfassung auf die Tagesordnung der nächsten Generalversammlung gesetzt wird.

2. Den Unterverbänden wird empfohlen, in die Verbandsstatuten Bestimmungen darüber aufzunehmen:

a) daß der Vorstand jeder revidierten Genossenschaft verpflichtet ist, dem Verbandsdirektor anzuzeigen, wann die nächste Generalversammlung nach der Revision stattfindet, in deren Tagesordnung nach der Vorschrift in § 61 (jetzt § 63) des Genossenschaftsgesetzes der Bericht über die Revision als Gegenstand der Beschlußfassung aufzunehmen ist;

b) daß nach der Abhaltung der Generalversammlung dem Verbandsdirektor aus dem Protokolle der Generalversammlung eine Abschrift der Verhandlungen über diesen Gegenstand mitzuteilen ist;

c) daß in allen Fällen, in welchen durch die Revision schwere Mißstände sich ergeben haben, der Verbandsdirektor eine Abschrift des Revisionsberichtes an den Anwalt einzusenden hat."

Der Allgemeine Genossenschaftstag zu Baden-Baden (1901) erklärte es für notwendig, daß die nach Maßgabe des § 63 des Reichsgesetzes betreffend die Erwerbs- und Wirtschaftsgenossenschaften von dem Aufsichtsrat über das Ergebnis der Revision abzugebende Erklärung zu dem Protokoll der Generalversammlung genommen wird.

In der Begründung des Genossenschaftsgesetzes von 1889 heißt es:

„Es wird die Gesetzgebung den Vorschlägen, welche dem Staat oder den Gemeinden durch Übertragung einer dauernden Aufsichtsführung einen unmittelbaren Einfluß auf den Geschäftsbetrieb der Genossenschaften zuweisen wollen, nicht folgen können. Das Aufsichtsrecht, welches der Registerrichter mit der Befugnis zur Verhängung von Ordnungsstrafen schon nach dem geltenden Recht ausübt, bezieht sich nur auf die Erfüllung bestimmter gesetzlicher Pflichten des Vorstandes . . . Aber für eine dauernde Beaufsichtigung des Geschäftsbetriebes der Genossenschaften durch staatliche oder kommunale Behörden fehlt es ebensosehr an einem Bedürfnis als an einer genügenden Grundlage. Die Zwecke der Genossenschaften sind rein privatrechtliche, und der Beitritt zu denselben beruht auf dem freien Willen der Genossen. Die Zahl der bestehenden Genossenschaften ist außerdem so beträchtlich und die Gegenstände ihres Geschäftsbetriebes so verschiedenartig, daß eine wirksame Staats- oder Kommunalaufsicht tatsächlich nicht durchführbar sein würde. Zudem müßten, um diese zu einem einigermaßen durchgreifenden Schutzmittel zu machen, der Aufsichtsbehörde weitgehende Befugnisse gegenüber den Vereinsorganen gewährt, unter Umständen auch ein selbständiges Eingreifen in die Geschäftsleitung gestattet werden, und hiermit wäre die persönliche Haftung der Genossen für die

Verluste, die trotzdem aus Mißgriffen der Verwaltung entstehen könnten, nicht vereinbar."

Das Gesetz beschränkt sich daher in § 53 auf die Forderung:

„die Einrichtungen der Genossenschaft und die Geschäftsführung derselben in allen Zweigen der Verwaltung (sind) mindestens in jedem zweiten Jahre der Prüfung durch einen der Genossenschaft nicht angehörigen sachverständigen Revisor zu unterwerfen."

Dieser Revisor wird entweder durch das Gericht bestellt (§ 61 d. Ges.) oder durch den „Verband", wenn die Genossenschaft einem Verbande angehört, dem das Recht verliehen ist, den Revisor zu bestellen (§ 54 d. Ges.).

Es braucht an dieser Stelle wohl nicht des näheren dargelegt zu werden, daß es im Interesse der Genossenschaft liegt, sich einem Revisionsverbande anzuschließen, um durch den vom Verbande angestellten Revisor revidiert zu werden. Es soll nicht etwa behauptet werden, daß die von den Verbänden angestellten Revisoren durchweg an Tüchtigkeit die gerichtlichen Revisoren überragen; es könnte dies schon deswegen nicht behauptet werden, weil die Gerichte dort, wo sie den Revisor zu bestellen haben, wenn sie nur ihre Aufgabe hierbei richtig erfassen, in der Regel auf Personen zurückgreifen werden, die in Revisionsverbänden tätig sind — leider wird nur zuweilen von den Gerichten bei der Auswahl des Revisors nicht scharf genug der Zweck der Revision im Auge behalten. Der große Wert der Zugehörigkeit zu einem Revisionsverband liegt für die Genossenschaft in dem Umstande, das diese einen dauernden Halt an dem Revisionsverband hat. Gehört die Genossenschaft keinem Revisionsverband an, so ist mit der vollzogenen Revision die Angelegenheit erledigt, es hat der Vorstand nur eine Bescheinigung, daß die Revision vorgenommen ist, dem Gericht einzureichen, das Gericht nimmt die Bescheinigung zu den Akten — und damit hat die Sache ihr Ende erreicht; das Gericht hat kein Recht auf Kenntnisnahme des von dem Revisor über die Revision erstatteten Berichts, hat insbesondere auch keine Möglichkeit, die Verwaltung zu beeinflussen, die von dem Revisor gezogenen Erinnerungen zu berücksichtigen — ganz anders im Revisionsverband, wenigstens wenn dieser seine Aufgabe richtig erfüllt. Wir haben oben die von den Allgemeinen Genossenschaftstagen gefaßten Beschlüsse über die Verbandsrevision mitgeteilt, diese Beschlüsse ergeben, wie es Pflicht des Revisionsverbandes ist, sich weiter mit der Genossenschaft auf

Grund des von dem Revisor erstatteten Revisionsberichts zu beschäftigen, wie der Verband nach Möglichkeit bestrebt sein soll, die Genossenschaft zu veranlassen, den Erinnerungen des Revisors entsprechende Berücksichtigung zu schenken. Freilich hat auch der Revisionsverband keine Zwangsmaßregeln gegen die dem Verbande angehörigen Genossenschaften, und daher ist es vorgekommen, daß auch Mitglieder der Revisionsverbände in Konkurs geraten sind, doch wer Gelegenheit hat, die heutigen Verhältnisse bei zahlreichen Genossenschaften zu vergleichen mit denen früherer Zeit, wird ohne weiteres erkennen, wie groß und bedeutungsvoll der Einfluß der Verbandsrevision auf die Verbesserung und Vervollkommnung der Geschäftseinrichtungen der Kreditgenossenschaften gewesen ist und ist. Zweifellos würden die Schulze-Delitzschschen Kreditgenossenschaften heute nicht die Stellung im wirtschaftlichen Leben einnehmen, die sie innehaben, wenn nicht unaufhörlich durch die Verbandsrevision, die nach den Anordnungen der Verbandsleitung arbeitet, auf die Verbesserung der geschäftlichen Einrichtungen und auf die Ausgestaltung des Geschäftsbetriebes eingewirkt worden wäre.

Endlich noch ein Wort über den unmittelbaren Zweck dieser Revision. Ein Vergleich der vorstehenden Ausführungen mit denen im 6. Kap., wo wir die Tätigkeit und die Pflichten des Aufsichtsrates behandelten, läßt klar hervortreten die Unterschiede zwischen der Revision, die der Aufsichtsrat, und der Revision, die der Revisor vorzunehmen hat. Zutreffend bemerkt die Begründung des Genossenschaftsgesetzes:

„Die periodische Revision soll sich auf die Geschäftsführung der Genossenschaft in allen Zweigen der Verwaltung erstrecken. Sie darf sich keineswegs auf eine bloße kalkulatorische Kontrolle der Bilanzen und Geschäftsbücher der Genossenschaft beschränken. Wenn auch eine probeweise Prüfung in dieser Richtung zweckmäßig und bei vielen Genossenschaften sogar unentbehrlich sein wird, so muß doch die Untersuchung des Revisors sich wesentlich auf die materielle Seite der Geschäftsführung und die hierbei befolgten Grundsätze sowie auf das Funktionieren der Genossenschaftsorgane und die sonstigen Einrichtungen der Genossenschaft richten."

Keineswegs dient also der Revisor zur Entlastung des Aufsichtsrats — eher könnte man das Gegenteil behaupten, denn der Aufsichtsrat einer Genossenschaft, die dem Revisionsverbande angehört, kann sich in der Regel nicht damit entschuldigen, daß er von seinen Obliegenheiten nicht genügende Kenntnis gehabt hat, er hat bei der

Revision Gelegenheit gehabt, sich über seine Obliegenheiten zu unterrichten. Es verlangt daher auch das Gesetz, daß der Aufsichtsrat zur Revision gezogen wird, und wir haben oben im 6. Kap. es für eine zwingende Pflicht des Aufsichtsrates erklärt, der durch den Verbandsrevisor vorzunehmenden Revision die größte Aufmerksamkeit zuzuwenden. Die Revision des Verbandsrevisors ist nicht in erster Reihe eine kalkulatorische, es ist nicht seines Amtes, nach Defekten zu forschen — er hat sich darüber zu vergewissern, ob die Geschäftseinrichtungen der Genossenschaft ordnungsmäßige sind, ob die Organe der Genossenschaft nach Gesetz und Statut ihre Arbeiten vollziehen. Daher ist auch diese Revision keine unangemeldete, der Revisor erscheint nicht plötzlich bei der Genossenschaft, um den Kassierer zu überraschen — der Termin der Revision wird vorher mit der Genossenschaft vereinbart, es sollen sich die Organe der Genossenschaft auf die Revision sogar vorbereiten können, sie sollen in der Lage sein, sich vorher die Fragen zurechtzulegen, die sie dem Revisor zu stellen haben, und sie sollen sich darauf einrichten können, der Revision beizuwohnen.

Wir wiederholen, die Untersuchung des Revisors muß sich wesentlich auf die materielle Seite der Geschäftsführung und die hierbei befolgten Grundsätze sowie auf das Funktionieren der Genossenschaftsorgane und die sonstigen Einrichtungen der Genossenschaft erstrecken. Findet der Revisor Unregelmäßigkeiten, die den Verdacht entstehen lassen, daß Veruntreuungen vorliegen, so muß er selbstverständlich die Revision entsprechend weiter ausdehnen, um völlige Klarheit über alle Vorgänge zu schaffen. —

Wir beschränken uns an dieser Stelle auf die Darlegung der allgemeinen Grundsätze, die für die Revision gelten.

Sechzehntes Kapitel.

Statutenentwürfe, Geschäftsanweisungen, Formulare.

Formular 1.

Statutenentwurf
für eine
Kreditgenossenschaft als eingetragene Genossenschaft mit unbeschränkter Haftpflicht.

Statut
des
Vorschuß- (Kredit-) Vereins zu . . . .
eingetragene Genossenschaft mit unbeschränkter Haftpflicht.

Die Unterzeichneten errichten eine Genossenschaft nach den Vorschriften des Gesetzes, betreffend die Erwerbs- und Wirtschaftsgenossenschaften, sowie nach Maßgabe des nachstehenden Statuts.*)

A. Firma, Sitz und Gegenstand des Unternehmens.

§ 1.

Die Genossenschaft führt die Firma . . . . eingetragene Genossenschaft mit unbeschränkter Haftpflicht und hat ihren Sitz zu ....

Gegenstand des Unternehmens ist der Betrieb von Bankgeschäften zum Zwecke der Beschaffung der in Gewerbe und Wirtschaft der Mitglieder nötigen Geldmittel.

B. Betriebskapital.

§ 2.

Das Betriebskapital besteht:

1. aus dem Genossenschaftsvermögen, welches gebildet wird durch Eintrittsgelder, Einzahlungen auf den Geschäftsanteil und Zuschreibungen vom Jahresgewinn zu den Geschäftsguthaben und zu dem Reservefonds;

2. aus fremden Geldern, welche nach dem durch den Umfang der Geschäfte gebotenen Bedürfnisse aufgenommen werden.

---

*) Für den Fall, daß eine bereits bestehende eingetragene Genossenschaft ihr Statut einer vollständigen Revision unterzieht, wählt man folgende Überschrift:

Abgeändertes Statut des Vorschuß- (Kredit-) Vereins zu .... eingetragene Genossenschaft mit unbeschränkter Haftpflicht. Der seit dem Jahre 19...... bestehende .... (bisherige Firma) hat nach Maßgabe der Beschlüsse der Generalversammlung vom .... sein Statut wie folgt abgeändert.

C. Ordnung und Leitung der Genossenschaftsangelegenheiten. Organe des Vereins.

§ 3.

Die Genossenschaft ordnet ihre Angelegenheiten unter Teilnahme aller ihrer Mitglieder. Ihre Organe sind:

1. der Vorstand, 2. der Aufsichtsrat, 3. die Generalversammlung.

I. Der Vorstand.

a) Zusammensetzung und Wahl.

§ 4.

Der Vorstand besteht aus:

1. dem Direktor,
2. dem Kassierer,
3. dem Kontrolleur.

Derselbe wird in der Generalversammlung auf Vorschlag des Aufsichtsrates in getrennten Wahlakten nach absoluter Stimmenmehrheit mittels Stimmzettel gewählt.

Die Vorstandsmitglieder werden auf nicht längere Zeit*) als drei Jahre gewählt. Bei Neuwahlen ist die Wahlperiode der einzelnen Vorstandsmitglieder so zu bestimmen, daß dieselben sich abwechselnd einer Neuwahl zu unterziehen haben und ein gleichzeitiges Ausscheiden mehrerer Mitglieder vermieden wird.

Erhält der Vorgeschlagene die Mehrheit nicht, so hat der Aufsichtsrat in derselben oder in einer anderen Versammlung weitere Vorschläge zu machen. Der Aufsichtsrat ist berechtigt, einen von der Generalversammlung abgelehnten Vorschlag zu wiederholen.

Die Wahlperiode läuft von Generalversammlung zu Generalversammlung.

Die Wiederwahl derselben Personen nach Ablauf der Wahlperiode ist zulässig.

b) Befugnisse und Geschäftsführung des Vorstandes.

§ 5.

Der Vorstand vertritt die Genossenschaft gerichtlich und außergerichtlich nach den ihm in dem Genossenschaftsgesetz erteilten Befugnissen und zeichnet für dieselbe.

Die Zeichnung geschieht in der Weise, daß die Zeichnenden zu der Firma der Genossenschaft ihre Namensunterschrift hinzufügen. Zwei Vorstandsmitglieder können rechtsverbindlich für die Genossenschaft zeichnen und Erklärungen abgeben.

§ 6.

Der Vorstand führt die Geschäfte selbständig, soweit er nicht durch das gegenwärtige Statut, Beschlüsse der Generalversammlung oder besondere Geschäftsanweisung darin beschränkt und an die Genehmigung des Aufsichtsrates oder der Generalversammlung gewiesen ist.

§ 7.

Der Vorstand hält die Geschäfte in ordnungsmäßigem Gange. Er ist ins-

---

*) Genossenschaften mit berufsmäßigen Vorstandsmitgliedern ist zu empfehlen, die Vorstandsmitglieder auf Kündigung zu wählen, Abs. 2 lautet dann:

Die Vorstandsmitglieder werden auf gegenseitige dreimonatige Kündigung gewählt. Für die Genossenschaft erfolgt die Kündigung auf Antrag des Aufsichtsrates durch Beschluß der Generalversammlung.

besondere verpflichtet, für vollständige und übersichtliche Buchführung, für Aufstellung der Bilanz am Jahresschlusse und für Aufbewahrung der Kassenbestände, Wertpapiere, Schriften und Bücher des Vereins Sorge zu tragen.

§ 8.

Über alle in Genossenschaftsangelegenheiten zu treffenden Maßnahmen, über alle abzuschließenden Geschäfte, insbesondere Kreditgewährung und Verlängerung von gewährten Krediten, beschließt der Vorstand nach Stimmenmehrheit unter Leitung des Direktors in Sitzungen, die teils regelmäßig stattfinden, teils von letzterem unter Bezeichnung der Gegenstände der Verhandlung berufen werden, so daß mindestens zwei Vorstandsmitglieder über jede Maßregel einig sein müssen, welche in Vereinsangelegenheiten vorgenommen werden soll. Mitglieder des Vorstandes, welche bei einem zu beratenden Gegenstande beteiligt sind, dürfen während der Beratung und Beschlußfassung über diesen Gegenstand der Sitzung nicht beiwohnen.

Die Beschlüsse sind protokollarisch in ein dazu bestimmtes Buch einzutragen und von den Beteiligten zu unterschreiben. Zur Erledigung der Geschäfte müssen in den durch gemeinsamen Beschluß von Vorstand und Aufsichtsrat festgesetzten Geschäftsstunden stets zwei Vorstandsmitglieder in dem Geschäftslokale des Vereins anwesend sein. Auszahlungen und Annahme von Geldern dürfen nur in diesen Geschäftsstunden vorgenommen werden.

Insbesondere müssen auch zwei Vorstandsmitglieder täglich bei dem Geschäftsschlusse anwesend sein, bei welchem der Kassenbestand durchzuzählen, sowie das Kassenbuch aufzurechnen ist, und der Kassenbestand, die Urkunden, Wertpapiere und Bücher in gemeinsamer Verwahrung unter doppelten Verschluß zu nehmen sind.

§ 9.

Die Vorstandsmitglieder müssen auf Erfordern den Sitzungen des Aufsichtsrates beiwohnen und alle Aufschlüsse erteilen, welche der Aufsichtsrat verlangt. Bei der Beschlußfassung haben die Mitglieder des Vorstandes nicht mitzuwirken.

§ 10.

Der Vorstand hat in jeder ordentlichen Sitzung des Aufsichtsrates einen Kassenbericht vorzulegen, aus welchem die Summe der Einnahmen und Ausgaben der letzten Woche, der augenblickliche Stand der Kasse, die fälligen, aber weder prolongierten noch zurückgezahlten Kapitalforderungen ersichtlich sind.

Außerdem hat der Vorstand regelmäßig einen die Einnahmen und Ausgaben des ganzen Monats umfassenden Rechnungsauszug nebst Geschäftsbilanz dem Aufsichtsrate einzureichen, am Jahresschlusse die Jahresrechnung aufzustellen, dem Aufsichtsrate vorzulegen und der Generalversammlung über die Verwaltung des abgelaufenen Geschäftsjahres Bericht zu erstatten.

§ 11.

Die besondere Regelung und die Art der Ausführung der Obliegenheiten der Vorstandsmitglieder werden durch eine vom Vorstande und Aufsichtsrate zu entwerfende Geschäftsanweisung bestimmt. Die Geschäftsanweisung ist von den Mitgliedern des Vorstandes zu unterzeichnen.

§ 12.

Für den Fall der dauernden oder längeren Verhinderung, des Ausscheidens oder des Todes eines der Vorstandsmitglieder vor Ablauf der Wahlperiode hat der Aufsichtsrat wegen der nötigen Stellvertretung sofort Fürsorge zu treffen und in den letzteren beiden Fällen die Neuwahl zu veranlassen.

c) Enthebung der Vorstandsmitglieder von ihrem Amte.

§ 13.

Der Vorstand im ganzen sowie jedes einzelne Mitglied desselben kann jederzeit durch Beschluß der Generalversammlung seines Amtes enthoben werden. Den Enthobenen steht nur nach Maßgabe der mit ihnen von der Genossenschaft abgeschlossenen Verträge ein Entschädigungsanspruch zu.

Auch der vorläufigen Enthebung von den Geschäften durch den Aufsichtsrat haben sich die Mitglieder des Vorstandes zu fügen, vorbehaltlich der endgültigen Entscheidung durch die alsdann in kürzester Frist zu berufende Generalversammlung.

d) Besoldung und Kaution der Vorstandsmitglieder.

§ 14.

Die Vorstandsmitglieder erhalten eine Besoldung, welche aus einem jährlichen festen Gehalte und aus einem Anteile am Geschäftsgewinn besteht. Dieselbe wird in den Anstellungsverträgen vereinbart und unterliegt der Genehmigung der Generalversammlung.

Die Vorstandsmitglieder haben der Genossenschaft Kaution zu stellen. Die Feststellung der Höhe der Kaution erfolgt in den Anstellungsverträgen und bedarf der Genehmigung der Generalversammlung.

II. Der Aufsichtsrat.

a) Zusammensetzung und Wahl.

§ 15.

Der Aufsichtsrat besteht aus . . . Mitgliedern, welche in der Generalversammlung nach absoluter Stimmenmehrheit der in der Generalversammlung anwesenden Genossen in einem Wahlgange auf drei Jahre gewählt werden.

Wenn hierbei mehr Personen, als zu wählen sind, die absolute Mehrheit erhalten, so sind diejenigen gewählt, welche die meisten Stimmen erhalten haben. Wird dagegen die absolute Mehrheit beim ersten Wahlgange nicht erreicht, so kommt von denen, welche die meisten Stimmen erhalten haben, die doppelte Zahl der noch zu Wählenden auf die engere Wahl und wird mit der engeren Wahl in derselben Art so lange fortgefahren, bis für alle zu Wählenden eine absolute Stimmenmehrheit erzielt ist. Bei Stimmengleichheit entscheidet das Los.

Die Wahlperiode läuft von Generalversammlung zu Generalversammlung.

§ 16.

Von den Mitgliedern des Aufsichtsrates scheidet alljährlich und zwar zunächst im Jahre . . ., ein Drittel aus und wird durch Neuwahl in der ordentlichen Generalversammlung ersetzt. In den ersten beiden Jahren entscheidet über die Reihenfolge des Ausscheidens das Los, später die Zeit des Eintritts der Einzelnen. Die ausscheidenden Aufsichtsratsmitglieder sind wieder wählbar.

§ 17.

Im Falle des durch Tod oder durch andere Gründe herbeigeführten Ausscheidens eines Aufsichtsratsmitgliedes vor Ablauf seiner Wahlperiode hat die nächste Generalversammlung eine Neuwahl für den Rest der Wahlperiode vorzunehmen.

b) Geschäftsführung.

§ 18.

Der Aufsichtsrat überträgt einem seiner Mitglieder den Vorsitz, einem anderen das Schriftführeramt und ernennt zugleich für beide Stellvertreter. Er faßt seine Beschlüsse nach Stimmenmehrheit der in seinen Sitzungen Erschienenen. Bei Stimmengleichheit gilt der Antrag als abgelehnt. Bei Wahlen entscheidet in diesem Falle das Los. Der Aufsichtsrat ist beschlußfähig, wenn die Mehrheit seiner Mitglieder anwesend ist.

Aufsichtsratsmitglieder, welche bei zu beratenden Gegenständen beteiligt sind, dürfen den Verhandlungen über diese Gegenstände nicht beiwohnen.

§ 19.

Zur Erledigung seiner Geschäfte hält der Aufsichtsrat allwöchentlich zu einer bestimmten Zeit eine ordentliche Sitzung.

§ 20.

Außerordentliche Sitzungen hat der Vorsitzende des Aufsichtsrates zu berufen, wenn er dieses für erforderlich hält oder wenn der Vorstand oder der dritte Teil der Mitglieder des Aufsichtsrates solches unter schriftlicher Angabe der Beratungsgegenstände verlangen.

Mit der Einladung zu einer außerordentlichen Aufsichtsratssitzung sind die Gegenstände der Verhandlung den Mitgliedern des Aufsichtsrates bekannt zu machen.

§ 21.

Die Protokolle müssen die gefaßten Beschlüsse enthalten und werden von den anwesenden Mitgliedern des Aufsichtsrates, sowie von den anwesenden Vorstandsmitgliedern unterzeichnet.

c) Enthebung der Aufsichtsratsmitglieder von ihrem Amte.

§ 22.

Aufsichtsratsmitglieder können von der Generalversammlung jederzeit ihres Amtes enthoben werden. Der Beschluß bedarf einer Mehrheit von drei Vierteilen der erschienenen Genossen. Der Antrag darauf steht dem Vorstande wie dem Aufsichtsrate zu und kann auch aus der Mitte der Mitglieder selbst hervorgehen. In letzterem Falle kann er aber nur berücksichtigt werden, wenn er schriftlich mit Angabe der Gründe eingereicht und von dem zehnten Teile der Genossen unterstützt ist.

d) Obliegenheiten und Befugnisse des Aufsichtsrates.

§ 23.

Der Aufsichtsrat hat die Geschäftsführung in allen Zweigen der Verwaltung zu überwachen und muß sich deshalb über den Gang der Verwaltung stets unterrichtet halten.

Der Aufsichtsrat kann zu jeder Zeit von dem Vorstande über alle Angelegenheiten der Genossenschaft Bericht und Aufklärung verlangen, von den Büchern, Schriften und Urkunden Einsicht nehmen und den Bestand der Kasse, sowie die Bestände an Wert- und Handelspapieren und sonstigen Gegenständen untersuchen.

Der Aufsichtsrat hat bei der Kreditgewährung nach Maßgabe des § 26 mitzuwirken.

§ 24.

Der Aufsichtsrat hat die Monatsabschlüsse des Vorstandes zu prüfen und sich dabei die nötige Übersicht über die Geschäfte zu verschaffen, die Jahresrechnung, die Bilanz und die Vorschläge zur Verteilung von Gewinn und Verlust zu prüfen und darüber der Generalversammlung vor Genehmigung der Bilanz Bericht zu erstatten.

Er hat eine Generalversammlung zu berufen, wenn dies im Interesse der Genossenschaft erforderlich erscheint.

Der Aufsichtsrat hat bei den Revisionen durch den Verbandsrevisor mitzuwirken und in der nächsten Generalversammlung über das Ergebnis der Revision zu berichten.

§ 25.

Das vom Aufsichtsrate bei seiner Geschäftstätigkeit einzuhaltende Verfahren wird in einer besonderen, vom Vorstande und Aufsichtsrate aufzustellenden Geschäftsanweisung bestimmt.

Die Geschäftsanweisung muß von den Mitgliedern des Aufsichtsrates unterschrieben werden.

§ 26.

Der Vorstand hat die Genehmigung des Aufsichtsrates einzuholen zu Kreditgewährungen jeder Art, insbesondere zur Gewährung von Darlehen, zu Verlängerungen derselben und zur Gewährung von Krediten in laufender Rechnung.*)

§ 27.

Über folgende Angelegenheiten beschließen Vorstand und Aufsichtsrat nach gemeinsamer Beratung;

1. über die Grundsätze für Aufnahme fremder Gelder;
2. über die Anlage müßiger Gelder;
3. über die Anlage der Reserven;
4. über die Bestimmung der Höhe der Zinsen und Provisionen für die gewährten Kredite;
5. über Aufnahme von Mitgliedern;
6. über Ausschließung von Mitgliedern und Gestattung des Ausscheidens durch Übertragung des Geschäftsguthabens;
7. über die Geschäftsanweisungen für den Vorstand und Aufsichtsrat;
8. über Anstellung von Beamten im Dienste der Genossenschaft und Regelung ihrer Besoldung, sowie über Ernennung von Bevollmächtigten für einzelne Geschäfte und Regelung ihrer Vollmacht, ferner über Verfolgung von Rechtsansprüchen gegen Beamte und Bevollmächtigte;
9. über Abschluß von Miets- und anderen Verträgen, sowie über Anschaffung und Veräußerung von Mobilien im Wertbetrage von mehr als . . . . . Mark;
10. über die Ausdehnung oder Beschränkung des Geschäftsbetriebes im ganzen oder in einzelnen Geschäftszweigen und über die Feststellung der Geschäftsordnungen und Bedingungen für die einzelnen Geschäftszweige;
11. über den Anschluß an genossenschaftliche Verbände und Vereinigungen, oder den Austritt aus denselben;

---

*) Wo die Kredite vom Vorstande auf Grund einer Kreditfähigkeitsliste gewährt werden, würde § 26 wie folgt lauten: „Der Vorstand hat die Genehmigung des Aufsichtsrates einzuholen zu Kreditgewährungen, die über die Kreditliste hinausgehen.“ In § 27 würde die folgende Bestimmung aufzunehmen sein: „Über die Feststellung der Kreditfähigkeitsliste, durch welche der Höchstbetrag, den der Vorstand bei einer Kreditgewährung innehalten muß, für jedes Mitglied bestimmt ist. Die Kreditfähigkeitsliste ist mindestens halbjährlich zu prüfen und nach den veränderten Verhältnissen umzugestalten.“

12. über die Beschickung der Allgemeinen Genossenschaftstage und der Unterverbandstage, Wahl der Abgeordneten zu denselben und Festsetzung ihrer Reiseentschädigung;
13. über die Festsetzung der Geschäftsstunden;
14. über die Anschaffung von Zeitschriften und Journalen;
15. über die Einschätzung der Mitglieder für die Diskontierung ihrer Wechsel.*)

Die Beschlüsse werden nach Stimmenmehrheit der anwesenden Mitglieder des Vorstandes und der anwesenden Mitglieder des Aufsichtsrates in getrennter Abstimmung beider Organe gefaßt.

Die gemeinschaftliche Sitzung von Vorstand und Aufsichtsrat ist beschlußfähig, wenn die Mehrheit der Mitglieder des Vorstandes und die Mehrheit der Mitglieder des Aufsichtsrates anwesend ist.

Den Vorsitz in den gemeinschaftlichen Sitzungen führt stets der Vorsitzende des Aufsichtsrates oder dessen Stellvertreter.

III. Die Generalversammlung.

a) Teilnahmerechte.

§ 28.

Die Rechte, welche den Mitgliedern der Genossenschaft in den Angelegenheiten derselben zustehen, werden von ihnen in der Generalversammlung ausgeübt.

Jeder Genosse hat bei den zu fassenden Beschlüssen eine Stimme, welche auf keinen Dritten übertragen werden kann.

Handlungsunfähige Personen, Korporationen, eingetragene Genossenschaften, Handelsgesellschaften und andere Personenvereine, welche Mitglieder sind, und mehrere Erben eines verstorbenen Mitgliedes können sich durch einen mit schriftlicher Vollmacht versehenen Bevollmächtigten vertreten lassen; der Bevollmächtigte kann in diesen Fällen nicht mehr als einen Genossen vertreten.

b) Berufung und Einladung.

§ 29.

Die Berufung der Generalversammlung geht in der Regel vom Aufsichtsrate aus, doch kann, wenn der Aufsichtsrat dieselbe verzögert, auch der Vorstand dazu schreiten.

Die Einladung zur Generalversammlung erfolgt durch einmalige Bekanntmachung in dem in § 73 bestimmten Blatte. Dieselbe wird, wenn sie vom Aufsichtsrate ausgeht, von dessen Vorsitzenden, andernfalls vom Vorstande in der für die Willenserklärungen des Vorstandes vorgeschriebenen Form unterzeichnet. Die betreffende Nummer des Blattes muß mindestens eine Woche vor der Versammlung ausgegeben werden.

§ 30.

Mit der Einladung zur Generalversammlung sollen die Anträge und sonstigen Gegenstände der Tagesordnung kurz bekannt gemacht werden.

Über Anträge und Gegenstände, welche nicht drei Tage vor der Generalversammlung in dem für die Veröffentlichungen der Bekanntmachung der Generalversammlung bestimmten Blatte angekündigt sind, können Beschlüsse nicht gefaßt werden.

---

*) Vgl. § 26, Anm. für den Fall, daß die Kreditgewährung überhaupt auf Grund einer Kreditfähigkeitsliste erfolgt.

Beschlüsse über die Leitung der Generalversammlung, sowie über Anträge auf Berufung einer außerordentlichen Generalversammlung sind nach der Bestimmung des Genossenschaftsgesetzes hiervon ausgenommen.

Anträge für die Tagesordnung der Generalversammlung, welche nach der Bekanntmachung der Einladung zur Generalversammlung rechtzeitig und nach der Vorschrift des § 33 dieses Statuts eingebracht werden, sind durch einmalige Einrückung in das in § 73 bestimmte Blatt bekannt zu machen.

c) Ordentliche Generalversammlungen.

§ 31.

Die Generalversammlungen finden regelmäßig statt:

a) nach dem Schlusse des Geschäftsjahres behufs Mitteilung der Jahresrechnung, Beschlußfassung über die Gewinnverteilung und die dem Vorstande zu erteilende Entlastung, sowie Erledigung etwaiger Beanstandungen der Rechnung;

b) nach dem Schlusse des zweiten und dritten Vierteljahres zur Darlegung der Kassen- und Geschäftsverhältnisse, zur Erledigung von Beschwerden und sonstigen Vereinsangelegenheiten und zur Besprechung von Angelegenheiten von allgemeinem genossenschaftlichen Interesse.

Die Ersatzwahlen für die ausscheidenden Vorstands- und Aufsichtsratsmitglieder werden in der letzten ordentlichen Generalversammlung vor Ablauf des Geschäftsjahres vorgenommen.*)

Die Bilanz, sowie eine den Gewinn und Verlust des Jahres zusammenstellende Berechnung (Jahresrechnung) müssen mindestens eine Woche vor der Generalversammlung, welche über die Genehmigung der Bilanz und die Gewinnverteilung zu beschließen hat, in dem Geschäftslokale der Genossenschaft zur Einsicht der Genossen ausgelegt werden.

Jedem Genossen muß auf sein Verlangen und auf seine Kosten eine Abschrift der Bilanz, sowie der Jahresrechnung zugestellt werden.

d) Außerordentliche Generalversammlungen.

§ 32.

Außerordentliche Generalversammlungen können jederzeit nach Bedürfnis berufen werden. Der Aufsichtsrat ist dazu verpflichtet, wenn der Vorstand oder der zehnte Teil der Vereinsmitglieder schriftlich unter Anführung des Zweckes und der Gründe darauf antragen.

Wird dem Verlangen der Mitglieder weder vom Aufsichtsrate noch vom Vorstande entsprochen, so können sich dieselben an das Gericht wenden, welches die Genossen zur Berufung der Generalversammlung ermächtigen kann. Die Berufung erfolgt in dem im § 73 bezeichneten Blatte und wird von den Mitgliedern,

---

*) Bei dieser Bestimmung ist vorausgesetzt, daß die Wahlperiode mit dem Geschäftsjahre zusammenfällt. Soll die Wahlperiode bis zu der Generalversammlung laufen, in der die Neuwahlen stattfinden, so müßte bei § 4 und § 15 des Statuts folgende Bestimmung aufgenommen werden:

Die Wahlperiode beginnt mit der Generalversammlung, in der die Wahl erfolgt, und endigt mit der entsprechenden Generalversammlung des Jahres, in dem die Wahlzeit abläuft.

Abs. 2 würde dann hier fortfallen.

welchen die Ermächtigung erteilt ist, unterzeichnet; mit der Berufung ist die gerichtliche Ermächtigung bekannt zu machen.

e) Tagesordnung.

§ 33.

Die Tagesordnung wird vom Aufsichtsrate festgesetzt, sofern derselbe die Versammlung beruft, anderenfalls vom Vorstande oder den Mitgliedern, welche die Versammlung berufen haben. In die Tagesordnung müssen alle Anträge aufgenommen werden, welche von dem Vorstande oder von dem Aufsichtsrate oder von dem zehnten Teile der Vereinsmitglieder so zeitig gestellt worden sind, daß sie drei Tage vor der Generalversammlung bekannt gemacht werden können.

Wird dem Verlangen der Mitglieder auf Ankündigung ihrer Anträge nicht stattgegeben, so können dieselben sich an das Gericht wenden, und dieses kann die Mitglieder zur Ankündigung ihrer Anträge ermächtigen. Die Mitglieder haben die Anträge durch das in § 73 bezeichnete Blatt mindestens drei Tage vor der Generalversammlung anzukündigen und mit der Ankündigung der Anträge die gerichtliche Ermächtigung bekannt zu machen.

f) Leitung.

§ 34.

Die Leitung der Generalversammlung gebührt dem Vorsitzenden des Aufsichtsrates oder einem Mitgliede des Vorstandes, je nachdem die Berufung der Generalversammlung von dem Vorstande oder von dem Aufsichtsrate ausgeht. Wird die Generalversammlung von den Mitgliedern berufen, so wählen diese den Vorsitzenden. Durch Beschluß der Generalversammlung kann jedoch die Leitung jederzeit einem anderen Vereinsmitgliede übertragen werden.

Der Vorsitzende ernennt den Schriftführer.

g) Abstimmung.

§ 35.

Die Abstimmung erfolgt mittels Aufhebens der Hände. Der Vorsitzende kann, sobald ihm das Resultat zweifelhaft erscheint und auch Gegenprobe nicht Klarheit schafft, die Zählung durch zwei von ihm aus den Genossen ernannte Stimmzähler vornehmen lassen, er ist hierzu verpflichtet, sobald zehn Mitglieder in der Versammlung darauf antragen. Nur bei Wahlen erfolgt die Abstimmung stets durch Stimmzettel.

h) Beschlüsse.

§ 36.

Die von der Mehrheit der in einer Generalversammlung erschienenen Genossen gefaßten Beschlüsse haben für die Genossenschaft bindende Kraft, wenn die Einladung zur Generalversammlung und die Mitteilung der Tagesordnung nach den Bestimmungen dieses Statuts ordnungsmäßig erlassen sind.

Über folgende Angelegenheiten:

1. über die Abänderung und die Ergänzung des Statuts;
2. über die Abänderung des Gegenstandes des Unternehmens;
3. über die Erhöhung des Geschäftsanteils;
4. über den Widerruf der Bestellung zum Mitgliede des Aufsichtsrates;
5. über die Auflösung der Genossenschaft

kann nur von einer Mehrheit von drei Vierteilen der in der Generalversammlung erschienenen Genossen gültig beschlossen werden.

Zur Gültigkeit der Beschlußfassung

1. über die Abänderung und Ergänzung des Statuts*) — ausgenommen die Erhöhung des Geschäftsanteils;
2. über die Abänderung des Gegenstandes des Unternehmens und
3. über die Auflösung der Genossenschaft

wird weiter erfordert, daß mindestens ein Vierteil aller Genossen in der Generalversammlung anwesend ist.

Ist das erforderliche Vierteil der Genossen in der Generalversammlung nicht anwesend, so wird eine zweite Generalversammlung mit einem Zwischenraum von mindestens 8 Tagen und höchstens 4 Wochen zur Erledigung derselben Tagesordnung anberaumt, welche ohne Rücksicht auf die Zahl der anwesenden Genossen gültig beschließen kann.

§ 37.

Die über die Verhandlung der Generalversammlung aufgenommenen Protokolle, welche den Vorgang in seinen wesentlichen Punkten, namentlich die gefaßten Beschlüsse und Wahlen, bei letzteren auch die Zahl und das Verhältnis der abgegebenen Stimmen enthalten sollen, werden unter dem Datum der Generalversammlung in ein besonderes „Protokollbuch" eingetragen, von dem Vorsitzenden und dem Schriftführer, von den anwesenden Vorstands- und Aufsichtsratsmitgliedern und von mindestens drei anderen Genossen unterzeichnet und vom Aufsichtsrate mit den zugehörigen Anlagen, insbesondere den Belagexemplaren der Blätter, welche die Bekanntmachung der Einladung und Tagesordnung enthalten, aufbewahrt.

§ 38.

Der Beschlußfassung der Generalversammlung unterliegen außer den an anderer Stelle ausdrücklich in diesem Statut dahin verwiesenen Gegenständen die nachstehend aufgeführten Angelegenheiten:

1. die Abänderung und Ergänzung des gegenwärtigen Statuts und die Abänderung des Gegenstandes des Unternehmens;
2. die Auflösung der Genossenschaft (§ 36 des Statuts);
3. die Genehmigung der Bilanz, Entlastung des Vorstandes, Verteilung von Gewinn und Verlust;
4. Erwerb von Grundeigentum zu dauerndem Besitz und dessen Belastung;
5. die Wahl der Mitglieder des Vorstandes und des Aufsichtsrates;
6. die Genehmigung der Verträge mit den Mitgliedern des Vorstandes, sowie die Bewilligung von Vergütungen an die Mitglieder des Aufsichtsrates;
7. die Enthebung der Mitglieder des Vorstandes und des Aufsichtsrates von ihren Ämtern;
8. die Verfolgung von Rechtsansprüchen gegen Mitglieder des Vorstandes und Aufsichtsrates, sowie die Wahl der Bevollmächtigten zur Führung von Prozessen gegen die Mitglieder des Aufsichtsrates;
9. die Einsetzung der in § 63 vorgesehenen Revisionskommission und die Wahl der Mitglieder derselben;

*) Es bleibt dem Ermessen der Genossenschaft überlassen, dies Erschwernis für Änderungen des Statuts fallen zu lassen.

10. die Bestimmung des Höchstbetrages, welchen
    a) sämtliche die Genossenschaft belastenden Anlehen und Spareinlagen zusammen,
    b) die bei einem einzelnen Mitgliede gleichzeitig ausstehenden Kredite nicht überschreiten dürfen;
11. die Entscheidung über alle gegen die Geschäftsführung und die Beschlüsse des Vorstandes und des Aufsichtsrates eingebrachten Beschwerden.

D. Erlangung und Endigung der Mitgliedschaft.

§ 39.

Aufnahmefähig sind Personen, Gesellschaften, Korporationen, eingetragene Genossenschaften, verpflichtungsfähige Vereine, sofern dieselben nicht bereits Mitglieder einer anderen Kreditgenossenschaft sind.

Zum Erwerb der Mitgliedschaft ist erforderlich: Aufnahme durch Vorstand und Aufsichtsrat und Ausstellung einer unbedingten schriftlichen Beitrittserklärung.

Die Mitgliedschaft des Beitretenden entsteht durch die Eintragung in die Liste der Genossen.

Jeder beitretende Genosse hat zwei gleichlautende Beitrittserklärungen zu vollziehen.

§ 40.

Jeder Genosse hat das Recht, mittels Aufkündigung seinen Austritt aus der Genossenschaft zu erklären.

Die Aufkündigung findet nur zum Schluß eines Geschäftsjahres statt und muß drei Monate vorher schriftlich erfolgen.

§ 41.

Ein Genosse kann ausgeschlossen werden:

a) wenn er den statutenmäßigen Verpflichtungen nicht nachkommt, insbesondere, wenn er mehr als sechs Monate mit den laufenden Beiträgen im Rückstande geblieben ist;
b) wenn er es wegen der Rückzahlung empfangener Darlehen zur gerichtlichen Verfolgung hat kommen lassen, oder durch die Nichterfüllung seiner Verpflichtung die Genossenschaft oder einen Bürgen in Schaden gebracht hat, überhaupt, wenn er durch sein Verhalten die Genossenschaft schädigt;
c) wenn über sein Vermögen der Konkurs eröffnet ist;
d) wegen der Mitgliedschaft in einer anderen, die gleichen Zwecke verfolgenden Genossenschaft;
e) wegen Verlegung des Wohnsitzes;
f) wegen Verlustes der bürgerlichen Ehrenrechte.

Gesellschaften sind auszuschließen, im Falle sie aufgelöst werden und keine Kündigung erfolgt ist.

Die Ausschließung erfolgt durch Beschluß von Vorstand und Aufsichtsrat.

Von der Ausschließung ist der Genosse durch den Vorstand mittels eingeschriebenen Briefes ohne Verzug zu benachrichtigen.

Von dem Zeitpunkt der Absendung des Briefes ab kann der Genosse nicht mehr an der Generalversammlung teilnehmen und nicht mehr Mitglied des Vorstandes und Aufsichtsrates sein.

§ 42.

Infolge der durch den Registerrichter bewirkten Eintragung der Kündigung und des Ausschließungsbeschlusses in die Liste der Genossen scheidet der Genosse mit dem in die Liste vermerkten Schlusse des Geschäftsjahres aus der Genossenschaft aus. Wird die Eintragung erst im Laufe eines späteren Geschäftsjahres vorgenommen, so findet das Ausscheiden erst mit dem Schlusse dieses Geschäftsjahres statt.

§ 43.

Im Falle des Todes eines Genossen gilt dieser mit dem Schlusse des Geschäftsjahres, in welchem der Tod erfolgt ist, als ausgeschieden.

Bis zu diesem Zeitpunkte wird die Mitgliedschaft des Verstorbenen durch dessen Erben fortgesetzt.

Für mehrere Erben kann das Stimmrecht in der Generalversammlung durch einen Bevollmächtigten ausgeübt werden.

§ 44.

Die Auseinandersetzung mit dem ausgeschiedenen Genossen erfolgt auf Grund der Bilanz. Das Geschäftsguthaben ist an den Ausgeschiedenen oder die Erben eines verstorbenen Mitgliedes binnen sechs Monaten nach dem Ausscheiden auszuzahlen. An den Reservefonds und das sonstige Vereinsvermögen hat der ausgeschiedene Genosse keinen Anspruch.

Die Klage auf Auszahlung des Geschäftsguthabens verjährt in zwei Jahren. die Verjährung beginnt mit Ablauf von sechs Monaten nach dem Ausscheiden.

Reicht das Vermögen einschließlich des Reservefonds und der Geschäftsguthaben zur Deckung der Schulden nicht aus, so hat der Ausgeschiedene von dem Fehlbetrage den ihn betreffenden Anteil an die Genossenschaft zu zahlen.

Wird die Genossenschaft binnen sechs Monaten nach dem Ausscheiden des Genossen aufgelöst, so gilt dasselbe als nicht erfolgt.

§ 45.

Durch Übertragung des Geschäftsguthabens nach Maßgabe des Gesetzes ist das Ausscheiden nur mit Genehmigung von Vorstand und Aufsichtsrat zulässig.

E. Rechte und Pflichten der Genossen.

§ 46.

Die Mitglieder der Genossenschaft sind berechtigt:

a) bei allen Beschlüssen und Wahlen in den Generalversammlungen zu stimmen und Anträge zu stellen (§§ 28, 33 des Statuts);
b) nach Maßgabe der Bestimmungen in § 32 des Statuts Generalversammlungen zu berufen;
c) von allen zur Erreichung der Vereinszwecke getroffenen Einrichtungen der Genossenschaft, soweit die vorhandenen Mittel und die Bestimmungen dieses Statuts dieses gestatten, Gebrauch zu machen;
d) nach Maßgabe der Bestimmungen in §§ 64 ff. des Statuts einen Anteil am Reingewinn des Geschäfts zu beanspruchen.

§ 47.

Jeder Genosse ist dagegen verpflichtet:

a) auf den Geschäftsanteil die in § 48 des Statuts vorgeschriebenen Einzahlungen zu leisten;
b) sofort nach Erwerbung der Mitgliedschaft das in § 51 des Statuts vorgeschriebene Eintrittsgeld zu zahlen;
c) dem Statut, den Beschlüssen und dem Interesse der Genossenschaft nicht entgegen zu handeln;

d) für die Verbindlichkeiten der Genossenschaft dieser, sowie unmittelbar den Gläubigern der Genossenschaft nach Maßgabe der Bestimmungen des Gesetzes für Genossenschaften mit unbeschränkter Haftpflicht solidarisch und mit seinem ganzen Vermögen zu haften.

F. Geschäftsanteil der Mitglieder.

§ 48.

Der Geschäftsanteil jedes Mitgliedes wird auf .... Mark festgesetzt. Dieser Geschäftsanteil kann sogleich bei dem Eintritt voll eingezahlt werden oder nach und nach durch einzelne Einzahlungen ergänzt werden. In dem letzteren Falle müssen die Einzahlungen zum mindesten monatlich ... Pf. betragen.

Bis zur Erreichung des Geschäftsanteils wird der auf das Geschäftsguthaben fallende Anteil am Reingewinn zurückbehalten und mit den auf den Geschäftsanteil geleisteten Einzahlungen in einem besonderen Konto dem Genossen gutgeschrieben.*)

§ 49.

Jedes Mitglied erhält ein besonderes Buch, in welchem die von ihm geleisteten Einzahlungen auf seinen Geschäftsanteil, die dem Geschäftsanteil zugeschriebenen Gewinnanteile und die erfolgten Abschreibungen eingetragen werden.

Das Geschäftsguthaben eines Genossen darf während der Dauer der Mitgliedschaft von der Genossenschaft weder ganz noch teilweise ausgezahlt und von

---

*) Bei hohem Geschäftsanteil empfiehlt es sich, von der Bestimmung des Gesetzes, daß die obligatorischen Einzahlungen auf Geschäftsanteil nur bis zu einem Gesamtbetrage von mindestens einem Zehnteil des Geschäftsanteils festzusetzen sind, Gebrauch zu machen, in Verbindung mit § 48, z. B.:

„Der Geschäftsanteil wird auf 2000 Mark festgesetzt und kann jederzeit voll eingezahlt werden oder muß durch Einzahlungen allmählich gebildet werden.

Bis zur Erreichung eines Geschäftsguthabens von 400 Mark ist jedes Mitglied verpflichtet, monatlich mindestens eine Mark einzuzahlen. Auch wird bis zur Erreichung dieses Betrages die auf das Geschäftsguthaben entfallende Dividende demselben zugeschrieben. Die Bestimmung weiterer Einzahlungen nach Betrag und Zeit unterliegt der Festsetzung der Generalversammlung.

Mitglieder, deren Geschäftsguthaben mindestens 400 Mark beträgt, sind berechtigt, die Dividende abzuheben; ist aber die Dividende nicht binnen sechs Monaten von deren Bereitstellung ab abgehoben, so wird diese dem Geschäftsguthaben zugeschrieben, so lange dasselbe nicht den Betrag des Geschäftsanteils erreicht hat."

Bei hohem Geschäftsanteil hat es sich auch als zweckmäßig erwiesen, die Kreditgewährung mit der Bildung eines angemessenen Geschäftsguthabens in Verbindung zu bringen (vgl. jedoch S. 111), zu welchem Zweck dann ein kleiner Prozentsatz des gewährten Kredits als Einzahlung auf Geschäftsanteil genommen wird, z. B.:

„Von jedem gewährten Kredit über .... Mark muß das Mitglied ½% auf Geschäftsanteil einzahlen, so lange sein Geschäftsanteil 2000 Mark noch nicht erreicht hat."

der Genossenschaft nicht zum Pfande genommen werden. Eine auf den Geschäftsanteil geschuldete Einzahlung kann nicht erlassen werden.

G. Reservefonds.

§ 50.

Zur Deckung von Geschäftsverlusten, welche nicht aus dem Geschäftsertrage des Rechnungsjahres gedeckt werden können, dient der Reservefonds.

Derselbe wird durch die nach der Bestimmung in § 51 dieses Statuts zu entrichtenden Eintrittsgelder neuer Mitglieder, die nach Vorschrift des § 66 des Statuts zu überweisenden Anteile des Reingewinnes, sowie andere von der Generalversammlung beschlossene Zuwendungen gebildet, und soll allmählich bis zur Höhe von wenigstens 10% des Betriebskapitals angesammelt und nach Abschreibung von Verlusten wieder auf diesen Betrag gebracht werden.

Ferner wird eine Spezialreserve zur Deckung von Kursverlusten gebildet. In diese Reserve fließen die Kursgewinne.

Weitere Spezialreserven werden nach Bedürfnis gebildet.

§ 51.

Das Eintrittsgeld der Mitglieder wird von Zeit zu Zeit durch Beschluß der Generalversammlung festgesetzt und bis auf weiteres mit . . . . . Mark erhoben.

Dasselbe ist sofort bei Erlangung der Mitgliedschaft zu zahlen

Die Witwe eines verstorbenen Mitgliedes bleibt von der Zahlung des Eintrittsgeldes befreit, wenn sie innerhalb sechs Monaten nach dem Todestage des Mitgliedes bei dem Vorstande den Antrag auf Aufnahme in die Genossenschaft stellt und als Mitglied aufgenommen wird.

H. Geschäftskreis der Genossenschaft.

§ 52.

Die Genossenschaft nimmt, soweit das Kreditbedürfnis der Mitglieder dieses erfordert, Gelder von Mitgliedern und Nichtmitgliedern nach den hierüber aufzustellenden Geschäftsbedingungen an. Sie tritt mit Bankinstituten und Bankhäusern in Geschäftsverbindung und erwirbt bei Bedarf Kredite bei solchen. Sie tritt mit anderen Genossenschaften in Verkehr, insbesondere zum Zwecke der Besorgung des gegenseitigen Inkassos.

Sie gewährt ihren Mitgliedern Darlehen auf bestimmte Zeit, diskontiert ihnen Wechsel und führt ihnen laufende Rechnung mit oder ohne Kreditgewährung.

Sie besorgt Effektengeschäfte für die Mitglieder in Kommission.

Die Genossenschaft kann Immobilien nur erwerben, um ein eigenes und ständiges Geschäftslokal zu erlangen und vorübergehend zur Sicherung einer gefährdeten Forderung.

Staats- und sonstige Wertpapiere kann die Genossenschaft für sich nur zur Anlage des Reservefonds oder zur zeitweiligen Unterbringung müßiger Kassenbestände ankaufen.

Jede Art von Spekulationsgeschäften ist ausgeschlossen.

§ 53.

Kredit kann nur an Mitglieder der Genossenschaft und nur soweit gewährt werden, als die Kreditfähigkeit der Kreditsucher reicht und dieselben ausreichende Sicherheit leisten.

§ 54.

Die Sicherheit für Kreditgewährung kann geleistet werden;

1. durch Bestellung eines oder mehrerer Bürgen:
2. durch Verpfändung von sicheren Forderungen;
3. durch Verpfändung von soliden Staats- oder sonstigen Wertpapieren, welche an einer deutschen Börse Kurs haben.

Auf Spezialhypothek allein sollen keine Gelder ausgeliehen werden. Nur ausnahmsweise bei gefährdeten Forderungen und in Ermangelung anderer Deckung kann zu solcher Sicherstellung gegriffen werden.

Für Kredit in laufender Rechnung kann eine Kautionshypothek im Betrage des festgesetzten Höchstbetrages als Sicherung bestellt werden.

§ 55.

Die Mitglieder des Vorstandes sind während ihrer Amtsdauer von jeder Kreditgewährung ausgeschlossen.

§ 56

An Mitglieder des Aufsichtsrats dürfen, solange sie diese Stellung einnehmen, Darlehen nur gegen ausreichende Sicherstellung und bis zu einem Höchstbetrage gewährt werden, welcher durch die von der Generalversammlung alljährlich zu wählende Einschätzungskommission von drei Mitgliedern bestimmt wird und von dieser zu jeder Zeit abgeändert werden kann.

§ 57.

Mitglieder des Vorstandes und Aufsichtsrates werden während ihrer Amtsdauer als Bürgen nicht angenommen.

J. Rechnungswesen, Reingewinn und Verluste.

§ 58.

Das erste Geschäftsjahr beginnt mit der Eintragung in das Genossenschaftsregister und endigt am 31. Dezember 19 . ., nach Ablauf desselben fällt das Geschäftsjahr mit dem Kalenderjahr zusammen. Sofort bei dessen Beendigung muß

1. der Bestand der vorhandenen Kassenvorräte, Schulddokumente und Wertpapiere durch den Aufsichtsrat untersucht und festgestellt, sowie
2. mit dem Abschluß der Bücher vom Vorstand begonnen werden.

§ 59.

Die vollständige Jahresrechnung hat der Vorstand längstens bis Mitte März des folgenden Jahres dem Aufsichtsrate vorzulegen, widrigenfalls dieser berechtigt ist, dieselbe unter seiner Aufsicht durch andere Personen auf Kosten des Vorstandes anfertigen zu lassen.

§ 60.

Die Rechnung muß enthalten:

1. eine Übersicht sämtlicher Einnahmen und Ausgaben innerhalb des Jahres nach den bei der Buchführung eingeführten Hauptrubriken;
2. eine besondere Gewinn- und Verlustberechnung;
3. die Bilanz über den Stand des Genossenschaftsvermögens (der Aktiva und Passiva) am Jahresschluß.

§ 61.

Bei der Bilanz sind außer den Genossenschaftsschulden der Reservefonds und die Geschäftsguthaben der Mitglieder unter den Passiven, der Wert der Immobilien und Mobilien nach Abzug der gewöhnlichen Abnutzungsprozente oder der darauf vorgenommenen größeren Abschreibungen, der Kassenbestand, die Wertpapiere höchstens zum Tageskurs, sowie die ausstehenden Forderungen nach den verschiedenen Geschäftszweigen unter den Aktiven anzusetzen, dabei jedoch etwaige unsichere Forderungen nur nach ihrem wahrscheinlichen Werte aufzuführen, uneinziehbare aber ganz auszuscheiden und zurückzustellen.

Ferner muß die Bilanz in den Passiven, die auch in der Gewinn- und Verlustberechnung nachzuweisenden, am Jahresschlusse noch schuldigen, erst im nächsten Jahre zur Zahlung gelangenden Zinsen für die aufgenommenen fremden Gelder — Anlehen, Spareinlagen &c. — aufführen; ebenso müssen in den Passiven der Bilanz diejenigen, auch aus der Gewinn- und Verlustberechnung sich ergebenden, voraus erhobenen Zinsbeträge besonders aufgeführt werden, welche zwar im Laufe des abgeschlossenen Jahres vereinnahmt worden sind, die jedoch, dem Verfall der Schuldposten der Kunden entsprechend, zu dem Gewinn des nächsten Jahres gehören. — In den Aktiven der Bilanz sind diejenigen, auch in der Gewinn- und Verlustberechnung nachzuweisenden Zinsbeträge für gewährte Kredite aufzuführen, welche im abgelaufenen Jahre zwar verdient worden sind, deren Zahlung durch die Schuldner jedoch erst im nächsten Jahre zu erfolgen hat, soweit diese Zinsforderungen nicht zu den unsicheren Ausständen zu rechnen sind, in welchem Falle sie entweder nur nach dem wahrscheinlichen Werte aufzuführen oder ganz abzuschreiben sind.

§ 62.

Die Prüfung der Jahresrechnung erfolgt durch den Aufsichtsrat, der sich die nötigen Unterlagen dabei durch Einsicht der Bücher, Beläge, wie durch die nach § 58 von ihm vorzunehmende Inventur zu verschaffen hat.

Der Aufsichtsrat kann sich bei der Prüfung der Jahresrechnung der Beihilfe Sachverständiger bedienen, welche dafür eine von ihm festzusetzende Vergütung von der Genossenschaft erhalten.

§ 63.

Der Bericht des Aufsichtsrates über die Rechnungsprüfung ist der nächsten ordentlichen Generalversammlung zu erstatten, welche hierauf über die Entlastung des Vorstandes beschließt.

Erheben sich hierbei Bedenken gegen die Richtigkeit der Rechnung und die Prüfung des Aufsichtsrates, so kann die Generalversammlung, ohne daß der Antrag vorher auf die Tagesordnung gebracht war, eine besondere Kommission von drei Mitgliedern erwählen und diese mit der nochmaligen Prüfung der Rechnung beauftragen.

§ 64.

Die Verwendung des Reingewinns unterliegt der Beschlußfassung der Generalversammlung. Derselbe wird, soweit er nicht nach deren Beschlüssen dem Reservefonds zugeschlagen oder zu Abschreibungen an Bestandteilen des Vereinsvermögens benutzt oder zu anderen Zwecken verwendet wird, an die Mitglieder nach dem Verhältnis ihrer Geschäftsguthaben verteilt und denselben, so lange der Geschäftsanteil nicht erreicht ist, zugeschrieben oder zur Wiederergänzung einer durch Verlust verminderten Guthabenforderung einbehalten.

§ 65.

Bei der Berechnung des Gewinnanteils wird das Geschäftsguthaben jedes

Genossen nur insoweit berücksichtigt, als es volle Mark beträgt und nicht erst während des Rechnungsjahres, um dessen Gewinnüberschüsse es sich handelt, eingezahlt ist, so daß nur die bis zum Schlusse des vorhergegangenen Geschäftsjahres ermittelten Geschäftsguthaben in Betracht kommen.*)

§ 66.

Solange der gesetzliche Reservefonds noch nicht auf den im § 50 festgesetzten Betrag gebracht ist, werden von dem Reingewinn vor dessen Verteilung an die Mitglieder mindestens . . % abgezogen und dem genannten Fonds zugeschlagen, was ebenfalls geschehen muß, wenn derselbe durch Deckung von Geschäftsverlusten unter jenen Normalbetrag herabgesunken ist.

§ 67.

Die Deckung von Verlusten unterliegt der Beschlußfassung durch die Generalversammlung. Werden die Geschäftsguthaben zur Deckung von Verlusten herangezogen, so geschieht die Verteilung nach Verhältnis der Geschäftsguthaben, wobei die Generalversammlung den für die Feststellung der Höhe der Geschäftsguthaben maßgebenden Zeitpunkt festzusetzen hat.

Reicht das Vermögen der Genossenschaft einschließlich der Geschäftsguthaben und Reserven zur Deckung der Schulden nicht aus, so wird der die Ausgeschiedenen treffende Anteil am Fehlbetrage nach der Kopfzahl der Mitglieder berechnet.

K. Auflösung der Genossenschaft.

§ 68.

Die Auflösung der Genossenschaft erfolgt:

1. durch Beschluß der Generalversammlung nach Maßgabe des § 36;
2. durch Eröffnung des Konkurses über das Vereinsvermögen;

---

*) Bei hohem Geschäftsanteil wird man auch die im Laufe des Jahres geleisteten Einzahlungen entsprechend an der Dividende teilnehmen lassen, z. B.:

„An der Dividende nehmen die Geschäftsguthaben nach Verhältnis der Zeit teil, während deren sie im Geschäft mitgearbeitet haben, und zwar in der Art, daß auf die volle Dividende Anspruch haben die Geschäftsguthaben in Höhe des durch die Zuschreibung von Gewinn oder Abschreibung von Verlust zum Schlusse des vorhergegangenen Geschäftsjahres ermittelten Betrages. Die im Laufe des Geschäftjahres geleisteten Einzahlungen sind dividendenberechtigt erst mit dem Beginn des auf die Einzahlungen folgenden Quartals.

Für die Dividendenberechnung kommen nur volle Mark in Betracht."

Falls das auf ein neues Mitglied vererbte Geschäftsguthaben eines früheren, verstorbenen Mitgliedes als Einzahlung auf den Geschäftsanteil benutzt wird und an der vollen Jahresdividende teilnehmen soll, würde die Bestimmung über die Dividendenberechtigung des ererbten Geschäftsguthabens lauten:

„Tritt der Erbe eines verstorbenen Genossen als Mitglied bei und überläßt das dem verstorbenen Genossen zustehende Geschäftsguthaben ungeschmälert der Genossenschaft als Einzahlung auf seinen Geschäftsanteil, so wird diese Einzahlung für den Dividendenbezug als bereits zum Schluß des vorhergegangenen Geschäftsjahres geleistet angesehen, nimmt also an der vollen Dividende teil."

3. durch Beschluß des Gerichts, wenn die Zahl der Genossen weniger als sieben beträgt;
4. durch Beschluß der in dem Gesetze bestimmten Behörde und nach den daselbst gegebenen Vorschriften.

§ 69.

Die Liquidation der Genossenschaft erfolgt nach Maßgabe des Gesetzes; für die Verteilung des Vereinsvermögens ist § 91 Abs. 1 und Abs. 2 maßgebend.

§ 70.

Die Heranziehung der Genossen im Konkurse der Genossenschaft während des Vorschuß- und Nachschußverfahrens erfolgt nach Maßgabe des Gesetzes.

L. Die Bekanntmachungen der Genossenschaft und die dazu bestimmten Blätter.

§ 71.

Alle Bekanntmachungen und Erlasse in Angelegenheiten der Genossenschaft, sowie die dieselbe verpflichtenden Schriftstücke ergehen unter deren Firma und werden mindestens von zwei Vorstandsmitgliedern unterzeichnet.

§ 72.

Die Einladungen zu den Generalversammlungen, insofern sie vom Aufsichtsrate ausgehen, erläßt der Vorsitzende des Aufsichtsrates mit der Zeichnung:

Der Aufsichtsrat der . . . . . . (Firma des Vereins).
N. . . .,
Vorsitzender.

§ 73.

Zur Veröffentlichung ihrer Bekanntmachungen bedient sich die Genossenschaft des . . . . Blattes.

Für den Fall, daß dieses Blatt eingehen, oder aus anderen Gründen die Veröffentlichung in diesem Blatte unmöglich werden sollte, tritt der Deutsche Reichsanzeiger so lange an die Stelle dieses Blattes, bis für die Veröffentlichung der Bekanntmachungen der Genossenschaft durch Beschluß der Generalversammlung ein anderes Blatt bestimmt ist.*)

---

*) Wenn für die Veröffentlichung der Bekanntmachungen der Genossenschaft mehrere öffentliche Blätter bestimmt werden sollen, würde dem § 73 die folgende Fassung zu geben sein:

„Die Veröffentlichung der Bekanntmachungen der Genossenschaft erfolgt in . . . . (Bezeichnung der Blätter). Für den Fall, daß eines dieser Blätter eingehen oder aus anderen Gründen die Veröffentlichung in demselben unmöglich werden sollte, erfolgt die Veröffentlichung in dem anderen Blatte (in den übrigen zur Veröffentlichung bestimmten Blättern), und für den Fall, daß die beiden (daß alle) genannten Blätter eingehen sollten, oder die Veröffentlichung in denselben aus anderen Gründen unmöglich werden sollte, tritt der Deutsche Reichsanzeiger so lange an deren Stelle, bis durch Beschluß der Generalversammlung zur Veröffentlichung der Bekanntmachungen der Genossenschaft andere Blätter bestimmt sind."

Formular 2.

Statutenentwurf
für eine
Kreditgenossenschaft als eingetragene Genossenschaft mit beschränkter Haftpflicht.

Das vorstehende Statut enthält folgende Abänderungen:

1. Die Überschrift lautet:

Statut
des
Vorschuß- (Kredit-) Vereins zu . . . .
eingetragene Genossenschaft mit beschränkter Haftpflicht.

Die Unterzeichneten errichten eine Genossenschaft nach den Vorschriften des Gesetzes betreffend die Erwerbs- und Wirtschaftsgenossenschaften sowie nach Maßgabe des nachstehenden Statuts.

2. § 1 lautet:

§ 1.

Die Genossenschaft führt die Firma . . . . eingetragene Genossenschaft mit beschränkter Haftpflicht, und hat ihren Sitz zu . . . .

Gegenstand des Unternehmens ist die Beschaffung der in Gewerbe und Wirtschaft der Mitglieder nötigen Geldmittel durch gemeinschaftlichen Betrieb von Bankgeschäften.

3. Zu § 7 ist zu beachten, daß für die Veröffentlichung der Bilanz außer § 33 d. Ges. auch § 139 d. Ges. zu befolgen ist.

4. In § 36 ist in Abs. 2 unter Pos. 5 hinzuzusetzen:

Erhöhung der Haftsumme.

5. Zu § 44 Abs. 3 ist hinzuzusetzen:

Der Anspruch der Genossenschaft an den Ausgeschiedenen ist durch die Haftsumme beschränkt.

6. § 47 Pos. d lautet:

Für die Verbindlichkeiten der Genossenschaft dieser sowie unmittelbar den Gläubigern der Genossenschaft nach Maßgabe der Bestimmungen des Gesetzes für Genossenschaften mit beschränkter Haftpflicht solidarisch bis zu der durch das Statut bestimmten Haftsumme zu haften.

7. Nach § 49 sind folgende Paragraphen einzufügen:

§ 49a.

Jeder Genosse kann mit mehreren Geschäftsanteilen sich beteiligen, aber mehr als . . Geschäftsanteile sind nicht gestattet.

Über die Zulassung zum Erwerb eines weiteren Geschäftsanteils entscheidet der Vorstand.

Die Beteiligung auf einen zweiten Geschäftsanteil ist unzulässig, bevor der erste Geschäftsanteil erreicht ist. Das gleiche gilt von der Zulassung zu jedem weiteren Geschäftsanteil.

Ein Genosse, welcher auf einen weiteren Geschäftsanteil beteiligt sein will, hat darüber eine von ihm zu unterzeichnende, unbedingte Erklärung abzugeben.

Die Beteiligung auf den weiteren Geschäftsanteil tritt mit der erfolgten Eintragung in die Liste der Genossen in Kraft.

Haftsumme.

§ 49b.

Die Haftsumme wird auf . . . . Mark festgesetzt.

Mit dem Erwerbe eines weiteren Geschäftsanteils erhöht sich die Haftung eines Genossen auf das der Zahl der Geschäftsanteile entsprechende Vielfache der Haftsumme.

§ 49c.

Zu einer Erhöhung der Haftsumme bedarf es einer Mehrheit von drei Vierteilen der in der Generalversammlung erschienenen Genossen. Eine Herabsetzung der Haftsumme kann nur unter Beobachtung der Bestimmungen erfolgen, welche für die Verteilung des Genossenschaftsvermögens im Falle der Auflösung maßgebend sind.

8. § 67 Absatz 2 erhält folgende Fassung:

Reicht das Vermögen der Genossenschaft einschließlich der Geschäftsguthaben und Reserven zur Deckung der Schulden nicht aus, so wird der die Ausgeschiedenen treffende Anteil am Fehlbetrag nach Verhältnis der Haftsumme der Mitglieder berechnet.

9. Zu § 68 Pos. 2 ist zu beachten:

Nach d. Ges. findet das Konkursverfahren bei bestehender Genossenschaft außer in dem Falle der Zahlungsunfähigkeit in dem Falle der Überschuldung statt, sofern diese ein Vierteil des Betrages der Haftsummen aller Genossen übersteigt. Der Vorstand hat, wenn eine solche Überschuldung sich aus der Jahresbilanz oder aus einer im Laufe des Jahres aufgestellten Bilanz ergibt, die Eröffnung des Konkursverfahrens zu beantragen.

10. § 69 und § 70 erhalten folgende Fassung:

§ 69.

Die Liquidation der Genossenschaft erfolgt nach Maßgabe des Gesetzes. Für die Verteilung des Vereinsvermögens ist das Gesetz mit der Änderung maßgebend, daß Überschüsse, welche sich über den Gesamtbetrag der Guthaben hinaus ergeben, nach Verhältnis der Haftsumme unter die Mitglieder verteilt werden.

§ 70.

Die Heranziehung der Genossen im Konkurse der Genossenschaft während des Vorschuß- und Nachschußverfahrens erfolgt in der Art, daß die Nachschüsse von den Genossen nach Verhältnis der Haftsumme zu leisten sind.

Formular 3.

Statutenentwurf

für eine

Kreditgenossenschaft als eingetragene Genossenschaft mit unbeschränkter Nachschußpflicht.

Das Statut ist gleichlautend mit dem für Kreditgenossenschaften mit unbeschränkter Haftpflicht, nur daß

1. es in der Firma statt „unbeschränkter Haftpflicht" heißt: „unbeschränkter Nachschußpflicht";
2. § 47 Pos. d lautet:

„Für die Verbindlichkeiten der Genossenschaft dieser solidarisch und mit seinem ganzen Vermögen zu haften."

Formular 4.

Protokoll
über die Gründung einer Kreditgenossenschaft.

Verhandelt . . . den . . . 19 . .

Die Versammlung wird um 7 Uhr abends durch Herrn . . . eröffnet und von demselben Herr . . . zum Schriftführer ernannt.

Es sind 52 Personen anwesend.

Der Vorsitzende erläutert den Zweck der Versammlung, eine Kreditgenossenschaft zu gründen und verteilt unter den Anwesenden einen Statutenentwurf, der von der Kommission beschlossen ist, welche zur Ausarbeitung eines Statutenentwurfes in der am . . . zu . . . abgehaltenen Versammlung eingesetzt ist.

Es schließt sich an die Ausführungen des Vorsitzenden eine längere Debatte, an der sich die Herren . . . beteiligen.

Nach Schluß derselben fordert der Vorsitzende diejenigen, welche bereit sind, sich an der Gründung der Kreditgenossenschaft zu beteiligen, auf, zu bleiben und in die Beratung des Statuts einzutreten.

Es wird eine Pause von 10 Minuten gemacht.

Nach Wiedereröffnung der Versammlung sind 45 Personen anwesend. Der Vorsitzende schlägt vor, daß der Entwurf des Statuts zunächst verlesen, dann paragraphenweise durchberaten wird.

Nach Verlesung des dem Protokoll als Anlage beigefügten Statuts stellt Herr . . . den Antrag, dasselbe en bloc anzunehmen.

Der Antrag wird einstimmig angenommen und das anliegende Statut von 45 Personen unterschrieben.

Auf Antrag des Vorsitzenden schreiten die 45 Personen, welche das Statut unterschrieben haben, sofort zur Wahl des Aufsichtsrates.

Nach § . . des Statuts sind sieben Aufsichtsratsmitglieder in einem Wahlakt zu wählen.

Die Abstimmung ergibt folgendes Resultat:

Abgegeben sind 45 Stimmzettel, von denen 43 gültig sind, die absolute Mehrheit beträgt daher 22.

Es haben erhalten:

1. Herr . . . 40
2. „ 38
3. „ . . . 42
4. „ . 39
5. „ . . 37
6. „ . 40
7. „ . . 43
8. „ . 17
9. „ 10

Fünf weitere Stimmen haben sich zersplittert.

Gewählt sind demnach die Herren . . . (1 bis 7); dieselben erklären sich sämtlich zur Annahme der Wahl bereit.

Der Vorsitzende vertagt die Versammlung auf eine halbe Stunde zur Konstituierung des Aufsichtsrates.

Nach Wiedereröffnung übernimmt Herr . . . als Vorsitzender des Aufsichtsrates den Vorsitz. Er teilt mit, daß der Aufsichtsrat

zum Direktor Herrn . . . vorschlage.

Es wird zur Wahl geschritten.

Es werden 39 gültige Stimmzettel abgegeben, die alle ein „Ja“ enthalten.

Herr . . . ist demnach zum Direktor gewählt für die Zeit . . . und erklärt sich bereit, die Wahl anzunehmen.

(In gleicher Weise erfolgt die Wahl der anderen Vorstandsmitglieder.)

Um 12 Uhr schließt der Vorsitzende die Versammlung.

v. g. u.

Unterschriften
(nach Maßgabe der Bestimmungen des angenommenen Statuts über die Unterzeichnung des Protokolls der Generalversammlung).

Formular 5.

Protokoll
über Statutenänderungen.

Es sind nicht selten Genossenschaften, welche eine Revision ihrer Statuten vorgenommen und in Anlehnung an die Bestimmungen der Musterstatuten ihre alten Statuten einer vollständigen Umänderung unterzogen haben, Schwierigkeiten begegnet, wenn sie den Antrag auf Eintragung der Statutenänderung in das Genossenschaftsregister gestellt haben. In den meisten Fällen hat der Registerrichter daran Anstoß genommen, daß aus dem Protokolle nicht ersichtlich war, daß das mit dem Antrage auf Eintragung überreichte abgeänderte Statut dasjenige war, welches von der Generalversammlung angenommen war. In einzelnen Fällen hat der Registerrichter auch das weitgehende Verlangen gestellt, daß die einzelnen abgeänderten Paragraphen in dem Protokoll besonders verzeichnet sein müßten. Dies letztere Verlangen dürfte aber mit Recht als ungerechtfertigt zu bezeichnen sein. Aus der in den Blättern für Genossenschaftswesen (Jahrgang 1899 S. 399) mitgeteilten Entscheidung des Kammergerichts vom 3. Juli 1899 kann entnommen werden, daß die Benennung der einzelnen abgeänderten Paragraphen nicht erforderlich ist, wenn auch diese Frage nicht direkt entschieden ist. In vielen Fällen, wo eine vollständig neue Redaktion des Statuts stattfindet, so daß nicht nur zahlreiche Abänderungen und Weglassungen alter Paragraphen und Einschiebungen neuer Paragraphen erfolgen, sondern auch eine andere Anordnung der Paragraphen vorgenommen wird, wäre die Erfüllung eines solchen Verlangens kaum möglich oder käme auf das Niederschreiben sämtlicher Paragraphen des neuen Statuts in dem Protokolle hinaus.

In folgendem wird ein Entwurf zur Abfassung des Protokolls der Generalversammlung, in der eine Beschlußfassung über die Annahme eines solchen neuen abgeänderten Statuts stattfindet, gegeben. Berücksichtigt ist auch der Fall, daß infolge der Bestimmung des Musterstatuts, bei Nichtanwesenheit mindestens eines Viertels sämtlicher Mitglieder eine zweite Generalversammlung notwendig wird.

1.

Protokoll der Generalversammlung
vom ....

.. Punkt betreffend die Annahme des neuen abgeänderten Statuts.

Der Vorsitzende (der Schriftführer) der Versammlung liest den neuen Statutenentwurf, welcher diesem Protokolle als Anlage beigeheftet ist und einen Bestandteil desselben bildet, der Versammlung wörtlich in seinen einzelnen Paragraphen vor und erläutert die Bestimmungen.

Alsdann wird zur Abstimmung über die Annahme des neuen Statuten entwurfes geschritten.

Das Resultat der Abstimmung war, daß das Statut einstimmig (mit ... Stimmen von ... Stimmen, also mit mehr als drei Viertel Majorität) angenommen wurde.

Bei der Abstimmung ergab sich*), daß das nach § 47 der Statuten für die Beschlußfassung über Statutenänderungen erforderliche Viertel aller Mitglieder in der Versammlung nicht anwesend war.

Der Vorsitzende erklärte darauf, daß er infolgedessen zwecks endgültiger Beschlußfassung über die Annahme des neuen Statuts eine zweite Generalversammlung mit einem Zwischenraum von acht Tagen und höchstens vier Wochen anberaumen würde, welche ohne Rücksicht auf die Zahl der anwesenden Mitglieder gültig beschließen könne.**)

2.

Protokoll der Generalversammlung
vom

.. Punkt betreffend die Annahme des neuen abgeänderten Statuts.

Nachdem die Generalversammlung vom ... infolge der Nichtanwesenheit eines Viertels sämtlicher Mitglieder über die Annahme des neuen Statuts keinen endgültigen Beschluß fassen konnte, steht heute die Annahme des neuen, einen Bestandteil des Generalversammlungsprotokolls vom ... bildenden Statutenentwurfs zur Beratung und wiederholten Beschlußfassung an.

Der Statutenentwurf wird in seinen einzelnen Paragraphen wörtlich vom Vorsitzenden (Schriftführer) der Generalversammlung vorgelesen.

Alsdann wird zur Abstimmung über die Annahme des Statuts geschritten, das Resultat der Abstimmung war, daß das Statut einstimmig (mit ... Stimmen von ... Stimmen, also mit mehr als drei Viertel Majorität) angenommen wurde.**)

---

*) Wenn vor der Abstimmung die Beschlußunfähigkeit festgestellt ist, bedarf es natürlich nicht dieser Abstimmung.

**) Es ist zu beachten, daß das als Anlage dienende Statut in der gleichen Weise zu unterzeichnen ist wie das Protokoll selbst.

Formular 6.

Protokoll einer Generalversammlung des Vorschußvereins zu X...., eingetragene Genossenschaft mit unbeschränkter Haftpflicht.

(§ 37 des Musterstatuts.)

Verhandelt ..., den ... 19..

Der Vorsitzende des Aufsichtsrates, Herr W..., eröffnet die Versammlung um $7^{1}/_{4}$ Uhr abends und ernennt den mitunterzeichneten B... zum Schriftführer.

Nachdem darauf festgestellt ist, daß die Einladung zur Generalversammlung, dem Statut gemäß, unter Bekanntmachung der Tagesordnung erfolgt, und die Belagsnummer mit dem Inserat in dem ... Blatt (Zeitung) beigebracht ist, daß ... Mitglieder erschienen waren, darunter vom Vorstande die Herren ..., vom Aufsichtsrate die Herren ...,*) wird zur Tagesordnung geschritten.

I. Gegenstand derselben ist: Rechnungsabschluß für das Geschäftsjahr 1903/4. Beschlußfassung über die Gewinnverteilung und Entlastung des Vorstandes über die geführte Verwaltung. Es wird festgestellt, daß der Rechnungsabschluß 8 Tage vor der Versammlung im Geschäftslokal ausgelegen hat. Der Direktor, Herr N...., erstattet den Bericht über die Verwaltung des abgelaufenen Geschäftsjahres, darauf erstattete der stellvertretende Vorsitzende des Aufsichtsrates, Herr R...., namens des Aufsichtsrates, der die Rechnung revidiert und richtig befunden hat, Bericht. Nach dem Rechnungsabschluß, der auch gedruckt an die Mitglieder verteilt ist, betrug der Kassenumsatz des Jahres 1903/4 in Einnahme ... Mark und Ausgabe ... Mark, der Kassenbestand ... Mark, die Bilanz schließt in Aktiven und Passiven ab mit ... Mark und weist einen Reingewinn nach von ... Mark, der sich auch aus der Gewinnberechnung ergibt.

Auf Antrag des Aufsichtsrates wird die Bilanz genehmigt. Hierauf erteilt auf Antrag des Aufsichtsrates die Generalversammlung dem Vorstand**) Decharge.

Der Aufsichtsrat beantragt: 15 Prozent des Reingewinns mit ... Mark dem Reservefonds zu überweisen, ... Mark den Fortbildungsschulen für Tischler, Maler und Schlosser und den Rest mit ... Mark als Dividende zu verteilen, was auf ... Mark dividendenberechtigtes Geschäftsguthaben der Mitglieder eine Dividende von ... Prozent ergibt.

Herr H.... stellt dagegen den Antrag, dem Reservefonds nur 10 Prozent des Reingewinns mit ... Mark zu überweisen und den Rest von ... Mark als Dividende zu verteilen.

Nach kurzer Debatte wird dieser Antrag abgelehnt, und der Antrag des Aufsichtsrates angenommen.

II. Gegenstand der Tagesordnung ist der Antrag des Vorstandes und Aufsichtsrates: „In § .. des Statuts die Eingangsworte:

„„Das Geschäftsjahr läuft vom 1. Oktober bis 30. September““ dahin zu ändern: „„Das Geschäftsjahr läuft vom 1. Januar bis 31. Dezember““

---

*) Das Protokoll soll von allen anwesenden Vorstands- und Aufsichtsratsmitgliedern unterschrieben werden, entfernen sich einige vor Schluß der Generalversammlung, so ist dies am Schluß des Protokolls ausdrücklich zu vermerken.

**) Im Gegensatz zum H.G.B. hat das Genossenschaftsgesetz keine Bestimmung darüber, daß auch dem Aufsichtsrat Decharge zu erteilen ist.

und demgemäß das nächste Geschäftsjahr nur aus 3 Monaten bestehen zu lassen und mit dem 31. Dezember 1904 zu schließen.

Da zu Beschlüssen auf Statutenänderung nach § 36 des Statuts die Anwesenheit von mindestens einem Vierteil aller Vereinsmitglieder erforderlich ist, hat der Vorsitzende zunächst durch die Kontrolle am Eingang des Saales festgestellt, daß 270 Mitglieder anwesend sind, die Versammlung also (bei einer Gesamtzahl von 602 Mitgliedern) für die vorliegende Frage beschlußfähig ist.

Der Direktor, Herr N. . . ., begründet hierauf den Antrag namens des Vorstandes und Aufsichtsrates, der nach einigen Debatten mit 201 gegen 69 Stimmen, also mit mehr als der nach § 36 des Statuts zu Statutenänderungen notwendigen Mehrheit von drei Vierteilen der Anwesenden angenommen wird.

III. Gegenstand der Tagesordnung ist der Bericht über die Revision der Genossenschaft nach Maßgabe des § 63 des Gesetzes.

Der Vorsitzende des Aufsichtsrates erstattet, nachdem sein Stellvertreter den Vorsitz übernommen hat, den Bericht über die am . . . durch den Verbandsrevisor Herrn W. . . . vorgenommene Revision.

Der Bericht ist als Anlage zu diesem Protokoll genommen.

Von den Mitgliedern A. . . ., B. . . ., C. . . ., D. . . . geht ein Antrag ein, den Bericht des Verbandsrevisors vorzulesen. Der Antrag wird genügend unterstützt. Herr A. . . . rechtfertigt den Antrag damit, daß nach dem Revisionsbericht Kreditüberschreitungen bei einem Mitgliede des Aufsichtsrates vorgekommen seien.

Der Vorsitzende des Aufsichtsrates erklärt, daß der Verbandsrevisor nur in einem Falle eine ganz geringfügige Kreditüberschreitung festgestellt habe, die inzwischen geordnet sei, er versichert, daß er den wichtigsten Inhalt des Berichts mitgeteilt habe.

Nach längerer Debatte wird der Antrag abgelehnt, dagegen ein inzwischen von den Mitgliedern F. . . ., M. . . . und S. . . . gestellter und genügend unterstützter Antrag mit großer Mehrheit angenommen:

„Die Generalversammlung nimmt Kenntnis von dem durch den Vorsitzenden des Aufsichtsrates, Herrn W. . . ., erstatteten Bericht über die Revision und ersucht Vorstand und Aufsichtsrat unter allen Umständen Kreditüberschreitungen zu vermeiden und besonders darauf bedacht zu sein, daß die Mitglieder des Aufsichtsrates nur gegen vollkommene Sicherheit Kredit erhalten."

IV. Gegenstand der Tagesordnung ist die Wahl dreier Aufsichtsratsmitglieder für die statutenmäßig ausscheidenden Herren E. . . ., F. . . . und G. . . . Es werden 264 gültige Stimmzettel abgegeben. Die absolute Mehrheit ist also 133. Es erhalten im ersten Wahlgang Stimmen: Herr E. . . . 197, Herr F. . . . 165, Herr O. . . . 122, Herr M. . . . 101, Herr S . . . 67, Herr H. . . . 40. Es sind mithin gewählt die Herren E. . . . und F. . . ., beide erklären, die Wahl anzunehmen.

Dagegen ist für das dritte zu wählende Aufsichtsratsmitglied eine absolute Mehrheit nicht erzielt, und erfolgt daher gemäß § 15 des Statuts die engere Wahl zwischen den beiden Mitgliedern, welche die meisten Stimmen erhalten haben, den Herren O. . . . und M. . . . Es nehmen an der engeren Wahl durch Abgabe der Stimmzettel teil 199 Mitglieder. Es erhalten Stimmen Herr M. . . . 107, Herr P. . . . 87, 5 Stimmen sind auf andere Kandidaten gefallen, demnach ungültig, die absolute Mehrheit bei 194 gültigen Stimmen beträgt 98, Herr M. . . . ist gewählt und erklärt, daß er die Wahl annimmt.

V. Gegenstand der Tagesordnung ist die Wahl des Direktors.

Der Aufsichtsrat schlägt Herrn Kassierer O.... aus X.... zum Direktor vor. Der Vorsitzende des Aufsichtsrates erteilt über den Kandidaten die nähere Auskunft und daß derselbe für den Fall der Wahl ein Gehalt von 3600 Mark beanspruche, der Aufsichtsrat findet dasselbe gerechtfertigt. Die Anstellung erfolgt auf gegenseitige sechsmonatliche Kündigung.

Aus der Versammlung werden verschiedene Anfragen gestellt und von dem Vorsitzenden des Aufsichtsrates beantwortet.

Das Mitglied, Herr K...., schlägt den Rendanten L.... aus Z.... zum Direktor vor. Der Vorsitzende des Aufsichtsrates macht darauf aufmerksam, daß nach § 4 des Statuts die Wahl nur auf Vorschlag des Aufsichtsrates stattfindet, daß die Generalversammlung daher nur berechtigt sei, den Vorschlag anzunehmen oder abzulehnen, die Mitglieder seien nicht berechtigt, selbständig Kandidaten aufzustellen.

Es wird zur Wahl geschritten. Abgegeben werden 256 Stimmzettel, davon sind 3 Stimmzettel unbeschrieben, 10 Stimmzettel enthalten einen anderen Namen als den des Kandidaten, und sind mithin 13 Stimmzettel ungültig. Von 243 gültigen Stimmzetteln bilden 127 Stimmen die absolute Mehrheit. 115 Stimmzettel lauten auf „ja", 12 Stimmzettel auf „nein". Herr O.... aus X.... ist somit als Direktor gewählt.

Die Generalversammlung genehmigt, daß nach Maßgabe des vorgelegten Entwurfes ein Vertrag mit Herrn O. abgeschlossen wird.

Der Vertragsentwurf ist als Anlage zum Protokoll genommen.

Der Vorsitzende des Aufsichtsrates übernimmt wiederum den Vorsitz.

VI. Gegenstand der Tagesordnung ist Bestimmung des Höchstbetrages, welchen sämtliche die Genossenschaft belastende Anlehen und Spareinlagen zusammen nicht überschreiten dürfen. Der Kassierer Herr R.... stellt namens des Vorstandes den Antrag: diesen Höchstbetrag auf .... Mark zu bestimmen, und führt zur Begründung des näheren aus, daß, selbst wenn dieser Höchstbetrag erreicht würde, das Verhältnis des eigenen zum fremden Kapital immer noch sehr günstig sein, nämlich mehr als 50 Prozent, betragen würde, daß aber andererseits eine Steigerung des bisher auf .... Mark festgesetzten Höchstbetrages vorbehalten bleiben müsse, weil in nächster Zeit ein starker Zufluß von Mitgliedern aus dem benachbarten Marktflecken Freudenburg zu erwarten sei, und der Geschäftsverkehr überhaupt durch den Beitritt von wohlhabenden Gewerbetreibenden, besonders kleineren und mittleren Fabrikanten, sich wesentlich gesteigert habe.

Die Versammlung genehmigt den Antrag.

VII. Punkt der Tagesordnung ist die Beschwerde des Schneidermeisters X.... über Nichtannahme des von ihm beigebrachten Bürgen J.... und demzufolge geschehene Abweisung seines Darlehensgesuchs in Höhe von ... Mark seitens des Vorstandes.

Nach der Befürwortung der Beschwerde durch Herrn X...., unter Hinweis auf die Vermögensumstände des J...., und der Entgegnung des Direktors Herrn N....: „wonach bei Beurteilung der Annehmbarkeit eines Bürgen die Gesamtheit von dessen Verpflichtungen gegen den Verein, sowohl der für eigene Rechnung aufgenommenen Kredite, als auch der anderweit bereits eingegangenen Bürgschaften in das Auge zu fassen seien, und dieses Verhältnis im vorliegenden

Falle die Annahme weiterer Bürgschaften seitens des Herrn J. . . . nicht habe angemessen erscheinen lassen", wurde die Beschwerde abgewiesen.*)

Nach Vorlesung des Protokolls, gegen dessen Richtigkeit von keiner Seite etwas eingewendet wurde, ist die Versammlung abends 10½ Uhr vom Vorsitzenden geschlossen.

(Unterschriften,)
W. . . ., Vorsitzender.
B. . . ., Schriftführer.

N. . . ., Vereinsdirektor,
R. . . ., Kassierer,
C. . . ., Kontrolleur.
} als Vorstandsmitglieder.

D. . . .
E. . . .
F. . . .
M. . . .
Z. . . .
O. . . .
} Aufsichtsratsmitglieder.

K. . . .
L. . . .
M. . . .
} vom Vorsitzenden zugezogene Vereinsmitglieder.

Formular 7.

Protokoll einer Vorstandssitzung.

(§ 8 des Musterstatuts.)

X., den . . . . 19 . .

Es wurden in der heutigen, regelmäßig stattfindenden Vorstandsitzung folgende Beschlüsse gefaßt:

a) Zahlungsaufforderung wird erlassen an folgende Restanten:

. . . .

mit Frist von 3 Tagen unter Klageandrohung.**)

b) Die Wechsel

1. des Herrn . . . . . über 300 Mk., unter Bürgschaft des . . . . . , fällig den . . d. Mts., Nr. . . . . . der Wechselliste,
2. des . . . .

sind an den Kassierer behufs der Einkassierung resp. Aushändigung nach Zahlung herauszugeben.

c) Der Wechsel (Nr. . . . der Liste) des Herrn . . . . über 750 Mk., fällig

---

*) Es kann sich hierbei nur um eine Beschwerde über die Geschäftsführung handeln. Es kann die Generalversammlung niemals der Beschwerde in der Weise entsprechen, daß sie den Vorstand auffordert, den Bürgen anzunehmen oder den Kredit zu gewähren.

**) Eine solche an sich zur Klageanstellung nicht erforderliche, sondern zur Schonung der Schuldner eingeführte Erinnerung kann nur bei Forderungen aus Schuldscheinen und solchen eigenen Wechseln stattfinden, bei denen es der Präsentation und Protesterhebung nicht bedarf. Vgl. S. 173.

den . . . ., ist behufs Präsentation, nach Befinden Erhebung des Protestes und Klageanstellung, ebenfalls an den Kassierer herauszugeben.*)

d) Klagen sind anzustellen wider folgende Restanten:

1. gegen den Tischlermeister X. und Ökonomen N. als Bürgen wegen 400 Mk. und Zinsen aus dem Schuldschein vom . . . . . .,
2. gegen den Schuhmachermeister O. als Hauptschuldner und O. als Bürgen wegen 200 Mk. aus dem eigenen (Sola-) Wechsel vom . . . . .,
3. . . . .

e) Folgende Darlehnsgesuche:

1. des . . . . vom . . . . auf 200 Mk.,
2. des . . . .

sind abzuweisen.

f) Da der mitunterzeichnete Kassierer M. von morgen ab auf 3 Tage verreist, so versieht der mitunterzeichnete Kontrolleur für diese Zeit seine Stelle, was durch Aushang im Geschäftslokale vom Direktor bekannt gemacht wird. Die Übergabe der im Gewahrsam des Kassierers befindlichen Kassenbestände erfolgt heute nach Geschäftsschluß, worüber ein besonderes Protokoll aufgenommen wird.

g) In der morgen stattfindenden Sitzung des Aufsichtsrates ist dessen statutenmäßige Genehmigung zu folgenden Maßregeln einzuholen:

1. Gewährung der in der zu überreichenden Liste bezeichneten 8 Darlehnsgesuche;
2. Anschaffung eines eisernen Geldschrankes.

h) Dem Aufsichtsrate sind in dessen Sitzung der Kassenabschluß und die Geschäftsübersicht für den verflossenen Monat vorzulegen.

i) Ist die Anberaumung der Generalversammlung auf den . . . . . . Abend . . Uhr im . . . . . Lokale, sowie die Aufnahme folgender Punkte in die Tagesordnung in der Aufsichtsratssitzung zu beantragen:

1. Darlegung des Kassen- und Geschäftsstandes und Anbringung etwaiger Beschwerden über die Verwaltung;
2. die Erhöhung des Gesamtbetrages der von der Genossenschaft aufzunehmenden Anleihen und Spareinlagen bis auf einen Höchstbetrag von . . . Mk.;
3. die Abänderung der §§ . . . . des Statuts und Ersetzung derselben durch nachstehende Fassung:

   § . . . .
   § . . . .
4. Neuwahl von 3 Aufsichtsratsmitgliedern an die Stelle der statutenmäßig ausscheidenden

   X. . . . .
   N. . . . .
   O. . . . .

   auf die nächsten 3 Jahre vom . . . . bis . . . .

(Unterschriften.)

*) Über die Notwendigkeit der Präsentation und des Protestes bei Sicht- und Domizil-, sowie allen Wechseln, bei denen man sich gegen andere Personen, als den Akzeptanten bei gezogenen, und die Aussteller bei eigenen Wechseln den wechselmäßigen Regreß sichern will, vgl. S. 172.

Formular 8.

Protokoll einer Aufsichtsratssitzung.
(§ 21 des Musterstatuts.)

N., den . . . . 19 . .

In der heutigen Aufsichtsratssitzung hatten sich die
Herren . . . . vom Aufsichtsrate
und die Herren . . . . vom Vorstande
eingefunden, während die Herren . . . .
unentschuldigt ausgeblieben waren.

Es sind 5 Aufsichtsratsmitglieder anwesend, der Aufsichtsrat ist also nach § 18 des Statuts beschlußfähig.

a) Der Vorstand legt die dem Protokoll als Anlage beigefügte Liste der Gesuche*) um Darlehen und Prolongationen vor.

Der Aufsichtsrat beschließt nach dem Antrage des Vorstandes die Darlehnsgesuche zu 1, 2, 3 . . . zu genehmigen; das Darlehnsgesuch zu 7 wird abgelehnt.

b) Nach dem Antrage des Vorstandes wird beschlossen, den Prolongationsanträgen zu 11 und 12 bei . . % Abschlagszahlung stattzugeben; dagegen wird dem Prolongationsantrage zu 16 nicht die Genehmigung erteilt.

c) Dem Antrage des Vorstandes gemäß wird
Generalversammlung auf den . . . .
anberaumt, und kommen die vom Vorstande angegebenen Punkte
a) . . . .
b) . . . .
c) . . . .
auf die Tagesordnung, und außerdem der von mehr als 50 Genossen unterzeichnete Antrag auf:

„Einführung des Scheckverkehrs".

Die Generalversammlung nebst Tagesordnung wird in dem . . . . Blatte ordnungsmäßig bekannt gemacht werden.

---

*) Formular für eine derartige Liste.

Laufende Nummer.	Gesuch.	Höhe.	Zeit.	Abschlagszahlung bei Prolongation.	Der Nachsuchenden		
					Name.	Stand.	Wohnort.

Sicherstellung.	Belastung des Gesuchstellers.	Belastungsliste.	Belastung des Bürgen.	Belastungsliste.	Abstimmung des		Bemerkungen.
					Vorstandes.	Aufsichtsrates.	

d) Ferner werden folgende Anträge des Vorstandes genehmigt:
   1. auf Anschaffung eines eisernen Geldschrankes;
   2. . . . . .

e) Endlich wurde nach Entfernung des Vorstandes beschlossen:
   auf morgen Vormittag 9 Uhr eine außerordentliche Revision der Kassenbestände an Geld, Wertpapieren, Wechseln und sonstigen Schulddokumenten, unter Vergleichung der Bücher, vorzunehmen,

mit welchem Geschäfte man
   den Vorsitzenden und die beiden Aufsichtsratsmitglieder
      Herrn . . . . . . und
      Herrn . . . . . .

betraute.

Die Vorstandsmitglieder werden erst zu der bezeichneten Stunde davon benachrichtigt.

Vor der Unterschrift protestieren die Herren A. . . . und D. . . . gegen Gewährung eines Darlehens von 1200 Mk. an den . . . . . . gegen Verpfändung von Aktien der . . . .

(Unterschriften der Aufsichtsratsmitglieder und der anwesenden Vorstandsmitglieder.)

Formular 9.

Protokoll einer gemeinschaftlichen Sitzung des Vorstandes und Aufsichtsrates.

(§ 27 des Musterstatuts.)

X. . . . ., den . . . . 19 . .

In der heutigen gemeinschaftlichen Sitzung des Vorstandes und Aufsichtsrates, welche vom Vorsitzenden des letzteren berufen und geleitet wird, hatten sich

a) die Mitglieder des Vorstandes vollständig,
b) von den Mitgliedern des Aufsichtsrates die 9 Unterzeichneten eingefunden, indem nur die Herren A. u. B. unentschuldigt und Herr D. wegen Krankheit ausgeblieben waren.

Die Beschlußfähigkeit sowohl des Vorstandes wie des Aufsichtsrates stand sonach fest.

Durch Beschluß des Vorstandes und des Ansfichtsrates wurden zunächst folgende beim Vorstande angemeldete Personen

   1. der . . . .
   2. der . . . .

als Mitglieder aufgenommen, wonächst man noch von der Abmeldung des bisherigen Mitgliedes

   N. . . . .

Kenntnis nimmt, dessen Ausscheiden mit Ablauf des gegenwärtigen Geschäftsjahres erfolgt.

Sodann erhalten folgende Anträge des Vorstandes die Zustimmung der Mehrheit der Aufsichtsratsmitglieder:

1. die Herabsetzung der Zinsen für Darlehen gegen eigene Wechsel vom 1. . . . . ab auf 5% auf das Jahr;

2. die Annahme des Rechtsanwalt H.... als Bevollmächtigten der Genossenschaft zur Führung von Prozessen;
3. der Abschluß eines Mietsvertrages mit dem Herrn N.... über ein Geschäftslokal in dessen Hause vom ... ab gegen einen jährlichen Zins von .... und halbjährige Kündigung.

Ferner wird die von der dazu ernannten Kommission Herrn Direktor C. und den Herrn Aufsichtsräten O. und R. entworfene Geschäftsanweisung für den Aufsichtsrat durchberaten und fand die Zustimmung der Mehrheit der Mitglieder des Vorstandes und des Aufsichtsrates.

(Unterschriften der Vorstands- und Aufsichtsratsmitglieder.)

Formular 10.

Anstellungsvertrag für Vorstandsmitglieder.

Nachdem Herr .... in der Generalversammlung vom .... zum .... (Bezeichnung des Vorstandsamtes) gewählt ist, wird zwischen dem .... Verein zu ...., eingetragene Genossenschaft mit ....beschränkter Haftpflicht, vertreten durch den Aufsichtsrat, und Herrn .... nachstehender Vertrag geschlossen.

§ 1.

Herr .... übernimmt in dem .... Verein zu .... eingetragene Genossenschaft mit .....beschränkter Haftpflicht, das Amt eines .... (Bezeichnung des Vorstandsamtes) für die Zeit*) vom .... bis .... und verpflichtet sich, die ihm in dieser Eigenschaft nach dem Genossenschaftsgesetze, dem Vereinsstatut und der in Gemäßheit des § .... des Statuts erlassenen Geschäftsordnung obliegenden Arbeiten und Verbindlichkeiten mit der Sorgfalt eines ordentlichen Geschäftsmannes zu erfüllen.

§ 2.

Als Vergütung erhält Herr .... jährlich .... Mark festes Gehalt, das postnumerando in .... Raten gezahlt wird, und außerdem vom Reingewinn ....% Tantieme, die nach der durch die Generalversammlung erfolgten Genehmigung der Bilanz zur Auszahlung kommt.

§ 3.

Die Vertretungskosten in Fällen der Behinderung werden für die Dauer von .... Monaten von der Genossenschaft als Geschäftsunkosten bezahlt. Bei längerer Behinderung hat Herr .... die Stellvertretungskosten vom .... Monate ab im vollen Betrage zu decken.

Im Falle Herr .... während der Vertragsperiode stirbt, wird den Erben desselben das Gehalt für den Sterbemonat und zwei darauffolgende Monate gezahlt, jedoch nicht über die Vertragsdauer hinaus.

§ 4.

Herr .... hat einen Anspruch auf einen Urlaub von .... in jedem Jahre. Zu dem Antritt des Urlaubs ist rechtzeitig die Genehmigung des Aufsichtsrats einzuholen.

---

*) Wenn die Wahl auf unbestimmte Zeit erfolgt ist, so muß es heißen: auf unbestimmte Zeit.

§ 5.

Herr .... hat für allen aus seiner Geschäftsführung der Genossenschaft entstehenden Schaden eine Kaution in Höhe von .. .. Mark zu stellen, dieselbe wird bestellt in .... und folgendermaßen in Verwahrung genommen ..

Die Herausgabe der Kaution erfolgt erst, wenn Herr .... über die ganze Zeit der Geschäftsführung Rechnung gelegt hat und ihm durch die Generalversammlung Entlastung erteilt ist.

§ 6.*)

Die Genossenschaft, sowie Herr .. .. haben das Recht, diesen Vertrag nach vorhergegangener Kündigung von ..... Monaten aufzuheben. Die Kündigung für die Genossenschaft erfolgt durch Beschluß der Generalversammlung auf Antrag des Aufsichtsrats.

§ 7.

Für den Fall, daß Herr . . . . vor Ablauf der Wahlperiode**) wegen Nichterfüllung der ihm nach dem Genossenschaftsgesetz und dem gegenwärtigen Vertrage obliegenden Verpflichtungen aus seinem Amte entlassen wird, entsagt derselbe allen Entschädigungsansprüchen an die Genossenschaft wegen der ihm in diesem Vertrage zugesicherten Vergütung von dem Zeitpunkt der von der Generalversammlung ausgesprochenen Entlassung. Geht dieser endgültigen Entlassung eine vorläufige Enthebung von dem Amte durch den Aufsichtsrat voraus, so tritt die Entlassung schon mit dem Tage der letzteren in Kraft.

Das Vorstehende gilt auch, wenn die Entlassung wegen Unfähigkeit zur ordnungsmäßigen Verrichtung der übertragenen Funktionen, wegen Verlustes der Dispositionsfähigkeit oder der bürgerlichen Ehrenrechte erfolgt.

. .. den .. .. 19 .

N. N.
(Bezeichnung des Vorstandsamtes). Der Aufsichtsrat.

Formular 11a.

Geschäftsanweisung für den Vorstand.

I. Allgemeine Bestimmungen.

§ 1.

Der Vorstand hat die Geschäfte der Genossenschaft nach den Bestimmungen des Genossenschaftsgesetzes und den Statuten zu führen und dabei nach den Vorschriften dieser Anweisung zu verfahren.

Die Mitglieder des Vorstandes sind der Genossenschaft für Erfüllung dieser Verpflichtungen nach der Bestimmung des Genossenschaftsgesetzes verantwortlich.

§ 2.

Mindestens zwei Vorstandsmitglieder haben an allen Wochentagen während

*) Nur für den Fall, daß die Anstellung auf Kündigung erfolgt ist.

**) Für den Fall, daß die Anstellung auf Kündigung erfolgt ist, müssen die Worte „vor Ablauf der Wahlperiode“ wegfallen.

der bestimmten Geschäftsstunden von . . Uhr vormittags bis . . Uhr nachmittags in dem Geschäftslokale der Genossenschaft anwesend zu sein.

Nur während der Geschäftsstunden dürfen Gelder angenommen oder ausgezahlt werden.

Die Vorstandsmitglieder müssen, wenn es die Geschäfte erfordern, auch über die Geschäftsstunden hinaus im Geschäftslokale anwesend sein.

§ 3.

Die Vorstandsmitglieder haben sich bei Erledigung der Geschäfte gegenseitig nach Bedürfnis zu unterstützen und zu kontrollieren.

Bei vorübergehender Behinderung des Kassierers oder Kontrolleurs hat der Direktor deren Geschäfte zu versehen, und im Falle der Verhinderung des Direktors hat der Kontrolleur denselben zu vertreten.

§ 4.

Beurlaubungen bis zu drei Tagen ist der Direktor zu erteilen berechtigt. Zu jeder drei Tage überschreitenden Abwesenheit eines Vorstandsmitgliedes aus dem Geschäft hat dasselbe die Genehmigung des Aufsichtsrates einzuholen.

Bei einer nach § . . des Statuts erforderlich werdenden Stellvertretung für ein Vorstandsmitglied haben die anderen Mitglieder des Vorstandes dem Aufsichtsrate von dem die Stellvertretung veranlassenden Umstande sofort Anzeige zu machen.

§ 5.

Der Vorstand hält in jeder Woche am . . . eine ordentliche Sitzung ab, außerdem kann der Direktor außerordentliche Vorstandssitzungen berufen, sobald er dieses für erforderlich hält, und er muß solche berufen, sobald ein Mitglied des Vorstandes dieses verlangt.

Mit der Einladung zu der außerordentlichen Vorstandssitzung sind die Gegenstände der Beratung bekannt zu geben.

Die Vorstandssitzung leitet der Direktor, die Beschlüsse werden nach Stimmenmehrheit gefaßt und Beschlußfähigkeit ist vorhanden, wenn zwei Vorstandsmitglieder anwesend sind.

Die gefaßten Beschlüsse sind in ein Protokollbuch einzutragen und von den beteiligten Vorstandsmitgliedern zu unterzeichnen.

Wenn ein Mitglied des Vorstandes mit dem gefaßten Beschlusse nicht einverstanden ist, so hat es das Recht, zu verlangen, daß seine abweichende Meinung in dem Protokolle vermerkt wird.

§ 6.

Soweit die Beschlüsse des Vorstandes nach dem Statut der Genehmigung des Aufsichtsrates bedürfen, sind die gefaßten Beschlüsse der nächstfolgenden Sitzung des Aufsichtsrates zur Genehmigung vorzulegen.

Die nach den Bestimmungen der §§ . . . des Statuts der Beschlußfassung des Vorstandes und Aufsichtsrates in gemeinschaftlicher Sitzung oder der Beschlußfassung der Generalversammlung unterstellten Angelegenheiten sind durch Beschlüsse des Vorstandes zur Beratung und Entscheidung in den gemeinschaftlichen Sitzungen von Vorstand und Aufsichtsrat oder in der Generalversammlung vorzubereiten.

§ 7.

Zu Kreditgewährungen jeder Art ist die Genehmigung des Aufsichtsrates einzuholen und jedes von dem Vorstand bewilligte Kreditgesuch und jede bewilligte

Prolongation ist dem Aufsichtsrate in der nächstfolgenden Sitzung zur Genehmigung vorzulegen.*)

Über die von dem Vorstande abgelehnten Gesuche um Kreditgewährung und um Prolongation von gewährten Krediten hat der Aufsichtsrat nicht zu befinden, die Beschlüsse des Vorstandes, über die Ablehnung von Kredit- und Prolongationsgesuchen aber sind dem Aufsichtsrat dennoch zur Kenntnisnahme mitzuteilen.

§ 8.

Der Vorstand hat für die Einrichtung einer vollständigen und übersichtlichen Buchführung zu sorgen und sich dabei der doppelten kaufmännischen Buchführung zu bedienen.

§ 9.

Der bare Kassenbestand, die Wertpapiere, Urkunden und Bücher der Genossenschaft sind von dem Kassierer und dem Kontrolleur**) unter doppeltem Verschlusse zu halten.

Die Schlüssel sind in der Art zu verteilen, daß nur den beiden Vorstandsmitgliedern gemeinschaftlich der Zugang zu der Kasse und sonstigen Behältern möglich ist, und daß durch den Verlust eines Schlüssels keine Störung im Geschäftsbetriebe eintritt.

Bare Kassenbestände von mehr als . . . Mk. sind bei der . . . Bank auf Girokonto einzuzahlen.

§ 10.

Die Vorstandsmitglieder müssen auf Erfordern den Sitzungen des Aufsichtsrates, jedoch nur mit beratender Stimme, beiwohnen, und alle Aufschlüsse erteilen, welche der Aufsichtsrat für nötig hält.

§ 11.

Der Vorstand hat in jeder ordentlichen Sitzung des Aufsichtsrates einen Kassenbericht vorzulegen, aus welchem die Summe der Einnahmen und Ausgaben der letzten Woche, der augenblickliche Stand der Kasse, die fälligen, aber weder prolongierten noch zurückgezahlten Kapitalforderungen ersichtlich sind.

---

*) In den Genossenschaften, in welchen eine von Vorstand und Aufsichtsrat gemeinsam festgestellte Kreditfähigkeitsliste eingeführt ist, wird § 7 in der obigen Fassung auszulassen und anstatt dessen die folgende Bestimmung aufzunehmen sein:

§ 7.

Der Vorstand hat die Genehmigung des Aufsichtsrates einzuholen zu Kreditgewährungen, die über die Kreditfähigkeitsliste hinausgehen.

Die Kreditfähigkeitsliste ist mindestens halbjährlich zu prüfen und nach den veränderten Verhältnissen umzugestalten.

**) Je nach den Verhältnissen der einzelnen Genossenschaft und nach den Bestimmungen des Statuts kann dem Kassierer und dem Direktor anstatt dem Kassierer und dem Kontrolleur die Aufbewahrung der Kassenbestände, Wertpapiere usw. übertragen werden oder wo die Aufbewahrung der Kassenbestände und Wertpapiere von der Aufbewahrung der Kassenbestände, Urkunden und Bücher getrennt wird, kann die Aufbewahrung der Urkunden und Bücher dem Direktor und Kassierer, und die Aufbewahrung der Kassenbestände und Wertpapiere dem Kassierer und Kontrolleur übertragen werden.

Außerdem hat der Vorstand am Schlusse jeden Monats einen die Einnahmen und Ausgaben des ganzen Monats umfassenden Rechnungsauszug nebst Geschäftsbilanz dem Aufsichtsrate einzureichen, am Jahresschlusse die Rechnung aufzustellen, dem Aufsichtsrate vorzulegen und der Generalversammlung über die Verwaltung des abgelaufenen Geschäftsjahres Bericht zu erstatten.

§ 12.

Am Schlusse des Geschäftsjahres hat der Vorstand mit dem Aufsichtsrate behufs Aufstellung der Jahresrechnung und Bilanz eine vollständige Inventur aufzunehmen.

Zu diesem Zwecke sind am letzten Tage des Geschäftsjahres

a) das Kassenbuch abzuschließen und der Sollbestand der Kasse festzustellen, sodann der wirkliche Kassenbestand nach den vorhandenen Geldsorten, Kassenscheinen, Banknoten und Kupons aufzunehmen,

b) die vorhandenen Bestände an Wechseln, Schuldscheinen und Wertpapieren durchzusehen, einzeln zu verzeichnen und mit den geführten Listen und Kontrollen zu vergleichen.

Soweit diese Arbeit an demselben Tage nicht zu beenden ist, ist dieselbe an dem nächstfolgenden Tage fortzusetzen, bis dahin aber alles unter sicheren Verschluß zu nehmen, damit jede Möglichkeit zu Verfügungen, durch welche ein Defekt verdeckt werden könnte, ausgeschlossen ist.

Bei dieser Inventarisation ist jeder einzelne Wechsel nach seiner laufenden Nummer, seinem Betrage, Fälligkeitstage und Schuldner zu verzeichnen und nach seinem wirklichen Werte zur Zeit der Inventur zu prüfen.

Ebenso wie die Wechsel sind alle übrigen vorhandenen Schulddokumente und Wertpapiere nach ihrem buchmäßigen und ihrem wirklichen Werte zu untersuchen und einzeln zu verzeichnen.

Alle Wertpapiere sind hierbei höchstens nach dem Börsenkurse am Tage des Abschlusses aufzunehmen.*)

§ 13.

Zur genauen Feststellung der bei Jahresschluß auf Schuldscheine oder Sparbücher angeliehenen Gelder (Anlehen, Depositen und Spareinlagen) sind für die Abhebung der Zinsen gewisse Tage zu bestimmen und die Darlehnsgeber und Spareinleger aufzufordern, ihre Urkunden und Sparkassenbücher bei Abhebung der Zinsen vorzulegen.

II. Besondere Bestimmungen.

A. Für den Direktor.

§ 14.

Dem Direktor steht die Leitung der Geschäfte zu, er hat die Geschäftsführung zu überwachen und von Unregelmäßigkeiten in der Geschäftsbehandlung, im Kassenwesen und in der Buchführung dem Aufsichtsrate sofort Anzeige zu erstatten.

Der Direktor ist berechtigt, von sämtlichen Büchern, Listen, Urkunden und Akten der Genossenschaft stets Einsicht zu nehmen und Kassen- und Geschäftsrevisionen zu jeder Zeit vorzunehmen.

*) Vgl. S. 299.

§ 15.

Der Direktor ist verpflichtet, in jedem Monat mindestens einmal eine Revision der Kasse und der Geschäftsbücher vorzunehmen.

Diese Revision darf den anderen Vorstandsmitgliedern nicht vorher angemeldet werden.

Über die Revision und deren Ergebnis hat der Direktor in der nächsten Vorstandssitzung zu berichten und ist dieser Bericht in das Protokoll der Vorstandssitzung aufzunehmen.

§ 16.

Der Direktor hat die Vorstandssitzungen zu berufen und zu leiten.

§ 17.

Der Direktor hat die gerichtlichen Geschäfte wahrzunehmen, die für die Genossenschaft bestimmten Korrespondenzen zu empfangen, zu eröffnen und für deren Erledigung und Beantwortung, sowie für geordnete Aufbewahrung der eingegangenen und der Abschriften der ausgehenden Schriftstücke zu sorgen.

§ 18.

Der Direktor hat für die vorschriftsmäßige Ausstellung der Beitrittserklärungen eintretender Genossen, die rechtzeitige Einreichung dieser Beitrittserklärungen, der Aufkündigungen austretender Genossen und der übrigen auf den Eintritt und das Ausscheiden von Genossen sich beziehenden Urkunden, für die Erstattung aller durch das Genossenschaftsgesetz vorgeschriebenen Anmeldungen, Anzeigen und Erklärungen zum Genossenschaftsregister, sowie endlich für die nach dem Gesetz und dem Statut erforderlichen Bekanntmachungen Sorge zu tragen.

§ 19.

Der Direktor hat das Verzeichnis der Genossen zu führen und dasselbe mit der Liste der Genossen in Übereinstimmung zu halten.

§ 20.

Der Direktor hat darüber zu wachen, daß die vorgeschriebenen Einzahlungen auf die Geschäftsanteile pünktlich geleistet und die angeordneten Zuschreibungen auf die Geschäftsanteile richtig gemacht werden, daß mit den ausgeschiedenen Mitgliedern abgerechnet und die Auszahlung der Geschäftsguthaben an dieselben ordnungsmäßig geleistet wird, und daß die Geschäftsguthaben- und Dividendenliste richtig geführt wird.

§ 21.

Alle nach den Bestimmungen der §§ . . . des Statuts an die Genehmigung des Aufsichtsrats geknüpften, der gemeinsamen Beschlußfassung von Vorstand und Aufsichtsrat oder der Beschlußfassung der Generalversammlung unterstellten Angelegenheiten hat der Direktor genügend vorzubereiten, zur Beratung und Beschlußfassung vorzulegen und in den Sitzungen des Aufsichtsrats und der Generalversammlung zu begründen, sowie die Ausführung der gefaßten Beschlüsse zu bewirken.

§ 22.*)

Insbesondere hat der Direktor die von dem Vorstande bewilligten und der Genehmigung des Aufsichtsrats unterstellten Kreditgesuche und Prolongationen der

*) Die Bestimmung dieses § 22 ist bei Genossenschaften, welche eine von Vorstand und Aufsichtsrat aufgestellte Kreditfähigkeitsliste führen, nicht aufzunehmen.

nächstfolgenden Sitzung des Aufsichtsrates zur Genehmigung zu unterbreiten und alle von dem Vorstande abgelehnten Gesuche um Gewährung von Krediten und Prolongationen dem Aufsichtsrate zur Kenntnisnahme vorzulegen.

§ 23.

Der Direktor hat in jeder ordentlichen Generalversammlung einen Geschäftsbericht zu erstatten.

Derselbe hat dafür zu sorgen, daß die Jahresrechnung bis spätestens Ende des Monats . . . . . dem Aufsichtsrate vorgelegt ist,

und alljährlich nach Schluß des Geschäftsjahres hat derselbe einen umfassenden Bericht über das abgelaufene Geschäftsjahr, welcher eine vollständige Übersicht der Einnahmen und Ausgaben der Genossenschaft, Gewinn- und Verlustberechnung und Geschäftsbilanz (§§ . . . . . des Statuts) sowie geeignete Erläuterungen und Mitteilungen über das Geschäft im ganzen und in den einzelnen Geschäftszweigen zu enthalten hat, zu verfassen und zum Zwecke der Verteilung an die Genossen vervielfältigen zu lassen, und derselbe hat in der ordentlichen Generalversammlung nach Schluß des Geschäftsjahres den Verwaltungsbericht zu erstatten.

Der Direktor hat ferner dafür zu sorgen, daß die Bilanz sowie die Jahresrechnung mindestens eine Woche vor der Generalversammlung, welche über die Genehmigung der Bilanz und die Gewinnverteilung zu beschließen hat, in dem Geschäftslokale der Genossenschaft zur Einsicht der Genossen ausgelegt wird.

§ 24.

Der Direktor hat die Verpflichtung, zu veranlassen, daß der Bestimmung in § 53 des Genossenschaftsgesetzes genügt wird und mindestens in jedem zweiten Jahre die Einrichtungen der Genossenschaft und die Geschäftsführung derselben der Prüfung durch den Verbandsrevisor unterworfen werden.

§ 25.

Der Direktor hat die folgenden Bücher zu führen:

a) . . . .

b) . . . .

und der Direktor hat darüber zu wachen,

daß die Kassenbestände, Wertpapiere, Urkunden, Geschäftsbücher und Schriftstücke in vorgeschriebener Weise verwahrt,

andere Schriftstücke, Akten und Bücher in gehöriger Ordnung aufbewahrt, und daß für die Anschaffung und Unterhaltung der zum Geschäftsbetriebe erforderlichen sonstigen Gegenstände in geeigneter Weise Fürsorge getroffen wird.

B. Für den Kassierer.

§ 26.

Der Kassierer ist für das gesamte Kassengeschäft in erster Reihe verantwortlich, ihm liegt die Aufbewahrung und Vertretung der Kassenbestände ob, er hat die Kasseneingänge in Empfang zu nehmen und die Ausgaben zu leisten.

§ 27.

Sämtliche Einnahmen und Ausgaben hat der Kassierer sofort in das Kassenbuch einzutragen und die den Eintragungen entsprechenden Belege zu verzeichnen und aufzubewahren.

Von den Einnahmen und Ausgaben ist der Kontrolleur durch Vorlegung der zu erteilenden Quittungen und Zahlungsanweisungen, sowie der Quittungen der

Empfänger zum Zwecke gleichzeitiger Eintragung in das Kassenkontrollbuch und Mitunterschrift sofort und ununterbrochen in Kenntnis zu setzen.

§ 28.

Über die Einnahmen hat der Kassierer in Gemeinschaft mit dem Kontrolleur zu quittieren.

§ 29.

Der Kassierer hat folgende Bücher zu führen:

a) . . . .

b) . . . .

§ 30.

Der Kassierer ist verpflichtet, in Gegenwart des Kontrolleurs täglich den Kassenbestand aufzunehmen, denselben nebst Sortenzettel in ein besonderes Kassenabschlußbuch einzutragen; ebenso ist der festgestellte Sollbestand der Kasse einzutragen und die Übereinstimmung des wirklichen Bestandes mit dem Sollbestande durch den Kassierer und den Kontrolleur zu bescheinigen. Nichtübereinstimmung zwischen dem wirklichen Bestande und dem ermittelten Sollbestande ist sofort dem Direktor anzuzeigen und zu buchen.

§ 31.

Der Kassierer hat den nach der Bestimmung in § . . des Statuts jeder ordentlichen Sitzung des Aufsichtsrats vorzulegenden Kassenbericht aufzustellen; aus demselben müssen die Summen der Einnahmen und Ausgaben der letzten Woche, der augenblickliche Stand der Kasse, die verfallenen und noch nicht eingegangenen Kapitalforderungen und die während der letzten Woche eingezahlten Sparkassengelder und zurückgezahlten Anleihen gegen Schuldscheine, Wechsel und die Einnahmen und Ausgaben im Kontokorrentgeschäft ersichtlich sein.

Der Kassierer hat ferner die nach § . . des Statuts am Schlusse jeden Monats dem Aufsichtsrate vorzulegenden Rechnungsabschlüsse nebst Bilanzen aufzustellen, und der Kassierer hat die Jahresrechnung unter Mitwirkung des Kontrolleurs aufzustellen und innerhalb zwei Monaten nach dem Jahresschlusse dem Vorstande vorzulegen.

§ 32.

Dem Kassierer liegt ob, die rechtzeitige Präsentation, Einziehung und Proteсterhebung fälliger Wechsel zu bewirken und die Beschlußfassung des Vorstandes über die gegen säumige Schuldner zu ergreifenden Maßregeln herbeizuführen.

§ 33.

Der Kassierer hat für die richtige Behandlung aller bei der Genossenschaft ein- und ausgehenden Wechsel, und insbesondere für deren Eintragung in das Wechselkopierbuch und den Wechselverfallkalender zu sorgen.

§ 34.

Der Kassierer hat die nach § . . . des Statuts am Ende des Geschäftsjahres durch den Vorstand und Aufsichtsrat vorzunehmende Inventur der vorhandenen Kassenvorräte, Schulddokumente und Wertpapiere durch Aufstellung der hierzu erforderlichen Verzeichnisse der vorhandenen Wechsel- und Schuldverschreibungen vorzubereiten, sowie die Wechsel, Schuldscheine und die betreffenden Bücher vorzulegen.

§ 35.

Der Kassierer ist verpflichtet, dem Direktor, dem Kontrolleur, dem Aufsichtsrate, dessen Vorsitzenden und dem vom Aufsichtsrate bestellten Revisor jederzeit die

Einsicht der von ihm geführten Bücher und aller in seiner Verwahrung und Verwaltung befindlichen Urkunden und Akten zu gestatten und die Barbestände vorzulegen.

§ 36.

Der Kassierer hat in Gemeinschaft mit dem Kontrolleur die ordnungsmäßige Verwahrung aller im Besitze des Vereins befindlichen Barbestände, Wertpapiere, der eigenen sowohl als der dem Vereine für Kreditgewährungen verpfändeten zu sorgen und die hierzu erforderlichen Bücher zu führen; in gleicher Weise liegt dem Kassierer in Gemeinschaft mit dem Kontrolleur die Beobachtung der Verlosungen, Kündigungen und Konvertierungen, Einziehung verloster und gekündigter, Umtausch konvertierter Papiere und Erhebung neuer Kuponsbogen ob.

C. Für den Kontrolleur.

§ 37.

Der Kontrolleur hat eine genaue Kontrolle der Geschäftsführung des Kassierers auszuüben. Er hat die Ein- und Ausgänge der Kasse auf Grund eigener Wahrnehmung sofort in das Kassenkontrollbuch einzutragen. Er hat am Schlusse jedes Tages seine Kontrolle mit dem Kassenbuche des Kassierers zu vergleichen, mit dem Kassierer den wirklichen Bestand der Kasse festzustellen und den Sollbestand der Kasse zu ermitteln und die Übereinstimmung des Sollbestandes mit dem wirklichen Bestand der Kasse mit dem Kassierer in dem dazu bestimmten Buche zu bescheinigen; im Falle der Nichtübereinstimmung des Sollbestandes der Kasse mit dem wirklichen Bestande aber dem Direktor alsbald Anzeige zu erstatten.

§ 38.

Der Kontrolleur ist verpflichtet, in Gemeinschaft mit dem Kassierer den Kassenbestand, die Wechsel, die Wertpapiere und Urkunden unter doppeltem Verschlusse zu halten.

§ 39.

Der Kontrolleur hat alle Quittungen des Vereins mit zu unterzeichnen und ist verpflichtet, bei Aufstellung der Jahresrechnung mitzuwirken.

§ 40.

Der Kontrolleur hat über die zum Geschäftsbetriebe verwendeten Gegenstände und die Bibliothek ein genaues Verzeichnis aufzunehmen und zu führen und für die Ordnung, die Aufbewahrung und die Unterhaltung dieser Gegenstände zu sorgen.

§ 41.

Der Kontrolleur hat in die Geschäfts-Guthabenbücher der Genossen am Schlusse des Jahres die erforderlichen Einträge zu machen, die eingezahlten Monatsbeiträge zusammenzurechnen, die Summe derselben vorzutragen und nebst der Dividende den Geschäftsanteilen zuzuschreiben.

§ 42.

Der Kontrolleur hat das Protokoll in den Vorstandssitzungen zu führen.

§ 43.

Die Einsicht der von dem Kontrolleur geführten Bücher und Listen, sowie der in seinen Händen befindlichen Urkunden, Schriftstücke und Akten steht dem Direktor sowie dem Kassierer auf Verlangen jederzeit zu.

§ 44.

Der Kontrolleur hat die folgenden Bücher zu führen:

a) . . . .

b) . . . .

Formular 11b.

Geschäftsanweisung für den Aufsichtsrat.

§ 1.

Nach den Bestimmungen des Gesetzes und den Vorschriften des Statuts ist die Überwachung der Geschäftsführung der Genossenschaft in allen Teilen der Verwaltung das Recht und die vornehmste Pflicht des Aufsichtsrats.

Um dieser Pflicht zu genügen, muß der Aufsichtsrat sich fortwährend über die Verwaltung der Angelegenheiten der Genossenschaft unterrichten, und zu diesem Zwecke hat derselbe Berichte von dem Vorstande zu fordern, von den Büchern und Schriften der Genossenschaft Einsicht zu nehmen, den Bestand der Kasse, und die Bestände an Effekten, Wertpapieren und sonstigen Gegenständen zu untersuchen, die von dem Vorstande erstatteten Berichte, Geschäftsabschlüsse und insbesondere die Jahresrechnung nebst Bilanz und Gewinnberechnung sorgsam zu prüfen und darüber der Generalversammlung Bericht zu erstatten.

Der Aufsichtsrat hat eine Generalversammlung zu berufen, wenn dieses das Interesse der Genossenschaft fordert.

§ 2.

Der Aufsichtsrat überträgt in jedem Jahre nach erfolgter Neuwahl einem seiner Mitglieder den Vorsitz, einem anderen das Schriftführeramt, und ernennt für beide Stellvertreter.

Die Beschlüsse des Aufsichtsrats werden durch einfache Stimmenmehrheit der in der Sitzung anwesenden Mitglieder gefaßt.

Bei Stimmengleichheit gilt der Antrag als abgelehnt, nur bei Wahlen entscheidet in diesem Falle das Los.

Der Aufsichtsrat ist beschlußfähig, wenn die Mehrheit der Mitglieder anwesend ist.

§ 3.

Der Aufsichtsrat hält zur Erledigung der ihm obliegenden Geschäfte allwöchentlich zu einer ein für allemal bestimmten Zeit in dem Geschäftslokal der Genossenschaft eine Sitzung ab.

§ 4.

Zu außerordentlicher Sitzung hat der Vorsitzende des Aufsichtsrats einzuladen, so oft er dieses für erforderlich hält, oder wenn der Vorstand oder der dritte Teil der Aufsichtsratsmitglieder unter schriftlicher Angabe der Beratungsgegenstände die Berufung einer außerordentlichen Sitzung verlangen.

Mit der Einladung zu einer außerordentlichen Sitzung sind die Gegenstände der Verhandlung mitzuteilen.

§ 5.

Den Sitzungen des Aufsichtsrates haben die Vorstandsmitglieder auf Erfordern beizuwohnen und alle Aufschlüsse zu erteilen, und die Einsicht aller Bücher, Korrespondenzen und sonstigen Schriftstücke des Vereins, welche verlangt wird, zu gewähren.

Die Vorstandsmitglieder können an den Verhandlungen sich beteiligen, dieselben aber haben kein Stimmrecht.

§ 6.

In die Protokolle sind die gefaßten Beschlüsse aufzunehmen.

Die Protokolle sind von den anwesenden Mitgliedern des Aufsichtsrates und des Vorstandes zu unterzeichnen.

§ 7.

Mitglieder des Aufsichtsrats, welche bei Gegenständen der Tagesordnung beteiligt sind, müssen während der Verhandlung über diese Gegenstände das Sitzungslokal verlassen.

§ 8.

In jeder ordentlichen Aufsichtsratssitzung hat der Vorstand einen Kassenbericht vorzulegen, aus welchem der augenblickliche Stand der Kasse, der Gesamtbetrag der Einnahmen und Ausgaben der letzten Woche, die verfallenen und noch nicht eingegangenen Kapitalforderungen und die während der letzten Woche eingezahlten Anlehen gegen Schuldscheine ersichtlich sind.

Der Vorstand hat ferner am Schlusse jeden Monats einen die Einnahmen und Ausgaben des ganzen Monats umfassenden Rechnungsauszug nebst Geschäftsbilanz dem Aufsichtsrate einzureichen und am Jahresschlusse eine Zusammenstellung der Einnahmen und Ausgaben des Vereins und die Bilanz in den vom Statut bezeichneten Blättern zu veröffentlichen und über die Verwaltung des abgelaufenen Jahres vollständigen Bericht zu erstatten.

§ 9.

Die Monatsabschlüsse sowie die Jahresrechnung und Bilanz sind von dem Aufsichtsrate sorgfältig zu prüfen.

Der Aufsichtsrat hat zu diesem Zwecke regelmäßig am Schlusse jeden Monats eine Kassen- und Geschäftsrevision vorzunehmen und außerdem nach Bedürfnis außerordentliche und unvermutete Revisionen, mindestens jedoch zweimal im Jahre, eintreten zu lassen.

Bei den Revisionen ist stets die Kasse zu stürzen.

Dabei sind die Barbestände an Gold, Silber, Nickel, Kupfer, Papier und Kupons aufzunehmen und der danach sich ergebende Istbestand ist mit dem nach den Büchern festgestellten Sollbestand zu vergleichen.

§ 10.

Bei den vorzunehmenden Revisionen hat der Aufsichtsrat sich zu überzeugen, daß die sämtlichen Geschäftsbücher ordnungsmäßig geführt und die Beläge, nach den einzelnen Geschäftszweigen getrennt, gehörig geordnet sind. Hierbei ist eine Vergleichung der Bestände an Geld, Wechseln, Schuldurkunden, Wertpapieren mit den Listen und Kontrollen und den betreffenden Konten in den Büchern vorzunehmen und darauf zu achten, daß diejenigen Bücher bis zum Tage der Revision fortgeführt sind und regelmäßig jeden Tag fortgeführt werden, welche täglich über die Lage des Geschäfts, über die Vorfälle in dem Geschäft, über den Stand der Guthaben und der Schulden Aufschluß zu geben bestimmt sind.

Bei jeder Revision ist zu untersuchen, daß bei den Kreditgewährungen die gezogenen Grenzen nicht überschritten sind, daß die Mitglieder des Vorstandes die ihnen durch Statut und Instruktion besonders zugewiesenen Funktionen gewissenhaft erfüllen, und daß die Vorschriften des Genossenschaftsgesetzes und die Bestimmungen der Vereinsstatuten überall befolgt werden; und es ist insbesondere darüber zu wachen, daß das Verzeichnis der Genossen ordnungsmäßig geführt und mit der Liste der Genossen in Übereinstimmung gehalten wird, daß über den Ein- und Austritt von Mitgliedern die vorgeschriebenen Anzeigen, sowie alle sonstigen durch das Genossenschaftsgesetz erforderten Anmeldungen, Anzeigen und Erklärungen zum Genossenschaftsregister rechtzeitig und ordnungsmäßig gemacht, und daß die durch Statut und Instruktion gegebenen Vorschriften über die Aufbewahrung und den Verschluß der Wertbestände eingehalten werden.

§ 11.

In betreff des Vorschuß- und Wechselkontos ist bei der Revision festzustellen, daß alle Vorschüsse und Wechseldiskontierungen statutenmäßig bewilligt sind, daß die ausgestellten Wechsel vorhanden und die bestellten Sicherheiten sich im Besitze des Vereins befinden.

Mindestens zweimal im Jahre ist die Inventarisierung des Wechselportefeuilles durch genaue Protokollierung jedes einzelnen Wechsels nach seiner laufenden Nummer, seinem Betrage, Fälligkeitstage und Schuldner vorzunehmen und die bei dieser Wechselinventur sich ergebende Gesamtsumme mit dem Abschlusse des Hauptbuches zu vergleichen.

§ 12.

Bei dem Kontokorrentkonto ist besonders zu untersuchen, ob die bewilligten Kreditsummen überall eingehalten sind, und ob der von den Kontokorrentinhabern eingehaltene Umschlag mit dem in Anspruch genommenen Kredit in dem richtigen Verhältnisse steht.

Wenigstens zweimal im Jahre ist die Kreditfähigkeit aller Kontokorrentinhaber sowie der etwaigen Bürgen genau zu prüfen und in jedem Semester ist festzustellen, daß die Anerkenntnisse der sämtlichen Kontokorrentinhaber über die Richtigkeit der ihnen zugestellten Rechnungsabschlüsse eingegangen sind. Die für die bewilligten Kredite verpfändeten Objekte sind zu verzeichnen und es ist festzustellen, daß alle in den Verpfändungsurkunden verzeichneten Wertpapiere in dem Gewahrsam des Vereins sich befinden, und daß dieselben ausreichende Sicherheit für die darauf bewilligten Kredite gewähren.

§ 13.

Die Effektenbestände des Vereins sind monatlich zu revidieren und zu inventarisieren.

§ 14.

Bei allen vom Aufsichtsrat vorzunehmenden Revisionen darf eine Untersuchung der sog. schwebenden Verbindlichkeiten aus Wechselindossamenten (Giroverbindlichkeiten) nicht unterlassen werden.

§ 15.

Am Schlusse des Geschäftsjahres hat der Aufsichtsrat mit dem Vorstande behufs Aufstellung der Jahresrechnung und Bilanz eine vollständige Inventur vorzunehmen.

Zu diesem Zwecke sind am letzten Tage des Geschäftsjahres

a) das Kassenbuch abzuschließen und der Sollbestand der Kasse festzustellen, sodann der wirkliche Kassenbestand nach den vorhandenen Geldsorten, Kassenscheinen, Banknoten und Kupons aufzunehmen,
b) die vorhandenen Bestände an Wechseln, Schuldscheinen und Wertpapieren durchzusehen, einzeln zu verzeichnen und mit den geführten Listen und Kontrollen zu vergleichen.

Soweit diese Arbeit an demselben Tage nicht zu beenden ist, ist dieselbe an dem nächstfolgenden Tage fortzusetzen, bis dahin aber alles unter sicheren Verschluß zu nehmen, damit jede Möglichkeit zu Verfügungen, durch welche ein Defekt verdeckt werden könnte, ausgeschlossen ist.

Bei dieser Inventarisation ist jeder einzelne Wechsel nach seiner laufenden Nummer, seinem Betrage, Fälligkeitstage und Schuldner zu verzeichnen und nach seinem wirklichen Werte zu prüfen.

Ebenso wie die Wechsel sind alle übrigen vorhandenen Schulddokumente und Wertpapiere nach ihrem rechnungsmäßigen und wirklichen Werte zu untersuchen und einzeln zu verzeichnen.

Alle Wertpapiere sind hierbei höchstens nach dem Börsenkurse am Tage des Abschlusses aufzunehmen.

§ 16.

Zur genauen Feststellung der bei Jahresschluß auf Schuldscheine oder Sparbücher angeliehenen Gelder (Anlehen, Depositen und Spareinlagen) erfolgt die Abhebung von Zinsen für die fremden Gelder an vorher bekannt zu machenden Tagen unter Aufforderung an die Darlehnsgeber und Spareinleger, ihre Schuldurkunden und Sparkassenbücher bei der Abhebung der Zinsen vorzulegen.

Die infolge dieser Aufforderung vorgelegten Urkunden sind von einzelnen von dem Aufsichtsrat hierzu bestellten Mitgliedern des Aufsichtsrats zu prüfen und mit den Büchern zu vergleichen.

Etwaige bei Jahresschluß auf den Verein laufende Akzepte, welche als Passiven in der Bilanz erscheinen müssen, sind ebenfalls nach ihrer Einlösung dem Aufsichtsrate zur Vergleichung mit den Büchern vorzulegen.

§ 17.

Sobald die Jahresrechnung und Bilanz von dem Vorstande aufgestellt ist, sind die in dieselben eingestellten Abschlußsummen der einzelnen Konten mit den Inventurlisten zu vergleichen und danach die Richtigkeit der Bilanz festzustellen und zu bescheinigen.

§ 18.

An der Inventur am Jahresschluß nehmen sämtliche Aufsichtsratsmitglieder teil, indem für die verschiedenen Geschäftszweige Kommissionen von je 2 oder 3 Mitgliedern gebildet werden, die für die sorgfältige Erledigung der ihnen überwiesenen Arbeiten verantwortlich sind.

Für die sonstigen ordentlichen und außerordentlichen Revisionen ernennt der Aufsichtsrat aus sich Revisionskommissionen von 2 oder 3 Mitgliedern in der Weise, daß möglichst alle Mitglieder des Aufsichtsrates im Laufe des Jahres zu den Revisionen herangezogen werden.

Auch zur fortlaufenden Überwachung einzelner Geschäftszweige kann der Aufsichtsrat besondere Revisionskommissionen aus sich bilden.

Die Revisionskommission fungiert als Organ des Aufsichtsrates und ist verantwortlich für die sorgfältige Ausführung der Revision.

Der Aufsichtsrat ist befugt, einen Rechnungsverständigen, welcher nicht Mitglied des Vereins zu sein braucht, zur Besorgung der kalkulatorischen Revisionsarbeiten bei Revision der Jahresrechnung, sowie bei den sonstigen im Laufe des Jahres erfolgenden Revisionen hinzuzuziehen, und dessen Honorar festzusetzen.

§ 19.

Über alle vorgenommenen Revisionen sind Protokolle aufzunehmen, aus welchen der Umfang der vorgenommenen Revisionshandlungen, die dabei beteiligten Personen und die Arbeiten, welche dieselben im einzelnen ausgeführt haben, sowie das Ergebnis der Revision genau ersichtlich sind.

Das Protokoll ist der nächsten Aufsichtsratssitzung vorzulegen und, sobald es Monita enthält, dem Vorstande zur baldigen Erledigung derselben zu überweisen. Bleiben einzelne Monita unerledigt, so hat der Aufsichtsrat der Generalversammlung darüber Bericht zu erstatten.

§ 20.

Nach dem Genossenschaftsgesetz hat der Aufsichtsrat bei den Revisionen des Verbandsrevisors mitzuwirken und in der nächsten Generalversammlung über das Ergebnis der Revision Bericht zu erstatten.

In jedem Falle einer ordentlichen Revision durch den Verbandsrevisor hat deshalb der Aufsichtsrat darüber zu beschließen, wie viele und welche Mitglieder des Aufsichtsrats bei der Revision mitzuwirken haben.

Der Vorsitzende des Aufsichtsrats oder dessen Stellvertreter müssen bei der Revision durch den Verbandsrevisor stets anwesend und beteiligt sein.

§ 21.

Die gemeinschaftlichen Sitzungen des Vorstandes und Aufsichtsrates finden in der Regel unmittelbar nach den ordentlichen Sitzungen des Aufsichtsrates statt; der Vorsitzende des Aufsichtsrates aber kann außerdem gemeinschaftliche Sitzungen von Vorstand und Aufsichtsrat berufen, wenn er dieses für erforderlich hält, und er muß solche berufen, wenn der Vorstand oder drei Mitglieder des Aufsichtsrats unter schriftlicher Angabe der Beratungsgegenstände dieses verlangen.

In den gemeinschaftlichen Sitzungen von Vorstand und Aufsichtsrat führt der Vorsitzende des Aufsichtsrats oder dessen Stellvertreter den Vorsitz. Der Vorsitzende ernennt den Schriftführer.

Die Beschlüsse werden nach Stimmenmehrheit der anwesenden Mitglieder des Vorstandes und der anwesenden Mitglieder des Aufsichtsrates in getrennter Abstimmung beider Organe gefaßt.

Die Mitglieder des Vorstandes und die Mitglieder des Aufsichtsrats sind stimmberechtigt.

Zur Beschlußfähigkeit ist die Anwesenheit der Mehrheit der Mitglieder des Vorstandes und der Mitglieder des Aufsichtsrates erforderlich.

In die Protokolle sind die gefaßten Beschlüsse aufzunehmen, und

die Protokolle sind von den anwesenden Mitgliedern des Vorstandes und des Aufsichtsrates zu unterzeichnen.

§ 22.

Die Verträge mit den Mitgliedern des Vorstandes hat der Vorsitzende des Aufsichtsrates nach den Beschlüssen des Aufsichtsrates und in dessen Namen abzuschließen.

§ 23.

Über die Haftbarkeit der Mitglieder des Aufsichtsrates der Genossenschaft gegenüber wegen entstandenen Schadens bestimmt der § 41 des Genossenschaftsgesetzes folgendes:

Die Mitglieder des Aufsichtsrates haben die Sorgfalt eines ordentlichen Geschäftsmannes anzuwenden.

Mitglieder, welche ihre Obliegenheiten verletzen, haften der Genossenschaften persönlich und solidarisch für den dadurch entstandenen Schaden.

Insbesondere sind sie in den Fällen des § 34 Absatz 3 zum Ersatze der Zahlung verpflichtet, wenn diese mit ihrem Wissen und ohne ihr Einschreiten erfolgt ist.

Die Ansprüche auf Grund der vorstehenden Bestimmungen verjähren in fünf Jahren.

§ 24.

Die Mitglieder des Aufsichtsrates können nach dem Genossenschaftsgesetz die Ausübung ihrer Befugnisse und Obliegenheiten nicht anderen Personen übertragen.

Formular 12.

Beitrittserklärung.

Die Beitrittserklärung zu einer Genossenschaft mit unbeschränkter Haftpflicht hat zu lauten:

Ich erkläre hierdurch meinen Beitritt zu dem unter der Firma Vorschußverein zu X. eingetragene Genossenschaft mit unbeschränkter Haftpflicht bestehenden Vorschußverein, dessen einzelne Genossen für die Verbindlichkeiten der Genossenschaft dieser sowie den Gläubigern derselben nach Maßgabe des Gesetzes mit ihrem ganzen Vermögen haften.

X., den . . . . .

N. N. (Angabe des Standes und des Wohnortes.)

Die Beitrittserklärung für eine Genossenschaft mit unbeschränkter Nachschußpflicht:

Ich erkläre hierdurch meinen Beitritt zu dem unter der Firma Vorschußverein zu X. eingetragene Genossenschaft mit unbeschränkter Nachschußpflicht bestehenden Vorschußverein, dessen einzelne Genossen mit ihrem ganzen Vermögen verpflichtet sind, der Genossenschaft die zur Befriedigung der Gläubiger derselben erforderlichen Nachschüsse nach Maßgabe des Gesetzes zu leisten.

X., den . . . . .

N. N. (Angabe des Standes und des Wohnortes.)

Die Beitrittserklärung für eine Genossenschaft mit beschränkter Haftpflicht:

Ich erkläre hierdurch meinen Beitritt zu dem unter der Firma Vorschußverein zu X. eingetragene Genossenschaft mit beschränkter Haftpflicht bestehenden Vorschußverein.

X., den . . . . .

N. N. (Angabe des Standes und des Wohnortes.)

Erklärung über Beteiligung mit einem weiteren Geschäftsanteil:

Ich erkläre, daß ich mich auf einen zweiten (oder dritten usw.) Geschäftsanteil bei der Kreditgenossenschaft zu X. eingetragene Genossenschaft mit beschränkter Haftpflicht beteiligen will.

X., den . . . . .

(Unterschrift des Mitgliedes.)

Formular 13.

Kündigung.

Ich kündige hiermit meine Mitgliedschaft bei dem (Firma der Genossenschaft).

Ort, Datum. Unterschrift.

(Vor- und Zuname, Stand unter Angabe des Standes bei Erwerb der Mitgliedschaft, falls Änderung eingetreten ist.)

Formular 14.

Formular für die Übertragung des Geschäftsguthabens.

Der Schneidermeister M. zu X. überträgt hiermit sein Geschäftsguthaben unter Anwendung des § 76 des Genossenschaftsgesetzes bei (Firma der Genossenschaft) im Betrage von .... Mk. an das Mitglied N. zu Y. derselben Genossenschaft, welcher die Übertragung annimmt.

Ort, Datum. Unterschrift beider Mitglieder.

Wenn der Erwerber nicht Mitglied ist, fallen die Worte „an das Mitglied" fort und der Erwerber hat die Beitrittserklärung auszustellen.

Im ersten Falle hat der Vorstand bei Einreichung an das Gericht zur Eintragung noch zu erklären:

Wir versichern, daß das Geschäftsguthaben des Herrn N. in Y. mit dem ihm nach der Übereinkunft mit Herrn M. zu X. zuzuschreibenden Betrag den Geschäftsanteil — oder bei Genossenschaften mit beschränkter Haftpflicht und Zulassung des Erwerbs mehrerer Geschäftsanteile: „die der höchsten Zahl der Geschäftsanteile entsprechende Gesamtsumme" — nicht übersteigt.

Ort, Datum. Firma der Genossenschaft.
Unterschriften.

Formular 15.

Bedingungen über Annahme, Verzinsung und Rückzahlung von Spareinlagen

bei

....

eingetragene Genossenschaft mit ...beschränkter Haftpflicht.

§ 1. Für die Spareinlagen und Zinsen haftet die Genossenschaft mit ihrem ganzen Vermögen und ihre Mitglieder nach den Bestimmungen des Genossenschaftsgesetzes.

§ 2. Jede Spareinlage muß mindestens .... Mk. betragen.

Einzahlungen in einem Posten werden nur bis zum Höchstbetrage von ..... Mk. angenommen.

§ 3. Die Spareinlagen werden, soweit sie volle Mk. betragen, mit .... vom Hundert jährlich verzinst.

Die Verzinsung beginnt mit ....
und endet mit ....

Die Zinsen werden — abgesehen von dem Falle der gänzlichen Rückzahlung der Spareinlagen — alljährlich berechnet, soweit sie vom Sparer nicht erhoben werden, dem Kapital zugeschlagen und mit diesem vom Beginn des neuen Geschäftsjahres an verzinst.

Änderungen des Zinsfußes, sowie dieser Sparordnung sind für jeden Sparer verbindlich, sobald sie mindestens einen Monat vor dem Zeitpunkte, von welchem an sie eintreten sollen, in den statutenmäßig für die Veröffentlichungen der Genossenschaft bestimmten Blättern bekannt gemacht sind.

§ 4. Spareinlagen werden auf Verlangen der Sparer in der Regel nach Ablauf einer Kündigungsfrist zurückbezahlt, die .... Monate umfaßt.

Die erfolgte Kündigung ist im Sparbuche zu vermerken.

Der Vorstand ist befugt, innerhalb der vom Aufsichtsrate genehmigten Grenzen nach Lage der Verhältnisse Rückzahlungen ohne Kündigung oder mit abgekürzten Kündigungsfristen zu leisten.

§ 5. Die Genossenschaft hat das Recht, ihrerseits Spareinlagen mit Frist von einem Monate zur Rückzahlung zu kündigen.

Diese Kündigung kann durch zweimalige Bekanntmachung in den statutenmäßig für die Veröffentlichungen der Genossenschaft bestimmten Blättern erfolgen.

Mit Ablauf der Kündigungsfrist hört die Verzinsung des gekündigten Kapitales auf.

§ 6. Einzahlungen für die Sparkasse und Auszahlungen aus der Sparkasse erfolgen im Geschäftslokale der Genossenschaft außer an Sonn- und Feiertagen täglich in den Stunden von ... bis ... Uhr vormittags und von ... bis ... Uhr nachmittags.

§ 7. Jeder Sparer erhält ein mit dem Vereinsstempel versehenes, auf seinen Namen ausgefertigtes Sparbuch, sowie diese Sparordnung, deren Bestimmungen er dadurch als für sich verbindlich anerkennt.

In das Sparbuch ist jede Einzahlung und jede Auszahlung von dem Vorstande oder von den dazu bestimmten Beamten, deren Namen durch Aushang im Geschäftslokale bekannt zu machen sind, unter Angabe des Datums einzutragen.

§ 8. Auszahlungen von Sparguthaben werden gegen Vorlage des Sparbuches geleistet; sie können an jeden Vorzeiger des Sparbuches geleistet werden, solange nicht von dem Sparer, dessen Vertreter oder Rechtsnachfolger gegen diese Auszahlung bei dem Vorstande der Genossenschaft schriftlich Einsprache erhoben ist. Solche Einsprache ist in den Büchern der Genossenschaft zu vermerken.

Die Genossenschaft hat jedoch in jedem Falle das Recht, die Legitimation des Vorzeigers des Sparbuches zu prüfen, und ist dazu verpflichtet, wenn gegen die Auszahlung Einspruch erhoben ist.

Jeder Sparer hat deshalb in seinem eigenen Interesse sein Sparbuch sorgfältig zu verwahren und einen vorkommenden Verlust des Buches dem Vorstande der Genossenschaft sofort anzuzeigen.

§ 9. Die Übertragung der durch das Buch bekundeten Forderung an einen Dritten muß der Genossenschaft angezeigt und von dieser auf dem Sparbuche und in den Büchern der Genossenschaft vermerkt werden.

Sparbücher, die vollständig ausgezahlt sind, bleiben in Verwahrung der Genossenschaft.

§ 10. Wird der Verlust oder die gänzliche Vernichtung eines Sparbuches von dem Sparer oder seinem Rechtsnachfolger behauptet, so erfolgt ein Aufgebot des Buches durch einmaligen Aufruf desselben in dem .... Blatt auf Kosten des Spareinlegers. Meldet sich innerhalb 6 Wochen nach Ausgabe der betreffenden

Nummer der Zeitung niemand mit dem Buch und werden auch von anderer Seite keine Ansprüche auf das Sparkassenguthaben bei der Genossenschaft geltend gemacht, so gilt das alte Buch für kraftlos erklärt und wird ein neues Buch ausgestellt.

§ 11. Wenn auf ein Sparbuch während 25 Jahren weder Einzahlungen noch Auszahlungen geleistet sind, hört die Verzinsung auf und wird das Guthaben gekündigt. Erfolgt die Erhebung nicht, so kann nach Ablauf der gesetzlichen Verjährungsfrist das Guthaben für den Reservefonds der Genossenschaft eingezogen werden.

§ 12. Nach Schluß eines jeden Geschäftsjahres wird eine tabellarische Zusammenstellung aller Spareinlagen mit Angabe der Nummer und des Guthabens jedes einzelnen Sparkontos im Geschäftslokale zur Einsicht ausgelegt und dies in den statutenmäßig vorgeschriebenen Blättern angezeigt.*)

Formular 16.

Bedingungen für den Depositenverkehr.

Die (Firma der Genossenschaft) nimmt Depositen unter folgenden Bedingungen an:

§ 1.

Der kleinste Betrag der ersten Einzahlung ist . . . Mark. Weitere Einzahlungen dürfen nicht weniger als . . . Mark betragen.

§ 2.

Bei Rückzahlung bedarf es im Falle des Mangels anderweitiger besonderer Vereinbarung:

a) bei Beträgen bis . . . Mark in der Regel keiner vorherigen Anzeige;
b) bei Summen von . . . Mark bis . . . Mark einer vorherigen eintägigen und
c) bei Summen über . . . Mark einer vorherigen dreitägigen Kündigung seitens des Einlegers. Die Kündigung ist in dem vorzulegenden Gegenbuch zu vermerken.

§ 3.

Über Ein- und Auszahlungen wird als Gegenbuch ein Rechnungsauszug**) ausgestellt, in dem jede Einzahlung und Abhebung eingetragen und vom Vorstande oder den dazu bestimmten Beamten bescheinigt wird. Jeder, der das Buch vor-

---

*) Vgl. über die Kontrolle der Spareinlagen S. 86, 155, 301.

**) Das Titelblatt hätte zu lauten:

Nr. . . .
Rechnungsauszug
aus dem
Depositenkonto
der
. . . . . . (Firma der Genossenschaft)
für
(Name des Deponenten).

Auf die Innenblätter kommen folgende Kolonnen:
Datum, Zugang, Abgang, Bestand, Kündigung, Quittung des Vorstandes.

zeigt, wird zur Empfangnahme von Rückzahlungen als legitimiert angesehen. Die Genossenschaft hat jedoch in jedem Falle das Recht, die Legitimation des Vorzeigers zu prüfen und ist dazu verpflichtet, wenn gegen die Auszahlung Einsprache erhoben ist.

Jeder Deponent hat deshalb in seinem eigenen Interesse das Gegenbuch sorgfältig zu verwahren und einen vorkommenden Verlust dem Vorstande sofort anzuzeigen.

Über die Rückzahlung hat der Empfänger Quittung zu leisten.

§ 4.

Die (Firma der Genossenschaft) behält sich das Recht vor, Einlagen mit ... tägiger Frist zu kündigen.

§ 5.

Die Verzinsung erfolgt von dem auf die Einzahlungen folgenden Tage bis zu dem Tage vor der Abhebung.

Sinkt die Einlage unter ... Mark, so hört die Verzinsung auf. Die Zinsen werden nur für jede volle 10 Mark vergütet und werden nach Schluß des Geschäftsjahres oder nach Aufhebung des Depositenverkehrs ausgezahlt.

§ 6.

Wird der Verlust oder die gänzliche Vernichtung des Gegenbuches behauptet, so erfolgt ein Aufgebot des Gegenbuches durch einmaligen Aufruf in dem ... Blatt auf Kosten des Deponenten. Meldet sich innerhalb 6 Wochen nach Ausgabe der betreffenden Nummer der Zeitung niemand mit dem Gegenbuch und werden auch von anderer Seite keine Ansprüche auf das Guthaben bei der Genossenschaft geltend gemacht, so gilt das Gegenbuch für kraftlos erklärt und wird ein neues Buch ausgestellt.*)

§ 7.

Änderungen dieser Bedingungen, insbesondere des Zinsfußes, sowie die Kündigungen der Genossenschaft (§ 4), werden durch ..... bekannt gemacht und gelten für alle Deponenten.

Formular 17.

Bedingungen für laufende Rechnung ohne Kredit.

Die (Firma der Genossenschaft) führt denjenigen Mitgliedern und Nichtmitgliedern, welche hiervon Gebrauch machen wollen, laufende Rechnung unter folgenden Bedingungen:

§ 1.

Wenn laufende Rechnung geführt werden soll, ohne daß Kredit in Anspruch genommen wird, so ist dies dem Vorstand anzuzeigen und gleichzeitig ein Beitrag von nicht weniger als ... Mk. auf das Konto einzuzahlen.

---

*) Diese Bestimmung ist zu treffen für den Fall, daß in dem Gegenbuch ein „Legitimationspapier“ gesehen wird, andernfalls würde folgende Bestimmung genügen:

Wird dem Vorstand der Verlust des Gegenbuches nachgewiesen, so stellt er ein neues Gegenbuch an Stelle des verloren gegangenen aus.

§ 2.

Dieses Guthaben, welches durch Nachzahlungen in beliebigen Beträgen, jedoch nicht unter ... Mk., erhöht werden kann, steht zur Verfügung des Kontokorrent-Inhabers mit der Maßgabe, daß die Genossenschaft berechtigt ist, zu verlangen, daß Bezüge von ... bis ... mindestens einen Tag und von mehr als ... Mk. mindestens 3 Tage vorher angemeldet werden.

Die Anwendung dieser Einschränkung, von welcher in der Regel kein Gebrauch gemacht wird, ist dem Ermessen des Vorstandes überlassen.

Das Guthaben darf in Beträgen von nicht weniger als ... Mk. zurückgezogen werden.

§ 3.

Die Konto-Inhaber können die Zahlungen der Genossenschaft auf ihre laufenden Rechnungen durch nach Sicht zahlbare Anweisungen (Schecks)*), welche auf den Namen der Inhaber lauten, beziehen. Die Legitimation desjenigen, der eine solche ordnungsmäßig ausgestellte Anweisung zur Zahlung präsentiert, ist der Vorstand zu prüfen berechtigt, aber nicht verpflichtet.

§ 4.

In dem Kontokorrent werden bei dem mit jedem Kalenderhalbjahr stattfindenden Abschlusse die Zinsen von dem in dem abgelaufenen Halbjahre bestandenen Guthaben zu .. % berechnet und gutgeschrieben. Der sich darnach ergebende Saldo wird als Kapital betrachtet und als solches auf neue Rechnung vorgetragen.

Besteht im Laufe eines Halbjahres lediglich ein Guthaben von ... Mk., so findet für diese Zeit keine Verzinsung statt.

§ 5.

Nach Schluß jedes Kalenderhalbjahres erhält jeder Kontokorrent-Inhaber einen vollständigen Auszug aus seiner laufenden Rechnung und eine Zusammenstellung des Resultates derselben, welch letztere er zur Anerkennung mit seiner Unterschrift zu versehen und dem Vorstande zurückzusenden hat.

§ 6.

Die Genossenschaft hat die Befugnis, einem Kontokorrent-Inhaber jederzeit die laufende Rechnung zu kündigen. In diesem Fall hat der Inhaber über das Guthaben innerhalb .. Tage zu verfügen, widrigenfalls dann die Verzinsung aufhört.

§ 7.

Abänderungen dieser Bedingungen, insbesondere des Zinsfußes, werden durch .... bekannt gemacht und gelten für sämtliche Kontoinhaber.

Formular 18.

Der Scheckverkehr.

I.

Bekanntmachung bei Einführung des Scheckverkehrs und Anweisung zur Benutzung des Scheckverkehrs.

Ort und Datum.

P. P.

Hierdurch bringen wir zu Ihrer Kenntnis, daß wir, dem Beispiele einer

*) Formular eines Schecks siehe unter Form. 18 „Scheckverkehr".

Anzahl größerer Vorschußvereine folgend, mit dem ..... den Scheckverkehr in den Bereich unserer Geschäftstätigkeit aufnehmen werden.

Mit dieser Einrichtung bezwecken wir für alle Kreise unseres Publikums diejenige Form des Geldverkehrs darzubieten, welche nicht nur als die bequemste gilt und allgemein als nützlichste anerkannt ist, sondern deren weitere Einbürgerung und Verallgemeinerung für die Entwicklung des wirtschaftlichen Lebens von höchster Bedeutung ist. Durch den Scheck als Zahlungsmittel vereinfacht sich die Ausgleichung von Zahlungen, verringert sich der Bedarf an barer Münze, die in vielen einzelnen privaten Kassen auf kurze oder längere Zeit müßig liegenden Gelder können dem öffentlichen Geldmarkte zu nutzbringender Verwendung zugeführt werden.

Das Wesen des Scheckverkehrs besteht darin, daß Einlagen von beliebiger Größe entgegengenommen, auf Scheckkonto gutgeschrieben, zu dem vereinbarten Zinsfuße verzinst und gegen Anweisungen des Einlegers (Schecks) an diesen oder an dritte Personen in beliebigen Summen wieder zurückgezahlt werden. So sind die Vorteile für den Inhaber eines Scheckkontos folgende:

1. Das bis jetzt tot in den Kassen liegende Geld trägt ihm — sei es auch nur auf wenige Tage — Zinsen bis zum Augenblicke des Gebrauches.
2. Diesem Zinsgewinn stehen keinerlei Kosten entgegen.
3. Die Mühe und Gefahr der Kassenführung ist ihm abgenommen und damit Zeit- und Geldersparnis erzielt.
4. Die Zahlung durch Schecks ist gegenüber der Barzahlung eine bequemere und sichere, denn
   a) das Ausschreiben, Aushändigen und Versenden von Schecks ist bequemer, als die gleichen Manipulationen mit barem Gelde;
   b) Irrtümer im Zählen, Verluste durch falsches Geld usw. sind ausgeschlossen;
   c) die Kassenführung durch die Genossenschaft schützt vor Diebstahl, Feuersgefahr usw.;
   d) durch die bei der Genossenschaft eingelösten und aufbewahrten Schecks ist noch nach Jahren die erfolgte Zahlung nachzuweisen, was bei Barzahlung in Geld nicht möglich ist, da hierbei sehr oft Quittungen nicht gegeben werden, oder gegebene Quittungen in Verlust geraten.

Die Gläubiger aber, welche ihre Forderungen mit Schecks bezahlt erhalten, werden diese lieber nehmen als bares Geld. Die Gläubiger am Platze können den Scheck entweder anderweitig in Zahlung geben, oder ihn selbst einziehen, während die auswärtigen Gläubiger in der Lage sind, den Scheck zur Erfüllung ihrer Verbindlichkeiten zu benutzen, da der Scheck weiter girirt werden kann.

So hat z. B. der Kaufmann, der Fabrikant und Handwerker nicht nötig, seine Tages- und Wocheneinnahmen bei sich aufzubewahren, er zahlt dieselben auf Scheckkonto ein, um sein Guthaben zur Begleichung seiner Warenbezüge oder zur Erfüllung seiner Wechsel- und sonstigen Verbindlichkeiten durch Ausschreibung von Schecks zu verwenden. Ähnlich verfährt der Beamte und Rentier, der Landwirt und Pensionär, die einzeln stehende Dame. Sie, die in der Regel ihre Einlagen am Monats- oder Quartalsanfang bewirken, werden darüber allmählich je nach dem Haushaltsbedarf verfügen.

Anweisung für die Benutzung des Scheckverkehrs.

Jeder, der mit uns in Scheckverkehr tritt, erhält zwei Bücher. Das eine dient als Kontobuch und werden hierin auf der rechten „Haben"-Seite alle Einzahlungen des Kontoinhabers seitens der Genossenschaft quittiert, während die linke „Soll"-Seite der Verzeichnung der mittels Scheck gemachten Abhebungen dient. Letztere können von der Hand des Kontoinhabers geschehen oder gelegentlich durch uns bewirkt werden.

Das andere Buch ist das eigentliche Scheckbuch. Es enthält 25 Formulare (Schecks) zu Zahlungsanweisungen. Mit solchen Schecks zahlt die Hausfrau ihre Lieferanten, dem Fleischer und Bäcker, dem Kostwirt und Kolonialwarenhändler die gelieferte Ware, dem Schneider oder Schuhmacher die Arbeit. Mit Schecks zahlt der Mieter seine Wohnungsmiete, der Hausbesitzer seine Hypothekenzinsen usw., kurz jede Zahlung jeden Namens wird nicht durch Barzahlung, sondern durch Ausschreibung eines Schecks erledigt.

Der gedruckten Anweisung fügt man Summe, Datum und Namen bei, reißt dieselbe aus dem Scheckbuch heraus und gibt sie dem Gläubiger. Der im Scheckbuch verbleibende Koupon dient dem Vermerk der herausgeschriebenen Summe, des Datums sowie des Namens des Empfängers des Schecks. Letzterer wird nun den Scheck entweder selbst wieder in Zahlung geben oder denselben zur Genossenschaft bringen, welche den Betrag bar auszahlt event. gutschreibt.

Die Scheckbücher werden jedem Kontoinhaber durch uns unentgeltlich gegen Empfangsbescheinigung geliefert und beginnt die Verzinsung der eingezahlten Guthaben von dem auf den Tag der Einlage folgenden Tage; sie endigt mit dem Tage der Abhebung.

Hochachtungsvoll
Kreditgenossenschaft zu .....
Eingetragene Genossenschaft mit unbeschränkter Haftpflicht.

II.

Bedingungen für den Scheckverkehr.

Mitglieder sowie Nichtmitglieder sind berechtigt, die Eröffnung eines Scheckkontos zu beantragen. Der Antrag ist an den Vorstand zu richten. Im Falle der Ablehnung des Antrages ist der Vorstand nicht verpflichtet, Gründe anzugeben.

Wird der Antrag genehmigt, so hat das betreffende Mitglied behufs Eröffnung des Kontos die erste Einzahlung mit mindestens ... Mk. zu leisten.

Die Scheckformulare werden jedem Kontoinhaber nach Bedarf gegen Quittung in Heften von mindestens 25 Stück seitens der Genossenschaft unentgeltlich geliefert.

Die Einzahlungen auf Scheckkonto können in barem Gelde, Überweisungen, Effekten, Koupons, Sortengutschriften oder durch Übertrag von anderen Konten geleistet werden.

Die Verzinsung der eingelegten Gelder, soweit sie ... Mk. übersteigen, beginnt mit dem auf den Tag der Einlage oder Überweisung folgenden Tage. Die Gutschrift der aufgelaufenen Zinsen erfolgt am 30. Juni und 31. Dezember. Der Zinsfuß wird im Kassenlokale bekannt gegeben.

Über das Guthaben auf Scheckkonto kann durch Schecks, Überweisungen oder Übertrag auf ein anderes Konto verfügt werden. Auszahlungen bis zu Mk. ... an einem Tage erfolgen ohne Kündigung, dagegen bedarf es bei Abhebungen

von mehr als Mk. .... einer zweitägigen Kündigung
" " " " .... " dreitägigen "

Bei Auszahlungen die Legitimation des Inhabers eines Schecks zu prüfen, ist die Genossenschaft berechtigt, aber nicht verpflichtet.

Das Scheckbuch muß sorgfältig aufbewahrt werden. Der Kontoinhaber haftet für alle nachteiligen Folgen, welche aus der mißbräuchlichen Benutzung verlorener oder abhanden gekommener Formulare entstehen.

Unbrauchbar gewordene Schecks sind zurückzuliefern.

Von dem etwaigen Verluste oder Abhandenkommen des Scheckbuches oder eines Schecks ist daher der Genossenschaft ohne Zögerung Mitteilung zu machen, damit eine etwaige Zahlung an Unberechtigte verhindert werden kann.

Schecks, welche radiert sind, oder geschriebene Zusätze zwischen den vorgedruckten Zeilen enthalten, werden nicht bezahlt. Die Durchstreichung des Zusatzes „oder Überbringer" ist unzulässig. Schecks dürfen nur vom Tage der Ausstellung datiert sein.

Ohne daß ein entsprechendes Guthaben vorhanden ist, dürfen Schecks von dem Kontoinhaber nicht ausgestellt werden. Anderenfalls ist die Genossenschaft berechtigt, den Verkehr mit dem Kontoinhaber sofort aufzuheben. Auch ohne solchen Grund steht es ihr jederzeit frei, den Scheckverkehr mit dem einzelnen Kontoinhaber aufzuheben, sowie Abänderungen an obigen Bestimmungen zu treffen.

Beim Aufhören der Scheckrechnung ist der Kontoinhaber verpflichtet, die noch in seinem Besitz befindlichen Scheckformulare zurückzugeben.

Von den vorstehenden Bedingungen für den Scheckverkehr habe ich Kenntnis genommen und ersuche ich, mir auf Grund derselben ein Scheckkonto zu eröffnen.

(Ort) . . . . den . . . . . 19 . .

(Unterschrift.)

Man läßt die Bedingungen von dem unterschreiben, der ein Scheckkonto eröffnet haben will.

III.

Der Konto-Inhaber erhält:

1. ein Scheckbuch.

Das Scheckbuch hat ein längliches Format und wird auf der Außenseite bezeichnet:

Scheckbuch.

Nr. . . . . . — Nr.

Kreditgenossenschaft zu . . . ., eingetragene Genossenschaft mit unbeschränkter Haftpflicht.

Die Blätter des Scheckbuchs haben folgenden Inhalt:

Nr. . . . . .

Mark . . . .

angewiesen für

. . . .

den . . . .

. . . .

Kreditgenossenschaft zu . . . .

eingetragene Genossenschaft mit unbeschränkter Haftpflicht

Nr. . . . . Für M . . . .

Die Kreditgenossenschaft zu . . . . eingetragene Genossenschaft mit unbeschränkter Haftpflicht

wolle zahlen aus $\frac{\text{meinem}}{\text{unserem}}$ Guthaben gegen diesen Scheck

an . . . . oder Überbringer

Mark . . . .

(Ort), den . . . . 19 . . .

Kassenstunden . . . . Uhr Vorm.

An der perforierten Stelle sind die Blätter abzureißen, auf dem verbleibenden Blatte wird die Notiz gemacht, wer den Scheck erhalten hat und über welchen Betrag derselbe ausgestellt war.

Über den Empfang des Scheckbuches wird folgende Quittung ausgestellt:

Von der Kreditgenossenschaft zu ...., eingetragene Genossenschaft mit unbeschränkter Haftpflicht, Stück ..... Scheckformulare Nr. ..... bis Nr. ..... empfangen zu haben, bescheinigt ...

(Ort, Datum.) (Unterschrift.)

2. ein Scheck-Konto-Buch mit folgendem Titelblattt:

Scheck-Konto-Buch
der
Kreditgenossenschaft zu ...., eingetragene Genossenschaft mit
unbeschränkter Haftpflicht,
für ....

(Die Bedingungen läßt man hier mit Rücksicht auf die wenigstens in Preußen wiederholt gemachten Versuche, derartige Bescheinigungen, wenn sie über Einlagen ausgestellt werden, für stempelpflichtige Schuldverschreibungen zu erklären, besser weg.) Das Buch erhält folgende Einrichtung:

Soll. **Haben.**

Datum		Nr. des Scheck	Mk.	Pf.	Datum		Mk.	Pf.

Die linke Seite dient für die Einzeichnung des Konto-Inhabers über die ausgestellten Schecks, auf der rechten Seite werden die Einzahlungen des Konto-Inhabers von der Genossenschaft quittiert.

IV.

Formular für Einzahlungen und Überweisungen.

...... den ......

Anbei folgen:

1. in baar
   - a) in Gold .... Mk. ......
   - b) „ Silber .... Mk. ......
   - c) „ Papiergeld .... Mk. ......
   - d) „ .... Mk. ...... Mk. ....
2. in Überweisungen:
   - a) für diskontierte Wechsel .... Mk. ......
   - b) „ Lombard-Entnahmen .... Mk. ......
   - c) „ Erhebungen auf Kontokorrent-Konto . Mk. ......
   - d) „ übergebene Schecks .... Mk. ...... Mk. ....

Zusammen Mk. ....

Zur Gutschrift auf das Scheckkonto von

....

Formular 19.

Vorschußgewährung.

Geschäftsbedingungen.*)

§ 1.

Vorschüsse auf bestimmte Frist werden an die Mitglieder auf eigene Wechsel gewährt und in der Regel nicht länger als auf ... Monate.

Das Mitglied muß für den Kredit sicher erscheinen und außerdem eine weitere Sicherheit stellen.

§ 2.

Der Antrag**) ist schriftlich bei dem Vorstande einzureichen, muß die Höhe des gewünschten Vorschusses, die verlangte Zahlungsfrist, sowie die Angabe der zu bestellenden Sicherheit (Name des Bürgen, der zu verpfändenden Wertpapiere usw.) enthalten. Wenn die Sicherstellung in Wertpapieren bestehen soll, so sind dieselben dem Antrage beizufügen; sie dürfen nicht außer Kurs gesetzt sein.

§ 3.

Die Anträge auf Kreditgewährung unterliegen zunächst der Beschlußfassung des Vorstandes und werden, wenn der Vorstand denselben stattgeben will, dem Aufsichtsrate zur Genehmigung unterbreitet.***)

Der Aufsichtsrat tritt in der Regel am .... zu einer Sitzung zusammen; Anträge auf Kreditbewilligung sind daher spätestens am .... einzureichen, wenn sie in der folgenden Sitzung des Aufsichtsrates zum Vortrage gebracht werden sollen.

§ 4.

Bewilligte Kredite gelangen am Tage nach der Genehmigung durch den Aufsichtsrat in dem Geschäftslokale der Genossenschaft während der Kassenstunden zur Auszahlung.

§ 5.

Prolongation des Vorschusses kann auf .... Monate vom Vorstande unter Genehmigung des Aufsichtsrates bewilligt werden und muß dann in der Regel eine Abschlagszahlung von .... Mk. geleistet werden.

Ist Sicherstellung durch Bürgen geleistet, so muß der Bürge zur Prolongation seine Genehmigung erteilen.

Die Anträge auf Prolongation sind .... Tage vor der Fälligkeit schriftlich bei dem Vorstande nach Maßgabe des § 3 Abs. 1 zu stellen.****)

---

*) Wir gehen von dem Gebrauch des eigenen Wechsels aus. Wegen der Besonderheiten für Kreditgewährung an Landwirte vgl. S. 209 ff.

**) S. das nächste Formular.

***) Vgl. § 26 des Musterstatuts Formular 1. Diese Geschäftsbedingungen gehen durchweg von der Voraussetzung aus, daß in jedem Falle der Vorstand zur Kreditbewilligung die Genehmigung des Aufsichtsrates einzuholen hat. Bewilligt der Vorstand selbständig auf Grund einer Kreditfähigkeitsliste, oder läßt sich der Aufsichtsrat bei der Entscheidung durch Kommissionen oder einzelne Mitglieder vertreten, wie es oft bei großen Kreditgenossenschaften geschieht, so sind die Bedingungen entsprechend abzuändern.

****) Vgl. S. 256.

§ 6.

Die Zinsen für den Vorschuß und die Prolongation sind im voraus zu bezahlen.

§ 7.

Vorschüsse können jederzeit ganz oder teilweise zurückgezahlt werden. Die Rückzahlung erfolgt stets im Geschäftslokale der Genossenschaft während der Kassenstunden.*)

Bei Rückzahlungen, die mindestens einen halben Monat vor der Fälligkeit erfolgen, werden auf den Betrag Zinsen in der Höhe des jedesmaligen Zinsfußes, wie er für Spareinlagen mit .... monatlicher Kündigungsfrist gewährt wird, zurückvergütet.

§ 8.

Der Wechsel ist von dem Kreditsucher im Geschäftslokale zu unterschreiben, ist die Sicherstellung durch Bürgschaft geleistet, ebenso vom Bürgen. Bringt der Kreditsucher den vom Bürgen bereits unterschriebenen Wechsel, so muß die Unterschrift des Bürgen beglaubigt sein.**)

§ 9.

Die erforderlichen Stempel trägt der Kreditsucher.

Nr.

Vorschußantrag.

Endesunterzeichneter ersucht um ein Darlehen von Mark ... auf ... Monat .. und schlägt als Sicherheit vor:

a) die Wechselunterschrift von — Stand — Wohnort

b) die Verpfändung — Unterschrift des Antragstellers

Stand

(Ort), den — Wohnung

Genehmigt: durch Beschluß des Vorstandes vom ...
durch Beschluß des Aufsichtsrates vom ...

Abgelehnt: durch Beschluß des Vorstandes vom ...
durch Beschluß des Aufsichtsrates vom ...

Prolongationsantrag.

An (Firma der Genossenschaft) stelle ich hiermit den Antrag, die Frist zur Rückzahlung meines am ..... 19 .. fälligen Darlehens im Betrage von Mk. ... gegen Abschlagszahlung von .. % um drei Monate, also bis zum ..... 19 .. zu verlängern.

(Ort), den .. ten .... 19 ..

Genehmigung des Bürgen zur Prolongation.

Mit der Bewilligung der vorstehend beantragten Verlängerung der Frist zur Rückzahlung des Darlehens von Mk. ..., erkläre ich mich einverstanden.

(Ort), den .. ten ...... 19 ..

---

*) Vgl. S. 209 für Kredite an Landwirte.

**) Vgl. S. 176.

Quittung.

Von Herrn .... das nach der Schuldurkunde vom .... gewährte Darlehen von Mark .... Pf. nebst Zinsen davon für die Zeit vom .. ten .... 19..
bis zum .. ten .... 19.. mit ..... Mark ..... Pf.
zusammen Mark ..... Pf.
wörtlich ....
zurückempfangen zu haben, bescheinigt.

(Ort), den .. ten .... 19.. Firma der Genossenschaft.
(Unterschriften.)

Formular 20.

Geschäftsbedingungen für die Diskontierung von Geschäftswechseln.

§ 1.

Die Genossenschaft diskontiert Wechsel, welche

a) von einem Mitgliede eingereicht sind;
b) nicht länger als drei Monate nach dem Tage der Ausstellung zahlbar gestellt sind;
c) zwei gute Unterschriften tragen und
d) vom Bezogenen akzeptiert sind;*)
e) entweder aus dem Verkauf von Waren oder Handelsgegenständen oder aus der Fertigung und Lieferung von Arbeiten herrühren, und bei denen mit Gewißheit auf pünktlichen baren Eingang gezählt werden kann,

dergestalt, daß die Diskontierung des Wechsels ein bei Verfall desselben beendetes Geschäft wird.

§ 2.

Anträge um Gewährung eines Wechselkredits sind schriftlich unter Angabe der Höhe des gewünschten Betrages einzureichen.

§ 3.

Der Ankauf von Wechseln geschieht unter Abzug des vom Vorstand und Aufsichtsrat festzusetzenden Zinsfußes und der Provision.

Der Wechsel muß den Bestimmungen der Wechselordnung entsprechen und ordnungsmäßig verstempelt sein.

Bei der Zinsberechnung wird jeder Monat zu dreißig Tagen angenommen, indessen wird der Monat Februar bei solchen Wechseln, welche ultimo Februar fällig sind, nur zu 28 bezw. 29 Tagen berechnet. Der Tag der Diskontierung wird nicht mitgezählt. An Zinsen sind mindestens zu berechnen .... (Angabe der Tage).**)

---

*) Will eine Genossenschaft dies Erfordernis nicht aufstellen, so muß sie jedenfalls daran festhalten, daß unakzeptierte Wechsel sofort zur Annahme präsentiert werden (S. 181) und sind dann bei der Zinsberechnung, falls der Wechsel auf eine bestimmte Zeit nach Sicht lautet, einige zu bestimmende Tage hinzuzurechnen (bei der Reichsbank 2 Tage bei Wechseln, wenn sich am Zahlungsorte eine Bankanstalt, 3 Tage, wenn sich daselbst nur eine Nebenstelle befindet).

**) In den §§ 27 bis 48 der „Allgemeinen Grundsätze und Bestimmungen"

§ 4.

Die Diskontierung ist auf Wechsel beschränkt, die auf Bankplätze oder Giroplätze im engeren Sinne lauten.*)

§ 5.

Der Wechsel ist an die Genossenschaft zu indossieren.

§ 6.

Wenn bei einem der Wechselverpflichteten einer der in Art. 29 W.O. vorgesehenen Fälle der Unsicherheit eintritt, muß der Einreicher des Wechsels auf Verlangen sofort entweder die Wechselsumme zahlen oder für die pünktliche Einzahlung des Wechsels am Verfalltage ausreichende Sicherheit leisten.

Formular 21a.

Bedingungen für die Beleihung von Waren.

Die für die Warenverpfändungen bei dem Vorschußverein e. G. m. u. H. zu Insterburg geltenden und den Bestimmungen der Reichsbank nachgebildeten Bedingungen lauten:

§ 1.

Der Lagerort der Waren, deren Besitz an den Vorschußverein übertragen ist, und das Datum der Taxe sind in der Urkunde zu bemerken.

§ 2.

Lagern die Waren auf Packhöfen, in Magazinen oder Niederlagen unter der Aufsicht öffentlicher Beamten oder in einem mehreren Privatpersonen gemeinschaftlichen Speicher oder Magazin, oder sonst außerhalb des Vorschußvereins, so ist die Übergabe des Pfandes an den Vorschußverein in der, nach Verschiedenheit jedes dieser Fälle, gesetzlich erforderlichen Form zu bewirken.

---

für den Geschäftsverkehr mit der Reichsbank (abgedruckt in Schacht, 6. Auflage S. 15ff.) sind die Einzelheiten bestimmt, welche hinsichtlich ihrer Rechtsgültigkeit und ordnungsmäßigen Beschaffenheit einer besonderen Prüfung zu unterziehen sind. Es wäre zu wünschen, daß die Kreditgenossenschaften diese Vorschriften in die Bedingungen für das Diskontogeschäft aufnehmen.

*) Diese Beschränkung muß den Genossenschaften empfohlen werden, denn nur bei solchen Wechseln ist für die ordnungsmäßige Präsentation und Protestierung Sorge getragen. Wechsel auf andere Plätze wird man zweckmäßigerweise von dem Verkehr überhaupt ausschließen oder doch nur annehmen, wenn sie an einem Bankplatz domiziliert sind. Bei Wechseln auf Nebenplätze, die nicht an einem Bankplatz zahlbar gestellt sind, muß berücksichtigt werden, daß deren Einzug unter Umständen überhaupt nicht möglich ist, da die Post nur Wechsel bis zum Höchstbetrage von 800 Mark einzieht, so daß also größere Abschnitte uneinziehbar und unverkäuflich sind.

Bei den im Diskontverkehr angekauften Geschäftswechseln kann eine Klausel, nach der die Genossenschaft die Verpflichtung zur Beibringung des Protestes ablehnt, in die Geschäftsbedingungen nicht aufgenommen werden. Die Verpflichtung zur Beibringung des Protestes würde nur bei den sogenannten „ohne Kosten"-Wechseln wegfallen; es entspricht indessen nicht den kaufmännischen Gepflogenheiten, „ohne Kosten"-Wechsel anzukaufen, wie denn auch deren Hereinnahme von der Reichsbank selbst abgelehnt wird.

§ 3.

Die Waren müssen, solange sie dem Vorschußverein als Pfand dienen, gegen Feuersgefahr zur vollständigen Deckung des Vorschußvereins versichert werden. Der Versicherungsschein wird dem Vorschußverein ausgehändigt und dadurch mit der Befugnis verpfändet, sich daraus bei entstehendem Feuerschaden bezahlt zu machen. Der Vorschußverein ist berechtigt, aber nicht verpflichtet, die Versicherung auf Gefahr und Kosten des Verpfänders zu bewirken oder zu erneuern und sind ihm alsdann die darüber erhaltenen Versicherungs- und Prolongationsscheine, es mögen diese auf seinen oder des Verpfänders Namen lauten, mit derselben Befugnis verpfändet. Bei entstehendem Feuerschaden liegt dem Verpfänder allein ob, die Verpflichtungen des Versicherten aus dem Versicherungsschein zu erfüllen, der Vorschußverein übernimmt deshalb keine Verantwortlichkeit, es möge die Versicherung von ihm selbst oder von dem Verpfänder bewirkt sein.

§ 4.

Der Vorschußverein haftet für keinerlei Schaden, welcher ohne dessen grobes Versehen während des Lagerns an den Waren entsteht, sei es durch Verderben, Lecke an den Gebinden, Eintrocknen, Wurmfraß oder sonst, es mögen die Waren in den Gebäuden des Vorschußvereins oder anderwärts lagern. Es ist Sache des Verpfänders, öfters nach den Waren zu sehen und zur Erhaltung derselben das Erforderliche vorzunehmen, woran er von dem Vorschußverein nicht gehindert werden wird.

§ 5.

Entstehen dem Vorschußverein durch den Transport, die Taxierung, Lagerung, Beaufsichtigung, Umpackung oder Sortierung der Waren, oder durch sonstige nützliche Verwendungen Kosten, so trägt diese der Verpfänder. Für die Lagerung der Waren in den Gebäuden des Vorschußvereins sind die von diesem bestimmten Kosten zu entrichten. Für alle Kosten, einschließlich der etwaigen Auslagen für die Versicherung gegen Feuersgefahr (§ 3), dienen dem Vorschußverein die Waren und der Versicherungsschein nebst den etwaigen Prolongationsscheinen gleichfalls zum Unterpfande.

§ 6.

Wenn die verpfändeten Waren um den sechsten Teil ihres Tax- oder marktgängigen Wertes im Preise sinken, oder ebensoviel während des Lagerns durch Veränderung ihrer Qualität und Quantität nach einer von dem Vorschußverein allein durch einen seiner Beamten, seinen Taxator oder einen anderen Sachverständigen zu veranlassenden Abschätzung im Werte verlieren, so ist der Schuldner verbunden, das Unterpfand sogleich verhältnismäßig zu verstärken oder einen entsprechenden Teil des Darlehens zurückzuzahlen. Geschieht binnen drei Tagen keines von beiden, so ist der Vorschußverein, wenn er nicht die Wiederherstellung der Sicherheit im Rechtswege verfolgen will, jederzeit berechtigt, aber nicht verpflichtet, sich aus dem Unterpfande bezahlt zu machen und den etwaigen Ausfall von dem Verpfänder einzuziehen.

§ 7.

Darlehen auf verpfändete Waren werden in Beträgen unter 600 Mk. nicht gewährt. Außer dem stipulierten Zins hat der Verpfänder für die erste Taxation der Waren ½ pro Mille des gewährten Darlehensbetrages nicht unter 3 Mk. als einmalige Taxgebühr an die Kasse zu zahlen, auch für den Fall, daß er das bewilligte Darlehen aus irgend einem Grunde ablehnt. Revisionsgebühren werden nicht erhoben.

Formular 21 b.

Bedingungen für die Verpfändung von Wertpapieren.

Zur Sicherstellung der Forderung — en de .... in .... eingetragene Genossenschaft mit un — beschränkter Haftpflicht — welche ihm — ihr — gegen mich — uns — gegenwärtig zustehen und noch zustehen werden — aus de ... Darlehnswechselurkunde ... vom .... aus .... verpfände ich — verpfänden wir — ihm die nachstehend verzeichneten Werte unter folgenden Bedingungen als Faustpfand:

1. Sollte ich meinen Verpflichtungen nicht nachkommen, so ermächtige ich hiermit die Genossenschaft, das Unterpfand sofort ganz oder teilweise ohne vorgängige Androhung und Anzeige des Forderungsbetrages an irgend einer Börse für meine Gefahr und Rechnung verkaufen zu lassen und sich aus dem Erlöse bezahlt zu machen.

2. Für den Fall, daß der Kurs der verpfändeten Wertpapiere um ... oder mehr Prozente oder soviel sinkt, daß die Schuld mehr als ... Zehntel des Kurswertes beträgt und ich nicht binnen 3 Tagen, auch ohne besondere Aufforderung das Unterpfand durch Verstärkung wieder auf die ursprüngliche Höhe bringe oder wenn nicht eine verhältnismäßige Abschlagszahlung erfolgt, so räume ich der Genossenschaft das Recht ein, sofort ohne vorgängige Androhung das Unterpfand auf meine Rechnung und Gefahr an einer Börse zu verkaufen und sich aus dem als Pfand verbleibenden Erlös bei Fälligkeit der Forderung der Genossenschaft zu befriedigen.

3. Die Genossenschaft soll nicht verpflichtet sein, wegen ihrer Forderung zunächst Befriedigung aus dem Unterpfande zu suchen, ich verzichte ausdrücklich auf das Recht, der Zwangsvollstreckung in mein übrigens Vermögen gemäß §§ 766, 777 der Zivilprozeßordnung zu widersprechen.

4. Für die verpfändeten Effekten, die einer Kündigung, Verlosung, Auszahlung oder sonstigen Veränderung unterliegen, habe ich die zur Sicherung meines Interesses nötigen Maßregeln selbst zu besorgen oder die Besorgung auf meine Kosten in Antrag zu bringen, widrigenfalls die nachteiligen Folgen mich allein treffen.

5. Die Zins- und Dividendenscheine werden auf meinen Antrag an bzw. kurz vor dem Fälligkeitstermine von dem Vorstande der Genossenschaft abgetrennt und mir gegen Quittung ausgehändigt. Die Einholung neuer Zins- und Dividendenscheine besorgt die Genossenschaft auf meine Kosten.

6. Von dieser Verpfändung habe ich eine gleichlautende Ausfertigung erhalten.

7. Jeder, welcher die Genossenschaft vollständig befriedigt und die Ausfertigung dieser Pfandurkunde zurückgibt oder sie zu einem anderen Zwecke präsentiert, soll für den rechtmäßigen Eigentümer derselben und des Unterpfandes angesehen werden. Die Genossenschaft übernimmt keine Verpflichtung, die Legitimation des Inhabers oder dessen, der über den Rückempfang des Pfandes quittiert, sowie die Richtigkeit der Quittung zu untersuchen.

......., den .. ten ...... 19 ..

Formular 21 c.

Bedingungen für die Verpfändung einer Hypothek oder Grundschuld.

Zur Sicherstellung der Forderung . . de . . . . , eingetragene Genossenschaft mit . . beschränkter Haftpflicht, welche ihm — ihr — gegen mich — uns — gegenwärtig zustehen und noch zustehen werden, aus de . . Darlehnswechselurkunde . . vom . . . . verpfände . . ich — wir — ihm die für mich — uns — im Grundbuche von . . . . Bd. . . . . Bl. . . . Nr. . . . in Abteilung III unter Nr. . . . . mit . . . . % Zinsen eingetragene Hypotheken-Grundschuldforderung —, über welche der hiermit der Genossenschaft übergebene Hypothekenbrief — Grundschuldbrief — gebildet ist.

Ich bewillige und beantrage die Eintragung der Verpfändung obiger Hypothekenforderung — Grundschuldforderung — im Grundbuche, sowie die demnächstige Wiederaushändigung des Briefes an die Genossenschaft.

Ich verpflichte mich auch, auf Verlangen der Genossenschaft jederzeit meine Unterschrift notariell oder gerichtlich beglaubigen zu lassen.

Komme ich meiner Schuldverbindlichkeit nicht nach, so soll die Genossenschaft außer zur Einziehung der Hypothekenforderung — Grundschuldforderung — auch zum öffentlichen Verkaufe der Forderung gemäß den Bestimmungen der §§ 1235 und 1237 des Bürgerlichen Gesetzbuchs berechtigt sein.

. . . . , den . . ten . . . . . . 19 . .

Formular 22.

Krediterteilung in laufender Rechnung.

Krediturkunde.

Ich Unterzeichneter bekenne hiermit, daß mir d . . (Firma der Genossenschaft) einen Kredit in laufender Rechnung bis zu dem Betrage von Mk. . . . . . wörtlich . . . . Mark eröffnet hat.

Ich unterwerfe mich rücksichtlich dieser laufenden Rechnung in allen Stücken den Bestimmungen, welche für die Führung laufender Rechnung bei dem genannten Verein für die Mitglieder desselben festgestellt sind, und verpflichte mich zugleich die durch die Ausfertigung der gegenwärtigen Urkunde, die Eröffnung und Kündigung des Kontokorrents, sowie durch die Einziehung der Kontokorrentschuld erwachsenden gerichtlichen und außergerichtlichen Kosten zu tragen.

(Ort), den . . . . (Unterschrift.)

Ich Unterzeichneter leiste für die durch Benutzung des nach der vorstehenden Urkunde gewährten Kredits d . . (Firma der Genossenschaft) erwachsende Forderung an Kapital bis zum Betrage von . . . . . . Mk. sowie an Zinsen und Kosten hierdurch Bürgschaft, indem ich auf die Einrede der Vorausklage verzichte.

(Ort), den . . . . (Unterschrift.)

Wir Unterzeichneten leisten für die durch Benutzung des nach der vorstehenden Urkunde gewährten Kredits d . . (Firma der Genossenschaft) erwachsende Forderung an Kapital bis zum Betrage von . . . . . . Mk. sowie an Zinsen und Kosten hierdurch Bürgschaft*), indem wir auf die Einreden der Vorausklage verzichten.

(Ort), den . . . . (Unterschriften.)

*) Vgl. S. 196 für den Fall der Erhöhung des Kredits.

Bedingungen.

Der .... (Firma der Genossenschaft) eröffnet seinen Mitgliedern einen Kredit in laufender Rechnung gegen nachstehende Bedingungen.

§ 1.

Der Antrag auf Eröffnung eines solchen Konto ist schriftlich beim Vorstande einzureichen und darin:

a) der Höchstbetrag des beanspruchten Kredits,

b) die dafür zu bestellende Sicherheit

anzugeben, worauf schriftlicher Bescheid erfolgt.

§ 2.

Die Sicherstellung kann geschehen durch:

a) Stellung eines guten Bürgen, welcher sich durch schriftliche Bürgschaftsurkunde verpflichtet;

b) Verpfändung von Wertpapieren, sicheren Forderungen, insbesondere Hypothekenforderungen, Grundschulden;

c) Kautionshypothek.

§ 3.

Sobald der Antrag genehmigt und die Sicherstellung durch Einreichung der Dokumente erfolgt ist, erhält der Kontoinhaber ein Gegenbuch*), in welchem alles, was er aus der Genossenschaftskasse auf das eröffnete Konto entnimmt, sowie alles, was er auf dasselbe an die Genossenschaftskasse einzahlt, von den Kassenbeamten fortlaufend nach dem Datum eingetragen wird.

§ 4.

Über alle von der Genossenschaft erhaltenen Zahlungen hat der Kontoinhaber besondere Quittungen auszustellen.

§ 5.

Einen Irrtum in der Legitimationsprüfung des Vorzeigers des Buches hat

---

*) Gegenbuch:

(Titelblatt)

Kontoauszug

über

Konto C.

bei d... (Firma der Genossenschaft)

für

(Namen des Kontoinhabers).

(Kolonnen für die Bescheinigungen.)

Datum	Journal-Nr.	Ausgezahlt (in Worten)	Mk.	Pf.	Bescheinigung des Vorstandes	Datum	Journal-Nr.	Zurückgezahlt (in Worten)	Mk.	Pf.	Bescheinigung des Vorstandes

der ..... (Firma .....) nicht zu vertreten. Der Kontoinhaber muß daher den etwaigen Verlust des Buches dem ...... (Firma ......) unverzüglich anzeigen. Eine irrtümlich vor Eingang seiner Anzeige an den Vorzeiger des Buches bewirkte Zahlung muß der Kontoinhaber gegen sich gelten lassen.

Wird der Verlust oder die gänzliche Vernichtung eines Gegenbuches von dem Kontoinhaber behauptet, so erfolgt ein Aufgebot des Buches durch einmaligen Aufruf desselben in dem .... Blatt auf Kosten des Kontoinhabers. Meldet sich innerhalb 6 Wochen nach Ausgabe der betreffenden Nummer der Zeitung niemand mit dem Buch, so gilt das alte Buch für kraftlos erklärt und wird ein neues Buch ausgestellt.

§ 6.

Anträge auf Erneuerung eines nur auf bestimmte Zeit bewilligten Kredits müssen spätestens .... Tage vor dem Endtermin gestellt werden.

§ 7.

Auf das Kontokorrent kann der Inhaber — vorbehaltlich der unter § 8 angegebenen Einschränkung — jederzeit Zahlungen von der Genossenschaft mit der Beschränkung erhalten, daß jeder Bezug nicht unter ... Mk. betragen, und daß die durch die Bezüge entstehende Schuld an die Genossenschaft zusammen die Summe des eröffneten Kredits nicht überschreiten darf. Ebenso steht es dem Kontokorrentinhaber frei, jederzeit Einzahlungen in Beträgen von wenigstens ... Mk. zu leisten, die ihm in seinem Kontokorrent gutgeschrieben werden.

§ 8.

Die Genossenschaft ist berechtigt, zu verlangen, daß Bezüge von ... Mk. mindestens einen Tag, und von mehr als ... Mk. mindestens 3 Tage vorher angemeldet werden.

Die Anwendung dieser Einschränkung, von welcher in der Regel kein Gebrauch gemacht wird, ist dem Ermessen des Vorstandes anheimgegeben.

§ 9.

Die Kontokorrentinhaber können die Zahlungen der Genossenschaft auf ihre laufende Rechnung durch nach Sicht zahlbare Anweisungen (Schecks), welche auf den Namen oder auf den Inhaber lauten, beziehen.*)

---

*) In dem von dem Kontokorrent-Verkehr handelnden Abschnitt ist den Genossenschaften empfohlen, den Diskontverkehr vom Kontokorrent-Verkehr getrennt zu halten. Wohl ist der Grundsatz aufgestellt, daß von dem Kontokorrentverhältnis die Rechtsgeschäfte nicht berührt werden, auf welche nach ihrer Natur oder den Abreden der Kontrahenten die Absicht, daß die Berichtigung durch Aufnahme in die laufende Rechnung erfolgen solle, nicht bezogen werden kann, und zu den Forderungen aus solchen Rechtsgeschäften sind, beim Mangel entgegenstehender Willensäußerungen, Wechselansprüche insofern zu rechnen, als es sich um die Erfüllung des von den Parteien geschlossenen Wechselvertrages handelt — es ist aber auch der Rechtsgrundsatz aufgestellt, daß die Geltendmachung einer Wechselforderung im besonderen Verfahren dann ausgeschlossen ist, wenn dieser Anspruch dem Schuldner bereits im Kontokorrent debitiert, die Rechnungsperiode, in welche der Anspruch fällt, mittels Ziehung des Saldos abgeschlossen und dadurch die Forderung Faktor des Saldos geworden ist.

Die Formulare zu diesen Anweisungen werden gegen Empfangsschein und Vergütung von .. Pf. von der Genossenschaft abgegeben. Der Empfänger ist für jeden Mißbrauch derselben verantwortlich.

Die Legitimationen desjenigen, der eine solche ordnungsmäßig ausgestellte Anweisung zur Zahlung präsentiert, ist die Genossenschaft zu prüfen berechtigt, aber nicht verpflichtet.

§ 10.

Auch durch beorderte Übertragungen auf das Reichsbankgirokonto oder Genossenschaftsbankgiro hiesiger und auswärtiger Firmen kann die Verfügung über das Guthaben geschehen.

Ferner kann der Kontoinhaber Wechsel und sonstige Zahlungsverbindlichkeiten bei der Genossenschaft zahlbar machen; er hat jedoch darüber Avis spätestens 3 Tage vor Verfall bzw. unter Beobachtung der Kündigungsfristen unter § 8 einzureichen.

§ 11.

In dem Kontokorrent werden bei dem mit jedem Kalenderhalbjahr stattfindenden Abschluß dem Kontokorrentinhaber von der in dem abgelaufenen Halbjahr bestandenen Schuld ... % Zinsen belastet, von dem in dieser Zeit bestandenen Guthaben dagegen ... % Zinsen vergütet. Der sich danach ergebende Saldo wird als Kapital betrachtet und als solches auf neue Rechnung verzinslich vorgetragen. Eine Erhöhung oder Herabsetzung des Zinsfußes behält sich die Genossenschaft jederzeit vor und wird dem Kontoinhaber schriftlich angezeigt.

Außerdem wird eine Provision von .. % von .... berechnet.

Damit die Kreditgewährungen in laufender Rechnung nicht zur Verdeckung fester Kapitalanlagen mißbraucht werden, hat der Vorstand darüber zu wachen, daß auf jedem Konto ein angemessener Umsatz (durch Einzahlungen und Bezüge) stattfindet, und die Kündigung derjenigen Kredite zu veranlassen, bei welchen dies nicht der Fall ist.

§ 12.

Nach Schluß jedes Kalenderhalbjahres erhält jeder Kontokorrentinhaber einen vollständigen Auszug aus seiner laufenden Rechnung, dessen Ergebnis (Saldo) er durch Unterschrift anzuerkennen hat. Das Anerkenntnis ist der Genossenschaft zur Beurkundung der Rechnung einzusenden.

§ 13.

Die Einlagen werden für den nächsten Werktag gutgeschrieben; die Bezüge werden für den Ausstellungstag der Quittung belastet.

§ 14.

Die Genossenschaft ist berechtigt, auch aus dem sonstigen Verkehr mit dem Kontoinhaber entstandene Forderungen demselben zu belasten.

§ 15.

Sowohl dem Kontoinhaber wie der Genossenschaft steht das Recht zu — einerlei ob der Kredit auf bestimmte oder unbestimmte Zeit bewilligt ist — denselben jederzeit zu kündigen und die Rechnung aufzuheben.

Die Kündigung seitens der Genossenschaft erfolgt durch eingeschriebenen Brief.

Ergibt bei Endigung des Rechnungsverhältnisses der Abschluß einen Saldo zu Lasten des Kontoinhabers, so hat ihn dieser innerhalb .. Tagen abzutragen, schließt die Rechnung zugunsten des Kontoinhabers ab, so ist das Guthaben sofort zur Erhebung zu bringen und die Verzinsung hört vom Abschlußtage ab auf.

Formular eines eigenen Depotwechsels auf oder eine Zeit nach Sicht.

Acht Tage nach Sicht (auf Sicht) zahle ich gegen diesen Solawechsel an d ... Verein (nicht an Ordre) die Summe von

.... Mk. ... Pf.*)

(Ort), den .... (Unterschrift.)

Die Verpfändung von Wertpapieren oder von Hypothekenforderungen für Kredit in laufender Rechnung

hätte mit folgenden einleitenden Worten zu beginnen:

(Ort), den .... 19 .

Zur Sicherstellung der d .. (Firma der Genossenschaft) durch die Benutzung des nach der Urkunde vom .... gewährten Kredits erwachsenden Forderung an Kapital bis zum Betrage von .... Mk. sowie an Zinsen und Kosten übergebe ich der genannten Genossenschaft die nachstehend verzeichneten Wertpapiere hiermit unter folgenden näheren Bestimmungen zum Faustpfand: .... **)

Kontokorrentschein Nr. .. für Kredit in laufender Rechnung.

D .. (Firma der Genossenschaft) hat dem Herrn .... einen Kredit in laufender Rechnung von .... bewilligt und ist der Genossenschaft dafür .... als Unterpfand übergeben.

Die dem Geschäfte zugrunde liegenden und umstehend abgedruckten Bedingungen sind für beide Teile bindend.

(Ort), den .... Firma der Genossenschaft.
(Unterschriften.)

Formular 23.

a. Hergabe von Wertpapieren zum Zweck der Kautionsbestellung.

Zunächst ist dafür Sorge zu tragen, daß die Effekten auch wirklich in die Hände des Kautionsempfängers gelangen und nicht mißbräuchlich zu anderen Zwecken, als zur Kautionsbestellung, verwendet werden. Zu diesem Zwecke empfiehlt es sich, daß die Genossenschaft die Effekten nicht dem Mitgliede, sondern direkt dem Kautionsempfänger aushändigt unter Beilegung eines von dem Mitgliede zu unterzeichnenden Begleitschreibens. Um die Gefahr, daß Gläubiger des Mitgliedes den Anspruch desselben gegen den Kautionsempfänger auf Herausgabe der Effekten nach Freiwerden der Kaution pfänden, zu vermeiden, muß von vornherein jeder Anspruch des Mitgliedes auf Herausgabe der freiwerdenden Effekten ausgeschlossen werden. Zur Erreichung dieses Zieles, sowie um zu erreichen, daß die Effekten unmittelbar wieder in die Hände der Genossenschaft zurückgelangen und so ein nachträglicher Mißbrauch durch das Mitglied ausgeschlossen wird, muß das letztere das Eigentum der Genossenschaft an den Effekten und die Alleinberechtigung der Genossenschaft zum Rückempfang der Effekten anerkennen und die Rückgabe und Aushändigung der Effekten bei Freigabe der Kaution an die Genossenschaft bewilligen und beantragen.

---

*) Will man die Präsentationsfrist verlängern, so müßte es hier noch heißen: „sofern die Präsentation innerhalb .. Jahren erfolgt".

**) Vgl. Form. 21 b.

Diese Erklärungen wären zunächst in die von dem Mitgliede auszustellende Urkunde aufzunehmen, außerdem aber auch in das an den Kautionsempfänger zu richtende Begleitschreiben, so daß das Schreiben etwa folgenden Wortlaut haben könnte:

„Beifolgend überreiche ich zum Zwecke der Sicherstellung der Erfüllung des Vertrages mit der Stadtgemeinde über die mir übertragene Fleischlieferung an das städtische Krankenhaus für das Jahr 1903, sowie aller Ansprüche, welche der Stadtgemeinde aus diesem Vertrage aus der Nichterfüllung, mangelhaften Erfüllung oder sonstwie entstehen könnten, die nachstehend aufgeführten Effekten:

a) 2000 Mk. $3^1/_2$ proz. preußische Konsols,

b) 3000 Mk. 3 proz. deutsche Reichsanleihe.

Ich bemerke, daß diese Effekten Eigentum des Vorschußvereins zu X. e. G. m. u. H. sind und mir zum Zwecke der Kautionsbestellung bei der Stadtgemeinde X. dargeliehen sind. Ich erkenne den Vorschußverein zu X. unter Ausschluß meiner eigenen Person als allein zum Rückempfang der Effekten berechtigt an, ich erkenne ferner an, daß mir außer dem Rechte, der Stadtgemeinde X. mit diesen Effekten die vorbezeichnete Sicherheit zu leisten, ein weiteres Recht, insbesondere auch ein Verfügungsrecht, nicht zusteht und bewillige und beantrage die Rückgabe und Aushändigung der Effekten bei Freigabe der Kaution an den Vorschußverein zu X.

Unterschrift des Mitgliedes."

Die Richtigkeit der Angaben hätte die Genossenschaft darunter, wie folgt, zu bescheinigen:

Die vorstehenden Angaben des .... über das Rechtsverhältnis bezüglich der zur Sicherheit hinterlegten Effekten sind richtig.

Vorschußverein zu X., e. G. m. u. H.

Unterschriften.

Sollte der Kautionsempfänger Befürchtungen hegen, weil der Hinterleger der Effekten nicht Eigentümer derselben ist, so kann dem einfach dadurch begegnet werden, daß die Genossenschaft unmittelbar in eigenem Namen die Effekten zur Sicherstellung des Kautionsempfängers für dessen Ansprüche gegen das Mitglied überreicht. In der Wirkung kommt diese unmittelbare Sicherheitsbestellung auf dasselbe hinaus und auch das Rechtsverhältnis zwischen der Genossenschaft und dem Mitgliede wird nicht geändert.

Ist auch diese Handhabung nicht möglich, so müßten die Erklärungen im Begleitschreiben bis auf den Antrag, die Effekten der Genossenschaft auszuhändigen, wegbleiben. Die Genossenschaft müßte in diesem Falle bei etwaiger Pfändung auf Grund ihres Eigentums intervenieren.

Die Krediturkunde könnte folgenden Wortlaut haben:

„Ich bekenne hiermit, heute von dem Vorschußverein zu ...... eingetragene Genossenschaft mit unbeschränkter Haftpflicht, zum Zwecke der Kautionsbestellung bei .... die nachstehend bezeichneten Effekten geliehen erhalten zu haben und zwar unter folgenden Bedingungen:

1. Die Übergabe der Effekten an den Kautionsempfänger erfolgt durch den Vorschußverein mittels eines von dem Kautionssteller unterzeichneten Begleitschreibens.

2. Das Eigentum an den hinterlegten Stücken verbleibt dem Vorschußverein.

3. Der Kautionssteller erkennt den Vorschußverein unter Ausschluß der eigenen Person als den allein zum Rückempfang der Effekten Berechtigten an. Er erkennt ferner an, daß ihm weder ein Verfügungs- noch sonstiges Recht an den hinterlegten

Effekten zusteht, und bewilligt und beantragt die Rückgabe und Aushändigung der Effekten bei Freigabe der Kaution an den Vorschußverein.

4. Die vorbezeichnete Erklärung gibt der Kautionssteller auch dem Kautionsempfänger gegenüber in dem Begleitschreiben ab und beantragt außerdem, eine etwaige Inanspruchnahme der Kaution durch den Kautionsempfänger dem Vorschußverein anzuzeigen.

5. Das Vertragsverhältnis zwischen dem Vorschußverein und Kautionssteller endigt mit dem .... 19 .. ohne vorgängige Kündigung.

6. Stehen bei Rückgabe der Effekten diese im Kurse niedriger als bei der Hergabe, so hat der Kautionssteller dem Vorschußverein die Differenz zwischen dem Kurse des Tages der Hergabe und dem Tage der Rückgabe zu ersetzen. Der Kautionssteller ist aber, wenn der Kurs gefallen ist, berechtigt, zu verlangen, daß der Vorschußverein ihm die Effekten gegen Zahlung des Preises zum Kurse des Hergabebetrages übereignet.

7. Soweit der Vorschußverein von dem Kautionsempfänger die Effekten bis zu dem zu 5 genannten Termin nicht zurückerhalten hat, ist der Kautionssteller sofort verpflichtet, dem Vorschußverein nach dessen Wahl entweder gleiche Effekten zu liefern oder den Preis der Effekten zum Kurse derselben am Zahlungstage, falls aber der Kurs am Tage der Hergabe höher war als an ersterem Termine, zu dem Kurse des Hergabetages in bar zu vergüten.

8. Der Kautionssteller hat bereits vor diesem Termine die unter Nr. 7 bezeichneten Verpflichtungen, wenn zwischen ihm und dem Kautionsempfänger Streitigkeiten irgendwelcher Art entstehen oder wenn der Kautionsempfänger auf die Kaution ganz oder teilweise Ansprüche geltend macht, oder wenn dem Kautionsempfänger die Ausführung des Werkes bzw. die Lieferung, für welche die Kaution gestellt ist, abgenommen wird.

9. Als Entgelt zahlt der Kautionssteller dem Vorschußverein .... % vom Kautionsbeträge jährlich als Provision. Die Provision ist im voraus in .... Raten zu zahlen.

10. Der Kautionssteller übergibt dem Vorschußverein einen Sichtwechsel *) über Mk. .... Der Vorschußverein ist berechtigt, diesen Wechsel in Umlauf zu setzen bzw. geltend zu machen und sich aus dem Erlöse zu befriedigen, sobald der Vorschußverein nicht sofort auf sein Verlangen die Effekten bzw. Ersatz derselben nach den vorstehenden Bedingungen erhält."

b. Hergabe eines Wechsels.

Je nachdem der Besteller der Lieferung, bzw. des Werkes, von dem Mitgliede einen von letzterem gezogenen und von der Genossenschaft akzeptierten Wechsel oder einen Eigenwechsel der Genossenschaft verlangt, wird die Beschaffenheit des dem Kautionssteller zu übergebenden Wechsels sein. Meist wird ein Sicht- oder Nach-Sichtwechsel verlangt werden. Diese Form der Kautionskreditgewährung wird den Vorschußvereinen im allgemeinen die angenehmste sein, da von ihr nicht eine Realkaution, die Hergabe von Werten verlangt wird, sondern die Kreditgewährung auf eine Bürgschaftsleistung hinauskommt und der Wechsel eine einfache, klare

*) Auf dem Sichtwechsel muß sich die Bürgschaftssicherheit befinden. Der Sichtwechsel ist nicht notwendig, wenn Sicherheit in anderer Form gegeben wird.

Form darstellt. Hier wird es zunächst darauf ankommen, eine mißbräuchliche Verwendung des Wechsels zu anderen Zwecken als der Kautionsstellung zu verhüten. Diese kann durch die direkte Girierung auf den Besteller oder falls derselbe ein Blankogiro verlangt, durch direkte Übermittelung des Wechsels an den Besteller erfolgen. Ferner muß das Mitglied anerkennen, daß es keine Deckung gegeben hat und daß ihm für den Fall, daß die Kaution nur teilweise in Anspruch genommen wird, kein Recht auf den überschießenden Teil der Valuta zusteht. Damit nun bei Freiwerden der Kaution nicht der Wechsel oder bei teilweiser Inanspruchnahme der Kaution nicht der überschießende Teil der Valuta dem Mitgliede, sondern der Genossenschaft ausgehändigt wird, oder Gläubiger des Mitgliedes auf den Herausgabeanspruch des Mitgliedes Beschlag legen, wird das Mitglied ein entsprechendes Schreiben an den Kautionsempfänger richten und die erforderlichen Erklärungen abgeben müssen. Das Schreiben würde folgenden Wortlaut haben können:

„Hiermit überreiche ich Ihnen den Wechsel des Vorschußvereins .... zum Zwecke der Kautionsbestellung mit dem ergebenen Bemerken, daß mir bei Freiwerden der Kaution ein Recht auf Aushändigung des Wechsels oder bei nur teilweiser Inanspruchnahme der Kaution ein Recht auf den überschießenden Teil der Valuta nicht zusteht, und daß ich daher die Aushändigung des Wechsels, bzw. des überschießenden Valutabetrages, an den Vorschußverein bewillige und beantrage."

Es ist selbstverständlich, daß das Mitglied sich verpflichtet, allen Schaden und alle Kosten, welche aus dem Rechtsverhältnisse entspringen können, zu tragen. Um die Ersatzansprüche des Vorschußvereins aus seiner Inanspruchnahme mit dem Wechsel zu sichern, hat das Mitglied Bürgen oder Pfand zu bestellen. Beides erfolgt zweckmäßig auf einer besonderen Urkunde, um die Krediturkunde nicht zu beschweren, nach den sonst im Gebrauch befindlichen Formularen.

Außerdem kann aber zur Ermöglichung einer schnellen Einziehung der Ersatzsumme ein Gegenwechsel verlangt werden. Soll Bürgschaft für den Kautionskredit geleistet werden, so könnte diese auf den Wechsel allein geleistet werden. Um aber den Vorschußverein auch für den Fall zu sichern, daß aus irgend einem Grunde die Geltendmachung des Wechsels nicht möglich oder erschwert sein sollte, empfiehlt es sich, die Bürgen Bürgschaft in besonderer Urkunde und auf dem Wechsel leisten zu lassen. Der Gegenwechsel ist auch als Sichtwechsel auszustellen, auch schon wegen der längeren Verjährungsfrist. Diesen Sichtwechsel ist der Vorschußverein berechtigt, geltend zu machen, sobald ihm der Kautionssichtwechsel vorgelegt ist. Eine Prüfung, ob die Kaution mit Recht in Anspruch genommen ist, darf natürlich nicht dem Vorschußverein obliegen und ihm nicht etwa zugemutet werden, auf einen Prozeß mit dem Kautionsempfänger sich einzulassen. Die Provision wird bei dem Wechselkautionskredit gering bemessen werden können.

Der Wortlaut der Krediturkunde könnte folgender sein:

„...

eingetragene Genossenschaft mit (un)beschränkter Haftpflicht

hat einen von mir heute zum Zwecke der Kautionsstellung ausgestellten und an den Kautionsempfänger .... girierten Nach-Sichtwechsel über Mk. ..... akzeptiert.

Ich bekenne hiermit, daß ich der Genossenschaft keine Deckung gegeben habe und daß ich weder ein Recht gegen die Genossenschaft auf Zahlung der Wechselsumme, noch einen Anspruch auf Herausgabe des Wechsels bei Freiwerden der Kaution habe.

Das Wechselakzept ist mir seitens der Genossenschaft unter folgenden Bedingungen gegeben:

1. Sollte der Kautionsempfänger auf die Kaution Anspruch machen und der Genossenschaft der Wechsel zur Sicht vorgelegt werden, so bin ich verpflichtet, der Genossenschaft sofort die erforderliche Deckung zu geben.
2. Nimmt der Kautionsempfänger nur einen Teil der Kaution in Anspruch, so steht der Genossenschaft allein das Recht auf den überschießenden Teil der Valuta zu.
3. Gibt der Kautionsempfänger die Kaution frei, so hat die Genossenschaft das Recht auf unmittelbare Aushändigung des Wechsels seitens des Kautionsempfängers.
4. Zur Sicherung der Bedingungen zu 2. und 3. erfolgt die Auslieferung des Wechsels an den Kautionsempfänger durch die Genossenschaft mittels eines von mir zu unterzeichnenden Schreibens, in welchem ich bekenne, daß mir bei Freiwerden der Kaution ein Recht auf Aushändigung des Wechsels oder bei nur teilweiser Inanspruchnahme der Kaution durch den Kautionsempfänger ein Recht auf den überschießenden Teil der Valuta nicht zusteht, und daß ich daher die Aushändigung des Wechsels, bzw. des überschießenden Valutabetrages an die Genossenschaft bewillige und beantrage.
5. Ich verpflichte mich, der Genossenschaft allen Schaden und alle Kosten und Aufwendungen, welche ihr aus den vorstehenden Rechtsverhältnissen entstehen, sofort zu ersetzen.
6. Zur Sicherstellung aller Forderungen der Genossenschaft bestelle ich ein Pfand oder stelle einen Bürgen.
7. Als Provision zahle ich . . . % der Wechselsumme.
8. Ich übergebe der Genossenschaft einen Gegensichtwechsel über Mk. . . .

Wird der Genossenschaft der von ihr akzeptierte Wechsel zur Sicht oder Zahlung vorgelegt, ist sie berechtigt, diesen Wechsel in Umlauf zu setzen oder geltend zu machen und sich aus dem Erlöse zu befriedigen. Die Genossenschaft ist nicht verpflichtet, zu prüfen, ob der Kautionsempfänger auf die Kaution mit Recht Anspruch macht.

. . . ., den . . . . 19 . ."

c. Hergabe eines Sparkassenbuchs.

Das Mitglied nimmt ein Darlehen bei der Genossenschaft in Höhe der zu leistenden Kaution auf, zahlt den Betrag als Sparguthaben ein und erhält ein Sparkassenbuch darüber. Das Mitglied verpfändet alsdann das Sparguthaben unter Übergabe des Sparkassenbuchs dem Besteller der Lieferung, bzw. der Arbeitsausführung. Der Vorschußverein wird sich für das empfangene Darlehen, wie bei der sonstigen Vorschußgewährung zu sichern haben. Einer besonderen Sicherung gegen Mißbrauch oder Zugriff der Gläubiger kann hier entraten werden, da der Vorschußverein jedem Dritten, abgesehen von dem Kautionsempfänger, der durch Rechtsgeschäft mit dem Mitgliede oder im Wege der Zwangsvollstreckung ein Recht auf das Sparguthaben erwerben wollte, dieses Recht dadurch illusorisch machen kann, daß er die Aufrechnung mit dem von ihm dem Mitgliede gegebenen Darlehen erklärt. Wird von dem Kautionsempfänger das Sparguthaben ganz oder teilweise in Anspruch genommen, macht der Verein seine Darlehnsforderung gegen das Mitglied geltend und zwar im letzteren Falle derart, daß er den nicht in Anspruch genommenen Teil aufrechnet und nur den überschießenden Teil einfordert. Einer Krediturkunde bedarf es nicht, da das Rechtsverhältnis sich einerseits durch die Sparbedingungen, andererseits durch die über das Darlehen ausgestellte Urkunde regelt. Auch die Provision ergibt sich ohne Vereinbarung von selbst aus der Spannung zwischen dem Darlehenzinsfuß und dem Sparguthabenzinsfuß.

d. Bürgschaftsschein.

Falls der Besteller der Lieferung, bzw. der Arbeiten sich damit begnügt, daß der Vorschußverein für die Ansprüche aus dem Lieferungsvertrage bis zu einer bestimmten Summe sich verbürgt, so kann die Bürgschaftsleistung durch die Ausstellung eines Bürschaftsscheines erfolgen, den der Verein dem Aussteller übergibt. Der Inhalt des Scheines wird sich naturgemäß nach dem Inhalte des zwischen Mitglied und Besteller abgeschlossenen Vertrages richten. Es kommt hier nur darauf an, daß der Verein sein Rechtsverhältnis zu dem Mitgliede für den Fall regelt, daß er aus seiner Bürgschaft in Anspruch genommen wird. Zunächst muß der Verein von der Verpflichtung befreit bleiben, zu prüfen, ob der Kautionsempfänger, wenn er von dem Verein Zahlung verlangt, mit Recht seinen Kautionsanspruch geltend macht. Der Verein muß berechtigt sein, auf Verlangen des Kautionsempfängers ohne weiteren Nachweis über die Begründung die verbürgte Summe zu zahlen und vom Mitgliede Ersatz zu fordern. Dem Mitgliede liegt es dann ob, falls es der Ansicht ist, daß der Kautionsempfänger die Kaution zu Unrecht in Anspruch genommen hat, die Rückerstattung nötigenfalls im Wege des Prozesses durchzuführen. Ferner wird der Verein auf Sicherung seiner Ansprüche auf Ersatz der ihm aus der Bürgschaft etwa erwachsenden Aufwendungen Bedacht zu nehmen haben. Dieses kann durch Rückbürgschaft oder Pfandbestellung geschehen. Soweit erstere in Frage kommt, wird der Verein sich außerdem einen Wechsel geben lassen, der auch die Unterschriften der Bürgen trägt. Eine Provision steht dem Verein natürlich auch auf Grund der Bürgschaftsleistung zu. Die Krediturkunde könnte folgenden Wortlaut haben:

„Die Stadtgemeinde hat mir die Fleischlieferung für das städtische Krankenhaus pro 1903 übertragen. Zur Sicherung der Ansprüche der Stadtgemeinde aus dem Lieferungsvertrage gegen mich hat der Vorschußverein zu X., e. G. m. u. H., selbstschuldnerische Bürgschaft bis zu dem Betrage von Mk. . . . geleistet. Der Verein ist berechtigt, falls die Stadtgemeinde die Bürgschaftssumme ganz oder teilweise von ihm verlangt, den geforderten Betrag ohne Prüfung der Rechtmäßigkeit des Anspruchs der Stadtgemeinde auf die Kaution zu zahlen und von mir sofort Ersatz zu fordern.

Ich verpflichte mich, . . . % der Bürgschaftssumme jährlich in . . . . Raten im voraus zu entrichten.

Datum. Unterschrift."

„Zur Sicherstellung der Ersatzansprüche des Vereins aus der Bürgschaft gegen mich verpfände ich . . . .

Datum. Unterschrift."

Für den Fall der Rückbürgschaft hätte an Stelle der Verpfändungserklärung folgende Erklärung der Bürgen Aufnahme zu finden:

„Zur Sicherstellung der Ersatzansprüche des Vereins aus der Bürgschaft gegen den .... leisten wir Rückbürgschaft, indem wir auf die Einrede der Vorausklage verzichten.

Datum. Unterschrift."

Formular 24.

Bedingungen für die Beleihung von Forderungen.

Der Vorschußverein zu ...... diskontiert seinen Mitgliedern Forderungen, welche diese gegen ihre Kundschaft oder sonst jemand haben. Dem genannten Vorschußverein müssen die Forderungen mit aller Gewährleistung abgetreten und das Forderungsinstrument übergeben werden. Der Zahlungsverpflichtete muß die Forderung anerkennen und erklären, dieselbe zur benannten Zeit an den Vorschußverein ...... zahlen zu wollen.

Die Zinsen werden nach dem jeweiligen Zinsfuße für Vorschüsse für das Jahr berechnet.

Dem Zahlungsverpflichteten ist von der Abtretung Mitteilung zu machen und ist ihm freizustellen, die Zahlung früher zu leisten, wofür ihm alsdann ein Diskont bewilligt wird, der 1 pCt. unter dem jeweiligen Zinsfuß für Vorschüsse steht.

Der Zahlungsverpflichtete wird bei Verfall zur Zahlung aufgefordert. Erfolgt diese nicht, so kann die Zahlung befristet werden. Soll die Befristung über einen Monat ausgedehnt werden, so ist die Zustimmung desjenigen, welcher die Forderung diskontiert hat, einzuholen. Nach Befinden des Vorschußvereins ...... kann die Forderung sofort bei Verfall von dem Zahlungsverpflichteten im Wege des Mahnverfahrens oder der Klage beigetrieben werden oder von dem Mitgliede, welches dieselbe diskontiert hat, bei Rückabtretung zurückgefordert werden. Auf jeden Fall ist derjenige, dem diskontiert ist, zur Tragung von etwaigen Verzugszinsen und sämtlicher etwa entstandener Kosten verpflichtet, soweit solche nicht von dem Schuldner eingezogen werden können.

Abtretungsurkunde.

Dem Vorschußverein zu .... trete ich hierdurch die mir gegen .... laut anliegende .... zustehende Forderung von .... fällig .... mit aller Gewährleistung ab.

Sollte obige Zahlung zur festgesetzten Zeit nicht eingehen, so steht dem Vorschußverein zu ...... frei,

1. eine Befristung bis zu 1 Monat ohne meine Zustimmung,
2. eine längere Befristung mit meiner Zustimmung zu gewähren,
3. von dem Zahlungsverpflichteten den obigen Betrag im Wege des Mahnverfahrens oder der Klage beizutreiben,
4. von mir unter Rückabtretung obiger Forderung Zahlung zu verlangen und beizutreiben.

Falls eine Befristung in Maßgabe der Nr. 1 gewährt wird, so erkläre ich mich bereit, die Zinsen für diese Zeit zu zahlen.

Weiter verpflichte ich mich, etwaige Verzugszinsen und sämtliche etwa entstandene Kosten zu zahlen, soweit solche von dem Hauptschuldner nicht eingezogen werden können. Falls der Vorschußverein zu ...... mich aus diesem Geschäft vor dem .... Amtsgerichte verklagen sollte, verzichte ich auf jede Einwendung gegen die Zuständigkeit dieses Gerichts und unterwerfe mich der Verhandlung und Entscheidung des Rechtsstreites bei demselben.

....

Ort — Datum. ....

Hierdurch erkläre ich, daß ich von obiger Abtretung Kenntnis habe und verpflichte mich, am .... den Betrag von .... an den Vorschußverein zu .... zu zahlen.

Ich unterwerfe mich der Zuständigkeit des Amtsgerichtes zu ....

Ort — Datum. ....

Formular 25a.*)

Belastungsliste,

beschlossen auf dem Allgemeinen Genossenschaftstag zu Baden-Baden (1901).

Fol. **Obligo für eigene Rechnung.**

Nr.	Fälligkeitstag der Kredite.	Die Kredite stammen aus			Der Wechsel und Urkunden			
		Vorschüssen	laufender Rechnung	Geschäftswechseln (Diskontkredit ... Mk.)	Zahlungsort	Akzeptanten	Giranten u. sonstige Bürgen	Sicherheiten

Obligo für fremde Rechnung.

Nr.	Ablauf der Haftpflicht	Die Haftpflicht bezieht sich auf			Der Wechsel und Urkunden		Stand des Geschäftsguthabens		
		Vorschüsse	laufende Rechnung	Geschäftswechsel	Einreicher	Mithaftende	Datum	Mk.	Pf.

Ein vielfach übliches Formular ist noch das folgende:

---

*) Wir teilen unter Formular 25a und 25b zwei Formulare für die Belastungsliste mit und verweisen bei Formular 25c auf das Depotbuch, das als Ergänzungsbuch zur Belastungsliste angesehen werden kann. Ferner ist zu vergleichen das unter Formular 31 mitgeteilte Verzeichnis der verpfändeten Hypothekenforderungen.

Formular 25 b.

Belastungsliste.

Carl Müller aus Xburg.

Vorschüsse. Vorschußkonto 12.				Kontokorrent. Kredit 1500 Mk. Bürge L. Lau. Kontokorrentkonto 43.			Diskonten. Diskontkredit 2000 Mk. Diskontkonto 25.				Lombard. Kredit 1000 Mk. Eff.-Depot 50. Lomb.-Konto-Folio 12.			Verpflichtungen aus Bürgschaften.						Geschäftsguthaben. Konto-Fol. 90.	
Dat.	Beträge.	Wechsel-Nr. und Fälligkeit.	Sicherstellung.	Dat.	Beträge.	Notizen.	Dat.	Wechsel-Nr. und Fälligkeit.	Betrag.	Eingegangen	Dat.	Beträge.	Nr. der Schuldurkunde.	Betrag.	Vorschußkonto.	Kontokorrentkonto.	Diskontkonto.	Lombardkonto.	Bemerkungen.	Dat.	Einzahlungen.
1903.				1903.		Kredit	1903.				1903.									1903.	
5/7.	+500	120. 5/10.	M. Kunze, Xdorf	6/7.	1500		1/8.	250. 2/10.	400 —	400 —	5/9.	1000	Kredit							5/7.	50 —
6/9.	+300	200. 6/12.	Hyp. # 15	7/7.	·/. 1000		2/9.	300. 2/12.	500 —		5/9.	·/. 500	20 16/11.							5/7.	100 —
	800				500		"	301. 16/12.	200 —			500									
5/10.	·/. 50	120. 5/1.		9/7.	·/. 500																
	750				—																

Formular 25 c.

Vgl. Formular für das **Depotbuch** S. 234.

Formular 26.

Bedingungen für den Giroverband und Giroverkehr
bei der
Deutschen Genossenschaftsbank Sörgel, Parrisius & Co. A.-G.
in Berlin und in Frankfurt a. M.

Die Deutsche Genossenschaftsbank Sörgel, Parrisius & Co. A.-G. in Berlin und in Frankfurt a. M. errichten einen Giroverband, welcher in zwei getrennten Abteilungen in Berlin und in Frankfurt a. M. seinen Sitz hat.

I. Zweck des Verbandes.

§ 1.

Zweck des Giroverbandes ist:

a) den Geldverkehr der Mitglieder untereinander zu erleichtern, indem sie Schulden und Forderungen an einem gemeinsamen Mittelpunkte — Berlin oder Frankfurt a. M. — durch Übertragung (Giro) ausgleichen;

b) das Inkasso von Wechseln auf Orte, an denen Mitglieder eines Giroverbandes wohnen, zu vereinfachen, zu sichern und die Kosten auf das möglich kleinste Maß zu vermindern.

II. Beitritt und Austritt eines Mitgliedes.

§ 2.

Der Beitritt zum Giroverbande erfolgt durch Aufnahme von seiten der Deutschen Genossenschaftsbank Sörgel, Parrisius & Co. A.-G. in Berlin oder in Frankfurt a. M. und durch Unterzeichnung dieser Bedingungen.

Jedes Mitglied der einen Abteilung in Berlin oder Frankfurt a. M. kann zu gleicher Zeit Mitglied der anderen Abteilung sein.

§ 3.

Diese Bedingungen können von der Deutschen Genossenschaftsbank Sörgel, Parrisius & Co. A.-G. in Berlin und Frankfurt a. M. einseitig abgeändert werden.

Der Austritt steht jedem Mitgliede mit Ende desjenigen Monats frei, in dessen erster Hälfte die Austrittserklärung schriftlich erfolgt ist.

III. Rechte und Pflichten der Mitglieder.

§ 4.

Jedes Mitglied ist verpflichtet, den Bedingungen nachzukommen, insbesondere:

a) bei der Zentralstelle seiner Abteilung — Berlin oder Frankfurt a. M. — und im Falle doppelter Mitgliedschaft an beiden Stellen auf Girokonto ein Guthaben (§§ 8, 9 und 10) zu führen;

b) die ihm von beiden Zentralstellen Berlin und Frankfurt a. M. oder von einzelnen Mitgliedern beider Abteilungen wegen zu kurzer Verfallzeit direkt zugehenden Wechsel provisionsfrei und ohne Abzug von Spesen nach § 10 auf Girokonto zu kreditieren und nach den Vorschriften der Allgemeinen deutschen Wechselordnung einzuziehen.

Den Wert der eingezogenen Wechsel kann das Mitglied auf sein Guthaben im Girokonto in Anrechnung bringen. Die Übersendung der eingezogenen Beträge muß erfolgen, sobald dieses Guthaben aufgezehrt ist. Die Anschaffungen dürfen nur aus Reichsgoldmünzen, Reichskassenscheinen oder solchen Banknoten bestehen, welche im Sinne des Bankgesetzes als Zahlmittel zulässig sind.

§ 5.

Beide Zentralstellen sind verpflichtet:

a) das Interesse der Gesamtheit der Mitglieder dem einzelnen gegenüber aufrecht zu erhalten;
b) Wechsel auf Berlin, Frankfurt a. M. und bankfähige Wechsel auf Reichsbankplätze über Girokonto provisionsfrei und nach den Vorschriften der Allgemeinen deutschen Wechselordnung einzuziehen;
c) das Girokonto jeden Mitgliedes provisionsfrei zu führen und das verfallene und eingegangene Guthaben nach §§ 13 und 14 verfügbar zu halten;
d) die Wechsel auf Giroplätze von den Mitgliedern anzunehmen, ihnen auf ihrem Girokonto nach § 10 gutzuschreiben und rechtzeitig an das Mitglied des Verbandes am Zahlungsorte zum Einzug auf Girokonto zu übersenden, alles provisionsfrei;
e) das verauslagte Porto nach Verhältnis der Beteiligung der einzelnen zu ermitteln und ihnen in Rechnung zu stellen nach §§ 20 bis 22.

Die unter b und d bezeichneten Verpflichtungen erlöschen im Falle eines Krieges.

§ 6.

Bei mangels Zahlung protestierten Wechseln wird eine Protestprovision von $^1/_3$ % des Wechselbetrages berechnet, ein Minimalsatz für kleine Wechsel ist ungesetzlich.

Wechsel, welche ohne Protest zurückgehen, unterliegen einer Schreibgebühr von 20 Pfennigen pro Stück ohne Rücksicht auf die Höhe des Wechselbetrages.

IV. Girokonto.

§ 7.

Mit der Führung eines Girokontos ist für das Mitglied eine Kreditgewährung nicht verbunden. Die Mitglieder sind daher verpflichtet, die aus dem Einzug von Wechseln auf ihrem Konto entstandene Schuld rechtzeitig abzutragen.

§ 8.

Jedes Mitglied kann auf seinem Konto ein Guthaben bis zu 60 000 Mark aufsammeln; ein größeres Guthaben bedarf besonderer Verabredung.

A. Eingang.

§ 9.

Das Guthaben auf Girokonto kann von dem Mitgliede gebildet werden:

a) durch Übertragung des Guthabens von einem anderen Konto auf das Girokonto;
b) durch von Dritten beorderte Übertragung ihres Guthabens;
c) durch zugunsten der einen Zentralstelle beorderte Übertragung auf deren Girokonto bei der anderen Zentralstelle;
d) durch selbst bewirkte oder durch andere für seine Rechnung gemachte Barsendungen oder Zahlungen;
e) durch eigene oder für seine Rechnung von anderen gemachte Rimessen nach dem folgenden Paragraphen.

§ 10.

Die Rimessen § 9e können bestehen:

a) in Wechseln, Anweisungen und Schecks auf Berlin und Frankfurt a. M., welche 2 Tage nach Verfall gutgeschrieben werden; bei Sichtwechseln, Schecks und Anweisungen ist als Tag der Sicht bzw. des Verfalls der Tag des Eintreffens am Zahlungsort zu rechnen;

b) in Wechseln auf Reichsbankplätze, soweit sie nicht zugleich Giroplätze sind und nicht länger als 14 Tage zu laufen haben; diese werden nach den jeweiligen Bedingungen der Reichsbank abzüglich Diskont gutgeschrieben; die Gutschrift länger laufender Wechsel auf Reichsbankplätze bedarf einer vorherigen Verständigung;

c) in Wechseln auf Plätze, in denen Mitglieder des Giroverbandes wohnen (Giroplätze) und auf diejenigen Orte, welche in unseren Girolisten noch außerdem bezeichnet sind (Nebenplätze); diese werden in folgender Weise gutgeschrieben:

Wert 3 Tage nach Verfall soweit sie auf 600 Mark und mehr lauten.

Wert Mittwoch der folgenden Woche soweit sie auf weniger als 600 Mark lauten und innerhalb der Kalenderwoche (Sonntag bis Sonnabend) fällig sind.

§ 11.

Jeder an eine der beiden Zentralstellen gesandte Wechsel muß an deren Firma giriert sein, — ein Blankogiro genügt nicht. Es ist auch nicht zulässig, diese Wechsel „Wert zum Inkasso" oder „zum Einzug" zu girieren, die Anwendung eines solchen Zusatzes bleibt vielmehr nur den Zentralstellen vorbehalten.

§ 12.

Es können auf Girokonto **nicht** gutgeschrieben werden:

a) Wechsel auf andere Plätze, als die im § 10 bezeichneten;

b) kurshabende Geldsorten;

c) Coupons mit Ausnahme der fälligen Dividendenscheine der Genossenschaftsbank-Aktien;

d) Effekten und Devisen.

B. Ausgang.

§ 13.

Jedes Mitglied des Giroverbandes kann nur über das bei der Zentralstelle seiner Abteilung verfallene wirklich eingekommene Guthaben verfügen.

§ 14.

Diese Verfügung kann erfolgen:

a) durch beorderte Übertragung auf das vom Mitgliede oder einem Dritten bei der Zentralstelle seiner eigenen Abteilung geführte anderweite Konto;

b) durch beorderte Übertragung auf das vom Mitgliede oder einem Dritten bei der Reichsbank unterhaltene Girokonto;

c) durch beorderte Übertragung auf das vom Mitgliede oder einem Dritten bei der Zentralstelle der anderen Abteilung geführte Konto;

d) durch Scheck bis zu 20000 Mark an einem Tage; Schecks in höheren Beträgen müssen zwei Tage vor der Ausgabe avisiert werden; zur Ausstellung von Schecks liefert jede der beiden Abteilungen Formulare zum Selbstkostenpreise, deren sich die Mitglieder im Giroverkehr ausschließlich zu bedienen haben;

e) durch bei der Deutschen Genossenschaftsbank Sörgel, Parrisius & Co. A.-G. in Berlin oder Frankfurt a. M. domizilierte Akzepte des Mitgliedes, doch nur insoweit als das Guthaben aus remittierten Wechseln entstanden ist;

f) durch schriftlich beorderte Barsendung an das Mitglied selbst; diese wird befördert, wenn die Order an einem Werktage bis 5 Uhr nachmittags eintrifft, am gleichen Tage; wenn sie später oder an einem Sonn- oder Feiertage eintrifft, am darauffolgenden Werktage;

g) durch Auszahlungen an Dritte in Berlin oder Frankfurt a. M.

§ 15.

Zahlungen oder Barsendungen nach anderen Orten können nicht beordert werden.

Ebensowenig können auf Girokonto fremde Akzepte zur Einlösung bei der Deutschen Genossenschaftsbank Sörgel, Parrisius & Co. A.-G. in Berlin oder Frankfurt a. M. domiziliert werden.

Für die beorderten Barsendungen gelten die unter § 14 d für die Ausstellung von Schecks festgesetzten Beschränkungen.

V. Korrespondenz.

§ 16.

Die Mitglieder haben sich zu der das Girokonto betreffenden Korrespondenz ausschließlich der ihnen von der Deutschen Genossenschaftsbank zum Kostenpreise zu liefernden Formulare zu bedienen.

§ 17.

Die Mitglieder sind, soweit tunlich, gehalten, die in der nächsten Kalenderwoche fälligen Wechsel so zeitig abzusenden, daß dieselben bis Donnerstag jeder Woche an beiden Zentralstellen eintreffen.

Jedes Mitglied ist verpflichtet, bei der Zentralstelle seiner Abteilung die von anderen Mitgliedern zum Einzug erhaltenen Wechsel zur Gutschrift auf das Girokonto des Remittenten und zur Belastung auf eigenem Girokonto rechtzeitig, keinenfalls später als vor Schluß des Monats, zu beordern.

Dagegen sind die Zentralstellen nur verpflichtet, solche Briefe der Mitglieder zu beantworten, deren Inhalt nicht in Ordnung geht. Die Stelle von Empfangsanzeigen vertreten die den Mitgliedern allmonatlich pünktlich zugehenden Postenauszüge.

§ 18.

Die ausgestellten Schecks und die domizilierten Akzepte der Mitglieder sind rechtzeitig zu avisieren.

§ 19.

Die nicht eingegangenen Wechsel sind rechtzeitig mangels Zahlung zu protestieren und Wechsel und Protest rechtzeitig an den nächsten Vormann mittels Einschreibebriefes zurückzusenden und über die Protestkosten einschließlich Porto des Briefes und $^1/_3$ % Protestprovision (§ 6) Aufgabe zu machen. Nachnahme der Protestkosten durch Postvorschuß ist nicht gestattet. Sind dem Giro des letzten Vormanns die Worte: „ohne Kosten" oder „ohne Protest" hinzugefügt, wird die Unterlassung des Protestes erwartet. Ist dennoch Protest erhoben, bleiben die Vormänner für Wechselbetrag und Kosten regreßpflichtig nach der Wechselordnung.

Bei Wechseln, welche ohne Protest zurückgehen, wird das Porto des Briefes und eine Schreibgebühr von 20 Pf. (§ 6) aufgerechnet.

VI. Portokosten.

§ 20.

Jedes Mitglied hat die Portokosten, welche aus der Führung seines Girokontos entstehen, selbst zu tragen und hat deshalb seine Korrespondenz, soweit sie seine eigenen Geschäfte betrifft, für seine Rechnung zu frankieren.

Soweit die Korrespondenz die Geschäfte der Mitglieder im allgemeinen betrifft, ist die Korrespondenz zu frankieren und das so verauslagte Porto halbjährlich bei der betreffenden Zentralstelle zu liquidieren.

Portoauslagen für Korrespondenzen der Mitglieder untereinander haben sie unter sich zu verrechnen.

Die Frankatur der Rückwechsel ist nach § 19 bei der Rückkostenrechnung in Ansatz zu bringen.

§ 21.

Jedes Mitglied hat für jedes Stück der zum Einzug eingesandten Wechsel 5 Pfennige Porto zu zahlen.

Wechsel auf Giroplätze, welche später als an dem vor der Woche ihres Verfalls liegenden Sonnabend bei den Zentralstellen eingehen, ebenso Wechsel auf Nebenplätze, welche bei Eingang noch weniger als 10 Tage zu laufen haben, unterliegen einem Portoabzug von 30 Pfennigen für jedes Stück.

Diese Portokosten werden zugunsten der allgemeinen Portokasse verrechnet.

Wechsel auf Berlin und Frankfurt a. M. sind von der Portoberechnung ausgeschlossen.

§ 22.

Die nach § 20 von den einzelnen Mitgliedern berechneten, die Allgemeinheit betreffenden Portoverläge und diejenigen Portoauslagen, welche den beiden Zentralstellen durch die Führung des Inkassogeschäfts im allgemeinen, sowie durch die Übersendung der Wechsel an den Zahlungsort erwachsen, werden den Mitgliedern nach Abzug der vereinnahmten Portoabzüge (§ 21) verhältnismäßig nach ihrer Beteiligung am Inkassogeschäfte belastet.

§ 23.

Das von den beiden Zentralstellen im Interesse des einzelnen Mitgliedes verauslagte Porto wird am Schlusse des Halbjahrs jedem Betreffenden belastet.

VII. Verzinsung.

Das verfallene Guthaben der Mitglieder wird denselben verzinst. Die Höhe des Zinsfußes bestimmen die Zentralstellen durch Circulair im voraus.

Derjenige Teil des verfallenen Guthabens, welcher das verabredete Maximum (§ 8) übersteigt, wird nicht verzinst.

Wir treten dem Giroverbande der Deutschen Genossenschaftsbank Sörgel, Parrisius & Co. A.-G., Abteilung .... bei und verpflichten uns, den Bedingungen nachzukommen.

.............., den .... 19..

Formular 27.

Inkasso von Wechseln.*)

Wir lehnen uns an die Bedingungen der Reichsbank.

1. Wechsel, welche spätestens nach ... Tagen zahlbar sind, werden zum Inkasso angenommen; sie sind an die Genossenschaft zu girieren und zwar mit dem Zusatz „zum Inkasso".

Der Wechsel muß ordnungsmäßig verstempelt sein.

2. Hat der Wechsel weniger als ... Tage zu laufen, so muß er mit der Erklärung „ohne Verbindlichkeit zur rechtzeitigen Präsentation bzw. Protesterhebung" versehen sein.**)

3. Der Einlieferer des Wechsels erhält eine Empfangsbestätigung, welche ihm zur Legitimation dient.

4. Die Gebühr für die Einziehung beträgt .... vom Tausend, mindestens aber 50 Pf.

5. Eine Benachrichtigung des Einlieferers vom Eingang der Zahlung findet nicht statt. Der eingegangene Betrag wird an den Einlieferer der quittierten Empfangsbescheinigung ohne Prüfung der Unterschrift ausbezahlt. Dagegen behält sich die Genossenschaft das Recht der Prüfung vor. Zeigt der Inhaber den Verlust der Empfangsbescheinigung an, so wird Zahlung nur nach gehöriger Legitimationsprüfung geleistet.

Formular 28.

An- und Verkauf von Wertpapieren.***)

1. Ankaufsanträge von Wertpapieren werden erst dann ausgeführt, wenn der dazu erforderliche Geldbetrag bar eingezahlt (worüber Quittung erteilt wird) oder sichergestellt ist; Verkaufsanträge erst dann, wenn die zu verkaufenden Papiere eingeliefert und in Ordnung befunden sind (besonders in bezug auf die Verstempelung und Verkäuflichkeit).

Sind die zum Verkauf bestimmten Wertpapiere der Genossenschaft zur Aufbewahrung übergeben, so ist der hierüber ausgestellte Depotschein quittiert dem Verkaufsantrage beizufügen.

2. Der An- und Verkauf der Wertpapiere erfolgt an dem Platze, an welchem der Auftrag am besten auszuführen ist. Hat der Auftraggeber über den An- und Verkauf eine Bestimmung getroffen, so wird nach derselben verfahren.

---

*) Wegen des Inkassos für Nichtmitglieder vgl. S. 54; über Giroverband S. 226 und Formular 26.

**) Bei den Inkassowechseln ist es unbedenklich und entspricht der Übung, die Verpflichtung zur Beibringung des Protestes auf gewisse Plätze abzulehnen oder an sonstige Beschränkungen zu binden. Es wird hier der Genossenschaft anheimgegeben, eine Bestimmung darüber zu treffen, ob die Verpflichtung zur Beibringung des Protestes für gewisse Plätze ganz abgelehnt wird.

***) Die Bestimmungen des Gesetzes, betr. die Pflichten der Kaufleute bei Aufbewahrung fremder Wertpapiere, vom 5. Juli 1896 sind sorgfältig zu beachten. Vgl. S. 231.

3. Die Gebühren betragen sowohl für den Ankauf als auch für den Verkauf ... % vom Hundert vom Nennwerte, mindestens jedoch 50 Pf. für jede Gattung von Wertpapieren. Bei gleichzeitiger Ausführung von An- und Verkäufen für denselben Auftraggeber werden die Gebühren nur einmal und zwar von der größeren Seite berechnet.

Außerdem werden die nach Börsenbrauch verauslagten Mäkler- und Stempelgebühren in Ansatz gebracht. Sämtliche Porti hat der Auftraggeber zu tragen; die Versendung der Papiere erfolgt, sofern nicht vom Auftraggeber ausdrücklich andere Bestimmungen getroffen sind, unter voller Wertangabe.

Formular 29.

Aufbewahrung und Verwaltung von Wertstücken.

Bestimmungen für offene Depots.

1. D.. (Firma der Genossenschaft) übernimmt Wertpapiere jeder Art zur Aufbewahrung und Verwaltung.

Es können insbesondere zur Aufbewahrung und Verwaltung übergeben werden Wertpapiere jeder Gattung, Obligationen, Aktien, Lose, auf den Namen oder Inhaber lautend, Pfandscheine, Hypothekenurkunden, Schuldscheine, Wechsel.

Der Vorstand behält sich freie Entschließung vor, die angebotenen Papiere ganz oder teilweise anzunehmen oder zurückzuweisen, und jederzeit die ganze oder teilweise Rücknahme zu verlangen.

2. Die Genossenschaft leistet für die getreue und sichere Aufbewahrung volle Gewähr, sie haftet jedoch nicht für höhere Gewalt, für Elementarereignisse und für die aus der Amortisation von Wertpapieren entstehenden Folgen.

3. Die Genossenschaft besorgt die Verwaltung und ist verpflichtet;

a) die zu den Papieren gehörigen Zins- und Dividendenabschnitte bei Verfall abzutrennen und einzuziehen und die Zinsen aus Hypotheken- und Schuldbriefen entgegenzunehmen. Zur Beitreibung ist sie nicht verpflichtet;

b) die Auslosungen, Kündigungen und Umwandlungen (Konvertierungen) der Wertpapiere, die erforderten Einzahlungen und die Eröffnung von Bezugsrechten zu überwachen und dem Hinterleger anzuzeigen;

c) neue Zins- und Dividendenbogen zu den hinterlegten Wertpapieren zu erheben;

d) Interimsscheine gegen definitive Stücke umzutauschen;

e) mit den deponierten Papieren verbundene Bezugsrechte auf neue Papiere geltend zu machen, auch die weiteren Einzahlungen auf nicht voll gezahlte Papiere für die Deponenten zu leisten, wenn dieselben solches spätestens 8 Tage vor Ablauf der dazu festgesetzten Termine schriftlich beantragen und zugleich die dazu erforderlichen Geldbeträge mit der Provision einzahlen oder auf ihrer laufenden Rechnung bei der Genossenschaft zur Verfügung stellen;

f) auf Anordnung des Hinterlegers die gezogenen und gekündigten zur Rückzahlung gelangenden Papiere einzuziehen und die Konventierung zu besorgen.

4. Für die mit diesen Leistungen verbundene Mühewaltung und Gefahr ist eine Provision von ... pro Mille des Nominalbetrages der deponierten Papiere zu entrichten, wobei sich ergebende Bruchteile einer Mark für eine ganze Mark gerechnet werden.

Diese Provisionen sind ohne Rücksicht auf die Dauer der Deposition für ein volles Jahr sogleich bei der Einreichung der Papiere und für jedes folgende Jahr vor dessen Beginn zu entrichten und werden in keinem Falle zurückvergütet. Für rückständige Provisionen haftet das Guthaben der Deponenten bei der Genossenschaft sowie das Depot selbst.

Für die Einziehung verloster und gekündigter Papiere, sowie für die Geltendmachung des Bezugsrechtes und Leistung der Einzahlungen berechnet die Genossenschaft — gleichwie für den An- und Verkauf von Wertpapieren — . . % der zu erhebenden resp. zu leistenden Zahlungen, dagegen trägt die Genossenschaft die dabei entstehenden Auslagen an Porto, Courtage ꝛc., sofern dieselben im einzelnen Fall nicht eine unverhältnismäßige Höhe erreichen.

5. Die zu verwahrenden Papiere sind der Genossenschaft nach Gattungen, Serien oder Literas, Jahrgängen ꝛc. und Nummern geordnet, mit einem doppelt ausgefertigten, von dem Deponenten eigenhändig unterzeichneten Antrage*) einzureichen, worin die Papiere in gleicher Weise geordnet unter Angabe der dabei befindlichen Coupons und Talons zu verzeichnen sind.

Formulare zu diesen Anträgen, auf deren Rückseite die Bedingungen des Depositionsvertrages abgedruckt sind, werden von der Genossenschaft kostenfrei abgegeben.

Das eine Exemplar des Antrages erhält der Deponent mit Bescheinigung der Genossenschaft über den Empfang der Papiere als Depotschein zurück, das andere Exemplar verwahrt die Genossenschaft. Die Depotscheine lauten auf den Namen und sind nicht übertragbar.

6. Das Depositum kann jederzeit ganz oder teilweise zurückgenommen werden. Bei Zurücknahme eines Teils der deponierten Papiere hat der Deponent deren Empfang — in der Regel auf dem bei der Genossenschaft befindlichen Exemplar des Antrages — zu bescheinigen und zugleich die Rückgabe auf dem jedesmal vorzulegenden Depotschein seitens der Genossenschaft vermerken zu lassen.

Bei Zurücknahme des ganzen Depots resp. des Restes ist der Depotschein quittiert an die Genossenschaft zurückzugeben.

Antrag.

*) Die umstehend den Gattungen, Nummern und dem Betrage nach verzeichneten Wertpapiere bitte ich unter den auf der Rückseite dieses Antrages abgedruckten Bedingungen in Verwahrung zu nehmen.

Von dem nach Pos. 3 f. der Bedingungen dem Deponenten zustehenden Rechte, zu verlangen, daß die gezogenen, verlosten und gekündigten Nummern eingezogen oder verwertet resp. konvertiert werden, will ich . . . . Gebrauch machen.

(Ort), ... den . . . ten . . . . 19 . .   (Unterschrift.)

Laufende Nr.	**Bezeichnung der in Verwahrung gegebenen Papiere.** Die Papiere sind nach Gattungen, Serien oder Literas, Jahrgängen ꝛc. u. Nummern geordnet, unter Angabe der dabei befindlichen Coupons u. Talons aufzuführen u. der Gesamtnominalbetrag ist am Schlusse in Zahlen und Buchstaben anzugeben.	Nominalbetrag in Ziffern.	Rückempfangsbescheinigungen.

7. Die Legitimation des Inhabers des Depotscheins, sowie die Echtheit der Quittung zu prüfen, ist die Genossenschaft zwar berechtigt, jedoch nicht verpflichtet.

8. In Verbindung mit den offenen Depots wird jedem Deponenten eine laufende Rechnung nach den darüber bestehenden Bestimmungen bei der Genossenschaft geführt, worauf alle Eingänge gutgeschrieben und Entnahmen belastet werden.

9. Die Genossenschaft ist berechtigt, Depositionsanträge abzulehnen, sowie die Zurücknahme von Depots zu verlangen, ohne die Gründe dafür anzugeben.

Formular 30.

Bestimmungen für geschlossene Depots.

1. D . . (Firma der Genossenschaft) nimmt ihren Mitgliedern verschlossene Pakete, Kisten und dgl. in Verwahrung, soweit der vorhandene Raum dazu ausreicht.

Sachen geringeren Umfangs müssen in dauerhaftem Umschlag, Sachen größeren Umfangs in gutverschlossenen Kisten, Koffern usw. verpackt und in beiden Fällen dergestalt versiegelt sein, daß das Öffnen ohne Verletzung der Siegel nicht möglich ist. Außerdem müssen die Deposita mit dem Namen des Niederlegers, dem Tag der Niederlegung und der Wertangabe deutlich überschrieben sein.

2. Von dem Inhalt der Deposita nimmt die Genossenschaft keine Kenntnis und ist für denselben in keiner Weise verantwortlich; sie ist nur verpflichtet, das Depositum unverletzt und in äußerlich gutbeschaffenem Zustande zurückzugeben, haftet aber nicht für höhere Gewalt, Elementarereignisse oder inneren Verderb, und kann niemals angehalten werden, mehr als den deklarierten Wert zu erstatten.

Über die Hinterlage wird eine von der Genossenschaft und dem Niederleger unterzeichnete Urkunde über jedes Paket doppelt ausgefertigt, welche die genaue und deutliche Bezeichnung enthält

1. des Hinterlegers;
2. der zur Rücknahme der Hinterlage berechtigten Person;
3. des hinterlegten Pakets nach Zeichen und Nummer;
4. der Wertsumme.

Das eine Exemplar erhält der Deponent als Depotschein zurück.

3. Als Vergütung für die Aufbewahrung wird bei der Niederlegung ein Lagergeld entrichtet, welches beträgt . . . . . . Mark.

4. Die Aufbewahrung dauert sechs Monate. Bei Verlängerung derselben wird für jede halbjährige Frist die Hälfte des festgesetzten Lagergeldes vorausbezahlt, wobei ebenfalls sich ergebende Bruchteile einer Mark für eine ganze Mark gerechnet werden.

5. Die Einsicht oder Veränderung des Inhalts der deponierten Pakete oder Kisten usw. wird im Vereinslokal nicht gestattet. Der Deponent kann solche nur im ganzen zurücknehmen gegen Zurückgabe des quittierten Depositenscheines. Erfolgt die Zurücknahme vor Ablauf der halbjährigen Frist, so findet eine Rückvergütung des gezahlten Lagergeldes nicht statt. Wird jedoch ein Depositum binnen acht Tagen nach der Zurücknahme wieder eingeliefert, so wird von diesem neuen Depositum auch für die ersten sechs Monate nur der Prolongationssatz erhoben.

6. Bei Zurückgabe des Depositums ist die Genossenschaft zwar berechtigt,

jedoch nicht verpflichtet, die Legitimation des Inhabers des Depositenscheins, sowie die Echtheit der Rückempfangsbescheinigung zu prüfen.

7. Die Genossenschaft ist berechtigt, Depositions- und Prolongationsanträge abzulehnen, sowie die Zurücknahme von Depositen zu verlangen, ohne die Gründe dafür anzugeben.

Formular 31.

Verzeichnis der verpfändeten Hypothekenforderungen.

Laufende Nr.	Hypothek	Grundschuld	Blatt	Nummer	Ort	Abteilung I	Abteilung II	Abteilung III	Abteilung Nr.	Betrag ℳ	Betrag ₰	An d. Genossensch. zediert oder für dieselbe eingetragen ℳ	An d. Genossensch. zediert oder für dieselbe eingetragen ₰	An d. Genossensch. verpfändet ℳ	An d. Genossensch. verpfändet ₰	Des Pfandbestellers Name	Des Pfandbestellers Wohnort
1	2	3	4	5	6	7	8	9	10	11		12		13		14	15

Reinertrag	Nutzungswert	Versich.-Summe	Letzter Kaufpreis	Bestandteile	Reeller Wert nach Schätzung der Verw.-Org.	Auslaufend mit ℳ	Beliehen mit ℳ	Beliehen mit ₰	Des Bürgen Name	Des Bürgen Wohnort	Ohne Bürgschaft beliehen	Rückempfangs-Bescheinigung
16	17	18	19	20	21	22	23		24	25	26	27

Formular 32.

Einige Formulare für den Verkehr mit dem Gericht.*)

a. Schriftliche Anmeldung des Statuts.

An das Königliche Amtsgericht X stadt, 12. April 1900.
X stadt.

Wir melden die hierselbst durch Statut vom 2. April 1900 begründete Kreditgenossenschaft zu X stadt, eingetragene Genossenschaft mit beschränkter Haftpflicht,

*) Die Formulare sind entnommen dem Formularbuch zum Reichsgesetz, betreffend die Erwerbs- und Wirtschaftsgenossenschaften, von Ludolf Parisius und Dr. Hans Crüger (Berlin, Verlag von J. Guttentag) III. Aufl. S. 132 ff., dessen Benutzung den Verkehr mit dem Gericht nicht nur ungemein erleichtert, sondern auch vielfach zu Kostenersparnis führt.

behufs Eintragung in das Genossenschaftsregister an. In Gemäßheit des § 11 des Genossenschaftsgesetzes fügen wir bei:

1. das Statut der Genossenschaft im Original und in Abschrift;
2. eine Liste der Genossen;
3. eine Abschrift der Urkunden über die Bestellung des Vorstandes und des Aufsichtsrates.

Wir, die gewählten Vorstandsmitglieder, werden unsere Unterschrift zeichnen wie hierunter geschieht.

Karl Mettner. Heinrich Hübner. Franz Sauer.

Die vorstehenden, vor mir vollzogenen Unterschriften beglaubige ich.

(L. S.) Müller,

1. April 1900 Gemeindevorsteher von X stadt.

---

b. Einreichung der Beitrittserklärungen.

An das Königliche Amtsgericht X stadt, 1. April 1900.

X stadt.

Anliegend überreichen wir die Beitrittserklärungen der

1. Philipp Kraus, Kaufmann,
2. Gustav Himmelreich, Klempnermeister, beide zu X stadt,
3. Adolf Kraus, Landwirt zu Z dorf,

behufs Eintragung in die Liste der Genossen.

Kreditgenossenschaft zu X stadt, eingetragene Genossenschaft mit beschränkter Haftpflicht.

Karl Mettner. Heinrich Hübner.

---

c. Einreichung der Kündigungen von Genossen.

An das Königliche Amtsgericht X stadt, 10. November 1900.

X stadt.

Wir überreichen die Kündigungserklärungen der unter den beigefügten Nummern in die Liste der Genossen eingetragenen Mitglieder:

Nr. 6. Landwirt Hans Neumann zu Bolzhausen,

Nr. 7. Gastwirt Eduard Lehmann zu X stadt,

behufs Eintragung in die Liste der Genossen.

Wir geben die Versicherung ab, daß die Aufkündigung in beiden Fällen rechtzeitig erfolgt ist.

Unterschrift wie bei Formular b.

---

d. Einreichung des Ausschließungsbeschlusses.

An das Königliche Amtsgericht X stadt, 10. November 1900.

X stadt.

Wir überreichen in Abschrift den Beschluß von Vorstand und Aufsichtsrat vom 7. November 1900, durch welchen der Schlossermeister Karl Meier aus X stadt, eingetragen unter Nr. 101 der Liste, ausgeschlossen wird, behufs Eintragung des Ausscheidens in die Liste der Genossen.

Unterschrift wie bei Formular b.

---

e. Einreichung der Übereinkunft wegen Übertragung des Geschäftsguthabens an einen Nicht-Genossen.

An das Königliche Amtsgericht X stadt, 1. Juli 1900.
X stadt.

Wir überreichen

1. die zwischen dem unter Nr. 44 der Liste der Genossen eingetragenen Maurermeister Wilhelm Meier aus X stadt und dem Tischlermeister Ernst Müller aus X stadt wegen der Übertragung des Geschäftsguthabens an letzteren geschlossene Übereinkunft,

2. die Beitrittserklärung des Tischlermeisters Ernst Müller aus X stadt

behufs Eintragung des Ausscheidens des Wilhelm Meier und des Erwerbs der Mitgliedschaft des Ernst Müller.

Unterschrift wie bei Formular b.

---

f. Einreichung der Übereinkunft wegen Übertragung des Geschäftsguthabens an einen Genossen bei Zulassung von mehreren Geschäftsanteilen.

An das Königliche Amtsgericht. X stadt, 1. Juli 1900.
X stadt.

Wir überreichen

1. die zwischen dem unter Nr. 44 der Liste der Genossen eingetragenen Maurermeister Wilhelm Meier aus X stadt und dem unter Nr. 65 der Liste der Genossen eingetragenen Tischlermeister Ernst Müller aus X stadt wegen Übertragung des Geschäftsguthabens an letzteren geschlossene Übereinkunft,

2. die Beteiligungserklärung des Tischlermeisters Ernst Müller auf einen zweiten Geschäftsanteil

behufs Eintragung des Ausscheidens des Maurermeisters Wilhelm Meier und des Erwerbs eines zweiten Geschäftsanteils bei dem Tischlermeister Ernst Müller.

Wir geben die Versicherung ab, daß der erste Geschäftsanteil des Tischlermeisters Ernst Müller erreicht ist und daß das bisherige Geschäftsguthaben desselben mit dem ihm zuzuschreibenden Betrage die der höchsten Zahl der Geschäftsanteile entsprechende Gesamtsumme nicht übersteigt.

Unterschrift wie bei Formular b.

---

g. Anmeldungen von Neuwahlen von Vorstandsmitgliedern.

An das Königliche Amtsgericht X stadt, 2. Januar 1900.
X stadt.

Wir melden die in der ordnungsmäßig berufenen Generalversammlung vom 20. Dezember 1900 nach den Vorschriften des Statuts vollzogene Wahl der

1. Maurermeister Karl Mettner,
2. Kaufmann Heinrich Hübner

zu Vorstandsmitgliedern unter Beifügung einer Abschrift des Wahlprotokolls behufs Eintragung in das Genossenschaftsregister an.

Aus dem Vorstande ausgeschieden sind

1. Ernst Meier,
2. Franz Müller.

Die Gewählten werden, wie hierunter geschehen ist, zeichnen

Kreditgenossenschaft zu X stadt, eingetragene Genossenschaft mit beschränkter Haftpflicht.

Karl Mettner. Heinrich Hübner. Franz Sauer.

Die vorstehenden, vor mir vollzogenen Unterschriften beglaubige ich.

(L. S.) Müller,

2. Januar 1900. Gemeindevorsteher zu X stadt.

---

h. Einreichung der Beteiligungserklärung eines Genossen auf einen weiteren Geschäftsanteil.

An das Königliche Amtsgericht X stadt. X stadt, 1. April 1900.

Wir überreichen die Beteiligungserklärung des Landwirts Karl Meier zu X stadt, eingetragen unter Nr. 25 der Liste, auf den zweiten Geschäftsanteil behufs Eintragung in die Liste der Genossen. Wir geben die Versicherung ab, daß der erste Geschäftsanteil erreicht ist.

Unterschrift wie bei Formular b.

Ergänzung.

Bei Erörterung der Grundsätze über die Veröffentlichung des Mitgliederstandes, der Geschäftsguthaben und der Haftsummen (oben S. 73) ist ausgegangen von der bisherigen Auslegung und Rechtsprechung, nach der die mit Jahresschluß ausscheidenden Mitglieder an dem letzten Tage des Geschäftsjahres noch Mitglieder sind. Inzwischen ist nun zu dieser Frage eine Entscheidung des Reichsgerichts am 11. Januar 1904 ergangen (Juristische Wochenschrift 1904 S. 153, Blätter für Genossenschaftswesen 1904 S. 134), in der die Auslegung, die § 33 Abs. 2 d. Ges. durch das Kammergericht und andere Gerichte erfahren hat, für nicht zutreffend erklärt wird. Das Reichsgericht spricht sich dahin aus: „Bei Angabe des Bestandes der Mitglieder, die am Jahresschluß der Genossenschaft angehören, sind auch diejenigen ausgeschiedenen Mitglieder nicht mitzuzählen, deren Ausscheiden erst „zum Schlusse" des Geschäftsjahres §§ 65, 67, 68, oder, wie es in § 77 für den Fall des Todes heißt, „mit dem Schlusse" des Geschäftsjahres erfolgt ist."

An dem Entwurf für die Veröffentlichung des Mitgliederbestandes auf S. 73 dieses Buches wird durch diese Entscheidung nichts geändert, da nach demselben die in das neue Geschäftsjahr übernommenen Mitglieder veröffentlicht werden.

Wohl aber ist die Entscheidung des Reichsgerichts zu beachten bei der Berechnung der Geschäftsguthaben und Haftsummen, wobei besonders zu berücksichtigen ist, daß die Geschäftsguthaben der Ausgeschiedenen für den in der Bilanz anzugebenden Betrag der Geschäftsguthaben in Abzug zu bringen sind.

Literatur-Verzeichnis.

Ein Verzeichnis der wichtigeren genossenschaftlichen Literatur, die auf Veranlassung des Allgemeinen Verbandes im Laufe der Jahre erschien, und die Anwälte des Allgemeinen Verbandes, die Sekretäre desselben oder andere mit dem Allgemeinen Verbande in Verbindung stehende Genossenschafter zu Verfassern hat, sei nachstehend gegeben:

Alberti, Dr. **A.**, Das Bürgerliche Gesetzbuch und Handelsgesetzbuch nach ihrer Wirkung für die Genossenschaften.*) (J. Guttentag, Berlin, 1900.)

Blätter für Genossenschaftswesen. Organ des Allgemeinen Verbandes deutscher Erwerbs- und Wirtschaftsgenossenschaften. LI. Jahrgang. (J. Guttentag, Berlin.)

Sachregister der Innung der Zukunft (1854—1865) und der Blätter für Genossenschaftswesen (1866—1900) — von Direktor H. Jäger. (J. Guttentag, Berlin, 1901.)

Crüger, Dr. **H.**, Die Erwerbs- und Wirtschaftsgenossenschaften in den einzelnen Ländern. (Fischer, Jena, 1892.)

— Die Errichtung von industriellen Rohstoff-, Magazin-, Werk- und Produktivgenossenschaften. (1892.)

— Vortrag über die Grundsätze, Ziele und Erfolge der Genossenschaften nach Schulze-Delitzsch gegenüber den Bestrebungen und Leistungen der Genossenschaften nach dem System Raiffeisen usw. (1894.)

— Die Besserung der wirtschaftlichen Lage des Handwerks durch Rohstoffgenossenschaften. (J. Guttentag, Berlin, 1894.)

— Die Angriffe gegen die Konsumvereine und die Mittel zur Abwehr derselben. (1894.)

— Getreideabsatzgenossenschaften. (Heft 136 der „Volkswirtschaftlichen Zeitfragen". L. Simion, Berlin, 1896.)

— Neubearbeitung von „Vorschuß- und Kreditvereine als Volksbanken" von Schulze-Delitzsch. (7. Aufl. J. Guttentag, Berlin, 1904.)

— Die Aufgaben unserer Organisation. Nach einem Referat, gehalten auf den Unterverbandstagen im Jahre 1898.

— Der heutige Stand des deutschen Genossenschaftswesens. (L. Simion, Berlin, 1898.)

— Jahrbuch des Allgemeinen Verbandes der auf Selbsthilfe beruhenden deutschen Erwerbs- und Wirtschaftsgenossenschaften für 1897 (des Jahresberichts neue Folge). I. Jahrgang. (39. Folge des Jahresberichts.) — J. Guttentag, Berlin, 1898. II. Jahrgang. 1899, III. Jahrg. 1900, IV. Jahrg. 1901, V. Jahrg. 1902, VI. Jahrg. 1903.

— Zur Kritik der Agitation gegen die Konsumvereine. (Sonderabdruck aus: „Die Lage des Kleinhandels in Deutschland") — (Siemenroth & Troschel, Berlin, 1899.)

— Mitteilungen über die Allgem. Genossenschaftstage. — (J. Guttentag, Berlin.)

*) Eine Neubearbeitung dieses Buches unter Zusammenfassung desselben mit dem von Dr. Scholz „Das Reichshypothekenrecht" ist in Vorbereitung.

Crüger, Dr. **H.,** Anleitung zur Gründung von Handwerkergenossenschaften. — (J. Guttentag, Berlin, 1900.)
— Gewerbliches Genossenschaftswesen, Warenbazare und Großwarenhäuser. Vortrag, 1899.
— Die Internationalen Genossenschaftskongresse in Paris im Jahre 1900.
— (Heft 5. „Genossenschaftliche Zeit- und Streitfragen".) — (J. Guttentag, Berlin, 1901.)
— Handel und Genossenschaftswesen. (Heft 192 der „Volkswirtschaftlichen Zeitfragen". L. Simion, Berlin 1902.)
— siehe auch Parisius und Crüger.

Deutscher Genossenschafts-Kalender. (Hildburghausen, 1886—1899.)

Gebhart, Justizrat, Vorträge zum Bürgerlichen Gesetzbuch und Handelsgesetzbuch. (Heft 7 „Genossensch. Zeit- und Streitfragen".) — (J. Guttentag, Berlin, 1903.)

Genossenschaftliche Zeit- und Streitfragen. (J. Guttentag, Berlin.)
Heft 1: Parisius, Kreditgenossenschaften nach Schulze-Delitzsch. 1895. — 2. Aufl. 1898.
Heft 2: Crüger, Dr. H. und Jäger, H., Rohstoffgenossenschaften der Handwerker. 1896.
Heft 3: Wernicke, Dr., Umsatzsteuer und Konsumvereine 1898.
Heft 4: Parisius, Schulze-Delitzsch und Alwin Sörgel, Beiträge zur Geschichte der deutschen Genossenschaftsbewegung. 1899.
Heft 5: Crüger, Dr. H., Die internationalen Genossenschaftskongresse in Paris im Jahre 1900. 1901.
Heft 6: Meyer, Dr. Willy, Die Untersuchung der Nahrungs- und Genußmittel zum Gebrauche für Konsumvereine. 1902.
Heft 7: Gebhart, Justizrat, Vorträge zum Bürgerlichen Gesetzbuch und Handelsgesetzbuch usw. 1903.

Häntschke, H., Die redlichen Pioniere von Rochdale. Übersetzung aus dem Englischen des G. J. Holyoake. (A. Gertz, Charlottenburg, 1888.)
— Die gewerblichen Produktivgenossenschaften in Deutschland. (A. Gertz, Charlottenburg, 1894.)

Jäger, H., Sachregister der Innung der Zukunft (1854—1865) und der Blätter für Genossenschaftswesen (1866—1900). — (J. Guttentag, Berlin, 1901.)
— siehe auch Dr. Crüger und H. Jäger (bei Genossenschaftl. Zeit- und Streitfragen).

Oppermann, G., Die doppelte kaufmännische Buchführung, insbesondere für Konsumvereine. (Berlin, 1869.)
— und **Häntschke,** Handbuch für Konsumvereine. 2. Aufl., 1899. (J. Guttentag, Berlin.)*)

Parisius, L., Das Preußische Gesetz, betreffend die privatrechtliche Stellung der Erwerbs- und Wirtschaftsgenossenschaften. (J. Guttentag, Berlin, 1868.)
— Das Genossenschaftsgesetz für den Norddeutschen Bund. (J. Guttentag, Berlin, 1868.)
— Das Reichsgesetz, betreffend die Erwerbs- und Wirtschaftsgenossenschaften. Textausgabe mit Anmerkungen. 10. Aufl., bearbeitet von Dr. Crüger. (J. Guttentag, Berlin, 1903.)

*) Die 3. Auflage, herausgegeben von Dr. F. Schneider, befindet sich im Druck.

Parisius, L., und **Crüger,** Kommentar zum Reichsgesetz, betreffend die Erwerbs- und Wirtschaftsgenossenschaften. 4. Aufl. (J. Guttentag, Berlin, 1903.)
— — Formularbuch zum Reichsgesetz, betreffend die Erwerbs- und Wirtschaftsgenossenschaften. 3. Aufl. (J. Guttentag, Berlin, 1900.)
Proebst, Die Grundlehren der deuschen Genossenschaften. (J. Guttentag, Berlin.) Neue Auflage in Vorbereitung.
— Das Genossenschaftsgesetz vom 1. Mai 1889. (Nördlingen, 1889.)
— Schulze und Raiffeisen. Aus dem Bericht über die Generalversammlung des Bayrischen Genossenschaftsverbandes. (München, 1894.)
Richter, E., Die Konsumvereine. Ein Not- und Hilfsbuch für deren Gründung und Einrichtung. (Berlin, 1867.)
Schneider, Dr. **F.,** Anweisung für Konsumvereine usw. (Berlin, 1869.)
— Taschenbuch für Konsumvereine. (Leipzig, 1883.)
— Mitteilungen über die deutschen Baugenossenschaften. (Leipzig, 1875.)
— siehe auch Wohlgemut und Dr. Schneider; Oppermann und Häntschke.
Scholz, Dr. **E.,** Das Reichshypothekenrecht. Eine kurzgefaßte Darstellung unter besonderer Berücksichtigung der Rechtsverhältnisse der Genossenschaften nebst Formularen für deren Geschäftsverkehr. — (J. Guttentag, Berlin, 1901.)
— siehe auch Dr. Alberti.
Schulze-Delitzsch, Assoziationsbuch für deutsche Handwerker und Arbeiter. (Leipzig 1853.)
— Die arbeitenden Klassen und das Assoziationswesen in Deutschland. (Leipzig, 1858. 2. Aufl., 1863.)
— Kapitel zu einem deutschen Arbeiterkatechismus. (1863.)
— Abschaffung des geschäftlichen Risikos durch Herrn Lassalle. (Berlin, 1866.)
— Die Gesetzgebung über die privatrechtliche Stellung der Erwerbs- und Wirtschaftsgenossenschaften. (Berlin, 1869.)
— Die Entwicklung des Genossenschaftswesens in Deutschland. (Berlin, 1870.)
— Die Genossenschaften in einzelnen Gewerbszweigen. (Leipzig, 1873.)
— Die Raiffeisenschen Darlehnskassen in der Rheinprovinz und die Grundkreditfrage für den Kleinbesitz. (Leipzig, 1875.)
— Den Raiffeisenschen Darlehnskassen zur Verständigung. (Berlin, 1877.)
— Nachtrag zur Verständigung an die Förderer und Leiter der Raiffeisenschen Kassen. (Leipzig, 1877.)
— Material zur Revision des Genossenschaftsgesetzes. (Leipzig, 1883.)
— Die nationale Bedeutung der deutschen Genossenschaften. (Berlin, 1865.)
— Vorschuß- und Kreditvereine als Volksbanken. 7. Aufl. Neu bearbeitet von Dr. Hans Crüger. (J. Guttentag, Berlin, 1904.)
Schwanitz, Genossenschaftliches Hilfsbüchlein. (Ilmenau, 1886.)
Thorwart, Die doppelte Buchführung und ihre Anwendung für Vorschuß- und Kreditvereine. 2. Aufl. (Wiesbaden, 1898.)
Volldorn, A., Die Buchführung für Vorschuß- und Kreditvereine (J. Guttentag, Berlin, 1900)
Wohlgemuth und Dr. **Schneider,** Taschenbuch für Baugenossenschaften, Bau- und Sparvereine. (J. Guttentag, Berlin, 1899.)

Sachregister.

(Die Zahlen verweisen auf die Seiten.)

A.

C.

D.

E.

F.

G.

L.

T.

U.

V.

W.

Herrosé & Ziemsen, Wittenberg.

FSC
www.fsc.org
MIX
Papier | Fördert gute Waldnutzung
FSC® C083411

Kolibri 360 GmbH
Ferdinand-Jühlke-Straße 7
99095 Erfurt, Deutschland
produktsicherheit@kolibri360.de